논증과 토론

합리적 의사 결정을 위한 비판적 사고

Argumentation and Debate

13th Edition

Austin J. Freeley
David L. Steinberg

ISBN-13: 979-11-88108-64-0

Cengage Learning Korea Ltd.
14F YTN Newsquare 76 Sangamsan-ro
Mapo-gu Seoul 03926 Korea
Tel: (82) 2 330 7000
Fax: (82) 2 330 7001

Cengage Learning is a leading provider of customized learning solutions with office locations around the globe, including Singapore, the United Kingdom, Australia, Mexico, Brazil, and Japan. Locate your local office at: **www.cengage.com**

Cengage Learning products are represented in Canada by Nelson Education, Ltd.

To learn more about Cengage Learning Solutions,
visit **www.cengageasia.com**

Printed in Korea
Print Number: 01   Print Year: 2018

Austin J. Freeley · David L. Steinberg

13판

논증과 토론

합리적 의사 결정을 위한
비판적 사고

ARGUMENTATION
& DEBATE

오스틴 J. 프릴리 · 데이비드 L. 스타인버그 지음

민병곤 · 박재현 · 이선영 · 이민형 · 권은선 옮김

사회평론아카데미 ✳ CENGAGE

Andover • Melbourne • Mexico City • Stamford, CT • Toronto • Hong Kong • New Delhi • Seoul • Singapore • Tokyo

논증과 토론

2018년 7월 16일 초판 1쇄 인쇄
2018년 7월 30일 초판 1쇄 발행

지은이 오스틴 J. 프릴리 · 데이비드 L. 스타인버그
옮긴이 민병곤 · 박재현 · 이선영 · 이민형 · 권은선
펴낸이 윤철호
펴낸곳 (주)사회평론아카데미

편집 고하영 · 정세민
디자인 김진운
본문조판 토비트
마케팅 이승필

등록번호 2013-000247(2013년 8월 23일)
전화 02-2191-1128
팩스 02-326-1626
주소 03978 서울특별시 마포구 월드컵북로12길 17

ISBN 979-11-88108-64-0 93370

* 일러두기
1) 저자가 강조하기 위해 이탤릭체로 표기한 부분은 고딕체로 표시하였다.
2) 각주는 모두 한국 독자의 이해를 돕기 위해 역자가 달아놓은 주석이다.
   또한 원서의 주석은 책의 뒷부분에 미주로 제시하였다.

서문

『논증과 토론(*Argumentation and Debate*)』은 50년 이상 중요한 교육 자원이 되어 왔다. 프릴리(Freeley) 박사가 초판본을 집필하였을 시기에는 일반적으로 인정되던 전통적 논증 이론의 폭이 좁았고, 토론대회 관행을 본뜬 학교 정책 토론이 보편적이었다. 그러나 열두 번의 개정판을 통해, 필자들은 토론 학습에 대한 고전적이고도 관습적인 접근을 유지하면서도 토론과 교수법 관행의 변화에 대응하고자 본 내용을 개작해 왔으며 이 새로운 개정판도 이러한 전통을 유지하고 있다. 오늘날 대학 대항 토론대회의 실행뿐 아니라 논증과 토론을 가르치는 데 사용되는 접근법은 종전보다 더 다양해졌다. 『논증과 토론』의 새 개정판은 그 수사학적 뿌리를 유지하면서도 당대의 맥락에 적합하고 다양한 토론 유형에 개방적인 유연한 태도를 취하였다. 이는 논증과 토론에 대한 새로운 접근법을 수용하면서 다양한 토론 형식과 논증 맥락에 비판적 사고 기술을 활용할 필요를 인정한 것이다. 이는 또한 문화, 젠더, 지향, 계층과 같이 의사소통적 선택과 논증에 영향을 주는 요인들의 차이를 세심하게 다루는 일이 중요하다는 점을 높이 평가한 것이다. 마지막으로 이 개정판은 선거 토론과 다른 공공 포럼 토론에서 보듯, 공적 영역에서 점차 커지는 토론의 중요성과 적용 가능성을 인정하고 있다. 알려진 바와 같이 필자들은 증거 기반의 정책 논제 팀 토론을 선호하고 있다. 그러나 본 개정판은 그러한 맥락에 제한 없이 합리적인 의사 결정을 위한 비판적 사고를 증진하는 데 관심 있는 많은 독자를 위해 실행 가능한 도구를 제공하려고 애쓰고 있다.

게다가 여러 번 최신 내용으로 보강하고 개정하였기에, 이전의 『논증과 토론』 판본에 익숙한 독자들은 다음과 같은 여러 부분이 새롭게 바뀐 것을 알 수 있을 것이다.

- 『논증과 토론: 합리적 의사 결정을 위한 비판적 사고』는 기존 장을 재정리하고, 새로운 장을 추가하여 재구성하였다. 수록 내용은 기초와 고전적 전통, 논리와 추론으로 시작하여, 교육 토론의 실행으로 이어지고 응용 토론과 공공 토론으로 끝맺었다.
- 2장에서 교육 토론의 역사, 배경, 단체에 대한 부분을 늘렸다.
- 3장에서 수사학과 논증의 고전적 전통을 다루는 부분을 늘렸다.
- 5장에는 논증에서 고려해야 할 윤리적·문화적 부분에 대한 새로운 장을 추가하였다.
- 조사(research)를 다루는 10장 '증거 수집과 정리'를 최신 내용으로 보강하고, '토론과 기술'에 대한 새 부록을 추가하였다.
- 13장에서는 반대신문(cross-examination)에 집중하였다.
- 15장에는 듣기에 대한 새로운 자료를 추가하고, 16장에는 대중 연설로서의 토론에 대한 논의를 확장하였다.
- 17장에서 의회식 토론과 링컨-더글러스 토론을 비롯하여 윤리철학 토론(Ethics Bowl), 모의재판 토론, 그리고 세계대회 토론을 포함한 새로운 교육 토론의 유형을 다루었다.
- 선거 토론에 대한 새로운 장으로 18장을 추가해 닉슨과 케네디에서부터 매케인과 오바마에 이르는 대통령 선거 토론에 대해 논의하며

선거 토론의 역사, 영향, 미래를 다루었다.

- '긴 탁자 토론(Long Table Debating)'을 포함한 공공 토론을 다루는 새로운 장으로 20장을 추가하였다.
- 부록의 자료로 토론 준비 길라잡이, 정책 토론의 사례, 토론 자원에 대한 폭넓은 접근 링크를 제공하였다.

그리고 대부분의 장에서 용어 해설을 제공하고, 또 각 장의 끝에는 해당 장의 개념을 경험적으로 배울 수 있도록 고안된 연습문제들을 제시하였다. 또한 내용 전체에 걸쳐 학생들에게 도움이 되도록 중요한 자료들은 표로 제시하였다.

이 책은 비판적 사고 능력, 합리적 의사 결정 능력, 설득 능력을 신장하고자 하는 모든 사람을 위해 기획되었다. 특히 이 책의 내용은 대학생의 논증과 토론 교육을 위해 설계되었다. 이 책은 학생들이 민주주의를 향한 사회적 요구에 적극적 시민으로서 참여하는 것을 북돋는 강좌용으로도 적절하다.

오스틴 프릴리(Austin J. Freeley) 박사는 이 책의 초판본에 그의 지도 교수, 멘토, 친구들에게 감사하는 마음을 담았다. 그들의 기여를 기억하는 마음은 세월이 지나도 빛을 발하고 있다.

최근 우리는 토론과 논증 분야에서 함께해 온 많은 친구들과 중요한 공헌자들을 떠나 보냈다. 개인적으로 그리고 긍정적으로 나에게 영향을 미친 프랭크 해리슨(Frank Harrison), 로스 스미스(Ross Smith), 스콧 노블스(Scott Nobles), 리 마이어스(Lee Myers), 더그 듀크(Doug Duke), 제럴드 키시(Gerald Kish), 맷 그린디(Matt Grindy), 빈스 바인더(Vince Binder)를 기억하며 이들에게 감사한다. 이들 모두가 그립다. 그러나 이들은 자신들이 토론을 통해 바꾼 삶 속에서 영원한 삶을 누릴 것이다.

또 나는 나의 토론 멘토들, 데이비드 토머스(David Thomas), 노마 쿡(Norma Cook), 짐 브룩스(Jim Brooks), 워런 데커(Warren Decker), 브렌다 로그(Brenda Logue), 그리고 내가 그들을 가르친 것보다 더 많은 것을 가르쳐준 나의 멋진 코치들에게 감사한다. 그리고 댄 레이턴(Dan Leyton), 데일 리드(Dale Reed), 어니 케리도(Ernie Querido), 데이비드 크램-헬위치(David Cram-Helwich), 크리스토퍼 쿠퍼(Christopher Cooper), 니콜 콜스턴(Nicole Colston), 개빈 윌리엄스(Gavin Williams), 맷 그린디(Matt Grindy), 니콜 릭터(Nicole Richter), 케니 매카프리(Kenny McCaffrey), 조니 프리어(Johnny Prieur), 케일 핼리(Cale Halley), 조 그라지아노(Joe Graziano), 랜들 마르티네즈(Randall Martinez) 모두에게 진정으로 감사드린다. 특히 랜들과 케일은 아이디어를 제공하고 현 개정판에 영감을 주었다.

또한 나는 나의 자랑스러운 두 아들 애덤과 존, 그리고 나를 조력하며 배려한 아내 빅토리아에게 사랑을 담아 감사의 인사를 하고 싶다.

그리고 프릴리 박사가 이 프로젝트에 기여할 수 있는 기회를 준 것에 감사한다. 이는 그의 위대한 유산의 작은 일부가 될 것이다.

비상한 인내심과 전문성 그리고 이해를 보여준 모니카 에크먼(Monica Eckman)과 다이스케 야스타케(Daisuke Yasutake)를 포함하여 이 책을 출판하기 위해 열심히 작업한 센게이지(Cengage)의 멋진 사람들 모두에게 감사한다.

마지막으로 수년간 우리가 가르치고 또 평가해 왔으며, 이 전통을 미래로 전수할 많은 학생들에게 감사한다. 이들은 우리에게 영감을 주었고, 생각을 정교화하고 다양한 문제에서 더욱 설득력 있는 진술을 개발하며 이 책 전반에 많은 사례를 제공하는 데 도움을 주었다.

데이비드 L. 스타인버그(David L. Steinberg)

옮긴이 서문

이 책은 토론학 분야의 권위 있는 개론서로서 존 캐럴 대학의 프릴리 교수와 마이애미 대학의 스타인버그 교수가 공동으로 집필하였다[Freeley, A. J., & Steinberg, D. L. (2014). *Argumentation and Debate: critical thinking for reasoned decision making*(13th ed.). Boston, MA : Wadsworth/Cengage Learning]. 1961년 초판이 발행된 이후 23개국 언어로 번역되어 전 세계적으로 논증과 토론 교육의 교재로 활용되어 왔다. 프릴리 교수는 토론에 대한 해박한 이론과 풍부한 실천 경험이 있는 토론 전문가이다. 그는 실제로 1959년 닉슨과 케네디의 대통령 TV토론 위원회를 조직했을 뿐 아니라 미국토론연합(American Forensic Association)의 창설자로 참여하기도 했다. 스타인버그 교수 역시 토론 전문가로서 오랫동안 학생들을 지도하였으며 2006년에는 반대신문토론협회(Cross Examination Debate Association) 회장을 역임하였다.

이 책은 역자들이 토론과 논증 교육에 대한 강의를 하고 논문을 집필하면서 참고해 왔던 책이다. 하지만 분량이 방대하고 낯선 용어들도 적지 않을 뿐 아니라, 인용된 예시들도 사회문화적 배경이 다른 경우가 많아서 원저를 충실히 이해하기 어려운 점이 있었다. 역자들은 토론 관련 이론을 좀 더 깊이 이해하고 토론에 관심을 갖고 있는 국내 독자들이 책의 내용에 좀 더 쉽게 접근하도록 하기 위해서 번역을 하는 것이 좋겠다는 데 의견을 모았다. 때마침 우리 사회에서는 사회적 공론의 장에서 토론의 기회가 많아지고 교육 현장에서도 토론 교육이 활성화되고 있어, 토론 및 토론 교육에 대한 깊이 있는 이해의 필요성이 높아지고 있는 상황이다. 이와 관련하여 토론을 주제로 한 수많은 도서가 이미 출판되었지만, 논증과 토론의 개념과 원리, 다양한 토론의 유형과 실제를 체계적으로 설명하고 있는 이론서는 부족한 실정이다.

이 책에서는 논증과 토론에 관련한 중요 개념을 빠짐없이 설명하고 있으며 이를 잘 이해할 수 있는 풍부한 사례를 제공하고 있다. 책의 내용은 크게 세 부분으로 구성되어 있다. 1장~5장까지는 일상생활에 적용할 수 있는 토론과 논증의 중요성과 가치에 대해 이론적으로 고찰하고 있다. 특히 다문화사회에서 있을 수 있는 갈등과 해결 방안, 토론에서 고려해야 할 윤리와 지침이 제시되어 있어 토론의 가치와 효용을 이해할 수 있다. 6장~16장은 본격적으로 토론과 논증의 구성 요소와 작동 원리를 밝히고, 관련 사례를 통해 토론이 어떻게 역동적으로 구성되는가를 보여 준다. 특히 증거를 검토하고 인용하고 반증하고 반박하는 과정에 대해 치밀하게 논의함으로써 이 책의 가치를 더하고 있다. 17장~20장은 실제적인 맥락으로서 토론 대회의 다양한 형식, 공공 토론, 정치 토론의 사례를 역사적인 관점에서 정리하고 있다. 과거로부터 현재에 이르기까지 의사 결정 과정에 토론이 기여한 바를 논하면서도 미래사회에서 토론의 역할에 대해 혜안을 제공하고 있다.

비판적이고 논리적인 사고와 표현에 관심이 있는 독자라면 이 책에서 안내하는 구체적인 전략과 방법을 익혀 공적이고 전문적인 영역에서 자신의 주장을 효과적으로 표현하고 상대의 논증을 체계적으로 분석할 수 있을 것이다. 또한 국내외 토론 대회를 준비하고 있는 학생들도 토론 대회의 규칙이나 판정의 원리를 이해하는 데 실제적인 도움을 얻고, 토론의 각 단계에 따른 구체적인 조언을 참고할 수 있다. 그뿐만 아니라 토론과 논증 교육의 실천과 연구에 관심이 있는 대학원생, 교사, 전문가들도 토론을 계획하거나 실행하고 평가하는 과정과 결과에 적용되는 개념과 원리를 익힐 수 있다. 이외에도 협의회, 지방자치단체, 대통령 선거에 이르기까지 토론을 통한 공동체의 의사 결정이 이루어지는 사례와 문제해결 방법과 절차에 대한 설명을 구체적으로 다루고 있어서 민주주의의 실천을 위한 실제적인 삶의 영역에서 유용하게 활용되리라 기대한다.

이 책의 번역이 필요하다는 데 공감하고 판권 계약, 원고 검토와 편집의 전 과정에서 지원을 아끼지 않은 사회평론아카데미 관계자 여러분께 깊이 감사드린다. 특히, 토론 교육 관련 용어가 아직 정비되지 않은 상황에서 초벌 원고의 용어와 토론 자료와 관련 사례의 맥락을 성심껏 매만지고 다듬어 준 편집진의 수고에 진심으로 고마움을 느낀다. 또한 수차례에 걸친 교정과 피드백 과정에 시간과 노력을 아끼지 않고 수고해 준 서울대학교 대학원의 권택일, 심미진, 이병하, 임해랑 선생에게 거듭 감사의 마음을 전한다.

민병곤, 박재현, 이선영, 이민형, 권은선

차례

1장

논증, 비판적 사고, 의사 결정

2011년 봄에 버락 오바마 정부는 리비아 카다피 정부를 전복하고자 하는 반군 세력에 대한 지원을 고민하고 있었다. 당시 오바마 정부는 보스니아, 이라크, 아프가니스탄에 대한 미군의 군사적 개입이 초래한 문제에 직면해 있었고, 미국이 예전에 지지하던 독재자를 축출한 이집트와 튀니지 국민들에 대한 미국의 지원이 미온적이라는 비판도 받고 있었다. 정부가 최선의 조치를 결정해야 할 때 공공 토론은 강력하게 작용하였다. 오바마 대통령은 최종적으로 국제적인 연합군에 참여하기로 결정하고, 리비아 반군 지원을 위한 유엔 안전보장이사회 결의안 1973호를 집행했다. 그에 따라 비행 금지 구역을 설정하고 미사일 공격을 하는 등 많은 제재 수단을 강구하긴 했으나, 미 지상군을 직접 투입해 리비아를 점령하는 등의 방법을 선택하지는 않았다. 이런 조치는 카다피 정권 타도라는 당면과제를 분명히 성취한 것처럼 보였다. 그러는 동안 미 대통령은 신중하면서도 확신에 찬 결정에 대해 비판과 찬사를 함께 받았다.

지난 10년간 미국의 지도자들은 대재앙을 유발할 수 있는 문제들에 대처하기 위해 수많은 어려운 결정을 내려온 것이 사실이다. 정치적 분열과 뚜렷한 반감으로 혼란스러운 상황에서 공공 토론이 격렬히 벌어지곤 했다. 그런데 공적 의사 결정 과정이 꼭 필요했던 것은 아니지만 그렇게 어려운 일도 아닌 것으로 보였다. 2008년 초가을, 부시 대통령과 오바마는 경제 위기가 가중되자 월스트리트의 일부 금융기관과 디트로이트 자동차 산업에 대한 긴급 구제 조치를 취하고 주요한 경제 활성화 대책을 강구하였다. 이 모든 조치는 그러한 정책 시행(또는 비시행)의 필요성, 타당성, 결과 등에 대한 공적 담화를 실질적으로 끌어냈다. 2011년 여름, 대통령과 의회는 미 연방정부가 빚을 청산하고 정부 운영을 지속할 수 있도록 국가 부채 한도를 증액하는 것에 대한 열띤 토론을 전개하였다(그리고 협상을 시도하였다). 이 논의는 기하급수적으로 늘어나는 국가 부채 규모, 정부 지출, 조세 등에 대한 토론으로 이어졌다. 나아가 2012년 봄에 미국 지도자들은 미국의 유가가 상승해 있는 동안 핵무기 개발 능력을 갖추고자 하는 이란을 막으려고 하였다. 아프가니스탄에서 미군 병사가 코란을 불태웠다는 의혹이 불거지면서 촉발된 전국적 저항과 폭력 사태에 직면한 미국은 아프가니스탄에 대한 군사 개입을 지속적으로 고려하였다. 미국인들은, 시리아의 바샤르 알아사드 대통령과 시리아군이 고조되는 반정부 시위를 진압하기 위해 민간인을 학살하는 행위를 지켜보면서, 미국의 역할을 고민했다.

한편, 공화당 대통령 후보의 선거운동과 이어진 언론 보도를 통하여 공적 담화가 폭증하면서, 미국인을 분열시키는 쟁점들이 제기되었다. 그 쟁점에는 건강 보험, 여성의 출산 보건 서비스에 대한 권리, 교회와 교회 운영 기관이 자신들이 반대하는 보건 의료 서비스를 제공할 것인지(혹은 제공하지 않을 것인지)를 신념에 따라 결정할 자유, 1퍼센트의 부유한 미국인과 나머지 국민 간의 격차 증대, 실업률 증가 등이 포함되었다. 그 밖에 미국 시민들 사이에 존재하는 분열이 얼마나 더 많을지 모두 헤아리기는

용어 해설

감정(emotion) 고통이나 즐거움이 관장하는 내적 상태나 조건.

강제(coercion) 위협하거나 힘을 사용하여 다른 사람이 선택할 수 있는 실행 가능한 행위를 제한하는 일.

논증(argumentation) 어떤 행위, 신념, 태도, 가치를 정당화하고자 하는 사람이 의사소통 상황에서 하는 추론.

로고스(logos) 설득의 한 양식으로서, 제시된 논증이나 추론에 대해 청중이 내리는 판단. 확실성이 아니라 개연성 있는 사실에 대한 판단 준거.

목적론적 윤리학(teleological ethics) 결과 지향적 윤리학 접근법으로, 어떤 행위나 결정의 결과가 좋은지 나쁜지에 집중한다.

비판적 사고(critical thinking) 의견을 분석하고 비판하고 평가하고 옹호하는 능력, 효과적으로 추론하는 능력, 지식이나 신념의 모호하지 않은 진술에서 끌어낸 타당한 추론에 기반을 두고 정보가 풍부하면서 사려 깊은 결론에 도달하는 능력.

선전(propaganda) (주로 결속력 강한) 집단이 대중에게 영향을 미칠 목적으로 다양한 매체를 활용해 지속적이고 조직적인 캠페인 속에서 사용하는 설득 행위.

설득(persuasion) 타인의 행위, 신념, 태도, 가치에 영향을 미치고자 하는 의사소통.

에토스(ethos) 설득의 한 방식으로서, 청중이 화자의 인품, 지혜, 선의에 대해 내리는 판단.

윤리학(ethics) 우리가 어떻게 해야 하는지를 알려주는 행동 규범을 제공함으로써 의사 결정을 안내하는 일련의 생각.

의무론적 윤리학(deontological ethics) 과정 지향 또는 행위 지향적인 윤리학 접근법으로, 행위가 도덕적 가치를 가지고 있다는 개념에 기반을 두고 있다.

정당한 이유(good reasons) 특정 청중에게 심리적으로 설득력을 발휘하는 이유로, 추가적인 탐구가 불필요하고 쓸모없게 된다. 따라서 어떤 논제를 인정하거나 거부하는 결정을 정당화하게 한다.

토론(debate) 탐문과 옹호의 과정, 어떤 논제에 대한 합리적 판단의 추구 과정.

파토스(pathos) 정서적인 입증.

어렵다. 그러나 그 모든 긴장 상태에서 발생하는 갈등은 전적으로 언어적인 것이고, 커져가는 문제에 대한 해결책을 발견하거나 옹호하는 것을 목표로 한다.

개인들 또한 결정을 내리는 것이 쉽지 않은 상황에 처해 있다. 젊은 부부는 주택 담보 대출의 늪에 빠져 매달 대출금을 갚느라고 애쓰며 빚에서 벗어날 길을 찾는다. 대학 2학년생은 자신의 전공에 대해서 고민하고, 졸업반 학생은 로스쿨을 갈지 대학원을 갈지 취직을 할지 고민한다. 십대들은 아이폰을 살지 아이패드를 살지 고민한다. 이 모든 상황은 의사 결정을 필요로 하고, 각 의사 결정자는 가장 합리적인 결정을 내리기 위해 애쓴다.

의사 결정은 행위나 생각의 여러 선택지를 앞에 두고 심사숙고하는 과정이다. 이 과정은 의사 결정자에게 선택을 요구한다. 삶은 의사 결정을 필요로 한다. 우리는 날마다 무수히 많은 개인적인 의사 결정을 한다. 의사 결정을 하기 위해서 주의를 기울여 신중하게 따져본다. 다른 경우 자연스럽게 이루어지는 의사 결정도 있다. 부부, 가족, 친구, 직장 동료는 함께 의사 결정을 하며, 배심원단에서부터 미국 의회와 유엔에 이르는 의사 결정 기구는 우리 모두에게 영향을 미치는 의사 결정을 한다. 학교, 지역사회, 사회조직이 그러하듯이 모든 직업은 효과적이고 윤리적인 의사 결정을 필요로 한다.

누구나 일상생활에서 꼭 필요한 의사 결정을 위한 담화에 참여한다. 담보 대출을 다시 받을지 집을 팔지, 성능 좋은 SUV를 살지 경제적인 하이브리드 승용차를 살지, 어떤 전공을 선택할지, 저녁 식사로 무엇을 먹을지, 어떤 후보에게 표를 줄지, 종이를 쓸지 비닐을 쓸지는 모두 선택이 필요한 문제이다. 대통령은 국제적 위기 해결을 위해 군사 개입을 해야 하는가, 외교적으로 접근해야 하는가를, 미국 의회는 불법 이민 문제를 다루기 위해 어떤 역할을 해야 하는가를 결정해야 한다.

피고는 기소된 동안에 유죄인가? 〈데일리 쇼(The Daily Show)〉*와 야구 중계 중 무엇을 볼 것인가? 나는 어떤 정보를 근거로 의사 결정을 해야 하는가?

어떤 의사 결정은 다른 것들보다 더 중요할 것이다. 어떤 개정안에 투표할 것인가, 어떤 텔레비전 프로그램을 시청할 것인가, 어떤 강좌를 수강할 것인가, 어떤 전화기를 구입할 것인가, 어떤 방법으로 다이어트를 할 것인가는 모두 독특한 과제를 제기한다. 우리가 할 수 있는 것은 기껏해야 의사 결정에 필요한 정보를 제공하는 연구물이나 자료를 찾는 일이다. 2006년 타임지는 당신(YOU)을 '올해의 인물'로 선정하였다. 박수칠 만한 일이다. 이는 역사를 창조하는 '위대한 사람들'이 아닌 익명의 참여자 집단이 정보혁명에 기여한 결과였다. 뉴스 보도 관계자, 학자, 출판인의 권위적 통제를 넘어, 블로그, 온라인 네트워킹, 유튜브, 페이스북, 트위터, 위키피디아, 그 밖의 많은 '위키들'**과 SNS를 통해 지식과 '진리'가 아래로부터 만들어진다. 재빠른 핵심어 검색을 통해 무수히 많은 정보에 접근할 수 있다. 그렇지만 어떻게 그것을 분류하고 필요한 최상의 정보를 골라낼 것인가? 그 중에는 정보로서는 충분하지만 신뢰할 만하지 않거나 윤리적이지 않은 것이 대부분이다.

타당하고 합리적이며 윤리적인 결정을 하고자 하는 모든 의사 결정자의 능력을 결정하는 것은 비판적 사고력이다. 비판적 사고를 통해 우리는 논증을 구성 요소로 나누어 그 상대적 타당성과 힘을 평가할 수 있다. 그리고 비판적 사고는 해당 메시지의 본질과 상대적 특성을 더 잘 이해할 수 있게 하는 도구를 제공한다. 비판적으로 사고하는 사람은 아주 훌륭한 옹호

....

* 코미디 센트럴이라는 방송국에서 방영하는 정치 풍자 뉴스 프로그램.
** 인터넷 사용자들이 협업을 통해 직접 내용과 구조를 수정 및 편집할 수 있는 웹사이트들.

자일 뿐만 아니라 정보를 활용하는 능력도 뛰어난 사람이다.

대학에서는 학생들이 **비판적 사고** 능력을 계발하기를 기대하고 이를 위해 지정된 강좌를 수강하도록 하고 있다. 그러한 공부의 중요성과 가치는 널리 인정되고 있다.

캘리포니아주의 요구 사항이 담겨 있는 행정 명령은 다음과 같이 기술되어 있다.

비판적 사고 교육은 언어와 논리의 관계를 이해할 수 있도록 설계된다. 이는 생각을 분석하고 비판하고 옹호하는 능력, 귀납적으로 그리고 연역적으로 추론하는 능력, 지식이나 신념의 모호하지 않은 진술에서 끌어낸 타당한 추론에 기반을 두고 사실 또는 판단 중심의 결론에 도달하는 능력을 갖게 할 것이다. 비판적 사고 교육을 성공적으로 마쳤을 때 기대되는 최소한의 능력은 사실과 의견, 신념과 지식을 구별하는 능력, 초보적인 귀납과 연역의 과정을 다루는 능력인데, 여기에는 언어 및 사고의 형식적 오류와 비형식적 오류에 대한 이해가 포함된다.

비판적 사고 능력은 인간사에 효과적으로 참여하고, 고등교육을 받고, 매우 경쟁적인 업무와 직종에서 성공하기 위한 전제 조건이다. 마이클 스크리븐(Michael Scriven)과 리처드 폴(Richard Paul)은 비판적 사고의 수월성 교육을 위한 국가위원회(National Council for Excellence in Critical Thinking Instruction: NCECTI)에서 비판적 사고를 효율적으로 하는 사람은 다음과 같은 특성을 가지고 있다고 보았다.

- 중요한 질문과 문제를 제기하고, 그것을 명료하고 정확하게 표현한다.
- 관련된 정보를 수집하여 평가하고, 추상적인 개념을 활용하여 그것을

해석함으로써, 근거가 충실한 결론과 해결책을 제시하고, 그것을 관련된 기준과 준거로 검증한다.

- 대안적 사고 체계, 인식 체계, 평가 체계 내에서 열린 마음으로 사고하며, 필요한 범위 내에서 추정, 함축, 실제적 결과 등을 고려한다.
- 복잡한 문제의 해결책을 강구하기 위해 다른 사람과 효과적으로 의사소통한다.

이들은 비판적 사고가 "효과적인 의사소통과 문제 해결 능력, 그리고 우리의 타고난 자기중심성(egocentrism)과 사회중심성(sociocentrism)을 극복하려는 헌신을 함의"한다는 점에 주목하였다.[1] 교실 활동과 사고 및 행위 양식으로서의 토론은 이러한 기능들 각각을 독특하게 향상시킨다. 고대 그리스·로마 시대 이래로 토론은 비판적 사고의 원리를 학습하고 적용하기 위한 가장 좋은 방법 중 하나였다. 오늘날의 연구 역시 토론의 가치를 확인해준다.

한 연구는 다음과 같이 결론을 내린 바 있다.

공적 의사소통이 참여자들의 비판적 사고 능력 훈련에 미치는 영향은 매우 긍정적이다. 선행 연구에 대한 고찰에서 보듯, 토론 경험자들과 법정 토론, 연설, 모의재판, 논증에 참여한 사람들이 다음과 같은 결론을 지지한다는 것을 확인할 수 있다. 즉, 토론에 참여함으로써 참여자들의 사고가 향상된다는 것이다.[2]

특히 토론 교육은 비판적으로 사고하는 능력을 향상시킨다. 켄트 콜버트(Kent Colbert)는 관련 연구를 폭넓게 검토해본 후, "토론과 비판적 사고에 관한 문헌을 검토하면, 토론과 비판적 사고 간의 긍정적 관계를 지지하

> ### 비판적 사고
>
> ....
>
> - 삶은 의사 결정을 필요로 한다.
> - 합리적 의사 결정을 내리는 능력은 비판적 사고에 의존한다.
> - 비판적 사고는 논증의 분석과 평가를 가능하게 한다.
> - 비판적 사고는 옹호 능력뿐만 아니라 정보의 활용 능력을 향상시킨다.
> - 비판적 사고를 가르치고 배우는 것은 교육의 중요한 역할이다.
> - 토론은 비판적 사고를 가르친다.

는 증거가 있음을 추정할 수 있다."[3]라는 결론을 내렸다.

삶에서 매우 중요한 의사소통은 대부분 형식적이든 비형식적이든 토론의 형태로 이루어진다. 이러한 토론은 개인의 내적 의사소통의 형태로 나타나는데, 여기서 우리는 마음속으로 중요한 의사 결정의 찬반 양면을 따져본다. 대인 의사소통으로 나타날 때에는 우리의 결정에 영향을 미칠 것으로 보이는 논증을 경청하거나 타인의 의사 결정에 영향을 미치기 위해 의사 교환에 참여한다.

인생에서 성공과 실패는 대개 스스로의 힘으로 현명한 의사 결정을 하는 능력과 타인이 우리에게 이익이 되는 쪽으로 의사 결정을 하도록 영향을 미치는 능력에 의해 좌우된다. 중요하고 목적의식이 있는 활동 대부분은 의사 결정과 관련되어 있다. 학생회 가입 여부, 대학원 진학 여부, 일자리 제의 수락 여부, 차 또는 주택의 구매 여부, 다른 도시로의 이사 여부, 특정 주식에 대한 투자 여부, 가르시아(Garcia)*에 대한 투표 여부 같은 것은

....

* 페루의 정치가. 1985년 4월 대통령 선거에서 남미 최연소 대통령(36세)으로 당선되어 1990년 7월까지 재임하였으며 2006년 7월에 다시 대통령에 취임하였다.

우리가 내려야 하는 수많은 의사 결정의 일부에 지나지 않는다. 똑똑한 이기심이나 책임감은 타인의 지지를 요구하는 경향이 있다. 자신을 위한 장학금이나 특별한 일자리, 물건의 구매자, 우리가 지지하는 정치적 후보자에 대한 투표를 원할 수도 있다.

어떤 사람들은 동전 던지기를 해서 결정을 한다. '숨은 설득자(hidden persuader)'의 말에 무의식적으로 반응하거나 충동적으로 행동하는 이들도 있다. 콘서트와 영화 사이에서 고민하는 사소한 문제라면 어떤 방법을 사용하든 문제가 되지 않는다. 그러나 더 중요한 문제에 대해서는 분별 있는 성인이라면 누구나 의사 결정을 위한 합리적 방법을 강구할 것이다. 의사 결정은 정확한 증거와 타당한 추론에 기반을 둔 '정당한 이유(good reasons)'에 의해 정당화되어야 한다.

논증이란 행위, 신념, 태도, 가치를 정당화하고자 하는 사람이 의사소통 상황에서 하는 추론이다. 이러한 정의는 전국토론학술대회(National Developmental Conference on Forensics: NDCF)에서 채택한 표현에 기반을 둔 것이다.[4] 영국의 철학자 스티븐 툴민(Stephen Toulmin)도 "우리의 동료들에게 이러한 신념이 '정당한 이유'에 기반을 두고 있음을 확신시키려면 우리가 어떤 종류의 정당화 활동에 참여해야 하는가?"[5]라는 질문을 통해 유사한 지적을 한 바 있다. **정당한 이유**란 "특정 청중에게 심리적으로 설득력을 발휘하는 이유로, 추가적인 탐구가 불필요하고 쓸모없게 된다. 따라서 어떤 논제를 인정하거나 거부하는 결정을 정당화하게 한다."[6]라고 정의할 수 있다.

한 청중에게 정당한 이유가 될 수 있는 것이 다른 청중에게는 그렇지 않을 수 있음에 유의해야 한다. 타슬리마 나스린(Taslima Nasrin)*은 중편

....

* 의사 출신의 방글라데시 여성 작가. 이슬람 근본주의자의 암살 위협을 받고 1994년 8월 스웨덴으로 탈출했으며, 이후 유럽과 미국에서 살다가 2005년부터는 인도에서 망명 생활을 하고 있다.

소설 「수치(Shame)」를 썼을 때 이슬람 근본주의자의 표적이 되었다. 그들을 분노케 한 이유는, 그녀는 사실이 아니라고 주장하지만, 그녀가 코란은 여성에게 동등한 권리를 주기 위해 "완전히 개정되어야" 한다고 말했기 때문이다. 결국 이슬람의 핵심 신조는 코란이 신의 말씀이라는 것이고 이는 개정의 대상이 아니라는 것이다. 그래서 나스린의 도전은 신성 모독으로 간주되었고 법정 소송을 촉발시켰으며 회교 '파트와(fatwa)', 즉 종교 재판에 의해 그녀에게는 사형이 선고되었다.

> 그녀의 처형을 요구하는 십만 명의 시위대가 다카에 있는 의사당 밖에 모여들었다. 어떤 과격 단체는 그녀가 처형되지 않으면 도시에 수천 마리의 독사를 풀겠다는 위협을 하기도 하였다.[7]

이 사건은 문화적 차이의 극단적 사례를 보여준다. 방글라데시의 이슬람 근본주의자에게는 코란의 개정을 요구했다는 의심을 사는 것만으로도 사형의 '정당한 이유'가 되었다.

전 세계 사람들 대부분 그리고 이슬람교도 대부분은 '신성 모독'을 사형의 정당한 이유로 받아들이지 않는다. 미국의 수정헌법 1조에 명시되어 있는 언론과 출판의 자유는 저자에게 어떤 견해라도 표현하도록 허용하는 정당한 이유로 여겨진다. 토론자는 의사 결정을 내리는 사람들이 받아들일 정당화 활동을 찾아내 바람직한 결론에 동의할 수 있도록 그들을 이끌거나, 아니면 반대자가 제기하는 이유를 거부하도록 그들을 이끌 정당한 이유를 개발할 필요가 있다.

물론 '정당한 이유'가 항상 '정당한' 의사 결정으로 이끄는 것은 아니다. 이유란 특정 청중의 말 없는 기준을 충족하기 때문에 '정당한' 것이 된다. 따라서 합리적인 의사 결정은 문화, 사고방식, 시간적인 맥락뿐만 아니라, 특수한 맥락에서 특정 청중이나 의사 결정자에게 유일무이한 지적인 적용 기준과도 조화를 이루어야 한다. 비판적 사고는 정보에 근거하여 사려 깊은 의사 결정을 할 수 있도록 이끄는 논증 검증을 가능하게 하는 사고방식이지만, 정치나 개인적 의제와 같은 모든 변수를 설명하지는 않는다. 하지만 논증이 다른 대안에 비해서 더 바람직한 의사 결정을 하도록 이끌며, 효과적이고 주의 깊게 비교하고 결론을 내리게 인도하는, 분석적이고 평가적인 수단을 용이하게 적용하게 한다고 믿는다.

다음 절에서는 먼저 토론이 비판적 사고와 합리적 의사 결정의 수단이라는 점을 살펴보고자 한다. 그리고 의사 결정을 하는 몇 가지 다른 방법을 살펴본 후 그것들이 어떻게 논증 및 토론과 관련되는지 알아보고자 한다.

1. 토론

토론(debate)은 탐문과 옹호의 과정으로 어떤 논제에 대한 합리적 판단에 도달하는 방법이다. 개인은 토론을 활용하여 자기 자신의 내적인 의사 결정에 이를 수도 있다. 그렇지 않으면 개인이나 집단이 토론을 활용하여

주변 사람을 자신의 생각에 동의하게 할 수도 있다.

토론은 어떤 명제에 찬성하거나 반대하는 합리적인 논증을 제시하는 것이다. 토론이 성립하기 위해서는 그러한 명제에 대한 찬성 또는 반대의 양 극단에서 경쟁하고 의견이 충돌하는 두 진영이 있어야 한다. 토론은 청자들과 상대 진영의 토론자가 상충하는 대안들을 비교해서 평가하기 때문에, 토론에는 비판적 사고가 필요하다. 개인과 마찬가지로 사회는 효과적인 의사 결정 수단을 가지고 있어야 한다. 자유로운 사회는 그런 방식으로 구조화되어 있기 때문에 많은 의사 결정이 토론을 통하여 이루어진다. 예를 들어, 법정과 입법기관은 의사 결정의 수단으로 토론을 사용하도록 정해져 있다. 사실 의회적 절차를 따라 업무를 수행하는 조직은 어디나 토론을 그 조직의 의사 결정 방법으로 선택한다. 토론은 우리 사회에 널리 퍼져 있는 의사 결정 수단이다.

고대 그리스인은 토론이 개인과 사회 모두에 중요하다는 것을 가장 먼저 인식한 선구자에 속한다. 플라톤은 반대신문(cross-examination) 토론의 초기 형태로 볼 수 있는 대화편에서, 수사학을 "논증을 통해 마음을 얻는 보편적인 기술로서, 법정과 온갖 종류의 공회에서 하는 논증만을 의미하는 것이 아니라 사적인 협의에도 적용되는 개념이다."[8]라고 정의하였다.

아리스토텔레스는 수사학의 네 가지 기능을 제시하였다.[9] 첫째, 수사학은 사기나 부당함이 이기는 것을 막아준다. 아리스토텔레스에 따르면 진리와 정의는 본래 그 반대보다 더 강력한 것이기 때문에, 잘못된 결정이 이루어진다면 그 책임은 발언권을 가진 화자가 지는 것이 마땅하다. 그래서 올바른 결정이 무엇인지 아는 것만으로는 충분하지 않고, 다른 사람 앞에서 그러한 결정을 옹호하는 논증을 할 수 있어야 한다.

둘째, 수사학은 대중을 가르치는 방법이다. 아리스토텔레스는 어떤 상황에서는 과학적 논증이 쓸모없다고 지적하였다. 즉, 화자는 상식과 보편적으로 수용되는 견해를 활용하여 논증을 구성함으로써 청중을 '교육'하여야 한다는 것이다. 예를 들면, 의료보험이나 조세 정책에 대한 의회식 토론이 그러하다. 이 문제의 경우 일반 대중과 대다수의 의원들은 매우 정교한 전문적 논증을 이해할 수 없다. 구체적인 자료를 이해할 수 있을 만큼 전문적이면서 노련한 사람은 의회와 대중이 이해할 수 있는 방식으로 자신의 근거를 재구성하지 않으면 안 된다.

셋째, 수사학은 입론의 양면을 보게 한다. 양 측면을 논증함으로써 입론의 모든 측면을 알게 되고 반대자의 논증에 대한 반박을 준비할 수 있게 된다.

넷째, 수사학은 방어의 수단이다. 자신을 지키고 자신의 이익을 보호하기 위해 논증과 토론에 대한 지식이 필요한 경우가 많다. 아리스토텔레스는 다음과 같이 말한 바 있다. "만일 자신을 신체적으로 방어하지 못하는 것이 불명예가 된다면, 근거를 들어 자신을 방어하지 못하는 것을 불명예가 아니라고 생각하는 것은 이상할 것이다. 근거는 인간에게 신체적인 노력보다 더 강력하다." 이와 비슷하게 19세기 존 스튜어트 밀도 토론의 가치를 강조한 바 있다.

만일 뉴턴주의 철학에 대해서조차 문제 제기가 용납되지 않았다면 사람들은 진리에 대한 확신을 자신들이 지금[1858년] 느끼는 것과 같은 정도로 완전하게 갖지는 못하였을 것이다. 가장 확실하게 보장하는 믿음의 피난처는 없지만 그것이 확립되어 있지 않음을 증명할 여지는 항상 열려 있다. 이의 제기가 받아들여지지 않거나, 받아들여진다 해도 입증에 실패한다면 여전히 확실성과는 너무나 먼 거리에 있는 것이다. 그러나 우리는 현재의 인간 이성이 인정하는 최선을 다해 왔다. 진리에 도달할 기회를 얻을 수 있는 어떤 것도 소홀히 하지 않았다. 만일 진리의 목록이 열려 있고 더 나은 진리가 존재한다면 그것은 인간의 지성이 그것을 수용할 수 있을 때 발견될 것이다. 그리고 그사이 우리 시대에 가능한 진리에 대해 접근할 수 있게 되었다고 믿을지도 모른다. 이것이 오류를 범할 수 있는 인간이 성취할 수 있는 확실성의 정도이며 그것을 성취하는 유일한 방법이다.[10]

반세기 전 미국 상원은 토론자로서 능력을 발휘하여 나라의 역사를 만든 헨리 클레이(Henry Clay), 대니얼 웹스터(Daniel Webster), 존 칼훈(John C. Calhoun), 로버트 라 폴레트 경(Robert M. La Follette, Sr.), 로버트 태프트(Robert A. Taft) 등 다섯 명의 상원의원을 불후의 상원의원으로 지정하였다. 특히 웹스터, 클레이, 칼훈, 이 세 거물은 다른 이들보다 더 출중했고 상원과 학자들 사이에서 거의 만장일치의 지지를 받았다. 당시 초선 상원의원이었던 케네디(John F. Kennedy)가 지적한 바와 같이 "그들은 30여 년 동안 국가 성장의 모든 주요 쟁점들에 대하여 지도력과 표현력을 발휘하면서 의회와 나라를 장악하였다."[11] 라 폴레트와 태프트는 각각 소속 정당에서 20세기 진보주의 운동과 보수주의 운동을 대표하는 걸출한 인물로 선정되었다. 이러한 '불후의 인물들'의 명예를 기리면서 상원은 미국사 교육 과정을 결정하는 데 토론이 중요하다는 사실을 인정했다.

미국 법률은 토론 과정을 통해 제정될 뿐만 아니라 토론을 통해 적용되기도 한다. 오늘날 법정 변호사들은 변호사 조지프 웰치(Joseph N. Welch)의 명언을 현대 법정 소송의 지침으로 인용한다.

미국에서는 형사 법정을 포함한 법정에서 변호사들이 '대심 제도(adversary system)'*라고 하는 것을 신뢰한다. 지방 검사가 엄격하게 공소를 제

....

* 원고 측과 피고 측을 모두 출석시켜 진행하는 재판 제도.

기하는 것이 미국의 전통이다. 이에 대응하는 변호사는 피고인이 직접 고용하거나, 경제적 형편이 어려울 경우 법원에서 선임해준다. 그리고 피고인의 변호사는 열성적으로 변호한다. 진실은 이러한 호된 시련의 장에서 배태된다고 믿는다. 대개는 그러하다.[12]

최근 선거 토론이 늘어나고 대중화됨에 따라 공공 토론의 인기가 눈에 띄게 올라가고 있다. 이는 비교적 새로운 현상이다. 최초의 대선 토론은 1960년 리처드 닉슨과 존 F. 케네디 사이에 이루어졌다. 그다음 대선 토론은 법에 따라 이루어진 것은 아니지만 1976년 제럴드 포드와 지미 카터 사이에 있었는데, 이후에 이루어진 모든 대통령 선거운동에서는 대통령과 부통령 선거 토론이 자리 잡게 되었다. 2007~2008년에는 3회의 대선 후보 토론과 1회의 부통령 후보 토론을 하는 일반 선거 토론이 있었다. 이에 앞서 예비선거 기간에 민주당 26회, 공화당 21회로 총 47회의 후보자 토론이 있었다. 2011~2012년에는 3월의 슈퍼 화요일 예비선거에 앞서 20회의 공화당 예비선거 토론이 개최되었다. 그리고 선거 토론은 시장 선거를 비롯한 자치단체장 선거에서도 인기를 끌었다. 이러한 선거 토론은 유권자에게 후보자와 그들의 입장을 알려주고, 국민에게 정책에 영향을 미칠 중요한 관심사에 대한 정보를 주며, 선거운동의 관례적 기능을 수행한다.

토론은 의회, 법정, 선거 유세에서만이 아니라 사회의 다른 모든 분야에서도 필요하다. 우리의 권리는 대부분 직·간접적으로 토론에 달려 있다. 영향력 있는 언론인 월터 리프만(Walter Lippmann)은 우리의 가장 소중한 권리 중 하나인 언론의 자유는 토론을 조직하고 권장하는 것을 통해서만 유지될 수 있다고 하면서 다음과 같이 지적하였다.

그렇지만 진정한 토론이 결여된다면, 언론의 자유는 본래의 의미대로 작동하지 않는다. 이는 언론의 자유를 규제하고 옹호하는 원칙, 즉 논리와 증거 규칙에 의거해 수행되는 변증법적 방식을 상실하게 되는 것이다. 만일 효과적인 토론이 없다면, 발언권이 제약받지 않아 너무나 많은 선동가들, 중개인들, 뚜쟁이들이 대중 앞에서 활개 칠 것이기 때문에 머지않아 사람들은 일종의 정당방위로 자신들을 보호하기 위한 자기검열에 의존하게 될 것이다. 언론의 자유는 온갖 종류의 이유와 구실로 축소되고, 온갖 이익이 되거나 어리석거나 사악한 목표를 성취하는 데 이용될 것이다.

토론을 하지 않으면 발언이 제약받지 않기 때문에 의견의 질이 저하될 수 있다. 가령 그레셤의 법칙(Gresham's law)*에 따르면, 더 합리적인 것이 덜 합리적인 것을 이기지 못하고, 가장 열정적 의지를 가진 사람들이 열렬히 지지하는 의견이 우세한 의견이 되기 마련이다. 이러한 이유로 언론의 자유는 출판, 인쇄, 방송, 영화의 자유에 대해 간섭하는 것을 반대한다고 해서 지킬 수 있는 것은 아니다. 언론의 자유는 오직 토론을 장려함으로써만 지킬 수 있다.[13]

언론의 자유를 지키기 위해 그리고 이 시대의 문제를 조사하고 판단하기 위한 방법론을 제공하기 위해 토론이 필요하다. 수사학과 논증에 관한 저서로 논증과 토론 분야에 큰 영향력을 미친 벨기에의 철학자이자 수사학자인 체임 페렐만(Chaim Perelman)은 다음과 같이 말한 바 있다.

만일 우리가 공정성 시비를 불러올 수 있는 모든 문제에 대해 폭력에 의존하지 않고 합의에 도달할 수 있다면, 이는 이성을 부여받은 모든 인간, 그

....
* 16세기 영국의 재무관 토머스 그레셤이 제창한 화폐유통에 관한 법칙이다. 흔히 "악화가 양화를 구축한다."라는 말로 알려져 있다.

리고 우리가 어디선가 보편적 청중이라고 불렀던 이들이 수용하였던, 모든 인간에게 유효한 인간과 사회의 이상을 만들어낼 가능성을 인정하는 것이다.[14]

　　우리가 유일하게 사용할 수 있는 토의 방법은 협의의 차원에서 증명하는 기술, 즉 확증적이고 정합적인(rational) 기술이 아니라 논증의 기술에서 나온다. 논증의 기술은 확증성을 갖는 기술이 아니라 주장하고자 하는 개념의 합리적인(reasonable) 특성을 제시하고자 한다. 철학자들은 이러한 이성과 합리성을 통하여 보편적 공동체(universal communion), 즉 폭력이 점진적으로 지혜로 대체될 인간 세상을 이루려는 열망을 실현하기 위해 오랜 세월 노력해 왔다.[15]

지금까지 철학자들과 정치 지도자들이 사회 문제를 다루기 위한 도구로 토론에 오래전부터 관심을 기울여온 것에 대해 간단히 언급하였다. 이제 토론이 그렇게 널리 확산된 까닭이 무엇인지 알아보자. 개인은 논증과 토론의 원리를 알아서 이를 의사 결정을 하는 데 적용하고 또 타인의 의사 결정에 영향을 끼침으로써 이익을 얻는다. 자유롭고 개방적인 토론은 개인의 권리를 지키고 또 사회가 최적의 의사 결정을 할 수 있게 하기 때문에, 토론이 활성화되는 것은 해당 사회에 도움이 된다.

2. 개인적 의사 결정

한 개인이 어떤 문제의 여러 측면을 검토하여 그 문제를 해결할 때에는 언제나 개인적 의사 결정이 이루어진다. 예를 들어, 오늘 저녁 농구 경기를 보러 갈 것인지, 입장권이 너무 비싸지는 않은지, 차편은 어떤지에 관한 것이라면, 의사 결정은 개인적으로 이루어질 수 있다. 그러나 만일 경기장에 가기 위해 친구의 차를 빌려야 한다면, 차를 빌려줄 친구의 허락을 얻어야 한다.

복합적인 문제들도 개인적 의사 결정을 어떻게 하느냐에 달려 있다. 미국의 기업 중에는 작은 회사에서 큰 회사로 성장했지만 여전히 설립자의 개인적 통제 아래에 놓여 있는 경우가 많다. 어떤 컴퓨터 회사는 1970년대에 1인 기업으로 출발하여 수백만 달러 규모의 기업으로 급성장했지만 여전히 창업주가 모든 중요한 의사 결정을 한다. 그리고 1980년대에 수십억 달러의 차입 매수(leveraged buyout)의 경우도 대담한, 혹은 탐욕적이라고까지 여겨진 자본가들에 의해 이루어졌는데, 그들은 매일, 심지어 매시간 개인적 의사 결정을 내린다.

조지 H. W. 부시 대통령이 '사막의 폭풍 작전'*에 착수했을 때, 빌 클린턴 대통령이 소말리아와 아이티에 미군을 파병하면서 '사막의 여우 작전'을 승인했을 때, 조지 W. 부시 대통령이 아프가니스탄에서의 '항구적 자유 작전'과 이라크에서의 '이라크 해방 작전'을 승인했을 때, 그리고 오바마 대통령이 '넵튠 스피어 작전'에서 오사마 빈 라덴의 사살을 지시했을 때, 그들은 각각 다른 의사 결정 방법을 사용했지만 각각의 경우에 궁극적인 의사 결정은 개인이 했다. 사실, 많은 정부의 의사 결정은 오로지 대통령에 의해서만 이루어진다. 월터 리프만이 지적한 바와 같이, 토론은 큰 쟁점들에 대해 의사 결정을 내리는 데 만족스럽게 사용할 수 있는 유일한 수단이다.

대통령은 그가 누구든 헌법이 부여한 권한으로 생소하고 격변하는 쟁점

....
* 1991년 걸프전 당시 미군을 중심으로 한 연합군이 이라크 바그다드를 공습할 때의 작전명.

들을 이해하고 결정하기 위한 방법을 찾아야 한다. 대략적으로 말하면 …
대통령이 결정을 내리는 방법에는 두 가지가 있다. 하나는 비서실장, 각
료, 국장과 같은 자신의 비서진에게 조언을 구하거나 그들로 하여금 쟁점
에 대해 논쟁을 하게 해 합의를 끌어내는 방법이다. …

　다른 하나는 결정해야 할 쟁점에 대해 토론하는 곳에서 재판관처럼
앉아서 듣는 방법이다. 대통령은 토론을 듣고, 증거를 조사하며, 토론자들
이 서로 반대신문을 하는 것을 듣고, 토론자들에게 직접 질문을 한 다음
결정을 내린다. …

　이것은 훨씬 더 어려운 방법인데 그 이유는 다양한 관점이 충돌하는
것 때문에 느끼는 스트레스와, 그런 다음 그것이 얼마나 중요한지를 충분
히 인식하고서 의사 결정을 하는 중압감을 대통령이 감내해야 하기 때문
이다. 그러나 중요하고 복합적인 쟁점들에 대해 의사 결정을 하기 위해 이
보다 더 만족스러운 방법은 없다.[16]

존 F. 케네디는 의사 결정을 하기 전에 다양한 관점을 조명하고, 오류
를 찾아내며, 여러 상황을 가정해보기 위한 토론을 하는 데 내각 회의와 국
가안전보장위원회를 활용하였다.[17] 그는 재직 중의 경험을 통해 토론을 더
강조하게 되었다. 한 역사가에 따르면, "피그스 만(Bay of Pigs) 사건*과 미
사일 위기 간의 차이가 있는 것은 피그스 만 사건의 실패를 통하여 케네디
가 중요한 의사 결정에 앞서 이루어지는 무제한적인 토론의 중요성을 알게
되었기 때문이다."[18] 모든 대통령은 정도의 차이는 있지만 자신의 조언자
들 간에 이루어지는 토론을 권장한다.

………

* 　1961년 4월 피델 카스트로의 쿠바 정부를 전복하기 위해 미국에서 훈련한 1400명의 쿠바 망명
자들이 미군의 도움을 받아 쿠바 남서부 카리브 해에 있는 피그스 만을 침공하려다 실패한 사건.

우리는 국가 정책의 주요 문제에 대한 최종 결정을 내려야만 하는 일이 결코 없겠지만, 우리 자신에게 중요하기에 항상 관심을 가지는 문제에 대해 의사 결정을 할 때에도 비슷한 방식으로 토론을 적용할 수 있다. 즉, 문제의 긍정적 측면과 부정적 측면을 평가하면서 마음속으로 토론을 하거나, 다른 사람들이 우리를 위해 문제에 대한 토론을 하게 할 수도 있다. 우리는 점차 대학, 공동체, 사회의 의사 결정에 관여할 것이기 때문에 합리적 토론을 통해 의사 결정에 도달하는 것은 우리 자신의 이익을 위해서도 현명한 일이다.

만약 필수 불가결한 조건들을 통제할 수 있다면, 개인적 의사 결정은 효력을 발휘할 수 있을 것이다. 만일 의사 결정을 하는 데 타인의 동의나 협력을 필요로 한다면, 토론이나 집단 토의, 설득, 선전, 강제, 또는 이러한 방식을 조합하여 타인들로부터 적절한 반응을 끌어낼 방법을 찾지 않으면 안 된다.

3. 집단 토의

집단 토의는 집단 구성원들이 다음과 같은 상황일 때 의사 결정을 위해 활용될 수 있다. (1) 어떤 문제가 존재한다는 것에 동의하고, (2) 서로 받아들일 수 있는 기준이나 가치를 가지고 있고, (3) 서로 받아들일 수 있는 목적을 가지고 있고, (4) 집단의 합의를 기꺼이 받아들이고자 하며, (5) 구성원의 수가 비교적 적다. 이러한 조건이 충족되고 관련 증거와 논증이 모두 신중하게 평가될 때, 집단 토의는 의사 결정의 합리적인 수단이 될 수 있다.

1999년 2월에 격렬한 대립이 있었던 미 하원의 탄핵 절차와 그에 이은 상원의 심리 이후, 빌 클린턴 대통령에 대한 두 가지 탄핵 조항은 부결되었다. 하원에서 이루어진 탄핵에 대한 표결은 곧바로 당의 기본 방침에 따라 이루어졌다. 상원 표결에서 일부 공화당 이탈자가 있기는 했지만, 입법부와 행정부 간의 긴장이 있었기 때문에 심리 과정에서 당파적 긴장감이 최고조에 달하였다. 인물 간의 충돌, 당파적 차이, 입법부와 행정부의 차이에 내재하는 어려움에도 불구하고, 하원 및 상원의 지도자들과 클린턴 대통령은 국가의 이익을 위해 협력할 것을 약속하였고, 입법부의 수많은 긍정적인 변화를 실행할 수 있었다. 사실, 미국 정치의 강점은 양당의 노련한 지도자들이 정치적 차이에 집착하지 않고 일부 중요한 법률에 대해서는 양당의 합의를 끌어내는 전통을 만들어 왔다는 것이다. 이러한 협력관계는 지금 해체와 분열의 분위기 속에서 위협받고 있다. 미국 정부에서 집단 의사 결정의 실패 사례로는 2011년 8월 2일에 2011년도 예산 통제법에 따라 만들어진 미국 의회 적자 감축 공동 특별위원회(The Joint Select Committee on Deficit Reductions of the U.S. Congress)가 있다. 슈퍼위원회로 불리는 이 조직은 2011년 여름의 부채 한도 위기 문제를 다루며 해결 권고안을 도출할 임무를 띤 미국 의회의 공동위원회였다. 권고안은 일반적인 수정 절차 없이 의회의 표결에 부쳐지도록 되어 있었다. 이 예외적인 조직 구성은 부채 문제의 해결에 방해가 되었던 당파적 교착 상태를 피하기 위한 방편이었다. 11월 21일 위원회는 다음과 같은 성명을 발표하였다. "수개월간의 노고와 집중적인 심의를 거친 결과, 오늘 우리는 위원회의 마감 시한 전까지 국민 앞에 초당적인 합의를 도출할 가능성이 없다는 결론에 이르렀다."[19]

어떤 집단이 15~20명 이상일 경우, 생산적인 토의가 불가능하지는 않지만 쉽지도 않다. 상원의 경우, 위원회에서라면 어떤 문제라도 토의할 수 있지만 전체 상원 회의에서는 그렇지 않다. 상원은 토의(discussion)를 하기에 규모가 너무 크다. 즉, 상원에서는 토론(debate)이 이루어져야 한다. 물론 비형식적 토론이 토의 과정에서 이루어질 수 있고, 토의는 토론의 전

단계가 될 수도 있다.[20] 만일 의견 차이가 토의를 통하여 해결될 수 없다면, 토론이 논리적 대안이다.

만일 상원의 소위원회 같은 집단이 토의를 통해 결론에 도달한다면, 전체 상원에서 그 문제를 토론하는 것은 불가피할 것이다.

집단 의사 결정을 하고자 한다면 문제 해결에 필요한 절차를 체계적으로 수행하는 것이 좋다. 첫 번째 단계에서는 집단 구성원들이 다루고자 하는 문제를 정의하고 분석해야 한다. 문제의 성격과 그 파급 효과를 확인하고, 증상과 원인을 구별하며, 각각의 상대적 중요성을 헤아려보아야 한다. 이 단계에서는 문제에 대한 합의된 진술을 도출하는 것이 중요하다. 두 번째 단계에서는 규정된 대로 문제를 다루는 데 필요한 정보를 수집하고 평가하면서 문제를 조사해야 한다. 세 번째 단계는 가장 중요하면서도 간과하기 쉬운데, 성공적인 해결책을 판별할 기준을 세우고 우선순위를 매기는 단계이다. 이 기준은 수치로 제시될 것이다. 이 단계의 목표는 상충되는 해결책들을 평가할 측정치나 기준을 확인하는 것인데, 여기에는 중요도에 따라 그 우선순위를 매기는 것이 포함된다. 네 번째 단계에서는 집단 구성원들이 브레인스토밍의 과정을 통하여 해결 가능한 방안을 제시하여야 한다. 다섯 번째 단계에서는 기준을 적용하여 최선의 해결책을 선정하기 위한 목록을 확립해야 한다. 마지막으로, 여섯 번째 단계는 그 해결책을 실행하고 점검하는 단계로, 다양한 상황에서 그것을 재평가하고 첫 번째 단계로 돌아가는 것이다.

개인과 마찬가지로 집단도 실제로 실행할 힘을 가지고 있어야 해당 결정을 행동에 옮길 수 있다. 만약 특정 계획을 실행할 때 다른 사람의 동의와 협력이 필요하다면, 그들의 협력을 얻기 위해서 다른 수단을 사용하여야 한다.

4. 설득

목적 지향적인 **설득**(persuasion)이란 타인의 행위, 신념, 태도, 가치에 영향을 미치고자 하는 의사소통으로 정의된다. 설득의 한 가지 방법이 토론이라는 것은 분명하다. 그러나 설득은 토론처럼 신중한 논리적 판단만을 추구하는 것이 아니며, 주어진 명제에 대해 찬성하거나 반대하는 논증을 요구하는 것도 아니다. 예를 들어, '말보로 맨' 광고는 잘생기고 다부지며 건강한 카우보이 이미지를 상품과 결합한 이미지 광고를 통해 소비자가 말보로 담배를 사도록 설득하는 것인데, 이 광고가 토론을 통하여 신중한 판단을 추구하는 것이 아닌데도 수년 동안 지속된 것을 보면 회사가 이 광고를 매우 효과적인 설득 방법이라고 판단했음에 틀림없다. 2012년 다이렉트 티브이(Direct TV)*는 TV 광고를 통해 자신들의 회사를 홍보했는데, 거기에는 다음과 같이 유머러스하지만 잘못된, 미끄러운 비탈길 논증(slippery

....

* 미국의 유선 방송 채널.

slope argument)이 포함되어 있었다.

- 유선 방송사가 여러분을 기다리게 하면, 화가 나시죠?
- 화가 나면, 여러분은 울분을 터뜨리실 겁니다.
- 울분을 터뜨리면, 사고가 나지요.
- 사고가 나면, 안대(eyepatch)를 두르게 됩니다.
- 안대를 두르면, 사람들은 여러분을 강인하다고 생각할 겁니다.
- 사람들이 여러분을 강인하다고 생각하면, 얼마나 강인한지 확인하려고 할 겁니다.
- 사람들이 여러분이 얼마나 강인한지 확인하려고 하면, 여러분은 (두들겨 맞고) 길가 흙탕물에 내동댕이쳐지겠지요.
- 길가 흙탕물에서 일어나지 말고, 유선 방송을 해지한 후 다이렉트 티브 이로 업그레이드하세요.

설득하려는 사람은 무대를 장악하기를 바라면서 상대편이 논증을 제시하는 상황을 회피하고자 하는 경향을 보이기도 한다. 많은 이들이 장기간의 법정 분쟁이 있을 것이라고 예상하였으나 텔레비전 광고 금지를 수용한 담배 회사들의 경우를 생각해보자. 그렇게 한 이유는 텔레비전 방송국이 똑같은 시간을 할애하여 흡연의 위험성을 대중에게 알리는 방송을 하도록 요구받았기 때문일 것이다. 담배 회사들은 양쪽에 똑같은 시간을 할애하도록 요구받지 않은 매체에 광고비를 대는 것이 더 낫다는 사실을 분명히 알고 있었다. 베네수엘라의 우고 차베스(Hugo Chavez) 대통령은 최근 국제적으로 화제가 되면서 전국적 저항을 촉발했는데, 이는 자신에 대해 비판적이었던 인기 TV 방송국인 라디오 카라카스 텔레비전(RCTV)에 대한 허가를 갱신하지 않음으로써 정부에 대한 현지의 반대를 효과적으로 제거하려고

했기 때문이다.[21]

미국에서는 정치적 후보자가 자신의 이념이나 입장을 공유하는 미디어, 정치적 동맹 또는 자신의 정치적 배경이나 입장에 우호적인 방송국이나 프로그램과만 단독으로 인터뷰하는 것이 이상한 일이 아니다. 폭스 뉴스(Fox News)는 보수적인 공화당 사람들과 더 많이 방송 인터뷰를 하는 경향이 있으며, MSNBC는 진보적인 민주당 사람들과 더 많이 접촉하는 경향이 있다.

설득하는 사람은 청중에게 가장 잘 부합하리라고 믿는 설득력 있는 호소 유형을 선택한다. 여기에는 피켓 라인,* 침묵 기도 시위, 텔레비전을 통한 교묘한 네거티브 정치 광고, 대법원 앞에서 열리는 장중한 공식 행사와 같은 토론회 등 다양한 의사소통 방식이 포함된다(청중 분석에 대해서는 15장 참조). 2011년에 한 무리의 사람들은 뉴욕 시내 월스트리트 금융가에 있는 주코티 공원(Zuccotti Park)에 모습을 드러내는 것만으로도 많은 사람들을 설득하는 데 성공하였다. 이른바 '월스트리트를 점령하라(Occupy Wall Street)'로 일컬어진 이 시위는 사회적·경제적 불평등, 탐욕, 부패와 특히 금융 부문에서 횡행했던 정부에 대한 기업의 부당한 영향력에 대해 항의했다. 이 시위는 물론 상징적으로도 지리적으로도 월스트리트에 집중되었다.

아리스토텔레스는 수사학을 설득에 대한 학문으로 여겼는데, 이는 수사학이 (특정 상황에서) 일련의 독특성을 갖고 있는 특정 청중에게 영향을 끼치기 위해 만들어졌기 때문이다. 그는 연설자(rhetor)가 사용할 수 있는 설득의 수단으로 논증을 상정하고, 논증은 에토스(ethos), 파토스(pathos), 로고스(logos)라는 설득의 방식을 통하여 힘을 발휘한다고 보았다. 에토스는 화자 안에 있는 입증, 달리 말하자면 청중이 화자에 대하여 내리는 판단

....

* 출근 저지 투쟁을 위해 파업 노동자들이 늘어서는 줄.

이다. 청중은 에토스의 세 가지 특성을 바탕으로 화자를 판단한다. 에토스의 첫 번째 특성은 인품(character)이다. 청중은 화자의 윤리적 행동에 대한 자신의 인식에 기초해 화자의 인품을 평가한다. 물론 화자의 행위가 윤리적인지를 결정하기 위해 청중은 판단 기준이 있어야 한다. 화자의 윤리는 일련의 가치에 의해 판단될 수 있는데, 청중은 자신들이 견지하는 가치와 유사하다고 생각하는 가치를 더 호의적으로 받아들이는 경향이 있다. 따라서 인품은 기본적으로 삶의 경험과 가치에서 화자가 자신을 청중과 유사하게 드러내는 동일시(identification)의 크기이다. 에토스의 두 번째 특성은 총명함(sagacity) 또는 지혜(wisdom)이다. 오늘날 이 말은 논증하는 내용에 대한 화자의 전문 지식과 역량에 대한 고려를 포함한다. 에토스의 세 번째 특성은 선의(goodwill), 또는 화자의 신뢰성(trustworthiness)과 활력(dynamism)이다. 논증의 설득 효과에 영향을 미치는 두 번째 유형의 입증은 파토스, 즉 정서적 입증이다. 이는 논증이 청자인 청중에게 미치는 사적 영향에 대한 판단이다. 아리스토텔레스는 감정(emotion)을 고통이나 즐거움이 관장하는 내적 조건이라고 기술하였다. 파토스는 비극적 이야기가 슬픔을 유발하듯 설득적 호소가 청자의 감각적 반응을 산출해 논증에 대한 청자의 수용성을 더 높일 때 채택된다. 마지막으로, 논증은 로고스 또는 논리적 입증을 채택할 때 설득력을 얻는다. 로고스는 청중이 논증 그 자체에 대하여 내리는 판단이지만, 논증의 확실성 또는 거짓됨을 평가하는 것이라기보다는 설득의 상대적인 강점이나 약점을 판단하는 것이다. 다시 말하면, 수사적 논증은 형식 논리학이나 수학적 추론에서와 같이 진실 또는 거짓으로 측정되는 것이 아니라, 발생 가능성의 정도에 따라 개연성이 있느냐 그렇지 않으냐로 측정된다.

설득하는 사람은 설득 과정에 들어가기 전에 문제에 대한 판단을 하며, 청중이 가졌으면 하고 바라는 입장으로 시작한다. 토론은 질문하기라는 구성 요소를 포함한 '탐문과 옹호'로 간주된다는 점을 떠올릴 필요가 있다. 설득하는 사람은 타인이 자신의 결정을 수용하도록 설득함으로써 문제를 해결하거나 더 이상 노력할 필요가 없다는 확신이 들 때까지 설득의 과정을 지속한다. 타인에게 영향을 미치기 위해 노력하면서 설득하는 사람은 (1) 다른 설득하는 사람과 함께하면서 선전원(propagandist)이 되는 것, 또는 (2) 반대에 직면해 토론자(debater)가 되는 것이 필요하거나 그것이 도움이 된다는 것을 알게 될지도 모른다. 그래서 그들은 결국 논증과 토론의 원리에 익숙할 수밖에 없게 된다. 이러한 지식은 타인의 설득에 대한 방어가 되기도 한다. 만일 설득하는 사람의 호소를 비판적으로 분석한다면, 합리적인 의사 결정을 할 가능성을 높이게 될 것이다. 만일 설득하는 사람이 부적절하다고 믿는 결정을 내린다면, 토론자가 되어 우리가 찬성하는 결론을 옹호할 필요가 있음을 알게 될 것이다.

가령 엘리베이터에서 사적인 대화를 우연히 엿듣고 영향을 받는 경우처럼, 우리를 설득할 의사가 없는 메시지를 받았을 때, 혹은 의도하지 않은 방식으로 무의식중에 타인과 의사소통하고 그들에게 영향을 미쳤을 때, 의도하지 않은 설득이 일어날 수도 있다.

5. 선전

선전(propaganda)은 (주로 결속력 강한) 집단이 대중에게 영향을 미칠 목적으로 다양한 매체를 활용해 지속적이고 조직적인 캠페인 속에서 사용하는 설득 행위이다. 역사적으로 선전은 종교적·사회적·정치적 운동과 관련되어 왔다. 오늘날 이 용어는 상업광고 활동을 포함하는 의미로 확장되어 쓰인다. 이 용어는 1622년 교황 그레고리 15세가 신앙 선전 선교원(the Sacred Congregation for Propagating the Faith)을 세울 때 처음 널리 사용되었다. 신앙의 관점에서 보면 신앙을 전파하는 것보다 더 훌륭한 일은 없을 것이다. 1933년 히틀러가 요제프 괴벨스 박사를 자신의 선전관으로 임명하였을 때 이 단어는 또 다른 의미를 갖게 되었다. 나치에 반대하는 관점에서 보면 나치즘을 전파하는 것보다 더 나쁜 일은 없을 것이다. 오늘날에도 선전은 경멸적인 용어로 인식되는 경우가 많다. 한 여성 단체 임원이 다음과 같이 말하는 모습을 상상해보자.

우리는 여성의 복지 차원에서 필요한 경우 낙태가 불가피하다는 점을 대중에게 널리 알리기 위한 교육 활동을 해 왔다. 교회가 선전원들을 동원하여 우리를 반대하기 전까지는 아무런 문제가 없었다.

이와 같이 일상어에서 우리는 교육하거나 정보를 제공한다고 말하지만 그들은 선전한다고 말한다. 또 다른 사례는 차베스 베네수엘라 대통령의 경우이다. 그는 2007년 유엔에서 연설할 때 조지 부시 대통령을 '악마'라고 칭했다. 나중에 차베스는 자신과 자신의 정부에 비판적인 외국인 방문자들을 강제로 추방하겠다고 위협하였다.

물론 목적이 수단을 정당화하지는 않는다. 선전은 설득과 마찬가지로 그것이 참된 증거와 타당한 추론에 기반을 두고 있는 정도에 의해서만 좋거나 나쁘다고 평가할 수 있다. 1차 세계대전에 미국이 참전하기에 앞서 이루어진 미국 내 연합국의 선전에서 의심스러운 사례들이 발견된다. 당시에는 잔혹 행위에 대한 이야기가 왜곡되거나 조작되어 많이 사용되었다. 또 다른 사례로는 옛 소련의 공산주의 선전에서 찾아볼 수 있는데, 그들은 '터무니없는 거짓말(big lie)' 기술을 광범위하게 사용하였다. 중동 위기 동안에 이스라엘과 아랍 국가들은 자신들에게 우호적인 여론을 조성할 목적으로 미국 내에서 선전 활동을 수행하였다. 각 진영은 명확하게 자신들을 선한 존재로, 상대편을 악한 존재로 생각한다.

좋은 목적으로 사용된 선전의 예로는 대중에게 안전 운전을 하게 하고, 암의 징후를 알아채게 하며, 안전한 성 생활을 실천하도록 하는 다양한 활동을 들 수 있다. 이러한 예들은 대개 타당한 증거와 합리적인 추론에 바탕을 두고 있다. 또 다른 사례로는 교회가 사람들을 설득하여 십계명을 따르게 한다든가, 자선 단체에서 노숙자나 에이즈 환자를 도울 목적으로 기부를 받기 위해 하는 활동을 들 수 있다. 선전가는 선전을 시작하기 전에 문제에 대한 판단을 한다. 그들은 다른 사람들이 자신들의 의사 결정을 받아들이도록 설득함으로써 문제를 해결하거나, 더 이상의 노력이 쓸모없다는 인식에 도달할 때까지 선전 활동을 지속한다. 타인에게 영향을 미치기 위한 노력에서 선전가는 자신의 반대자들과 대면하여 토론하는 것이 필요하거나 도움이 된다는 점을 발견할 수도 있다. 그럴 경우 그들은 논증과 토론에 대한 지식이 필요할 것이다. 만일 자신들의 증거가 정확하고, 추론이 타당하며, 호소의 방식을 신중하게 선택한다면, 그 활동은 성공할 가능성이 매우 클 것이다. 그러나 만일 어떤 조건이 결여되어 있다면 성공의 가능성은 그만큼 줄어들게 된다.

마찬가지로 논증과 토론에 대한 지식은 지속적으로 직면하는 선전 활동에 대응하기 위한 중요한 방어수단이다. 만일 선전을 비판적으로 분석하지 못한다면 악으로부터 선을 구별해 내지 못할 것이다. 합리적인 의사 결정을 할 능력을 상실하고 '숨은 설득자들(hidden persuaders)'의 희생양으로 전락할 수도 있을 것이다.

6. 강제

강제(coercion)는 위협하거나 힘을 사용하여 다른 사람이 선택할 수 있는 실행 가능한 행위를 제한하는 일로 정의된다. 부모는 아이에게서 성냥갑을 빼앗을 때나 숙제를 끝내지 않는 아이를 벌할 때 강제력을 행사한다. 사회에서는 범죄자를 교도소에 가두거나 운전자의 위반 행위에 범칙금을 부과할 때 강제력을 행사한다. 국가는 전쟁을 할 때 강제력을 행사한다. 민주주의 사회에서는 강제력의 행사에 많은 제약을 부과한다. 부모는 자신의 자녀를 신체적으로나 정신적으로 학대하지 말아야 한다. 범죄자는 법정에서 자신을 변호할 기회를 가진 이후에만 징역형을 살게 될 것이다. 미국이 전쟁을 선포하려면 먼저 전쟁에 대한 의회의 승인을 얻어야 한다. 부시 대통령은 아프가니스탄에서의 항구적 자유 작전과 이라크 해방 작전에서 무력 사용에 대한 의회 승인을 얻는 일을 분별 있는 행동으로 인식하였으며, 오바마 대통령은 리비아 반군을 지원하기 전에 국제적 협력을 얻고자 노력하였다. 민주주의 사회에서는 개인이든 국가든 문제 해결 수단으로서의 강제는 토론 과정을 거쳐서 필요성이 인정되는 특별한 경우를 제외하고는 일반적으로 금지된다. 이와는 달리 전체주의 사회에서는 토론이 매우 제한적으로 이루어지는 데 비해 강제는 매우 보편적으로 존재한다.[22]

의사 결정에 영향을 미치기 위해 강제가 동원될 수도 있다. 국가의 강제력은 범죄를 저지르기 위한 의사 결정을 막는 강력한 논리적 도구가 될 수 있으며, 어떤 이들에게는 그것이 유일하게 효과적인 도구로 간주될 수도 있다. 정책 논제를 옹호하는 논증에서 찬성 측 토론자는 종종 자신들이 옹호하는 행동 방안에 강제의 필요성을 전제한다. 여기에는 해당 방안의 요구를 따르지 않거나 회피하려는 사람들에게 가할 벌금이나 투옥, 또는 그 밖의 처벌을 제시하는 '시행 강령(enforcement plank)'이 포함될 수 있다. 이를 대신하여 그들은 현존하는 법률 체계를 통한 방안의 시행을 옹호할 수도 있다.

강제력을 집행하기 위한 의사 결정은 그것이 충분하고 공정한 토론 후에 이루어질 때 사회적으로 용인되고 효과를 발휘할 수 있다. 바론 카를 폰 클라우제비츠(Baron Karl von Clausewitz)가 내린 전쟁에 대한 고전적 정의, 즉 "다른 수단에 의한 외교의 연속"이란 관점에서 보면, 강제력의 극단적 형태인 전쟁은 있을 수 있는 위험과 이익에 대한 신중한 토론 후에 선택해야 할 문제 해결 수단이다.

7. 방법들의 조합

의사 결정을 내릴 때에는 종종 여러 방법을 조합하여 사용할 필요가 있다. 사회적 맥락을 고려하여 특정한 경우에 가장 적합한 방법을 결정할 것이다.

타인의 동의나 협력을 얻어야 하는 문제를 해결하기 위해서는 상당한 기간이 필요하고, 모든 의사 결정 방법을 사용해야 할 수도 있다. 가령 어떤 사람은 개인적 의사 결정을 통해, 환불해 주지 않는 음료수 용기는 처리 불가능한 쓰레기를 만드는 원인이 되기 때문에 만들지 못하게 해야 한다고 결정할 수도 있다.

이 사람은 그러한 의사 결정을 혼자 시행할 능력이 없기 때문에 친구들을 동참시키기 위해 설득을 사용할 수밖에 없다. 그들은 집단 토의를 통해 자신들의 목표에 어떻게 다가갈 것인지 결정할 것이다. 그들은 기금을 모으기 위하여 단체를 조직하고, 전국의 투표자를 대상으로 몇 개월 또는 몇 년간 선전 활동을 하면서 함께 일할 필요가 있다고 생각할 수도 있다. 이 활동을 하는 동안 수많은 개인들이 설득이나 토론에서 어떤 역할을 수행할 수도 있다. 결국에는 법안이 주 입법부에 제출될 수도 있을 것이다.

해당 위원회 청문회에서 토의를 하고 수많은 입법부 토론을 한 후에, 최종 토론을 통하여 그 법안은 처리될 것이다. 만일 그 법안이 시행된다면, 반드시 법을 지키도록 하는 강제가 필요할 것이다. 법률의 효력은 합헌성을 결정하는 법정에서 토론에 의해 심리될 것이다. 위법이 있을 때에는 법정에서 이루어지는 토론의 결과로서만 강제가 행사될 수 있다.

8. 윤리적 의사 결정

효과적인 논증자, 설득자, 토론자는 다른 사람에게 영향을 주면서 중요한 의사 결정에 영향을 끼치는 능력을 가지고 있다. 따라서 그들은 윤리적 요소를 지닌 수사의 영역에 들어가는 것이 중요하다. 고대 로마의 수사학자 퀸틸리아누스는 다음과 같이 말하였다.

그런데 웅변가는 선한 사람이고, 선한 사람은 고결한 성향 없이 존재한다고 생각할 수 없으며, 고결함은 비록 그것이 본성으로부터 어떤 충동을 수용한다 하더라도 가르침에 의해 성숙에 이르게 될 것을 요구한다. 그렇기 때문에 웅변가는 무엇보다도 도덕을 연구해야 하며, 공정하고 명예로운 모든 것에 대한 철저한 지식을 겸비해야 한다. 이것이 없이는 누구도 선한 사람이 되거나 능력 있는 화자가 될 수 없다.[23]

왜 그럴까? 말하기에서 비윤리적인 행위가 함축하는 바는 훨씬 범위가 넓다.

의사 결정을 할 때 윤리적 요소를 고려하지 않으면 결과적으로 사업에 실패하고, 타인에게 해를 끼치며(엔론,* 2008년의 경제 위기, 이라크 침공), 투옥되고(스쿠터 리비,** 잭 에이브러모프,*** 톰 딜레이, 듀크 커닝햄, 윌리엄 제퍼

....

* 2001년 파산한 미국의 에너지 회사.
** 변호사이자 딕 체니 부통령의 비서실장으로 일했다. 중앙정보국(CIA) 비밀 요원의 신분을 누설해 2007년에 실형을 선고받았다.
*** 미국 워싱턴 정계의 로비스트. 2005년 로비 스캔들로 공화당의 톰 딜레이 전 하원 원내대표와 함께 기소되었다. 이 로비 스캔들에는 공화당의 듀크 커닝햄 하원의원과 민주당의 윌리엄 제퍼슨 하원의원도 연루되어 기소되었다.

슨), 개인적 관계를 파탄내고 경력마저 무용지물이 되게 한다. **윤리**는 우리가 어떻게 해야 하는지를 일러주는 행동 규범을 제공함으로써 의사 결정을 안내하는 생각의 틀이다. 윤리는 법률에 기반을 두거나 법률에 반영되어 있기는 하지만, 법률과 같지는 않다. 이와 마찬가지로, 공동체와 문화로부터 가치 체계를 배우고 윤리적 행동을 위한 규범을 배우기는 하지만, 문화적 기준이나 규범이 되는 행동이라고 해서 윤리적인 것은 아니다.

토머스 화이트(Thomas White)에 따르면, 윤리적 선택을 이해하는 데는 **목적론적 접근법**(teleological approach)과 **의무론적 접근법**(deontological approach)이라는 두 가지 철학적 접근법이 있다. 목적론적 접근법은 결과 지향적이며 어떤 행위 또는 의사 결정의 결과가 선한지 또는 악한지에 집중한다. 의무론적 윤리학은 과정 지향 또는 행위 지향적이고, 행위에는 도덕적 가치가 있다는 개념에 기반을 두고 있다.[24]

산타클라라 대학의 마큘라 응용윤리학 센터(Markkula Center for Applied Ethics)의 학자들은 윤리적 의사 결정을 내리는 데 따라야 할 판단 틀로 다음과 같은 단계를 제안하였다.

- 윤리적 쟁점 인식하기
- 사실 파악하기
- 다양한 윤리적 관점에서 대안적 행위들을 평가하기
- 의사 결정을 내리고 검증하기
- 행위 후에 의사 결정에 대하여 성찰하기[25]

토론은 어떤 의사 결정의 윤리적 의미를 검증하기 위한 이상적인 도구를 제공하며, 비판적 사고는 또한 윤리적 사고가 되어야 한다.

중요한 사안이 있을 때 어떤 과정을 거쳐 결정을 내리게 되는가? 불합리한 의사 결정을 한다는 압박을 끊임없이 받고 있으며, 종종 부주의한 의사 결정을 하기도 한다. 현명한 의사 결정에 이르는 최선의 방법은 무엇인가? 현명한 판단을 내리기 위해 비판적 사고에 의존해야 한다. 많은 경우 논증에서 합리적으로 숙고하는 데 주안점을 두고 또 토론 시 반대편 의견을 마주하면서 타당한 결론을 내리게 되는 최상의, 아마도 유일한 기회를 얻게 된다. 어떤 경우든 토론을 촉진하는 원동력은 공적 이해관계에서 나오며, 토론에서 논증의 원리를 알고 비판적 사고를 적용할 수 있는 능력은 우리 자신의 지적 이기심에 기인한다.

연습

1. 개인적 의사 결정. 일주일 동안 자신이 내린 의사 결정을 일지에 기록해 보자. 그 의사 결정들을 사소한 것, 약간 중요한 것, 매우 중요한 것으로 나누어보자. 의사 결정을 어떻게 내렸는가? 의사 결정의 기반이 된 것은 무엇인가? 중요도를 기준으로 유형을 상정할 수 있는가?

2. 즉흥 논증 토론(SPontaneous ARgumentation: SPAR Debate). 이는 고전적인 입문자용 토론 연습이다.

    형식
    찬성 측 개시 발언   90초
    반대 측 반대신문   60초
    반대 측 개시 발언   90초
    찬성 측 반대신문   60초
    찬성 측 마무리 발언   45초
    반대 측 마무리 발언   45초

    절차
    토론자들이 둘씩 짝을 지어 토론장 앞으로 나온다. 한 명이 동전을 던진다. 승자는 (게시판에 제시된 목록에서) 주제를 뽑거나 자신이 옹호할 입장을 먼저 정할 수 있다. 2분간 준비한 후에 토론을 시작한다. 각 토론자는 토론 중에 추가적으로 총 1분의 준비 시간을 가질 수 있다. 항상 짝은 다음 논증을 준비하고 있어야 한다.

가능한 논제들

정직은 항상 최선의 방책이다.

오늘날에도 노예제도는 존재한다.

진정한 사랑은 실제로 존재한다.

폭력은 분쟁을 해결하기 위한 필수적 수단이다.

경찰은 안전을 위해 필요하다.

음주 가능한 연령을 18세 미만으로 낮추어야 한다.

공공장소에서의 흡연을 금지해야 한다.

국토 안보 같은 것은 없다.

대마초를 합법화하여야 한다.

3. **모둠 토의.** 5~7명의 학생으로 모둠을 만들고 모둠의 문제를 해결하기 위한 표준 의제를 활용하여 다음 연습문제를 완성해보자.

교수가 의사소통 윤리 강의에서 가장 뛰어나고 높이 평가받는 학생에 게 학급의 문제에 대해 말해 달라고 요청했다.

같은 반의 한 학생이 과제물을 표절했다는 사실이 영(Young) 교수의 주의를 끌게 되었다. 수(Sue)가 제출한 과제물의 절반 이상은 자신의 친구 벤(Ben)이 쓴 내용이었다. 벤은 2년 전 같은 과목을 수강하면서 써놓았던 자신의 원 과제물을 수에게 과제물 작성 때 사용할 것을 제안했다. 벤이 그 과목을 수강했을 때에는 은퇴한 올드(Old) 교수가 가르쳤기 때문에, 영 교수가 그 과제물에 대해서 모를 거라 여겼던 것이다. 벤은 올드 교수가 자신의 과제물에 깊은 인상을 받아 그것을 영 교수에게 전해 주었고 과제물의 본보기로 참고하라고 한 사실을 몰랐다. 영 교수는 수의 룸메이트인 바이(Bye)가 수의 표절에 대해 알고 있었지만 자신에게 알리지 않았다는 사실도 알게 되었다. 사실 바이는 수가 벤의 과제물을 베끼는 데 동의하였는데, 이는 수가 다른 일 때문에 킹코(Kinko) 집에 가보아야 했기 때문이었다. 이 과제는 성적에 10퍼센트 반영되는 것이었다. 수는 이 강좌의 다른 과제에서 평균 'B'를 받았다. 바이는 평균 'A'를 받았다. 벤은 이 학과에서 윤리학을 전공하는 학생이다. 벤은 이 과제물에서 'A' 학점을 받았는데, 그 덕에 가까스로 의사소통 윤리에서 'A' 학점을 받을 수 있었다. 그는 다음 학기에 평균 'C' 학점을 받고 졸업하기를 바라고 있다.

여러분은 영 교수에게 어떤 조언을 하겠는가?

4. 설득. "사람은 _____해야 한다." 또는 "사람은 _____하지 말아야 한다."라는 주장을 지지하기 위한 2분 즉흥 연설(impromptu speech)을 준비해보자. 자신의 주장을 뒷받침하는 이유를 세 가지 제시해보자.

5. 윤리. 의사 결정을 위한 윤리적 딜레마를 상정해보자. 딜레마를 해결할 의사 결정을 하는 데 이 장에서 제안한 틀을 적용해보자. 목적론적 접근법과 의무론적 접근법 중에서 자신의 윤리적 접근법을 정해보자. 다음 시나리오 중 하나를 활용해보자.

• 토론 주제에 관해 조사하면서 입론을 잘 뒷받침해줄 것으로 보이는 출판된 연구물을 발견하였다. 그 연구가 매우 흥미로워서 저자에게

이메일을 보냈다. 답변이 오지 않아 저자의 소속 대학에 문의했는데, 그 저자가 연구 자료를 조작해서 해고되었다는 사실을 알게 되었다.

- 어쨌든 여러분은 이 연구를 참고할 것인가? 참고한다면 그 이유는? 참고하지 않는다면 그 이유는?
- 토론 파트너가 토론에서 증거를 변조해 읽는다. 어떻게 하겠는가?
- 배가 가라앉는데 구명선은 20명만 태울 수 있는 상황에서 자신을 포함하여 모두 22명의 승객이 있다. 누가 구명선에 탈 것인지 어떻게 정하겠는가? 누가 희생되어야 하는가? 선장은 항상 배에 남아서 배와 함께 운명을 같이해야 하는가? 다음 추가 정보를 참고해보자.
  1) 물이 매우 차가워서 누군가 물에 뛰어들어 살아남으려 하는 것은 선택 사항이 아니다.
  2) 누구든 살아남기 위해서는 다시 물에 빠지지 않고 물에서 나와 몸을 말려야 한다.
  3) 해변까지 수영을 할 수는 없으며 절반도 가지 못하고 죽게 될 것이다.

  다음의 무료 인터넷 자료는 추가 시나리오를 제공한다.
- http://www.differencemakers.com/swapshop/pdf/dilemma_examples.pdf
- http://www.ehow.com/info_8240434_10-ethical-dilemmas.html
- http://escalate.ac.uk/resources/careerskills/90

2장

토론의 기초

찰스는 논증과 토론 수업 첫날에 교수에게 이 강좌를 선택한 이유에 대해 질문을 받았다. 찰스는 이렇게 대답했다. "저는 항상 부모님과 친구들과 함께 논쟁을 합니다. 사실 저는 종종 좋아하는 라디오 스포츠 토크쇼에 전화를 걸어 진행자와 논쟁을 벌이곤 했습니다. 어머니는 변호사인데, 변론의 도입부와 결론부를 제 앞에서 연습합니다. 그리고 저는 온라인에서 실제로 살아가며 제가 속해 있는 리스트서브(Listserv)*와 제가 좋아하는 블로그에서 저 자신을 변호하고, 페이스북 및 다른 사이트에서 친구들과 관계를 맺고 있습니다. 그래서 저는 제가 논증에 관한 모든 것을 알고 있고 또 잘한다고 생각합니다." 찰스는 다양한 분야의 실제적인 논증에서 토론의 원리가 중요하다는 사실을 정확하게 인식하고 있었다. 그러나 토론이 얼마나 풍부하고 다양한 곳에서 이루어지는지는 아직 잘 알지 못하고 있었다.

1장에서는 정보에 기반을 둔 사려 깊은 의사 결정에 논증이 필수적이

....

* 특정 그룹 전원에게 메시지를 전자 우편으로 자동 전송하는 시스템.

용어 해설

....

교육 토론(academic debate) 학생들에게 교육적 기회를 제공할 목적으로 교육기관의 지도에 따라 이루어지는 토론.

모의법정 토론(moot court debate) 학생들이 법정 토론을 익힐 수 있도록 법학전문대학원에서 사용하는 재판 토론의 학교 형식.

모의재판 토론(mock trial debate) 법정 토론을 모방한 교육 토론의 한 형식.

무형식 토론(nonformal debate) 어떤 형식이나 사전에 준비된 절차 규정 없이 다양한 맥락에서 이루어지는 토론.

법정 토론(judicial debate) 법정 혹은 그와 유사한 곳에서 하는 토론.

윤리적(ethical) 어떤 직종이나 공동체의 행위를 지배하는 옳음과 그름의 원리를 받아들여 따르는 것.

응용 토론(applied debate) 논제에 대한 구속력 있는 결정을 내리거나, 질문이나 주제에 대하여 실제로 반응을 할 권한을 가지고 있는 판정자나 청중 앞에서 이루어지는 토론.

의회식 교육 토론(academic parliamentary debate) 전국의회식토론협회(National Parliamentary Debate Association)와 미국의회식토론협회(American Parliamentary Debate Association)를 포함하는 단체들의 지원으로 이루어지는 경쟁적 교육 토론 형식.

의회식 응용 토론(applied parliamentary debate) 의회의 절차 규정에 따라 이루어지는 토론(19장 참조).

토론학(forensics) 문제를 검토하고 사람들과 의사소통할 때 주로 논증적 관점을 사용하는 것에 관심을 두는 교육적 활동.

특별 토론(special debate) 대통령 선거 토론과 같이 특정 상황을 위해 고안된 특별 규정에 따라 이루어지는 토론.

CEDA 반대신문토론협회(Cross Examination Debate Association).

NDT 전국토론대회(National Debate Tournament).

고 가치 있는 수단이라는 점을 살펴보았다. 비판적 사고는 논리 정연한 사고의 긍정적 결과이면서 효과적인 논증의 필수적인 도구이기도 하다. 토론은 논증의 응용이다. 토론은 다양한 맥락에서 그리고 다양한 이유에서 벌

어진다. 이들 맥락은 수없이 많은 변인(variables)에 의해 형성된다. 그 변인에는 논증자가 관련 토의에 참여하는 이유, 토론에 대한 청중의 특성이나 동기, 토론의 주제, 요청받은 의사 결정의 특성 등이 포함된다. 이런 모든 변인이 토론의 성격을 규정한다. 그래서 특정 토론 혹은 토론 유형에 대한 기대나 요구는 토론이 개최되는 분야나 영역에 따라 달라진다.

이 문제를 논의하기 위해서 토론을 응용 토론(applied debate)과 교육 토론(academic debate)으로 나누어 살펴볼 것이다. **응용 토론**은 토론자가 특별히 관심을 가지고 있는 논제, 질문, 주제에 대한 것이며, 현실적인 방법으로 해당 논제에 대한 구속력 있는 결정을 내리거나 질문이나 주제에 반응을 할 권한을 가지고 있는 판정자나 청중 앞에서 이루어진다. **교육 토론**은 토론자가 교육적 관심을 가지고 있는 논제에 대해 이루어지며, 일반적으로 논제에 대해 의사 결정을 할 직접적 권한이 없는 교사나 판정자, 청중 앞에서 이루어진다.

물론 교육 토론에서도 청중은 토론 주제에 대해 의견을 개진할 수 있으며, 그것이 결국 의미 있는 행위가 될 수도 있다. 그러나 교육 토론에서 청중의 판단이 미치는 직접적인 영향은 개인적인 수준에 머무르고, 판정자의 결정은 토론의 승자를 확인하는 데 국한된다. 사실, 교육 토론에서 판정자는 논제의 장단점에 대한 자신의 느낌을 배제하고, 경쟁하는 논증자들이 토론 그 자체에서 제시한 근거와 의견 충돌의 장단점에 대해서만 승패 결정을 내리도록 권고받을 것이다. 교육 토론의 특징을 보여주는 가장 중요한 요소는 토론 목적이 참여자들에게 교육의 기회를 제공한다는 것이다.

1. 응용 토론

응용 토론은 형사 재판에서의 구금과 사형에서부터 라디오 토크쇼 청취자의 일시적인 의견 변화에 이르기까지 실제로 구속력 있고 유효한 의사 결정을 하는 구조와 조직 내에서 이루어진다. 이러한 토론들은 각기 형식화 정도도 다르고 중요성도 다르지만, 참여자의 동기와 관습 그리고 그것을 지배하는 규칙에 따른 특징이 있다. 응용 토론은 특별 토론(special debate), 법정 토론(judicial debate), 의회식 토론(parliamentary debate), 무형식 토론(nonformal debate)으로 나눌 수 있다. 이들 각각을 간략히 살펴보고 나서 교육 토론에 대해서 좀 더 자세히 살펴보기로 하자.

1) 특별 토론

특별 토론은 선거 토론과 같이 특정 상황을 위해 고안된 특별 규정에 따라 이루어진다. 그 예로는 1858년의 링컨-더글러스 토론, 1960년의 케네디-닉슨 토론, 1992년의 부시-클린턴-페로 토론, 2000년의 부시-고어 토론, 2004년 부시-케리 토론, 2008년의 매케인-오바마 토론, 그리고 2008년과 2012 대통령 예비선거 기간 동안 후보 지명을 받기 위해 민주당과 공화당 후보자들 내에서 연이어 진행된 토론을 들 수 있다. 이들 토론은 법정 토론이나 의회식 토론이 아니었다. 그것들은 토론자들이 동의한 특별 규정 속에서 이루어진 형식 토론(formal debate)이었다. 폴 파리(Paul Farhi)와 마이크 앨런(Mike Allen)은 『시애틀 타임스(*Seattle Times*)』에 기고한 글에서, 2004년에 있었던 부시-케리 토론의 특별 규정이 만들어진 과정에 대해 다음과 같이 기술하였다.

비공개로 열띤 협상을 한 것으로 알려진 지 몇 주 후, 부시 대통령과 존 케리 상원의원의 대변인은 이번 주 초에 세 번의 텔레비전 토론을 하고, 체니 부통령과 존 에드워즈 상원의원 간에도 한 번의 토론을 하기로 의견을 모았다. 첫 번째 대선 토론은 마이애미 대학교에서 목요일에 열렸다.

그리고 우리는 이번에 공개된 32쪽의 '양해각서'를 보고서야 이들의 협상이 왜 그렇게 길어졌는지 알게 되었다. 이 문서는 토론이 어떻게 방송되어야 하는지 또는 방송되지 않아야 하는지에 대한 세부 사항과 참여 규칙에 대하여 생각할 수 있는 거의 모든 것을 명시하고 있는 절과 하위 절로 가득 채워져 있었다.

이런 치밀함과 복잡함, 그리고 토론을 통제하려는 시도는 마치 요구 사항이 많은 팝 디바와 콘서트 기획자 간에 이루어지는 합의를 보는 것 같았다.

이 합의의 가장 중요한 부분은 물론 토론 형식을 지배하는 세부 사항들과 다루어질 질문이나 주제의 특성이지만, 실제로는 모든 세부 사항이 고려되어 있었다. 계속해서 다음과 같은 서술이 이어진다.

예를 들자면, 합의문에는 첫 번째와 세 번째 토론에서 사용될 강연대의 정확한 규격(청중과 마주하는 면은 127cm, 후보자와 마주하는 면은 122cm)을 명시하고, 두 강연대가 얼마나 떨어져 있어야 하는지(한 사람의 '좌우 중심'으로부터 '다른 사람의 좌우 중심까지' 측정하여 305cm)도 명시하였다. 두 번째 타운홀 형식의 토론에서는 부시와 케리가 앉을 의자의 형태(등받이와 발판이 있고 높이가 같은 동일한 것)뿐만 아니라, 청중의 특성을 감안하여 (말발굽 모양으로) 배치하는 방식까지 명시하였다. 구체적으로 보자면 "'유동적인' 부시 지지자나 '유동적인' 케리 지지자로 보이는 유권자"를 동수로 구성하는 것을 포함하는데 '유동적인'이란 말은 마음을 바꿀 수도 있는 사람을 가리키는 여론조사 용어이다. 한 후보자가 자신에게 할당된 시간을 초과해서 사용할 때 알려줄 경고등에 관한 사항, 진행자의 행동에 관한 사항, 누가 먼저 할 것인가를 결정하는 데 쓰일 동전 던지기 방법에 관한 사항도 있다(동전의 형태나 동전의 액수까지 규정하지는 않았다). 심지어 '땀 조항'이라 할 수 있는 첨부 사항도 있는데, 이는 후보자들이 가장 두려워하는 것이 닉슨처럼 진땀을 흘리는 것이라는 점을 암시한다. 이 구절은 초당적인 프로듀서인 대선토론위원회(Commission on Presidential Debates)가 "전체 토론 동안 산업 표준에 의거한 적절한 온도를 유지하기 위해 모든 노력"을 기울이도록 요구한다. 그러나 '산업 표준' 온도가 무엇인지, 심지어 합의문이 언급하고 있는 산업이 무엇인지조차 명확하지 않다.[1]

이제 미국 정치에서는 대통령 후보 간의 토론이 잘 확립되어 있고, 학생회장 선거에서부터 시장 선거, 부통령 선거에 이르기까지 모든 수준의 선거에서 유사한 토론이 후보자 간에 종종 벌어지곤 한다. 이들 토론의 형식은 개선의 여지가 많은 것이 사실이지만, 최소한 후보자들을 한데 모으며, 다른 방식에 비해 후보자들을 비교할 더 좋은 기회를 유권자에게 제공한다. 비록 이러한 유형의 토론은 아주 빈번하게 정치적 인물이나 선거운동 쟁점과 관련되어 있는 경우가 많지만, 누구든지 이러한 유형의 토론을 어떤 논제나 질문 또는 주제에 활용할 수 있다. 입장이 상반된 토론자들은 토론을 위해 고안된 특별 규정의 조항에 의거해 만나는 것에 동의하기만 하면 된다. 특별 응용 토론은 학술 대회, 대학 캠퍼스, 그리고 공공 관심사에 대한 사회적 쟁점을 다루는 정부 청문회 등의 패널 토의(panel discussion)에서 이루어지기도 한다. 이것은 특별 토론을 위해 독특하게 고안된 규칙과 형식을 갖고 있으며, 대개 참여자나 그들을 대신하는 정당에 의해 협상되거나 조정되는 경우가 일반적이다. 그리고 특별 토론은 대개 자발적 청취자인 일반 청중 앞에서 이루어진다. 정부 청문회의 경우에는 의회식 토론과 구속력이 있는 투표가 뒤따르지만, 특별 토론은 정보에 집중하며 의회식 토론에 선행하여 진행된다.

2) 법정 토론

법정 토론(judicial debate)은 법정이나 준사법기관에서 이루어진다. 법정의 규칙을 따르는 법정 토론의 목적은 법률 위반으로 입건된 개인을 기소 또는 변론하거나, 법정에서 특정 소송에 적용될 수 있다고 주장되는 법률적 쟁점에 대해 결정을 내리는 것이다. 관심 있는 청중들은 법정 텔레비전과 여타 텔레비전 방송, 그리고 심지어 인터넷을 통해 법정에서 이루어지는 논증에 쉽게 접근할 수 있다.

법정 토론은 미국 대법원에서부터 지방 법원에 이르기까지 어느 법정에서나 볼 수 있다. 학교에서 사용하는 법정 토론의 형식은 **모의법정 토론**(moot court debate)으로 알려져 있으며, 학생들에게 법정 토론을 익히게 하기 위해서 법학전문대학원에서 사용된다. 1999년 겨울 클린턴 대통령에 대한 탄핵 소추 심판은 미국 의회에서 상원을 배심원단으로 세우고 대법원장이 주재한, 법정 토론의 보기 드문 사례였다.

논증과 토론의 원칙은 법정 토론에도 적용된다. 법정 토론은 때로는 매우 정교한 절차 규정을 따르지만, 이 규정은 연방 법원과 주 법원이 다르고, 주마다 다르며, 같은 주 내에서도 법정마다 다르기 때문에, 특정한 법정 토론 방법을 여기서는 다루지 않겠다. **모의재판 토론**(mock trial debate)은 1심 법정 토론 형식을 모방한 것이지만 절차 규정과 증거 능력을 강조하지 않는 토론으로, 17장에서 자세히 살펴볼 것이다. 물론 모의법정 토론과 모의재판 토론은 교육 토론이지 응용 토론이 아니다. 재판관이 공식 소송에 대해 구속력 있는 결정을 내리는 것은 아니기 때문이다. 그러나 이것들은 실제 법정 토론의 규칙과 관습을 사용해 역할극을 할 수 있도록 설계된다.

3) 의회식 응용 토론

의회식 응용 토론(applied parliamentary debate)은 의회의 절차 규정에 따라 진행된다. 이 토론의 목적은 의회가 열리기 전에 동의안과 결의안을 통과, 수정, 부결하는 것이다. 실제 의회식 토론은 상·하원, 주 의회, 시 의회, 지방자치단체, 그리고 주요 정당의 전당대회나 협회의 지부 회의와 같은 다양한 조직의 업무회의 등에서 볼 수 있다. 시스팬(C-SPAN)*에서는 텔레비전 시청자들에게 의회에서 이루어지는 의회식 토론을 방영하며, 지역 공영 방송국과 라디오 방송국에서는 일반인들이 볼 수 있도록 시 행정부나 구(county) 행정부 그리고 학교 이사회의 회의를 중계하기도 한다.

교육 토론에서 의회식 토론은 모의 의회(model congress), 모의 주 의회(model state legislature), 모의 유엔 총회(model U. N. assembly), 모의 정치 대회(mock political convention)로 알려져 있기도 하다. 또한 대학 대항 토론자들은 의회식 토론대회에서 2인으로 구성된 팀으로 경쟁하며, 대회는 토너먼트 대회의 맥락에 맞는 절차 규정을 채택한다. 물론 이러한 모의 실험은 비록 그것이 의회식 응용 토론을 모방한 것임에도 불구하고 응용 토론이라고 할 수는 없으며, 모의법정 토론이나 모의재판 토론 역시 마찬가지이다.

의회식 토론에는 논증과 토론의 원리가 적용된다. 이 토론 유형에 적

....

* 미국의 비영리 케이블-위성 방송국으로 미국 상원과 하원의 의정 활동을 전문적으로 다룬다.

용되는 의회식 토론 절차의 특별 규정에 대해서는 19장에서 자세히 살펴
볼 것이다.

4) 무형식 토론

무형식 토론은 특별 토론, 법정 토론, 의회식 토론, 교육 토론에서 보이
는 형식적 규칙 없이 이루어지는 토론이다. 이 토론 유형은 신문 해설자들
과 텔레비전 해설자들이 '낙태 논쟁'이나 '이민 논쟁'에 대해 발언할 때,
그리고 대중의 관심을 불러일으키는 다른 쟁점에 대해 발언할 때 일반적
으로 적용된다. '무형식'이라는 용어는 토론이 이루어지는 상황의 공식
성 혹은 비공식성과는 관련이 없다. 대통령 연두 교서는 매우 공식적인 연
설이지만, 무형식 토론의 일부일 수도 있다. 대학 기숙사에서나 트위터에
서의 의견 교환 때 일어나는 자유 토론은 매우 비형식적인 것으로 이 또한
무형식 토론으로 볼 수 있다.

무형식 토론의 사례는 전국적 선거운동, 수질 오염이나 학교의 새로운
채권 발행에 관한 지역사회 청문회나 타운홀 미팅, 기업 정책에 관한 업무
회의, 교육 정책이나 기금 분배 문제에 대한 대학 회의, 총학생회 선거운동
등에서 찾아볼 수 있다. 무형식 토론은 과학 영역과 연구 영역에서도 이루
어지는데, 예를 들자면 줄기세포 연구의 의미와 윤리성 같은 주제를 다루
는 토론을 들 수 있다. 인터넷 채팅, 블로그, 라디오와 텔레비전 대담에서는
생활 방식의 문제에서부터 스포츠에 이르기까지 다양한 쟁점들에 대한 무
형식 토론의 장을 제공한다. 또한 많은 사람들이 유튜브, 페이스북, 마이스
페이스(MySpace),* 그리고 무수히 많은 블로그와 커뮤니티를 포함한 인터

....

* 미국 캘리포니아 주 베벌리 힐스에 본사를 두고 있는 소셜 네트워킹 웹사이트.

넷 목록, 네트워크, 대화방을 통하여 무형식 토론에 참여한다. 가족 차원에서는 대학의 선택 문제나 성장한 아이들이 고향으로 돌아가야 하느냐와 같은 문제들을 해결하기 위해 무형식 토론을 하기도 한다.

2. 교육 토론

앞에서 언급한 바와 같이 교육 토론은 교육기관에서 학생들에게 교육의 기회를 제공할 목적으로 이루어진다. 많은 학교와 대학에서 교육 토론 프로그램을 실행하고 있다. 여기서 문제는 토론에 참여할 것이냐 여부가 아니다. 참여는 불가피하다. 왜냐하면 결국 교육받은 사람은 대부분 어떤 형태로든 토론에 참여할 것이기 때문이다. 문제는 우리의 참여가 효과적인가 여부이다. 교육 토론은 우리가 이러한 필수적인 기술을 효과적으로 발휘할 수 있도록 가르쳐줄 수 있다.

1) 교육 토론의 배경

교육 토론의 역사에 대한 기록이 많기는 하지만, 여기서는 가장 중요한 사실만 몇 가지 언급하고자 한다. 토론의 기원을 역사적으로 정확히 추적하기는 어려우나, 사람들이 토론을 시작한 시기는 적어도 4000년 전으로 거슬러 올라간다. 예컨대, 이집트 왕자들은 파라오의 궁전에서 농업 정책에 대하여 토론하였다(기원전 2080년). 중국 학자들은 주나라 왕조(기원전 1122~기원전 255년) 때 중요한 철학 토론을 하였다. 호메로스의 서사시『일리아드』와 『오디세이아』(기원전 900년)에는 초기의 토론으로 간주될 수 있는 연설이 포함되어 있고, 로마의 수사학자 퀸틸리아누스(Quintilianus)는 법적 탄원과 심리 기술의 본보기로 이 연설을 언급한 바 있다. 아리스토텔레스(기원전 384~기원전 322년)는 『수사학(*Rhetoric*)』에서 논증과 토론의 기초를 마련하였고, 그것은 오늘날까지도 영향을 미치고 있다.

토론이 전 세계에 걸쳐 존재한다고 하더라도, 그것이 번창하게 된 배경은 민주주의적 서양 문명이라는 맥락에서이다. 전 국무부 장관 헨리 키신저(Henry Kissinger)는 민주주의의 확산을 장려하는 미국의 대외 정책이 유교 사상과 같은 일부 문화에서는 심각한 문제에 직면하고 있다고 지적하였다.

진리는 여러 생각의 충돌에서 나온다고 보는 민주주의 이론과는 달리, 유교 사상에서 진리는 객관적인 것으로 오로지 성실한 연구와 교육에 의해서만 인식될 수 있다고 본다. 사유될 수 있는 부분은 매우 적다는 것이다. 유교 사상에서 진리 탐구는 민주주의 이론에서와 같이 경쟁하는 생각들이 동등한 가치를 가지고 있다고 보지 않는다. 단 하나의 진리만이 존재하기 때문에 진리가 아닌 것은 설 자리가 없으며 경쟁을 통해 진리로 승화될 수도 없다. 유교 사상은 본질적으로 위계적이고 엘리트주의적이며, 가족, 제도, 권위에 대한 충성을 강조한다. (가장 최근의 사례로는 1990년대의 대만처럼) 유교 사상의 영향을 받고 있는 사회는 다원적 체제를 이루지 못한다.[2]

물론 유교 사상만 토론에 엄격한 제한을 가하는 유일한 문화는 아니다. 앞에서 살펴본 바와 같이, 방글라데시의 이슬람 근본주의 역시 코란을 토론 대상으로 삼는 사람은 누구나 처형해야 한다고 여긴다.

교육 토론은 적어도 2400년 전에 시작되었는데, 이때는 토론의 아버지로 알려진 아브데라(Abdera)의 학자 프로타고라스(기원전 481~기원전 411년)가 아테네에서 학생들과 토론을 했던 시기이다. 코락스(Corax)와 티시아스(Tisias)는 학생들이 고대 시칠리아 법정에서 사건을 변호할 수 있도록 하기 위해 토론을 전문적으로 가르치는 최초의 수사학 학교를 세웠다.

토론은 고대의 아카데미에서 융성했으며, 중세 대학에서는 수사학이 일곱 가지 교양 과목 중 하나로 자리 잡았다. 영어권에서 최초의 대학 대항 토론은 1400년대 초 케임브리지 대학에서 벌어진 옥스퍼드 대학과 케임브리지 대학 학생 간의 토론이었다. 영국 대학에서 토론 프로그램은 의회식 토론 형식을 사용해 왔는데, 이는 오랜 기간 동안 미래의 의원을 위한 훈련의 기반이 되었다.

토론은 미국의 교육환경에서도 항상 중요한 부분이 되어 왔다. 식민지 대학에서 토론이 융성하였고, 논쟁은 교육과정의 필수적인 부분이었다. 토론이 학위 수여식의 특별 행사인 경우도 다반사였다. 미국혁명과 건국 초기의 거의 모든 지도자들은 식민지 대학이나 전국적으로 활발했던 지역사회의 토론 '협회(society)', '학원(lyceum)', '모임(bee)'에서 논증을 공부한 유능한 토론자들이었다. "1722년 하버드 스파이 클럽(Spy Club)에서부터 1835년 최초의 여성 토론협회인 오벌린 숙녀회(Young Ladies Association at Oberlin)에 이르기까지 문학연구회(literary society)들의 공통된 하나의 연결고리는 중요한 쟁점 토론에 대한 학생들의 관심이었다."[3]

대학 대항 토론대회는 1800년대 후기에 시작되었으며, 곧 이어 각급 학교 대항 토론대회가 시작되었다. 그러나 1900년대 초에는 대학 대항 토론이 상대적으로 적었다. 대개 한 대학은 한 학년도에 몇 차례만 대학 대항 토론을 할 계획을 세웠고, 이 예외적인 행사에 참여하는 특권을 받은 소수의 학생들을 보기 위해 많은 청중이 모여들었다.

수업 활동으로 가르치고 연습하는 교육 토론은 대학 대항 토론대회에 참가한 학생이 제공해준 사례를 따르는 경우가 많았다. 이는 토론과 논증 과목을 가르치는 많은 전문 교육자가 대학 대항 토론 교사였으므로 당연한 것이었다. 게다가 대학 대항 토론자들은 교육 토론의 실행에 몰두하면서 토론 연습과 토론에 대한 생각을 혁신하고 발전시키는 데 주도적 역할을 하였다. 따라서 대학 대항 토론의 역사, 그리고 그 역사와 관련하여 대학 대항 토론의 경향, 장단점 등을 몇 가지 살펴보는 것은 가치 있는 일이다.

교육 토론의 가치와 중요성에 대한 인식은 20세기에 지속적으로 높아져 갔다. 토론대회는 1920년대에 도입되었으며, 1936년까지 일부 교육자는 그 인기를 높이는 일에 관심을 기울였다.[4] 그러나 토론대회는 1940년대 후반이 되어서야 부각되었다. 1920년대부터 1940년대까지는 약정 토론(contract debating)이 널리 행해졌다. 한 대학 토론 팀이 다른 팀에게 약정서를 보냈으며, 약정서는 어느 팀이 논제의 어느 편에 서서 논증할지, 판정자나 청중은 어떻게 선정할지, 방문 팀의 숙소는 어디로 할지, 다음번에는 어떻게 주최 측을 바꾸어서 할 것인지 등에 대한 세부 사항을 구체화한 것이었다. 명작 영화 〈위대한 토론자들(The Great Debaters)〉*은 와일리 대학 학생들이 하버드 대학 학생과의 약정 토론에 참여하기 위해 했던, 결국에 성공한 캠페인에 대한 이야기를 다루고 있다(사실, 이 토론은 와일리 대학과 서던캘리포니아 대학 간에 있었던 실제 토론을 소재로 하고 있다). 이 영화는 약정 토론의 시대에 대학 토론 팀이 직면했던 많은 실제적인 문제를 보여주는데, 이는 전략과 자료 준비와 관련한 교사의 역할이나 여행의 어려움 같은 것이다. 이 영화에서는 또한 어떻게 될지 알 수 없는 승패의 판정권을 가지고 있는 대규모 청중 앞에서 이루어지는 토론의 극적인 측면과 흥미진진함도 잘 표현되어 있다.

....

* 덴젤 워싱턴(Denzel Washington)이 감독 및 주연을 맡은 2007년 개봉 영화로, 1930년대 텍사스의 한 작은 마을의 흑인 대학 토론 팀이 수많은 대학 팀과 겨루어 승리하고 마침내 하버드 대학 팀과 겨루어 승리한다는 내용이다.

일반적으로 토론 팀은 여러 지역에서 토론을 하도록 일정을 잡곤 했다. 사인된 약정서가 충분히 확보되면, 토론 팀은 자동차, 버스, 기차로 며칠 혹은 1~2주 정도 걸리는 토론 일정에 따라 떠나게 된다. 대개는 하루 한 번의 토론 일정을 잡는데, 보스턴, 뉴욕, 워싱턴, 시카고 같은 주요 도시에서는 하루 두 번의 토론 일정을 잡기도 했다. 흔치 않은 경우였지만 대륙을 횡단할 때 사설 철도 차량을 이용하여 이동하는 팀도 있었다.

2차 세계대전 후에 토론대회는 토론의 지배적인 양식이 되었다. 토론자들이 준비할 수 있게 매년 논제가 선정되고 공표되었는데, 개별 대회에서는 전국적 논제를 따를 수도, 따르지 않을 수도 있었다. 1947년에는 웨스트포인트(West Point)의 미군사관학교에서 전국토론대회(National Debate Tournament: **NDT**)가 시작되었다. 토론대회가 급증하자 토론 팀들은 10월에서 4월 사이에 거의 매주 인근 대학이나 원거리 대학에서 열리는 많은 대회 중에서 선택하여 참여할 수 있게 되었다. 연속 대회(swing tournament)도 이루어졌는데, 이는 상대적으로 가까운 두 대학이 겨울 방학 동안 연속해서 서로 대회를 개최하는 것으로 하루에 한두 토론대회에 참가하는 대신, 한 주에 두 대회에 참가하는 방식이었다. 한 토론대회에서는 12회 이상의 토론 라운드가 제공되었다. 전국토론대회 위원회(NDT committee), 즉 회원 학교를 대표하는 토론 교사들의 모임은 여름에 모여 1년간 지속될 주제를 선정하여 공지하는 일을 하였다.

1967년에는 미국토론연합(American Forensic Association: AFA)이 NDT(전국토론대회)의 책임을 맡게 되었는데, 그 이후로 매년 서로 다른 대학에서 NDT가 개최되었다. 1967년에 이르러 NDT는 대학 대항 토론에서 지배력을 행사하게 되었고, 사실상 모든 토론 팀이 자신들의 프로그램을 NDT에 나가서 이기는 데 맞추거나, NDT에서 성공했던 팀의 연습 방식을 모방했다. NDT에 참여하고자 하는 토론자들은 교육 토론 시즌이 시작되기 전 여름에 공지된 논제를 가지고 토론을 하였다. 전국대학체육협회(NCAA) 농구대회에서처럼, 엄선된 수의 팀만이 선정되어 NDT에 참가하였다. NDT의 확립은 대학 대항 토론을 실행하는 데 중요한 역할을 하였다. NDT로 인하여 전국적인 대회가 정례화되었고, 연도별로 논제와 교육 토론의 진행방식에 따른 토론 수행과 관례를 발전시킬 수 있었다.

약정 토론과는 반대로, 토론대회에는 여러 단과대학과 종합대학을 대표하는 학생들이 많이 참가하였다. 청중 앞에서 한 사람이 토론하는 것이 아니라 네 명의 토론자가 참여하는 토론대회는 수십 명 혹은 수백 명의 토론자에게 2 대 2로 경쟁할 기회를 제공하며, 토론자들은 3일 혹은 4일간 이어지는 대회 기간에 하루에 4~5번의 토론에 참여하였다. 이는 훨씬 더 많은 학생에게 토론에 참여할 수 있는 기회를 확대하는 혜택을 제공하는 것이었다. 유일한 한계는 토론장으로 쓸 교실과 판정을 할 사람이 부족하다는 것이었다. 그러나 대회마다 수많은 토론을 판정하는 데 필요한 수백 명의 청중을 모으는 것은 불가능하기 때문에, 개별 판정자가 청중을 대표하여 각 토론의 승자를 확인하는 판단을 하도록 임무를 부여받았다. 판정자는 대부분 토론 지도 교수나 졸업생이었다. 같은 사람이 반복적으로 토론을 가르치고 지도하며 판정했기 때문에, 그리고 토론에서 토론자의 스타일이 아니라 내용에 기반을 둔 객관적인 판단을 하고자 했기 때문에, 다소 독특한 관행이 나타나기도 했다. 토론자들은 판정자가 주제에 대해 잘 알고 있고 토론 이론과 토론 어휘에서 경험이 많다는 것을 알고 있기 때문에 발표할 때 전달력보다는 내용에 초점을 맞추었다. 그들은 미리 작성한 개요와 입론, 인용 근거 형식의 증거 등 상당한 양의 자료를 준비하는 데 중점을 두기 시작했다. 토론자들이 해당 학년도에 동일한 논제로 토론했다는 것을 상기할 필요가 있다. 추가적으로, 토론대회에 맞춘 전문 용어가 나오면서 참여자는 이를 공유해 지름길을 알게 되지만, 이는 토론을 더 전문적으로 만들고 일반 청중이 접근하기 어렵게 만들었다. 논증의 내용과 수준은 점점 더 심화되었지만, 말을 전달하는 전통적인 방식은 속도가 빠른 전문적인 발표에 자리를 내주어야 했다. 가장 주목할 만한 것으로는, 청중을 두는 것에 반대하는 '전문 판정자'가 말을 잘 전달하는지보다는 증거의 질과 추론 과정에 더 중점을 두어 평가한다는 것을 토론자들이 알게 되고, 발언 시간에 제한이 있기 때문에 토론에서 성공하기 위해서는 토론 활동에 참여하지 않는 문외한들을 소외시키면서 점점 더 빨리 읽고 말하는 경쟁을 펼쳐야 한다는 것을 토론자들이 알게 된 것이다.

1971년에 반대신문토론협회(Cross Examination Debate Association: CEDA)가 설립되어 NDT 토론의 대안을 제시했는데, 이는 부분적으로 의사소통에 더 강조점을 둘 필요가 있다는 의견을 반영한 것이었다. (1974–1975년 이래로 NDT가 반대신문 형식을 사용했기 때문에 반대신문을 사용하여 토론하는 것은 더 이상 두 토론 방식을 구별하는 특징이라고 볼 수 없다.) 처음에는 NDT에서 사용하지 않는 정책 명제를 채택하였던 CEDA(반대신문토론협회)도 1975년에는 가치 명제를 사용하기 시작하였고, 학기마다 하나씩 매년 두 개의 논제에 대해 토론하였다. 또한 CEDA는 승자 독식의 체계를 구축하여, 전국적으로 각 지역에서 최고의 토론 프로그램만을 인정하였다. 토론을 잘한 초보자와 경험자에게 상을 주기 위한 점수 체계도 개발하였다. (NDT는 나중에 이와 유사한 점수 체계를 한 명만이 우승하는 방식과 함께 채택하였다.) 1986년에 CEDA는 모든 CEDA 회원에게 개방된 전국챔피언십대회를 개최하였다. CEDA는 작은 규모의 남서부토론협회(Southwest Debate Association)로 출발한 후, 대학 대항 토론에서 가장 널리 사용되는 토론 유형으로 부상했다. CEDA는 대학 대항 토론을 청중 중심 활동으로 되돌리려는 시도를 하기 시작하였다. CEDA의 점수 체계는 지역적이고 국지적으로 이루어지는 토론을 장려해 토론이 더 많이 시행될 수 있게 설계된 것으로, NDT에 의해 촉진된 전국순회 방식에 대한 반응이자 NDT와 공유하고 있던 관례에 대한 반응이었다. 한동안 CEDA는 이러한 목적을 성공적으로 달성하였고, 전달력과 논증의 질에 초점을 맞추면서 대학생들이 더 많이 참여할 수 있는 활동을 만들어냈다. 그런데 승리에 목마른 학생들은 경험이 많고 전문적인 판정자일수록 CEDA가 바꾸고자 하는 토론 기술과 방식을 선호한다는 것을 알게 되었다. 덧붙여 전국대회는 전국순회 방식을 재확립하는 데 기여하였고, 또다시 전문적 토론 수행과 빠른 발언이라는 장애물을 높이 설치했다.

이런 시기에도 NDT 토론은 계속되었으며, 최고의 토론자들은 매우 전문적이고 신속하게 입론과 논증을 전달하는 능력을 계발하였다. NDT 지도자들은 1년간 지속되는 정책 논제를 늘 선호하였다.

1996년에는 CEDA의 가을철 토론 주제가 CEDA의 봄철 토론 주제로 다시 선정되었는데, NDT에서 그것을 사용함으로써 1년간 계속되는 논제가 되었다. 또 1975년부터 1996년까지 CEDA 논제에 비정책적 특징 또는 유사 정책적 특징이 있었음에도 불구하고, 1990년대 중반까지 CEDA 토론은 대개 정책 토의와 관계가 있었다. 이들 토론은 내용 면에서 NDT 토론 주제를 가지고 하는 학교들 간의 토론과 매우 유사하였다. CEDA 토론은 또한 NDT 토론에 공통적으로 나타나는 양식적 특징을 채택하였기 때문에, 실제 토론에서 두 토론 집단의 차이는 거의 없었다. 1996년 각각의 전국대회 기간 동안, NDT 지도부는 만일 CEDA가 여름에 공표한 연간 정책 논제를 채택한다면, NDT도 논제 공유 차원에서 그 논제를 채택할 것이라는 의사를 CEDA에 전달하였다. CEDA는 그렇게 하였고, 그래서 CEDA와 NDT의 '통합'이 이루어졌다. CEDA와 NDT는 순위를 매기는 방식을 다르게 유지하고 있지만, 이전에 토론 양식, 토론 주제, 구성원 면에서 각자에게 닫혀 있던 대회에 이제는 토론 팀들이 참가해 경쟁하고 있다. 각 조직에 속하는 일부 팀과 다수의 회원 학교는 NDT와 CEDA 전국챔피언십대회에 모두 참가해 경쟁한다. NDT에 참여하려면 선발되어야 한다. 말하자면 각 팀들은 공개 응모와 지역 경쟁 체계를 통하여 자격을 취득해야 한다. CEDA 대회는 회원 학교를 대표하는 어느 팀에나 개방되어 있다(NDT는 대회인데 비해 CEDA는 조직이라는 점을 기억할 필요가 있다).

팀 토론을 지원하는 다른 토론 조직들은 CEDA 및 NDT와 공존하고 있다. 미국토론협회(American Debate Association: ADA)는 1985년에 설립되어 '합리적인' 규칙에 기초한 정책 토론을 활성화하는 데 기여하고 있다.[5] ADA(미국토론협회)는 토론이 최고 수준의 토론에서 학문적 통합성을 유지하는 한편, 새로운 토론자와 새로운 토론 프로그램에 접근할 수 있도록 하는 데 관심이 있었다. ADA는 항상 NDT 구조 내에서 토론을 하였고, NDT 논제를 활용하였다. 전국교육토론협회(National Educational Debate Association: NEDA)는 의사소통 양식과 교육적 실행에 초점을 맞추어 토론을 홍보한다. NEDA는 독자적으로 논제를 선정한다. 전국의회식토론협회(National Parliamentary Debate Association: NPDA)와 미국의회식토론협회(American Parliamentary Debate Association: APDA)는 대학 대항 토론대회를 후원하는데, 수정된 의회식 토론 형식을 사용하며 개별 토론 또는 토론 회차별로 논제를 선정한다는 특징을 가지고 있다. 사실 NPDA는 현재 가장 큰 대학 대항 토론 단체이고 인기도 가장 많다. 1991년에 시작한 NPDA는 준비 자료나 직접 인용 증거를 사용하지 않는 즉흥 토론(impromptu debate)의 형식을 취한다. 그러나 NPDA는 NDT와 CEDA 토론과 마찬가지의 과정을 경험하게 되는데, 판정자의 전문성이 높아짐에 따라 토론의 성격이 더 전문화되고 청중에 대한 고려가 줄어들게 되었다.

링컨-더글러스 토론, 즉 일대일 토론은 전국토론협회(National Forensic Association: NFA)를 통하여 조직되곤 한다. 국제토론교육협회(International Debate Education Association: IDEA)와 국제공공토론협회(International Public Debate Association: IPDA)도 교육 토론을 촉진하기 위해 활동한다. 1997년에 CEDA는 '공론장 토론(public sphere debate)'으로 불리는 추가적인 토론 형식을 만들었는데, 전통에 얽매이지 않는 판정자에 의해 평가되면서 청중을 지향하는 경쟁적 토론을 설계해 제시했다. 공론장 토론의 논제는 CEDA/NDT 논제의 축소판이거나 대체판이었다. 그러나 1999년에 CEDA는 공론장 논제를 버리고 대신 비정책 논제(3장 참조)를 채택하였다. 비정책 논제는 많은 인기를 얻지 못했으며, 2002-2003학년도에 폐기되었다.

교육 토론을 성공적으로 수행하기 위해서 학생들은 판정자가 선호하는 것과 기대하는 것을 알고 맞추어야만 한다. 이는 응용 토론에서 토론자가 자신의 메시지를 청중에게 맞추어야 하는 것과 같다. CEDA와 NDT가 근본적으로 토론 공동체로 통합되는 동안, 새로운 하위문화가 부분적으로 판정 및 토론 방식에 기반을 두고 발전하였다. 논증 방식과 접근법이 지속적으로 변화함에 따라 익숙하지 않은 청중에 대한 적응이라는 새로운 과제가 제시되었다. 모든 교실이나 강의실이 하나의 교육 토론 장소를 제공하는 것과 같이, NPDA와 전국토론협회 링컨-더글러스 토론(NFA-LD) 판정자는 독특한 관습과 기대를 대표한다. 경험의 수준이 다르다는 점 또한 판정자와 교사에 대한 선호와 기대에 영향을 미친다. 각각의 다양한 토론 단체와 토론 형식은 토론의 실행에 대한 독특한 접근 방식을 대변한다. 다양한 교육 토론 모둠의 관례적 실행에 기여하는 또 하나의 중요한 요인은 판정자를 배정하는 방식이다. 심지어 전문적인 토론 판정단에서도 (대부분의 NDT와 CEDA 대회의 관례에서와 같이) '상호 선호(mutual preference)'에 의해서 판정자를 배정하는 것이 아니라, 서로 다른 과제를 제시하는 판정자들을 임의로 배정한다. (상호 선호 방식이란 토론자가 판정자 후보들의 순위를 매기고 평가하는 체계이다. 그러면 대회 주최 측은 해당 토론에서 만나게 될 양 팀이 모두 선호하는 판정자를 배정하기 위해 노력하는데, 이는 토론자가 자신의 주장과 스타일을 다양한 부류의 판정자에 맞추는 일에서 벗어날 수 있게 한다.)

2) 교육 토론 단체

교육 토론은 결코 교실과 논증 과목에 제한되지 않는다. 앞에서 논의한 바와 같이, 많은 대학에서 토론 팀을 조직하여 교육 토론 프로그램을 실행하는데, 이는 학생들에게 전통적인 과목에서 할 수 있는 것 이상의 기회를 제공한다. 자격을 갖춘 학부생 누구에게나 개방되어 있는 토론 프로그램에 참여하면 학점을 부여하는 경우도 많다. 토론 지도자(director of forensics)는 경험이 없는 학생들이 토론을 하면서 경험이 더 많은 학생들에게 최대의 도전을 하는 훈련 기회를 제공하기 위해 프로그램을 실행한다. 그러나 반대신문토론협회(CEDA), 미국토론연합(AFA), 전국의사소통협회(National Communication Association), 국제토론교육협회(IDEA), 그 외의 전문 단체들은 학문, 논증 이론 발전을 촉진하면서 교육 토론에 관심을 갖고 있는 모든 사람에 대한 지도를 한다. 그들은 토론과 논증 수업에서, 대학 토론에서, 교육과정 전체에 걸쳐 연구와 학습을 지원한다.

'토론 지도자'라는 명칭이 시사하는 바와 같이, 오늘날의 많은 토론 프로그램은 관심사를 확장하여 다른 토론 활동들(forensic activities)도 포함하고 있다. "**토론학**(forensics)이란 문제를 검토하고 사람들과 의사소통할 때 주로 논증적 관점을 사용하는 것에 관심을 두는 교육적 활동이라고 정의할 수 있다."[6] 토론학에 대한 1984년도의 정의는 많은 토론 프로그램이 다양하고 폭넓은 대중적 말하기에서 더 나아가 개인의 수사적 말하기 경연을 토론에 포함하는 데까지 확장되고 있다는 인식을 보여준다.

토론학(forensics)은 토론, 대중 연설, 문학 해석을 포함하면서 다양한 형태를 가진 수사적 학문의 하나로 간주된다. 토론학은 학생들의 연구, 분석, 구두 의사소통 능력을 향상시키기 위한 하나의 교육과정 및 협동교육과정 실험실이라 할 수 있다. 보통 토론 활동은 학생들에게 동기를 부여하고 학습 과정을 촉진하기 위하여 경쟁적인 환경 속에서 이루어진다. 토론학은 그 기본적인 교육 목적에서 지속적이고, 학문적인 경험을 중시하며, 학생과 교사 간의 유대를 지향한다.[7]

3) 교육 토론의 가치

토론은 현대의 교육기관에서 활발히 실행되고 있는 오래된 훈련법이기 때문에, 교육 토론의 가치를 검토해볼 필요가 있다. 이러한 모든 가치가 토론에만 있는 것은 아니지만, 성공적인 교육 토론 프로그램은 그러한 가치를 달성하는 데 중요한 수단이 된다. 사실 많은 학생들에게 토론은 다음과 같은 이익을 얻는 데 최고의 수단이자 때로는 유일한 수단이다.

① 토론을 통하여 민주주의 사회에 효과적으로 참여하기 위한 준비를 할 수 있다.

토론은 민주주의 사회의 내재적 조건이다. 헌법에서는 언론의 자유를 규정하고 있다. 입법부, 사법부, 모든 사적 조직에서는 토론을 수단으로 활용하여 업무를 추진한다. 토론은 의사 결정 단계에 폭넓게 존재하기 때문에, 한 시민이 사리 분별을 통해 투표할 능력이나 언론의 자유를 효과적으로 사용할 능력은 토론에 대한 지식이 없다면 제한적일 수밖에 없다. 역사를 통해서 알 수 있듯이, 사용되지 않은 자유나 비효율적으로 사용된 자유는 이내 상실되고 만다. 토론을 통해 교육된 시민은 자신의 세계 형성에 참여할 권한을 부여받았다고 할 수 있다.

② 토론을 통하여 참여자들이 리더십을 기를 수 있다.

미국에서 리더십의 최고 위치는 대통령이다. 역사학자 아서 슐레진저 주니어(Arthur Schlesinger, Jr.)는 훌륭한 대통령이 갖추어야 할 필수 요소로 두 가지를 들고 있다. 첫째는 "공화국이 나아갈 하나 혹은 그 이상의 방향을 가리키는 것"이다. 둘째는 대통령이 제시한 방향이 왜 국가를 위한 올바른 방향인지를 유권자에게 설명하는 것이다. 로널드 레이건은 정치란 결국 교육의 과정임을 이해하고 있었다. 그러나 지미 카터는 전혀 그렇지 못했다. 카터는 대통령 연설이 형식적으로 빨리 해치워야 할 번거로운 의무로 보는 듯한 인상을 주었다. 하지만 레이건은 연설이 대통령의 리더십을 보여주는 중요한 수단이라는 것을 알고 있었다. 그가 한 최고의 연설에는 짜임새와 논거가 있었다. 연설문은 잘 쓰였고, 전달 방식도 훌륭했다. 그의 연설은 자신의 매력과 연기자로서의 역량, 문제를 단순화하는 감각 등을 전달하는 효과적인 수단이었다.[8] 버락 오바마의 후보로서의 자질과 대통령으로서의 자질은 뛰어난 연설 능력으로 뒷받침되었다. 공화당 후보 뉴트 깅리치(Newt Gingrich)가 2012년에 자주 한 주장 중 하나는 오바마 대통령과 대선 토론을 하기에 자신이 가장 적임자이기 때문에 공화당 후보로 지명되어야 한다는 것이었다.

슐레진저가 제시한 두 번째 필수 요소는 흥미롭게도 1장에서 제시한 논증의 정의를 떠올리게 한다. 독자들 중 대통령이 될 사람은 별로 없겠지만, 많은 사람들이 리더의 자리에 오르고자 하는 열망을 가지고 있을 것이다. 정치뿐 아니라 인간이 노력을 기울이는 거의 모든 분야에서 리더십의 필수 요소는 리더가 자신이 제시한 방향이 왜 옳은지를 설명하는 일이다.

③ 토론을 통하여 논증 훈련을 할 수 있다.

고대부터 오늘날에 이르기까지 논증을 가르치는 교사는 토론이 논증 능력을 기르는 데 가장 좋은 방법이라고 여겼다. 토론은 논증 이론에 대한 지식과 이해 그리고 논증 사용 능력을 향상시키기 위해 고안된 조건 속에서 학생에게 논증 이론을 적용할 가장 이상적인 기회를 제공한다. 교육 방법으로서의 토론은 탁월하게 학습 동기를 부여한다. 왜냐하면 학생들은 의사 결정에서 이기거나 대회에서 상을 받고자 하는 단기적인 목표와 함께 자신의 지식을 확장하고 능력을 신장하고자 하는 장기적인 목표를 가지고 있기 때문이다. 토론 판정자에 의한 즉각적인 피드백 및 평가와 더불어 학업 성취에 대한 지속적인 점검은 학생의 성장과 발전을 촉진하고 그들에게 잘못된 인식을 깨닫고 수정할 기회를 빈번히 제공한다.

④ 토론을 통하여 중요한 현안 문제를 조사하고 집중적으로 분석할 수 있다.

사려 깊은 교육자는 학생과 일반 대중이 당대의 중요한 문제들에 대해 피상적인 지식만을 가진 경우가 많다는 사실을 우려해 왔다. 토론을 통하여 토론자는 논증의 원리에 대한 지식을 습득할 뿐만 아니라, 당대의 중요한 문제들을 조사하고 분석할 기회와 토론 논제의 토대가 되는 관련 문헌을 조사하고 분석할 기회를 가질 수 있다. 토론 경력을 쌓는 과정에서 학생은 문제를 비판적으로 분석할 수 있게 하는 방법을 적용하는 능력뿐 아니라, 시사 문제에 대한 평균 이상의 지식도 습득할 것이다. 수사학의 권위자도 지적하듯이, 지식의 활성화라는 수사학의 진정한 목표는 탐구 및 정책과 밀접한 관련을 맺고 있다.[9] 토론을 통하여 학생은 지식을 습득하는 방법과 그 지식을 활성화하는 방법을 배우게 된다.

⑤ 토론을 통하여 비판적 사고 능력을 계발할 수 있다.

학생들은 논증에 대해 연구하고 토론을 수행하면서 비판적 사고 능력을 계발하기 위해 특별히 설계된 교육과정에 참여한다. 대학의 논증 및 토론 교육 과정이 비판적 사고를 신장시키는지에 대한 연구는 많이 이루어졌다. CEDA와 NDT 토론에 1년 동안 참가한 후, 켄트 콜버트(Kent R. Colbert)는 토론자는 비토론자에 비해 비판적 사고 검사에서 더 높은 점수를 받은 사실을 확인하였다.[10] 토론자는 비판적 사고의 원리를 연구나 보고를 할 때의 상대적 편안함 속에서 제기되는 문제뿐만 아니라 토론의 열기 속에서 제기되는 문제에도 적용하는 법을 배운다.

⑥ **토론을 통하여 지식을 통합할 수 있다.**

교육자는 지식을 통합하는 방법을 지속적으로 탐구한다. 토론은 이러한 목표를 성취하는 하나의 방법이다.

> 어떤 문제에 대한 지식을 통합하고 관점을 넓히고자 하는 사람들은 논증자와 토의자의 실천적 경험과 방법에서 배울 수 있다. 토론자가 다루는 대부분의 문제는 이러한 분야의 지식을 아우른다.[11]

예를 들어, 이민 정책의 쟁점과 관련된 논제에 대해 토론할 때 토론자들은 논증의 원리, 문화, 국제 정치, 경제, 정치학, 사회학, 심리학, 재정학, 경영학, 노사관계, 정부, 역사, 철학에 최소한으로나마 익숙해질 수밖에 없다. 물론 토론자들은 대학의 관련 학과나 개인적 공부를 통하여 이러한 학문의 원리와 세부 내용을 배울 수 있을 것이다. 그러나 토론을 통하여 그들은 이러한 다양한 학문의 지식을 통합하고 이를 당대의 중요한 문제와 관련지을 수 있게 된다. 토론은 학생들이 배울 수 있는 매우 역동적이고 활기찬 환경을 제공한다. 많은 학생에게 토론은 학제적 연구의 첫 경험이자 종종 가장 집약적이고 가치 있는 경험이 될 것이다.

⑦ 토론을 통하여 목적의식이 있는 탐문 능력을 계발할 수 있다.

토론은 탐문과 옹호의 과정으로 정의된다. 토론자들은 토론 쟁점과 관련된 측면 모두에 대해 매우 잘 알아야 한다. 토론은 학생들에게 동기를 부여하여 당대의 중요한 문제들에 대한 목적의식이 있는 탐문을 하게 하고, 비판적 사고의 원리를 그러한 문제에 적용하게 하며, 다양한 교과목에서 습득한 지식을 통합하게 하는데, 이에 대해 과거에 대학 토론에 참여했던 한 사람은 다음과 같이 말하고 있다.

4년 동안 대학 토론을 하면서 우리는 국제 개발 원조, 사생활 보호에 관한 헌법상의 권리, 환태평양 무역 정책, 연방정부의 에너지 정책과 같은 중요한 실제적 논제에 대해 공부하였다. 이러한 커다란 논제들은 각각 해석의 범위에 따라 달라졌고 따라서 각 논제마다 뒤따르는 쟁점에 대한 심층 연구가 필요했다.

이런 주제들에 대한 토론을 준비하면서 나와 다른 많은 토론자들은 처음으로 진지한 연구를 하게 되었다. 토론을 통하여 나는 '외교 문제(Foreign Affairs)'를 알게 되었고, 법률 검토와 각종 지수들, 즉 '경제 주기표(Business Periodicals Index)', '공공 문제 정보 서비스(Public Affairs Information Service)', '다이얼로그(Dialogue)', '넥시스(Nexis)', '데이터타임(Datatimes)', '다우 존스 뉴스/리트리벌(Dow Jones News/Retrieval)' 및 그 밖의 데이터베이스를 알게 되었다.

숫자가 전부는 아니지만, 동료와 내가 단 1년간의 토론에서 한 연구의 양은 내가 석사 논문을 준비하면서 한 연구보다 더 많았다. 내가 토론을 위하여 수행한 연구는 압박이 심한 대학원과 경쟁적인 기업 세계에서 최신 정보를 갖추도록 해주었다는 것은 의심할 나위가 없다.

사실 토론자들은 최신의 시사 문제를 일반 대중의 관심사로 부각되기 전에 연구하면서 다루는 경우가 많다. 앞에서 언급한 바와 같이 토론자들은 중요한 문제들이 처음 보고되고 토의된 웹 출처와 학술 간행물을 찾아본다. 일반 대중은 이러한 문제를 정확하고 충실하게 다루지 않거나 여러 달 또는 수년 후에나 이 문제를 다루는 트위터, 텔레비전, 대중 언론에서 정보를 얻는다. 예를 들면, '온실 효과'와 열대 우림의 감소 같은 많은 환경 문제들은 1970년대 말에 이러한 문제를 접한 비토론자들에게는 '이색적인' 논제로 간주되었다. 그러나 1990년대 중반에는 대량 부수를 발행하는 출판물에서 이러한 주제들에 대한 이야기를 흔히 볼 수 있게 되었다.

전국 대학 대항 토론의 논제 목록(부록 C 참조)을 살펴보면, 실제로 토론자들은 일반 대중보다 앞서서 당대의 주요 문제들에 대해 고찰하며 최신의 쟁점을 다룬다는 것을 알 수 있다. 아마 미래의 공적인 정책 쟁점을 포착한 예견력을 보인 가장 주목할 만한 사례는 중국 공산당 정부를 외교적으로 인정해야 하는지를 매우 논쟁적으로 다룬 1954-1955년 NDT 논제에서 찾아볼 수 있을 것이다. 미국이 외교적으로 중국을 인정한 것은 17년 후 닉슨 대통령의 역사적인 중국 방문 때였다.

때로는 익숙하지 않은 분야에서 탐문하는 법을 배우고 이러한 유형의 연구에서 실천적 경험을 쌓는 것은 이후에 추구할 많은 일을 잘할 수 있게 할 것이다.

⑧ 토론을 통하여 가르치는 수준을 높일 수 있다.

토론은 경험을 통한 학습에서 토대가 될 뿐만 아니라 교수와 학생 간의 긴밀한 개별적 관계를 형성하는 토대가 된다. 교육자들은 대형 강의와 개별적으로 이루어지지 않는 교육의 부정적 영향에 대해 염려하는데, 토론 수업은 교수와 학생 간의 개별적 지도 관계를 제공하기 때문에 그 대안이 될 수 있다. 토론 수업은 대개 규모가 작아서 수업에서 토론을 준비하거나 다른 수업 과제를 준비할 때 학생과 교수 사이에는 상호작용의 기회가 많이 생긴다. 이 소중한 과정은 대개 피드백이 뒤따름으로써 향상된다. 또한 토론 프로그램의 교육 활동은 대부분 개별적인 교습 상황에서 이루어진다. 토론 지도자 또는 조교는 두 명으로 이루어진 토론 팀과 함께 일하면서 조사 계획을 세우고, 찬성 측 입론을 개발하며, 반대 전략을 세운다. 토론 코치 또한 연습 토론 후에 네 명의 학생으로 이루어진 토론 그룹과 연습 토론을 심층적으로 평가하고 다음에 더 잘하기 위한 계획을 세울 수도 있다. 이러한 개별적인 교습 관계가 한 분기나 학기로만 제한되는 경우는 거의 없고 4년 이상 확대되어 대부분 비개인적으로 이루어지는 대학 교육 세계에서 개인 교습을 받을 소중한 기회를 제공하게 되는 것이다. 학생들은 또한 다른 대학에서 온 뛰어난 판정자들과 몇 시간 동안 상호작용을 할 수도 있다. 예를 들어, 지역 대학의 학생 토론자들이 전국 유수의 대학을 대표하는 교수들과 몇 시간 동안 교육적 상호작용을 할 수도 있는 것이다. 마지막으로, 토론에서 학생은 자신의 학습 과정에 대한 직접적인 책임과 함께 권한을 부여받는다. 능동적이고 열성적인 참여 없이는 토론을 배울 수 없으며 그 기능을 습득할 수도 없다.

⑨ **토론을 통하여 학생의 학업을 장려할 수 있다.**

토론은 연구와 학문적 성취의 기준을 세운다. 이는 대학 학부의 다른 과정에서는 경험하기 어려운 것이다. 어떤 학생들은 토론에 쓰는 시간이 학점에 부정적 영향을 미칠 것이라 염려하지만 오히려 반대이다. 대학 대항 토론자들은 자신들의 토론 활동이 시험, 리포트, 대학원 입시에서 더 높은 점수를 얻는 데 크게 기여한다고 말한다. 물론 이것은 이 절에서 살피고 있는 토론에서 얻을 수 있는 이익으로 예상할 수 있는 것이다. 토론자들이 토론의 입론을 연구하고, 조직하며, 발표하고, 옹호하는 과정에서 계발하는 학문적 기량은 다른 많은 학문적 활동에 직접적으로 전이될 수 있다.

여기에 덧붙일 것은 토론이 최선을 다하고자 하는 도전 정신을 제공한다는 점이다. 강의실에서 교수는 일반적으로 '평균적인' 학생이 수행할 수 있는 '합리적인' 과제를 부과한다. 그러나 대학 대항 토론에서 반대 측이 '합리적'이거나 '평균'인 경우는 거의 없다. 일곱 번째 항목에서 언급한 바와 같이 우수한 토론자는 평균적인 교수가 기말 시험에서 기대하는 것보다 훨씬 더 많은 연구를 할 것이고, 그것을 강의 과제가 요구하는 수준보다 훨씬 더 좋은 기술을 가지고 발표하며 훨씬 더 효과적으로 옹호할 것이다. 주요 토론대회를 준비해서 참가하는 일은 학생들로 하여금 자신들의 능력을 최대한 발휘하도록 자극하고, 자신들의 잠재력을 최대한 실현하도록 함으로써 지성 확장 경험을 하게 해줄 것이다.

논증 과정과 대학 대항 토론은 법학전문대학원 진학을 준비하는 학생들에게는 전통적인 훈련 토대이다. 98명의 법학전문대학원 학장을 대상으로 한 연구에 따르면, 69.9퍼센트가 법학전문대학원 진학 준비생에게 논증 수업을 듣도록 조언하겠다고 하였고, 70.3퍼센트는 대학 대항 토론에 참여할 것을 권하겠노라고 하였다. 학장들은 또한 준비생들이 "대중 연설 기술을 훈련할 필요"(81.9퍼센트), "연구 기법을 활용하면서 실제로 경험할 필요"(84.2퍼센트), "논리적 추론의 원리를 적용하는 훈련을 할 필요"(89.6퍼센트), "논박(refutation)과 반박(rebuttal)의 기법을 훈련할 필요"(75.8퍼센트)가 있다고 지적하였다.[12] 이러한 훈련과 경험은 법학전문대학원 진학 준비생에게도 소중할 뿐만 아니라 대학원 연구, 사업, 전문 분야의 노력 같은 많은 다른 분야에서도 중요한 자산이 될 수 있다.

⑩ 토론을 통하여 즉각적이고 분석적인 대응 능력을 계발할 수 있다.

1988년 대통령 선거운동 당시 초기 여론조사에서 18포인트를 앞서 가던 마이클 듀카키스는 조지 부시의 공격에 대응을 하지 않았다. 부시가 선택한 더 효과적인 기습 공격 중 하나는 교사가 '국기에 대한 맹세'를 매일 인도할 것을 요구하는 법안에 듀카키스가 반대했다고 비판한 것이었다. "'듀카키스가 부시의 공격을 무시하는 전략을 사용하자 그는 갑자기 '대통령' 자격이 있는 것처럼 보이지 않았고 약점을 드러내기 시작했다.'라고 수석보좌관이 말하였다. ··· 부시가 문제를 제기한 몇 달 후 결국 듀카키스는 답변을 했다."¹³ 많은 관찰자들은 듀카키스가 사소한 문제라고 판단해서 이런저런 공격에 즉각적이고 분석적인 답변을 하지 못한 것이 듀카키스가 패배한 중요한 요인 중 하나라고 여겼다. 오늘날과 같은 즉각적인 의사소통의 세계에서, 후보자들은 공격에 대응을 하지 않아 위태로운 상황에 빠지곤 한다(3장 참조). 정치인, 기업 경영진, 일반 시민도 즉각적이고 분석적인 대응을 필요로 하는 상황에 처한 자신을 발견할 수 있다. 학생들은 토론에서 이러한 상황에서의 대응법을 배운다. 반대신문은 즉각적인 응답을 요구하며, 반대자의 발언에서 제시된 주장에 대한 대응은 그 발언이 진행되는 동안, 또는 발언과 발언 사이의 짧은 시간 안에 마련되어야 한다.

⑪ 토론을 통하여 비판적 듣기 능력을 계발할 수 있다.

듣기에 대한 선구적인 연구에서 랠프 니콜스(Ralph G. Nichols)와 레너드 스티븐스(Leonard A. Stevens)는 "평균적으로 우리는 듣기를 할 때 약 25퍼센트 수준의 효율성을 발휘한다."라는 사실을 발견했다.¹⁴ 만일 우리가 상대방이 말하는 동안 주의를 기울이지 않는다면, 우리는 효과적이지도 않고 핵심에서도 벗어난 답변을 하게 될 것이다. 만일 상대방이 하는 논증의 75퍼센트를 놓친다면, 토론에서 지는 것은 당연할 일일 것이다. 토론자들은 중요한 부분에 예리하게 주의를 기울여서 상대방의 말을 듣는 법을 빠르게 배울 수 있다. 토론자들은 토론 흐름표(토론자들이 사용하는 특별한 필기 체계)에 상대방의 논증을 정확하게 기록해서 자신의 대응이 핵심에 들어맞도록 한다. 그러면서 상대방의 표현에 적응하고, 들은 내용의 세부 사항과 한계점을 자신에게 유리하게 전환하고자 한다. 비판적으로 듣는 능력은 교육받은 사람의 중요한 특성이라고 널리 인정되는 것이다. 니콜스와 스티븐스가 찾아낸 사실에 따르면, 한 대기업의 최고 경영진은 "아마 내 업무의 80퍼센트는 누군가의 말을 듣는 능력에 달려 있거나 내 말을 듣는 누군가의 능력에 달려 있다."라고 했다.[15] 토론자들은 이와 같이 비판적 듣기라는 중요한 능력을 자신들의 첫 토론에서부터 계발하기 시작한다.

⑫ 토론을 통하여 읽기와 쓰기 능력을 계발할 수 있다.

많은 토론은 쓰기로 이루어진다. 예를 들면, 『유에스에이 투데이(*USA Today*)』의 사설란에는 매일 '토론'이 실린다. 그러나 현실적으로 우리는 토론이 구두로 하는 논증이라고 생각한다. 그러면 토론은 어떻게 쓰기 능력을 계발하는가? 토론을 할 때 우리는 그저 '서서 말하는' 것뿐이지 않은가? 앞에서 살펴본 바와 같이, 토론을 통해 즉각적이고 분석적인 대응 능력을 계발할 수 있는 것은 확실하다(열 번째 항목 참조).

그러나 앞으로 살펴보겠지만, 토론의 많은 부분은 전달하기 전에 글로 작성된다. 찬성 측 첫 번째 입론 발언은 거의 항상 원고 연설이다. 이것은 토론자가 자신의 입장을 가장 효과적으로 진술하기 위하여 입론을 쓰고, 다시 쓰고, 고치고, 편집했음을 의미한다. 마찬가지로, 다른 종류의 연설과 논증의 많은 부분도 이전의 연설에 능숙하게 맞추면서 신중하게 쓰고 이를 더 확장하여 다시 쓴 결과물이다. 토론자는 자신의 입장을 옹호하기 위해 명확하고, 간결하며, 힘 있는 언어를 사용해야 한다. 토론자는 폭넓고 정확한 어휘를 구축해 표현의 명료성에 대한 감각을 계발하고, 이를 쓰기에 활용할 수 있어야 한다.

토론에서 계발된 글쓰기 능력은 무엇보다도 토론자가 좀 더 설득력 있게 그리고 효과적으로 논증하는 데 도움을 준다. 토론을 위한 글쓰기를 통해 배운 기술은 다른 분야에 두루 쓰일 수 있다. 학생들은 토론에서 배운 글쓰기 기술을 기말 리포트를 작성하는 데, 그리고 다른 강의의 논술 시험에서 더 좋은 답안을 쓰는 데 적용할 수 있음을 알게 될 것이다. 그리고 졸업 후에 학생들은 글쓰기 능력이 거의 모든 직업이나 업무에서 매우 가치 있다는 것을 깨닫게 될 것이다.

도시 대항 토론대회(Urban Debate League)에 참가한 토론자들에 대한 연구에서 토론이 문식성(literacy) 훈련과 읽기 능력 계발을 촉진하는 탁월한 수단임이 입증되었다. 소리 내어 읽기는 읽기 능력을 신장하는 데 효과가 있으며, 이는 읽기 능력이 매우 낮은 학생의 경우에도 적용된다. 또 앞에서 살펴본 바와 같이 토론에 참여하면 어휘력도 길러지는데, 이는 학생들이 그 과정에서 복잡한 학문 분야의 전문적이고, 문제를 제기하는 자료들을 찾아 읽는 법을 배울 수밖에 없기 때문이다.[16]

⑬ 토론을 통하여 원숙한 판단을 내릴 수 있다.

학자들에 따르면 사람들 사이에 생기는 많은 문제는 복잡한 쟁점을 흑백 논리로 바라보는 경향 때문에 생긴다. 교육 토론은 학생들에게 중요한 문제를 다양한 관점에서 살펴볼 기회를 제공한다. 토론자는 찬성 측이나 반대 측에서 제시할 법한 입론을 분석하면서, 오늘날의 많은 문제가 복잡하다는 점을 깨닫고 다양한 입장의 가치를 인식하기 시작한다. 토론자들은 논제의 양 측면을 토론하기 때문에, 당대의 문제 대부분을 한 측면에서만 볼 수 없다는 것과 논제를 한 측면에서 다루는 경우에도 그 안에 상당히 다양한 가치 문제가 포함되어 있다는 것을 알게 된다. 학기 초에 일부 토론자들은 깊이 생각하지 않고 갖게 된 의견에 근거하여 논제의 한 측면만이 '옳다'고 느낄 수도 있다. 그러나 몇 차례 토론을 하고 나면 그들은 대개 논제의 다른 측면을 배정해줄 것을 요청한다. 논제의 양 측면에 대해 모두 토론한 후, 학기 말이 되면 토론자들은 충분한 양의 증거를 모으고 분석할 때까지는 판단을 유보하는 것이 가치 있다는 것을 알게 된다. 토론에서 논제의 한 측면을 주장해야 하기 때문에 그들은 의사 결정이 무한정 연기될 수 없다는 것도 배운다. 최종적으로 형성된 자신들의 개인적 입장은 학기 초의 입장과 같을 수도 있고 다를 수도 있다. 그러나 이제 그것은 심사숙고의 결과로 갖게 된 입장, 즉 논리적으로 방어 가능한 입장이 될 것이다.

⑭ 토론을 통하여 용기를 얻을 수 있다.

학생들은 압박 속에서 입론을 형성하고 강한 반대에 맞서 자신의 입론을 방어해야 하는데, 토론은 학생들에게 용기를 북돋아주는 데 도움이 된다. 토론에서 학생들은 자신의 입론이 공격받게 되면 허둥대거나 무작정 물러나거나 대면을 회피하고 싶은 유혹을 받을 수도 있다. 그러나 그렇게 할 수는 없다. 어쨌든 자신의 입장을 방어해야만 한다. 토론자는 자신의 신념에 대해 용기를 가져야 한다. 자기 자신을 단련하고, 문제에 집중하며, 생각을 조직하고, 논박을 해야 한다. 잘 준비된 토론자는 자신의 입장을 방어할 수 있고 반대자도 사람일 뿐이라는 점을 안다. 그 결과 토론자는 새로운 자기확신을 얻으며 경쟁적 상황에서 흔들리지 않을 능력을 갖추게 된다.

⑮ 토론을 통하여 효과적인 연설 작성과 전달 능력을 기를 수 있다.

토론 연설의 작성과 전달은 논증의 효과성을 결정하는 요인이기 때문에, 토론자는 대중 연설의 원칙에 맞추어 자신들의 자료를 선정하고, 조직하며, 제시할 필요가 있다. 토론은 화자에게 재빨리 생각할 것을 요구하며 즉석에서의 전달을 장려한다. 일반적으로 토론자는 한 명뿐인 대회 예선의 판정자, 한 무리의 봉사단체 사업가들, 라디오 청취자나 텔레비전 시청자 등 아주 다양한 청중 앞에서 발언할 것이다. 이러한 각각의 상황은 새로운 과제를 제기한다. 항상 청중에게 적응하고, 연설 상황에 적응함으로써 토론자는 생각하고 말할 때의 유연성과 재능을 기를 수 있다.

대중 연설에 대한 불안감은 학생이나 전문가가 공통적으로 느끼는 두려움 중의 하나이다. 이 불안감은 효과적으로 소통하고 궁극적으로는 학문과 직업에서 성공하는 데 실질적이면서 중요한 장애물이 될 수도 있다. 토론은 학생들이 연설에 대한 걱정을 다루도록 하는 대응 기제를 개발하기 위한 이상적인 장(場)이다. 토론은 상당한 준비를 요구하면서 이를 하도록 하기 때문에, 학생은 자신의 자료에 대한 확신과 자신의 주장에 대한 열정을 키울 수 있다. 토론은 형식보다 내용에 초점을 맞추기 때문에 사람이 아니라 논증에 주의를 기울여야 한다. 학생 토론자는 생각해야 할 것이 너무나 많아서 어쩌면 불안감을 느끼는 것을 잊어버릴 수도 있다. 이를 반복적으로 경험하면서 학생들은 자신감을 키울 것이고, 피할 수 없는 불안감과 싸우면서 목표를 성취하는 방법을 배우게 될 것이다.

⑯ 토론을 통하여 사회적 성숙도를 높일 수 있다.

대학 대항 토론은 학생들이 다른 캠퍼스로 여행을 떠나고 전국의 다양한 지역에서 온 학생과 교수를 만날 수 있는 기회를 제공한다. 어떤 토론팀이 동부 해안이나 서부 해안, 최남단 지역, 뉴잉글랜드주, 그 외 많은 곳에서 개최되는 대회에 참가하는 것은 특이한 일이 아니다. 이전에는 동부, 중서부, 남부, 서부의 토론 방식이 있었다. 그러나 대중교통이 발달함에 따라 전국적 규모로 토론을 할 수 있게 되면서 이러한 지역적 차이는 대부분 사라졌다.

학생들이 업무적인 토론 분위기에 노출되는 것, 그리고 대부분의 토론과 대회에 동반되는 비공식적 사교 상황에 노출되는 것은 사교의 즐거움, 균형 감각, 자신감을 얻는 데 도움이 된다. 대회나 강의실에서의 토론 시합에서 학생들은 승리나 패배를 의연하게 수용해야 하며 어떤 결정을 내리든 간에 판정자의 평가에 예의 있게 반응해야 한다는 것을 배운다. 비공식적 상황에서 수많은 대학에서 온 교수들을 만남으로써 얻는 교육적 이익 또한 매우 중요하다. 대학 토론 수업에서 토론자는 직접 참여할 기회가 다른 대부분의 교과목에서보다 더 많을 것이다. 토론하는 것은 표현하고 듣고 같이 일하고 공동체를 만드는 일이다. 자신과 가치관이나 삶의 경험이 다른 사람을 만나기 위해 꼭 여행을 할 필요는 없다. 학생들은 토론 수업에서 상호작용하며 아이디어를 공유하는 경험을 통하여 함께 이해하고 관계를 형성할 수 있게 된다.

⑰ 토론을 통하여 다문화적 감수성을 기를 수 있다.

토론자는 토론 상황 속에서 다른 동료, 코치, 판정자와 효과적으로 상호작용하는 법을 배우기 때문에 다양한 문화적 배경을 대표하는 개인들과 관계를 형성할 기회를 갖게 된다. 학생들은 자유로운 표현이 권장되는 개방적인 토론을 하면서, 집이나 캠퍼스에서는 경험할 수 없는 다문화적 환경 속에서 민감하게 의사소통하는 법을 배울 것이다. 더 나아가 의사소통과 논증이 효율적으로 이루어지기 위해서는 토론자가 자신의 입론을 전략적으로 구성하면서 문화, 가치, 세계관이 함축하고 있는 의미를 고려해야만 한다. 판정자를 설득하기 위해서는 판정자가 가지고 있는 인식틀에 대한 이해와 민감성이 있어야 한다. 그리고 논증의 전제가 최소한 부분적으로는 문화적 토대에 기초한다는 것은 무시할 수 없는 사실이다.

⑱ 토론을 통하여 개인의 견해를 표명할 권리를 얻을 수 있다.

학교 환경에서 토론은 참여자에게 자신의 생각, 경험, 목소리를 표현할 특별한 기회를 제공한다. 진실한 참여자에게는 수사적 공간, 즉 존중받으면서 말할 기회가 보장된다. 이와 같이 자신의 말을 다른 사람에게 들려줄 수 있는 기회는 참여자에게 권한을 부여하고 사기를 진작시킨다. 참여자들은 서로의 경험을 통해 배우면서 개인으로 그리고 더 큰 공동체의 구성원으로 발달하고 성장한다.

⑲ 토론을 통하여 문제 해결 능력을 계발할 수 있다.

정책 토론에서는 참여자가 중요한 사회 문제를 조사하고 평가하며, 그 문제의 해결책을 창의적이면서 비판적으로 적용한다. 경험에 따르면 이러한 능력은 토론자들이 상황을 체계적으로 평가할 수 있도록 하고, 합리적인 판단과 독창성을 발휘하여 적절한 해결책을 발견할 수 있도록 한다. 또 연구 결과에 따르면 토론 훈련은 개인이 자신의 문제에 대한 해결책을 찾고, 특히 갈등에 대한 비폭력적 해결책을 홍보하는 데 도움이 된다. 전국 토론 프로젝트(National Debate Project) 보고에 따르면 토론은 폭력을 감소시킨다. 최신 연구에서 토론 참여로 인한 언어 능력 향상과 동료 및 가족 관계 모두에서의 물리적 폭력 감소 사이에 관련성이 있음을 밝혀낸 것은 주목할 만하다.[17]

⑳ 토론을 통하여 필수적인 능력을 기를 수 있다.

지금까지 살펴본 바와 같이 토론은 학생들에게 쓰기, 생각하기, 읽기, 말하기, 듣기 능력을 계발할 기회를 제공하는 교육적 활동이다. 교육자들과 교육 단체들은 이러한 능력이 지적 발달에 중요하다고 생각한다. 미국에서 이루어진 주요 교육 연구들은 구두 의사소통 능력이 학문적 능력에 핵심적이라는 데 동의한다. 다음의 연구 결과물이 참고가 될 것이다.

1. 전국고등교육위원회(National Commission on Higher Education Issues)에서는 '읽기, 쓰기, 말하기, 수학적 기법, 추론에서의 기본 능력'을 고등교육 목표를 추구하는 데 필수적인 지적 기능이라고 규정하였다(*Summary Recommendations of the National Commission on Higher Education Issues*).

2. 수월성 교육을 위한 국가위원회(National Commission on Excellence in Education)에서는 동일한 관점을 반복하면서 동일한 능력을 구체적으로 명시했는데, 여기에는 구두 의사소통 및 문자 의사소통이 모두 필수 기능의 목록에 포함되었다(*A Nation at Risk*, U.S. Department of Education, National Commission on Excellence in Education).

3. 국가교육위원회의 경제성장을 위한 교육문제 대책위원회(Education Commission for the States' Task Force on Education for Economic Growth)는 공무원, 기업인, 교육자로 구성되어 있는데, 이 위원회는 교육과 무역의 결합이 꼭 필요하다고 평가하면서 '매우 경쟁적인 국제 통상의 세계'에 대한 교육적 준비에는 반드시 '읽기, 쓰기, 말하기, 듣기'와 같은 필수적인 언어 능력이 포함되어야 한다고 결론 내렸다(*Action for Excellence*, Report of the Task Force on Education for Economic Growth, Education Commission for the States).

4. 대학입학시험위원회(College Entrance Examination Board)의 1988년 보고서에서도 '말하기와 듣기'를 '기초 학문 역량(Basic Academic Competencies)'으로, 즉 '모든 분야의 대학 연구에서 효율

성을 발휘하기 위한 보편적 지적 기능'으로 규정하였다. "말하기 와 듣기는 어떤 특정 학문과 관련되어 있는 것은 아니지만 지식 의 여러 분야를 넘나드는 연결고리를 제공한다. 기초 학문 역량 은 읽기, 쓰기, 말하기와 듣기, 수학, 추론과 학습이다."(*Academic Preparation for College*, The College Board).

5. 공교육을 강화하기 위한 제안에서 파이데이아 그룹(Paideia Group)*은 교육과정의 필수적인 지적 기능을 다음과 같이 구체적 으로 명시하였다. "습득해야 할 기능은 읽기, 쓰기, 말하기, 듣기, 관찰하기, 측정하기, 평가하기, 계산하기이다. 이것들은 언어학적, 수학적, 과학적 기능으로서, 학교나 다른 곳에서 무언가를 배우기 위해서는 누구나 필요로 하는 기능들이다."(*Paideia Proposal*, the Paideia Group).

6. 미국과학발전협회(American Association for the Advancement of Science)는 전국과학기술교육위원회(National Council on Science and Technology Education)가 준비한 보고서에서, 학생들이 "좋 은 논증과 나쁜 논증을 구별할 수 있어야"(*Project 2061 Phase 1 Reports*, the American Association for the Advancement of Science) 한다고 말하였다.

토론은 고유한 변증법적인 형식 때문에 독특하며, 의견을 검증하는 과 정에서 지적인 의견 충돌의 기회를 제공한다. 논증의 구성은 학생들이 참여 할 수 있는 가장 복잡한 인지 행위 중 하나이다. 학생들은 논증을 구성하기 위해 (1) 도서관과 데이터베이스의 사용법에 대한 지식을 바탕으로 쟁점을

....

* 지도력 계발을 전문으로 하는 미국의 컨설팅 회사.

조사해야 하며, (2) 데이터를 조직하고 분석해야 하고, (3) 다른 종류의 데이터를 종합해야 하며, (4) 정보가 가리키는 결론의 질로 정보를 평가하여야 한다. 이런 과정 이후에 논증을 형성하기 위해서 학생들은 (1) 추론하는 법을 이해해야 하고, (2) 추론하기의 다른 방식을 인식하고 비판할 수 있어야 하며, (3) 의사 결정의 논리를 이해할 수 있어야 한다. 청중을 대상으로 한 논증의 성공적인 의사소통은 또 다른 인지 능력, 즉 복잡한 생각을 말로 명확하게 의사소통할 수 있는 능력을 나타낸다. 마지막으로, 토론에서 학생들의 논증을 통한 상호작용은 더 복잡한 인지 능력—다른 사람의 논증을 빨리 정리하고 기존의 입장을 재구성하거나 조정하거나 방어할 수 있는 능력—을 나타낸다.[18]

3. 토론의 윤리적 기준

토론은 인간의 행동과 성숙에 영향을 미치는 수단으로 사용되기 때문에 책임감이 있는 토론자라면 토론의 윤리적 기준에 대해 관심을 가질 것이다. 토론에 참여하여 이익을 얻기 위해서는 토론이 개방적이어야 하고, 누구나 접근 가능해야 하며, 정직하고 공정하게 이루어져야 한다. 토론은 참여자에게 권한을 부여하지만, 토론 참여와 관련된 권한은 개인적 책무를 동반한다. 이 책무에는 근거 자료를 정직하고 정확하게 제시하는 일과, 관련 있는 모든 사람을 공정하고 편견 없이 다루는 일이 포함된다. 자유로운 사회에서 토론은 시민적 행동과 공정한 대우를 요구한다. 개방적 참여를 촉진하기 위해서, 토론자들은 어떤 참여자의 목소리라도 배제하거나 무시하는 말과 행동을 피해야 한다.

1) 윤리적 실행

토론 실행의 윤리적 기준은 여러 층위에서 논의될 수 있다. 어떤 기준은 공동체에 따라 다르고 심지어 개인적 해석에 따라 달라질 수도 있다. 예컨대, 어떤 기준이 이해 가능하고 합리적인 발표 방식으로 여겨지는 것에 대해서는 다양한 의견이 존재한다. 그러나 어떤 기준은 모든 교육 토론의 장에서 합의되어 실행 지침을 제공하기도 한다.

첫째, 거시적인 관점에서 경쟁의 중요성을 고려하여야 한다. 많은 학생이 토론을 즐기는 주된 이유는 그것이 경쟁적 속성을 지닌다는 데 있다. 학생들은 효과적으로 경쟁할 때 동기 부여를 받기 때문에, 토론을 준비할 때 열심히 공부하고 몰입하는 경향이 있다. 이러한 심도 깊은 참여의 결과로 학생 토론자들은 교육 목표를 성취하고 능력을 계발할 수 있다. 그러나 경쟁은 좀 더 중요한 교육 목표를 달성하기 위한 수단에 불과하다는 점을 기억해야 한다.

둘째, 가장 높은 수준에서 정직성과 진실성을 지켜야 한다. 교육 토론의 맥락에서 정직성을 점검하는 것에는 한계가 있다. 응용 토론에서는 언론 보도와 법률적 증거 검증과 같은 방법을 통하여 주장과 근거의 정확성을 평가할 기회가 있다. 교육 토론은 시간이 제한되어 있다. 증거와 추론에 대한 공정한 평가를 위해서는 정직성이라는 가장 높은 기준을 적용하는 것이 중요하다.

셋째, 모든 참여자는 상대를 존중하는 마음으로 대해야 한다. 여기에는 적절한 언어, 비언어적 메시지, 논증 방식의 선택과 같은 것이 포함된다. 핵심은 수사적 공간에 대한 서로의 권리를 존중하고 개방적인 참여를 격려하는 것이다. 이렇게 하려면 자기 성찰이 필요한데, 부지불식간에 의도하지 않은 방식으로 무례한 태도가 전달될 수도 있기 때문이다. 논증은 개인이나 집단이 아니라 상대의 주장과 근거에만 초점을 맞추어야 한다.

넷째, 증거의 기준을 충족하기 위해서는 온전한 자료를 인용하고 표현 그대로를 가져와야 한다. 모든 참여자가 이용할 수 있는 출판된 자료에서 증거를 취해야 공정성의 요건을 충족할 수 있다. 토론에서 주장을 하는 사람은 입증의 형태로 자신의 주장에 대한 이유를 제공해야 할 최소한의 윤리적 의무가 있다.

2) 참가자 전원의 포용성

토론은 서로가 서로에게서 배울 독특한 기회를 제공한다. 여기에는 성별, 문화, 계층, 교육, 지리, 그리고 그 밖의 차이 같은 것이 포함된다. 그러나 그러한 가교를 만들 기회는 참여자가 의사소통 행위에서 개방성을 창출하기 위하여 자신을 인식하고 열심히 노력할 때에만 현실화될 수 있다. 사회화는 의사소통 행위의 결과이고 그 과정은 감추어져 있다. 그러나 교육 토론 실험은 부정적인 사회화를 바꾸고 권한을 교체하며 존중을 받을 기회를 제공한다. 이러한 긍정적 변화를 위해서는 참여의 평등성을 훼손하거나 좌절시키는 행동에 대한 경각심을 키워야 한다. 공동체의 성장에는 존중과 평등의식이 필요하다.

연구 결과를 보거나 사람들의 경험담을 들어보면 대학 대항 토론 공동체 내에는 여성과 소수자 집단에 대한 편견이 존재하고 있는 것으로 보인다. 의도했든 의도하지 않았든 간에 참여를 가로막는 장벽은 어떤 것이라도 비윤리적이며 비생산적이다. 장벽은 참여를 통해 이익을 얻을 수 있는 많은 사람들이 권한을 부여받지 못하도록 하며, 다양성을 이루는 사람들의 폭넓은 참여를 부정한다. 물론 차별과 억압은 학계, 경제계, 일반 사회에서의 관행을 반영한다. 다행스럽게도 토론은 깊이 뿌리박은 낡은 편견에 대해 토의하고 그것을 변화시킬 이상적인 공론장(forum)을 제공한다. 루이스빌 대학의 토론자인 토니아 그린(Tonia Green)은 2004년 조지아 주립대학에서 열린 제6구역 전국토론대회 예선전에서 토론의 한 부분으로 자신의 개인적 이야기를 했다.

사람들은 삶에 대해 잘못된 교육을 실시하는 이 결함 많은 제도에 대한 그릇된 해결책을 지속적으로 만들어냅니다. 제가 토론하는 목적은 경쟁에서 이기기 위해서만이 아니고 아프리카계 미국 여성으로서의 사회적 위치를 인식하고 망각하지 않으려는 데 있습니다. 아프리카계 미국 여성으로서의 저의 가치는 아프리카계 미국 여성 토론자로서의 가치를 반영합니다. "그리고 이 말은 원자폭탄과 사담(Saddam)보다 더 중요합니다." 이는 로린 힐(Lauryn Hill)이 그녀의 노래 〈자유 시대(Freedom Time)〉에서 한 말입니다.

연습

1. 토론을 검토해보자. 온라인으로 볼 수 있는 것들이 많다. 어떤 유형의 토론인가(응용 토론인가, 교육 토론인가, 아니면 그 밖의 다른 토론인가)? 대선토론위원회(http://www.debates.org/index.php?page=debate-history), 유 디베이트(You Debate, http://www.youdebate.blogspot.com/) 를 포함하여 토론을 찾아볼 수 있는 사이트가 많다. 토론 비디오 블로그스팟(Debate Video Blogspot, http://debatevideoblog.blogspot.com/), 2012년 선거본부(2012 Election Central, http://www.2012presidentialelectionnews.com/2012-debate-schedule/2011-2012-primary-debate-schedule/), 이 외에도 무수히 많은 사이트가 있다.

2. 듣기. 신문에서 기사 하나를 고르자. 다섯 명의 학생 지원자는 강의실을 나가고, 한 사람만 남아야 한다. 한 명의 지원자가 강의실에 다시 돌아오면 강의실에 남아 있던 지원자는 신문 기사를 소리 내어 읽는다. 어떤 메모도 허용하지 않은 채 첫 번째 낭독 후 이 기사를 치운다. 다음 학생을 불러 들어오게 한다. 방금 신문기사 낭독을 들은 학생은 모든 세부 사항을 포함하여 새로 들어온 학생에게 말로 전한다. 한 번에 한 사람씩 강의실로 돌아오게 하여 이 과정을 반복한다. 강의실에 있는 학생들은 이 모든 과정을 관찰한다. 강의실을 나갔던 다섯 명의 학생이 모두 돌아온 후, 어떤 세부 사항이 누락되었고, 바뀌었으며, 덧붙여졌는지 수업에서 토의한다.

3. 각각 두세 명씩 짝을 짓는다. 각 팀은 논증과 토론 수업의 반장 후보자를 정한다. 선거 토론의 규칙에 대해 협상한다. 토론 형태, 자리 배치 등을 어떻게 할 것인가?

4. 팀으로 활동하면서, 학급에서 토론에 적용할 윤리적 기준들을 준비해보자.

5. 학급으로 구성된 온라인 커뮤니티를 만들어보자. 강사는 강좌 웹사이트에서 하기를 바랄 수도 있지만 여러분은 따로 만들 수 있다. 이것을 손쉽게 하는 방법 중 하나는 야후(http://www.groups.yahoo.com)에 모둠을 만드는 것이다. 학급에서 토론 주제 하나를 선정하여 온라인 토론을 시작해보자.

3장

논증의 기초

역사적으로 볼 때 토론의 실행과 논증에 대한 연구가 이루어진 것은 매우 오래되었고 그 양상도 다양하다. 근래에는 우리의 생활을 변화시키고 흥미를 유발하며 때로는 위협을 가하기도 하는 새로운 과학기술과 더불어 인터넷과 디지털 커뮤니케이션이 출현함으로써 사람들이 상호작용하면서 서로에 대해 영향을 미칠 수 있는 기회는 더욱 많아지게 되었다. 마찬가지로, 지금으로부터 2000년도 더 전에 다른 사람들에게 영향을 미치기 위해 토론과 연설 같은 음성 언어와 토의를 활용하는 것은 고대 그리스의 학자와 시민들에게는 새로운 '과학기술(technology)'로 알려졌다. 거의 천 년 동안 지속된 대중적인 구두 의사소통은 기원전 5세기에 정점에 달했고 사람들은 이를 통하여 실천적이고 윤리적인 질문을 제기하였다. 초기의 토론 선구자들은 우리 현대인들이 수사학 기예와 논증 기술을 사용할 수 있도록 길을 닦아주었다. 이 장에서 우리는 우리의 이해력을 형성해 왔던 논증의 고전적 전통과 구조를 검토하는 한편, 논증 구조에 대한 당대의 연구 성과를 살펴보고, 추론 유형을 탐구하고자 한다.

1. 고전적 전통

논증과 토론에 대한 우리의 이해는 고대 그리스에서, 특히 기원전 약 5세기에 개발된 수사학에 대한 고전적 연구와 실행에 기반을 두고 있다. 토론에 대한 그리스의 전통은 어느 정도 특유의 지정학적 역사와 문화의 산물이다. 고대 세계의 교차로에서 그리스 도시 국가들은 교역과 소통의 중심이었다. 그 중심지 아테네와 다른 도시 국가들은 종교와 언어를 공유하였으나 정부를 통일해 공동의 방어 체계를 세우는 데서는 의견을 달리하였다. 호메로스의 대서사시 『일리아드』와 『오디세이아』에서 알 수 있듯이, 그리스 문화는 입에서 입으로 전달되는 문화였다. 공유된 가치와 지식은 음유 시인의 이야기에 의해 전승되었다. 이러한 그리스의 황금기 동안 민주적 공론장이 발달하면서, 공적 배심원 앞에서 이루어지는 법률적 송사에서 시민들은 자신을 변호하여야 했다. 아테네에서는 이러한 배심원들이 500명이나 될 정도로 많았다. 부자들이 연설 대필자를 비싼 값에 고용할 수 있었던 데 비해, 대부분의 시민은 자신의 연설 능력과 논증 능력을 이용하여 스스로를 대변해야 했을 것이다. 게다가 시민들은 지역 공동체의 민주적 지배 체제에 참여하여야 했으며, 어느 때든 공공 정책의 쟁점에 대하여 토론하거나 의사 결정을 하여야 했다. 이렇게 공적 토의와 토론에 대한 평가와 확산을 통하여 그리스 공동체의 특성이 형성되었다. 수사학과 논증 능력은 아테네 시민에게는 필수적인 것이었다.

1) 소피스트

그리스의 도시 생활에서는 교사 집단이 시민들의 필요를 충족하기 위해 출현하였는데, 그들은 웅변술을 발전시켜 이용할 수 있게 함으로써 시

용어 해설

귀납(induction) 특수한 사례로 출발하여 더 넓은 일반화로 이행하는 논증.

근거(ground) 주장의 기초를 세우기 위해 제시하는 증거와 추론.

로고스(logos) 청중이 실용적 추론이나 논리의 측면에서 메시지 그 자체에 대하여 내리는 판단에 기반을 둔 입증의 한 양식.

반박(rebuttal) 다른 사람의 주장을 약화하거나 무력화하기 위해 도입되는 증거와 추론.

변증법(dialectic) 대화 참여자들이 진리에 도달하기 위하여 질문과 대답의 형식으로 주고받는 논증과 추론의 방법.

보증(backing) 전제(warrant)를 뒷받침하기 위하여 제시된 추가적인 증거와 추론.

삼단논법(syllogism) 대전제, 소전제, 결론으로 이루어진 논증의 체계적 배열.

생략삼단논법(enthymeme) (1) 전제 또는 결론 중 하나가 진술되지 않고 생략된 삼단논법. (2) 개연성(probability), 징후(sign), 사례(example)에 기반을 둔 삼단논법으로, 수사적 설득 기능을 수행한다. 화자와 청중이 함께 노력해야 생략삼단논법이 성공적으로 구성된다.

선언삼단논법(disjunctive syllogism) 대전제가 상호 배타적인 선택지를 가지고 있는 삼단논법. 대개 '둘 중 하나인(either, or)', '어느 것도 아닌(neither, nor)', '그러나(but)', '비록(although)' 등과 같은 단어에 의해 표현되며, 명확히 진술되거나 분명히 암시된다.

설득의 강도(degree of cogency) 논증이 사실, 논리, 합리성을 갖추고 있기 때문에 가지는 타당성과 지적 설득력의 정도.

소피스트(sophist) 고대 그리스에서 시민 생활에 참여하는 데 필요한 수사학과 여타의 기술을 가르치던 교사.

양상 한정(modal qualification) 논증자가 자신의 논증에 부여하는 설득의 강도.

에토스(ethos) 청중이 화자에 대해 내리는 판단에 기반을 둔 입증의 한 양식.

연역(deduction) 폭넓은 일반화로 시작하여 좀 더 특수한 사례 적용이나 결론으로 이행하는 논증.

사례 추론(reasoning by example) 특정한 사례들에서 결론을 이끌어내는 과정.

유추 추론(reasoning by analogy) 두 개의 유사한 사례를 비교하여 한 사례에 적용되는 것이 다른 사례에도 적용됨을 추론하는 과정.

인과 추론(causal reasoning) 어떤 요인(원인)이 다른 어떤 것(결과)을 만드는 힘이라는 사실을 추론하는 과정.

전제(warrant) 근거(ground)로부터 주장(claim)으로의 이행을 정당화하기 위하여 개진하는 증거와 추론.

정언삼단논법(categorical syllogism) 대전제가 전칭명제(unqualified proposition)인 삼단논법. 전칭명제는 '전부(all)', '모든(every)', '각각의(each)', '어떤 것이든(any)'과 같은 단어에 의해 표현되는 것이 특징이며, 직접적으로 표현되거나 분명하게 암시된다.

조건삼단논법(conditional syllogism) 불확실하거나 가정적인 사건을 대전제로 사용하는 삼단논법. 대개 '만일 ~라면(if, assuming, supposing)'이나 이와 유사한 용어에 의해 표현되며, 명확히 진술되거나 분명히 암시된다. '가언삼단논법(hypothetical syllogism)'이라 부르기도 한다.

주장(claim) 논증을 통해 세우고자 하는 결론.

징후 추론(reasoning by sign) 두 변인 간의 관계나 상관을 추론하는 과정.

파토스(pathos) 청자 내면의 정서적 반응에 기반을 둔 입증의 한 양식.

민들이 자유로운 시민으로 성공할 수 있도록 도왔다. 성공적인 시민이 되는 데 필요한 실제적인 기술을 학생들에게 가르친 그들은 '소피스트(soph-ists)'였다. 이러한 기술들 중에 으뜸가는 것이 수사학이었다. 일부 소피스트는 자신들의 교범과 '방법론' 수업으로 유명했던 반면에(코락스와 티시아스), 대필 능력으로 알려진 이들도 있었고(이소크라테스), 강력하고 호소력 있는 연설 방식으로 알려진 이들도 있었다(고르기아스와 데모스테네스). 소피스트들은 공통적으로 청중을 설득하는 데 효과적인 기술에 초점을 맞추었다. 그들은 수사학을 '설득의 기술(craftsmanship of persuasion)'로 정의했던 것으로 보인다.

프로타고라스는 소피스트이자 교사였는데, 자신의 가르침과 공적 의사 결정에서 토론이 핵심적인 요소라고 보았다. 토머스 콘리(Thomas M. Conley)는 다음과 같이 말한다.

프로타고라스는 '반논리(antilogic)'를 창안하였다. 이는 진리에 대한 객관적 기준, 행동에 대한 전통적 기준에 의존하지 않고 문제의 양 측면 대한 논증을 검토하여 논쟁을 해결하는 방법이다. 프로타고라스는 어떤 실용적 목적이라도 진리에 접근하는 것은 불가능하며, 사려 깊음(prudence), 덕(virtue), 명예(honor)의 문제는 모두 논쟁의 여지가 있다고 보았다. 그래서 주어진 명제에 대한 찬성 논증 또는 반대 논증을 검토해보아야만 어느 쪽이 믿고 따를 만한지 결정할 수 있다는 것이다.[1]

이런 이유로 프로타고라스는 '토론의 아버지'라고 불린다. 그는 자신의 모든 학생들에게 다양한 주제에 대한 교육 토론에 참여하게 한 것으로 잘 알려져 있다.

2) 플라톤

고대 그리스에서 '소피스트'라는 용어는 지혜 또는 지식을 가리키는 말이었다. 소피스트는 시민의 참여를 가르치는 자로서 자신의 기술과 목표로 인해 널리 존경을 받았다. 그러나 오늘날 '소피스트리(sophistry)'는 결함이 있는 추론, 속임수를 쓰는 추론, 부정직한 추론을 설명하는 용어로 쓰인다. 이러한 소피즘(sophism)에 대한 부정적 해석은 부분적으로 플라톤이 소피스트에 대해 철학적 비판을 한 결과라고 볼 수 있다. 소크라테스의 제자이자 아리스토텔레스의 스승인 플라톤은 대중적 의사 결정과 수사학을 불신하였다. 그는 시민의 의사 결정과 철학에서 가장 중요한 목표는 체계적이고 절대적인 진리를 발견하는 데 있다고 보았다. 플라톤은 자신의 대화편 『고르기아스(*Gorgias*)』에서 소피스트의 실천을 풍자하고 비판하였다. 여기서 플라톤은 소크라테스를 등장시켜 수사학에 대해 반대하는 논증을 제시했다. 플라톤은 수사학이 기예(art)가 아니고, 죄지은 사람이 마땅히 받아야 할 처벌을 회피할 수 있도록 허용하며, 나쁜 사람이 대중을 조작할 수 있도록 도구를 허용하고, 수사학 사용자로 하여금 진실을 위장할 수 있게 하며, 그릇된 권력이 될 수 있어서, 수사학이 반드시 선을 추구할 필요가 없다고 주장하였다. 플라톤은 소피스트의 수사학적 실행을 진리에 관심이 없는 무지한 대중을 속이는 행위로 간주하였다. 플라톤은 이런 수사학을 아마도 '설득의 요령(knack of persuasion)'으로 여겼을 것이다. 그는 수사학을 '요리법'으로 표현하기도 했는데, 연설이나 논증을 만족스럽고 맛있는 '음식' 또는 수사학적 메시지를 만들어내는 조리법에 따라 소피스트가 이런저런 재료를 혼합하여 만들어낸 것으로 보았던 것이다.

또 다른 대화편 『파이드루스(Phaedrus)』에서 플라톤은 수사학이 가치 있는 기술이 되는 데 필요한 요건을 제시하였다. 플라톤은 화자가 진실이 아닌 것에 속지 않기 위해서는 먼저 자신이 말하고 있는 것이 진실인지 아닌지를 알아야 하고, 다음으로 수사학자로서 자신이 쓰는 개념들을 논리 규칙에 따라 정의할 수 있어야 하며, 셋째로 논증을 조직하는 원리를 제시할 수 있어야 한다고 주장하였다. 플라톤이 넷째로 요구한 것은 연설자가 청중의 영혼, 즉 심리를 알아야 한다는 것이고, 다섯째로는 전달의 중요성과 특질, 그리고 표현 방식을 알아야 한다는 것이며, 여섯째는 담화가 방해받지 않는 것보다 반대신문과 상호작용이 더 중요하다는 것이고, 마지막으로는 연설자가 높은 도덕적 목표를 가지고 있어야 한다는 것이다.

플라톤이 선호한 담화의 방법은 수사학이 아닌 철학적 변증법, 즉 전제에서 전제로 작용하는 질문과 대답의 형식이었다. 변증법의 목표는 진리를 발견하는 것이다. 변증법은 개념 정의에서 시작하여, 관찰 결과를 범주화하여 분류하는 분석을 거쳐, 구체적인 것에서 추상적인 것으로 이동하면서 보편적 일반화를 하는 종합으로 나아간다. 변증법은 정교하고, 질문으로 시작하며, 대응하는 사람에 의해서만 합의로 나아갈 수 있다. 변증법은 반대신문과 논리 규칙 적용을 통해서만 가능한 엄격한 검증을 이용한다. 수사학이 개연성 있는 진리로 시작해 합의를 추구하는 데 비해, 변증법은 질문을 함으로써 절대 진리를 추구한다는 점을 기억해야 한다. 그러나 수사학과 변증법은 모두 추론을 포함한다. 따라서 토론도 이들에 포함된다.

3) 아리스토텔레스

자신의 스승이 『파이드루스』에서 수사학이 기예가 되어야 한다고 요구한 것에 대해 (부분적으로) 답했던 것으로 보인다. 1장에서 살펴본 바와 같이, 아리스토텔레스는 수사학이 중요하고 가치 있는 기능을 한다는 점을 인정하였다. 실용적 과학자로서 아리스토텔레스는 시민의 참여 및 의사 결정 수단으로서 수사학의 가치를 높이 평가하였다. 그의 관점은 소피스트나 플라톤의 관점과는 차이가 있었다. 아리스토텔레스는 수사학을 "특정 상황에서 사용 가능한 설득 수단을 발견하는 능력"으로 정의하였다. 이 정의에는 몇 가지 중요한 요소가 포함되어 있다. 첫째, 그는 수사학을 '발견하는 능력', 즉 이론적 활동으로서 요령이나 요리법이 아니라 학술적 이해와 이론적 지식을 필요로 하는 체계적이고 사려 깊은 접근법으로 보았다. 둘째, '특정 상황'이라는 것은 어떤 특정한 청중과 상황에 의해 제기된 특별한 필요에 맞는 적절한 호소 방식을 선택하고 구성할 것을 연사에게 요구하며, 이는 청중을 분석하고 그에 따른 호소 방식을 적용하는 과정을 포함한다. 마지막으로, '사용 가능한 설득 수단'은 논리적이고 인식 가능하면서 체계적인 구조를 의미한다. 설득 수단은 논증자가 사용 가능한 논증이다.

아리스토텔레스에게 수사학은 추론 및 논증과 짝을 이루어, 변증법의 '상대(counterpart)'가 된다. 변증법은 진리를 추구하고, 수사학은 개연성에 도달하고자 한다. 변증법은 '삼단논법'이라 부르는 연역적 추론 형식을 이용하고, 수사학은 연역적 '생략삼단논법'을 제공한다. 연역은 보편적인 일반화로 시작하여 특수한 사례 적용으로 나아간다. 반면에, 변증법에서의 귀납은 예시되는 특수한 사례들을 받아들이는 과정으로서, 그러한 사례의 수가 충분하면 (변증법의 주고받는 대화에 참여한) 대화자들은 일반적인 결론이나 일반화에 이를 수 있게 된다. 수사학에서 귀납은 특수한 사례나 경우로 출발하여 더 폭넓은 일반화를 뒷받침하는 것이다.

아리스토텔레스에 따르면 '설득의 방식'은 청중에게 긍정적 영향을 미치기 위하여 화자가 제시하는 자원에 따라 구분된다. 여기에는 에토스, 파토스, 로고스가 포함된다. 에토스는 윤리적 입증, 즉 청중이 화자에 대해 내리는 판단이다. 에토스는 영향력 있는 인품, 지혜, 선의로 설명될 수 있다. 인품은 화자가 지니고 있는 윤리와 윤리적 행동에 대한 청중의 평가이다. 청중은 자신의 가치를 지키며 사는 화자를 우호적으로 평가하겠지만, 중요한 점은 청중이 자신들이 미덕이라고 여기는 것을 표현하고 제시하는 연사를 더 우호적으로 평가할 가능성이 높다는 것이다. 청중은 어떤 가치가 '좋다'라고 어떻게 결정하는가? 청중은 그 가치를 자신들의 가치와 비교한다. 그래서 만일 청중이 자신들의 가치와 화자의 가치가 유사하다고 인식하면, 화자의 논증이 더 설득력 있다고 생각한다. 화자는 청중과의 동일시를 창출함으로써 가치를 공유하고 있다는 사실을 강조할 수 있다. 청중이 자신들과 화자가 닮았다고 믿는 정도가 클수록, 그리고 공통점이 많을수록, 화자는 자신의 에토스에서 인품 요소를 더 내세우려고 할 것이다. 지혜는 화자가 현명함, 능력, 전문성을 보여주거나 주제에 대한 지식을 보여주는 것에 대해 청자가 인식하는 정도이다. 선의는 화자가 창출하는 신뢰와 활력이다.

플라톤이 부분적으로 수사학을 반대한 이유는 수사학이 감정적인 호소를 포함하고 있고 그래서 판단을 흐린다는 점 때문일 것이다. 하지만 아리스토텔레스는 감정이 다른 추론 형식과 균형을 이룬다면 실질적으로 판단에 정보를 제공한다는 점을 인식하고 있었다. 파토스는 청자의 내면에 있는 요소인 정서적 입증이다. 다시 말하면, "고통이나 즐거움이 관장하는 조건들"인 정서가 환기됨으로써 청자는 자신의 내면의 반응을 통해 설득의 매개체가 된다. 아리스토텔레스는 청자의 심리 상태를 인식하고서 논증자가 호소할 수 있는 감정의 목록을 제공하고 있다.

마지막으로, 로고스는 논리적 입증, 즉 논증자가 제시한 사실이나 추론에 대하여 청중이 내리는 판단이다. 그러나 로고스는 변증법이나 형식 논리학의 엄격한 정밀성이 아니라, 실용적이고 개연성 있는 일종의 추론을 가리킨다. 설득의 세 가지 방식은 모두 논증자가 제시한 (생략삼단논법이나 예시와 같은) 어떤 논증에도 설득력을 제공한다. 사실, 그것들은 서로서로 시너지 효과를 불러일으킨다.

또한 아리스토텔레스는 논증이 서로 다른 맥락에서 발생한다는 것을 인식하였다. 이 맥락은 상이한 기대, 특성, 그리고 각각 다른 연설의 유형에 대한 요구를 발생시킨다. 특히 이 연설의 유형은 법정 연설, 정치 연설, 의례 연설이라고 할 수 있다. 법정 담화(forensic discourse)는 법률적 말하기 또는 법정을 위하여 고안된 연설이다. 그것은 과거의 사건을 조사해 공정하거나 공정하지 않은 것을 규명하고자 한다. 정치 담화(deliberative discourse)는 정부 조치나 법률의 확정과 같은 의사 결정을 내리는 일을 이끄는 데 필요한 말하기 유형을 가리킨다. 그것은 미래의 행위에 초점을 맞춘다. 의례 담화(epideictic discourse)는 칭찬이나 비난의 말하기이다. 추도나 축하 행사 같은 의례적 상황에 쓰이며, 현재에 초점을 맞춘다. 의례 담화는 가치와 미덕에 질문을 던진다.

오늘날의 토론 형식은 변증법적 추론과 수사학적 추론의 특징을 혼합한 것이다. 대선 토론을 포함한 특별 토론은 수사학적이며 소피스트적이기까지 한 반면, 강의실에서의 교육 토론은 구성 면에서 훨씬 더 구조화되고 변증법적이다. 아리스토텔레스가 제시한 맥락과 지침 안에서 논증을 고찰하면서 소피스트적인 것에 대한 플라톤의 반대를 살펴보는 것은 유용할 것이다.

이 장에서는 가장 보편적인 두 가지 논증 구조가 무엇인지 살펴볼 것이다. 우리는 먼저 아리스토텔레스의 삼단논법과 생략삼단논법이 수 세기 동안 표준 추론 도구였으며, 현재에도 여전히 많은 추론의 기초가 되고 있음을 살펴볼 것이다. 그리고 다음으로는 현대 논리학자 스티븐 툴민(Stephen Toulmin)에 대해 알아볼 것이다. 그의 논증 요소 개념—주장(claim), 근거(ground), 전제(warrant), 보증(backing), 양상 한정(modal qualification), 가능한 반박(possible rebuttal)—은 지금까지 일반적으로 쓰여 왔다.

이러한 추론 방법의 형식적 구조는 우리에게 추론 과정을 빈틈없이 분석하고 그 타당성을 검증할 특별한 기회를 줄 것이다. 고전적인 구조와 현대적인 구조 모두의 방법과 전문 용어는 이제 논증에서 널리 사용되고 있고, 학생들은 이 둘에 대한 실용적 지식을 갖추지 않으면 안 된다.

2. 논증의 고전적 구조

앞에서 소개한 바와 같이, 연역 추론의 두 가지 특별한 형식은 변증법적 삼단논법과 수사학적 생략삼단논법이다. 주지하다시피 플라톤은 소크라테스의 제자이자 아리스토텔레스의 스승이었으며, 수사학에 대한 비판자였다. 그는 수사학이 순진한 사람들에게 영향을 미치는 것을 달갑게 여기지 않았다. 그는 '변증법'으로 알려진, 형식적 탐문의 철학적 방법을 선호하였다. 변증법은 대화 참여자들이 일련의 질문으로 시작하는 형식 논리학의 규칙에 따라 진행되는데, 뒤따르는 질문-응답 과정을 통해 정답, 궁극적으로는 진리를 찾는다. 방해받지 않는 논증이나 연설을 포함하는 수사학은 대답으로 시작하며 그러한 대답이 개연성 있는 진실임을 청중에게 설득하기 위해 증거를 제시한다. 아리스토텔레스는 민주주의 사회에서 변증법과 수사학 모두 중요한 가치가 있음을 인식하였으며, 변증법적 삼단논법의 상대로서 수사학적 생략삼단논법이 존재한다고 주장하였다. 이 둘은 서로 다른 방식으로 토론자에게 유용하다.

우리는 분석 목적을 위한 삼단논법과 생략삼단논법의 구조를 이해함으로써, 문제를 탐색할 때 만나는 추론, 우리가 자신의 사례를 위해 계발하는 추론, 반대자의 사례에서 만나는 추론 등에 대해 형식적 타당성 검증 및 수사학 검증을 적절하게 할 수 있다.

1) 삼단논법

삼단논법은 일반화에서 특수한 사례 적용으로 이행하는 연역적 논증 형식이다. 삼단논법에는 (1) 정언삼단논법, (2) 선언삼단논법, (3) 조건삼단논법의 세 가지 유형이 있다. 그러나 먼저 모든 유형의 삼단논법이 가지고 있는 구조를 살펴볼 필요가 있다. **삼단논법**은 다음과 같이 논거를 체계적으로 배열하는 것이다.

1. 대전제는 일반화를 진술하는 명제이다("모든 A는 B이다.").
2. 소전제는 일반화와 관련된 특정한 경우를 진술하는 명제이다("C는 A이다.").
3. 결론은 이러한 전제들로부터 필연적으로 따라 나온다("그러므로 C는 B이다.").

다음은 삼단논법에 의한 추론의 보기이다.

모든 법적 정신이상자는 구속력 있는 계약을 할 능력이 없다. (대전제)
아무개 씨는 법적 정신이상자이다. (소전제)
그러므로 아무개 씨는 구속력 있는 계약을 할 능력이 없다. (결론)

이 논증이 포괄적인 일반화로 시작하여 아무개 씨에 대한 특정한 주장으로 끝난다는 점을 주목해보자. 변증법적 방법에서는 대화 참여자가 사실 여부를 확인하기 위하여 각각의 전제에 대해 활발하게 문제를 제기할 것이다.

앞으로 살펴보게 될 삼단논법의 다양한 사례에서 각 전제가 틀림없는 사실이라고 잠시 가정해보자. 우선 논증의 구조에만 초점을 맞추고 나중에 '형식적 타당성과 사태진리'를 다루는 부분에서 전제의 진리성에 대해 살펴볼 것이다.

① 정언삼단논법

정언삼단논법(categorical syllogism)에서는 대전제가 전칭명제(unquali-fied proposition)이다. 전칭명제는 '전부(all)', '모든(every)', '각각의(each)', '어떤 것이든(any)'과 같은 단어에 의해 표현되는 것이 특징이며, 이들은 직접적으로 표현되거나 분명하게 암시된다. 앞에서 든 보기는 정언삼단논법에 해당한다.

어떤 학자들은 전체를 아우르는 일반화를 하는 것이 어렵다는 점을 지적하면서 정언삼단논법에 반대한다. 예를 들면, 결국 모든 법적 정신이상자들은 같지 않고, 그들의 질병 특성과 정도, 필요한 치료법, 회복 가능성도 다 다르다. 그런데 그들이 법적으로 정신이상자인 한, 법적으로 구속력 있는 계약을 하는 것이 불가능하다는 점에서는 그들 모두 동일하다. 실용적인 이유 때문에 우리는 많은 문제를 동일하게 다루며 그것들에 대해 전체를 아우르는 일반화를 한다. 토론자는 특수한 맥락에서 전체를 아우르는 일반화를 하는 것이 실용적이거나 필요할 때, 그리고 명백하게 동일한 사안들 내에서 차이를 인정하는 것이 분별 있는 일이거나 필요한 일일 때를 판단하기 위해 노력해야 한다.

어떤 검증 방법은 정언삼단논법의 진실성을 입증하거나 일축하는 데 쓰일 수도 있다.

정언삼단논법의 검증

....

1. 정언삼단논법에는 더도 말고 덜도 말고 세 개념이 있어야 한다. 이 개념들은 A(중개념), B(대개념), C(소개념)와 같은 문자로 표현할 수 있다. 예를 들면 다음과 같다.

   대전제: 모든 A는 B이다.
   소전제: C는 A이다.
   결   론: 그러므로 C는 B이다.

2. 정언삼단논법에서 모든 개념은 더도 말고 덜도 말고 두 번 사용되어야 한다.

3. 어떤 전제에서든 개념은 한 번만 사용되어야 한다.

4. 중개념은 포괄적이거나 보편적인 의미로 적어도 하나의 전제에서는 사용되어야 한다. 앞에서 예를 든 법적 정신이상자에 대한 삼단논법에서, 중개념(A)은 모든 법적 정신이상자를 가리키면서 정확하게 배분되었다. 다음과 같은 예에서는 A의 속성이 '어떤'이라는 단어로 표현되기 때문에, 중개념이 정확하게 배분되지 않는다. 결과적으로 이 삼단논법의 결론은 타당하지 않다.

   대전제: 어떤 정치인들(A)은 부패하였다(B).
   소전제: 캘빈 홉스(C)는 정치인(A)이다.
   결   론: 그러므로 캘빈 홉스(C)는 부패하였다(B).

5. 하나의 개념은 대전제나 소전제에 배분되어야만 결론에도 배분될 수 있다. 다음은

부적절한 개념의 예인데, 여기에서는 결론에 배분된 대개념(B)이 대전제에서는 사용되지 않았다.

> 대전제: 모든 좌파(A)는 미국의 국방비 삭감을 바란다(B).
> 소전제: 질릭 의원(C)은 좌파(A)가 아니다.
> 결   론: 그러므로 질릭 의원(C)은 미국의 국방비 삭감을 바라지(B) 않는다.

대전제를 완전하게 진술하면 "모든 좌파는 미국의 국방비 삭감을 바라는 사람들 중의 일부이다."인데, 이는 대개념(B)이 대전제에서 보편적 의미로 사용되지 않아서 결론에 배분될 수 없음이 분명해진다. 질릭 의원은 평화주의자일 수도 있는 것이다.
다음은 부적절한 소개념의 예인데, 여기에서는 결론에 배분된 소개념이 소전제에 배분되지 않았다.

> 대전제: 모든 조합장(A)은 유니언숍제를 찬성한다(B).
> 소전제: 모든 조합장(A)은 조합원(C)이다.
> 결   론: 그러므로 모든 조합원(C)은 유니언숍제를 찬성한다(B).

이 예에서는 소개념(C)이 소전제가 아니라 결론에 배분되었다. 소전제를 완전하게 진술하면 "모든 조합장은 조합원의 일부이다."인데, 이로써 소개념(C)이 배분되지 않았고 그래서 결과적으로 결론이 타당하지 않다는 점이 분명해진다. 이 전제들로부터 끌어낼 수 있는 유일한 결론은 어떤 조합원들은 유니언숍제를 찬성한다는 것이다.

6. 적어도 하나의 전제는 긍정형이어야 한다. 분명한 사실은 어떤 타당한 결론도 두 개의 부정적 전제에서 도출될 수는 없다는 것이다. 예를 들면 다음과 같다.

> 대전제: 어떤 민주당 상원의원(A)도 이 법안에 찬성하지 않을 것이다(B).
> 소전제: 엘리엇 상원의원(C)은 공화당 상원의원이 아니다(A).
> 결   론: 그러므로 엘리엇 상원의원(C)은 _____할 것이다?

7. 만일 하나의 전제가 부정적이라면, 결론은 반드시 부정적이어야 한다. 예를 들면 다음과 같다.

> 대전제: 어떤 공화당 상원의원(A)도 이 법안에 찬성하지 않을 것이다(B).
> 소전제: 엘리어트 상원의원(C)은 공화당 상원의원이다(A).
> 결   론: 그러므로 엘리어트 상원의원(C)은 이 법안에 찬성하지 않을 것이다(B).

② 선언삼단논법

선언삼단논법(disjunctive syllogism)은 대전제가 상호 배타적인 선택지를 가지고 있는 삼단논법이다. 선택지의 구별은 대개 '둘 중 하나인(either, or)', '어느 것도 아닌(neither, nor)', '그러나(but)', '비록(although)' 등과 같은 단어에 의해 표현되며, 이들은 명확히 진술되거나 분명히 암시된다.

> 대전제: 의회가 이 법안을 수정하지 않거나 대통령이 이 법안에 거부
> 권을 행사할 것이다.
> 소전제: 의회는 이 법안을 수정하지 않을 것이다.
> 결 론: 그러므로 대통령은 이 법안에 거부권을 행사할 것이다.

선언삼단논법의 정당성과 타당성 또한 검증될 수 있다.

선언삼단논법의 검증

. . . .

1. **선언삼단논법의 대전제는 가능성 있는 모든 선택지를 포함해야 한다.** 예를 들어,
아프리카에서 부족 전쟁이 발발한 후 어떤 이들은 심각한 식량난이 발생할 수 있다고
생각하여 미국이 대규모 식량 수송선을 아프리카에 보내줄 것을 촉구하였다. 논증은
다음과 같았다.

> 대전제: 우리는 아프리카에 식량을 보내야 한다. 그러지 않으면 수백만 명이 죽을
> 것이다.
> 소전제: 우리는 수백만 명이 죽기를 원하지 않는다.
> 결 론: 그러므로 우리는 아프리카에 식량을 보내야 한다.

이러한 삼단논법을 우연히 접한 반대 입장의 사람들은 대전제가 가능성 있는 모든
선택지를 포함하지 않았음을 인식하였다. 그들은 고려 대상인 그 아프리카 국가가
자급할 만큼 식량을 충분히 생산할 뿐만 아니라 보통의 경우 수출까지 할 정도로
식량을 넉넉히 가지고 있다는 점을 지적하였다. 문제는 식량 부족이 아니라 대량학살을
초래하는 부족 전쟁이었다. 대립적인 경쟁 부족들이 싸우는 동안 운송체계가 파괴되어
식량이 들판에서 썩어가고 있었다. 그래서 해당 국가의 항구 접안 시설에 식량을
하역하는 것은 이미 그러한 일을 실행했다 하더라도 쓸모없는 일이 될 것이다. 왜냐하면
항구는 포위되었고 길은 폐쇄되었기 때문이다.

2. **선언삼단논법에 제시된 선택지들은 상호 배타적이어야 한다.** 식량을 아프리카 국가에 보내는 데 반대한 사람들은 식량 부족이 아니라 전쟁이 사망의 주된 원인이라고 주장하였다. 그들은 국제연합(UN)이 주도하는 대규모 활동만이 전쟁을 종식할 수 있다고 주장하였다. 그들은 전쟁을 종식하지 않은 채 식량을 보내는 것은 대립하고 있는 부족들이 공급된 식량에 대한 통제권을 얻기 위하여 더 격렬하게 전쟁을 할 것이기 때문에 사망자를 늘릴 뿐이라고 주장하였다.

3. **소전제는 대전제에 주어진 선택지 중 하나를 긍정하거나 부정하여야 한다.** 만약 소전제가 대전제에 주어진 선택지 중 하나를 긍정하지도 부정하지도 않는다면, 어떤 타당한 결론도 내릴 수 없다. 예를 들면 다음과 같다.

> 대전제: 의회는 세금을 올리거나 연방정부의 지출을 줄여야 한다.
> 소전제: 의원들은 자신의 봉급을 삭감하려 들지 않을 것이다.
> 결　론: 그러므로 의회는 _____해야 한다?

의원의 봉급은 전체 연방정부 지출의 작은 부분일 뿐이므로, 의원들은 자신의 봉급을 삭감하려 들지 않을 것이라는 전제는 "의원들은 연방 지출의 일부를 삭감하려 들지 않을 것이다."와 같이 표현하는 것이 더 정확할 것이다. 비록 의원들이 자신들의 봉급을 삭감하려 들지 않는다 하더라도, 연방정부 지출의 **다른** 부분을 삭감하는 것은 가능하다. 따라서 이 전제는 대전제에 있는 선택지 중 하나를 긍정하지도 부정하지도 않는다.

③ 조건삼단논법

　　조건삼단논법(conditional syllogism)은 가언삼단논법(hypothetical syllogism)이라 부르기도 하며, 존재할 수도 있고 존재하지 않을 수도 있고, 또는 일어날 수도 있고 일어나지 않을 수도 있는 불확실하거나 가정적인 사건을 대전제로 사용하는 삼단논법이다. 조건적인 사건은 대개 '만일 ~라면(if, assuming, supposing)'이나 이와 유사한 용어에 의해 표현되며, 명확히 진술되거나 분명히 암시된다. 예를 들어, 다음의 조건삼단논법은 "연방정부는 최저임금 및 가격 통제 프로그램을 채택하여야 한다."라는 논제에 대한 토론에 사용되었다.

대전제: 만일 현재의 방법으로 온실 가스 배출을 줄였더라면, 그러면 우리는 배출권 거래제를 실시할 필요가 없을 것이다.

소전제: 현재의 방법으로 온실 가스 배출을 줄이지 못했다.

결 론: 그러므로 우리는 배출권 거래제를 실시할 필요가 있다.

조건삼단논법의 대전제는 고려하고 있는 조건적 또는 가정적 사건을 표현하는 전건(antecedent) 진술과 전건에 필연적으로 따라올 것이라고 주장되는 사건을 표현하는 후건(consequent) 진술을 포함한다. 방금 제시한 예에서, 전건 진술은 '만일(if)'이라는 단어로 시작하고 후건 진술은 '그러면(then)'이라는 단어로 시작한다. 이러한 '만일–그러면(if-then)' 관계는 조건삼단논법에서 대전제를 표현하는 간편한 방법이다.

어떤 검증 방법은 조건삼단논법에 사용될 수도 있다.

조건삼단논법의 검증

1. **소전제는 전건 진술을 긍정하거나 후건 진술을 부정하여야 한다.** 만일 소전제가 전건 진술을 긍정하면, 결론은 반드시 후건 진술을 긍정하여야 한다. 만일 소전제가 후건 진술을 부정하면, 결론은 반드시 전건 진술을 부정하여야 한다. 다음의 예를 살펴보자.

    대전제: 만일 휘발유 가격이 계속 오른다면, 그러면 더 많은 사람들이 대중교통을 이용할 것이다.

    소전제: 휘발유 가격이 계속 오를 것이다.

    결 론: 그러므로 더 많은 사람들이 대중교통을 이용할 것이다.

    이 예에서 소전제가 전건 진술을 긍정하고 결론은 후건 진술을 긍정한다는 데 주목하라. 다음은 정확하게 그 반대의 예, 즉 소전제가 전건 진술을 부정하는 예를 보여준다.

    대전제: 미국 팀이 월드컵 출전권을 확보하지 못한다면 미국인들은 월드컵을 보지 않을 것이다.

    소전제: 미국 팀은 출전권을 확보하지 못할 것이다.

    결 론: 미국인들은 월드컵을 보지 않을 것이다.

2. 만일 소전제가 전건 진술을 부정하거나 후건 진술을 긍정하면, 어떤 타당한 결론도 끌어낼 수 없다. 예를 들면 다음과 같다.

> 대전제: 만일 휘발유 가격이 계속 오른다면, 더 많은 사람들이 대중교통을 이용할 것이다.
> 소전제: 휘발유 가격이 계속 오르지는 않을 것이다.
> 결　론: 그러므로 _____?

이 예에서는 휘발유 가격이 계속 오르지 않는다는 사실로부터 더 많은 사람들이 대중교통을 이용할 것이라는 결론을 끌어낼 수는 없다. 그러나 다양한 대중교통 정책에 따라 대중교통 이용률이 높아질 수도 있기 때문에, 더 많은 사람들이 대중교통을 이용하지 않을 것이라고 결론 내릴 수도 없다. 그래서 소전제가 전건 진술을 부정하면 어떤 타당한 결론도 끌어낼 수 없다. 이제 다음의 예를 살펴보자.

> 대전제: 미국 팀이 월드컵 출전권을 확보하지 못한다면, 미국인들은 월드컵을 보지 않을 것이다.
> 소전제: 미국인들은 월드컵을 보지 않을 것이다.
> 결　론: 그러므로 _____?

미국 팀이 월드컵 출전권을 얻는다 하더라도, 수많은 다른 요인들 때문에 미국인들이 월드컵을 보지 않을 수도 있다. 그래서 소전제가 후건 진술을 긍정하면 어떤 타당한 결론도 끌어낼 수 없다.

2) 생략삼단논법

① 생략삼단논법의 정의

삼단논법은 엄격한 규칙이 적용되기 때문에 논증을 검증하는 가치 있는 도구가 될 수 있다. 그러나 이러한 규칙은 삼단논법을 사용할 수 있는 상황을 제약하기도 한다. 우리는 삼단논법으로 말을 하는 경우가 거의 없고, 삼단논법보다 덜 완전한 형태로 논증을 표현하는 듯하다. 또 우리는 확실성보다는 개연성을 다루어야만 하는 상황이 매우 많다. 이러한 상황에서 우리는 생략삼단논법을 사용한다. 두 가지 구별된 개념이 관여하기 때문에 **생략삼단논법**(enthymeme)의 정의도 두 가지이다.

생략삼단논법의 첫 번째 정의는 생략된(축소된) 삼단논법이라는 것인데, 이는 토론자들에게 매우 중요하다. 앞에서 언급한 바와 같이, 사람들이 늘 삼단논법으로 말하는 것은 아니다.

많은 논증은 생략삼단논법의 형태로 표현된다. 어쩌면 연방정부의 고등교육 원조에 대한 토론에서, "이러한 계획은 연방정부의 통제로 이어질 것이므로 바람직하지 않습니다."와 같은 논증을 들을지도 모른다. 생략삼단논법의 형태로 표현된 이 논증은 다음과 같이 표현될 수 있다.

대전제: 이 계획은 연방정부의 통제로 이어진다.
결 론: 그러므로 이 계획은 바람직하지 않다.

토론의 과정에서 이러한 생략삼단논법을 만나게 되면 우리는 언급되지 않은 대전제를 곧바로 찾으려 할 것이다. 만일 언급되지 않은 대전제가 "연방정부의 어떤 통제 형태는 바람직하지 않다."라면, 중개념이 배분되지 않았고 따라서 결론이 형식적으로 타당하지 않다는 것을 알게 될 것이다. 만일 언급되지 않은 대전제가 "연방정부의 모든 통제 형태는 바람직하지 않다."라면 결론은 형식적으로 타당하긴 하지만, 우리는 대전제의 사태진리(material truth)에 의문을 제기하고 싶을 것이다.

그래서 논증에서 생략삼단논법을 만날 때, 그리고 실제로 자주 만나게 될 것인데, 우리는 언급되지 않은 전제를 찾아 그 전제로부터 결론을 논리적으로 도출할 수 있는지, 그리고 언급되지 않은 전제가 사태진리인지 여부를 결정해야 한다. 언급되지 않은 전제를 발견하면서, 중요한 분석의 길을 열 수도 있다.

토론자들은 심리적으로 흔히 결론을 생략하는 것이 이익이라고 여길 수도 있다. 만일 대전제와 소전제가 명확하게 언급되면, 청중이나 판정자는 결론을 도출할 수 있을 것이고, '혼자 힘으로' 결론에 도달했기 때문에 결론을 더 견고하게 붙들 수도 있다. 또는 토론자가 결론을 실제로 언급하지 않음으로써 불친절한 논증을 할 수도 있을 것이다. 그러므로 어떤 교수가 한 학생에게 "중간고사에 낙제한 사람은 누구나 기말고사에서 B 이상의 학점을 받아야 이 과목을 이수한 것이 되네. 자네는 중간고사를 낙제했네."라고 말할 수도 있다. 그 교수는 그 말을 표현하지 않고 전달 내용을 건너뛸 수도 있으며, 학생은 필연적인 결론을 도출하고서 기말고사 준비를 위한 별도의 노력을 더 기울이기 위한 동기를 부여받을 수도 있다.

생략삼단논법의 두 번째 정의는 개연성, 징후, 사례에 초점을 맞추면서 화자와 청중의 공동 노력을 통한 구성에 초점을 맞추는 것인데, 전제 중 하나 또는 결론이 생략될 수도 있고 생략되지 않을 수도 있다. 생략삼단논법에 대한 이러한 정의는 토론자들에게 매우 중요한데, 이는 토론자들이 확실성보다 개연성에 더 관심을 갖는 경우가 많고 청중의 마음속에 이미 형성되어 있는 전제를 기반으로 하고 싶어 하기 때문이다.

정책 논제에서 찬성 측 토론자는 실질적인 이익이 있을 것이라고 자신들이 주장하는 어떤 실행 방안의 이행을 위해 논증할 것이다. 반대 측 토론자는 찬성 측의 방안이 비용 측면에서 거부되어야 한다고 주장할 것이다. 예를 들어, 반대 측 토론자들이 찬성 측 방안의 비용에 대하여 다음과 같은 반대를 하는 경우가 많다.

대전제: 연방정부의 적자를 늘릴 모든 계획은 거부되어야 한다.
소전제: 이 계획은 적자를 늘릴 수도 있다.
결 론: 그러므로 이 계획은 거부되어야 한다.

이 사례에서 토론자는 청중이 적자에 반대하는 성향을 가지고 있고 그래서 대전제를 수용함으로써 생략삼단논법을 구성할 때 자신과 함께할 것으로 기대하였다. 삼단논법의 관점에서 보면 이 논증은 전혀 아무것도 증명하지 못한다. 형식적 타당성이 전혀 없는 것이다. 삼단논법은 확실성을 다루는 논리적 도구이면서, 특정 범주의 모든 요인들과 관계가 있고, 특정 전제로부터 필연적으로 그리고 불가피하게 도출되는 문제와도 관계가 있다. 그러나 토론자가 고려해야 할 많은 문제는 확실성이나 절대적 입증의 대상이 아니다. 만일 반대 측의 논증이 합리적으로 설득의 강도(degree of cogency)를 확실히 할 수 있다면, 즉 그 계획이 재정 적자를 늘어나게 할 것이라는 합리적 개연성을 확실히 할 수 있다면, 토론에서 이기는 것은 당연하다.

절차적 민주주의(democracy assistance) 논제에 대한 어떤 토론에서 또 하나의 생략삼단논법이 사용되었다.

대전제: 국가 건설에 개입하는 모든 프로그램은 바람직하지 않다.
소전제: 절차적 민주주의에 대한 찬성 측의 방안은 국가 건설에 개입을 할 수도 있다.
결　론: 그러므로 절차적 민주주의에 대한 찬성 측의 방안은 바람직하지 않다.

이 사례에서 토론자는 청중이 국가 건설에 반대하는 성향이 있으므로 소전제를 수용함으로써 생략삼단논법을 구성할 때 자신과 함께하기를 바랐다. 이 토론이 진행될 때 반대 측 토론자는 소전제를 뒷받침하는 증거를 인용할 수 있었고, 찬성 측은 그것을 반박하는 증거를 인용할 수 있었다. 어느 쪽도 확실성을 확립할 수 없다면, 이 의견 충돌에서의 승리는 증거가 상당히 우세한 쪽에게 돌아갈 것이다.

삼단논법과 마찬가지로 생략삼단논법도 정언생략삼단논법, 선언생략삼단논법, 조건생략삼단논법으로 분류할 수 있다. 삼단논법의 형식적 타당성을 판단하는 데 사용한 것과 동일한 검증 방법이 생략삼단논법의 형식적 타당성을 판단하는 데 사용될 수 있다. 비록 방금 인용한 생략삼단논법이 삼단논법으로는 타당하지 않다고 하더라도, 생략삼단논법으로서 형식적으로는 타당하다. 그래서 만일 토론자가 논증을 뒷받침할 개연성의 우세를 확고히 하면서 생략삼단논법의 구성에 청중을 함께 참여시킬 수 있다면, 토론자는 합리적인 사람들이 자신의 결론을 수용하도록 설득할 수도 있다.

그러나 다음의 생략삼단논법은 형식적으로 타당하지 않다. 그래서 전제가 가지고 있는 개연성의 정도와 상관없이 결론은 가치가 없다.

대전제: 일부 국내 산업은 중국산 수입품의 피해를 보지 않는다.

소전제: 섬유 산업은 국내 산업이다.

결 론: 그러므로 섬유 산업은 아마도 중국산 수입품의 피해를 보지
       않을 것이다.

중개념인 '일부 국내 산업'이 배분되지 않은 오류는 이 생략삼단논법의 결론을 형식적으로 타당하지 않게 만든다.

② 생략삼단논법의 연쇄

논증은 생략삼단논법이 연결된 형식으로 진술되는 경우가 많다. 화자는 생략삼단논법의 결론만을 언급한 채 그것을 두 번째 생략삼단논법의 전제로 사용할 수도 있고, 다른 전제를 제시하는 대신 두 번째 생략삼단논법의 결론을 언급할 수도 있으며, 계속 이런 식으로 생략삼단논법의 연쇄를 만들어갈 수도 있다. 생략삼단논법의 생략된 부분이 자명해서 반론의 여지가 없을 때도 있지만 어떤 경우에는 명확하지 않거나 반박의 대상이 될 수도 있다. 따라서 토론자는 생략삼단논법의 연쇄를 인식해 분석하고, 논증의 생략된 부분을 찾아내며, 그것을 삼단논법의 형태로 재구성해 적절한 방법으로 검증을 해보아야 한다.

토론자들은 청자의 마음속에 생략삼단논법의 연쇄를 구축하는 것이 유리하다는 것을 발견하는 경우가 종종 있게 된다. 아리스토텔레스가 조언한 바와 같이, "따라서 화자는 판정단[청중]의 [실제] 의견이나, 그들이 인정하는 권위를 가진 사람들의 의견에서 … 출발하여야 한다. 그리고 화자는 자신의 전제가 청중 모두는 아니더라도 대부분에게 이렇게 비칠 수 있다는 점을 확실히 알아야 한다. 그리고 그는 필연적 진리뿐만 아니라 개연성 있는 진리의 관점에서도 논증해야 한다."[2]

그래서 만일 토론자가 인권 단체 앞에서 연설할 경우, 그는 청중에 대한 분석을 통하여 이 단체가 "사생활은 미국 헌법이 보장하는 중요한 가치이다."라는 대전제를 지지하리라는 결론을 도출할 수도 있다. 청중의 마음속에 있는 이러한 전제에 기반을 두고, 이 토론자는 사실상 다음과 같이 발언함으로써 논증을 시작할 수도 있다.

소전제: 미국의 애국법은 사생활의 권리를 침해한다.
결 론: 그러므로 미국의 애국법은 폐지되어야 한다.

그렇지 않고 만일 연사가 총기 동호회에서 연설할 경우, 그는 청중 분석을 통하여 이 동호회가 "사람들이 무기를 소지할 권리가 침해되어서는 안 된다."라는 대전제를 지지할 것이라는 결론을 도출할 수도 있다. 청중의 마음속에 있는 이러한 전제에 기반을 두고, 토론자는 사실상 다음과 같이 발언함으로써 논증을 시작할 수도 있다.

소전제: 총기등록법은 우리의 총기 소지 권리를 침해한다.
결 론: 그러므로 총기등록법은 위헌이다.

토론자는 판정을 내리는 사람들을 신중하게 분석하여 청중이나 판정자의 마음에 이미 확고하게 자리 잡고 있는 전제에 대한 생략삼단논법의 연쇄를 구축할 기회를 찾아낸다(15장의 '청중 분석' 항목 참조).

3) 형식적 타당성과 사태진리

지금까지 자세하게 살펴본 삼단논법과 생략삼단논법에서 삼단논법에서는 각각의 전제가 절대적으로 참이며, 생략삼단논법에서는 각각의 전제가 참일 개연성이 있다는 가정을 하였다. 만일 전제들이 참이라면, 형식적으로 타당한 삼단논법으로 도출된 결론은 당연히 절대적으로 확실하며, 형식상 타당한 생략삼단논법에서 도출된 결론은 전제에 나타난 개연성에 부합하는 설득의 강도가 있게 된다. 그러나 만일 이 전제 중 어떤 것이라도 거짓이라면 구성의 형식적 타당성과 무관하게 그 결론은 가치가 없다.

대전제: 어떤 어린이라도 웹사이트를 만들 수 있다.

소전제: 존은 어린이이다.

결 론: 그러므로 존은 웹사이트를 만들 수 있다.

이 삼단논법은 의심할 나위 없이 형식적으로 타당하다. 존이 정말로 어린이라고 가정해보자. 그리고 소전제는 실제로 참이다. 그러나 대전제는 사실상 아무 근거가 없다. 명백히 결론은 무의미하다.

결론이 실제적으로 진리라고 하여 전제가 실제적으로 진리라거나 삼단논법이 형식적으로 타당하다는 증거는 아니라는 점에 주의하여야 한다. 다음의 삼단논법을 살펴보자.

대전제: 미국으로부터 직접적인 경제 원조를 받은 모든 나라는 지금 미국의 군사 동맹국이다.

소전제: 캐나다는 미국으로부터 직접적인 경제 원조를 받지 않았다.

결 론: 그러므로 캐나다는 미국의 군사 동맹국이다.

이 결론의 입증은 이런 삼단논법이 아닌 자료 출처로부터 와야 한다.

전제의 사태진리를 확립하기 위하여 토론자는 앞에서 살펴본 바와 같이 추론과 증거에 대한 검증을 해야 한다. 사실상 많은 전제가 논증에서 언급되었을 수도 언급되지 않았을 수도 있는 다른 삼단논법 또는 생략삼단논법의 결론이기 때문에, 그러한 전제들에 대해서는 형식적 타당성에 대한 적절한 검증이 이루어지지 않으면 안 된다.

3. 논증의 요소(툴민의 모형)

형식 논리학이 거의 수학적인 규칙에 기반을 둔 엄격한 논증 검증을 하는 데 비해, 인간의 의사 결정은, 비판적 청중에 의한 것이기는 하지만, 대부분 좀 더 실용적 추론에 기반을 두고 이루어진다. 아리스토텔레스는 이것을 로고스라고 불렀다. 따라서 토론에서 논증의 검증은 진위의 문제라기보다는 강약의 문제인 경우가 많다.

철학자 스티븐 툴민(Stephen Toulmin)은 어떤 논증에서나 나타나는 실용적 추론 구조를 더 잘 이해하기 위해 모형을 제안하였다. 그의 주장에 따르면 아주 명시적인 어떤 논증에서나 (1) 주장, (2) 근거, (3) 전제, (4) 보증, (5) 양상 한정, (6) 가능한 반박이라는 여섯 가지 요소가 발견된다.[3] 각각을 차례로 살펴보자.

1) 주장

논증의 요소인 **주장**(claim)은 논증에 의해 확립하고자 하는 결론이다. 주장은 논제 그 자체일 수도 있다. 예를 들면, "연방정부는 미국에서 매스컴에 대한 규제를 대폭 강화해야 한다."나 "연방정부는 미국에서 새로운 직업 프로그램을 시행해야 한다."와 같은 경우가 그러하다. 실제로 그러한 주장을 하려면 우리는 먼저 일련의 다른 주장을 해야 한다. 가령, "선전 활동을 금지하면 테러가 줄어들 것이다."라든지 "소규모 사업의 확장에 대한 장벽을 낮추면 미국의 실업률은 낮아질 것이다."와 같은 주장이 그러하다. 물론 뒷받침이 없는 주장은 단언(assertion)에 불과하며 설득력도 제한적일 수밖에 없다.

2) 근거

일단 주장을 했다면, 우리는 주장의 토대를 마련하기 위한 증거와 추론, 즉 **근거**(ground)를 제시해야 한다. 주장이 튼튼하고 신뢰할 만하다는 사실을 규명하기 위해서는 정당한 이유(good reason)를 제시해야 한다. 근거는 우리가 판단의 기반으로 삼아야 하는 것에 해당한다. 이는 일반적으로 구체적이고 관찰 가능한 '사실(facts)'이나 설명(description)이다. 그리고 주장을 끌어내는 기반이 될 수 있는 증거도 제공한다.

3) 전제

일단 주장을 하고 그 주장에 대한 근거나 사실적 기반을 밝혔다면, 우리는 근거로부터 주장으로의 이행을 정당화하기 위하여 제시하는 증거와 추론, 즉 **전제**(warrant)를 제시하여야 한다. 우리는 근거로 제시된 증거와 추론이 이런 특정 사례에 적용됨을 밝힐 필요가 있다. 전제는 자료(data)로부터 주장으로의 이행을 뒷받침하는 가교, 바꾸어 말하자면 논증이 근거를 두고 있는 토대이다. 전제는 청중이 수용할 수 있는 추론을 제공하는 설명이라 할 수 있다.

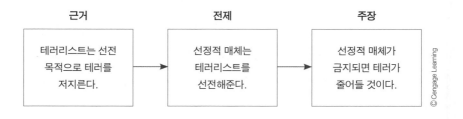

근거	전제	주장
테러리스트는 선전 목적으로 테러를 저지른다.	선정적 매체는 테러리스트를 선전해준다.	선정적 매체가 금지되면 테러가 줄어들 것이다.

© Cengage Learning

"미국 연방정부는 매스컴에 대한 규제를 대폭 강화해야 한다."라는 논제에 대해 찬성 측 토론자가 어떻게 이 논증의 세 요소를 사용하였는지 살펴보자. 만일 토론자가 근거를 확립하고 주장을 뒷받침하기 위하여 타당한 증거와 추론을 제시하였다면, 이 토론자는 자신의 주장을 확고히 하기 위한 중요한 발걸음을 내디딘 것이다.

계속해서 논증의 다른 요소들을 살펴보자.

4) 보증

청중이 항상 말만 듣거나 직관적으로 우리의 전제를 수용하는 것은 아니다. 그래서 우리는 전제를 뒷받침하는 추가적인 증거와 추론, 즉 **보증**(backing)을 제공해야 할 수도 있다. 이러한 요소를 대중매체의 예에 적용하면 다음과 같이 도표를 확대할 수 있다.

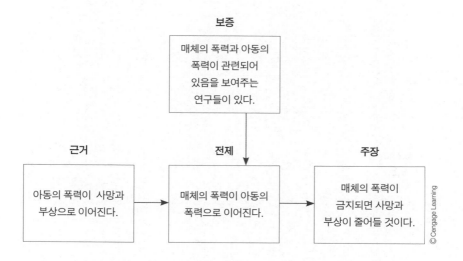

우리는 전제가 스스로 타당성을 지니는 것은 아니라는 점을 안다.[4] 따라서 우리는 보증의 형태로 전제를 지탱해주는 증거와 추론을 추가할 필요가 있다.

5) 양상 한정

주장을 뒷받침하는 근거, 전제, 보증을 고려하였을 때, 그 주장을 한정해야 할 수가 있다. 즉, 우리가 주장에 부여하는 설득의 강도(이 장의 뒷부분에서 자세히 다룰 것이다)를 표현하여야 한다. 우리가 우리의 주장에 대하여 부여할 수 있는 설득의 강도, 즉 **양상 한정**(modal qualifications)은 확실성에서부터 가능성까지 다양하다.

양상(modality)이 정확하게 입증될 수 있는 다음의 예를 살펴보자.

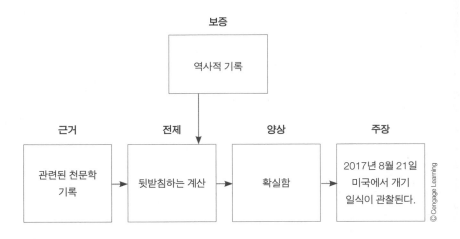

학생들이 대학교 천문학과의 초청을 받아 이 주장에 부여된 양상 또는 설득의 강도에 대해 학과 교수들이 동의하는지 점검해보았다. 2017년 8월

21일 이후 이 주장이 주지의 사실(8장 참조)의 완벽한 사례가 될지 주목해 보자. 만일 '모든 사람'이 이날 개기일식이 있음을 알고 있다면, 우리는 이 주장을 확고히 하기 위해 그 사실을 언급하기만 하면 된다. 2017년의 일식은 미국에서 1991년 7월 11일 이후 관찰할 수 있는 첫 일식이 될 것이기 때문에, 이는 의심할 나위 없이 잘 알려진 사건이 될 것이다. 주장을 뒷받침할 증거로는 단지 이 사건 이후 얼마간의 시간이 흐르는 것만 필요할 뿐이다.

또 다른 사례를 살펴보자. 미국이 오바마 대통령이 제안한 대로 2014년까지 미군을 철수할 것인가? 그러나 이 문제에 대한 찬성 측 답변은 이 날짜가 도래하기까지는 확실성 있게 제시될 수 없을 것이다.* 일식과 지구 궤도는 상당히 확실하게 예견될 수 있지만 국가의 결정과 이러한 결정을 수행할 능력은 그와 똑같은 정도로 정밀하게 예견될 수는 없다.

토론자들은 확실한 문제는 거의 다루지 않으며 대개는 더 낮은 정도의 설득력을 확보하는 데 관심을 가진다. 한 예로 환자 보호 및 적정 부담 의료보험법(Patient Protection and Affordable Care Act: PPACA)을 통과시키기 위한 홍보 기간 동안 자주 있었던 논증을 살펴보자.

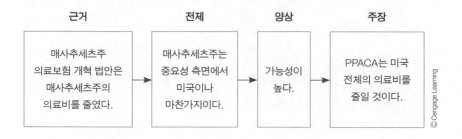

근거	전제	양상	주장
매사추세츠주 의료보험 개혁 법안은 매사추세츠주의 의료비를 줄였다.	매사추세츠주는 중요성 측면에서 미국이나 마찬가지이다.	가능성이 높다.	PPACA는 미국 전체의 의료비를 줄일 것이다.

© Cengage Learning

....

* 오바마 대통령은 자신의 임기 내에 아프가니스탄 전쟁을 종결하겠다는 공약을 내걸었지만, 2015년 10월에 아프가니스탄 미군 철수 계획을 재검토하면서 2017년 이후에도 병력을 주둔시키겠다고 선언했다.

토론자는 자신의 주장에 대해 합리적인 설득의 강도(양상 한정)을 부여
했는가? 반대편에서 이 주장에 대하여 이의를 제기한 것은 놀랄 만한 일이
아니다. 실제로 공화당 대통령 후보를 포함한 반대자들은 우리가 그들이
하리라고 예상하는 바와 정확하게 일치하는 반박, 즉 툴민의 마지막 논증
요소인 반박을 하였다.

6) 반박

14장에서 자세히 논의하겠지만, **반박**(rebuttal)은 다른 사람의 주장을
약화하거나 무력화하기 위해서 증거와 추론을 도입하는 것을 말한다. 일자
리 법안에 대한 토론에서, 반대 측은 찬성 측이 자신의 주장에 부과한 설득
의 강도를 무력화하기 위해 반박을 고안하여 제시한다.

이 반박과 보증으로, 우리는 주장을 철회하도록 만들거나 설득의 강
도, 즉 양상을 훨씬 약화시켜야 한다. 반대 측이 반박에서 사용한 증거와
추론에 기초하면, PPACA('오바마케어')*가 미국의 의료비를 줄일 확률은
이제 높은 가능성(probability)에서 기껏해야 낮은 가능성(possibility)으로
더 낮아지게 되었다.

그래서 반박은 논증이 근거에서 주장으로 이행하는 것을 가로막거나
방해하고, 우리가 주장에 부과하는 설득의 강도를 다시 고려해 좀 더 정확
하게 한정하도록 하는 요소로 볼 수도 있다.

....
* 오바마케어는 오바마 정부의 2010년 건강 보험 개혁 법안을 일컫는 표현이다.

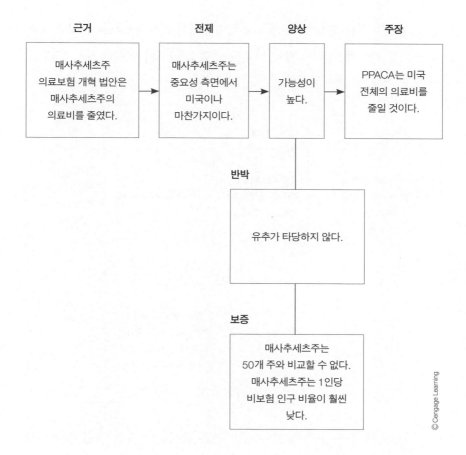

근거 | 전제 | 양상 | 주장

매사추세츠주 의료보험 개혁 법안은 매사추세츠주의 의료비를 줄였다.

매사추세츠주는 중요성 측면에서 미국이나 마찬가지이다.

가능성이 높다.

PPACA는 미국 전체의 의료비를 줄일 것이다.

반박

유추가 타당하지 않다.

보증

매사추세츠주는 50개 주와 비교할 수 없다. 매사추세츠주는 1인당 비보험 인구 비율이 훨씬 낮다.

© Cengage Learning

7) 논증 요소 확장

우리가 살펴본 사례들은 아주 간단한 것들이다. 그러나 실제 논증이나 토론에서는 논증의 요소가 확장되어 복잡해지는 경우가 빈번하다. 방금 논의한 예에서 반대 측은 "매사추세츠주는 50개 주와 비교할 수 없다. 매사추세츠주는 1인당 비보험 인구 비율이 훨씬 낮다."라는 보증(backing)의 기반 위에서 불이익을 규명했고, 이 보증의 수정 형태인 "PPACA는 의료보험의 수혜 범위를 훨씬 더 많은 사람들에게까지 확대하면서도 늘어난 비용을 충당할 세입을 늘리지 않기 때문에 연방정부의 적자를 더 크게 만들 것이다."를 근거로 제시하였다.

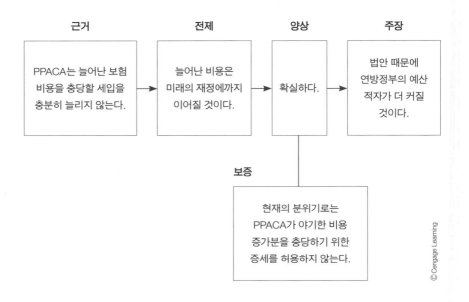

자연스럽게 찬성 측은 PPACA 기금은 늘어날 비용을 충당하지 못할 것이며, 현재의 분위기로는 증세를 허용하지 못할 것이라는 주장에 반박하며 응수하였다. 반대 측이 적자가 경제에 심각한 악영향을 끼치거나 법안이 적자를 늘릴 거라는 점을 분명히 하는 증거와 추론을 도입했기 때문에 적자 문제에 대한 논증에 기초해 여전히 더 많은 논증이 이루어졌다.

좀 더 분명한 결함을 안고 있는 다음과 같은 또 다른 사례가 이해를 분명히 하는 데 도움을 줄 것이다.

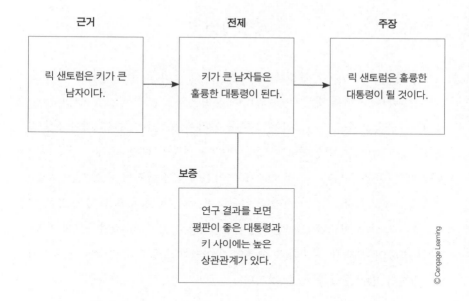

이 논증은 언어도단에 가깝지만, 대통령 후보자들은 선거운동 중에 자신의 키를 강조하기 위해 신경을 쓴다. 2008년 오바마 대 매케인 간의 토론 무대 준비를 위한 협상 과정에서 커다란 갈등이 발생하였다. 오바마는 매케인에 비해 키가 상당히 컸다. 매케인 선거운동본부는 토론 과정에서 키 차이가 드러나지 않도록 하기 위하여 자리에 앉아서 하는 토론을 선호하였다. 따라서 앞의 논증은 최소한 어느 정도의 타당성이 있는 것처럼 보인다. 그것은 강력한 논증인가? 샌토럼의 키는 측정될 수 있다. 그러나 분석해보면 이 논증의 핵심은 전제에 있는데, 대상 청중이 이를 얼마나 잘 받아들일지는 의문이다.

토론자는 논증의 요소를 주의 깊게 평가해봄으로써 논증의 결함을 탐지하며, 반대편 논증에 대한 공격을 시작하거나, 자신의 입장을 뒷받침하는 논증을 대체하거나 보완할 수 있다.

4. 추론의 유형

추론(reasoning)은 전제로부터 결론을 끌어내는 과정이다. 전제는 증거의 다양한 유형 중에서 어떤 형태라도 될 수 있다. 전제는 명제(proposition)로 진술될 수도 있고, 선행 추론을 통하여 도달한 결론에 대한 진술일 수도 있다. 전제는 현상이나 사태에 대한 구체적인 관찰, 대개는 객관적인 관찰에 기반을 둔다. 따라서 토론자는 이전에 설정했거나 주장했던(그리고 서로 합의하고 있다고 믿는) 전제를 이용하며, 추론 과정을 통하여 새로운 어떤 것—자신의 청중이 받아들이기를 바라는 결론—을 확립하고자 한다. 만일 청중이 전제가 튼튼하고 추론이 수사학적으로 타당하다고 생각한다면, 결론을 받아들일 수 있을 것이다.

1) 설득의 강도

설득의 강도(degree of cogency)는 논증이 사실, 논리, 합리성을 갖추고 있기 때문에 가지는 타당성과 지적 설득력의 정도이다. (앞에서 살펴본 바와 같이 툴민은 이러한 개념을 표현하기 위하여 양상 한정이라는 용어를 사용하였다.) 설득의 강도는 확실성(certainty), 높은 가능성(probability), 보통의 가능성(plausibility), 낮은 가능성(possibility)으로 구분할 수 있다. 이는 다음의 도표로 표현되는 바와 같이 연속체로 존재할 것으로 생각된다.

이러한 설득의 강도는 별도의 구획이 아니라, 다양한 논리적 증거의 상대적인 설득력을 나타내기 위하여 사용되는 용어이다.

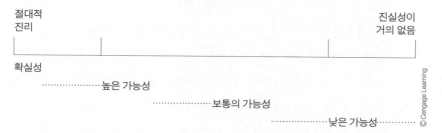

설득력 연속체

절대적
진리

진실성이
거의 없음

확실성

················· 높은 가능성

················· 보통의 가능성

················· 낮은 가능성 ············

© Cengage Learning

① 확실성

확실성(certainty)은 절대적 진리와 관련이 있다. 만일 결론에 확실성이 있다면, 모든 유능한 관찰자들은 합의에 이를 것이다. 이렇게 확실한 입증에는 상대적으로 적은 시간이 소요된다. 그러나 인간사에서 입증이 확실한 문제는 거의 존재하지 않는다. 토론자는 대개 높은 가능성(probability) 영역의 문제들을 토론한다. 그래서 토론자는 자신의 결론이 수용될 만한 신뢰성이 있다는 점을 보여주기 위하여 노력하여야 한다. 형사 법정에서는 최고 수준의 입증을 요구하기 때문에 입론(case)의 모든 요소들은 "합리적인 의심의 여지를 넘어서" 입증되거나 90퍼센트 이상의 확실성이 있다고 평가된 것이어야 한다. 형사 법정 밖에서라면 종종 낮은 수준의 확실성에 기초해서 의사 결정을 할 수 있다. 예를 들면, 연방정부의 모든 자산을 마음대로 처리할 수 있는 재무 장관은 어떤 조세 법안이 세입을 몇 달러 올릴 것이라는 주장을 확실성을 가지고 할 수는 없다. 건강보험 개혁과 고등교육에 대한 연방의 지원을 논의하는 토론자들은 세입 예상액과 계획상의 절감액이 정확하지 않은 경우가 많다는 점을 발견한다. 더욱이, 정의한 바에 따르면, 확실한 문제는 토론하기에 적합한 주제가 아니다. 그러나 확실한 문제는 증거의 일부로 사용되는 경우가 종종 있으며, 추론과 더불어 새로운 결론을 확립하는 데 사용되기도 한다.

확실성 및 다른 설득의 강도를 결정하는 것은 증거 그 자체만이 아니라 그것이 지각되는 방식이라는 데 주목해야 한다. 만일 우리의 자아, 정책, 재정, 그 밖의 관심사가 이 문제와 관련되어 있다면, 증거에 대한 우리의 평가는 다양하게 나타날 것이다. 판정자나 청중은 어떤 문제든 감정에 좌우되지 않고 객관적으로 다루려고 하겠지만(이러한 태도는 다행스럽게도 교육 토론의 판정자나 법정의 재판관들에게는 일반적인 것이다), 토론자는 언제든지 청중의 태도를 인지하고 자신들의 입론, 추론, 증거를 청자의 관심사나 성향에 맞추지 않으면 안 된다(15장 참조).

② 높은 가능성

높은 가능성(probability)은 결론이 참일 가능성의 정도(확실성의 정도가 아니다)가 높은 것과 관련이 있다. 토론자로서 우리는 자신의 주장이 개연성의 정도가 더 높으며 반대편 주장보다 아마도 더욱 진실일 가능성이 높다는 점을 입증하기 위하여 많은 시간을 쓴다. 예를 들어, 어떤 피임법도 100퍼센트 효과적이지는 않다. 심지어 영구불임법도 실패하는 경우가 있고 다른 방법들은 76에서 97.6퍼센트 정도의 효과가 있다. 그래서 피임약을 선택할 때 사람들은 높은 가능성에 기반을 두고 결정을 한다. 물리학에서 어떤 주장이 참일 가능성의 정도는 매우 정교하게 확인된다. 수천 가지 사례가 주의 깊게 통제된 조건에서 시험되곤 한다. 그러나 다른 영역에서는 주장에 영향을 미치는 변인을 정확하게 측정하고 정교하게 통제하는 것이 항상 가능하지는 않다. 민사 법정에서 입증의 기준은 증거의 우세함에 있다. 이는 진실일 가능성이 51퍼센트이면 된다는 것을 의미한다. 민사 법정 밖에서 필요한 설득의 강도는 상황에 의존한다. 예를 들면, 재무 장관은 세제 개혁 법안이 세입을 몇 달러 증가시킬 것이라는 주장을 하고자 한다면, 자신의 진술에 단서를 달아야 할 것이다. 즉, 만일 현재의 고용 수준이 유지된다면, 만일 소비가 현재 수준으로 지속된다면, 만일 국제적인 위기가 없다면, 만일 다양한 다른 관련 요인들이 변화하지 않는다면, 세제 법안으로 몇 달러의 세입 증대가 있을 것이라고 가정하는 것이 합리적이다.

③ 보통의 가능성

보통의 가능성(plausibility)은 주장이 참일 가능성의 정도가 약간 더 낮은 것과 관련이 있다. 토론자는 더 좋은 논증을 이용할 수 없을 때에만 이런 입증의 정도를 지닌 논증을 이용할 것이다. 고대 소피스트는 이러한 유형의 입증을 자주 활용하였으며, 현대의 선전가들도 마찬가지이다. 이러한 유형의 논증은 때때로 피상적이거나 허울만 그럴듯하여 사려 깊은 청자나 독자에게는 제한된 입증력만 가진다. 물론 상대적으로 낮은 설득의 강도를 이용하는 것이 최선인 상황에서 우리는 단지 보통의 가능성만을 가지고 의사 결정을 해야 할 경우가 종종 있다. 생사가 걸린 수술에서의 의사 결정은 이러한 기반 위에서 이루어진다. 예를 들어, 심장 이식과 같은 새로운 수술 절차가 처음 개발되면 실제로 의사는 다음과 같이 말한다. "만일 환자분께서 지금 상태로 계신다면, 경험으로 볼 때 상태가 계속 악화되어 수개월 내에 사망하게 될 것입니다. 환자분에게 도움이 될 수 있는 새로운 수술 절차를 개발하였습니다. 이 새로운 절차로 수술에 성공한 적이 있습니다만, 솔직히 말해 이것은 여전히 실험적이며 확실한 평가를 내릴 수 있는 충분한 자료를 가지고 있지는 않습니다." 이러한 상황이 주어진다면 여러분은 모험을 하겠는가?

④ 낮은 가능성

낮은 가능성(possibility)은 주장이 참일 가능성의 정도가 낮은 것과 관련이 있다. 토론자가 이런 설득의 강도를 가지고 입증하는 경우는 매우 제한적일 것이고, 항상 더 논리적인 입증을 찾고자 할 것이다. 예를 들면, 야구 경기에서 최하위 팀이 지구 우승을 할 수학적 가능성(possibility)은 시즌 마지막 주까지도 늘 존재한다. 그러나 만일 그러한 가능성이 최하위 팀이 남은 모든 경기에서 이기고 최상위 세 팀이 남은 모든 경기에서 지는 것을 요구한다면, 이 가능성은 진지하게 고려할 가치가 없을 것이다. 물론 때때로 우리는 이렇게 가능성의 정도가 낮은 입증을 이용하는 것이 최선일 때 결정을 할 수 밖에 없다. "연방정부는 실업자를 위한 국가 공공근로 프로그램을 마련하여야 한다."라는 논제에 대해 토론할 때, 일부 찬성 팀은 미래에는 상당한 불황이 있을 수 있기 때문에 주장을 받아들여야 하며 그러한 프로그램이 불황이 시작될 때 효과를 발휘하는 경우가 있으므로 마련되어야 한다고 논증하였다. 이 논제가 토론되던 당시에 미국은 번영의 시기를 누리고 있었고 가까운 미래에 불황이 있으리라는 증거는 없었다(불황기를 떠올리는 것은 어려웠다!). 그러나 일부 찬성 팀에서는 우리의 모든 이전 경험을 바탕으로 불황기가 도래할 가능성이 있으므로 대비해야 한다는 논증을 성공적으로 수행했다.

우주 탐사를 확대하자는 논제에 대한 토론과 관련된 사례를 살펴보자. "우주에서만 생산할 수 있는 화학 물질은 당뇨병을 단번에 완치하는 치료제가 될 수 있다." 이와 같은 증거는 이미 살펴본 바와 같이 쓸모가 없다. 그러나 제약회사가 그러한 물질의 개발을 바라고 있다고 잠시 가정해보자. 그래서 결국 이것은 아주 그럴듯하고 실제로 가능성이 **높을** 것이다. 더 나아가 이 회사가 우주의 무중력 상태에서 어떤 기술을 활용하여 그러한 물질을 생산할 수 있음을 보여주는 철저한 연구를 수행했다고 가정해보자. 그러나 우주에서 실제 검증을 하기 전에는 "될 수 있다."고 말할 수 있을 뿐이다. 이 실험을 무중력 상태에서 실제로 수행하고 결과에 대한 신중한 평가를 하기 전에는 그 누구도 그 물질이 실제로 당뇨병을 단번에 완치하는 치료제가 되리라고 긍정적으로 말할 수 없을 것이다. 그러나 그러한 발견에서 오는 보상이 있으니 전혀 발생할 것 같지 않은 이 일에 투자자들이 거액의 돈을 투자할 것이라고 믿는 것은 매우 합리적이다.

차세대 컴퓨터 기술을 개발하기 위한 노력에서 또 다른 사례를 볼 수 있다. 새로운 성능의 컴퓨터가 나타나리라는 것에는 일반적으로 동의하지만, 매우 뛰어난 공학자들은 설계와 가능성에 대해 다른 생각을 가지고 있다. 지금 시점에서는 어떻게 개발하고 무엇을 개발할지에 대해 실제로 아무도 모르지만, 신세대 컴퓨터 응용프로그램을 최초로 개발하는 일의 비용-편익 비율이 매우 커서 수십억 달러가 이 프로젝트 연구에 투입될 것이다.

이 장의 나머지 부분에서는 추론 검증의 유형과 그 이용에 대해 살펴볼 것이다. 먼저 모든 유형의 추론에 적용할 수 있는 일반적인 검증 방법을 논의할 것이다. 그러고 나서 (1) 사례 추론, (2) 유추 추론, (3) 인과 추론, (4) 징후 추론이라는 구체적인 검증에 대해 살펴볼 것이다.

2) 추론 검증과 그 이용

알다시피 모든 추론은 설득의 강도가 동일하지 않다. 따라서 결론의 개연성 정도를 판단하기 위해서는 추론을 검증하는 것이 중요하다. 흔히 어떤 논증 과정에 관여하는 추론 유형은 한 가지 이상이기 때문에 추론의 각 부분에 대해 적합한 모든 검증 방법을 적용할 필요가 있다. 다음은 추론을 검증하는 세 가지 방법이다.

① 자기 자신의 추론이 타당한지 검증하기

추론의 타당성은 토론자가 개진한 주장이나 결론이 제시된 증거와 추론에 의해 실제로 뒷받침되는지에 대한 평가이다. 입론을 구성할 때 토론 자는 다른 사람들이 제시한 여러 추론을 발견하고 이에 따라 자기 자신의 잠정적인 추론 방향을 개발할 것이다. 이러한 추론을 자신의 입론에 통합 하기 전에 토론자는 타당하지 않은 추론을 거부하고 면밀한 조사에 견딜 수 있는 것만을 입론에 포함하기 위하여 추론에 대한 검증을 해야 한다. 추 론에 대한 검증을 함으로써 토론자는 반대자들이 제시할 가능성이 있는 논 박의 방향을 예측하고 자신의 반대 논박을 준비할 수 있다. 이러한 추론 검 증은 토론 상황 밖에서도 진행될 수 있다. 예를 들어, 대학생들은 법학전문 대학원, 의학전문대학원, 또 다른 분야에 입학해야 한다는 문제를 평가할 때, 이 문제를 뒷받침하는 논증의 추론을 얼마나 신중하게 검증하는지에 따라 미래의 행복과 성공이 결정될 것이다.

② 상대가 제기한 추론이 타당한지 검증하기

입론을 준비하면서 토론자는 반대자가 사용할 개연성이 있는 추론의 방향을 찾아내고, 이 추론을 적절히 검증하여 그에 대한 논박 계획을 세워 야 한다. 토론 과정에서 토론자는 반대자의 실제 추론 방향이 제시될 때 적절한 검증을 하고 그에 따른 논박을 개발하기 위해서 준비해야만 한다.

③ 의사 결정을 위해 제기된 추론이 타당한지 검증하기

우리는 종종 자신의 논증을 개진하려 하지 않고 다른 사람들의 논증 도 논박하지 않으려 한다. 그 대신에 다양한 추론 방향을 지시하는 의사 결 정권자의 역할을 한다. 시민으로서 우리는 정당들이 제시하는 논증의 목표 대상이 된다. 책임 있는 시민의 역할을 하기 위해서 이러한 논증에 포함된 추론을 검증해야 한다. 만일 우리가 자동차나 주식이나 주택을 구입할 계 획이나 다른 중요한 구매 계획이 있다면, 자신의 이해관계로 인해 판매자의 논증에 포함된 추론을 검증하고자 할 것이다. 사실 우리가 어떤 중요한 의사 결정을 해야 할 때에는 언제나 중요성의 정도를 고려하여 의사 결정과 관련된 요인들에 대한 추론을 엄격하게 검증한다는 것은 상식이다.

토론 과정에서 우리와 우리의 반대자들은 결정을 하는 청중이나 판정자에게 추론을 제시한다. 청중이나 판정자는 대립하는 논증을 그들이 매긴 설득의 강도에 따라 판단할 것이다. 그들이 우리의 논증을 수용하고 반대자들의 추론을 거부하게끔 정당한 이유를 개진해야 하는 입장에 서 있음에 틀림없다.

3) 추론에 대한 일반적 검증

모든 추론 유형에 적용할 일반적 검증은 툴민의 논증 모형에서 찾을 수 있다. 일단 주장이 개진되면, 이 일반적 검증을 논증을 뒷받침하는 요소들에 적용할 수 있다. 물론 검증은 고찰하고 있는 특정한 논증에 적합한 것이어야 한다. 다음과 같은 검증 질문에 대한 긍정적 답변은 그 추론이 타당하다는 것을 의미한다. 그리고 부정적 답변은 오류가 존재한다는 것을 의미할 수도 있다.

1. 근거가 견고한가? 이 주장의 기초를 확립하기 위하여 정당한 이유가 제공되었는가? 주장의 근거를 확고히 하기 위하여 신뢰할 만한 증거와 추론이 제공되었는가?
2. 전제가 주장을 정당화하는가? 이 특정 사례에서 근거에서 주장으로의 이행을 정당화하는 정당한 이유를 제공하기 위하여 충분한 증거와 추론이 제시되었는가? 이러한 추론을 제공받은 가정 (assumption)이 상식적이며 면밀한 조사를 견딜 수 있는가?

3. 보증이 타당한가? 많은 입론에서 전제나 반박은 따로 존재하기에 충분하지가 않다. 타당한 보증을 마련하기 위해 추가적인 증거와 추론이 제시되었는가? 자료에 적용한 것과 동일한 검증을 보증에도 적용해야 한다.

4. 반박이 적절히 평가받았는가? 어떤 논증이라도 대부분 반박의 대상이 된다. 반박을 상쇄하거나 최소화하기 위하여 충분한 증거와 추론이 제시되었는가? 반박이 적절히 평가받았는가?

5. 설득의 강도(양상 한정)가 적절히 결정되었는가? 이미 살펴본 바와 같이, 주장에 부여될 수 있는 설득의 강도 또는 양상 한정은 확실성에서 낮은 가능성까지 다양하다. 이 특별한 주장에 부여된 설득의 강도가 정확하고 정교하게 설정되었는가?

4) 추론 유형과 각 유형에 대한 검증

추론은 종종 연역법이나 귀납법으로 분류되는 경우가 있다. 연역 추론은 일반적인 것에서 특수한 사례에 적용하게 된다. 삼단논법은 연역적 형식의 논증이다. 예를 들어, 플라톤이 제시한 고전 삼단논법은 다음과 같은 형식을 취한다. 모든 사람은 죽는다(폭넓은 일반화 또는 전제), 소크라테스는 사람이다(더욱 구체적), 소크라테스는 죽는다(가장 구체적). 연역 추론은 결론의 확실성을 확립하기를 요구한다. 귀납 추론은 특수적 사례에서 일반화된다. 예를 들어, "나는 지난밤 새로운 태국 식당에서 팟타이(Pat Thai)를 먹었는데 정말 좋았다."(새로운 식당에서 내가 먹은 음식의 구체적 사례), "따라서 나는 이 식당이 매우 우수하다는 결론을 무난하게 내릴 수 있다."(더 많은 수의 사례를 언급), 그리고 사실상, "나는 태국 음식이 최고라고 말해야 할 것 같다."(훨씬 더 폭넓어짐). 귀납 추론에서 결론에 요구되는 설득의 강도는 더 낮다. 어빙 코피(Irving Copi)는 다음과 같이 지적한 바 있다.

모든 논증에서 주장의 전제는 결론이 참이기 위한 증거를 제시하지만, 연역 논증에서는 주장의 전제가 **결정적 증거만을** 제시한다. … 이와는 반대로, 귀납 논증에서는 주장의 전제가 결론이 참이기 위한 결정적인 증거를 제시하는 것이 아니라 … 일부 증거만 제시할 뿐이다. 물론 귀납 논증은 전제가 결론에 부여하는 가능성 또는 개연성의 정도에 따라 더 좋거나 더 나쁜 논증으로 평가될 수 있다.[5]

현실적으로 토론자는 하나의 논증을 개발하거나 분석하는 과정에서 **연역**과 **귀납**을 오가며 둘을 모두 사용한다. 연역과 귀납이 섞이는 것은 우리가 추론의 주요 유형 및 그와 관련된 검증 방법을 살펴보는 과정에서 명확하게 드러날 것이다.

① 사례 추론

사례 추론(reasoning by example)의 과정은 특수한 사례들에서 결론을 도출하는 것으로 이루어진다. 이 과정은 다음과 같이 표현될 수 있다.

어떤 경우에는 결론을 내리거나 일반화를 하는 데 하나의 사례만 사용될 수도 있지만, 대개는 결론의 기반으로서 다수의 사례가 제시될 것이다. 사례 추론은 귀납 추론의 형식이며 인과 추론이나 징후 추론을 포함하는 데, 이는 토론자가 사례를 통하여 결론의 원인이나 징후를 보여주고자 하기 때문이다.

토론자는 사례 추론을 자주 사용한다. "미국은 외국에 대한 직접적인 경제 원조를 중단하여야 한다."라는 논제에 대한 토론에서, 어떤 찬성 팀은 수혜 국가가 직접적인 경제 원조에 분개했다는 논증을 하려고 할 수도 있다. 그들은 외국의 여러 지도자들이 한 발언을 사례로 제시하고, 이러한 발언이 직접적인 경제 원조에 대한 분개를 표현하는 것이라고 주장하면서, 이러한 사례들로부터 그러한 원조에 대한 분노가 광범위한 상황이거나 이와 유사한 상황이라는 주장을 도출할 수도 있다. 이 논제에 대해 토론하는 다른 찬성 팀에서는 직접적인 경제 원조가 현재와 같은 적자 지출과 재정 위기 상황에서는 낭비라거나 감당할 여력이 안 된다는 점을 주장할 수 있다. 그들은 직접적인 경제 원조 자금의 지출 사례를 제시하면서 이러한 지출이 현명하지 못했다는 것을 주장하고, 이러한 사례들로부터 직접적인 경제 원조가 낭비라거나 비생산적이라는 결론을 도출할 수도 있다.

사례 추론의 검증을 위해서는 다음과 같은 질문들이 도움이 될 것이다.

1. 사례가 관련이 있는가? 토론자는 제시된 사례들이 다루고 있는 문제와 관련이 있는지 판단해야 한다. 예를 들어, 미국에 대해 찬성 측이 경제 원조 중단 주장을 뒷받침하기 위해 인용한 그 발언은 직접적인 경제 원조를 특정한 것이 아니라 미국의 대외 정책 일반에 대한 비판이었을 수도 있다. 그들은 직접적인 경제 원조보다는 미국의 군사 원조에 대한 비판을 생각하고 있을 수도 있다. 이러한 반론은 찬성 측이 제시한 사례가 직접적인 경제 원조에 대한 비판과는 무관한 사례라는 점을 보여줄 수도 있다. 미국 대외 정책의 다른 측면에 대한 비판 사례가 아무리 정확하다 하더라도 관련이 없

는 사례라는 것이다. 이런 식으로 토론자는 사례로부터 끌어낸 결론을 반박할 수도 있다.

2. 사례의 수가 합리적인가? 일반화를 하거나 결론을 내리는 데 하나의 사례만 사용될 수도 있지만, 뒷받침하는 사례가 많을수록 토론자의 입장은 일반적으로 더 강해진다. 신중하게 통제되었다 하더라도 하나의 연구실 실험 사례가 결론을 내리는 근거로 받아들여지기 위해서는 다른 과학자들에 의해 동일한 결과가 반복적으로 일어나야 하며, 특히 의약 분야에서는 수천 번의 임상 연구가 있어야 한다.

사례의 수는 어느 정도나 되어야 충분한가? 충분한 사례를 얻는 한 가지 방법은 전수 조사를 하는 것이다. 가령, 논증 수업에 참여한 모든 학생들에게 아이패드를 가지고 있는지를 묻고 몇 퍼센트의 학생이 아이패드를 가지고 있다고 결론 내릴 수 있다. 그러나 모든 사례를 고려하는 것이 불가능하거나 매우 어렵기 때문에 전수 조사를 적용하는 데에는 분명히 한계가 있다. 따라서 토론자는 어떤 결론이 옳을 개연성의 정도가 높다는 것을 합리적인 사람들에게 확신시킬 만큼의 충분한 사례를 제시해야 한다.

대외 원조 사례에 대한 답변을 할 때에는 직접적인 경제 원조가 어떤 사례에서는 낭비였을 수도 있지만, 수천 개의 프로젝트 중 서너 사례의 낭비는 그러한 원조가 전체적으로 낭비라는 결론을 정당화하기에는 충분하지 않다고 주장할 수도 있다. 반대편에서는 이러한 반박을 한 단계 더 나아가 할 수도 있다. 그리고 많은 수의 프로젝트를 연구한 결과 그러한 프로젝트들이 대체로 유용했다는 사실을 밝힌 의회 보고서를 소개할 수도 있다. 그래서 비록 시간 제한이 있어서 많은 수의 사례를 직접 인용할 수는 없지만 일부 사례를 제시함으로써 논지를 설명하고, 나아가 많은 사례를 연구한 사람의 검증 결과를 제시함으로써 결론을 입증할 수도 있을 것이다.

3. 사례가 결정적인 시기를 포함하는가? 많은 경우 사례를 연구한 시간이나 사례가 발생한 시기는 대단히 중요할 수도 있다. 토론자는 논증에 결정적으로 중요한 시기의 대표적인 사례를 찾기 위한 노력을 기울여야 한다. 직접적인 경제 원조에 대한 토론에서 찬성 측이 원조 프로그램을 운영한 첫해나 이듬해에 발생한 낭비 사례를 모두 선정했다고 가정해보자. 반대 측은 새로운 프로그램의 초기에는 행정상의 문제점을 예상할 수 있으며, 찬성 측이 최근이나 현재 또는 좀 더 긴 시기 동안 프로그램 운영에서 발생한 낭비 사례를 제시하지는 못했다고 주장할 수도 있다. 선거가 있는 해에 이루어진 여론조사는 결정적 시기에 사례를 얻는 것이 중요하다는 사실의 극적 증거를 보여주는 경우가 많다. 1차 걸프전 이후 이루어진 여론조사에서 부시(George H. W. Bush) 대통령의 인기는 전례가 없을 정도로 높았다. 민주당의 후보 지명에서 많은 유력 후보들이 부시를 이길 수 없음을 확신하고서 중도에 하차하였다. 그러나 결정적 시기는 1992년 11월이었다. 그때가 되자 부시는 3파전에서 2등이었고 클린턴이 최다 지지를 얻었다. 오바마 대통령이 발의한 적정 부담 의료보험법(Affordable Health Care Act)의 경우, 그것에 대한 반대의 목소리는 이 프로그램을 맹렬히 비난하던 공화당의 캠페인 시기 동안에 매우 높았으나 그 대부분은 집행 명령 이전이었고, 그 혜택은 서서히 효과를 나타내기 시작하였다.

4. 사례가 전형적인가? 토론자는 제시된 사례들이 정말 대표적인지를 판단해야 한다. 2011~2012년에 투표 부정을 예방할 목적으로, 조

기 투표, 투표자 등록 요원에 대한 기록과 자격 요건 확대, 투표 시 사진 확인 등을 요구하는 수많은 법률이 통과되었다. 여태껏 투표 부정의 사례는 극히 드물었다. 펜실베이니아주에서는 구속력 있는 새로운 법률의 통과로 인해 지난 5년간 투표 부정 사례에 대한 기소가 전혀 없었다는 점이 인정되었다.

5. 반대 사례가 결정적이지는 않은가? 토론자는 자신이 고려하는 반대 사례가 결정적인지 결정적이지 않은지에 대한 파악을 해야 한다. 정책 문제에서 모든 사례는 하나의 결론을 뒷받침하지 못할 수도 있다. 어떤 사례가 부정적이거나 결론과 상반될 수도 있다. 직접적인 경제 원조를 다룰 때, 토론자는 낭비 사례와 훌륭한 운영 사례를 찾을 수 있다. 고용 관행을 다룰 때, 토론자는 차별 관행이 있는 회사 사례와 그렇지 않은 회사 사례를 찾을 수 있다. 기억할 점은 토론자는 확실한 것보다는 가능성이 높은 것에 더 관심을 가져야 한다는 것이다. 토론자는 모든 직접적인 경제 원조 계획이 낭비라는 점을 보여주려고 해서는 안 되며, 오히려 낭비 사례를 통하여 낭비는 이 프로그램에 내재해 있는 것이므로 직접적인 경제 원조를 중단해야 한다는 결론을 증명하고 있음을 보여주려고 노력해야 한다. 거의 모든 논제에 대해서 반대 측은 부정적인 사례를 제시할 수도 있을 것이다. 토론자는 이러한 사례가 있을 것이라고 예상하고서 그 사례는 결정적인 것이 아니어서 결론의 타당성을 부정하지 못한다는 적절한 증거를 제시할 준비를 하여야 한다.

사례 추론은 앞의 '논증의 요소' 절에서 개관했을 때처럼 논증을 도표로 그림으로써 분석될 수도 있다. 예를 들어, 토론자가 다음의 도표에서 제시한 바와 같이 원자력 발전의 실용적 대안이 존재한다는 주장을 한다고 가정해보자.

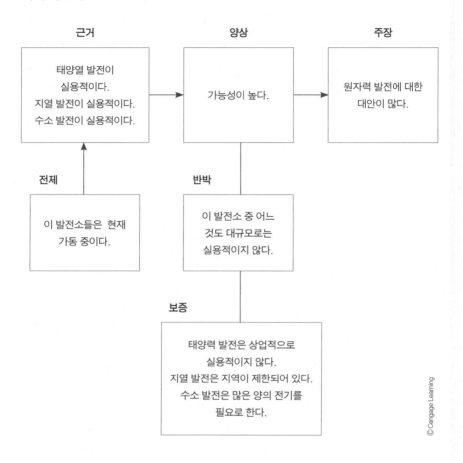

근거

| 태양열 발전이
실용적이다.
지열 발전이 실용적이다.
수소 발전이 실용적이다. |

양상

가능성이 높다.

주장

원자력 발전에 대한
대안이 많다.

전제

이 발전소들은 현재
가동 중이다.

반박

이 발전소 중 어느
것도 대규모로는
실용적이지 않다.

보증

태양력 발전은 상업적으로
실용적이지 않다.
지열 발전은 지역이 제한되어 있다.
수소 발전은 많은 양의 전기를
필요로 한다.

© Cengage Learning

② 유추 추론

유추 추론(reasoning by analogy)의 과정은 두 개의 유사한 사례를 비교하여 한 사례에 적용되는 것이 다른 사례에도 적용됨을 추론하는 것으로 이루어진다. 유추 추론은 귀납 추론의 한 형식으로서, 토론자는 자신이 하는 유추의 요인이 결론의 원인 또는 징후임을 보여주고자 한다. 이 과정은 다음과 같이 표현될 수 있다.

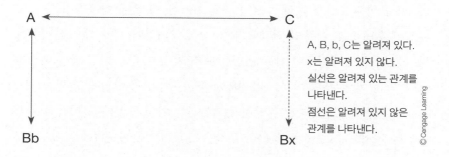

A, B, b, C는 알려져 있다.
x는 알려져 있지 않다.
실선은 알려져 있는 관계를
나타낸다.
점선은 알려져 있지 않은
관계를 나타낸다.

이 도표에서 *A*는 초거대 도시를 나타낼 수 있고, *Bb*는 초거대 도시에서 시행되는 도시 소득세의 유형을 나타낼 수 있고, *C*는 고섬(Gotham)시를 가리킬 수 있고, *Bx*는 프로그램이 고섬시를 위해 제안한 사회기반시설의 유형을 나타낼 수 있다. 유추 추론을 사용하는 토론자는 특정한 사회기반시설 프로그램이 초거대 도시에 바람직하기 때문에 유사한 프로그램이 고섬시에도 바람직하다고 주장할 수도 있다. 마찬가지로 토론자는 절차적 민주주의 프로그램이 일부 신흥 민주주의 국가에서 성공적이었기에 다른 곳에서도 효과적일 것이라거나, 일부 주에서 공공기관 노동자의 단체교섭권을 제한해 적자 위기를 성공적으로 완화했기 때문에 공공기관 노조의 단체교섭권 제한을 확대하는 것은 다른 주에도 좋은 정책이 될 것이라고 주장할 수도 있다.

유추는 축자적(literal)이거나 비유적(figurative)이다. 유추가 축자적인 경우는 비교되는 사례들이 초거대 도시와 고섬시(만일 우리가 이 둘을 설명 목적상 거대 도시로 받아들인다면), 또는 다양한 주 정부들처럼 같은 유형에 속할 때이다. 유추가 비유적인 경우는 "이 차는 레몬이다!"라는 진술에서와 같이 상이한 유형의 사례들이 비교될 때이다. 한 서평가는 "야구 사업에 대해 글을 쓴다는 것은 토플리스 바에서 음악에 대하여 글을 쓰는 것과 같다.”라고 비유적 유추를 매우 요령 있게 사용한 바 있다. 아무리 노사 간의 논쟁이 흥미롭고, 아무리 전략이 뛰어나며, 상대편이 계산 착오로 비용을 많이 쓰더라도, 사람들이 야구 게임을 보러 가는 이유는 이런 것들 때문이 아니다.[6] 이 말은 분명히 『머니볼(*Moneyball*)』*의 성공 이전에 한 말이다!

이러한 비유적 유추는 논리적 증거로서는 가치가 없다. 그러나 비유적 유추는 형상화(imagery)를 통하여 주장을 효과적으로 만든다(이는 16장에서 자세하게 살필 형식의 한 요인이다).

신중하게 개발된 축자적 유추는 높은 개연성의 정도를 확립하는 데 사용될 수 있다. 다른 한편, 비유적 유추는 논리적 증거를 세우는 데는 가치가 없다. 그러나 비유적 유추를 잘 선택한다면, 윤리적 입증이나 정서적 입증을 확실히 하고, 논지를 설명하며, 청중에게 생생한 인상을 주는 데 상당한 가치가 있을 수도 있다.

다음의 질문은 유추 추론에 대한 검증 방법을 제공하고 있다.

1. 의미 있는 유사점이 존재하는가? 토론자는 비교되는 사례 간에 의미 있는 유사성이 존재하는지를 판단해야 한다. 초거대 도시와 고섬 시 간의 유추를 하면서 토론자는 수많은 의미 있는 유사성을 발견할 수 있다. 가령 양쪽 다 인구 규모도 거의 같고, 도시 내부의 문제도 비슷하며, 교외 지역의 규모와 풍족도도 비슷하고, 중공업 대 서비스 산업의 비율도 비슷하다. 토론자가 사례들 간의 의미 있는 유사성을 보여주지 않는다면 어떤 유추도 할 수 없다.

....

* 2003년에 출간된 마이클 루이스(Michael Lewis)의 책으로, 미국 메이저리그의 가난한 구단 오클랜드 애슬레틱스의 단장 빌리 빈이 적은 예산을 가지고도 통계와 데이터 중시의 선수 선발로 성공을 이룬 내용을 담았다.

2. 유사점에 대한 비교가 결정적인가? 사례들 간에 어떤 의미 있는 유사성이 있다고 해도 충분하지는 않다. 의미 있는 유사점의 존재가 유추를 가능하게 만들지만 사례들이 결정적인 측면에서 유사하다는 점을 보여주지 않는다면 유추는 합리적인 설득의 강도를 가질 수 없다. 예를 들어, 우리는 물 펌프와 사람의 심장 사이에 있는 어떤 유사점을 쉽게 보여줄 수 있다. 그러나 기계 수리공이 둘을 모두 고칠 수 있다고 결론을 내리지는 않을 것이다. 마찬가지로, 이미 지적한 바와 같이 우리는 초거대 도시와 고섬시 간에 많은 유사성을 찾을 수 있지만, 어떤 종류의 도시 소득세가 두 도시에 모두 똑같이 바람직하다는 것을 논증할 때에는 이러한 유사성이 중요하지 않다는 것을 발견할 것이다. 도시 소득세와 관련한 유추를 뒷받침하기 위하여, 예를 들자면, 비슷한 주 소득세법이 두 도시에 모두 적용되는지, 또는 두 도시에 모두 적용할 수 있는 주 및 도시 판매세가 비슷하게 있는지, 도시 근교 지역 소득세에 대해 비슷한 혜택 조항이 있는지, 다른 유형의 유사한 세금 또는 유사한 재정 정책이 있는지 여부를 판단해야 할 것이다. 지역 정책과 당파 관계에 기반을 둔 새로운 조세제도의 정치적 실행 가능성을 살펴보는 것도 중요할 수 있다. 다시 말하자면 우리는 두 도시가 결정적인 측면에서 유사하다는 점을 증명해야 할 것이다.

3. 결정적이지 않은 차이점이 있는가? 토론자는 어떤 두 사례가 모든 측면에서 동일하지는 않다는 점을 발견하게 될 것이다. 두 사례가 결정적인 측면에서 유사할 때조차도 여전히 차이점은 있기 마련이다. 토론자는 그 차이점이 결정적인지 아닌지를 판단할 필요가 있다. 이는 비교가 이루어지는 맥락에 의존하는 경우가 많다. 예를 들면, '일란성' 쌍둥이는 대개 유사한 점이 많지만 지문이 서로 다

르다. 쌍둥이 중 한쪽의 정체성이 문제가 되고 지문 증거가 이용 가능한 경우에는 사소해 보이는 이러한 차이가 결정적이면서 모든 유사성보다 더 중요해질 수도 있다. 또 다른 사례로 영국에서 의사에 대한 의료과실 소송의 비율이 낮고 미국에서 의사에 대한 의료과실 소송의 비율이 급증한 점을 지적하면서 영국 의사가 훨씬 더 나은 의료 서비스를 제공하고 있음에 틀림없다고 주장할 수도 있다. 이를 뒷받침하기 위하여 다음과 같이 주장할 수도 있다. 즉, 피해를 입은 영국 환자는 피해를 입은 미국 환자와 마찬가지로 소송을 제기하려 할 것이므로, 의료과실 소송의 비율에 차이가 나는 유일한 이유는 의료의 질일 가능성이 높다는 것이다. 그런데 영국과 미국의 법률에는 결정적인 차이가 있다. 영국에는 성공 보수금이 금지되어 있고, 미국에서는 성공 보수금이 의료과실 소송에서 수임료를 받는 거의 유일한 수단이다. 또 하나의 결정적 차이로, 영국에서는 모든 의료과실 소송이 판사 앞에서 이루어진다. 그런데 미국에서는 거의 모든 소송이 배심원 앞에서 이루어진다. 유추한 내용을 옹호하기 위해서 토론자는 비교하는 사례들에서 차이보다는 유사성이 더 크며, 차이는 쟁점이 되는 문제에서 결정적이지 않다는 점을 증명할 준비가 되어 있어야 한다.

4. 추론이 누적적인가? 결론을 뒷받침할 때 하나 이상의 비교를 보일 수 있다면 유추는 강화된다. 가령 도시 소득세가 고섬시에 이로울 것이라는 논제를 옹호할 때, 토론자는 자신의 입론을 강화하기 위하여 앞에서 언급한 바와 같이 고섬시와 초거대 도시뿐만 아니라 고섬시와 도시 소득세가 있는 비교 가능한 다른 도시 간의 유추를 활용할 것이다. 만일 비교하는 도시들 간의 유사성이 결정적이고 차이는 결정적이지 않다는 점을 보여줄 수 있다면,

우리는 누적적 유추를 활용하여 우리의 입론을 강화할 수 있을
것이다.

5. 축자적 유추만 논리적 입증으로 사용되고 있는가? 토론자는 축자적 유
추만이 논리적 입증을 확립하는 데 사용될 수 있다는 점을 기억해
야 한다.

비유적 유추는 설명에는 유용하지만 증명력이 없다. 비유적 유추와 직
면한다면, 토론자는 그것이 논리적 증거로서 단점이 있음을 증명할 준비가
되어 있어야 한다.

유추 추론은 어떤 논증 요소를 사용해서 분석될 수도 있다. 가령, 앞의
도표가 보여주는 것처럼, 토론자가 영국의 의료 수준이 미국보다 낫다는
주장을 한다고 가정해보자.

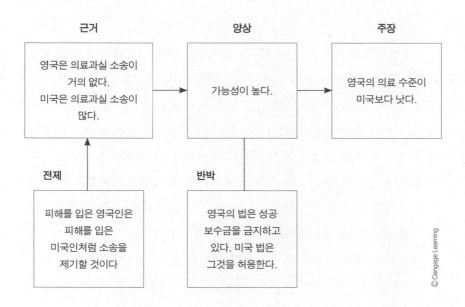

③ 인과 추론

인과 추론(causal reasoning)의 과정에서는 어떤 요인(원인)이 다른 어떤 것(결과)을 만드는 힘이라는 사실을 추론한다. 이러한 과정은 다음과 같이 나타낼 수 있다.

동일한 과정이 반대로 사용될 수도 있다. 즉 어떤 결과가 존재하는 것이 알려져 있다면 그것은 어떤 원인에 의해서 만들어진 것으로 추론할 수 있다. 이러한 과정은 다음과 같이 나타낼 수 있다.

인과 추론은 원인-결과든 결과-원인이든 대개 일반화를 포함한다. 인과 추론을 이용하면서 토론자는 논제가 타당한 이유를 보여주고자 한다. 예를 들어, 국립기상국(The National Weather Service)은 저기압 지역과 여타의 현상이 존재한다는 것(원인)을 알려주고 내일 비가 올 것(결과)을 예보한다. 기상국이 항상 옳은 것이 아니라는 사실은 앞서 살펴본 측면을 주목하게 한다. 우리는 높은 가능성(probability)의 영역에서 문제를 다루는 경우가 많은데 이는 우리가 확실성을 보장할 수 없기 때문이다. 직접적인 대외 경제 원조의 중단에 대하여 토론할 때, 일부 토론자는 이러한 원조가 수혜 국가들 사이에서 분노를 유발한다는 점을 보여주기 위해 노력할 수도 있다. 이 논증을 계속하면서 토론자들은 만일 직접적인 경제 원조(원인)가 중단된다면, 비판(결과) 또한 사라질 것이라는 추론을 할 수도 있다. 그러나 반대로, 원조의 제안자는 원조가 바람직한 결과를 가져올 것이라는 점을 주장할 것이다.

물론 토론자는 다루고 있는 어떤 문제에 많은 원인이 작용한다는 점을 인정할 수밖에 없다. 동시에 그들은 쟁점이 되는 문제에서 실제적이고 효과적인 원인 또는 원인들을 파악하려는 시도를 해야 한다. 인간사에 대한 많은 토론은 인과 문제를 중심으로 이루어진다. 예를 들어, 국가 직업 프로그램의 지지자들은 그 프로그램을 바람직한 결과를 많이 끌어낸 원인으로 볼 수도 있다. 반면에 반대자들은 그것을 많은 바람직하지 않은 결과를 가져온 원인으로 볼 수도 있다. 인과 추론은 개인적 문제에 대한 우리의 생각에도 영향을 미친다. 학생들은 대학 교육을 장래의 삶에 바람직한 결과를 가져오는 원인으로 보기 때문에 대학에 가고자 한다.

우리가 인과 추론에 대한 검증을 할 때, 관건은 쟁점이 되는 문제에서 중요하고 실제적이며 효과적인 원인들을 파악하는 것이다. 추론에 대한 다음의 검증 방법은 원인-결과 추론이나 결과-원인 추론에 적용될 수 있다.

1. 원인이라고 주장되는 것이 진술된 결과와 관련이 있는가? 어떤 관찰자들은 태양 흑점 활동의 증가가 주식 시장의 상승을 초래한다는 주장을 하였다. 이러한 두 현상 간에 원인과 결과의 관계가 존재하는가? 가장 뛰어난 권위자들도 그것을 알아낼 수는 없었다. 최근에 어느 대학생 토론자가 담당 교수에게 토론대회가 시작하는 날 눈이 내리고 있어서 자신이 이길 것으로 예상한다고 말했는데, 그 학생은 이전에 대회가 시작하는 날 눈이 내렸을 때 대회에서 이겼던 적이 있었다. 물론 이 학생의 말은 농담이었는데, 이는 눈이 내리는 것과 대회에서 이기는 것 간에 어떤 인과관계도 없다는 것을

학생은 알고 있었기 때문이다. 그러나 이런 추론 방식은 많은 미신의 토대를 이루고 있다. 예를 들면, 거울을 깨뜨리면 7년 동안 불운이 생긴다는 미신은 실제로 전혀 인과관계가 없는데도 그러한 인과관계가 존재한다는 가정에 기반을 둔 것이다. 원인으로 주장된 것과 결과로 주장된 것 간에 인과적 연결고리가 만들어지지 않거나 그러한 고리가 만들어지기 전까지는 인과적 추론을 전개하기를 바랄 수 없다.

2. 이것이 유일하거나 다른 것과 구별되는 인과 요인인가? 토론자는 주장된 원인이 검토 중인 결과를 만들어내는 데서 유일한 인과적 요인인지, 아니라면 그것이 다른 것과 구별되는 인과적 요인인지에 대해 판단해야 한다. "연방정부는 미국에서 매스컴에 대한 규제를 대폭 강화해야 한다."라는 논제에 대한 토론에서 몇몇 찬성 측 토론자들은 패스트푸드에 대한 텔레비전 상업광고 때문에 어린이들이 건강에 유해한 결과를 가져오는 이들 식품을 먹게 해달라고 부모님을 조른다는 주장을 하기 위하여 원인-결과 추론을 사용할 수도 있다. 이러한 추론 방식에 대응하여 몇몇 반대자들은 어린이들은 당연히 패스트푸드 식당에서 제공하는 음식을 좋아하며 부모는 그 식당의 편리성을 긍정적으로 평가하기 때문에 이러한 상품에 대한 상업광고를 텔레비전에서 금지한다 하더라도 가족들은 패스트푸드를 여전히 많이 먹을 것이라고 주장할 수도 있다.

　　반대 측 토론자는 만일 이러한 식품에 대한 텔레비전 상업광고가 금지된다면 생산자들은 광고 방식을 인터넷, 문자 메시지, 신문, 잡지, 광고판(즉 찬성 측의 방안에 영향을 받지 않는 매체) 등으로 바꿀 것이고 이러한 매체는 텔레비전 상업광고와 동일한 효과를 산출할 것이라는 점을 주장함으로써 자신들의 논증을 확장할 것이다. 그래서 반대 측 토론자는 텔레비전 상업광고가 어린이들로 하여금 패스트푸드를 소비하게 하는 유일하거나 다른 것과 구별되는 원인이 아니라고 주장할 수 있을 것이다. 따라서 토론자는 주장된 원인이 유일하거나 다른 것과 구별되는 원인임을 증명할 준비가 되어 있어야 한다.

3. 해당 특정 원인으로부터 어떤 바람직하지 않은 결과도 발생하지 않을 것이라는 합리적인 개연성이 존재하는가? 대개 어떤 원인은 검토 중인 결과뿐만 아니라 다양한 결과를 만들어낸다. 이들 여타의 결과는 바람직한가? 아니면 중요하지 않거나 바람직하지 않은 것인가? 만일 바람직하다면, 그것은 특정한 원인을 주장하는 사람들에게 도움이 될 것이다. 만일 중요하지 않다면, 그것은 불리한 영향을 미치지는 않을 것이다. 그러나 만일 바람직하지 않다면, 그것은 이 원인을 지지하는 논증을 거부할 정당한 이유를 제공할 것이다. 대중매체 논제에 대한 토론을 하면서 반대자는 만일 패스트푸드 식당의 텔레비전 상업광고를 금지한다는 토론자의 계획이 실행된다면 어떤 유형의 식품에 대한 수요는 대폭 줄어들고 그 결과로 식품 생산자들의 대량실업 사태가 발생할 것이며, 이러한 실업의 결과로 나타나는 폐해는 특히 패스트푸드 소비와 관련된 어떤 다른 폐해보다 더 클 것이라는 주장을 통하여 불이익 논증을 전개할 수 있다.

    이 책의 어떤 독자들은 자신의 경험으로부터 다음과 같은 사례를 입증할 수 있다. 페니실린은 어떤 유형의 질병에는 매우 바람직한 결과를 가져오는 효과적인 원인이다. 그러나 페니실린은 어떤 사람들에게는 사용을 금지해야 할 정도로 바람직하지 않은 결과를 유발한다. 좋은 결과가 있을 수는 있지만 바람직하지 않은 결과로 인해 상쇄되어버리고 만다. 따라서 토론자는 자신이 언급하는 원인에 의해 어떤 다른 결과가 나타날 수 있는지 판단하고 적어도 이러한 다른 결과가 바람직하지 않은 것은 아니라는 점을 증명할 준비가 되어 있어야 한다.

4. 반대 원인이 있는가? 미래에 발생할 어떤 결과가 다루려는 요인이라면, 주장된 결과가 어떤 반대 원인들에 의해서도 뒤집히지 않을 것이라는 판단을 내릴 필요가 있다. 대중매체 논제에 대한 토론을 하면서 어떤 토론자들은 포르노물의 판매나 배포를 제한하자는 주장을 할 수도 있다. 이에 대한 반대자는 포르노물의 판매는 어떤 반대 원인 때문에 찬성 측 방안에서 사실상 지속적으로 줄지 않을 것이라는 합리적인 주장을 할 수 있다. 특히 그들은 다음과 같이 주장할 것이다. (1) 법정은 포르노를 정의하는 것이 어렵거나 불가능하다는 것을 알게 된다. (2) 포르노물 판매에 대한 찬성 측의 수치에 따르면 포르노물을 판매하는 매우 큰 시장이 존재하는데, 이는 그것을 생산하는 범죄적 요인이 탈법을 조장하는 강력한 유인책을 가지고 있다는 것을 의미한다. (3) 검사는 포르노 사건을 기소하기를 꺼릴 것이다. 왜냐하면 유죄 판결을 얻어낼 희망이 거의 없는 사건을 기소하는 것은 세금 낭비가 될 것이기 때문이다. (4) 인터넷상의 포르노를 규제하는 것은 불가능하고 비생산적일 것이다. 그래서 토론자는 이 상황에 작용하는 여타의 원인들이 자신들이 특정 원인에 의해 초래될 것이라고 주장하는 결과를 반박하지 않을 것이란 것을 증명할 준비가 되어 있어야 한다.

5. 원인이 결과를 만들어낼 수 있는가? 해당 사건 이전에 다양한 요인이 발생하는 경우가 종종 있지만, 이들 요인들이 그 사건을 초래할 수 있다는 점이 확실해지기 전까지는 결과를 유발하는 원인으

로 간주될 수는 없다. 가령, 사라예보에서 일어난 페르디난트 대공 (Archduke F. Ferdinand)에 대한 암살이 제1차 세계대전을 일으켰는가? 비록 이 사건이 전쟁 발발 직전에 일어난 것이기는 하지만, 유럽의 왕족에 대한 암살이 특이한 사건은 아니었으며 그러한 사건이 일반적으로 전쟁을 유발하는 것은 아니다. 매우 사려 깊은 역사학자들은 이 암살 사건이 제1차 세계대전을 유발할 수 있는 원인이라고 생각하지 않으며 그 전쟁에는 다른 원인들이 있다고 본다.

일자리 법안에 대한 토론에서, 토론자는 사회기반시설의 개선과 보수를 요구하는 방안이 일자리 창출 효과가 있으며, 그래서 반대 측이 요구하는 고용 기회를 보장할 것이라는 점을 논증할 수 있다. 물론 찬성 측 토론자는 자신들의 방안이 수백만 개의 새로운 일자리를 만들어낼 수 있다는 점을 입증하여야 할 것이다.

세라 페일린이 2008년 공화당 부통령 지명자가 되었을 때 많은 지지자들은 그녀가 후보로 나서게 되면 수많은 여성들이 존 매케인을 지지하게 될 것이라고 믿었다. 이러한 인과 추론은 잘못된 것으로 판명되었으며, 실제로는 버락 오바마가 다수의 여성들의 표를 가져갔다.

토론할 때에는, 정치에서처럼 그리고 여타의 다양한 맥락에서처럼, 어떤 방안이 바람직한 특정 결과를 만드는 원인으로 제시되는 경우가 많다.

6. 원인이 필요하고 충분한가? 필요 원인(necessary cause)은 결과를 산출하기 위한 핵심적인 조건이다. 예를 들어, 산소는 불의 필요조건이다. 산소 자체로는 불의 원인이 아니지만 산소가 없이는 불을 피울 수 없다. 일단 어떤 사건의 필요조건을 확인했다면, 우리는 필요조건 하나를 제거함으로써 그러한 사건이 발생하지 않도록 할

수 있다.

  충분 원인(sufficient cause)은 결과를 자동적으로 만들어내는 조건이다. 단두대의 발명자가 잘 알았듯이, 참수는 죽음의 충분 원인이다. 필요 원인과 충분 원인 간의 차이는, 비록 필요조건이 있다 하더라도 그것이 홀로 결과를 만들어내는 것은 아니라는 것이다. 충분 원인은 홀로 결과를 만들어내기에 충분하다. 충분 원인이 하나의 시간과 장소에 모두 존재하는 필요 원인의 집합인 경우가 흔히 있다. 예를 들어, 산소, 가연성 물질, 연소점은 모두 불을 피우는 필요조건이다. 이 세 가지는 함께 결합하여 불을 피우는 충분 원인을 구성한다. 일단 우리가 어떤 사건의 충분조건을 확인했다면, 우리는 그 충분조건을 서로 합침으로써 그 사건이 일어나게 할 수 있다. 가령 오바마 대통령의 적정 부담 의료보험법은 보험이 의료 서비스를 위한 필요조건이라는 가정하에서 보험 적용 범위를 더 많은 미국인에게 확대하기 위한 것이었다. 그러나 보험만으로는 필요한 서비스를 공급하는 충분한 수의 보건 의료 전문가를 제공할 수 없기 때문에 보험은 단독적으로 필요하지만 의료 서비스 시설이나 의사가 부족한 상황을 극복하기에는 충분하지 않다.

7. 새로운 원인이 체계에 어떤 영향을 미치는가? 의료보험 개혁에 대한 토론에서 토론자는 도심 지역 주민들에게 의료를 제공할 필요성을 언급하기 위해 쥐에 물린 어린이의 비극적 사례를 인용함으로써 도심 지역 주민에게 더 나은 의료를 제공할 필요가 있음을 지적할 수도 있다. 합리적인 반대편에서는 쥐물림병을 치료하는 곳이 거의 없으며, 그래서 아이를 열악한 가정으로 돌려보내면 다시 쥐에 물리게 된다고 논증할 수도 있을 것이다. 반대자는 의료에 돈을 쓰는 대신에, 더 좋은 주택, 더 나은 음식, 불량 주택에 사

는 가난한 거주자를 위한 환경 개선에 돈을 쓰는 것이 더 나을 것이라고 논증할 수도 있을 것이다.

인과 추론 역시 논증의 요소를 이용하여 분석할 수 있다. 가령, 토론자가 다음의 도표에서 제시한 바와 같이 최근 육류 가격이 오름에 따라 생계비 지수(cost-of-living index)가 올라갈 것이라고 주장한다고 가정해보자.

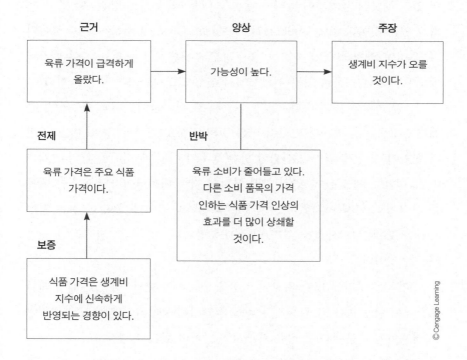

④ 징후 추론

징후 추론(reasoning by sign) 과정은 두 변인의 관계나 상관을 추리하는 것으로 이루어진다. 여기에서 두 변인은 매우 밀접하게 연결되어 있어서 어느 하나의 존재 또는 부재는 다른 하나의 존재 또는 부재를 가리키는 것으로 받아들여질 수 있다고 주장된다.

징후 추론에는 유추 추론, 사례 추론, 결과에서 결과로의(from effect to effect) 추론이 포함되며 토론자가 어떤 논제가 타당함을 보여주고자 할 때 사용된다. (여러분도 기억하다시피, 인과 추론에서는 토론자가 어떤 논제가 타당한 이유를 보여주고자 한다.) 나뭇잎이 나무에서 떨어지고 있음을 보고 이를 겨울이 오고 있다는 징후로 받아들일 때, 또는 도시 공원의 벤치가 낮에 비어 있기 때문에 실업률이 낮다는 결론을 내릴 때, 우리는 징후 추론을 사용하고 있는 것이다. 속성(attribute)은 실체(substance)의 부분 또는 특성이거나, 우리가 관계되어 있는 전체이다. 징후 추론에서 토론자는 속성에서 실체로 나아가는 추론을 하거나 실체에서 속성으로 나아가는 추론을 한다.

만일 하나의 변인이 다른 변인의 징후로 받아들여진다면 변인들의 관계는 상호적이다. 하나의 변인이 다른 것의 징후로 간주될 수 있지만 두 번째 변인이 첫 번째 변인의 신뢰할 만한 징후가 아닐 때 변인들 간의 관계는 비상호적이다. 예를 들어, 만일 어떤 사람이 미국 대통령이라면 우리는 이를 그가 적어도 35세는 되었다는 징후로 받아들일 것이다. 분명한 것은 어떤 사람이 35세라는 사실을 그가 미국 대통령이라는 징후로 받아들일 수는 없다는 것이다.

"미국은 쿠바에 대한 외교적 인정을 연장해야 한다."라는 논제에 대한 토론에서 일부 반대 측 토론자는 외교적 인정이 문제의 정부를 승인해준다는 징후이기 때문에 이 주장을 채택하지 말아야 한다고 주장하였다.

다음의 질문들은 징후 추론에 대한 검증 방법으로 이용할 수 있는 것들이다.

1. 주장된 실체가 묘사된 속성과 관련이 있는가? 검토 중인 실체와 속성 간에 징후 관계가 정말로 존재하는지 판단할 필요가 있다. 어떤

찬성 측 토론자는 외교적 인정이 승인의 징후가 된다는 논증에 대하여 외교적 인정은 승인의 징후가 아니라고 주장하였다. 이를 지지하는 근거로 미국은 우리가 승인하지 않은 정책을 따르는 많은 정권에 대하여 외교적 인정을 연장했다는 점을 지적하였다. 그러므로 정부에 대한 승인과 그 정부에 대한 외교적 인정 간에는 어떤 징후 관계도 존재하지 않는다는 것이다. 토론자가 검토 중인 실체와 속성 간에 징후 관계가 존재한다는 점을 증명할 수 없다면, 그리고 증명할 수 있기 전까지는, 징후 추론을 전개할 수 없다.

2. 실체와 속성의 관계가 본질적인가? 토론자는 실체와 속성 간의 관계가 본질적인지 아니면 단지 우연적인지에 대한 판단을 해야 한다. 한 정치 평론가는 쿠바가 어느 특정 중앙아메리카 국가의 자국 대사관에서 근무하는 담당관 수를 크게 늘린 사실을 지적한 적이 있다. 그는 이러한 조치를 쿠바가 이 나라 정부를 전복하려는 세력에 대한 지원을 확대하는 계획을 세우고 있음을 보여주는 징후로 간주하였다. 그러나 이 관계는 핵심인가? 어떤 상황에서는 이러한 유형의 조치가 정부를 전복하려는 시도의 징후가 되기도 한다. 그러나 대체로 그것은 단순히 선전이나 무역 거래를 늘리려는 움직임을 의미할 뿐이다.

3. 실체와 속성의 관계를 방해하는 반대 요인(counterfactor)이 있는가? 어떤 반대 요인들이 관계를 방해하고 있는 것은 아닌지에 대한 판단을 내릴 필요가 있다. 한 나라가 다른 나라에 파견하는 대사관의 담당관의 수를 늘리는 것은 어떤 조건하에서는 그 나라가 대사관 직원을 늘려 침략을 계획하는 징후일 수도 있을 것이다. 예를 들면, 미국이 중화인민공화국에 있는 대사관을 확대했을 때, 누구도 이것을 미국이 인민공화국을 전복할 계획을 세우고 있는 징후라

고 생각하지 않았다. 너무 많은 반대 요인이 그러한 징후 관계를 깨뜨렸기 때문이다.

4. 징후 추론이 누적적인가? 징후 추론은 결론을 뒷받침할 때 하나 이상의 징후 관계가 제시될 수 있음을 증명함에 의해서 강화된다. 내구 소비재 주문이 호전된 것은 경제 불황이 끝나가고 있다는 징후가 될 수도 있다. 그러나 이러한 징후 그 자체는 상대적으로 약한 지표이다. 만일 다른 징후들이 발견될 수 있다면, 가령 (생산성, 유형 고정자산에 대한 주문, 소비재에 대한 주문, 새로운 주거용 빌딩 허가 등과 같은) 수많은 지표의 수치가 올라간다면, 누적된 일련의 징후들은 매우 높은 설득의 강도를 지닌 결론으로 될 수 있을 것이다.

징후 추론 역시 어떤 논증의 요소들을 활용하여 분석할 수 있다. 예를 들어, 다음 도표에서와 같이 토론자가 몇 달 안에 경제가 좋아질 것이라는 주장을 한다고 가정해보자.

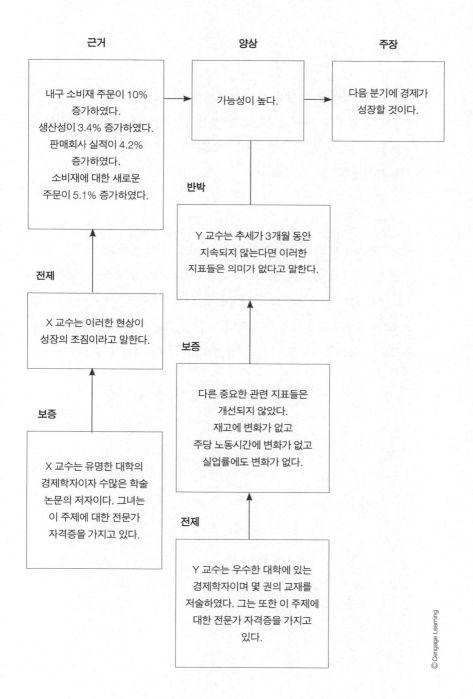

근거

내구 소비재 주문이 10%
증가하였다.
생산성이 3.4% 증가하였다.
판매회사 실적이 4.2%
증가하였다.
소비재에 대한 새로운
주문이 5.1% 증가하였다.

양상

가능성이 높다.

주장

다음 분기에 경제가
성장할 것이다.

반박

Y 교수는 추세가 3개월 동안
지속되지 않는다면 이러한
지표들은 의미가 없다고 말한다.

전제

X 교수는 이러한 현상이
성장의 조짐이라고 말한다.

보증

다른 중요한 관련 지표들은
개선되지 않았다.
재고에 변화가 없고
주당 노동시간에 변화가 없고
실업률에도 변화가 없다.

보증

X 교수는 유명한 대학의
경제학자이자 수많은 학술
논문의 저자이다. 그녀는
이 주제에 대한 전문가
자격증을 가지고 있다.

전제

Y 교수는 우수한 대학에 있는
경제학자이며 몇 권의 교재를
저술하였다. 그는 또한 이 주제에
대한 전문가 자격증을 가지고
있다.

연습

1. 지난 한 달 사이에 발행된 일간지에서 논증적인 사설을 한 편 찾아보자. 삼단논법이나 생략삼단논법의 형식으로 논증을 다시 진술해보자. 논증을 분석해보자. 논증이 형식적으로 타당하거나 타당하지 않은 이유를 제시해보자.

2. 연습 1번에서와 같이 논증적인 사설을 한 편 찾아보자. 툴민의 논증 모형(논증의 요소들)을 사용하여 주요 논증을 도표로 그려보자. 전제(warrant)가 근거에서 주장으로의 이행을 정당화하는가? 저자가 주장의 양상(modality)을 적절하게 설정하였는가? 필요할 때 충분한 보증(backing)을 제시하였는가? 있을 수 있는 반박(rebuttal)을 고려하였는가?

4장

명료한 사고의 장애물

명료한 사고는 모든 지적 의사 결정에서 필수적이다. 문제를 탐구하기 시작하는 순간부터 그에 대한 최종 토론을 마칠 때까지, 명료한 사고의 장애물을 끊임없이 경계해야 한다. 논증은 전제나 근거를 주장이나 결론과 연결하는 추론을 검증하는 명료한 사고 과정을 요구하므로, 우리는 논증에서 이러한 연결에 대해 주의 깊게 질문을 던져야 한다. 명백한 장애물은 손쉽게 파악되지만, 어떤 유형의 장애물은 좀 더 미묘하여 현혹되기 쉬운데, 이것을 오류(fallacy)라고 부른다. 오류에서는 타당하지 않거나 틀린 내용이 한눈에 명백하게 드러나지 않는데, 겉보기에는 그 진술이 참되거나 타당해 보이기 때문이다. 리처드 웨이틀리(Richard Whately)*는 **오류**를 정의하길, "실제로는 그렇지 않은데도 설득력 있거나 결정적으로 보이는 타당하지 않은 논증 양식"[1]이라고 하였다. 아리스토텔레스는 그의 저서 『수사학(*Rhetoric*)』에서 타당한 추론에 기반을 둔 것처럼 보이지만 그렇지 않아,

....

* 19세기 영국의 수사학자이자 논리학자이며, 경제학자로도 알려져 있음(1787~1863).

간혹 '위장' 생략삼단논법이라 불리는 아홉 가지 유형의 생략삼단논법에 대해 경고하였다(Book Ⅱ, Chapter 24).

변증법적 논증은 확실성에 기초한 형식 추론의 규칙 기반 구조(rule-based structures)에 의존하지만, 로고스와 실용적 추론에 의존하는 수사학적 추론은 덜 형식적일 수도 있고, 설득의 강도나 논증력을 상대적으로 측정하는 것에 기초할 수도 있다는 점을 떠올려보자. 변증법은 논증을 참이나 거짓으로 판단하고, 수사학은 논증을 상대적인 강약으로 판단한다. 형식 추론과 변증법에서는 그릇되게 추론하면 그 논증을 폐기하는 것이 정당하다. 그러나 수사적 담화에서는 추론의 오류나 결함으로 논증의 수사적 힘이나 설득력이 약화될 수는 있어도 논증을 폐기하지 않아도 된다. 우리는 오류에 근거하여 의사 결정을 내려야 하는 상황에 지속적으로 내몰린다. 이러한 상황을 인식하는 것은 주장을 설득력 있게 구성하고, 상대편 입장이 지닌 약점에 대해 말하는 능력을 향상시키며, 논증을 좀 더 비판적으로 이용하는 데 도움이 된다.

개별 오류는 쉽게 감지되는 편이지만, 그것이 논증의 맥락에 녹아들어 있을 때에는 주의를 기울이지 않는 한 알아차리지 못할 수도 있다. 토론은 어떤 판단을 내리려는 사람이 오류에 빠지지 않게 하는 가장 강력한 보호책이 될 수 있다. 토론에는 오류를 스스로 감지할 기회가 있을 뿐만 아니라 대립하는 토론자가 서로의 입론에 들어 있는 오류를 지적하는 안전장치도 있다.

오류는 의도적으로 혹은 우연히 이용될 수 있다. 어떤 토론자는 청자나 독자를 이용해 부당한 판정을 얻어내려고 의도적으로 오류가 있는 논증을 사용한다. 오늘날 국제적 위기에서 명백히 의도적으로 오류를 사용한 사례로는 대립하는 당들이 민심을 흔들려는 목적으로 정치적 선전을 만들어내는 것을 들 수 있다. 이러한 선전의 대부분은 자신들이 사용하고 있는

용어 해설

....

가짜 논증(pseudoargument) (우연하게든 의도적이든) 쟁점이 되고 있는 문제를 왜곡하고, 혼란스럽게 만들고, 조작하고, 회피하거나 쟁점과 직접적으로 관련이 없는 문제로 대체함으로써 만들어지는 오류.

가짜 질문(pseudoquestion) 대답할 수 없거나 '함정이 있거나 답을 유도하는' 모호한 질문, 또는 잘못된 추정에 근거한 질문.

격정적인 말(loaded language) 입증 없이 결론을 내리려고 감정적으로 격한 단어를 사용하는 것.

구조화된 반응(structured response)**의 오류** 부적절하거나 근거 없는 결론에 이르도록 설계된 유형.

다수 편승(bandwagon) 다수에 의한 대중적인 지지로 논증을 뒷받침하는 것.

대중적 호소(popular appeal) 토론자가 자신이 다른 모든 사람처럼 '평범한 사람'에 불과하다는 입장을 고수하여 지지를 얻고자 하는 것.

모호함(ambiguity) 단어, 구, 단락의 의미가 합당하게 둘 또는 그 이상의 방식으로 해석될 때 발생하는 것.

무지에의 호소(appeal to ignorance) 토론자 본인이나 청중이 그것에 대해 들어본 적이 없다는 이유로 무언가가 존재할 수 없다고 주장하는 것.

문법적 구조(gammatical structure)**의 오류** 문법이 부정확하거나 명료하지 않아 의미가 왜곡된 추론.

불완전한 비교(incomplete comparison) 비교할 지점이 존재하지 않거나 명확하지 않은 문법적 오류의 한 유형.

불합리한 추론(non sequitur) 결론이 전제나 제시된 증거에 의해 도출되지 않는 것.

비연관성(irrelevancy) 입증이 합리적인 한계를 벗어나 주장과 관련을 맺지 못하는 논증.

성급한 일반화(hasty generalization) 특정 사례에서 일반화로의 추론이나 이행이 불충분한 증거, 대표성이 없는 예, 사례의 수가 불충분한 것에 기초해 만들어진 논증.

순환 논증(arguing in a circle) 입증하고자 하는 바로 그 결론을 논증의 전제로 삼을 때 발생하는 것.

오류(fallacy) 실제로는 그렇지 않은데도 설득력 있거나 결정적으로 보이는 타당하지 않은 논증 양식.

인과 설정의 오류(post hoc) 입증되지 않은 인과관계를 추정하는 것.

장광설(verbalism) 의미를 전달할 때 지나치게 많은 단어를 사용하는 것.

전통에의 호소(appeal to tradition) 관습적·역사적 논거에 기초하여 논증을 뒷받침하는 것.

주장 반복하기(repeated assertion) 어떤 논증이 그 자체를 위한 증거로 제시되는 것.

타당한 결론 부정하기(denying a valid conclusion) 토론자가 반대편의 전제를 인정하거나 반박할 수 없으면서, 그러한 전제에 논리적으로 뒤따르는 결론을 부정하는 것.

특별 변론(special pleading) 어떤 예외가 수용될 수 있는 추론의 범위 내에 있다고 설득하는 것.

허수아비 논증(straw argument) 무너뜨릴 수 있는 쟁점만을 부각하는 것.

오류를 충분히 인식할 수 있는 지적인 사람들이 고안한 것이다. 그러나 사람들은 선의로 의도치 않게 오류가 있는 논증을 사용하게 되기도 한다. 따라서 토론자들은 항상 모든 자료에서 명료한 사고를 방해하는 장애물을 경계해야 한다.

편의상 이 장에서는 오류를 여러 범주와 그 하위 범주로 분류하였다. 실제 논증에서 오류는 종종 서로 얽혀 있으며, 논리적으로 잘못된 논증은 여러 오류가 복합적으로 작용하고 있을 수도 있다. 오류의 유형이 서로 겹치고 사례들이 단일 분류 체계에 깔끔하게 들어맞지 않는 것은 불가피한 일이다. 반대편 입론의 오류를 드러내기 위해 "아하! 제 상대팀이 마지막 진술에서 순환 논증(circulus in probando)의 오류와 타당한 결론 부정하기(per negationem consequentiae)의 오류를 범했어요!"라고 소리치는 것은 조금 도움이 될 수도 있다. 우리 자신의 편의를 위해 오류를 식별하고 그것을 분류하고 싶겠지만, 토론에서 우리에게 주어진 과제는 오류의 명칭을 말하는 것이 아니라, 판결을 내리는 이들에게 어떻게, 왜 해당 사항이 오류인지를 보여주는 것이다. 종종 오류는 장 의존적이어서—즉 맥락 내에서 고려해야 하기 때문에—이 과제는 사실에 의해 복잡해질 수 있다. 스티븐 툴민(Stephen Toulmin)이 지적했듯이, "가장 곤혹스러운 것은 어떤 맥락에서는 오류인 논증이 다른 맥락에서는 꽤 믿을 만한 것으로 입증될 수도 있다는 것이다. 따라서 우리는 본질적으로 그릇된 논증 형식을 식별할 수가 없다. 다만, 논증의 특정 유형이 실제로 왜 이러저러한 맥락에서 오류인지를 보여주려고 애쓸 뿐이다."[2]

오류를 밝히는 한 가지 유용한 방법은 (3장에서 살펴본) 전제(warrant)에 관심을 집중하는 것이다. 즉, 전제가 명시적으로 드러나 있든지 함축되어 있든지 간에 그것이 주장을 정당화하는지를 보는 것이다.

어떤 이들은 오류 같은 것은 없으며, 다만 증거, 추론, 언어에 대해 적절하게 검증하지 못할 뿐이라고 생각한다. 이 장에서는 몇 가지 관습적인 오류에 대해 논의하고 적절한 검증법 몇 가지를 추천할 것이다. 오류라는 개념을 사용함으로써 우리는 자신의 논증과 상대의 논증을 재점검하는 수단을 제공받게 된다. 그러나 그것이 모든 그릇된 논증을 격퇴할 수 있는 최후의 무기가 되지는 못한다.

1. 증거의 오류

응용 토론과 교육 토론에서 사용하는 수많은 논증의 전제나 근거는 자료나 증거를 인용해 발표하는 것으로 드러난다. 그런데 연극이나 영화 광고에서 가끔 증거를 타당하지 않게 사용하는 예를 확인할 수 있다. 한 비평가가 어떤 브로드웨이 뮤지컬에 대해 다음과 같이 쓴 바 있다.

간주곡은 음악을 더해 따분한 이야기를 맛깔스럽게 만들려는 미숙한 노력을 대표한다. 불운하게도 첫 막에서 댄스 음악을 훌륭하게 수행하는 것만으로 그 쇼를 계속 감동적으로 이어나가기엔 충분하지 않았다. 호화로운 의상으로는 여성 주연 배우의 목소리가 그 연극에 맞지 않다는 기본적인 사실을 극복할 수 없었다. 틀에 박힌 코미디는 영감을 잠깐 빛내었지만, 간주곡 전체의 재미없는 속도감을 떨쳐낼 수는 없었다.

그런데 신문 광고는 이 비평가의 말 "간주곡 … 훌륭하게 수행하는 … 호화로운 의상 … 영감을 빛냄"만을 인용했다. 이때 우리는 "증거가 생략되어 있지 않은가?"라는 질문을 던짐으로써 증거를 그릇되게 사용하는 것에 대해 경계할 수 있다. 맥락에서 일탈하여 증거를 취하는 것은 문맥을 무시한 인용(quote mining), 탈맥락적 인용(contextomy), 증거 은폐(suppressed evidence),* 체리 선별하기(cherry picking)** 등으로 일컬어진다. 이것들은 주장을 뒷받침하는 인용구나 종결부를 쉽게 찾아내거나, 결론과 배치되는 증거의 일부를 간단히 무시하는 방법을 제공할 수도 있다. 그러나 그것은 지적으로 정직하지 않은 것이어서, 밝혀졌을 때 오히려 역효과를 낳을 수 있다. 2012년 미국 대선 당시 상원의원 릭 샌토럼(Rick Santorum)은 연설에서 "이번 선거에서 이슈는 경제가 아닙니다. 경제가 선거에서 이슈가 되는 이유는 연방정부가 사람들을 억압해서 그들의 자유를 빼앗고 있기 때문입니다. 경제는 그 결과로 악화된 것입니다."라고 말했다. 그런데 그의 반대 진영에 있던 주지사 미트 롬니(Mitt Romney)는 단지 그 첫 문장만 인용해, 샌토럼 의원이 "이번 선거에서 이슈는 경제가 아니다."라는 의견을 갖고 있음을 시사했다. 이는 샌토럼 의원의 견해에 대한 왜곡이다.[3]

....

* 결론의 참, 거짓에 영향을 주거나 관련이 있는 사실이나 정보를 의도적으로 빠뜨리는 오류. 결론의 전제가 될 수 있는 사실이나 정보가 결론과 배치된다고 여길 때 이러한 오류를 범하게 된다.
** 논리학에서 '불완전 증거의 오류(the fallacy of incomplete evidence)'라고도 불린다. 접시나 케이크 위에 올려진 여러 과일 중에서 달콤하고 비싼 체리만 골라 먹는 일을 빗댄 것으로, 정보의 전체가 아닌 자신의 주장을 뒷받침하는 증거나 자료만을 선택적으로 제시하는 것을 가리킨다.

과학적이고 학술적인 글쓰기와 정치적 비평에서 종종 저자는 자신이 궁극적으로 도달한 결론에 반하는 예외적인 것, 대안적 설명이나 논증 및 증거를 제시하기도 한다. 그러나 토론자가 그러한 진술을 제공한 저자나 자료("반대쪽은 …라고 논증할 수도 있다."와 같이 변형을 거친 자료)를 인용하는 것은 그릇된 증거 사용일 공산이 크다.

가장 흔한 증거의 오류 중 하나는 근거 없는 주장을 사용하는 것이다. 이때 화자는 진술을 뒷받침하는 증거를 제시하지 않는다. 그는 다만 그렇다고 말하는 것만으로 우리가 믿어주길 요구한다. 높은 실적 압박에 시달리고 있는 중고차 판매상이 고객에게 "이 차는 완벽한 조건을 갖추고 있습니다. 당신은 누군가가 그것을 가져가기 전에 지금 사는 게 좋을 겁니다."라고 말한다고 가정해보자. 사려 깊은 구매자라면 근거 없는 이 주장을 받아들이지 않고 오히려 그 차의 상태에 대한 증거를 요구할 것이다. 즉 "그 견해는 근거가 없는 주장이지요?"라고 물어 이러한 오류를 피할 수 있다.

9장에서 논의될 증거 검증은 증거의 다른 오류를 파악하는 데 도움이 될 것이다.

2. 추론의 오류

증거의 오류를 경계해야 할 뿐만 아니라 앞에서 살펴보았던 각 유형의 추론에서 일어날 수 있는 오류에 대해서도 주의를 해야 한다.

1) 사례

사례 논증(argument by example)은 한 가지 이상의 특수한 사례에 기초해 더 넓은 일반화를 도출하거나 한 사례의 경험을 다른 사례에 적용하는 귀납적 추론 과정이다. 새로운 식당에서 한 번의 좋은 식사를 경험했다면 그 식당을 다른 사람에게 추천하거나 다시 방문하려고 할 것이다. 그렇지만 그것은 운 좋게도 개업 무렵에만 제공한 좋은 음식일 수도 있다. 어떤 화자는 공립학교가 자녀들을 교육하는 데 실패했다는 입장을 고수하며, 실패의 사례로 다음과 같은 증거를 제시할 수도 있다.

작년 오메가 주립대학에 들어간 노스 고등학교 졸업생 중 23퍼센트는 영어 보강반, 37퍼센트는 수학 보강반 강의를 들어야 한다는 요구를 받았다. 나는 학교들의 실패에 대한 수십 개의 사례를 인용할 수 있다. 이는 고등학교 졸업장을 수여하기 전에 주 전체 차원의 학업능력 검증 제도가 필요하다는 사실을 입증하기에 충분하다.

이것이 주 전체 차원의 상태에 대한 정확한 분석이라고 기꺼이 받아들이겠는가? 노스 고등학교 학생들은 그 주의 모든 학생들의 전형이라 할수 있는가? 오메가 주립대학에 들어간 노스 고등학교 학생들을 일반적인 경우라 할 수 있는가? 우리는 "제시된 사례가 전체의 전형이라 할 수 있는가?"라고 물음으로써 이러한 오류를 쉽게 밝힐 수 있다. 통계적 방법은 이러한 검증을 위한 양적인 척도를 제공하지만, 추론을 비수치적인 척도로 분석하고 평가하는 것은 일반적으로 우리의 몫으로 남아 있다.

흔하게 볼 수 있는 사례 논증의 오류로, 범죄 전력이 있는 오토바이 운전자 두어 명을 알고 있는 사람이 "범죄 전력이 있는 오토바이 운전자들은 모두 마약 딜러야."라고 결론 내리는 것을 들 수 있다. 이때 "사례가 충분한가요?"라고 물어야만 한다. 불충분한 증거에 근거한 **성급한 일반화**는 결정을 해야 하는 이들이 받아들일 수 없는 불합리한 결론에 종종 이른다.

3장에 제시된 사례 논증에 대한 검증을 상기해보자.

1. 사례가 관련이 있는가?
2. 사례의 수가 합리적인가?
3. 사례가 결정적인 시기를 포함하는가?
4. 사례가 전형적인가?
5. 반대 사례가 결정적이지는 않은가?

이 질문 중 어느 하나라도 충족되지 않는 답변은 사례 논증의 타당성이나 논리를 의심할 만하다.

2) 유추

유추에 의한 논증은 유사한 사례를 비교하는 것이다. 한번은 러시아 정치인이 미국인 방문객에게 "공산주의의 종말로 러시아는 이제 완전히 민주화가 되었습니다. 심지어 몇몇 공직은 후보들이 입후보해 경쟁하기도 합니다."라고 말했다. 그 미국인은 "당신들은 이제 막 민주주의를 시작했군요. 그러나 여전히 갈 길이 멉니다. 미국은 확실하게 기반을 잡은 정당이 적어도 두 개가 있습니다. 그리고 우리는 칙령이 아닌 법의 지배를 받지요."라고 말하며 그 유추에 오류가 있음을 드러내었다. 이 경우에 미국인은 "비교되는 요소들 간에 결정적인 차이가 있습니까?"라는 질문을 적용한 것이다. 미국인의 응답은 미국과 러시아 정부 간의 두 가지 본질적인 차이점을 보여준다. 3장에서는 유추 추론을 검증하기 위한 질문의 목록을 다음과 같이 제공하였다.

1. 의미 있는 유사점이 존재하는가?
2. 유사점에 대한 비교가 결정적인가?
3. 결정적이지 않은 차이점이 있는가?
4. 추론이 누적적인가?
5. 축자적 유추만 논리적 입증으로 사용되고 있는가?

3) 원인

많은 인과 요인은 대부분의 상황에서 작동한다. 2012년 봄 휘발유 가격이 가파르게 상승하자, 오바마 대통령은 연설과 광고에서 정유 회사에 다소 책임이 있다고 지적했지만, 공화당 대통령 후보들은 대통령의 정책에 문제가 있다고 논평했다. 이러한 인과 논증은 교묘하게 간단한 인과 추론만을 제시하기 때문에 선거운동의 수사로서 효과적이다. 물론 휘발유 가격 상승은 국제 수요, 원유를 공급하는 중동 국가들의 불안정성과 관련된 공급 혼란, 핵 프로그램 개발에 따른 이란 제재와 관련한 협박, 정제 능력 감소에 기인한 공급 지체 현상, 달러화의 상대적 가치, 2011년 일본에서 발생한 지진과 쓰나미 등을 포함한 다양한 원인 때문이다. 미국 대통령(또는 정유 회사)이 휘발유 가격에 결정적인 영향을 미친다는 것은 지나친 단순화이고, 오류 가능성이 있는 추론이다. 이런 유형의 오류는 "부분적 인과관계를 유일하거나 두드러진 인과 요인으로 보고 있지는 않은가?" 라고 질문함으로써 파악할 수 있다. 추가적으로, 3장에서 제시된 질문들이 도움이 될 것이다.

1. 원인이라고 주장되는 것이 진술된 결과와 관련이 있는가?
2. 이것이 유일하거나 다른 것과 구별되는 인과 요인인가?
3. 이 특정한 원인으로부터는 어떤 바람직하지 않은 결과도 발생하지 않을 것이라는 합리적인 개연성이 존재하는가?
4. 반대 원인이 있는가?
5. 원인이 결과를 만들어낼 수 있는가?
6. 원인이 필요하고 충분한가?
7. 새로운 원인이 인과 추론 평가 체계에 어떤 영향을 미치는가?

4) 징후

합리적 결정을 추구하는 모든 사람들에게 징후 추론을 효과적으로 사용하는 능력은 중요한 부분이다. 예를 들어, 의사는 징후를 해석할 때 오류를 저지르지 않도록 끊임없이 경계해야 한다. 신경과 전문의는 진단을 할 때 자극에 따른 발가락 움직임의 특정한 한 유형인 바빈스키 징후(Babinski sign)를 살펴볼 것이다. 이 징후는 명백히 특정 질병의 유형에 내재되어 있는 것으로, 성인에게서 발견된다면 피질척수로*에 질병이 있음을 가리키는

....

* 대뇌피질에서 시작되어 척수로 이어지기 때문에 붙여진 이름. 대뇌가 팔다리와 같은 신체 부위의 운동을 제어하려면, 운동피질에 있는 신경세포의 축삭돌기들이 척수에 있는 운동신경세포에 도

지표로 여겨진다. 자극에 따른 발가락 반사의 특정한 한 유형인 로솔리모 징후(Rossolimo sign)는 추체로(pyramidal tract)**에 질병이 있음을 가리키는 지표가 된다. 그렇지만 때로는 질병이 있더라도 징후가 나타나지 않는 경우도 있고, 건강한 사람에게서도 종종 징후가 발견되기 때문에 징후가 그다지 믿을 만한 것은 아니다. 징후 추론을 사용하는 모든 사람들은 잘못된 결론으로 나아갈 수도 있는 오류 가능성에 대해 경계해야만 한다. 3장에 제시되었던 다음 질문들을 살펴보자.

1. 주장된 실체가 묘사된 속성과 관련이 있는가?
2. 실체와 속성의 관계가 본질적인가?
3. 실체와 속성의 관계를 방해하는 반대 요인(counterfactor)이 있는가?
4. 징후 추론이 누적적인가?

....

달하기 위해 신경섬유 다발(피질척수)을 형성해야 한다.

** '피라미드로'라고도 불리며 인간의 수의 운동을 관장하는 하행신경로이다. 피질척수로와 피질뇌간로로 구성되어 있다.

3. 언어적 오류

언어적 오류는 종종 다른 오류와 얽혀 있다. 여기에서는 토론자가 경계해야 할 언어적 오류의 일반적인 유형에 대해 논의할 것이다.

1) 모호함

모호함(ambiguity)은 단어, 구, 단락의 의미가 합당하게 둘 또는 그 이상의 방식으로 해석될 때 발생하는 것이다. 가령 화자가 "나는 그것을 하는 미국적 방식을 선호해."라고 말한다면 이 말은 무엇을 의미하는가? 공직 선거 후보자가 "정부에 더 많은 팀워크를"이라는 표어로 선거운동을 했을 때, '팀워크'가 그럴듯하게 들릴지는 모르겠지만, 이는 무슨 뜻인가? 최근 한 정부 관료는 주민에게서 그 어떤 '부적절한' 선물도 받지 않았고 주민의 편에서 정부 당국에 그 어떤 '불합리한' 요구도 하지 않았다고 증언했다. 그의 반대자들은 똑같은 이 행위를 '부패'와 '압력'으로 보았다. '여성주의자, 가족 가치, 성 평등주의자, 다문화주의, 진보적, 보수적, 중도적'과 같은 용어는 종종 그 의미가 모호해 사람들이 서로 다른 의미로 사용하는 경우가 많다. 클린턴 대통령이 '성적인 관계'라는 용어의 모호함에 기대어, "나는 그 여자, 르윈스키 양과 성적인 관계를 갖지 않았다."라고 주장한 것은 유명하다.

2) 장광설

장광설(verbalism)은 의미를 전달할 때 지나치게 많은 단어를 사용하는 것을 말한다. 한 정치인이 총기 규제 법안에 대해 어떤 입장을 취하는 것을 회피하려고 다음과 같이 대답했다고 가정해보자. "그 질문은 간단하지 않습니다. 사실 사람들이 더 옳든 덜 옳든 간에, 누구라도 그것이 복잡하다고 말할 것입니다. 두 번째 경우는 수정헌법 1조*입니다. 제 말은 애초에 수정헌법 2조나 그 어떤 것이 있었다는 말입니다. 수정헌법 2조는 매우 명확합니다. 적어도 당신이 명확하지 않은 부분에 이르기 전까지는 말입니다. 즉 민병대에 대한 부분 말입니다.** 저는 건국의 아버지가 그것에 대해 뭐라고 할지 궁금하군요. 그리고 왜 이것이 안 되는지도 말입니다. 제가 어렸을 때 아버지는 저를 사냥과 낚시에 데려가셨습니다. 그리고 저는 지난달에만 오리 사냥을 했습니다. 저는 아버지들이 딸이 없다면 아들을 사냥에 데려가야 한다고 생각합니다. 그리고 수정헌법의 마지막 조항인 10조***의 경우도 마찬가지입니다. 물론 딸들도 사냥을 해야 합니다. 우리는 법과 질서의 관점에서 이것을 볼 필요가 있습니다." 전국영어교사협의회(the National Council of Teachers of English: NCTE)는 매년 '이중화법(doublespeak)' 상을 수여한다. 이중화법이란 조지 오웰이 그의 소설 『1984년』에서 만든 말로, "극도로 기만적이고, 얼버무리며, 완곡하면서, 혼란스럽고, 자기중심적인"[4] 장황한 표현의 일종이다. 2011년도 수상자는 체로키족 추장 채드 스미스(Chad Smith)였다. 그는 최근에 있었던, 오클라호마주의 부족에서 체로키족 자유민이 추방된 최종 판결에 대한 연설에서 "이는 우리 자신의 시

....

* 미국 수정헌법 1조에는 종교·언론·집회·출판의 자유를 보장하고 있다. 수정헌법 1조는 총기 규제를 옹호하는 사람들에게 무기가 자유를 지키고 자신을 방어하는 최후의 수단이라는 의견을 뒷받침하는 근거로 이해될 수 있다.

** 수정헌법 2조는 개인의 총기 소유를 보장하는 내용이 다음과 같이 규정되어 있다. "규율을 잘 갖춘 민병대는 자유로운 주의 안보에 필수적이므로 무기를 휴대하거나 보관하는 권리를 제한당해서는 안 된다."

*** 수정헌법의 마지막 조항인 10조는 연방정부가 개인뿐 아니라 주의 자유도 침해하지 못하도록 그 권한을 제한하고 있다.

민들(citizenry)을 결정하기 위한 기본적이고 내재적인 권리입니다. 우리는 이러한 권리를 위해 비싼 대가를 치렀습니다."라고 말한 바 있다. 2008년에 그 협의회는 '열망에 찬 지향점(aspirational goal)'이라는 용어에 주목하였다. NCTE가 기록한 바에 따르면, "'열망에 찬 지향점'은 동어반복이고 역설적이다. 열망과 지향점은 같은 것이라 할 수 있다. 그래서 두 용어를 결합하면, '그다지 열망하지 않는 것에 대한 지향점'을 의미하는 구를 생성하며, 둘 모두의 효과를 약화시킨다. '열망에 찬 지향점'이라는 그 지향점은 무위를 위장하고 정당한 열망을 좌절하게 하는 것이다."라고 하였다.

3) 격정적인 말

격정적인 말(loaded language)은 명료한 사고에 대한 장애물이 될 가능성이 농후하다. **격정적인 말**은 지시적 의미, 또는 객관적, 기술적 의미에 더해서 부차적인 의미를 가지는 단어를 사용하는 것을 포함하는데, 이는 정서적으로 호소해서 입증 없이 결론 내는 것을 추구한다. 최근 선거운동에서 한 후보는 "시대는 이런 태만하고 부패로 썩어 문드러진 행정부를 쫓아냈습니다."라고 공공연하게 말했다. 그렇지만 사실 이러한 꼬리표를 붙인다고 해서 그 행정부가 그렇게 비난받을 죄가 있음이 입증되는 것은 아니다. 주지사 세라 페일린은 〈투데이 쇼(Today Show)〉에 출연해서 오바마 미국 대통령을 언급하며 그의 직무 수행에 대해 '실패한 사회주의자의 정책'이라고 몰아붙인 반면 공화당 대통령 후보자들에 대해서는 모두 '진정한 보수주의자'라고 주장한 바 있다. '사회주의자'와 '보수주의자'라는 명칭으로 책망하거나 치켜세우고 있지만, 실상 구체적이거나 뒷받침하는 내용이 없기에 합리적인 사고를 하는 데 방해가 될 따름이다.

격정적인 말 또는 비방하기(name-calling)는 선거운동에서 너무나 자주 사용된다. 이에 대해 『뉴욕 타임스(*New York Times*)』는 다음과 같이 보도한 바 있다.

이름에 무엇이 내포되어 있는가? 선거에서 승리할 때 이름은 모든 것일 수 있다. 사실, 여기서는 선거 상대편과 당신 자신을 부를 이름을 정하는 데 조언을 주고자 한다.

당신의 상대편에 대해서는 '지겹고, 무기력하고, 급진적이고, 무능하며, 세금만 낭비하는 배신자'라고 부르라. 자신에 대해서는 '인간적이고, 선견지명이 있고, 자신감이 있고, 솔직하며, 열심히 일하는 개혁가'라는 이름표를 붙이라.

자신에 대해서는 좋은 점을, 상대에 대해서는 나쁜 점을 말하는 것이 정치판의 삶에서는 아주 기본적인 것일 수도 있다. 그런데 요즘에는 어떤 비방을 할 것인지에 대한 이런 구체적인 지침이 작성되어, 그 목록이 미국 전역에서 공화당 주 의원 후보자들에게 배포되고 있다.[5]

플로리다 상원의원 선거에 대한 『타임(*Time*)』 기사에서는 격정적인 말의 더욱 창의적인 사례를 볼 수 있다.

조지 스마더스(George Smathers)*는 시골의 무지몽매한 유권자들에게 악의적인 의미를 전달하기 위해 현란한 언어를 사용하였다. "클로드 페퍼(Claude Pepper)가 워싱턴에서는 부끄러움도 모르고 공공연하게 설치는 사람으로 알려져 있다는 것을 아십니까? 그것만이 아닙니다. 이 사람이

....
* 미국의 변호사이자 정치가(1913~2007). 민주당 소속으로 1951년부터 1969년까지 플로리다주 상원의원을 지냈다.

정실주의로 자신의 매부를 등용했고, 그 누이가 사악한 도시 뉴욕에서 한때 배우였다는 믿을 만한 보도가 있습니다. 가장 최악은 페퍼 씨가 결혼 전에 독신주의를 고수했다는 명백한 사실입니다."

페퍼는 6만 7천 표 차이로 패배하였다. 페퍼는 이렇게 회상하였다. "선거일 밤 사람들이 차를 타고 우리 집으로 왔어요. 그들은 내가 선거에 졌다는 사실에 환호하며 아주 외설스러운 말을 외쳐댔죠. 그들은 나를 부숴버리려고 했고, 실제로 그렇게 한 셈이죠."[6]

4) 문법적 구조의 오류

문법적 구조(grammatical structure)의 오류는 문장의 의미를 바꿀 수 있고 종종 그렇게 되기도 한다. 최근 공화당 전당대회를 위해 작성된 당 규약 초안에는 "공화당은 미국인 개개인의 경제 회복에 해로우며 경제에 대한 통제를 복원하려는 경향에 역행하는 어떠한 세금 인상도 반대한다."라는 문장이 포함되어 있었다. 해로울 것이 없어 보이는 정치적 수사이다. 물론 모든 이들은 해로운 세금 인상에 반대할 것이다. 그러나 해롭지 않은 세금 인상의 여지도 남아 있다. 이 때문에 공화당의 보수주의자들은 '쉼표 논쟁(The battle of the Comma)'을 거쳐 문장을 다음과 같이 바꾸었다. "그것은 미국인 개개인의 경제 회복에 해롭고 경제에 대한 통제를 복원하려는 경향에 역행하므로, 공화당은 어떠한 세금 인상에도 반대한다." 이 문장은 쉼표를 찍었기에 모든 세금 인상은 해로울 수 있다는 의미를 갖게 된다. 이 문장을 소리 내어 읽었을 때 휴지의 유무는 쉼표의 유무를 나타내는 것이다.

다른 유형의 문법적 오류로는 **불완전한 비교**(incomplete comparison)를 들 수 있다. 예를 들자면 "현재 해외 원조 프로그램이 더 효과적인 것은 의문의 여지가 없다."와 같은 것이다. 무엇보다 더 효과적인가? 토론자는 이렇게 위태로운 문법 사용에 대해서는 경계해야 한다.

4. 가짜 논증의 오류

가짜 논증(pseudoarguments)은 (우연하게든 의도적이든) 쟁점이 되고 있는 문제를 왜곡하고, 혼란스럽게 만들고, 조작하고, 회피하거나 쟁점과 직접적으로 관련이 없는 문제로 대체함으로써 만들어진 오류이다. 여기서는 일반적인 오류를 살펴보고자 한다.

1) 비연관성 제시하기

비연관성(irrelevancy)의 오류는 합리적인 한계를 벗어난 논증을 수행하는 것이다. 가령, 노동권법("right-to-work" laws) 반대자들은 이 법이 실업자들에게 일거리를 제공하지 않는다고 주장한다. 그런데 이 법은 일자리 제공을 의도한 것이 아니고, 단지 고용 조건에 대한 노조원의 요구를 해소하는 데 목적이 있다. 따라서 그 주장은 소아마비 백신이 폐렴을 예방하지 못한다고 비난하는 것을 합리화하는 것과 같다.

2) 순환 논증

순환 논증(arguing in a circle)의 오류는 입증하고자 하는 바로 그 결론을 논증의 전제로 삼을 때, 다시 말해 결론이 결론을 미리 추정하는 전제로부터 도출될 때 발생한다. 이것은 '선결문제 요구의 오류(begging the question)'라 불리기도 한다. 예를 들어 다음과 같은 대화를 살펴보자. "투팍 샤커(Tupac Shakur)*는 바닐라 아이스(Vanilla Ice)**보다 훌륭한 래퍼야. 왜냐하면 랩에 안목이 있는 사람들은 셰익스피어를 선호하기 때문이지."*** "누가 랩에 더 안목이 있는지 어떻게 알지?" "이유는 간단해. 문학에 대한 안목이 있는 사람들은 바닐라 아이스보다 투팍을 선호하거든." 투팍이 의심할 여지없이 바닐라 아이스보다 훌륭한 작사가일지라도, 이런 순환 논증은 주장을 입증하지 못한다.

3) 쟁점 무시하기

쟁점 무시하기(ignoring the issue)는 논박에 대한 무시(ignorance of refutation: ignoratio elenchi) 또는 반증 무시하기(ignoring the counterevi-

....

* 미국의 래퍼이자 배우(1971~1996). 미국의 90년대 갱스터랩을 대표하는 래퍼로 빈민가의 폭력과 사회적 문제 등을 거칠고 폭력적인 언어로 표현하였다.
** 미국의 래퍼이자 배우, 텔레비전 호스트(1967~). 본명은 로버트 매튜 반 윙클(Robert Matthew Van Winkle). 바닐라 아이스라는 이름으로 활동하였다.
*** 래퍼 투팍은 자신이 작사를 할 때 셰익스피어의 영향을 많이 받았다고 밝힌 바 있다.

dence)로도 불린다. 그리고 '훈제 청어(Red Herring)' 논증으로 표현되기도 한다. "미 연방정부는 지구의 중간권 대기 너머 우주의 이용과 개발을 대폭 늘려야 한다."라는 논제에 대한 토론에서 찬성 측은 유난히 약하고 비효율적인 방안을 제시했다. 반대 측은 사려 깊고 세심한 논리로 반박했다. 즉, 찬성 측이 제안한 방안은 현 여건상 프로그램 비용이 지나치게 비싸고 그 방안이 요구하는 기술이 아직 개발되어 있지 않기 때문에 실행 가능성이 전혀 없음을 증명하였다. 하지만 찬성 측은 이후 발언할 차례가 되었을 때 자신들이 제시한 방안의 실행 가능성에 대한 논란을 무시하였다. 대신 그 방안이 잘 실행될 경우 그것으로부터 큰 이익을 얻을 수 있다는 주장을 하는 데 시간을 쏟았다. 훈제 청어 논증이란 말은 여우가 다니는 길을 따라 훈제 생선(청어)을 문질러 사냥개가 여우 냄새를 추적할 수 있도록 하는 여우 사냥에서 비롯했다. 논증에서 토론자는 관련이 없는 논증을 하여 논란이 되고 있는 문제로부터 청중과 상대편의 주의를 흩뜨려놓을 수 있다. 이런 오류는 중심 쟁점이나 논제가 명료하지 않는 토론에서 일어날 수 있는데, 토론자들은 전제가 결론과 논리적으로 연계되지 않은 논증을 한다. 우주의 이용에 대한 예에서 옹호자들은 방안의 실행 가능성에 대한 논증을 무시하고, 대신에 그들의 프로그램이 가져올 혜택으로 청중의 관심을 유도하고자 했다.

4) 상대편의 화 돋우기

종종 토론자들은 상대편을 모욕하거나, 상대편을 개별적으로 공격하거나, 상대편의 친구를 비난하거나, 상대편이 평정심을 잃게 하는 행동을 함으로써 상대편의 화를 돋우려고 한다. 토론자가 냉정함을 잃으면 논증에 대한 통제력을 상실해 자신의 입론을 무너뜨리는 경솔한 진술을 하게 되는 경향이 있다. 토론자는 논증 과정에서 평정심을 지켜야 이런 화 돋우기 행위에 맞서 자신을 방어할 수 있다. 2008년 상원의원 조 바이든과 주지사 세라 페일린의 부통령 선거 토론에서 페일린이 바이든에게 공격적으로 대응해 그의 화를 돋우고 그리하여 그의 대중적 이미지를 손상시키려 할 것이라고 예상되었다. 바이든에게는 공격적인 토론을 했다는 불명예를 안기고, 페일린은 여성 후보자로서 동정받는 이익을 얻게 되리라는 것이었다. 그러나 실제 상황은 달랐다. 토론은 화기애애했고, 주지사 페일린은 상대의 화를 돋우는 시도를 하지 않는 것처럼 보였다.

5) 주장 반복하기

주장 반복하기(repeated assertion)의 오류는 논증을 반복하여, 그 반복이 마치 증명을 한 것처럼 여겨질 때 발생한다. 연간 보장 임금에 대한 토론에서 찬성 측은 어떤 입증도 하지 않고 미국 노동자는 연간 보장 임금을 받아야 한다는 주장을 반복하였다. 반대 측 발언자는 무언가를 세 번 말한다고 그것이 진실이 되는 것은 아니라고 하면서 오류를 지적하였다. 하지만 이런 오류가 매번 간단히 무시되지는 않는다. 예컨대, 아돌프 히틀러가 '터무니없는 거짓말(big lie)'을 반복적으로 해서 많은 사람들이 이를 믿도록 만든 기술은 가히 예술적이라고 할 수 있다.

6) 반응 구조화하기

구조화된 반응(structured response)의 오류는 반대신문에서나 토론자가 여러 질문을 할 기회가 있는 상황에서 종종 볼 수 있다. 토론자는 우선 중요하지 않은 몇 가지 질문을 한다. 질문을 받은 응답자는 사전에 결정된 방식으로 대답할 수밖에 없는데, 질문은 반응의 패턴이 확립될 때까지 계속된다. 그러고 나면 응답자는 결정적인 질문을 받게 된다. 예를 들어, 다음과 같이 진행하는 것이 보험 판매원의 오래된 업무 관행이다. "당신은 아내를 사랑합니다. 그렇지 않습니까?", "당신은 자녀들을 사랑합니다. 그렇지 않습니까?", "당신은 자녀들이 대학에 가기를 바랍니다. 그렇지 않습니까?", "당신은 가족이 이 멋진 집에서 계속 살기를 바랍니다. 그렇지 않습니까?", "당신에게 무슨 일이 일어난다면 당신은 가족이 부양받기를 바랍니다. 그렇지 않습니까?", "당신은 늘 자녀가 대학에 가기를 바랄 겁니다. 그렇지 않은가요?", "당신은 그들을 위해 보호막이 되고 싶습니다. 그렇지 않습니까?", "혹시 모르니, 오늘 이 평범한 양식에 서명을 해야 한다는 생각이 들지 않나요?" 이 예비 계약자는 일단 "네."라는 대답을 연이어 하는 가운데 꾐에 빠져들게 되어서 자신이 한 약조가 무엇인지 온전히 깨닫지도 못한 채 보험 신청서에 서명한 사실을 뒤늦게 알게 될 것이다.

구조화된 반응을 효과적으로 사용한 이는 상원의원 에드워드 케네디였다. 1988년 민주당 전당대회에서 그는 이른바 공화당의 결점을 쭉 열거한 다음에, "조지는 어디에 있었나요?"라는 질문을 했다. (공화당 후보인 조지 부시 부통령은 논란이 될 만한 결정이 내려졌을 때 자신은 그 자리에 없었다고 말한 바 있다.) 열렬한 민주당원인 청중은 곧 그 저의를 파악했고, 케네디가 앞에서 나열한 것을 계속하자 "조지는 어디에 있었나요?"를 함께 외쳤다.

구조화된 반응의 오류가 적용될 수 있는 다른 경우로 '잘못된 딜레마'나 '잘못된 이분법'을 들 수 있다. 토론자가 선택지를 제시하는 경우, 단지 하나만 선택될 수 있다는 것을 전제하게 된다. 그러나 이것은 선택의 강요를 함축하는 것으로 오류라고 볼 수 있다. 즉, 전부를 선택할 가능성도 있고 반대로 선택할 만한 것이 전혀 제시되지 않은 경우도 있을 수 있다.

7) 특별 변론

특별 변론(special pleading)의 오류는 토론자가 추론의 방향과 그 결론을 수용하면서도 자신들의 경우는 특별한 예외라고 설득할 때 일어난다. 즉, 추론 과정에서 원칙이 일관성 있게 적용되지 않는 것이다. 특별 변론의 예는 의회에서 종종 찾아볼 수 있다. 의원들은 예산을 균형 있게 사용하는 것을 지지하지만, 자신의 지역구 주민들의 특별한 이익과 관련된 항목에 대해서는 다른 입장을 취한다.

8) 인격으로 논증 대체하기

이것은 종종 인신공격 오류, 또는 '사람에 대한(to the man)' 오류로 불린다. 이 오류는 논증에 내재된 장점이나 결함이 아닌, 논증을 제기하는 사람의 성격 때문에 논증을 수용하거나 거부하려는 시도를 포함한다. 예컨대, 사회주의자들이 선호하기 때문에 의료보험 개혁을 거부해야 한다고 말하는 사람들이 그런 경우라 할 수 있다. 역으로, 어떤 사람이 어떤 점에서 훌륭하기 때문에 다른 문제에 대한 논증에서도 훌륭할 수 있다고 주장될 수도 있다. 살인사건 법정에서 변호사는 자신의 의뢰인이 사업 경쟁자에게 총을 쏘았다는 검사의 주장에 맞서, 의뢰인이 번잡한 거리를 건너가려는 할머니를 돕고, 그의 아내와 아이들에게 다정하며, 자선 활동을 많이 하고, 교회 성가대에서 노래할 정도로 친절한 사람이라는 점을 부각하려 들 수도 있다. 전통적으로 국제적 위기의 시기에 국민은 "우리는 이런 위기 동안 대통령을 지원해야만 합니다."라는 주제를 형성해 대통령을 지지하게 된다. 2차 세계대전 때에는 루스벨트 대통령이, 쿠바의 미사일 위기 때에는 케네디 대통령이, 사막의 폭풍 작전 때에는 부시 대통령이 나중에 비판받게 되는 정책에 대한 초기의 크나큰 지지를 받았다. 조지 부시 대통령은 2004년 대통령 재선을 위한 선거운동을 시작했을 때 세계무역센터의 쌍둥이 빌딩 이미지를 보여줌으로써 유권자들에게 테러리즘에 대한 전쟁이 진행되고 있음을 상기시키는 짧은 광고로 국민들의 지지를 얻을 수 있었다.

어떤 사람에 대한 논증은 그 사람의 특성이 쟁점이 되는 문제에 본질적이어야 정당화됨을 주목하라. 만약 쟁점이 교사 채용에 대한 것이라면, 아무개 씨가 어린이 성추행범이라는 증거는 충분히 고려되어야 할 것이다. 쟁점이 회계사를 채용하는 것이라면, 아무개 양이 횡령으로 기소된 적이 있다는 증거는 쟁점과 밀접한 관련이 있는 것으로 간주될 것이다. 이러한 예는, 이 장의 도입부에서 강조했듯이, 오류가 장 의존적임을 드러낸다. 아무개 씨의 성추행이나 아무개 양의 범죄 전력은 해당 맥락에서는 아주 결정적이고 타당한 증거가 된다. 하지만 많은 다른 맥락에서 그런 논리는 관련성이 없어서 오류가 될 것이다.

9) 번지르르한 말로 논증 대체하기

어떤 증거나 추론조차도 제시할 수 없을 때 가끔 토론자는 다른 사람에게 감명을 주기 위해 사용되곤 하는 격한 소리, 과장된 행동, 장황하고 허세로 가득한 언어로 자신의 논증을 뒷받침하려고 할지도 모른다. 예컨대, 대중매체 관련 토론에서 한 토론자가 연방정부는 방송국에 청각 장애인을 위해 제공하는 자막방송 프로그램의 시간을 아주 많이 늘릴 것을 지시할 도덕적 의무가 있다고 주장했다고 가정해보자. 반대 측 발언자가 '도덕적 의무'를 정의해줄 것을 요청하자, 그 토론자는 자신의 실수(도덕적 의무에 대한 모호하고 뒷받침되지 않은 주장)를 의식하고, 확신보다는 기대 어린 마음으로 "제 동료가 다음 발언에서 그것을 정의할 겁니다."라고 대답한다. 그의 동료는 당황하면서 즉석에서 증거 파일을 살펴보았지만 도덕적 의무를 정의할 만한 단 한 건의 증거도, 자기 동료의 주장을 뒷받침할 수 있는 어떠한 논증의 실마리도 찾을 수 없었다. 이 주장을 뒷받침하기 위한 논증이 있었겠지만, 그 순간에는 떠오르지 않았던 것이다. 그는 절망 속에서 번지르르한 말로 허세를 부리기로 마음먹었다. 그는 격분과 차오르는 감정에 목이 멘 듯한 목소리로 "반대 측은 저희에게 '도덕적 의무'를 정의하라고 하였습니다." 그는 아주 정당한 분노인듯이 눈을 번뜩이며 상대편을 노려보았다. (계속해서 소리를 지르며) "우리 모두는 '도덕적 의무'가 무엇인지 알고 있습니다!" 그는 주먹으로 단상을 두드리면서 울부짖었다. "'도덕적 의무'는 '도덕적 의무', 즉 신성한 기대와 의무론적 권한에 의해 공감 사회가 부과하거나 요구하는 부정할 수 없는 책임감과 요구로서, 실존적 존재에 대한 해로운 편의들이 권한 부여의 요구에 의해 지장을 받아 명확히 밝혀질 수 있도록 진전시키고 뒷받침하는, 남을 돕는 본질적인 체계를 제공합니다." 주눅이 든 반대 측 토론자는 그 주제를 다시는 꺼내들지 못했다. 만약 반대 측의 다음 토론자가 찬성 측의 번지르르한 말과 선명한 대조를 이루는 차분하고 사려 깊은 목소리로 찬성 측 정의의 부조리함을 지적했다면, 찬성 측 토론자가 합리적 질문에 적절하게 답할 능력이 부족한 사실을 효과적으로 감추기 위해 사용한 풍선을 확실히 터뜨릴 수 있었을 것이다.

10) 전건 부정하기

이 오류는 추론이 '만약-그렇다면(if-then)' 진술(전건이 '만약-진술'로 짜여 있고 후건은 '그렇다면-진술'인 조건적 주장)에 의존할 때 일어난다. 논증을 하는 사람은 전건(antecedent)이 부정되면 필연적으로 후건(consequent)이 부정될 것이라는 잘못된 가정을 한다. 예를 들면 이런 식이다.

"만약 그녀가 매일 강의실에 왔다면 그녀는 확실히 시험에서 A 학점을 받을 것이다. 그런데 그녀는 매일 강의실에 오지 않았다. 따라서 그녀는 A 학점을 받지 못할 것이다." 이것은 잘못된 추론이다. 그녀는 매일 강의실에 오지 않았더라도 시험에서 A 학점을 받을 수도 있기 때문이다.

11) 대중적 호소 이용하기

대중적 호소(popular appeal)의 오류는 토론자가 자신이 다른 모든 사람처럼 '평범한 사람'에 불과하다는 입장을 고수하여 지지를 얻고자 할 때 발생한다. 이런 접근법은 19세기 전환기 때 시골 정치인들에게서 흔히 볼 수 있었는데, 오늘날도 마찬가지이다. 1988년 대선 기간에 마이클 듀카키스는 '이민자의 아들'이라는 자신의 배경을 부통령 조지 부시의 '프레피 (preppy)'* 이미지와 대비하려고, "나의 친구들이여, 지구상에서 유일하게 이민자의 아들이 미국 대통령이 되기를 열망할 수 있는 나라가 있습니다. 그 나라는 바로 미국입니다."라고 선언하였다. 물론 매사추세츠 주지사, 백만장자 의사의 아들, 하버드 로스쿨 졸업자인 듀카키스는 전형적인 이민자의 아들이라고 할 수는 없다. 그리고 누군가는 이렇게 물을 수도 있다. 미국 외의 다른 어느 나라에서 우리가 미국 대통령이 되기를 염원하는 것이 합당하게 허용될 수 있다는 말인가?

같은 오류의 다른 측면으로 **다수 편승**(bandwagon) 기술이 있다. 이것은 '모든 사람'이 하니까 그것을 해야 한다고 주장하는 것이다. 많은 선거 운동에서 양 후보는 모두 다수의 압도적인 지지를 받아 자신이 이길 거라는 자신감을 내보이는 경우가 많다. 그들은 이러한 방법으로 이길 것이라

....

* 미국에서 비싼 사립학교에 다니는 보수적인 학생이나 청소년을 가리키는 말.

는 단순한 이유 때문에 부동층이 자신을 지지하게 되기를 희망한다. 담배나 비누나 여타 어떤 유형의 공산품이든 단 한 개의 브랜드만이 가장 대중적이 될 수 있다. 그런데 자신의 상품이 가장 대중적이라고 주장하는 회사들의 수를 주목해보라. 그 회사들은 '모든 사람'이 사고 있기 때문에 자기 회사의 제품이 팔리기를 희망한다.

12) '허수아비 논증' 제시하기

자신이 무너뜨릴 수 있는 쟁점만을 토론자들이 내세울 때 **허수아비 논증**(straw argument)의 오류가 발생한다. 토론자들은 상대편의 사소한 논증을 공격하고서 전체를 반박했다고 주장하거나, 상대편이 제기하지 않는 논증을 반박하고서 상대편의 입장을 반박한 것처럼 주장할 수 있다.

미국에 불법으로 들어온 밀입국 이민자의 자녀들에게 제한된 교육적 혜택과 법적 지위를 제공할 것을 제안하는 드림 법안(Dream Act)*에 대한 토론에서, 반대 측 몇 사람은 국경에서 이민자에 대한 통제가 더 잘 이루어져야 하고, 이 법이 현재 불법적으로 미국에 입국한 1100만 명의 이민자들에게 시민권 통로가 되어서는 안 된다고 주장하였다. 드림 법안을 찬성하는 사람들은 국경에서 엄격한 통제를 하는 것에 반대한 적도 없고, 이 법안의 수혜자를 포함한 불법 이민자들이 '시민권 통로'를 확보하는 것을 옹호한 적도 없었다. 그런데 반대 측은 이 쟁점을 부각해 찬성자들을 반박할 수가 있었다. 토론에서 패할 수도 있었던 드림 법안 반대자들은 토론에 참여한 누구도 제기하지 않은 주장을 쟁점으로 내세운 허수아비 논증을 한 것이다.

....

* 청소년 불법 체류자 구제를 목적으로 하는 미국의 이민개혁 법안.

13) 무지에 호소하기

토론자가 본인이나 청중이 들어본 적이 없다는 이유로 무언가가 존재할 수 있다는 것을 받아들이지 않을 때 **무지에의 호소**(appeal to ignorance)라는 오류가 생기게 된다. 여기에는 두 가지 유형이 있다. (1) 진술이 참임을 뒷받침할 증거나 지식이 없다면 거짓으로 여겨진다. (2) 어떤 주장이 거짓이라는 증거가 없다면 참으로 간주된다. 예컨대, 한때 관련 정보가 없던 사람들은 전화기가 비실용적인 도구가 될 것이라 단정한 적이 있다. "당신이 전선을 통해 말할 수 없다는 것을 모든 사람이 알고 있다."라는 이유에서였다.

안타깝게도 무지에 호소하는 것은 관련 정보가 없는 청중에게 종종 잘 먹힌다. 이러한 오류를 방지하려면 청중에게 논증을 이해하는 데 필요한 지식을 제공해야 한다. 그렇지만 이는 쉬운 일이 아니다. 달 착륙 이전에는 기술에 대한 장황한 설명 없이 대중 앞에서 "물론, 우리는 달에 갈 수 없습니다. 그건 공상과학 소설일 뿐입니다."라고 하는 논증에 대해 논박하는 것은 거의 불가능했을 것이다. 그리고 사실 그 설명은 지나치게 장황하거나 전문적이어서 주어진 시간 안에 전달될 수 없었을 것이다.

14) 가짜 질문 하기

가짜 질문(pseudoquestion)의 오류는 토론자가 대답할 수 없고, '함정에 빠뜨리며', '답을 유도하는' 모호한 질문, 또는 잘못된 추정에 근거한 질문, 즉 상대편이 주어진 시간 안에 적절하게 답할 수 없는 질문을 할 때 발생한다. "시험에서 부정행위를 그만둔 적이 있습니까?"와 같은 유형의 질문이 그 예일 것이다. 이 오류는 토론자가 적극적인 주장을 하기보다는 질문을 통해서 결론을 암시하려고 할 때 사용된다. 예를 들면, 토론자가 태양열 발전이 대부분의 개별 시민들에게는 경제적으로 운영 가능하지 않음을 논하면서, 그것을 뒷받침하는 증거나 추론을 제시하기보다는, "당신이나 당신 가족은 신뢰도가 높지 않은 기술에 대해 5만 달러의 투자비를 지불할 수 있나요?"와 같은 질문을 연속적으로 하려고 할지도 모른다. 그러한 질문은 주장을 만들지도 않고, 주장을 입증하지도 못한다. 그렇지만 토론자는 청중이 태양열 발전은 실행 가능하지 않다는 결론을 내리도록 이끌려고 한다.

15) 전통에 호소하기

전통에의 호소(appeal to tradition)라는 오류는 토론자가 우리는 '항상' 그렇게 해왔기 때문에 어떤 정책을 따라야 한다고 주장할 때 발생한다. 모든 시민을 위한 보편적 의료보험에 대한 논제를 두고 토론할 때 반대 측 토론자는 의사나 병원은 궁핍한 사람들을 위해 무료 의료보험을 제공해왔기 때문에 그것이 불필요하다며 찬성 측의 방안을 반박하였다. 어떤 것이 오래 지속되어 온 전통을 가지고 있다는 사실이 그것의 미덕을 입증하는 것은 아니다. 한 유명한 상원의원이 지적했듯이, 살인이나 절도가 모든 나라의 모든 연령층에서 저질러졌지만 결코 미덕이 될 수 없는 것이다.

16) 불합리한 추론 제기하기

불합리한 추론(non sequitur)은 다른 말로 하면 '결과가 도출되지 않는' 논증으로, 결론이 전제나 제시된 증거에 의해 뒷받침되는 않는 것이다. 대부분의 오류는 '불합리한 추론' 유형이라 할 수 있다. 어떤 두통약 상품이 "두통 외의 다른 통증에 대해서는 경쟁사의 것보다 90퍼센트 더 효과적이다."라는 연구 결과에 근거해 광고를 하였다. 이 증거는 두통약 치료제로서 그 상품을 뒷받침하지 못하므로 불합리한 추론이라고 할 수 있다. 대학 운동선수들이 자기 단체에 큰 수익을 안겨주므로 전국대학체육협회(NCAA)는 최상위권 대학을 위한 풋볼 우승자 결정전을 치러야 한다. 이것도 증거가 주장을 뒷받침하지 못한다.

지금까지 오류의 라틴명을 피해 왔는데, 전제나 제시된 증거로부터 결론이 뒤따르지 않는 것을 의미하는 '**논 세퀴투르**(non sequitur)'라는 라틴어는 아주 잘 알려져 있다. 건강보험에 대한 토론에서 몇몇 찬성 측 토론자들은 많은 사람들이 의료보험료를 지불할 능력이 안 되는 것을 보여주는 증거를 인용해서, 정부가 모든 시민을 위한 무상 의료보험을 제공해야 한다고 주장하였다. 다른 토론에서 몇몇 반대 측 토론자는 찬성 측의 방안은 정부 당국에 의해 집행될 것이고 그래서 비효율적인 것이 될 것이라고 주장하였다. 하지만 관료정치가 악명 높다고 해도, 모든 정부 당국이 비효율적이라는 결론이 도출되는 것은 아니다.

17) 인과 설정의 오류

인과 설정의 오류(post hoc)는 입증되지 않은 인과관계를 추정하는 것으로, '포스트 혹(post hoc)'이란 말은 '어떤 사실 이후에 일어났으므로 그 사실 때문'이라는 라틴어 'post hoc ergo propter hoc'을 줄인 것이다. 이러한 오류로 잘 알려진 사례를 미국 역사에서 만날 수 있다. 1840년 이래 20년 간격으로 선출된 모든 미국 대통령은 재임 기간에 죽음을 맞이했다(해리슨, 링컨, 가필드, 매킨리, 하딩, 루스벨트, 케네디). 이 무시무시한 우연의 일치는 (1980년에 선출된) 로널드 레이건 대통령이 그 사슬을 끊을 때까지 이어졌다. 분명 놀라운 우연의 일치이지만, 특정 해에 치러진 선거가 그 죽음의 원인이 되었다고 볼 수는 없다. 미신은 종종 인과 설정의 오류에 기초하곤 한다. 마이클 조던이 미신을 믿고서 자신의 팀인 시카고 불스 유니폼 아래 캐롤라이나 블루 색상의 바지를 입었는데, 그 바지를 입지 않으면 이길 수 없다고 믿었다고 한다. 항상 그 바지를 입었기 때문에 당연히 자신이 속한 팀이 우승할 때마다 그 바지를 입고 있었다. 그렇지만 졌을 때에도 그는 그 바지를 입고 있었다.

5. 아리스토텔레스의 위장 생략삼단논법

이미 언급한 바와 같이, 아리스토텔레스는 자신이 "진짜처럼 보이지만 그렇지 않다."라고 했던 생략삼단논법의 아홉 가지 유형을 찾아냈다. 이 유형들은 앞에서 제시한 몇몇 범주와 특정 오류의 예와 유사해 보일 것이다. 첫째 유형은 용어나 언어에 기반을 둔 것으로, 잘못된 선택이나 정반대의 비유로 공격하는 것을 포함한다. 둘째 유형은 부분적으로 참인 것을 전체가 그렇다고 주장하는 것이다. 셋째 유형은 증거 대신 분개에 찬 언어를 사용하는 것이고, 넷째 유형은 어떤 징후나 하나의 사례를 증거로 오해하는 것이다. 다섯째 유형은 우연히 일치하는 징후이고, 여섯째 유형은 결과나 상황에서 비롯한 논증으로, 생략에 따른 오류의 한 유형으로 볼 수 있는데, 이는 조건이 기초하고 있는 변인이 충분히 고려되지 못했음을 의미한다. 아리스토텔레스가 제시한 위장 생략삼단논법의 일곱째 유형은 B가 A 다음에 일어났기 때문에 A 때문에 일어났다고 잘못 추정하는 인과 설정의 오류이다. 여덟째 유형은 시간과 방식, 즉 관계를 판단할 때 고려해야 하는 추가 변인이다. 마지막 아홉째 유형은 특별한 것과 절대적인 것을 혼동하거나 특수한 사례에다 일반화를 부적절하게 신속히 적용하는 것이다.

가짜 논증의 오류

- 비연관성 제시하기(offering irrelevancy)
- 순환 논증(arguing in a circle)
- 쟁점 무시하기(ignoring the issue)
- 상대편의 화 돋우기(baiting an opponent)
- 주장 반복하기(repeating an assertion)
- 반응 구조화하기(structuring a response)
- 특별 변론(special pleading)
- 인격으로 논증 대체하기(substituting the person for the argument)
- 번지르르한 말로 논증 대체하기(substituting bombast for argument)
- 전건 부정하기(denying the antecedent)
- 대중적 호소 이용하기(using popular appeal)
- '허수아비 논증' 제시하기(offering a "straw argument")
- 무지에 호소하기(appealing to ignorance)
- 가짜 질문 하기(asking pseudoquestions)
- 전통에 호소하기(appealing to tradition)
- 불합리한 추론 제시하기(posing a non sequitur)
- 인과 설정의 오류(arguing post hoc)

6. 결론

앞에서 말한 목록은 그렇게 포괄적이지는 않다. 잘못된 추론과 특수한 오류의 양 범주를 검토하거나 고려하는 것은 특정 점검표를 적용하는 것보다 사고의 습관을 발달시키는 가치가 있다. 분명 많은 오류가 존재하고 그

것들이 논증에 도입될 가능성은 거의 무제한적이다. 토론자, 반론자, 의사
결정자로서 우리는 단지 다른 사람의 진술에서뿐만 아니라 자기 자신의 진
술에서도 명료한 사고를 방해하는 이러한 장애물에 대한 경계를 항상 늦추
지 않아야 할 것이다.

연습

1. 유명 인사가 최근에 한 연설의 연설문 전문을 찾아보자. 연설을 온라인에서 찾아 연설문을 따라가며 들어보자. 또한 여러분은 그것을 신문이나 시사 잡지에 인쇄된 연설 발췌문과 비교할 수도 있다. 증거 누락의 오류를 찾았는가? 물론 정확하게 요약한 것과 증거 누락의 오류 사이에는 큰 차이가 있음을 기억해야 한다.

2. 지난 1개월 안에 출판된 신문과 시사 잡지를 분석해보자. 사설이나 뉴스에서 다섯 개의 오류를 찾고 광고에서 다섯 개의 오류를 찾아 그 위치를 표시해보자.

3. 다음의 진술은 하나 또는 그 이상의 오류를 포함하고 있다. 각 진술에서 발견한 오류를 나열해보자.

   a. 챔피언십 케널스(The Championship Kennels)에서는 왜그스 도그 푸드(Wags Dog Food)를 독점적으로 사용한다. 오늘 여러분의 개를 위해 왜그스 도그 푸드를 얻어보자!
   b. 캐나다는 건강보험을 국가에서 운영해 왔다. 같은 제도가 미국에서도 잘 운영될 것이다.
   c. 총기 규제 법안은 나쁘다. 그것은 히틀러가 독일에서 권력을 장악한 방식이다.
   d. 질문: 이 방안을 시행할 때 처음 5년간의 비용은 얼마나 들까요?

대답: 우리나라는 그 농부에게 마음의 빚을 지고 있습니다. 그 농부는 미국적 생활방식을 대표합니다. 농부들은 좋은 사람입니다. 그들은 흙을 가까이하며 살고 있습니다. 그들은 사회주의 동맹의 지도자나 동양의 지식인으로부터 영향을 받지 않았습니다.

  e. 왜 민주당은 항상 이 나라를 전쟁으로 이끌고, 공화당은 항상 우리를 경제 침체에 빠지게 할까?

4. 이 장에서 확인한 오류의 각 유형에 해당하는 예를 하나씩 만들거나 찾아보자.

5장

논증과 토론에서의 윤리적·문화적 고려

1장에서는 의사 결정의 맥락 안에서 윤리학의 개념을 도입하였고(8절), 2장에서는 토론에서의 윤리적 실천에 대해 논의하였다(3절). 이 장에서는 논증과 토론의 실행과 이해에 영향을 주는 윤리적·도덕적 요소를 더욱 광범위하게 살펴보고자 한다. 이 윤리적인 고려 사항들은 철학적 연구에 기초를 두고 있으며, 토론에 대한 직간접적인 함축을 지닌다. 다수의 교육 토론과 응용 토론에서는 윤리적 질문에 대한 직접적인 토론을 벌인다. 이러한 토론에서는 타고난 게으름이나 부지런함 같은 인간의 본성, 개별적인 행위나 협력적 행위를 제한하는 정부의 역할, 동물과 인간의 관계, 인간 활동과 환경의 관계, 그리고 모두 열거하기 어렵고 파악하기 어려운 여타의 수많은 근본적인 윤리 문제에 직면하게 된다. 윤리적 판단틀이 문제시되든 가정되든 간에, 모든 토론에서는 윤리적 원리나 요소를 기본적인 전제로 삼고 있다. 가령, 인도주의적 위기 상황을 해결하기 위해 군사력을 동원하자는 주장은 반발을 불러올 수도 있는 일련의 윤리적 가정에 기대고 있다. 결국 모든 논증은 그 영향력을 평가받게 되며, 윤리적 모형은 영향력의 상대적인 중요성과 가치를 평가하는 인식틀(perceptual screen)과 같은 역할을 한다.

이 장에서는 윤리학과 그 하위분야를 개관하고 문화 연구에 대한 간략한 소개를 할 것이다.

1. 윤리학

'윤리학'이란 무엇인가? 1장에서 '윤리학'을 우리가 어떻게 해야 하는 지를 말해주는 행동 규범을 제공함으로써 의사 결정을 안내하는 일련의 생각으로 정의하였다. 유용한 정의이지만 이는 불완전하다. 윤리학을 개념화하는 다음과 같은 다양한 방식을 살펴보자.

1. 윤리학은 도덕적 규칙의 복합적인 토대가 되는 사고로, 대체로 어떤 문화나 집단과 결부되어 있다.
2. 윤리학은 개인이나 집단이 유사한 활동 또는 직무에 참여할 때 직업 윤리나 스포츠 정신과 같은 구체적인 지침을 제공한다.
3. 사람들은 올바르고 적절하게 행동하도록 이끄는 덕성이나 개인적 경험에 토대를 두고 올바른 행동에 대한 자신만의 척도를 세우게 되는데, 윤리학은 사람들이 자신과 그러한 척도에 대해 생각하는 방식의 특성을 나타낼 수 있다.
4. 윤리학은 철학적 지향, 구인, 동기에서 배태되는 인간 조건을 보다 넓게 이해할 수 있도록 안내하는 일반적이고 보편적인 가치의 집합을 구성한다.

각각의 의미는 용어와 개념을 이해하는 데 유용하다. 윤리학은 도덕적 규칙의 복합적인 토대로서, 그 전제가 의존하는 토대 및 논증의 궁극적인 토대를 제공한다. 윤리학의 원리 체계는 청중과 토론자가 논증을 생각하고 이해하는 패러다임으로 작동한다. 특정한 분야의 윤리학은 토론자와 청중이 자신들의 주장과 사례가 지닌 영향과 윤리적 함축을 판단할 때 측정하거나 적용하는 일련의 규칙이다. 이러한 규칙들은 규칙 그 자체에 도전하는 토론에 필수적인 기회를 제공하면서 질문을 제기할 수도 있다. 개별적 도덕 원리들은 규범 윤리학, 덕 윤리학에 대한 세 가지 접근법 중 하나를 서술하는 데에 도움이 되며, 분명히 옳은 것과 그른 것에 대한 고려, 행동 과 그 영향의 선함과 악함에 대한 고려는 토론과 논증적 상황에서의 의사 결정을 위한 개념적 틀을 제공한다. 마큘라 응용윤리학 센터(The Markkula Center for Applied Ethics) 학자들은 다음과 같은 논의를 제공하고 있다.

> 윤리학은 두 가지를 의미한다. 첫째, 윤리학은 옳고 그름에 대한 충분한 근거를 갖춘 준거를 말한다. 이러한 준거는 주로 권리, 의무, 사회의 이익, 공평함, 특정 덕목 등에 관하여 사람이 해야 할 것을 규정한다. 예를 들면, 윤리학은 강간, 절도, 살인, 폭행, 명예훼손, 사기 등을 억제하기 위해 합리 적 의무를 부과하는 윤리적 준거를 뜻한다. 윤리적 준거는 정직, 연민, 충 성이라는 미덕을 부과하는 것도 포함한다. 그리고 윤리적 준거는 생존권 과 자유를 침해받지 않을 권리, 사생활에 대한 권리와 같은 권리와 관련된 준거를 포함한다. 이러한 준거는 일관성 있고 충분한 근거를 가지는 이유 들에 의해 뒷받침되기 때문에 윤리학의 적절한 준거가 된다.
>
> 둘째, 윤리학은 하나의 윤리적 준거에 대한 학습과 발달을 의미한다. 앞에서 말했듯이, 감정, 법, 사회적 규범은 윤리적인 것과 다를 수 있다. 그 래서 하나의 준거가 합리적이고 근거를 충분히 갖춰서 세워졌는지 끊임 없이 점검해야 할 필요가 있다. 윤리학은 또한 우리 자신의 도덕적 신념과 도덕적 실천을 연구하고, 우리가 틀을 만드는 데 기여한 제도가 합리적이 면서 견고하게 다져진 준거에 부응하도록 끊임없이 노력하는 것을 의미 한다.[1]

토론은 불가피하게 윤리학에 의존하면서 그것을 적용하고, 윤리학 준거의 적용을 포함한 옳고 그름에 대한 쟁점에 질문을 던진다. 또한 토론은 개인이 자신의 윤리학 준거를 점검할 것을 요구한다.

어떤 논증을 무너뜨리려 할 때 당신은 불가피하게 논증의 주장을 뒷받침하는 증거 또는 추론에 내재된 가정을 찾을 것이다. 의심이 많은 철학자들이 우리를 둘러싼 물리적 세계에 대한 보편적 진실로 인지된 것들이 잘못된 정보, 기만의 산물, 혹은 심지어 우리의 이해 능력을 벗어난 것일 수 있다는 사실을 우리에게 가르치고 있기 때문에, 우리는 '불가피하게'란 단어를 사용한다. 예를 들어, 만약 항공술에 대해 토론을 한다면, 우리는 적어도 중력의 법칙, 공기역학, 그리고 항공의 역사와 같은 특정한 것들을 상정해야 한다. 이러한 것들은 실제로 일어난 증거로 사용되는 것이지, 단순히 어떤 교묘한 계략의 산물은 아니다.

물리적 세계에 관한 몇몇 가정은 말을 주고받는 토론 없이도 형성된다. 기존의 가정과 공유된 이해는 우리에게 논의의 토대와 출발점을 제공함으로써 토론을 가능하게 한다. 만약 우리가 논증이 의존하는 각각의 가정이나 전제에 대해 확실히 논의하고, 마침내 그 합의에 이르고자 한다면, 토론과 논증은 오랜 기간이 걸릴 것이다. 만약 항공 여행 산업이 있다는 사실을 사전에 받아들인다면 그것에 대해 토론할 수 있을 것이다. 하지만 한 사람의 철학적·윤리적 신념의 가장 기본적인 가정은, 윤리학과 도덕의 영역 내에서 딜레마의 해결 혹은 논증의 추정과 관련해 어떤 사람에게 커다란 관심사가 있어야 한다는 점이다. 너무 많은 기정사실을 '기존의 가정'으로 받아들이는 것은 필수적 질문을 피하면서 잘못된 의사 결정으로 이끈다.

우리의 모든 논증과 모든 신념은 세계에 대해 가지고 있는 윤리적 가정의 산물이다. 사람들이 직면하는 몇 가지의 중요한 윤리적 딜레마를 인식하는 것과 그것에 대한 상이한 사고방식을 인식하는 것은 어떤 주어진 상황에서 무엇을 해야 하는가에 대한 모든 논증에서 가정을 인식하도록 도와줄 수 있다. 이 장에서 윤리 이론에서 가장 널리 쓰이는 것과 역사적으로 중요한 진보에 대해 탐구할 것이다.

윤리학의 연구는 일반적으로 작용 수준에 따라 메타 윤리학, 규범 윤리학, 응용 윤리학의 세 갈래로 나뉜다.

1) 메타 윤리학

『스탠퍼드 철학 백과사전(*Stanford Encyclopedia of Philosophy*)』의 저자들은 메타 윤리학(metaethics)을 "도덕적 사고, 대화, 실천의 형이상학적, 인식론적, 의미론적, 심리학적 추정과 관여를 이해하려는 시도"로 정의한다.[2] 확실히 메타 윤리학의 임무는 유난히 광범위한데, 그것은 가장 높은 수준의 추상화와 피상적으로 보아서는 대답할 수 없는 도덕적 수수께끼와 도덕 및 인간 행동에 대한 근본적 이해에 관한 질문을 다루기 때문이다. 어느 정도까지 메타 윤리학의 목표는 절차적인 것이다. 메타 윤리학은 좀 더 구체적인 토론 또는 응용 토론에 참여한 사람이 공유하거나 공유할지도 모르는 관점과 가정을 확인하거나 세우고자 한다. 이 분야는 특수한 생각 또는 특수한 일련의 규칙이나 원리의 적용보다는 일반적 원리와 심지어 기본 정의까지 알아내는 데에 더 많은 관심을 가지고 있다.

메타 윤리학은 윤리적 특성의 내재적 본질을 이해하는 것과 관련이 있다. 예를 들면, 선함 또는 정의란 무엇인가? 혹은 무엇이 선하거나 나쁜지를 어떻게 우리는 알 수 있는가? 어느 범위까지 인간의 행동이 선택되는가? 자유와 책임 간의 관계는 무엇인가? 자유는 본질적으로 좋은 것인가? 이러한 질문들은 '삶의 의미'류의 질문들로, 차후 논쟁이 뒤따르게 한다. 『인터넷 철학 백과사전(*The Internet Encyclopedia of Philosophy*)』에서 피저(Fieser)는 "메타 윤리학은 우리의 윤리 원리가 어디에서 왔고, 이 원리들이 무엇을 의미하는지를 탐구한다. '이것들은 단순히 사회적 발명인가? 이것들은 우리의 개인 감정을 표현하는 것 이상을 포함하는가?' 이러한 질문에 대해 메타 윤리학은 보편적 진실, 신의 의지, 윤리적 판단에서 이성이 수행하는 역할, 그리고 윤리 용어 그 자체의 의미 등의 문제에 집중함으로써 답을 찾는다."라고 설명한 바 있다.[3] 다른 분야와는 달리, 메타 윤리학은 무엇을 할 것인가 또는 해야 하는가에 대해서는 관심이 덜하다. 그 대신 우리가 영향을 미치려고 하는 가치를 왜 선택하는지, 해야 하는 것을 어떻게 결정하는지와 같은 질문에 집중한다. 일상적으로 하는 토의에서 메타 윤리학의 고려 사항을 당연히 여기는 것은 용이하면서도 정상적인 일이다. 미묘한 토론에서, 제시된 논증에 내재한 몇몇 메타 윤리학적 가정은 반대편의 주장에 참여하는 가장 좋은 방법을 알려주는 열쇠이다.

『윤리학과 도덕 철학에 대한 온라인 안내서(*The Online Guide to Ethics and Moral Philosophy*)』에서 로버트 캐벌리어(Robert Cavalier)는 "메타 윤리학은 윤리학과 도덕적 추론의 본질에 대해 말한다. '윤리학은 상대적인가' 그리고 '우리는 항상 사리사욕에 따라 행동하는가'에 관한 논의는 메타 윤리학적 논의의 예이다. 사실 메타 윤리학, 규범 윤리학, 응용 윤리학 간의 개념적 구분을 하는 것 자체가 '메타 윤리학적 분석'이다."라고 설명한 바 있다.[4] 피저 박사는 메타 윤리학에서의 학파를 형이상학과 심리학이라는 두 범주로 구분하였다. 형이상학은 '인간의 인식과 관계없이 무엇이 존재하는가?'와 '인간에 의해 무엇이 만들어졌는가?'와 같은 우주의 본질에 대한 질문을 제기한다. 메타 윤리학에 대한 첫 번째 형이상학적 접근은 도덕적 가치는 자연 안에 존재하고/존재하거나 신이 내려줬기 때문에 객관적으로 측정될 수도 있음을 시사하고 있다. 이것은 윤리가 존재하고 있고, 이 윤리들을 찾아내서 따르는 것이 인간에게 달려 있다는 점에서 '초현실적' 관념이다. 메타 윤리학에 관한 두 번째 형이상학적 접근은 객관적 절대로서의 도덕적 가치가 보편적으로 존재함을 부정하지만, 회의주의적 철학의 관점을 취하여 도덕적 가치가 인간의 발명품이라고 가정한다. 도덕적 가치가 없다거나 중요하지 않다고 보지는 않지만, 오직 인간만이 이것들을 정의하고 이해하는 데 관여할 수 있음을 인정한다. 이러한 입장은 도덕적 상대주의라고 불린다. 결국 도덕적 상대주의는 개인이 자신만의 도덕적 원칙을 만든다고 주장하는 개인적 상대주의와, 문화나 공동체 내에서 가치와 도덕적 원리가 생성되는 것을 인정하는 문화적 상대주의로 구분될 수 있다. 이러한 메타 윤리학적 질문은 범문화적인 논증의 영향을 고려할 때 그리고 다양한 인구와 집단에 적용될 때조차도 매우 중요하다.[5]

메타 윤리학에 대한 심리학적 접근은 한 인간이 윤리적 행동을 추구하고 도덕적 지침을 세우거나 이해하는 동기는 무엇인가에 대해 질문한다. 세 가지 접근법, 즉 윤리적 준거의 본질에 관한 세 가지 질문 범주에는 이기주의와 이타주의, 감정과 이성, 남성과 여성의 도덕성 등이 포함된다. 토머스 홉스(Thomas Hobbes)는 인간의 행동이 전적으로 이기적 목적에 의해 설명될 수 있다고 믿었다. 조지프 버틀러(Joseph Butler)는 이에 동의하긴 했지만, 인간이 자비심이라는 본성에 의해 동기가 부여될 수도 있다는 점도 인식했다. 그러므로 이기주의와 이타주의를 통한 윤리학으로의 개인적 접근에 관한 학설은 자기 자신과 타인에 대한 개인적 헌신에 의해 평가받는다. 메타 윤리학, 감정, 이성에 관한 두 번째 심리학적 접근은 도덕적 의사 결정에 대한 추론과 정서의 기여를 강조한다. 흄(Hume)과 다른 학자들은 정서의 편에 선다. 흄은 "이성은 열정의 노예이며 노예여야만 한다."라고 말한 적이 있다. 보다 이성에 초점을 맞춘 사상가, 예를 들어 칸트 등의 사상가는 정서는 판단을 흐리게 하므로 이성과 합리성이 우세해야 한다고 주장한다. 세 번째 접근은 페미니스트 관점을 취하는 것으로, 전통적 메타 윤리학은 남성이 지배하고 범주적 분리와 위계에 기반을 둔 가부장적 혹은 남성적 윤리를 대표한다는 사실을 제시한다. 이러한 페미니스트 철학자들은 좀 더 총체적으로 접근하며, 근본적인 전제로서 지배와 자산과 권력을 덜 받아들이고, 엄격한 규칙들이나 기대에 덜 헌신하면서 양육과 권한 강화와 자발성을 더 중요하게 여기는 대안적·여성주의적 관점을 옹호한다.[6]

2) 규범 윤리학

규범 윤리학(normative ethics)은 윤리적 행동에 대한 학문을 의미한다. 이는 또한 처방 윤리학(prescriptive ethics)으로 불리기도 한다. 규범 윤리학은 행위(action)의 옳고 그름에 대한 우리의 이해, 즉 우리의 행동 태도(behavior)에 영향을 끼치고 그것을 안내하는 준거 혹은 기준의 적용에 대해 다루기 때문에 메타 윤리학과는 다르다. 규범 윤리학은 우리가 반드시 해야 하는 것과 관련이 있다. 규범 윤리학 이론은 정부의 정책과 우리가 아이들에게 가르치는 교훈에 영향을 미친다. 캐벌리어는 "규범 윤리학은 우리의 도덕적 행동 내용을 결정하는 것과 관련이 있다. 규범 윤리학 이론은 행위 지침, 즉 ('나는 무엇을 해야 하는가?'와 같은) 실천적 문제에 답하기 위한 절차들을 제공하고자 한다."라고 말하고 있다.[7] 규범 윤리학의 이론은 많다. 가장 유명하고 영향력 있는 이론을 이해하는 것은 반대편의 논증에 내재된 윤리적 가정을 인식하도록 도와줄 것이다. 규범 윤리학의 구인들은 토론자들과 판정자들에게 경쟁관계에 있는 주장, 옹호, 정책을 평가하는 틀, 즉 일련의 척도를 제공한다. 가장 빈번하게 논의된 규범 윤리학적 이론은 덕에 대한 고전적 개념뿐만 아니라 1장에서 소개된 결과주의의 두 접근법, 즉 목적론적 접근법과 의무론적 접근법을 포함하고 있다. 결과주의는 행위의 결과 혹은 최종 결과에 초점을 두고서 윤리성을 측정하고, 의무론은 행위을 안내하는 규칙과 의무에 기초해 윤리학을 측정하며, 덕 윤리학은 행위자에 집중한다. 빅토르 위고의 유명한 소설 『레미제라블(Les Misérables)』에서 주인공 장 발장은 병들고 굶주린 조카에게 먹이기 위해 빵을 훔쳤고 그 죄로 교도소에 간다. 장 발장을 추적하는 장 발장의 적수인 경감 자베르는 법으로 구체화된 정의만이 행위의 올바른 지침이라는 자신의 신념에 헌신한다. 새로운 신분으로 재탄생한 생활에서 장 발장(즉 무슈 마들렌)은 수많은 도덕적 딜레마에 직면한다. 조카에게 먹이기 위해 절도죄를 지을 때는 결과론적 윤리를 따랐다. 하지만 이야기가 진행됨에 따라 결과만을 기준으로 삼는 것은 삶의 결정을 내릴 때 충분한 지침을 제공하지 못한다는 점을 인식하고 다른 결정을 내려야만 했다. 장 발장은 결국 인품을 갖춘 존재가 되기 위해 덕에 기반을 둔 윤리를 따른다. 결말에서 자베르는 법의 지배에 흔들리지 않고 옳은 행동을 하는 집념을 고수했기에, 윤리학에 대한 의무론적 접근의 예를 보여준다.[8]

① 덕 윤리학

고대 중국에서 공자가 중심이 되어 덕 윤리학(virtue ethics)이 논의되는 동안, 동시대 서양에서의 연구는 기원전 4세기에 그리스의 소크라테스, 플라톤, 아리스토텔레스로 이어진 논의로 시작된다. 고대 로마의 웅변가 퀸틸리아누스(Quintilianus)가 카토(Cato)의 격언을 반복하며 웅변가는 윤리적인 행위자가 되어야 한다고 주장한 것을 상기해보자. 카토는 "선한 사람만이 말을 잘할 수 있다. 따라서 웅변은 공정하고 고결한 것을 다루어야 한다. 그렇지 않으면 반박될 것이다."라고 했다. 사람은 ① 모든 악덕에서 자유로워야 하고, ② 지혜를 사랑해야 하며, ③ 그의 이상에 대한 진정한 신념가여야 하며, ④ 국가와 국민을 위해 헌신해야 한다.[9] 이는 개인의 덕에 있는 윤리학의 중요한 척도를 반영한 것이다. 덕은 개인의 습성과 같은 것으로 정체성 혹은 행위와 구별되지 않는다. 그 덕은 당신을 규정하고, 당신에게 선한 행동을 하도록 지시하며, 악덕과 나쁜 행위의 반대편에 서 있는 것이다. 덕 윤리학에서 주체의 인품(character)은 윤리적 행위의 원동력으로서 다른 무엇보다도 중요하다. 이는 행동이 공정한지 혹은 옳은지 여부를 판단하기 위해 그 사례의 환경과 관련이 있는 주체를 점검해야 함을 의미한다. 동기는 중요하며 규칙이나 결과에 대한 준거를 대신한다. 어떤 종류의 인간이 될 것인가, 어떤 행동과 선택이 자신의 성격을 정의할 것인가에 관한 질문으로 고심하는 장 발장의 예를 기억하자. 그런 것이 덕의 척도이다.

아리스토텔레스는 덕은 "우리가 획득한 좋은 습성으로, 그 습성은 우리의 정서를 조절한다."라고 주장했다. 예를 들면, 자연스러운 공포 감정에 반응하여 용기라는 덕을 발달시켜서 위험이 닥쳤을 때 자신이 단단하게 되도록 해야 한다.[10] 아리스토텔레스가 논의한 덕 윤리학에서는 덕, 도덕적 지혜, 행복이라는 세 가지 주요 개념에 초점을 맞춘다. 그리스어로 '아레티(αρετή)'라고 하는 덕 혹은 탁월성은 올바르게 행동하는 태도나 호의적 성향 그 이상이며, 한 사람의 단 하나의 행위나 관찰 가능한 행동에 근거하여 평가될 수는 없다. 덕은 사고와 정신의 복합성을 요구하고, 그 사람의 전체 본성을 포함한다. 덕은 행위와 기질, 정서적 반응, 책무 간의 상호작용을 인식하는 것이다. 또한 이러한 덕의 개념은 헌신의 상대적 특성도 고려한다. 자신의 나약한 성향과 싸우고, 궁극적으로 무엇을 해야 하는가에 대한 올바른 결정을 내리는 것도 존경할 만하지만, '자제' 혹은 의지의 힘을 발휘해서 다른 것을 하려는 어떠한 내적 갈등이나 유혹도 겪지 않고 옳은 일을 한다면, 이것은 더 도덕적이다.

실천적 · 도덕적 지혜(phronesis)는 덕이 경험과 균형감에서 나온 상식을 통해 조절되고 균형을 이루어야 함을 인식하는 것이다. 정직함은 명백히 덕이지만, ("너 살찐 거 같아."와 같이) '지나친 정직함'은 다른 사람들에 대한 부정적 의견을 표현함으로써 그들의 감정을 상하게 할 수도 있다. 가족이나 자신을 곤경에 처하게 하지 않는 한 너그러움은 도덕적이다. 결국 행복과 번영의 일종인 행복주의(eudaimonia)라는 개념이 덕을 측정하는 준거가 된다. 이는 쾌락주의적 행복 혹은 즐거움과는 분명히 다르며, 오히려 도덕적 삶을 살 때의 만족감을 가리키는 것으로 여겨져야 한다. 덕이 있는 사람은 선한 삶을 살고, 옳은 사고와 행동에 대한 만족감과 일관성을 드러낸다.

② 결과주의

결과주의(consequentialism)는 규범 윤리학 이론의 한 종류로, 행위의 결과가 그 행위의 옳음을 판단하는 궁극적 토대가 된다고 여긴다. 그러므로 결과주의적 관점에서 도덕적으로 올바른 행위는 좋은 성과나 결과를 만들어내는 행위를 말한다.

결과주의는 일반적으로 의무론에 대한 철학적 반대로 여겨지고 때때로 목적론적 윤리학(teleological ethics)이라 불린다. 이 용어는 '최종 목적'을 의미하는 그리스어 '텔로스(τέλος)'에서 유래한 것이다. 어떤 것, 과정, 행위는 그것이 목적, 즉 최종 목적이나 목적인(目的因: final cause)을 위해 존재할 때 목적론적이다. 가치의 내재적 혹은 외재적 특성과는 관계없이, 목적론적 윤리학이나 결과주의에서 해당 행위의 도덕적 용기를 판단하는 것은 행위의 최종 결과이다.

따라서 거짓말의 경우, 결과주의자는 의무론자나 덕 윤리학자의 주장과 같이 행위의 도덕성을 액면 그대로 부정하지는 않는다. 그 대신 목적론적 윤리학자를 위해 선한 것이라고 여겨지는 가치나 도덕에 부합하는 긍정적 결과를 거짓말이 창출했는지를 밝혀내야 한다. 당신은 유대인이라는 자신의 신분을 감추기 위해 나치에게 거짓말을 할 겁니까? 당신은 당신이 반대하는 정부 활동을 지원하는 세금을 내지 않기 위해 IRS*에 거짓말을 할 겁니까? 이러한 모습은 같은 행동이라 할지라도 어떤 경우에는 정당하고 다른 경우에는 정당하지 않게 여겨질 수 있다. 결과주의 입장에서는 그 누구에게도 해를 끼치지 않으면서 다른 사람의 목숨을 구하기 위해 한 거짓말은 거짓말 그 자체가 도덕적 가치(이 경우에 진실을 말하는 것)를 침해했는지 여부와 상관없이 좋은 행위로 여겨진다. 하지만 만약 욕심 때문에 또는 도덕적으로 부정적인 목적 때문에 거짓말을 한다면, 같은 거짓말일지라도 그 행위는 비윤리적인 것으로 여겨진다. 만약 IRS에 거짓말을 한 진짜 이유가 새로운 평면 텔레비전을 사기 위해 세금을 내지 않으려 한 것이라면, 결과주의자는 그것을 부도덕한 행위로 여길 것이다. 결과주의적 접근법에 의한 도덕적 평가의 정당화는 다음의 세 학파 중의 하나로 분류될 수 있을 것이다. 첫째, 윤리적 이기주의는 문제 행위의 결과가 행동을 한 사람에게 불리하지 않고 이득이 된다면 그 행위를 도덕적으로 받아들일 수 있는 행위로 간주한다. 둘째, 윤리적 이타주의는 행위의 결과가 행위자가 아니라 (장 발장의 빵 절도처럼) 다른 사람을 위한 것이라면 그 행위를 정당하다고 여긴다. 셋째, 공리주의는 행위의 결과가 행위자를 포함한 모든 사람에게 이롭다면 그 행위를 도덕적으로 옳다고 평가한다.

　　보통 공리주의는 결과주의와 연관되어 가장 잘 알려져 있는 개량된 윤리 이론이다. 공리주의는 올바른 행위 과정은 전체의 '행복'을 극대화하는 것이라고 주장한다. 이것은 결과주의의 한 형태로, 행위의 도덕적 가치는 오직 그것의 결과에 의해 결정되며, 그 결과를 안 이후에야 행위의 도덕성

....

* 'Internal Revenue Service'의 약칭. 미국 재무부 산하기관으로 연방조세법을 관할하는 곳으로 우리나라의 국세청에 해당된다.

을 따져볼 수 있음을 의미한다. 공리주의에 대한 보편적 설명 중의 하나는 공리주의가 일반적으로 가장 오랜 기간에 걸쳐 가장 많은 행위자들에게 최대 행복을 극대화하는 것을 옳은 행위라고 주장한다는 것이다. 이것을 '쾌락 원칙'으로 설명한 제러미 벤담(Jeremy Bentham)과, '최대 행복의 원리'라는 용어를 사용한 존 스튜어트 밀(John Stuart Mill)은 바로 공리주의 이론에 가장 기여한 두 사람이다. 벤담은 개별 행위의 상대적 편익과 비용에 근거하여 각각의 개별 사례가 도덕적으로 옳은지 그른지를 판단하는 일종의 비용-편익 측정을 제시하였다. 이 접근법은 행위 공리주의라 불린다. 벤담은 또한 각 행위의 결과는 그 행위의 결과로 우리가 경험하는 고통이나 즐거움(혹은 타인이 경험하는 고통이나 즐거움)의 정도에 의해 평가된다고 주장했다. 이러한 기준은 쾌락주의적 공리주의라 불리며, '행복 원리'라는 용어를 설명해준다.

존 스튜어트 밀이 말했듯이, 규칙 공리주의는 어떤 행위가 "최대 다수의 사람에게 최대 행복을" 제공하는지를 측정하여 사회에 이익을 가져올 수 있는 일련의 규칙을 생성해야 한다고 주창한다. 규칙 공리주의는 전체의 행복(공리)은 규칙에 기반을 둔 체계에서 가장 잘 얻어질 수 있다고 본다. 각각의 상황은 그 상황의 독특한 본성에 따라 특별한 조치가 취해질 필요는 없지만, 사회는 의사 결정에서 더 많은 예측 가능성과 연속성을 가져오기 위해 도덕적 '규칙'을 적용할 수 있다고 본다.

사회계약론. 우리의 행위는 이기심에 의해 동기가 부여된다고 보는 심리학적 이기주의의 메타 윤리학 이론을 홉스가 옹호했다는 점을 상기해보자. 이것에 기초하여 홉스는 일련의 도덕적 규칙이 사회의 행복을 위해 이기적 행위는 관리하는 데 중요하다는 관점을 발전시켰다. 규칙이 없다면 우리의 재산, 가족, 자유, 심지어 우리의 목숨까지도 위험에 처할 것이다.

그러므로 안보에 대한 이기적 욕구에 의해 동기가 부여된 문명사회는 사회계약을 맺고 다른 사람들의 이기적 행위로부터 개인을 보호하는 일련의 규칙에 동의하기를 요구한다.

　　몇몇 사람들은 결과주의의 적용 가능성을 자신들의 윤리적 세계관에 호소력을 가지는 것으로 여긴다. 반면, 다른 사람들은 이러한 적용 가능성을 객관적 윤리학 이론으로서 모순과 약점이 되는 것으로 여긴다. 심지어 몇몇 사람들은 결과주의적 이론과 의무론적 이론이 반드시 상호 배타적이지는 않다고 주장한다. 예를 들면, 로버트 노직(Robert Nozick)은 결과주의적 틀을 대체로 찬성할 뿐만 아니라 행위자가 허락받은 행위에 대한 의무론적 제한을 통합하면서 그 제한을 신뢰하고 있다.

③ 의무론 또는 의무 이론

　　『레미제라블』에서 경감 자베르가 하는 행위의 동기는 법에 따라 집행하려는 의무감이다. 의무 이론, 혹은 의무론적 이론은 "의무의 구체적이고 근원적인 원리"[11]에 자신의 도덕적 토대를 둔다. '의무론적(deontological)'이란 말은 의무를 뜻하는 그리스어 '데온(νοзδ)'에서 유래했다. 이러한 기초적 의무는 신에 대한 정신적 헌신, 행동에 대한 종교적 규칙의 이해, 자신 혹은 타인에 대한 책임감과 얽혀 있다. 이는 타인을 해치지 않고, 존경과 평등으로 타인을 대하며, 복지와 타인의 행복을 촉진하는 책무를 포함한다. 부분적으로 이러한 의무에 기반을 두고 앞으로 의무론에 대한 세 가지 접근법, 즉 권리 이론(rights theory), 정언명령(categorical imperative), 조건적 의무(prima facie duties)를 알아볼 것이다.

　　첫째, 의무에 기반을 둔 윤리학은 권리 이론 위에 세워질 수 있다. '권리'는 타인의 행동에 반(反)하여 자신을 보호하거나 주장을 펼치려는 생각일 수도 있다. 권리와 의무는 공생한다. 이것들은 서로 의존한다. 만약 내가 당신에게 존중받을 권리가 있다면, 당신은 나를 존중할 의무가 있는 것이다! 만약 내가 당신에게 제공한 서비스의 대가를 받을 권리가 있다면, 당신은 지불할 책임이 있는 것이다. 미국 독립선언문에서 토머스 제퍼슨은 철학자 존 로크가 말한 자연권을 인정하였다. 이러한 자연권은 생명, 자유, 행복 추구뿐만 아니라 재산, 시위, 연설, 종교적 표현 등을 함축하는 더 구체적인 권리도 포함한다. 이러한 권리는 신에 의해 주어진 자연권으로 여겨졌다. 피저는 도덕적 권리의 근본적 특징을 다음과 같이 파악하고 있다.

> 첫째, 권리는 정부에 의해 발명되거나 만들어지지 않는 한 자연적이다. 둘째, 권리는 나라별로 변화되지 않는 한 보편적이다. 셋째, 권리는 성별, 인종, 장애와 관계없이 모든 사람에게 똑같다는 점에서 평등하다. 넷째, 권리는 자신을 노예로 팔듯 나의 권리를 다른 사람에게 넘겨줄 수 없다는 점에서 양도 불가능하다.[12]

그러므로 권리 이론은 기존 권리를 인식하고 결과에 따른 책임감을 인식하게 하는 일련의 규칙에 의해 옳은 행동을 분별한다.

의무에 기반을 둔 윤리학에 대한 두 번째 접근법은 칸트와 그의 정언명령으로 대표된다. 칸트는 우리가 자신과 타인에 대한 특정 의무 틀 내에서 하는 생각, 그리고 행위의 도덕적 본질은 단순히 결과로 판단될 수 없다는 생각을 받아들였다. 그는 결과가 아닌, 행위 배후에 있는 동기와 의무가 윤리적 의사 결정을 이끈다는 격언을 수용함으로써 공리주의의 결과론적 준거를 거부했다. 칸트는 집단이 결과에 기초해 행위의 도덕성을 판단하거나 강요할 수 없다고 주장하였다. 그 이유는 부분적으로 어떻게 결과를 해석해야 할지에 대해 합의를 할 수 없기 때문이다. 덧붙여, 그는 특정 상황에 기초한 규칙이 일관성 있게 옳은 행위를 끌어내기에는 충분하지 않다고 생각했다. 칸트는 훨씬 구체적인 적용까지도 규정하는, 더 기본적 의무가 있다고 보았다. 이것은 바로 그가 정언명령이라고 부른 '이성의 단 하나의 자명한 원칙'이다. 그는 정언명령이 근본적으로 가언명령과는 다르다고 주장한다. 다음 두 가지의 정언명령은 이해해야 할 핵심이다. 첫 번째는 "모든 사람의 행위가 나의 행위 방식과 같다면 어쩌한가?" 또는 "나는 모든 사람들이 내가 하는 것을 똑같이 하도록 허용하거나 심지어 요구할 준비가 되어 있는가?"와 같은 보편화 가능성에 대한 검증이다. 두 번째로 그리고 좀 더 근본적으로, 칸트의 요구는 사람을 목적을 위한 수단이 아닌 목적 그 자체로 대하라는 것이다. 사람은 항상 존귀하게 대우받아야 하며 수단으로 여겨져서는 안 된다. 따라서 나는 자신의 행복을 위한 방편으로 IRS에 거짓말을 하지 않을 것이다. 그것은 내가 그들을 (그리고 법을 준수하는 납세자들을) 이용하는 것이 되기 때문이다. 칸트는 모든 행동의 도덕성이 이러한 하나의 의무 원리에 호소함으로써 결정될 수 있다고 믿었다.

우리가 다룰 의무에 기반을 둔 윤리학의 세 번째 접근법은 영국 철학자 로스(W. D. Ross)의 조건적 의무 이론이다. 로스는 자연적이면서도 보편적인 개인이 지닌 책임의 중요성에 집착하지만, 전임자들보다는 짧은 목록을 제공하고 있다. 그것들은 우리의 도덕적 신념들을 반영하는데, 그 목록은 다음과 같다.

- 신의: 약속을 지킬 의무
- 배상: 우리가 타인에게 해를 끼칠 때 보상을 할 의무
- 감사: 우리를 돕는 사람들에게 고마워할 의무
- 정의: 장점(merit)을 인식할 의무
- 자선: 타인의 삶의 조건을 개선할 의무
- 자기 향상: 우리의 덕과 지성을 향상할 의무

- 무해성: 타인에게 해를 입히지 않을 의무[13]

물론 서로 대립하는 의무들 사이에서 선택을 강요받는 상황이 생길 수도 있다. 로스는 그러한 경우가 발생하면 우리의 실제 의무는 명확해진다고 주장한다. 예를 들면, 나는 십대 자녀에게 전동 공구를 본인의 뜻대로 사용하는 걸 간섭하지 않겠다고 약속했음에도, 아이가 다칠 위험 상황을 보면 개입할 것이다.

일반적으로, 의무에 기반을 두거나 의무론적인, 그리고 규범 윤리학적인 접근들은 모두 도덕성을 판단할 때 의사 결정 과정이 최우선적으로 고려되어야 하는 요인이라는 점을 지지하는 윤리적 이론에 기대고 있다. 의무론 혹은 의무에 기반을 둔 윤리학은 윤리적으로 옳음을 따질 때 최종적인 결과나 성공에 대한 평가(결과주의) 또는 결정을 내리는 자의 인품(덕)에 근거하기보다는, 이용 가능한 일련의 의사 결정 과정 중 하나에 의해 인도되는 의사 결정 행위에서 "옳은 것을 하는" 의사 결정자에 의존한다.

3) 응용 윤리학

윤리학 연구의 세 번째 갈래는 응용 윤리학이라는 명칭 자체가 설명해 주고 있다. 응용 윤리학은 인간 삶의 다양한 측면 및 분야와 연관된, 도덕적으로 옳은 행위를 분별하려는 시도를 서술하기 위해 사용되는 용어이다. 응용 윤리학의 일반적인 예로는 의학 윤리학 내지 생물 윤리학, 비즈니스 윤리학, 환경 윤리학, 동물 윤리학과 성 윤리학 등을 들 수 있다. 이것들을 응용 윤리학 영역으로 특징 짓는 것은 논쟁의 가능성이다. 다시 말해, 적어도 고려해야 할 양 측면이 있고, 그것이 명백히 도덕적 쟁점인 것이다.

토론자는 특정 논제를 탐구할 때 응용 윤리학의 사례나 그 분야를 살퍼볼 기회를 종종 얻게 될 것이다. 윤리학을 적용하는 일은 아주 독특한 내용이나 이론을 쓰는 것이기보다는 규범적이면서 다소 메타 윤리학적인 이론과 원리를 구체적인 특정 의사 결정 맥락에 적용하는 것에 가깝다. 다음은 어떤 구체적인 시나리오에 적용될 수 있는 몇 가지 규범적 윤리 원리이다. 이 목록은 절대 완전한 것은 아니고, 덕, 결과주의, 의무 이론에서 빌려온 것이다.

- **자율성의 원리**는 타인의 개인적 자유를 존중하고 개인의 자기 결정권을 제약하지 말라고 가르친다.
- **피해 원리**는 자유를 제한하여 타인에게 피해 입히는 것을 방지할 수 있을 때 자유가 제한될 수도 있다는 믿음이다.
- **무례함 원리**는 자유를 제한하여 타인을 무례하게 대하는 것을 방지할 수 있을 때 자유가 제한될 수도 있다는 믿음이다.
- **간섭주의의 원리**는 다른 사람들을 해치는 행위를 막기 위해 어떤 사람의 자유가 제한될 수도 있다는 신념이다.
- **사회 정의**는 평등 혹은 안보와 같은 사회 목표가 고취된다면 자유가 제한될 수도 있다는 믿음이다.
- **법적 도덕주의**는 어떤 사람이 사회의 집단적 도덕성에 반하는 행위를 하는 것을 방지하기 위해 자유를 정당하게 제한할 수도 있다는 믿음이다. 이는 어떤 사람의 자유를 제한함으로써 다수의 바람을 충족시킬 수 있다면 그 자유가 제한될 수도 있다는 다수결주의와 관련이 있다.
- **자선**은 한 사람이 타인의 행복을 증진시킬 수 있음에도 그렇게 하지 못하는 것은 도덕적으로 잘못된 것이라는 믿음이다. 이는 어려움에 처한 사람을 돕는 의무인 자비와 관련된다.
- **보상적 정의**는 상해의 희생자가 발생한 피해에 상응하는 보상, 즉 상

해가 발생하기 이전의 상태로 복원한다는 이상적인 보상을 받아야
한다는 원리이다.

- **분배 정의**는 사회가 이익과 책임을 공정한 기준에 따라 공평하게 나
눠야 한다는 믿음이다.
- **정당한 절차**와 **재분배 정의**는 공정하고 공평한 절차에 대한 책무이다.
이러한 절차 속에서 국가는 한 사람이 지닌 모든 법적 권리를 존중
해야 하고, 처벌과 결론은 저지른 죄에 비례해야 한다.
- **무해성의 원리**는 누구나 타인에게 해를 끼쳐서는 안 된다는 믿음이다.
이는 '우선 해를 끼치지 말라.'라는 뜻을 지닌 라틴어 구절 '프리뭄
논 노케레(primum non nocere)'와 연결되어 있다.
- **황금률**은 세계의 거대 종교들에 의해 옹호되고 있으며 가장 널리 받
아들여지고 알려진 도덕 원리이다. 이는 자신이 대우받고 싶은 대로
남에게 행동해야 한다는 기준을 밝히고 있다. 물론 모든 사람이 동
등한 대우를 바라는 것은 아니다!
- **진실성**은 아주 중요한 정보를 공개하고 결정과 관련된 모든 사항에
대해 진실을 말하는 것이 중요하다는 믿음이다.

이러한 원리들은 윤리적 의사 결정을 요구하는 상황에서 적용될 수
있는 대표적인 개념들에 해당하지만, 그 범위가 포괄적이지는 않다. 그리
고 원리가 항상 지침을 제공하지는 않는다. 특히 이러한 원리가 구체적으
로 적용되는 상황에서 서로 모순될 때에는 더욱 그러하다. 윤리학자와 토
론자는 응용 윤리학의 규범적인 쟁점을 고찰함과 더불어 응용 윤리학의
특정 분야에 관심을 가진다. 여기서 몇 가지 예를 밝히고 있기는 하지만,
완벽한 목록은 훨씬 더 길 것이다. 생물의학 윤리학 혹은 생물 윤리학은 임상
현장에서 일어나는 다양한 사안에 초점을 맞춘다. 그 사안에는 존엄사에

대한 판단, 인간 복제, 유전자 선별, 줄기세포 연구, 낙태, 의료 기록의 프라이버시, 의무적 약물 복용 검사, 진료를 제공하는 것(또는 거부하는 것)과 관련된 질문들, 그리고 환자, 의사, 부양자, 연구자, 보험회사, 정부 관리 등이 하는 의사 결정에서의 핵심적인 많은 다른 사안을 포함한다. 물론 여기에만 국한되는 것은 아니다. 경영 윤리학 분야는 자본주의 기업 환경 내 사업 조직의 업무, 책임감, 행위 결과를 고찰한다. 여기에는 허위 광고, 내부 거래, 회계 및 재정 원칙과 투명성(또는 비밀 유지와 속임수), 종업원의 권리, 직업 차별, 차별 철폐 조치, 밀고, 약물 검사 등과 같은 사안이 포함된다. 엔론(Enron)사의 '장부 조작'과 금융기관에 의한 기만적이고 비밀스러운 신용카드 정책들, 최고 임원진에게 주는 과도한 금융 보너스, 무모한 교역 행위와 '대침체'에 기여하는 약탈적 대출, 딥워터 호라이즌(Deepwater Horizon)호의 원유 유출이 일어나게 된 비피 오일(BP Oil)사의 위험한 석유 시추 작업 등등 비즈니스계에서 일어난 너무나 많은 중대하고도 널리 알려진 사건들의 여파로, 많은 관심이 경영 윤리학에 쏟아져 왔다.

환경 윤리학은 지구와 자연환경에 대한 인간의 관계를 고찰한다. 세계는 한정된 자원을 가지고 있고, 인간의 행동은 엄청난 영향을 끼치지만 대부분 해로운 영향을 끼치고 있다. 물, 육지와 대기는 인간 활동의 결과로 고통받고 있으며 우리는 고갈, 멸종, 기후 변화, 유독성 위기에 직면해 있다. 인간 생존의 곤란이 증가됨에 따라 어떤 사람들은 자연환경에 대한 이러한 부정적 결과를 인식하게 되었다. 인간과 환경 간의 관계에서 인간을 중심에 두고, 우선적으로 인간에 본질적 가치를 부여하고, 환경 보호의 필요성을 천연자원의 사용과 생존의 필요에 기초해 정당화하는 사람들은 인간중심적(anthropocentric)이다. 그들의 생태학은 인간의 삶의 질을 위한 자원과 생활수준 유지를 위해서 오염과 자원 고갈에 맞서 싸우는 표층 생태학(shallow ecology)이다. 이는 공리주의적 윤리학일 가능성이 높으며, 환경 보존에 실패했을 때의 결과에 집중하고 있다. 심층 생태학(deep ecology)은 동물과 환경 그 자체에 가치가 있다고 보고, 인간은 살아 있는 환경의 또 다른 구성물일 뿐 다른 구성물보다 더 중요하다고 생각하지 않는다. 이는 자연환경을 보호하고 지속하게 하는 것이 의무에 속한다고 생각하므로 의무론적 윤리학에 가깝다. 동물 윤리학은 지각력 있는 존재로서 동물 또한 권리를 갖고 있다는 개념에 뿌리내리고 있다. 관심 사안에는 식량으로서의 육류 생산, 종의 보존, 동물에 대한 윤리적·인도주의적 취급, 동물 실험 등이 포함된다. 그 밖에 윤리학 연구에는 정부 윤리학, 전쟁 윤리학, 결혼 및 성 윤리학, 인종 윤리학 외 다수의 윤리학이 포함된다.

2. 문화와 문화 연구

문화는 아마도 우리의 의사소통에 영향을 끼치고, 그래서 우리의 논증에도 영향을 끼치는 가장 중요한 요소일 것이다. 우리가 학습한 문화는 세계에 대한 우리의 이해를 형성하면서 그 이해에 영향을 미치는 규칙, 규범, 가치, 신념을 확립한다. 그러므로 문화는 적어도 도덕 원리가 기반을 두고 있는 윤리적 기초를 공고히 한다. 문화는 또 우리의 이해와 지각을 형성한다. 우리가 무엇을 선택해 주장할지, 어떻게 주장할지는 문화에 의해 형성되고, 우리가 받아들이고 인지하는 것을 어떻게 이해하고 해석할 것인가도 문화에 의해 틀이 형성된다. 그렇다면 문화란 무엇인가? 헤이르트 호프스테더(Geert Hofstede)*는 문화를 "한 집단이나 범주의 구성원들을 다른

....

* 네덜란드의 조직인류학자로, 그가 개발한 '문화차원이론'은 비교문화심리, 국제경영, 문화 간 의사소통 분야에서 널리 활용되고 있는데, 그 이론은 문화적 가치관을 네 차원으로 제시하여 가치관

집단이나 다른 범주의 사람들과 구분하는 마음의 집합적 프로그래밍"[14]으로 정의하였다. 그러므로 그의 책 제목이 암시하듯, 문화는 '마음의 소프트웨어'의 한 종류이다. 호프스테더 "문화는 타고나는 것이 아니라 학습되며 이것은 한 사람의 유전자가 아니라 사회적 환경에서 유래한다."라고 덧붙였다. 여러 문화를 아우르며 논증하는 것은 불가피하며 엄청나게 도전적인 일이다. 이러한 논증을 위한 시작점은 문화적 상대주의라는 입장이다. 클로드 레비스트로스(Claude Lévi-Strauss)가 기술하고 호프스테더가 번역한 바와 같이, "문화적 상대주의는 한 문화가 다른 문화의 활동을 '비천하다' 라거나 '고귀하다'라고 판단할 절대적 기준을 가지고 있지 않음을 인정한다. 하지만 모든 문화는 그 구성원이 관찰자이자 행위자이기 때문에 자신의 활동에 대해 그러한 판단을 할 수 있고, 또 그래야 할 것이다."[15] 그러므로 문화 윤리학을 이해하기 위해서는 자기 자신의 문화 윤리에 대해 잘 알아야 할 뿐만 아니라, 타인의 문화 윤리에도 민감하고 개방적이어야 한다. 물론 문화는 민족문화, 지역적·윤리적 집단 또는 종교적 집단, 젠더, 세대, 사회 계층과 교육, 직업 그룹 등 다층적으로 존재한다. 이러한 공동문화는 우리가 자신의 문화적 정체성이라 여기는 것뿐만 아니라 우리 자신의 가치와 의사소통 방식 모두에 영향을 미친다. 더 나아가 호프스테더는 문화의 특성을 구별하는 핵심 기준, 즉 문화의 차원을 (작은 정도에서 큰 정도의) 권력 거리(power distance), 집단주의 대 개인주의, 여성성 대 남성성, (약한 정도에서 강한 정도의) 불확실성 회피의 네 가지로 규정한다. 다시 말해서, 각각의 문화는 이러한 기준들에 비춰 어떤 점수를 받느냐에 따라 식별될 수 있다는 것이다. 권력 거리는 문화가 권위주의적이고 위계적인 권력 구조를 받아들이는 정도를 말한다. 큰 권력 거리는 큰 권력 차이를 문화가 받아

·········
과 행동의 연관성을 분석하여 문화 간 차이점을 수치화하여 설명할 수 있게 한다.

들인다는 것을 의미한다. 미국은 큰 권력 거리보다는 평등을 선호하기 때문에 이 척도에서 매우 낮은 경향을 보인다. 집단주의는 가족, 교회, 공동체와 같은 집단에 대한 헌신을 말한다. 미국 사람들은 좀 더 개인주의적이면서 집단에 대한 헌신이 덜한 편이다. 그다음 기준은 여성적 사회와 남성적 사회 간의 차이를 측정한다. 가령 여성적 문화에서는 타인을 돌보는 것과 보존하는 것이 지배적 가치가 되고 사람과 따뜻한 관계가 중요하다. 하지만 남성적 문화에서는 물질적 성공, 진보가 지배적 가치가 되고 돈과 사물이 중요하다. 마지막으로, 불확실성 회피는 그 문화가 모호함 및 차이를 용인하는 정도를 말한다. 예를 들어, 약한 불확실성 회피에 대한 준거 중 하나는 "다른 것에 호기심을 보인다."인 데 비해, 강한 불확실성 회피에 대한 준거 중 하나는 "다른 것은 위험한 것이다."라고 말하는 것이다.

비판 이론. 이러한 배경을 고려하였을 때, 마르크스 전통을 따르는 비판 철학자들이 문화의 중요성을 고찰했다는 점, 더 중요하게는 문화적 개체들이 의사소통을 포함한 자신들의 행위를 통해 다른 문화집단을 어떻게 지배했고 억압했는가를 이들이 고찰했다는 점을 이해하는 것은 유용하다. 이러한 비판적 이론가들은 억압받고 침묵하는 집단들을 위해 목소리를 내고 그들을 해방하는 것에 아주 큰 관심을 보였다. 이들은 윤리적인 것과 비판적인 것을 구분함으로써 피지배자들에게 권한을 부여하고 그들을 해방하려고 하였다. 합당한 비판 이론은 "세 가지 기준을 충족해야만 한다. 그것은 설명적이면서 실천적이고 동시에 규범적이어야 한다는 것이다. 다시 말해, 현 사회현실이 무엇이 잘못되었는지를 설명하고, 이를 바꿀 수 있는 주체를 찾아내며, 비판의 분명한 규범 및 달성 가능한 사회 변혁의 실천적 목표를 동시에 제시해야 한다."[16]

　　문화 연구. 문화 연구는 비판 이론의 하위 분야이다. 리처드 호가트(Richard Hoggart)와 스튜어트 홀(Stuart Hall)의 연구에서부터 발전하고 정리되었으며, 1960년대와 1970년대의 변화하는 영국 문화정치에 대한 반응으로, 안토니오 그람시(Antonio Gramsci)의 초기 연구들을 차용한 것이다. 안토니오 그람시는 지배적 정치집단이 대중을 억압할 수 있는 폭력과 자본을 도구로 사용해 이익을 얻을 뿐만 아니라, 노동자들의 일상 문화를 관통하는 문화적 헤게모니라 불리는 것을 이용한다고 보았다. 문화적 헤게모니는 그람시가 명명한 용어이다. 헤게모니는 한 사회집단이 다른 사회집단을 실재적으로 지배하는 것을 의미한다. 헤게모니는 많은 유형의 활동을 통한 한 집단의 지배에 기초한 권력 형태이기 때문에, 그 실행은 광범위한 동의를 얻어내야 하며, 이는 자연적이고 불가피한 것처럼 보인다. 그람시에 따르면 사회집단은 다른 사회집단을 사고 및 실천에서 지배하는 것에 대한 동의를 얻고자 다양하고 많은 방식으로 고투한다. 그의 주장에 의하면, 권력은 경제적 엘리트에 의해 통제되며, 헤게모니는 다양한 문화를 복합적 지배 체제에 의해 억압받고, 통제되고, 내몰리도록 할 수 있다고 한다. 문화적 헤게모니는 체계적이고 위계적인 사회 구조의 집합이다. 미묘하면서 효과적인 헤게모니는 그 안에서 살아가는 사람들에 의해 유지되는데, 그 사람들은 그것을 따르면서도 자신들이 그것에 연루되어 있다는 것을 항상 인식하지는 못한다. 그람시는 민주주의에서 진정한 권력은 설득으로부터 도출되며, 이는 완전히 혹은 영원히 얻어지는 것이 아니라는 사실을 관찰했다. 지배집단은 경쟁하는 집단 혹은 소외된 집단으로부터 동의를 얻어냄으로써 그들을 지배할 수 있다는 것을 인식해야 한다. 문화적 헤게모니에 대한 그람시의 생각은 계급에 기반을 둔 이전의 헤게모니 설명과는 달랐다. 왜냐하면 문화적 헤게모니는 지배를 결정하는 주요 요소로서 계급이 아닌, 협력하는 문화집단의 구조에 초점을 두었기 때문이다. 그러므로 주체성(agency)은 문화 이론가들에게 핵심 용어이다. 주체성은 소외된 집단이나 개인이 지배에 저항하는 능력이나 기회를 말한다.

지아우딘 사르다르(Ziauddin Sardar)는 문화 연구를 규정하는 다음과 같은 다섯 가지 본질적 특징을 소개하고 있다.

- 문화 연구는 문화적 실천들 및 권력에 대한 그것들의 관계의 측면에서 주제를 탐구하는 것을 목표로 한다. 예를 들면 (런던 지역의 백인 청년 노동계급과 같은) 하위문화에 대한 연구는 청년의 사회적 실천이 지배계급과 관계가 있을 때 고찰될 수 있다.
- 문화 연구는 모든 복잡한 형태의 문화를 이해하고, 문화 그 자체가 나타내는 사회적·문화적 맥락을 분석하는 데에 그 목적이 있다.
- 문화 연구는 연구 대상이자 정치적 비판과 행동이 일어나는 장소이다. 예를 들면, 학자들은 문화 연구를 대상으로 연구할 뿐만 아니라, 이 연구를 더 큰 진보적 정치 프로젝트에 대한 연구와 이어지도록 한다.
- 문화 연구는 지식의 분화를 드러내서 조정하려고 하며, 암묵적인 문화 지식과 객관적이고 보편적인 형태의 지식 간의 분열을 극복하려고 한다.

- 문화 연구는 현대 사회의 윤리적 평가와 정치적 행동의 급진적 노선에 헌신한다.[17]

문화 연구는 다양한 실천, 신념, 제도를 통해 의미가 발생하고, 퍼지고, 생산되는 방식을 조사한다. 이것은 또한 기성 문화가 지배에 기여하게 하는 정치적·경제적·사회적 구조를 다룬다. 문화 이론가들 안에는 페미니즘, 비판적 인종 이론, 오리엔탈리즘, 백인성(whiteness), 포스트식민주의 비평의 몇몇 형태를 옹호하는 사람들도 포함된다. 문화 이론의 목표에는 억압받는 사람들이 목소리를 낼 수 있게 하는 것, 지배의 수단을 밝히는 것, 소외된 사람들에게 권한을 부여해 주체성을 발휘하게 하는 것 등이 있다. 그래서 문화 이론은 윤리적 구인을 그 버팀목으로 삼고, 규범 윤리학의 이론을 그 작업 방식으로 활용한다.

연습

1. 자신이 속한 기관의 윤리 규정(honor code)이나 그에 준하는 것을 찾 아보자. 저자들이 어떤 메타 윤리학적 가정들을 제시하는가? 규범 윤 리학의 원리와 일반적인 윤리적 구인은 무엇인가?

2. 대학 대항 윤리철학 토론(Intercollegiate Ethics Bowl)의 웹사이트: http://www.indiana.edu/~appe/ethicsbowl.html#national_cases_ rules를 방문해보자. 그런 다음 'the national championship cases and rules' 표시 버튼을 클릭해보자. 그리고 사례를 골라보자. 이 장에 서 살펴본 세 가지 규범 윤리학의 구인을 각 사례에 적용해보자. 각각 의 접근법에 따라 그 적용이 어떻게 달라지는가?

3. 마큘라 응용윤리학 센터(Markkula Center for Applied Ethics)의 웹사이 트를 방문해보자. 'ethics cases' 표시 버튼을 누르고 지시를 따라가보자.

4. 오늘 신문에서 윤리적 의사 결정의 사례를 찾아보자. 어떻게 그 쟁점 을 해결할 것인가?

5. 영화 〈레미제라블〉을 보고 나서 장 발장과 자베르 경감이 한 윤리적 판단에 대해 논의해보자.

6장

토론 논제

토론은 차이를 해소하기 위한 수단이기 때문에 토론에는 논쟁과 의견 차이, 혹은 이해 갈등이 존재해야 한다. 만약 모든 이가 어떤 사실이나 가치나 정책에 동의하고 있다면 토론할 필요나 기회는 없을 것이며, 그 문제는 만장일치로 해결될 수 있을 것이다. 따라서 "2와 2를 더한 것은 4이다."라는 논제에 대해 토론하는 것은 무의미하다. 이 진술은 아무런 논쟁거리가 없기 때문이다. 논쟁은 토론이 있기 위한 필수 전제 조건이다. 생각과 제안, 이해의 충돌, 쟁점들에 대한 입장 표명이 없다면 토론은 존재하지 않는다. 논쟁은 경쟁하는 입장 사이에서 결단력이 있는 선택을 요구한다. 토론은 응답해야 하는 하나나 복수의 의문들에 대한 명확한 구별 없이는 효과적인 의사 결정을 내리지 못한다. 예를 들면, 불법 이민과 같은 폭넓은 주제에 대해 일반적인 논의가 있을 수 있다. 미국에는 불법 이민자가 얼마나 있는가? 우리 경제에 불법 이민과 이민자는 어떤 영향을 미치는가? 우리 공동체에 미치는 영향은 어떠한가? 그들은 범죄를 저지르는가? 그들은 미국 노동자의 일자리를 빼앗고 있는가? 그들은 세금을 내는가? 그들은 복지를

가치 논제(proposition of value) 어떤 사물이나 조건의 상대적인 좋고 나쁨의 질을 판별하는 평가적 주장.

논박 책임(burden of refutation) 반대하는 논증에 답하거나 논박할 책임. 찬성 측과 반대 측 모두 적용된다. 이 책임을 다하지 못하는 것은 논박되지 않은 논증의 수용으로 귀결된다.

논제(proposition) 논쟁에서 중심 쟁점을 확인하는 판단에 대한 진술. 사실, 가치, 비정책, 정책에 대한 논제가 있을 수 있다.

사실 논제(proposition of fact) 조건 또는 인과의 성질을 표현하는 서술적 주장.

유사 정책 논제(quasi policy proposition) 어떤 정책에 대한 가치 판단을 표현하는 것.

일반적 입증 책임(a burden of proof) 자신이 주장하는 것을 증명해야 하는 책임. 찬성 측과 반대 측 양쪽 모두 적용된다. 자신의 주장을 옹호하려면, 그 주장에 반대되는 자연스러운 추정을 넘어서는 충분한 증거를 내놓아야 한다.

정책 논제(proposition of policy) 조치를 요구하면서, 행위자와 규범적 행위에 대한 공감을 포함하는 옹호적 주장.

찬성 측 입증 책임(the burden of proof) 논제가 안고 있는 위험 요소. 찬성 측의 책임이며, 논제에 반대되는 추정을 넘어서기 위해서는 논제를 수용할 만한 정당하고 충분한 이유를 제시해야 한다.

추정(presumption) 논쟁에서 어떤 특정 입장을 옹호하는 경향. 청자와 의사 결정자가 특정 입장 또는 토론의 한 쪽을 지지하거나 반대하는 경향이 있는 심리 상태를 말한다.

현 상태(status quo) 대상이 존재하고 있는 상태. 현 체제.

요구하는가? 영어를 하지 못하는 사람들은 문제가 되는가? 밀입국 노동자를 고용하지 않음으로써 불법 이민을 막는 것은 고용주의 의무인가? 그들에게 시민권을 취득할 기회를 주어야 하는가? 불법 이민은 우리나라에 안전상의 위협을 주는가? 불법 이민자는 미국 노동자들이 하고 싶지 않은 일들을 하는가? 그들의 사회적 지위로 인해 노동권과 인권에 위해를 받는가? 그들은 고용주에게 학대를 받거나 법, 주거, 사업 등에서 불이익을 받는가?

그들의 가족이 사회적 지위로 인해 어떠한 영향을 받는가? 국경을 유지하기 위한 국가의 도덕적이고 철학적인 의무는 무엇인가? 우리는 멕시코와의 국경선에 장벽을 쌓고, 국민의 신분증을 만들어야 하는가? 아니면 고용주들에 대해 현행법을 적용해야 하는가? 우리는 이민자들에게 미국 시민이 되라고 요청해야 하는가? 우리는 불법 이민이라는 주제 영역에 대한 대화에서 다루어지는 아주 많은 관심사들을 충분히 생각할 수 있다. 이 '토론'에 참여하는 것은 감정적이고도 격렬할 것이다.

그러나 특정 문제에 집중하지 않고, 서로 다른 입장을 구별하지 않고 논쟁한다면 별로 생산적이지도 유용하지도 않을 것이다. 효과적으로 논의하여 문제를 해결하기 위해서는 모든 참여자들이 토론의 목적에 대한 이해를 공유하도록 논제가 명확하게 진술되어야 하고, 그래야 논쟁이 아주 잘 이해될 수 있다. 이는 실질적이고 객관적으로 인식 가능한 쟁점들에 집중할 수 있게 하고, 경쟁적인 논증들을 쉽게 비교할 수 있게 하여 효과적인 의사 결정으로 이끈다. 모호하게 알고 있으면 산만하게 논의하게 되고, 수준 낮은 결정을 하게 되며, 문제 해결의 기회가 없을 때의 일반적인 불안감, 좌절, 감정적 스트레스를 겪게 된다. 이는 미국 의회가 이민에 대한 토론에서 실질적인 진전을 이루지 못했을 때 보였던 것들이다.

물론 **논거**(arguments)는 의견 충돌 없이도 생길 수 있다. 예를 들어, 반대하거나 논박하는 반응 없이도 주장은 연설, 사설, 광고에서 표현되고 지지될 수 있다. 그리고 **논증**(argumentation)은 비공식적인 영역에서부터 공식적 영역에 이르기까지 다 생길 수 있으며, 청중이나 판정자에게 경쟁하는 주장들 사이에서 선택할 것을 강요하지는 않는다. 비공식적 담화는 이분법적 질문이나 예/아니요 질문에 대한 결정을 요구하지 않는 대화나 패널 토의의 형태로 일어난다. 그러나 **토론**(debate)은 그 정의상 "어떤 **논제**(proposition)에 대한 합리적 판단"을 요구한다. 논제는 경쟁하는 토론자들이 청중 혹은 판정자에게 결정하기를 요구하는 (찬성 혹은 반대와 같이) 선택 가능한 논증을 제공하는 진술이다. 그리고 논제는 담화의 초점을 제공하며 의사 결정 과정을 견인한다. 의사 결정이 합의 과정을 통해 도출될 때조차도, 협상을 시작하는 토론자들의 초기 입장을 중간 입장이나 합의된 입장으로 향하는 움직임과 구별하는 것은 중요한 일이다. 의사 결정자들이 그 결정이 어떤 것에 대한 것인지 명확하게 알지 못할 때 결정을 내리려 하는 것은 실패 가능성이 크고 비생산적인 일이다. 논제는 ("저에게 투표해주세요!"처럼) 몇몇 응용 토론에서는 함축적일 수 있다. 그러나 (법정 토론 혹은 의회식 응용 토론에서처럼) 투표나 이에 따른 일련의 결정이 요구될 때, ("피고는 유죄이다!"와 같이) 논제가 명확하게 표명되는 것은 필수적이다. 교육 토론에서 논제는 토론 참여자에게 토론 이전에 꼭 준비해야 하는 것, 입론 구성하기, 토론 중에 발표할 담화, 그리고 토론 후 토론 판정자에 의해 내려질 결정에 대한 필수적인 안내를 제시해준다.

　　낮은 교육 수준의 하층계급, 사회적으로 소외되어 있는 젊은이들이 증가하는 것에 골머리를 썩고 있는 사람들은 "공립학교는 매우 끔찍하다. 과밀 학급에다가 교사들은 자기 교과 영역에서 수준이 낮다. 가장 우수하다는 교사들도 교실에서 질서 유지를 위해 분투하는 것 외에는 할 수 있는 것이 없다."라고 말할 수도 있다. 그리고 그와 같은 관심을 가진 사람들은 복합적인 범위의 쟁점에 직면해서 "우리는 이것에 대해 무언가를 해야 해." 혹은 더 좋지 않게는 "이것은 다루기에는 너무 복잡한 문제야."라는 식으로, 도움이 되지 않는 결론에 이를 수도 있다. 이러한 공교육의 상태에 대해 걱정하는 시민단체들은 학교에 대한 좌절, 분노, 환멸, 감정 등을 표출하기 위해 모일 수 있지만 그들의 논의에 초점이 없다면, 그들은 명확한 의견이나 잠재적인 해결책을 찾지 못하고 그러한 교육의 비참한 상태를 쉽게 수용하고 말 것이다. 그리고 불평을 토로하는 일이 뒤따른다. 그러나 "공교

토론 논제

....

- 논제는 논쟁에서 중심 쟁점을 확인하는 판단에 대한 진술이다.
- 논제를 옹호하는 주장을 펼치는 사람을 **찬성 측**이라 한다.
- 논제에 반대하는 주장을 펼치는 사람을 **반대 측**이라 한다.

육을 개선하기 위해 무엇을 해야 할까?"와 같이 정확한 질문이 제기된다면, 더욱 유익한 논의의 장이 간단히 열려 더 구체적인 해결책을 찾는 데 집중할 수 있다. 토론 논제, 의회식 토론의 동의안, 입법부 법안의 형태에는 하나 이상의 판단이 표현될 수 있다. "연방정부는 위험에 처한 지역사회에 차터 스쿨(charter school)* 프로그램을 시행해야 한다."와 "플로리다주 정부는 스쿨 바우처(school voucher)** 프로그램을 적용해야 한다."와 같은 논제는, 교육 문제를 특정한 방법으로 보다 명확하게 인식하도록 다룰 수 있는 형태이며, 토론에 적합하다. 논제들은 탐색할 특정 문제를 제시하고, 토론 참여자들이 차이점을 인식할 수 있도록 돕는다. 이 점은 더 나은 결론을 유발할 수 있도록 더 좋고 많은 정보에 따른 결정을 내리는 데 기여한다. 교육 토론에서 이것은 논증의 깊이를 더해주며 참여의 교육적 이익을 거둘 기회를 향상시킨다. 다음 절에서는 토론의 논제를 구성할 때 직면하는 도전, 그리고 토론에서의 논제의 역할에 대해 살펴볼 것이다.

....

* 미국에서 교육 개혁의 일환으로 설립되었으며, 사립학교의 성격을 가미한 공립 학교의 일종이다. 일반적인 공립 학교보다 규제가 적어 각종 교육 실험이 가능하다.
** 저소득층 학생들이 공적 자금을 지원받아 원하는 학교에 다닐 수 있게 하는 프로그램.

1. 논쟁 정의하기

의사 결정의 한계와 방향을 설정함으로써 효과적인 의사 결정을 가능하게 만드는 생산적인 토론을 하기 위해서, 논증의 기초가 명확하게 정의되어야 한다. 우리가 단순히 '노숙자, 낙태, 범죄, 지구 온난화' 등과 같은 **주제**에 대해 이야기한다면 흥미로운 토의를 할지는 모르지만 논증의 유익한 기초를 세우지는 못할 것이다. 예를 들어, "펜은 칼보다 강하다."라는 논제에 대해 토론할 수는 있지만 이 자체로는 분명한 논증을 위한 기초를 제공하기에 부족하다. 그런데 이 논제를 어떤 경우에는 글이 물리적인 힘보다 더 효과적이라는 뜻으로 받아들인다면, 우리는 문제 영역, 즉 어떤 특정 목적, 아마도 긍정적 사회 변화를 촉진하기 위한 의도가 있을 때 글쓰기와 물리적 힘의 상대적인 효율성을 확인해볼 수 있을 것이다. (위에 든 사례처럼 '느슨한' 논제는 경쟁하는 양측의 명확한 대비가 가능하도록 각 토론자에 의해 정의될 수도 있다. 그들은 토론을 시작할 때에는 이해하지 못했다 하더라도 정의와 토론을 통해서 보다 명확하게 이런 진술들을 이해할 수 있게 된다. 또한 이러한 종류의 논제로 시작하는 토론을 위한 형식도 있다. 그러나 토론의 어느 지점에서는 토론을 명확하게 진술하거나 논제를 이해해야 효과적이고 의미 있는 토론이 가능하다.)

다시 물리적 힘과 글쓰기의 예로 설명하자면, 이는 너무 일반적인 주제이고 아직 어떤 문제가 서술되지 못했다. 잘 조직된 논증으로 발전하기에는 너무 광범위하며 느슨하게 서술되었다. 우리가 관심을 가지는 글쓰기란 어떤 종류인가? 시, 소설, 정부 문서, 웹 사이트의 개발, 광고, 사이버 전쟁, 허위 정보 등인가? 이 맥락에서 '강하다'는 것은 어떤 의미인가? 비교 대상인 물리적 힘이란 어떤 종류인가? 주먹, 결투에 쓰이는 검, 바주카포, 핵무기 등인가? 이보다 구체적인 질문은 아마도 다음과 같은 것일 것이다. "특정 위기에서 우리가 지지하는 라우라니아(Laurania)*의 안전을 보장하는 데 상호방위조약이 효과적인가 아니면 우리 함대의 시찰이 효과적인가?" 논증의 기초는 "미국은 라우라니아와의 상호방위조약을 체결해야 한다."와 같은 토론 논제로서 표현될 수 있다. 반대 측은 함대의 기동이 더 효과적인 해결책이라고 주장하며 이 논제에 반대할 수도 있다. 이는 토론자가 토론에서 논쟁을 창의적으로 해석하는 것을 전적으로 피해야 한다는 점을 말하는 것이 아니다. 오히려 훌륭한 토론은 논쟁에 대한 경쟁적인 해석에서 생겨날 수 있다. 사실 이러한 토론들은 매우 매력적일 수도 있다. 여기서의 초점은 특정 차이점에 집중하는 것이 토론을 가장 용이하게 만든다는 점이다. 다음 논의를 통해 이를 명확히 해보자.

2. 토론 논제 표현하기

논증과 토론에서 **논제**란 논쟁에서 중심 쟁점을 확인하는 판단에 대한 진술이다. 토론자들은 상대방이 논제를 수용하거나 거부하기를 바란다. 토론은 논제에 찬성하거나 반대하는 조직적 논증을 제시하는 것이다. 논제에 찬성하여 논증하는 토론자는 찬성 측을 말하고, 반대하여 논증하는 토론자는 반대 측을 말한다. 지적이고 효과적인 논쟁을 촉진하기 위해 토론 논제는 다음과 같은 특징을 지녀야 한다.

....

* 윈스턴 처칠이 쓴 유일한 소설 『사브롤라(Savrola)』에 나오는 가상의 나라.

1) 논쟁

이 장의 초반에 기술한 대로, 논쟁은 토론이 있기 위한 필수 전제 조건이다. 효과적으로 표현된 토론 논제는 공적 갈등을 다루거나 논쟁의 여지가 있는 주제로 시작하고, 논쟁을 명확하게 진술하거나 관련 논쟁의 요점을 언급해야 한다.

2) 하나의 중심 생각

논제가 매우 분명하면 최상의 토론과 가장 유용한 의사 결정을 할 수 있다. 생산적이고 합리적인 토론을 하려면 하나의 단일한 논쟁점에 명확한 '예/아니요'의 답이 존재해야 한다. 아무리 복잡성을 피할 수 없다고 하더라도, 또한 논제에 입각한 더욱 폭넓은 질문에 답하기 위해 더 작은 많은 질문에 답해야 할 필요성이 있다고 하더라도, 하나의 논제가 하나 이상의 중심 생각을 지니면 혼란스러울 수 있다. "철학 동아리는 낙태와 도박이 비도덕적이라고 비난해야 한다."라는 논제를 생각해보자. 어떤 이들은 이 논제를 받아들이겠지만, 여기에는 두 가지 논증 주제가 존재한다. 어떤 이들은 낙태를 비판하면서 도박을 옹호할 수도 있으며, 다른 이들은 반대의 관점을 가질 수도 있다. 이와 같은 두 가지 중심 생각은 별개의 논제로 주어져야 하며, 별도로 토론되어야 한다. 만약 이 논제가 철학 동아리의 의회식 토론에서 제시되었다면 이 동아리의 어떤 구성원은 원래의 동의안을 별도의 두 동의안으로 바꾸려고 할 것이다. 만약 이 수정안이 재청을 받아 통과된다면, 그다음에 두 동의안은 별도로 토론될 것이다. 이 논제는 두 가지의 논쟁을 표현하고 있는 것이다.

3) 감정적이지 않은 용어

논제는 반드시 감정적이지 않은 용어로 진술되어야 하며, 정서적인 영향을 미쳐 찬성 측이나 반대 측에 특별한 이익을 줄 수 있는 격정적인 말(loaded language)들은 피해야 한다. "잔인하고 가학적인 실험자들이 연약한 동물들을 무의미하게 괴롭히는 것을 금지해야 한다."라는 논제를 생각해보자. 이렇게 아주 격정적이고 감정적인 언어 사용은 찬성 측에 부당한 이익을 줄 것이다. 이에 비해 "생체 해부는 불법적이다."라는 논제는 감정적이지 않은 용어로 진술되었다. 감정적인 용어가 설득력 있는 가치가 있다고 할지라도 이를 토론 논제에 사용해서는 안 된다.

물론 어떤 단어든 모든 이에게 완전히 중립적일 수는 없지만, 우리는 논제의 평가적 측면을 축소하려고 노력해야 하고, 또 할 수 있다. 논제의 표현은 찬반 양측의 합리적인 참여자가 토론의 논쟁점이 정확하고 냉정하게 기술된 것으로 받아들일 수 있어야 한다.

4) 찬성 측이 바라는 판단에 대한 진술

정책 논제는 찬성 측이 바라는 판단에 대한 진술로 제시되어야 한다. 그리고 그 판단을 분명하고 정확하게 제시하여 그것이 수용되었을 경우 찬성 측이 자신들의 의도를 달성할 수 있어야 한다. 그러면서도 찬성 측에 가능성 있는 다양한 해석을 다룰 충분한 자유가 있어야 한다. "연방정부의 권력은 강화되어야 한다."라는 논제는 모호하면서 분명히 규정되지 않은 논제이다. 만약 이러한 논제에 대한 토론에서 찬성 측이 이긴다면, 우리는 어떤 것을 얻을 수 있을까? 그 어떤 것도 정책 입안에 도움이 되거나, 참여자에게 특정 정책 질문에 대한 정보를 제공할 만큼 충분히 구체적이지 않다. 연방정부의 권력이 강화되어야 한다는 논제가 동의를 얻은 이후에도 문제가 되는 특정 권력에 대한 또 다른 토론이 필요할 것이다. 예를 들어, 연방정부에 2년이 아닌 3년 동안의 군사비를 마련하는 것을 허락함으로써 연방정부의 권력이 강화되기를 주장하는 사람들이라 하더라도 주 정부를 없애고 연방정부를 강화하자는 데에는 반대할 수 있다. 찬성 측이 바라는 판단을 진술하면서 논제를 표현할 때에는 분명하고 구체적이어야 하며 모호한 용어 없이 정확해야 한다. 특히 변화의 방향이 확인되어야 하는데, 이는 양쪽이 어떤 논증 근거를 가지고 준비하고 토론해야 하는지 뚜렷하게 구별하기 위함이다. 예컨대, 그 문제에는 더 많은 규제가 있어야 하는가, 아니면 규제 완화가 있어야 하는가?

찬성 측이 바라는 판단 내용이 정확하게 진술되었다고 하더라도, 논제는 대상이 존재하고 있는 상태인 **현 상태**(status quo)를 분석할 때 가끔 찬성 측에 상당한 선택의 자유를 주어 하나의 방안이 아니라 여러 가지 방안이 공존하는 의사 결정 실행의 가능성을 열어둔다. 예를 들어, "연방정부는 매년 소득세 수익의 일정 퍼센트를 주 정부가 쓰는 것을 인정해야 한다."라는 논제는 일반적인 방안을 나타내지만, 현 상태를 분석하고 방안의 세부 사항을 개발하는 데 찬성 측에 상당한 재량을 부여한다. 따라서 어떤 찬성 측 토론자는 주의 재정과 지역 서비스를 나아지게 하기 위한 방안을 요구할 수도 있고, 다른 찬성 측 토론자는 도로와 교량, 형사사법제도, 건강보험제도와 같은 문제에 집중할 수도 있다. 또 다른 이들은 사뭇 다른 분석을 전개하여 군산복합체의 권력을 점검하는 수단으로서 그 논제를 채택하도록 요구할 수도 있다.

이러한 '개방적' 논제는 현실적으로 사람들이 동일한 정책을 지지하더라도 각기 다른 이유에서 지지한다는 사실을 반영하고 있다. "속마음을 모르는 동지들과 정치한다."라는 속담처럼, 우리는 응용 토론에서 가끔 상당히 다른 이유 때문에 어떤 법안을 지지하는, 의원들의 믿기 힘든 연합을 발견하기도 한다.

논제의 진술은 형식과 내용에서 모두 긍정적이어야 한다. "미합중국은 외국에 직접적인 경제 원조를 하면 안 된다."라는 논제는 부정문의 형식을 가지고 있다. 이렇게 부정 표현을 사용하면 혼동을 일으킬 여지가 있고 토론자들은 그들의 입론을 제시하는 데 불필요한 부담을 가질 수 있다. 이에 비해 "미합중국은 개발 지원 프로그램을 통해 외국에 원조해야 한다."라는 논제는 찬성 측이 특정한 원조 프로그램을 명확하게 지지한다는 것을 의미한다.

"배심제도는 폐지되어야 한다."라는 논제는 형식상 부정적이지 않으나 내용상 부정적이다. 이 논제의 문제점은 바로 이 논제가 잠정적 목표를 제시하고 있을 뿐 찬성 측이 바라는 명확하고 정확한 판단에 대한 진술을 하고 있지 못하다는 점이다. 만약 배심제도가 폐지되고 그 자리를 아무것도 대신하지 않는다면, 피소된 모든 범죄자들은 석방될 것이다. 왜냐하면 범죄자들을 재판할 수단이 아무것도 없기 때문이다. 그러나 "배심원들은 3인의 재판관으로 교체되어야 한다."라는 논제는 찬성 측 토론자가 옹호할 수도 있는 판단을 제대로 진술하고 있다.

토론 논제를 만드는 일은 중대한 도전이다. 너무 모호하게 표현되어 토론자들이 준비할 지침을 충분히 제공하지 못하는 논제와 너무 협소하고 엄격하게 표현되어 자신이 요구하는 방안을 해석할 때 토론자들의 창의성을 과도하게 제한하는 논제 사이에서 적절한 균형을 찾아야 한다. 적절한 구체성 정도를 선택하고자 할 때에는 형식, 토론의 맥락, 참여자의 성격과 전문 지식, 뒷받침 자료의 이용 가능성, 대상으로 삼는 청중 등을 고려해야 한다.

토론 논제의 기준에 대해 추가하자면, 교육 토론 논제에 대한 추가적인 필요조건이 있다(이 장의 뒤에 나오는 '교육 토론의 논제 표현하기' 표 참조).

반대신문토론협회(CEDA)의 토론과 전국토론대회(NDT)의 토론에서는 정제된 표현의 몇 가지 논제가 토론 공동체에 제공되면 그중에서 선택을 한다(이 장의 뒤에 나오는 '교육 토론의 논제 선택하기' 표 참조). 또한 개별 대회의 주최 측은 의회식 토론대회에서 토론할 논제를 설계하고, 전국토론협회(National Forensic Association: NFA)와 전국교육토론협회(National Educational Debate Association: NEDA)는 각각 링컨-더글러스 토론과 팀 토론을 위한 논제를 선택하고 있다.

3. 토론 논제의 유형

토론 논제는 사실, 가치, 정책에 대한 논쟁을 다룬다. 먼저 사실 논제를 살펴보고, 다음에는 가치 논제, 마지막에는 정책 논제를 살펴보자.

1) 사실 논제

사실 논제는 서술적 주장(descriptive claim)의 한 유형이다. 사실 논제에 대한 토론에서 찬성 측은 어떤 대상이 사실이라고 주장하고, 반대 측은 그것이 사실이 아니라고 주장한다. 법정은 거의 대부분 사실 논제와 관련되어 있다. 전형적 법률 토론 논제의 예들에는 "아무개는 강도죄를 범했다.", "이것은 아무개의 유서이다.", "이 재판에서 원고의 헌법상의 권리가 침해되었다." 등이 있다. 또한 법정 밖에서 이루어진 사실 논제에 대한 전형적인 토론의 예들에는 "내년 주식 시장은 위축될 것이다.", "인간의 생명은 수정 단계에서 시작된다.", "인간의 활동은 온실 효과를 야기한다.", "케네디 대통령을 암살하기 위해 리 하비 오스월드(Lee Harvey Oswald)와 공모한 사람이 있다." 등이 있다. 특히 마지막 사실 논제는 몇 년간 격렬한 공공 토론의 주제가 되어 왔으며, 올리버 스톤(Oliver Stone) 감독의 영화 〈JFK〉가 상영됨에 따라 관심이 최고조에 이르렀다. 분명히 사실 논제에 대한 토론은 쉽지만은 않으며, 풍부하고 중요한 토론이 될 수 있다. 2002년과 2003년 사담 후세인(Saddam Hussein)의 대량파괴무기 제조 능력에 대한 토론은 극히 중대한 토론이었으며, 2012년 대통령이 취한 조치(혹은 무조치)와 휘발유 가격의 인과관계는 미국인이 중요하게 생각한 사실 쟁점이었다.

사실 논제는 역시 다른 논제에 선행해 토론되거나, 가치 논제나 정책 논제에 대한 토론의 일부일 수도 있다. 그 이유는 가치나 정책에 대한 결정에 이르기 전 종종 관련 사실을 규명하는 것이 필수적이기 때문이다. 일반적으로 사실 논제는 ('지난 세기 동안 지구의 기후는 따뜻해졌다.'와 같은) 상황의 존재나 ('인간의 행위는 온실 효과를 야기해 왔다.'와 같은) 인과관계를 표현한다.

2) 가치 논제

가치 논제는 평가적 주장(evaluative claim)의 한 유형이다. 가치는 옳고 그름, 좋고 나쁨에 대한 우리의 믿음이다. 그래서 가치 논제는 필수적으로 어떤 것이 좋고 나쁨에 대한 진술을 생성한다. 가치 논제에 대한 토론에서 찬성 측은 어떤 믿음이나 가치 혹은 사실이 정당하며, 사안을 평가하는 데 적절한 정의(definition)나 기준(criteria)을 분명히 해준다고 주장한다. 전형적인 가치 논제의 예들에는 "낙태는 비도덕적이다."와 "텔레비전은 광대한 황무지이다."* 등이 있다. 가치 논제와 정책 논제의 가장 중요한 차이 중 하나는 정책 논제에서 찬성 측은 정책을 시행하기 위한 방안을 제안해야 하는 반면, 가치 논제에서는 방안을 제공하지 않는다. 대신에 찬성 측은 (1) 어떤 가치를 지지하거나(예를 들어, "모든 미합중국 시민권자에게 병역 의무는 바람직하다.") (2) 두 개의 가치 중 하나의 가치를 선택하거나(예를 들어, "연방정부의 적자는 실업보다 미국 사회에 더 큰 위협이 된다.") (3) 어떤 가치를 거부하는(예를 들어, "경쟁적인 운동 경기에 대한 강조는 미국 사회에 유해하다.") 주장을 뒷받침하려고 노력한다.

유사 정책(quasi-policy) 논제는 어떤 정책에 대한 가치 판단을 표현하는 논제이다. 전형적인 유사 정책 논제의 예로는 앞에서 언급한 '병역 의무' 논제가 있으며, "핵무기의 생산과 개발에 대한 미국의 일방적인 동결은 바람직하다."와 같은 1996년 이전의 많은 CEDA 토론의 논제가 이에 포함된다. 방안은 유사 정책 논제에 명시적으로 표현되지 않더라도 내재되어 있으며, 토론 참여자들은 이 논제의 정책적 함축에 대해 토론할 필요를 느끼게 된다. 1999년에서 2002년 사이 CEDA는 정책 논제와 '비정책' 논제라고 불린 것을 매년 번갈아 채택하였다. CEDA는 비정책 논제를 "어떤 생각, 상황, 행동의 진실성이나 가치를 일반적으로 옹호하기 위해 표현된 것

....

* 뉴턴 미노(Newton Minow)의 1961년 연설에서 따온 표현이다. 이 연설에서 그는 TV를 '광대한 황무지'로 표현하였다.

이지만, 미래 변화의 바람직한 상황이나 가치를 단순히 옹호하는 것은 아닌 것"으로 정의하였다.

가치는 정책을 이끄는 것이다. 만약 우리가 하나의 가치를 옹호한다면 그다음의 논리적 단계는 대부분 그 가치와 합치되는 정책을 지지하는 것이다. 어떤 가치를 지지하느냐 아니면 거부하느냐의 강도에 의해 우리는 사적인 방책을 선택할 것인가 아니면 공적인 정책을 촉구할 것인가를 결정한다. "낙태는 비도덕적이다."라는 논제를 옹호하는 여성은 "다른 이들은 그들의 양심에 따를 것이다. 나는 이 가치를 옹호하므로 낙태를 선택하지 않는다." 라고 말할 수도 있다. 양측의 열렬한 신봉자들은 활동가적인 태도를 더 많이 보이면서 그들의 가치가 법으로 제정될 수 있도록 노력할 것이다. 물론 토론자들은 "워싱턴은 링컨보다 더 훌륭한 대통령이다."처럼 분명한 정책적 의미가 드러나지 않는, 가치에 대한 즐거운 논쟁에 참여할 수도 있다. 이러한 토론에서 반대 측이 이기는 것은 워싱턴 기념비를 무너뜨리거나 링컨의 또 다른 기념물을 짓는 정책을 시사하지는 않는다.

만약 우리가 "텔레비전은 황무지이다."라고 판단한다면, 우리는 텔레비전을 덜 시청하는 개인적인 선택을 할 수도 있다. 그러나 만약 우리가 선택한 가치를 지지해줄 것을 사람들에게 설득한다면, 어떤 정책 사안으로서 특정 유형의 프로그램이 텔레비전에서 사라질 것이고, 그 자리를 공익에 부합하는 프로그램이 차지할 것이다. 이러한 정책의 결과는 명확하게 토론자들과 결정을 하는 사람들이 검증해야 할 대상이 된다.

정책 고려로 이어지는 사실 판단과 가치 판단의 사례는 1988년도 부시와 듀카키스의 첫 번째 대통령 선거 토론에서 찾을 수 있다. 조지 H. W. 부시는 '생명의 소중함'을 옹호하는 것으로 알려져 있었으며(가치 논제), 낙태를 '살인'이라고 치부하였다(사실 논제). 그는 "만약 낙태가 불법이 된다면, 낙태를 한 여성은 감옥에 가야 한다고 생각합니까?"라는 질문(정책 논제)을 받았을 때 다음과 같이 대답하였다. "저는 처벌로 문제를 해결하려고 하지 않습니다. … 저는 생명은 소중하다고 생각합니다. 만약 그것이 확실히 불법 행위가 된다면, 그때 가서 그 처벌 의견에 대해 대처할 수 있을 것입니다. 그리고 물론 법을 강제하려면 처벌이 필요하다고 봅니다." 지켜보던 이들은 이 대답이 비효과적이고 약점을 잡혔다고 판단하였다. 마이클 듀카키스는 즉시 부시의 가치가 가지고 있는 정책적 의미에 초점을 맞추었다. "음, 지금 부통령께서는 낙태 결정을 하는 여성을 범죄자로 낙인찍을 준비를 하고 계신다고 생각합니다."[1]

사실, 가치, 정책 논제를 각각 토론하지만 우리는 많은 경우 그것들을 다 함께 고려해야만 한다는 것을 알게 된다.

3) 정책 논제

정책 논제는 옹호적 주장(advocate claim)의 한 유형이다. 정책 논제는 변화를 요구한다. CEDA에서는 정책 논제를 "미래의 가치와 특정한 정부 변화를 옹호하기 위해 표현되는 것으로, 광범위하고도 예측할 수 있는 찬성 측의 가능성 있는 방안들을 제안하는 것"이라고 정의하고 있다. 물론 다른 토론회에서는 정책 논제가 (예를 들어, '나는 저녁 식사에 피자를 먹어야 한다!'와 같이) 정부가 아닌 사람의 행동 변화를 요구할 수도 있다. 정책 논제에 대한 토론에서 찬성 측은 정책이나 일련의 조치들이 도입되어야 한다고 주장한다. 입법기관의 대부분의 토론이 바로 정책 논제에 대한 토론이다. 의회나 주 의회, 시 의회에서 수행되는 전형적인 토론 논제의 사례에는 "과세 법안을 제정해야 한다."와 "상원은 프랑스 대사로 아무개 씨를 임명하는 것에 동의해야 한다." 등이 있다. 또한 사적 조직에서도 대부분의 토론은 정책 논제에 대한 것이다. 예를 들면, "전국의사소통협회(National

Communication Association)는 시카고에서 해당 연도의 학술대회를 개최해야 한다."와 "콤팩트 모터스(Compact Motors)는 보통주에 대해 주당 50센트의 분기 배당금을 지급해야 한다." 혹은 "이 캠퍼스에 더 많은 기숙사를 지어야 한다." 등이 있다.

정책을 시행하기 위한 방안은 찬성 측 입론에 필수적이라고 했던 것을 기억해보자. 정책 논제에 대한 토론에서 가치 논제가 가끔 중요한 쟁점으로서 부상한다. 예를 들어, "연방정부는 미국에서 대중매체의 정보 전달에 대한 규제를 확실히 강화해야 한다."라는 정책 논제에서, 가끔 필수 쟁점으로 "표현의 자유는 우리의 권리 중 가장 중요하다."와 "공판 전 대중의 관심은 형사 재판에서 피고가 공정한 재판을 받지 못하게 한다."라는 논제(둘 다 가치 논제)를 토론하는 것이 필요할 때가 있다.

1995년 O. J. 심슨(O. J. Simpson) 살인 사건은 많은 사실, 가치, 정책 쟁점을 불러일으켰다. O. J.는 살인죄를 저질렀는가? 이는 재판이 답해야 할 사실 문제였다. 공판 전 심리 기간에 O. J.의 죽은 전처의 친구는 책을 썼다. 이것이 O. J.에 대한 편견을 조장했는가? 그리고 재판을 기다리며 감옥에서 O. J.도 역시 책을 썼다. 이는 O. J.를 옹호하는 편견을 만들어냈는가? 그리고 타블로이드부터 주류 언론까지, 그리고 법정 생중계 뉴스부터 주류 방송까지 매체들은 재판을 둘러싼 모든 종류의 사건, 가십, 소문, 의견들을 보도했다. 재판과 이를 둘러싼 모든 사건을 보도하려는 매체들의 언론의 자유는 공정한 재판을 받아야 하는 O. J.의 권리보다 더 중대한 것인가? 만약 O. J.가 유죄로 선고되면 그의 변호사는 대법원에서 이러한 사실 문제와 가치 문제에 대한 자신의 주장을 펴려고 할 수도 있다. 선정적인 매체 보도와 관련된 또 다른 사례는 바로 2011년의 케이시 앤서니(Casey Anthony) 살인 사건이다. 케이시는 그녀의 두 살 난 딸 케일리를 죽인 혐의로 기소되었다. 이 재판은 케이시에 대한 매체의 취재 공세 속에서 진행되었고, (비록 그녀가 이 사건을 수사하던 경찰관에게 잘못된 정보를 제공한 것에서는 유죄였지만) 끝내 그녀는 살인죄를 저지르지 않았음이 밝혀졌다. 어떤 일이 일어났는가? 케이시는 유죄인가(사실 문제), 공판 전에 쏠린 대중의 관심은 공정한 재판을 받을 그녀의 권리를 침해했는가, 아니면 그녀 때문에 정의가 훼손되었는가(가치 문제)? 케이시에 대한 판결과 처벌은 어떤 것이 되어야 하는가(정책 문제)?

만약 검찰 측이 두 사건 중 하나에 사형을 구형하였다면, 이를 적용할지 여부는 유죄 평결이 따르는 소송 절차와는 별도로 배심원들이 토론해야 할 정책 문제가 될 것이다.

또 다른 사례로 1995년부터 2000년에 있었던 모니카 르윈스키와 빌 클린턴의 스캔들도 생각해보자. 하원에서 클린턴 대통령을 탄핵하는 절차는 사실 논제에 초점을 맞춘 것이었다. 이때 상원 입장에서는 가치 함의의 중요도와 최종적으로 적절한 정책적 행위가 무엇인지를 고려해야 한다. 클린턴 대통령을 내쫓아야 하는가? 앞서 살펴본 20세기 가장 많은 구설수에 올랐던 살인 사건과 대통령에 대항한 역사적 절차에 사실, 가치, 정책 문제가 뒤섞여 있는 것처럼, 공공 정책에 대한 중요한 토론과 우리 일상생활에 영향을 미치는 덜 알려진 토론에도 역시 사실, 가치, 정책 논제는 함께 뒤섞여 있다. 존 에드워즈 상원의원이 2012년 그의 정부 리엘 헌터의 사치스러운 생활을 지원하기 위해 그의 지지자들이 제공한 돈을 사용하여 선거자금법 위반 혐의로 기소되었을 때 사실 문제는 다루어지지 않았다. 에드워즈는 혼외정사로 한 명의 아이를 낳았고 그의 지지자들은 헌터를 위해 재정적 지원을 해준 것이었다. 이때 논란이 된 것은 (권리에 기초하여 가치를 해석한다고 여겨지는) 법률을 적용하는 문제와, ('그의 유죄를 밝혀내 처벌해야 하는가?'와 같은) 궁극적 평결과 잠재적 처벌에 대한 정책 질문이다.

4. 추정과 입증 책임

1) 현 상태

정책 논제에 대한 토론에서 찬성 측 토론자는 변화를 지지하며 대체로 새로운 정부 정책을 옹호한다. 정책 논제는 (종종 미국 연방정부와 같은) 주체에게 (새로운 법률과 같은 다른 조치를 지지하면서 이미 존재하는 일련의 조치에서 벗어나는) 어떤 새로운 일을 능동적으로 할 것을 요구한다. 그렇게 뒷받침된 변화는 현 상태(status quo)에서 벗어나기를 요구한다. 이때 현 상태는 대체로 현재 존재하는 구조, 현행 정책이나 법률 등이다. 현 상태는 현 체제 혹은 지금 대상들이 존재하고 있는 방식이다. 예를 들어, 일찍이 미국 전역에서 사형은 합법적이었다. 이것이 과거의 현 상태였다. 그런데 연방 대법원이 현재 존재하는 사형제도는 위헌이라고 판결을 내렸다. 따라서 현 상태는 사형제도가 없는 상태가 되었다. 후에 몇몇 주에서 연방 대법원의 기준에 부합하는 새로운 사형 법률을 제정하였고, 사형 집행이 이들 주에서 재개되었다. 이후 현 상태는 몇몇 주가 특정 조건에서 사형을 허용한다는 것이다. 그러나 열렬한 사형 찬성자와 사형 반대자는 모두 이런 현 상태를 바꾸려고 한다. 어떤 이는 모든 주에까지 사형 집행을 확대하기를 바라고, 반면에 다른 이는 이를 폐지하길 바란다. 사실 논제와 가치 논제는 변화를 요구하는 것이 아니기 때문에 '현 상태'에 대한 고찰을 다루지 않는 대신, 이에 대응되는 개념을 운용한다. 즉, 토론 참여자는 그 논제에 대해 기존의 가정(prior assumption)이 잘못되었다는 데서 토론을 시작한다. 현 상태가 공격 대상인 체제를 나타내듯이 기존의 가정은 공격 대상인 신념을 나타낸다. 사실 논제와 가치 논제의 경우 비판적 청자나 판정자들은 앞에서 긍정적으로 표현된 주장이 진실임이 드러날 때까지 그것을 거부한다.

교육 토론의 논제 표현하기

교육 토론에서 사용되는 논제의 추가적 필요조건에는 중요성, 공평함, 길이, 모호함 등이 있다.

중요한 현재 문제

교육 토론의 쟁점을 선정할 때, 교육자들은 정제된 표현의 논제뿐만 아니라 학생들, 토론 판정단, 청중이 현재 흥미를 느끼는 중요한 문제를 탐구할 기회를 제공하는 논제를 찾아야 한다. 토론 주제는 쉽게 알아볼 수 있는 정보에 입각한 것이어야 하기 때문에 전국토론대회(NDT)의 논제는 현재의 국가적 문제 혹은 국제적 문제를 다룬다. 몇몇 토론 교사들은 1998–1999년에 CEDA와 NDT에서 선정한 시민권 논제를 옹호했는데, 그 이유는 이 주제들이 학생들의 흥미를 끌 수 있으며, 특히 소수자 학생들을 토론으로 이끌 수 있다고 생각하기 때문이다. 그러나 2003–2004년 CEDA 논제는 토론 초심자들이 첫눈에 흥미를 느끼기에는 너무 장황해 예리하지 못하다는 비판을 받았다. 2011–2012년의 '아랍의 봄'에 대한 논제는 매우 시의적절했으며, 계속되는 뉴스 변화에 맞게 사건을 다루었다.

교육자들은 토론 참여자들이 계속 새로운 증거와 논증을 찾을 수 있도록 학기 혹은 학년도(academic year) 동안 계속 뉴스로 존재하거나 흥미가 계속될 쟁점을 찾는다. 연방 대법원의 사생활 보호 권리에 대한 판정이 전국 토론 논제의 주제였을 때 이 쟁점을 고른 교육자들은 이 논제로 토론이 한참 진행되고 있을 때 판정이 뒤집힐 것이라는 점을 예상하지 못했다. 그러나 이런 일이 일어난다면, 사생활 보호 권리에 대한 현 상태는 중대하게 뒤바뀌어 이 논제는 교육 토론에 적절하지 않게 될 것이다.

가끔 논제를 변경할 필요도 없이, 현 상태가 극적으로 변화하여 찬성 측의 입론을 상당히 고쳐야 할 경우도 있다. '에너지의 공급과 사용에 대한 연방정부의 통제'와 관련된 논제로 토론하던 해에 이런 변화가 많이 일어났다. 그 시즌의 초기에 몇몇 찬성 팀은 "아랍 국가들은 석유 수출 금지 조치를 취할 것이다."라고 주장했고 반대 팀은 이 가능성에 대하여 자신 있게 부정하였는데, 실제로 아랍 국가들은 이 당시에 초기에는 석유 수출 금지 조치를 취했다. 그때 찬성 팀은 이러한 석유 금수 조치에 대처할 유일한 수단으로 휘발유 배급제를 주장하였다. 그러나 그해가 지나면서 몇몇 주들이 휘발유 판매를 제한했음에도 불구하고 연방정부는 배급제를 위한 어떤 실제적 지원도 하지 않았음이 명백해졌다. 그러자 거의 모든 대회에서 많은 팀들이 자신의 찬성 입론을 고쳐 써야 했다. 왜냐하면 새로운 정책이 시행되거나 새로운 증거가 발견되면서 현 상태가 여러 차례 변화하였기 때문이다. 2002–2003년도 교육 토론 기간 중에 어떤 논제들은 그해가 끝나기도 전에 사용할 수 없게 되었다. 논제에서 요구하는 정책적 조치 중 하나였던 전략무기감축조약(SORT) 합의안이 3월 6일 미국 상원에서 승인되었기 때문이다.

공평한 논쟁의 여지가 있는 증거와 추론

응용 토론에서는 증거와 추론이 다른 한쪽보다 더 강력할 수도 있다. 법정에서 변호사는 자신이 내놓은 증거가 압도적일 때 의뢰인을 충분히 변호할 수 있다. 의회에서 소수당의 지도자는 대부분 가망성 없는 명분을 위하여 싸운다. 하지만 교육 토론의 목적은 어떤 논제를 찬성하거나 반대하는 데 있는 것이 아니다. 오히려 주제 자체와 더불어 논증과 토론에 대해 학습할 기회를 제공하기 위하여 논제를 이용한다. 교육 목표를 위하여, 양쪽 모두 강력한 입론을 확립할 수 있는 공평한 기회를 주는 논제를 우선해야 한다.

단일 평서문

시간 제한도 있고 명료하게 진술하기 위해 교육 토론의 논제는 하나의 평서문으로 제한되어야 한다. 응용 토론에서는 논제가 필요한 만큼 길어질 수도 있다. 예를 들어, 의회 법률안은 토론 논제의 특별한 형식이며, 이는 많은 페이지를 할애할 만큼 길어질 수도 있다. 최근의 CEDA/NDT 논제는 찬성 측에 선택지(options) 목록을 제공함으로써 이 조건을 위반하고 있다. 이 추세는 옹호해야 하는 정책이 점점 특수해짐에 따른 선택으로, 결과적으로 개별 토론에 명확성을 제공해 준다. 비판하는 이들은 몇몇 논제들(예를 들면 2003-2004년의 CEDA/NDT 논제)이 일관된 주제를 제공하는 데 실패하였고, 또 몇몇 논제들은 찬성 측의 지지를 결정하는 데 지나치게 제한적임을 지적했다.

모호함 피하기

교육 토론의 논제를 표현할 때 과도한 모호성을 피하기 위해 노력하여야 하며, 동시에 논제의 용어 해석에서 불필요하게 토론자가 창의성을 발휘할 수 있는 기회를 제한해서도 안 된다. 그러므로 토론 기획자의 과제는 지나치게 막연한 것과 지나치게 제한적인 것 사이에서 균형을 유지하는 일이다. 일반적으로 논제를 표현할 때에는 명확한 변화 방향을 제시하는 (예를 들어, 총기단속법을 '변경하자'라고 하기보다는 총기 규제를 '강화하자'라고 하는) 것이 더욱 효과적이다. 제2회 전국토론학술대회(The Second National Developmental Conference on Forensics)에서는 교육 토론을 위해 다음과 같은 권고 사항을 특별히 만들었다.

1. '전부(all)', '모든(every)', '어떤 것이든(any)'과 같은 포괄적 용어를 사용할 때에는 주의하라.
2. '더 큰(greater)' 혹은 '예외 없이 모두(any and all)' 등의 막연하거나 복합적인 단어나 구를 사용할 때에는 주의하라.
3. 토론 논제의 표현과 해석에 대해 언어 전문가와 상의하라.
4. 변화나 의사 결정의 성격과 방향을 명확히 명시하라.
5. 의미 있는 수준의 연구와 논의를 창출하기 위해 주제를 제한해야 할 필요와 주어진 시간 동안 흥미를 유지해야 할 필요 사이의 균형을 유지하는 표현을 모색하라.

2) 추정

토론에서 **추정**(presumption)은 논쟁에서 어떤 특정 입장을 옹호하는 경향이다. 이는 청자 혹은 의사 결정자의 심리적 경향을 말해준다. 또한 추정은 청중 혹은 토론 판정자가 논제가 거짓일 것이라고 생각하는 기존의 가정(assumption)으로도 여겨지기 때문에, 이를 옹호하는 이들은 설득력 있고 강렬한 증거를 제시해 논제를 수용하도록 만들어야 한다. 추정은 사법적 관점(judicial perspective)과 정책적 관점(policy perspective)이라는 두 관점에서 볼 수 있다. 사법적 관점에서는 규칙에 따라 일관된 이해를 할 수 있다. 이 규칙은 항상 현 상태, 추정 상황(예컨대, 무죄 추정), 긍정적으로 진술된 논제의 역(즉, 그 진술은 거짓으로 추정된다) 등을 옹호한다. 사법적 관점은 현 상태의 구조가 유지될 수 있다는 입장이 존재할 때 사용된다. 물론 이 입장과 함께 사소한 조정이 있을 수 있으나 현 상태의 본질적인 특징은 변화를 정당화할 만한 정당하고도 충분한 이유가 주어질 때까지 지속될 것이다. 예를 들어, 이 관점은 법정에서 효력이 있는데, 피고인은 유죄로 판명될 때까지 (현 상황에서) 무죄로 추정된다. 이처럼 현 상태도 만약 그 반대의 강렬한 논거가 없다면 수용 가능하다고 간주된다.

사법적 관점에서 추정은 현 상태를 옹호한다. 즉 사건이 존재하고 있는 상태는 그것을 바꿀 만한 정당하고도 충분한 이유가 생길 때까지 지속된다. 사법적 관점을 이용하는 토론에서 이 추정은 현 상태를 옹호하는 것이며 찬성 측은 **입증 책임**(the burden of proof)을 지게 된다. 이것은 논제가 안고 있는 위험 요소이다. 왜냐하면 변화는 위험(그리고 비용)을 포함하고 있기 때문에 변화를 주장하는 쪽은 변화가 반드시 그 위험을 부담할 만큼 가치가 있다는 것을 증명해야 한다. 논제에 찬성하는 토론자들은 자신들의 주장을 증명해야 한다. 그들은 논제를 채택하거나 수용할 정당하고 충분한

교육 토론의 논제 선택하기

매년 CEDA는 토론 공동체 회원에게 주제 발표문을 작성하게 한다. 각 주제 발표문은 한 주제 영역에 대한 개관, 활용 가능한 문헌들에 대한 논의, 가능성 있는 연관 주제와 주제 표현, 주제 영역에 대해 토론했을 때의 상대적 이익 등을 제시한다. 봄에 CEDA의 주제 선정 위원회는 주제 발표문을 활용하여 아이디어를 내고 적어도 세 가지 주제 영역을 구체화해서 CEDA 회원들에게 제시한다. 회원들은 문제 영역 중에서 자신의 기호에 맞는 것에 투표하고, 위원회는 선택된 주제 영역 안에서 최소한 세 가지 이상의 정책 논제를 구성하기 위해 다시 노력하며, 그런 다음 CEDA 회원들이 최종 선택을 하게 된다. 논제는 1년 동안 CEDA와 NDT에서 사용되며, 7월에 발표된다. 미국토론협회(ADA)도 CEDA와 NDT의 논제를 사용한다. 전국교육토론협회(NEDA)와 전국토론협회(NFA)는 자체적으로 논제를 선정한다. 미국의회식토론협회(APDA)와 전국의회식토론협회(NPDA)가 대표하는 의회식토론대회 참가자들은 토론대회 주최 측이 구성해 놓은 대로 특정 대회의 각 시합마다 주제를 선택하여 사용한다.

　　대회의 맥락 안에서 조사에 기초한 팀 토론은 전국적 토론 논제를 반드시 사용한다. 만약 학생들이 각 대회마다 다른 논제로 토론해야 한다면, 그해의 다양하고 많은 토론 논제들을 다루면서 조사 방법을 익히는 데 상당한 경험을 할 수 있긴 하지만 증거에 기초한 토론에서 깊이 있는 조사와 경험을 희생하게 될 것이다. 새로운 주제로 하는 처음의 몇몇 토론은 가끔 불확실하고 실험적이다. 한 논제에 대한 많은 토론을 거쳐 학습 상황은 더욱 심도가 있어진다.

　　물론 (NPDA와 APDA가 주최하는) 의회식 토론을 포함한 대안적인 토론대회는 즉흥적인 생각의 전개와 방대한 독서 및 넓은 쟁점 영역에 대한 조사 등에 기반을 둔, 색다른 교육적 경험과 기술 목록을 제공한다. 이러한 접근은 깊이 있는 조사와 논증을 제공하지 못한다 하더라도 비판적으로 사고하고 공적으로 옹호하는 가치 있는 경험을 제공한다.

　　많은 교육 토론이 전국 대학 대항 토론 논제에 대한 것이기 때문에 어떻게 논제가 선택되는지를 아는 것은 유용하다. 이러한 논제 선택 방법에 주의를 기울인다는 것은 개별 토론자가 자신이 활용하기 위해 논제를 표현하는 것을 연습해야 한다는 것을 시사한다. 유사한 기준이 의회식 토론대회에서 실행되는 것과 같이 즉석 토론 형식의 논제에도 적용될 수 있어야 한다.

이유를 제공해야 한다. 그리고 그들은 의사 결정을 하는 이들을 납득시켜야 한다. 만약 그들이 찬성 측 입증 책임을 다하지 않으면 논제의 채택으로 얻을 것이라고 기대하는 모든 것을 잃게 된다. 이 개념은 "고장 나지 않았

으면 고칠 필요가 없다."라는 경구 속에 적절히 잘 요약되어 있다.[2]

　정책적 관점은 변화가 현 상태에 내재해 있을 때 사용된다. 예를 들어, 2004년에 현직 대통령인 부시 대통령은 재선하기 위해 출마하였다. 그해 유권자들은 부시에게 투표할 수도(현 상태) 그의 경쟁자인 존 케리에게 투표할 수도 있는 선택권이 있었다. 하지만 부시는 헌법적 제한으로 2008년에는 3선에 출마할 수 없고 현 상태의 변화는 불가피했다. 2008년과 마찬가지로 2000년 유권자들은 현 상태를 지지하는 선택(클린턴에게 투표하기)을 하지 못하고 현 상태에서 벗어나는 둘 이상 선택지에서 고를 수 있었다. 물론 2008년에는 존 매케인 상원의원이 집권당(공화당)을 대표하고 있었기 때문에 그를 지지하는 것은 어떤 '추정'을 하는 것이었다. 하지만 부시 정부의 경제와 외교 정책이 위기였기 때문에 그 정책 기조를 유지하도록 만드는 것은 매우 위험하다는 인식이 있었고 이 추정은 약점을 가졌다. 2012년의 버락 오바마의 경우도 현직이었음에도 불구하고 경제 불황에 직면하자, 현직이라는 이유로 자신을 지지하는 어떤 추정에서 이득을 취할 수 있었다. 하지만 이와 같은 이익은 위험과 대비되면 약화된다. 2000년에 공화당 후보 부시가 민주당 후보 고어보다 현저히 다르게 받아들여졌던 일, 2008년에 민주당 도전자 오바마가 공화당의 매케인보다 현 상태에서 더 많이 벗어나는 것으로 받아들여졌던 일 등의 사례에서 전형적으로 드러나듯이, 어떤 선택은 다른 선택보다 현 상태의 더 큰 변화를 대표한다.

　정책적 관점에서 추정은 최소의 불이익을 초래하는 동시에 최대의 이익을 가져다주는 입장을 지지하거나, 변화의 정도가 더 적음으로써 최소의 위험만 초래하는 입장을 지지한다. 다시 말하면, 추정은 덜 위험한 입장을 지지하거나 해로운 결과를 가져올 위험이 적은 것을 옹호한다. 가치 논제에 대한 토론에서 추정은 상대적으로 가치가 덜한 것보다 가치가 큰 입장을 옹호한다. 예를 들어, '규제 약물 검사'에 대한 많은 토론의 쟁점은 '사생활 보호'가 '안전'보다 더 중요한가이다. 여행자들의 사적 프라이버시를 침해하더라도 안전 및 안보를 더 중시한 교통안전국(TSA)의 전신 스캐너 도입에 대한 토론에서도 동일한 문제가 제기될 수 있다.

이러한 사례에서 어떻게 찬성 측 입증 책임을 판단할 수 있는가? 입증 책임의 대표적인 규칙은 '주장하는 이가 증명해야 한다'이다. 이제 이들 개념이 어떻게 작용하는지 알아보기 위해 몇 가지 예를 들어보자. 먼저 사법적 관점에서 몇 가지 사례를 살펴볼 것이다.

당신은 결혼이 한 남자와 한 여자의 법적 결합이라고 정의하는 수정헌법을 지지하는가? 공립학교의 기도 시간에 대한 수정헌법 조항은 어떠한가? 생명권에 대한 헌법 조항은 어떠한가? 그리고 균형 예산에 대한 조항은 어떠한가? 현 상태는 현재 존재하고 있는 헌법이다. 만약 이 헌법을 바꿔야 한다고 주장하고 싶다면, 찬성 측 입증 책임을 져야 한다. 이 경우 개정 조항을 통과시키기 위해 의회 상하원을 설득해야 하고, 38개 주가 승인하도록 설득해야 한다. 이것이 헌법을 바꾸고자 하는 사람들에게 요구되는 입증 책임이다.

'추정' 개념은 법적 체계의 중요한 부분이다. 아무개가 쿡 카운티 내셔널 은행에서 강도를 저질렀다면? 법은 어떤 사람이 죄가 있다고 명백하게 증명되기 전까지는 무죄로 추정하기를 요구한다. 아무개가 결백하다는 것이 현 상태이며, 경찰청과 지방 검사는 판결을 내리기 전까지 그가 유죄임을 배심원에게 납득시켜야 한다. (불행하게도 이 법의 원칙은 가끔씩 왜곡된다. 잘 알려진 피고인들은 '언론에 의한 재판'을 치르게 되면서 장래의 배심원들은 법정의 재판이 시작되기도 전에 마음속으로 피고인에 대해 '유죄임이 입증되었다.'라고 생각한다. 영국 법은 미국 법보다 피고인에 대한 재판 전의 공표를 훨씬 엄격하게 제한하고 있다.)

세상의 평범한 사람들은 상대적으로 덜 알려진 채로 형사사법제도의 절차를 밟는다. 이들 사건은 좀처럼 대중매체의 관심을 끌지 못한다. 그러나 O. J 심슨 살인 사건은 전례 없이 세계적인 관심을 끌었다. 한 TV 리포터는 재판의 배심원을 선정하는 문제에 대해 언급하면서 다음과 같이 비꼬아 말했다. "지난 몇 달 동안 혼수상태에 있었던 사람만이 O. J. 사건에 대해 듣지 못했을 겁니다." 스콧 피터슨(Scott Peterson), 코비 브라이언트(Kobe Bryant), 마사 스튜어트(Martha Stewart), 필 스펙터(Phil Spector), 로버트 블레이크(Robert Blake), 자카리아스 무사위(Zacarias Moussaoui), 케이시 앤서니(Casey Anthony)의 재판이 비슷한 관심을 끌었다.

그러나 이러한 무죄 추정의 개념에 몇 가지 예외가 있다. 오랫동안 세금 분쟁 사건의 경우에는 납세자는 무죄로 판정되기 전까지 사실상 유죄였다. 이는 무죄 추정 원칙의 명확한 위반이다. 그러나 이러한 전도된 원칙은 제5회 연방순회항소법원(Circuit Court of Appeals)이 국세청(Internal Revenue Service: IRS)에 입증 책임을 부여하기 전까지는 대원칙으로서 현 상태가 되었고 유지되어 왔다.[5] 1998년 IRS의 개혁 및 구조조정법은 '납세자의 권리장전'으로 알려져 있으며, 법률적으로 특정 법적 절차에서의 입증 책임을 개별 납세자에서 IRS로 변경했다.

3) 찬성 측 입증 책임

따라서 긍정적으로 진술된 논제의 옹호자들은 자신들의 입장에 반대되는 추정 혹은 경향을 극복해야 하는 과제를 안고 있다. 그들은 논제에 '선결 요건을 갖춘(*prima facie*)' 입론을 제공함으로써 '입증 책임'이라는 과제를 충족시킨다. 선결 요건을 갖춘 입론은 논리 정연하고 총체적인 입론으로, 합리적이고 이성적인 사람들을 이해시키면서 반대되는 추정을 극복할 수 있는 충분한 증거를 제시한다. 법적 절차에 의해 사건이 대배심

(Grand Jury)에 보내지면 기소 검사는 사건이 재판에 회부할 만한 선결 요건을 충족하는지 아닌지를 판단하게 된다. 물론 법정에서는 다른 기준이 상이한 환경에서의 입증 책임보다 더 우세하다. 대배심 앞에서는 기소를 확실히 하기 위해 오직 '개연성 있는 상당한 이유(probable cause)'만을 입증할 필요가 있다. 형사재판에서 검사는 유죄 평결을 얻어내기 위해 '합리적 의심을 넘어선' 입증을 확실히 하여야 한다. 또한 민사재판에서 평결은 일반적으로 '증명의 우월성(preponderance of evidence)'에 기초하고 있다. 법정 밖에서도 합리적인 사람들은 대체로 이들 기준을 적용하고 '증명의 우월성'에 입각하여 의사 결정을 한다. 법적 절차 안에서 판사는 배심원들에게 '개연성 있는 상당한 이유' 혹은 '합리적 의심'을 구성하는 것에 대해 가르친다.

연방 대법원이 성적 차별 사건에 대해 "고용주는 법적인 이유 또는 차별적이지 않은 이유에 기초해 누군가의 고용이나 승진을 거부했음을 입증하는 법적 책임을 져야 한다."라는 판결을 내렸을 때, 입증 책임 개념과 추정 개념은 『뉴욕 타임스』와 전국의 다른 신문들의 1면을 장식하였다. 법원은 동일한 판결에서 고용주는 고용과 승진의 근거가 합법적이었음을 오직 하급 법정에서 요구하는 '명확하고 납득이 가는 입증'이라는 더욱 엄격한 기준이 아니라 '증명의 우월성'을 통해 보여야 한다는 결정을 내렸다.[4] 법정 밖에서 우리는 '증명의 우월성'을 구성하는 것에 대한 정의를 미리 결정하지 않는다. 그래서 토론에서 이 부분에 대한 정의는 매우 중요한 쟁점이 되며, 토론자는 의사 결정을 하는 사람들에게 자신의 개념 정의가 토론의 맥락 속에서 충분하다는 점을 설득하려고 노력한다.

의회식 토론의 특정 상황에서 찬성 측은 입증 책임을 다하기 위해 3분의 2, 또는 4분의 3에 달하는 다수의 동의를 얻어야 한다. 1995년에 의회가 새로운 세금 법안을 제정하기 위해서는 5분의 3 이상의 투표가 있어야 한다는 안이 제출되었다. 이와는 대조적으로, 쿡 카운티 내셔널 은행에서 강도를 저지른 아무개에 대한 유죄 평결을 끌어내기 위해서 검사는 100퍼센트 배심원 전원을 확신시켜야 한다. 만약 한 배심원이 아무개가 죄가 있다는 것을 확신하지 못한다면 아무개의 유죄는 성립하지 못한다.

가끔 찬성 측 입증 책임은 예상했던 것보다 더 커질 수도 있다. 1994년 캘리포니아 유권자의 다수는 제안 187호(Proposition 187)인 불법 이민 반대 법안의 발의가 승인되었을 때 그들이 승리하였다고 생각했다. 그러나 반대 측은 이 법안 발의의 효력 발생을 미루어달라고 연방 법원을 설득하면서 주법이 아니라 연방법이 이민자들의 지위를 관장한다고 주장하였다. 연방 1심 법원에서는 이 법이 헌법을 위반한 것으로 판단하고 폐지하였다.

새로운 연방법을 제정하는 문제에서 찬성 측 입증 책임은 한 주의 다수표를 획득하는 것보다 더 커진다. 새로운 연방법을 제정하기 위해서는 하원의 다수, 상원의 다수, 대통령을 설득해야 한다. 만약 대통령이 그 법에 대해 거부권을 행사하면 그 법의 제안자는 하원과 상원의 3분의 2 이상을 설득해야 한다. 만약 그 법이 법정에서 도전을 받으면 그 법의 제안자들은 연방 법원의 다수를 설득하여야 한다. 이제 정책적 관점에서 몇 가지 사례를 살펴보도록 하자.

다시 말하지만 몇몇 경우에서 변화는 현 상태에 내재된 것일 수도 있다. 이러한 경우에 추정은 변화 자체를 옹호하는 것이지 어떤 특정 변화를 옹호하는 것은 아니다. 이것의 전형적 사례를 자동차 산업에서 찾아볼 수 있는데 대부분의 회사는 매년 모델을 바꾼다. 새로운 모델이 매년 나오더라도 디자이너에게는 모델 X가 모델 Y나 모델 Z 등 고려할 수 있는 다른 모델보다 더 낫다는 것을 회사 측에 확신시켜야 할 입증 책임이 있다. 또 몇몇 상황에서는 현 상태라는 것이 없다. 예를 들어, 1학년 학급 임원을 선출할 때에는 현직이 없는 상황이다.

따라서 현 상태가 어떤 변화를 제공하거나 변화가 현 상태에 내재적일 때, 새로운 정책이나 변화의 지지자들에게 찬성 측 입증 책임이 있다. 유사하게 (찬성 측이 논제 해결을 위해 특정 가치를 옹호하는 가치 논제에 대한 토론에서) 특정 가치의 지지자는 찬성 측 입증 책임을 진다. '주장하는 이가 증명하여야 한다.'는 입증 책임의 전형적인 규칙은 모든 상황에도 적용된다.

어떤 주장을 제시하거나 논제를 지지하는 찬성 측은 입증 책임을 진다. 여기서 '어느 정도의 입증이어야 충분한가?'라는 질문이 제기된다. 이것에 대한 대답은 토론을 통제하는 규칙, 그리고 결정 권한이 있는 사람이나 집단의 판단에 달려 있다. 찬성 측은 최소한 절반 이상의 의사 결정자들을 설득하여야 한다. 예를 들어, 동의안을 집단 구성원의 49퍼센트가 지지하고 51퍼센트가 거부한다면 그 동의안은 실패한 것이다. 토론에서 반대 측은 찬성 측이 제시한 선결 요건을 갖춘 입론에서 허점을 찾으려고 노력하여 그들의 주장을 수용 가능한 최소한의 증명 수준 이하로 약화시키려고 할 것이다.

주목할 것은 찬성 측 입증 책임(the burden of proof)과 일반적 입증 책임(a burden of proof)은 구별되어야 한다는 것이다. 이 구별은 사법적 관점과 정책적 관점 모두에 적용된다. 찬성 측 입증 책임은 논제가 채택되거나 수용되어야 함을 증명해야 하는 찬성 측에 늘 있다. 그러나 **일반적 입증 책임**은 찬성 측과 반대 측 모두에게 있을 수도 있다. 누구든 토론에 쟁점을 도입하는 사람은 일반적 입증 책임을 진다. 토론 참여자들은 자신이 도입한 논증을 뒷받침하여야 한다. 예를 들어, 재판에서 검찰은 아무개가 시카고에서 강도를 저질렀다고 주장할 수 있다. 이에 대해 아무개는 강도가 일어난 시간에 뉴욕에 있었다고 주장할 수도 있다. 아무개는 지금 일반적 입증 책임을 지고 있는 것이다. 그는 자신의 알리바이를 증명해야 한다. '규제 약물 검사' 논제에 대한 토론에서 반대 측이 '사생활 보호'가 '안전'보다 더 중요하다고 주장하려면 반대 측은 일반적 입증 책임을 져야 한다.

4) 논박 책임

토론의 양측 모두에게 **논박 책임**(burden of refutation)이 있다. 이는 상대방의 논증에 대해 논박하거나 반응해야 하는 의무이다. 이 책임은 역시 토론 참여자가 져야 하는 '의견 충돌(clash)'의 책임과 관련이 있는데, 토론 참여자는 자신의 입론이 반대 측이 제시한 논증에 의해 약화될 수 있다. 토론자는 반대 측의 논증을 논박하거나 아니면 자신의 입론이 타격받는 것을 감수하여야 한다. 아무개 씨의 사례에서 아무개가 강도가 일어난 시간에 자신이 뉴욕에 있었다는 것을 확실하게 밝혀줄 증거를 제시한다면, 검찰은 논박 책임을 지게 된다. 즉, 시카고 지방 검사는 그 증거에 논박하든지 아니면 아무개 씨를 풀어주어야 한다. '규제 약물' 사례에서도 찬성 측은 반대 측의 '안전' 논증에 대해 논박하지 못한다면 논증에 심각한 타격을 받게 된다.

따라서 교육 토론에서 비기는 것은 불가능하다. 찬성 측은 자신의 입증 책임을 수행하든지 그렇지 못하든지 둘 중 하나이다. 심지어 한 사람의 판정자가 판정하곤 하는 교육 토론에서도 비기는 것은 불가능하다. 만약 판정자가 두 팀이 똑같이 잘했다고 파악했다면 판정자는 반대 측이 이겼다고 하여야 한다. 그 이유는 찬성 측이 그들의 입증 책임을 다하는 데 실패하였기 때문이다. 합리적인 사람들은 개별적 의사 결정을 하는 데 이 원칙을 준수한다. 만약 찬반의 논증이 비등하거나 단순히 마음의 승부를 결정하지 못하였다면, 찬성 측 제안이 기각된 것으로 판정한다.

연습

1. 다음의 논제들을 검토해보자. 어떤 것이 바람직하게 진술되었는가? 어떤 것이 바람직한 논제의 기준을 위반하였는가? 그것들은 어떤 기준을 위반하였는가? 교육 토론의 필요조건을 충족시킬 수 있도록 옳지 않은 논제를 바꾸어 말해보자.

   ① 캠퍼스의 불충분한 주차 시설
   ② 유행성 비만
   ③ 우리 대학은 대학 대항 운동 경기를 포기하여야 하는가?
   ④ 현재 미국 대통령 선거 방식은 개선되어야 한다.
   ⑤ 대학 입학에서의 차별 시정 조치
   ⑥ 게이와 레즈비언의 권리
   ⑦ 정치적으로 옳은 연설은 연설의 자유를 침해한 것인가?
   ⑧ 우리 대학은 다문화 교육과정을 채택해서는 안 된다.

2. 다음 영역에서 사실 논제, 가치 논제, 정책 논제를 진술해보자.

   ① 의료 서비스
   ② 교육
   ③ 시민 의식
   ④ 테러와의 전쟁
   ⑤ 등록금

3. 지난주의 신문, 잡지, 라디오와 텔레비전 방송, 인터넷 논쟁에서 어떤 문제가 현재 의회에서나 전국적으로 토론되고 있는지를 파악해보자. 현재 전국적으로 토론되고 있는 다섯 가지 문제를 사실 논제, 가치 논제, 정책 논제로 진술해보자. 그리고 이들 열다섯 가지의 논제를 교육 토론에 적합한 방식으로 진술해보자.

4. 지난주의 신문, 잡지, 라디오와 텔레비전 방송, 인터넷 논쟁에서 현재 의회에서나 전국적으로 토론되고 있는 유사 정책 논제의 사례를 다섯 가지 찾아보자.

5. 학급에서 논의할 정책 논제로 5분 연설을 준비해보자. 그리고 그것이 교육 토론의 바람직한 논제 기준에 어떻게 부합하는지 제시해보자.

6. 2007-2008년 NDT/CEDA 토론 논제(부록 D 참조)를 살펴보고, 효과적인 논제의 기준에 더욱 부합하도록 이들을 보완해보자.

7장

논제 분석

6장에서 논의했듯이, 논제를 통해 드러나고 구조화된 논쟁을 파악하는 것이 효과적인 토론의 출발점이다. 논제를 통해 토론자는 토론 준비와 논증에 초점을 맞출 수 있고, 청중이나 판정자는 판단에 대한 지침을 마련할 수 있다. 논제는 의견 충돌에 초점을 맞추고, 논증이 의사 결정과 관련될 수 있도록 이끈다. 토론 논제는 토론 참여자 중의 한 사람이나 대립하는 참여자 사이의 합의에 따라 혹은 실제 참여자 이외의 다른 사람이 설정할 수 있다. 학생회 회의에서 어떤 학생이 "모임의 회비를 한 학기에 25달러로 인상하여야 한다."라는 안건을 발의했다면 그 학생은 토론 논제를 설정한 것이다. 에이브러햄 링컨과 스티븐 더글러스의 유명한 토론도 논제에 대해 합의한 이후에 이루어졌다. 의회식 토론에서 논제는 동의안의 형태로도 표현된다. 그리고 오늘날 정치 환경에서 선거 방송 토론에 참여하는 후보자들은 사회자, 청중, 심지어 유튜브 제공자로부터도 질문 형식의 논제를 건네받는다. 흔히 변호사는 의뢰인과 관계를 맺을 때 우선 법정에서 다루어질 토론 논제를 공식적인 법적 기소나 청구의 형태로 익혀야 한다.

내재성(inherency) 미래에 생길 피해의 개연성을 파악하는 필수 쟁점으로, 현 상태 안에 피해가 배태되어 있다는 사실과, 찬성 측 정책 조치가 없이는 피해가 계속될 것이라는 예측에 토대를 두고 있다.

실행 당위(fiat) 토론 참여자들이 합리적인 정책 실행을 할 것이라고 가정하여 논증하는, 정책 논제 교육 토론에서의 관례. 토론자가 정책이 채택되어야 할 당위성 여부에 초점을 맞추게 하고, 그 정책이 채택될 가능성 여부에 대한 관련 없는 논증을 피하도록 한다.

용어 정의(definition of terms) 논제에 포함된 단어의 의미에 대해 토론자가 지지하는 해석.

쟁점(issues) 논제에 내재되어 있는 중요한 주장. 논쟁의 요점을 파악하기 위한 질문.

추정(presumption) 논쟁에서 어떤 특정 입장을 옹호하는 경향. 사법적 관점에서 추정은 현 상태를 옹호한다. 정책적 관점에서 추정은 최소한의 불이익과 최대의 이익을 주는 쪽을 옹호한다. 가치 토론에서는 하위 가치보다 상위 가치를 옹호한다.

피해(harm) 현 상태의 결함을 파악하는 필수 쟁점으로, 대책이 없으면 중대한 해를 초래하므로 급히 해결되어야 한다.

필수 쟁점(stock issues) 특정 유형의 논제를 다루는 대부분의 토론에 존재하는 공통된 쟁점. 가치 토론에는 정의적(definitive) 쟁점과 지시적(designitive) 쟁점이 있으며, 정책 토론에는 피해(harm) 쟁점, 내재성(inherency) 쟁점, 해결성(solvency) 쟁점이 있다.

해결성(solvency) 작동할 방안이 효과가 있으며 피해를 줄일 수 있다는 것을 확인하는 필수 쟁점.

논제가 어떻게 선택되든지 토론자로서의 첫 번째 과제는 논제와 논제에서 파생된 논쟁의 영역을 분석하는 것이다. 화학자는 화합물의 구성을 파악하기 위해 화합물을 가장 기본적인 요소로 나누어 분석한다. 이와 유사하게 토론 참여자는 논제를 요소별로 나누어 논제의 용어를 정의하고 관련 쟁점을 파악하여야 한다. 논제 안에 들어 있는 단어 혹은 용어는 논제의 맥락 속에서 정의되어야 한다. 예를 들어 우리는 사용되는 맥락을 알기 전까지는 'polish'라는 단어를 정의할 수도 심지어 발음할 수도 없다.* 특정 논제와 문제 영역의 관계(정치적, 사회적, 법적 맥락, 또는 제기되는 여타의 관런된 맥락)를 분석하는 것은 정의가 필요한 여타의 용어, 그리고 쟁점을 구성하는 데 도움이 될 새로운 개념을 밝혀낼 수 있게 한다.

1. 용어 정의의 중요성

논제에 포함된 단어의 의미에 대해 토론자가 지지하는 해석인 **용어 정의**(definition of terms)는 토론에서 매우 본질적인 부분이다. 반대 측 토론자가 용어 정의에 곧바로 동의하는 경우에는 토론은 다른 쟁점으로 넘어가게 된다. 이와 다른 경우에는 토론의 관건이 핵심 용어 혹은 핵심 용어들의 정의가 될 수 있으며, 정의는 바로 토론을 결정하는 중심 개념 또는 '표결 쟁점(voting issue)'이 된다. 그러나 모든 토론에서 논증과 의사 결정을 위해서는 논제 해석에 대한 이해를 참여자들이 공유해야 한다.

많은 경우 대학 대항 토론의 논제는 '연방정부'에 특정 정책을 채택할 것을 요구한다. 가끔 용어는 논제의 맥락에서 매우 명확하여 따로 정의가 필요하지 않다. "미국 연방정부는 아동 복지, 형사 재판, 고용, 환경 보호, 도박, 자원 관리, 과세 중 하나 또는 그 이상의 분야에서 인디언 거주 지역 전체에 대한 연방 통제를 대폭 늘려야 한다."라는 2001-2002년의 반대신문토론협회(CEDA)의 논제에 대한 토론에서, 찬성 측은 단순하게 이 정책을 시행할 적절한 연방정부 기관(예를 들면 인디언 사무국 혹은 환경보호국)을 지정하고 다른 쟁점으로 넘어갔다. 특정 주체를 명확히 하는 것, 가령 연방정부 내 어떤 기관이 정책 변화를 창안하고/하거나 수행할지 명확히 하는 것은 토론에서 경우에 따라 중요할 수도 있고, 다른 경우 문제가 되지 않을

....

*   polish는 맥락에 따라 '폴란드의' 또는 '닦다'의 뜻으로 사용되며, 뜻에 따라 발음도 다르다.

수도 있다. 하지만 ('인디언 거주 지역'과 같이) 전제에 포함된 다른 용어가 때로는 토론의 핵심 쟁점이 되기도 한다. 반대 측이 논제 관련성 쟁점을 들고 나와 찬성 측의 방안이 논제에 대한 최선의 개념 정의나 해석이 아니라고 주장하는 경우도 드문 일은 아니다. 가치 토론에서는 개념 혹은 기준에 관한 의견 충돌이 토론 결과를 뒤바꿀 수 있다.

교육적 상황 외의 토론에서도 이와 같은 상황은 매우 빈번히 발생한다. 어떤 토론에서 용어 정의는 쉽고 명확하며, 용어 정의가 '공식적으로' 진술되기만 하면 토론은 다른 쟁점으로 나아간다. 그러나 여타의 토론에서는 개념 정의가 지극히 중요하다. 예를 들어, 의사, 성직자, 윤리학자가 언제 생명이 시작되는지에 대한 길고 격렬한 토론을 벌인다고 하자. 생명의 시작은 수정 때인가? 태아가 자궁 밖에서 살 수 있을 때부터인가? 두뇌가 기능하기 시작할 때부터인가? 아니면 아기가 태어나는 순간부터인가?

삶의 시작과 정확히 반대되는 문제가 장기이식의 이용에 대한 토론에서 제기되어 지금까지 논의되고 있다. 죽음은 호흡을 멈출 때 일어나는 것인가? 심장이 멈출 때인가? 아니면 두뇌 작동이 멈출 때인가? 몇몇 주에서는 이 쟁점에 대해 토론하여 죽음에 대한 새로운 개념 정의를 채택하였고 다른 주에서는 여전히 토론이 계속되고 있다. 이와 유사하게 개발로부터 소중한 자원을 보호하기 위해 노력하는 환경운동가들은 공청회에서 '습지'의 정의에 대해 토론한다. 스포츠 프랜차이즈의 소유주들은 미리 결정된 팀 연봉 상한제에 맞추기 위해 선수들의 월급을 재조정하려고 한다. 그리고 새로운 상품 구매를 고려하는 고객들은 '가치'에 대한 여러 경쟁적 정의들을 따진다. 2004년 2월에 부시 대통령은 결혼을 남편과 아내로서 한 남자와 한 여자가 결합하는 것이라고 정의하고, 이 결혼을 보호하는 헌법의 수정 조항을 지체 없이 통과시켜 비준을 위해 각 주에 송부할 것을 의회에 요구하였다. 대통령의 이런 주장은 '결혼'을 이성 커플 간에 이루어지는 것으로 정의하기 위한 시도였다. 이후 결혼의 의미와 이에 대한 대안인 '합법적 결합(civil union)'에 대한 공공 토론이 벌어졌고 지속되었다. 개념 정의에 대한 토론은 정치적, 도덕적, 개인적 함의를 갖는다. 가난은 무엇인가? 비만은? 성인은? 2007년 이라크에 대한 미국의 군사적 행동과 관련된 '병력 증강'이라는 용어와 2012년 아프가니스탄에서 미군의 '병력 증강'이라는 용어가 지닌 의미는 뜨거운 논쟁거리였다. 이것은 전쟁을 확대하는 것인가, 아니면 단순히 기존 목표를 성취하기 위하여 필요한 자원을 제공하는 것인가? 이민 개혁을 위한 입법 제안은 이 나라에서 일하고 있는 불법 이민자들에게 복잡하고 느리며 비용이 많이 드는 과정을 거치면 시민권이나 복지 혜택을 얻을 수 있는 기회를 제공하자는 내용을 담고 있었다. 그러나 개혁 입법을 반대하는 사람들이 밀입국자들을 위한 '시민권 통로' 또는 심지어 제한된 혜택을 받는 것조차 '사면'이라 칭하였기 때문에 일부 입법 제안은 부분적으로 받아들여지지 않았다. 비슷하게 '테러리즘'에 대한 정의 또한 미국 외교정책에서 중요한 문젯거리를 만들고 있다. 미국 연방정부 역사에서, 특정 상황에서 연방정부의 권력을 각 주보다 우위에 두는 방식으로("외국과의 통상과 주끼리의 통상을 규제할 수 있으며…") 미국 헌법의 '통상 조항(Commerce Clause)'을 정의한 지는 오래되었다. 2012년 연방 대법원에서는 이 조항에 기초하여 건강보험에 가입할 수 있는 개인의 권한에 대한 심리가 열렸다. 부분적으로 대법원의 과제는 적정 부담 의료보험법(Affordable Care Act)에서 요구하는 바와 같이 건강보험에 대한 미국인의 접근이나 건강보험의 강제 가입과 관련된 통상(commerce)을 정의하는 것이었다.

논제 자체에 실제로 포함되어 있지 않은 용어라도 토론자가 토론 과정에서 사용하기를 원한다면 역시 개념 정의가 필요하다. 예를 들어, "연방정부는 실업자를 위한 국가 공공근로 프로그램을 마련하여야 한다."라는 논제에는 '전형적인', '순환적인', '완전한', '구조적인', '마찰의', '장기간의', '숨겨진' 등은 포함되지 않았다. 그러나 해당 논제에 대한 토론에서 반복적으로 언급될 소지가 있기에, 이러한 실업 유형들을 정의할 필요가 있다.

동일한 논제에 대한 토론에서 '공공' 혹은 '근로' 등의 개별 단어에 대한 사전적 정의는 논제의 의미를 분명히 하거나 논증의 기초를 다지는 데 별로 도움이 되지 않는다. 토론자는 각각의 개별 단어보다는 '공공근로'라는 말을 정의해야 입법 과정에서 이 용어를 사용하는 데 유용한 정의를 내릴 수 있을 것이다.

문제를 분석하면서 토론자는 모든 용어에 대한 가능한 모든 정의를 주의 깊게 검토하여야 한다. 그러나 입론을 제시할 때에는 청중에게 친숙하지 않거나 상대방과 차별화되는 용어에 대해서만 개념 정의를 하여야 한다. "의회에 대법원의 결정을 뒤집을 수 있는 권한을 주어야 한다."라는 논제에서 '의회'나 '대법원' 등을 정의할 필요는 없다. 그러나 '결정'과 '뒤집다'는 정의할 필요가 있는데, 그 이유는 이들 용어의 법적 쓰임이 우리가 흔히 사용하는 용례와 다르고 대립하는 각 토론자들은 가끔 이 논제의 맥락에서 이들 용어를 다르게 해석하기 때문이다.

오래된 수수께끼를 생각해보자. 나무 한 그루가 숲에 쓰러졌는데, 아무도 그 소리를 듣지 못했다. 그렇다면 소리가 난 것일까? 물론 그 대답은 '소리'의 개념 정의에 전적으로 달려 있다. 만약 소리를 공기 중 파동으로 정의한다면 대답은 '예'이다. 만약 소리를 청각의 주관적 경험으로 정의한다면 대답은 '아니요'일 것이다. 토론 논제의 용어는 다양한 방법으로 정의될 수 있다. 논증의 기초를 분명히 하기 위하여 토론자는 논제의 필요조건과 청중의 흥미에 가장 잘 들어맞는 방법이나 방법들의 조합을 선택해야 한다. 용어를 신중하게 정의하는 것은 유익한 토론을 하는 데 매우 중요하다.

2. 용어 정의의 방법

1) 기본적인 방법

① 사례

사례를 드는 것은 용어를 정의하는 효과적인 방법이다. '국가 공공근로 프로그램' 논제에 대한 토론에서 찬성 측은 가끔 "'국가 공공근로 프로그램'이란 1930년대의 WPA* 프로그램과 유사한 것을 의미합니다. 이는 길을 만들고, 다리를 보수하며, 국가의 사회기반시설을 건설하고 복구하는 일자리를 정부가 제공하고 사람들을 일하게 하는 프로그램입니다."라고 정의한다. 이러한 방법으로 찬성 측은 청중에게 자신들이 주장하는 프로그램 유형의 특정 사례를 제시한다. 토론자들은 일반적으로 쟁점을 조사하는 과정에서 사례를 발견한다. 사례들은 논제 혹은 주제 영역과 관련된 문헌 속에서 찾을 수 있다.

② 일반적 용법

정확성을 높이기 위하여 토론 논제에는 전문 용어가 포함되기도 한다. 종종 이 용어들은 일반적 용법 혹은 '일반인'이나 '거리의 일반 사람들'의 정의를 통해 효과적으로 정의될 수 있다. 예를 들어, "고용 조건으로 노동단체의 구성원이 될 것을 요구한다면 불법이다."라는 논제에서 찬성 측은 "'노동단체'란 일반적으로 조합(union)이라고 하는 단체 형태를 의미한다."라고 주요 용어를 정의할 수 있다. 일반적 용법을 언급하는 것은 대

....

* 1935년 프랭클린 D. 루스벨트 대통령의 뉴딜 정책에 따라 설립된 공공사업진흥국(Works Progress Administration)을 말하며, 공공사업을 계획하는 기관이다.

체로 양측 모두가 인정하면서 청중에게도 명확한 정의를 확립하게 하는 데 이바지한다. 하지만 '조합'이라고 하는 단어는 용어 정의로서는 도움이 되지만 논제에서 사용될 수 있는 용어는 아닐 수 있다. 많은 중요한 '조합'들이 '친목회', '협회', '연맹', 또는 여타의 명칭으로 활동하고 있으며 조합을 규제하는 가장 중요한 법에서는 '노동단체'라고 지칭하고 있다. 만약 '조합'이라는 단어가 논제에서 사용된다면 철도 친목회 같은 단체에도 그러한 법이 적용될 수 있느냐 등의 무의미한 트집 잡기가 발생할 수도 있다.

하나의 용어가 일반적 용법으로 인정되려면 성별, 연령, 문화를 뛰어넘어 일반적으로 이해 가능해야 한다. 대법관 클래런스 토머스(Clarence Thomas)의 상원 인준 청문회는 '성희롱'에 대한 격렬한 공적 논쟁을 불러일으켰다. 남성과 여성은 모두 성희롱에 반대하지만, 그 용어를 서로 다르게 정의하고 있는 경우가 많다. 이 공청회는 미국에서 텔레비전의 황금 시간대와 신문의 1면을 독점하였으나 세계의 다른 곳에서는 대체로 무시되거나 아주 작게 보도되었다. 이는 성희롱이 범죄가 아니며 정치인과 다른 공인들의 성적 행동에 대한 매체 보도가 통제되고 있는 다른 나라들과 미국의 문화적 차이라고 여겨진다. 이는 또한 법, 정치, 판례법에 정확하게 명시되어 있는 성희롱에 대한 법적 정의가 그 행위에 대한 일반인의 인식과 부합하지 않는 사례가 되기도 한다.

이와 유사한 경우로, 백악관 인턴 모니카 르윈스키와의 '성적 관계'를 부인하면서 클린턴 대통령은 스스로를 변호하기 위해 오럴 섹스는 '섹스' 혹은 '성적 관계'에 해당하지 않는다고 주장하였다. 그의 주장은 그 자신을 포함한 많은 이들이 일반적으로 '오럴 섹스'라는 용어와 '성행위'를 확실히 구분하고 있으며, '섹스'와 '성적 관계'는 후자만을 가리킨다는 가정에 바탕을 두고 있다.

물론 미국에서 통용되는 용어에 대해 세계 공통의 이해를 요구하는 것은 아니다. 그러나 우리는 다문화 사회에서 그 용어들이 문화에 따라 어떻게 다르게 인식되는가를 알아야 한다.

가끔 일반적 용법으로 사용된 용어가 많은 사람들에게 잘못 이해될 때가 있다. 예를 들어, 『뉴욕 타임스』는 오전 12시와 오후 12시를 "시계에서 가장 까다로운 시간"이라고 하였다. 오전 12시는 정오를 가리키는가? 아니면 자정을 가리키는가? 오후 12시는 점심시간인가 아니면 취침 시간인가? 철도 회사는 운행시간표에서 오전 12시 01분, 오후 11시 59분 등으로 사용함으로써 이러한 문제를 피하였고, 군에서도 정오는 1200, 자정은 2400 등 24시간제를 사용함으로써 이러한 문제를 피하고 있다. 나라에서 시간과 관련하여 가장 권위 있는 미군 해군성 천문대에서는 "오전 12시와 오후 12시는 없으며 오직 정오와 자정이 있다."[1]고 밝혔다. 계약에서, 출생이나 사망 증명서에서, 그리고 다른 문서의 해석에서 시간이 중요할 경우, 권위자로 알려진 사람이 정의한 용어를 사용하는 것이 바람직하다.

일반적 용법의 출처는 주의 깊게 평가되어야 한다. 한 사람이 일반적으로 사용하는 의미와 다른 사람이 사용하는 의미는 여러 가지 이유로 차이가 있을 수 있다. 만약 토론 판정자나 청중의 일반적 용어 해석이 토론자와 다르다면 토론 판정자나 청중에게 호소하기는 어려울 것이다. 『웹스터 사전』, 『옥스퍼드 대학교 사전』, 『아메리칸 헤리티지 사전』과 같은 종합 사전에서 일반적 용법에 대한 정의를 찾을 수 있다. 위키피디아 혹은 다른 '위키' 출처는 학자 혹은 전문가로 제한하지 않고 일반 인터넷 사용자 공동체가 생성하고 편집하기 때문에 일반적 용법의 정의에 유용하게 참고할 수 있다.

③ 권위자

몇몇 용어들을 가장 효과적으로 정의하는 방법은 그 의미와 용법을 진술할 자격을 갖춘 권위자를 언급하는 것이다. 이러한 용어 정의는 관련 분야의 전문가들에 의해 확립된 것이기 때문에 분야(Field) 정의라고 한다. 분야 정의는 내용 영역 학자들과 전문가들에 의해 제시되며 일반적으로 주제 영역 연구의 가장 핵심이 되는 중요한 연구와 고려 사항들을 반영한다. 법적 정의 혹은 입법적 정의를 내릴 경우에는 논증만큼이나 많은 시간과 노력이 필요하다. 특정 분야의 사전, 백과사전, 기존 학자들이 쓴 책과 논문들은 특정 정의에 대한 권위를 가진 것으로 자주 사용된다. 어떤 경우에 입법 또는 법적 판례법은 의회 과정 혹은 사법 과정이 보증한 정의를 제시한다. 학문적 연구 또한 정의를 내릴 때 정확하고 효과적인 사용을 위해 신중을 기한다. "광고는 미국에서 삶의 질을 낮추고 있다."라는 논제로 토론할 때, 몇몇 토론자들은 '삶의 질'과 '낮추다'에 대한 초기 정의를 내리기 위해 『아메리칸 헤리티지 사전』을 참고하였다. 적절한 권위자를 찾지 못하면 예상치 못한 결과를 초래할 수 있다. 하나의 사례는 네브래스카 의회가 마약법을 제정할 때 그 분야의 공인된 전문가를 찾지 못하여 결과적으로 마약사범을 석방하게 만든 것으로 『타임(Time)』은 이를 다음과 같이 비판하고 있다.

벌링(Burling)은 어휘론적 근거로 인해 무죄를 선고받았다. 그 주의 의회는 1986년 마약을 불법화하는 법안을 통과시킬 때 마약의 화학명을 잘못 표기하였다. 그리하여 벌링은 입법자들이 명시한 물질을 소유했다는 유죄 판결을 받지 않았다. 메틸렌디옥시메탐페타민의 정확한 스펠링은 methylenedioxymethamphetamine으로서, methylenedioxyethamphetamine(m이 빠진 것에 주목하라)이 아니었던 것이다. 다음번에 네브래스카 의회가 마약을 금지할 때에는 약학 전문가와 상담하는 것이 바람직할 것이다.[2]

에이즈(AIDS)의 정의는 무엇인가? 연방질병대책센터(The federal Centers for Disease Control: CDC)는 질병 문제를 규정하는 권위 있는 기관이다. 1993년에 CDC는 에이즈를 보다 폭넓게 정의하면서 결핵, 폐렴, 그 외의 다른 질병을 함께 지닌 인간 면역 결핍 바이러스(HIV) 감염자를 포함하였다. 새로운 용어 정의에서 에이즈 환자는 하룻밤 사이에 111퍼센트까지 증가했다. 질병을 정의하는 힘은 유행병을 만들기도 하고 병을 근절하기도 한다. 자폐증, 비만, 심지어 특정 민족성까지도 연구 결과와 정책에 영향을 미친다.

우리는 가끔 엄청난 숫자의 미국인이 문맹이라는 이야기를 듣는다. 무엇이 사실일까? 누가 정확한 문맹률을 제공할 수 있을까? 미국 인구조사국(U.S. Census Bureau)에 따르면 95퍼센트의 미국인이 문자 해독력이 있다고 한다. (물론 인구조사국도 실수를 할 수 있다. 하지만 어떤 곳도 독자적으로 인구조사국 수준으로 정확히 인구 데이터를 수집하지는 못한다.) 분명히 이것은 중요한 증거이다. 그런데 이것을 결정적인 증거로 받아들여야 할까? 우리가 직접 수백만 명에게 질문을 할 수는 없다. 하지만 다음과 같이 질문해 볼 수는 있다. "인구조사국은 '문자 해독력'을 어떻게 정의하고 있는가?" 그 대답은 놀라웠다. 5학년까지 학교를 다녔다고 응답한 사람들이라면 모두 문자 해독력이 있는 것으로 간주된다는 사실이다.[3] 이 사람들이 실제로 읽고 쓸 수 있는지 알아내려는 노력은 전혀 행해지지 않았다. 만약 우리가 3학년까지 학교를 다녔다고 대답한 사람들이 문자 해독력이 있는 것이라고 정의를 바꾼다면, 문자 해독력 비율은 99퍼센트까지 치솟을 것이다. 만약 5학년까지 학교를 다녔다고 응답한 사람들에게, 그들이 실제로 5학년 수준의 문자 해독력을 갖췄다는 것을 증명하라고 한다면 그 수치는 또 달라질 것이다. 문자 해독력을 정의하는 권력은 용어를 정의하는 사람들의 이해관계에 맞춰 국가의 문자 해독력 비율을 바꿀 수 있다. 학교에서의 'A' 학점과 'F' 학점은 어떤 의미인가? 많은 주와 지역에서 학교의 수행을 판단하기 위해 시험 및 여타의 '객관적' 평가 도구들을 고안하고 있으며, 이러한 규정은 월급, 성과급, 학교 재원에 상당한 영향을 미친다.

법원은 매일 용어의 의미를 해석하기 위해 고투하고 있다. 법령을 시행하는 데 중요 단어들을 정확하게 정의하는 것은 토론자에게 용어 정의의 강력한 원천을 제공한다. 법적 문제에서 중요한 단 하나의 용어 정의는 대법원에서 인정한 것이다. 예를 들어 '요청'의 의미는 무엇인가? 미국 법전의 제28부 1915(d)항에 의하면 연방의 지방 판사가 수련 변호사에게 가난한 이를 위해 무료 변호를 요청할 수 있다. 존 폴 스티븐스(John Paul Stevens) 판사는 반대 의견에서 '요청'이란 '정중히 명령한다.'라는 의미로 이해되어야 한다고 하였다. 윌리엄 J. 브레넌 주니어(William J. Brennan, Jr.) 판사는 5 대 4의 다수 의견에서 "일상 대화에서 요청은 청원하거나 간청하는 것을 의미하며 요구나 명령을 의미하지는 않는다."라고 주장하였다.[4]

언론의 자유 소송을 다루는 법정에서 '외설'이라는 용어를 적용한 것은 법적 정의의 또 다른 문제가 될 수 있다 이 용어는 어느 정도 현지 기준에 의해 정의되며 법정에서의 해석과 적용은 열려 있다. 전문가에 의한 용어 정의의 출처는 광범하고도 다양하다. 용어들은 법률 텍스트, 법원의 판결, 책, 논문, 웹사이트, 전문가 및 정부기관이 생산한 기타 자료들에 의해 정의될 수도 있다. 특수 분야의 사전도 도움이 될 때가 있다.

④ 조작적 정의

어떤 용어는 토론자가 조작적 정의(operational definition)를 제시하고서 특정 맥락에서 그 용어가 나타내는 기능이나 특별한 목적을 설명할 때 가장 잘 정의된다. "비농업적 산업에서는 고용인들의 연간 생활임금을 보장하여야 한다."라는 논제에 대한 토론은 '생활임금을 보장하여야 한다.'

라는 문구를 신중하게 정의할 필요가 있다. 찬성 측 토론자는 조작적 정의를 제시할 수도 있는데, 자신의 방안을 제시함으로써 용어를 정의할 수도 있다. 다음은 그 예이다.

> 우리는 일주일에 40시간씩 일하면서 부가적 소득이 없는 이에게 고용주가 생존에 필요한 주거, 음식, 설비, 교통, 의료 서비스, 휴식, 4인 가족의 빈곤선에 상당하는 임금보다 적지 않은 임금을 제공해야 한다고 주장한다.

용어를 정의하는 방법으로서 조작적 정의의 사용은 종종 방안의 제시와 연결되며, 복합적인 문제를 설명하는 데 유익하다.

⑤ 부정

어떤 용어는 그것이 의미하지 않는 바를 가리킬 때 효과적으로 정의될 수 있다. 기간산업의 국유화에 대한 토론에서 어떤 팀이 부정의 사례를 결합하여 다음과 같이 '기간산업'을 정의했다. "기간산업이란 길거리 약국을 말하는 것도, 소매업을 말하는 것도, 서비스업을 말하는 것도 아니다. 우리가 말하는 기간산업은 철강, 자동차, 운송업, 광업, 석유, 가스이다." 대중매체에 대한 규제를 고려하는 토론자들은 대중매체에 TV나 라디오와 같은 전통적 방송매체는 포함하겠지만, 인터넷은 포함시키지 않을 것이다.

⑥ 비교 및 대조

어떤 용어들은 청중에게 친숙한 것과 비교하거나, 청중의 공통 경험 속에 있는 것과 대조할 때 가장 잘 이해될 수 있다. '대중매체' 논제에 대한 토론에서 어떤 반대 팀은 신문을 규제하기 위하여 '전국방송협회(National Association of Broadcasters)와 유사한' 정부기관의 설치를 선택 가능한 대체 방안으로 내놓았다. 그리고 그들은 찬성 측이 주장하는 정부 규제와 비교했을 때 자신들의 대체방안이 자발적 규제를 촉구하는 장점이 있다고 주장했다.

⑦ 어원

단어를 정의하는 표준적인 방법 중 하나는 단어가 생성된 어원에서 출발하는 것이다. 공정한 고용 관행에 대한 토론에서는 '편견(prejudice)'이라는 단어를 정의하기 위해서 그 단어가 '판단 전'을 의미하는 라틴어 '프라이(prae)'와 '유디키움(judicium)'에서 왔다는 사실을 지적할 수 있다. 어원을 통한 정의는 논쟁과 토론에서 사용이 제한된다. 왜냐하면 토론자는 대체로 현재 그 단어가 특정 맥락에서 어떻게 활용되고 있는지에 관심을 갖기 때문이다.

⑧ 혼합적 방법

대부분의 토론 논제는 정의가 필요한 용어를 여럿 포함하고 있으며, 하나의 방법만으로는 이 모든 용어들을 정의하는 데 충분하지 않다. 만약 특별히 정의하기 어려운 용어가 있다거나 토론에서 결정적으로 중요하다면 토론자는 의미를 명확하게 하기 위하여 하나 이상의 정의 방법을 사용할 수도 있다.

2) 충족된 정의 제시하기

의사 결정자들의 기대에 부합하고 논제를 해석하는 데 합리적인 지침이 되어야 충족된 정의라고 할 수 있다. 이는 어떤 특정 용어나 진술에 대한 단일한 해석이 없다는 것을 인정하는 것이지만, 찬성 측에 의해 제시된 정의가 다양한 이유에서 특정 토론 맥락의 특별한 요구에 가장 잘 들어맞는다고 주장하는 것이다.

교육 토론에서 판정자는 용어 정의가 합리적이거나 최선의 정의이기를 기대한다. 이러한 기준은 각기 다른 요구를 발생시킨다. 최선의 정의보다는 합리적 정의를 내리는 것이 더 용이하다. 응용 토론에서 의사 결정자는 다양한 상황에서 내려지는 의사 결정에 대해 각기 다른 기대를 가지고 있다. 6장에서 살펴봤듯이, 법정은 상이한 상황에서 입증 책임을 정의하는 다양한 기준이 있다. 일상생활에서도 우리는 상황마다 다른 기준을 적용한다. 예를 들어, 생명이 위독한 병에 걸렸는지, 아니면 단순히 발목이 삐었는지에 따라 '충분한 의료'의 정의가 달라진다.

교육 토론에서 토론자들은 가끔 상대 토론자들의 예측에 부합하지 않는 특이한 정의를 제시한다. 이러한 '속임수' 정의를 사용하여 상대방을 놀라게 하거나 다른 이득을 얻으려는 것을 특히 추천하지는 않는다. 속임수

정의 혹은 그 결과로 도출된 입론을 통해 찬성 측은 첫째로 반대 측이 제대로 준비하지 못했다는 것을 알리고자 하며, 둘째로 판정자를 설득해 자신의 주장을 수용하기를 기대한다. "정부기관이 미합중국 시민에 대한 정보를 수집하고 활용하는 것에 대해 더욱 많은 규제를 해야 한다."라는 논제로 토론할 때 이와 같은 사례가 있었다. 시즌 초기에 대부분의 반대 측 토론자는 찬성 측 입론이 전산화된 신용 정보의 남용에 대해 다룰 것이라고 예상했다. 그러나 어떤 속임수 입론은 마리화나를 사용한 시민에 대한 정보 수집과 활용까지 규제하는 입법을 요구하였다. (찬성 측은 만약 경찰과 검찰에게 이러한 정보를 수집하고 활용하는 것을 못하게 한다면 경찰과 검찰은 더 많은 중요한 범죄에 자신들의 시간과 에너지를 쏟을 것이라고 주장했다.) 물론 이러한 입론은 일단 알려지게 되면 반대 측이 제대로 준비되지 않았다는 것을 밝히려는 속임수 입론의 요긴한 특성을 잃게 된다. 이러한 속임수 입론에 의존하는 토론자들은 보통 금세 노출되며, 능숙한 상대방에게 패하고 만다. 그러나 모든 특이한 정의가 속임수 정의로 간주되는 것은 아니다. 철저히 논제를 분석하지 못했기 때문에 특이한 정의가 갑작스레 상대방에 의해 제기되는 경우도 있다. 2011-2012년 CEDA 논제는 미국 연방정부는 바레인, 이집트, 리비아, 시리아, 튀니지, 예멘 중 하나 혹은 그 이상의 나라에 대한 민주화 지원을 대폭 늘려야 한다는 것이었다. 몇몇 토론자들은 민주주의의 신장을 가능하게 하는 최선의 방법은 불간섭이라고 주장했다. 그리고 그들은 '민주화 지원'을 민주주의에 대한 지원 혹은 원조를 하지 않는 것이라고 정의하였다. 이는 찬성 측의 정의가 반대 측의 근거를 대신하여 반대 측이 민주화 지원을 옹호하면서 논제를 반대해야 하는 입장에 서게 하는 경향이 있었기 때문에 좋은 토론에는 도움이 되지 않았다.

토론자들은 가끔씩 논제의 '근원적 이해(original understanding)'를 찾으라는 충고를 듣는다. 이러한 충고는 다음과 같은 중요한 선례를 도출한

충족된 정의임을 증명할 수 있는 기준

토론에서는 가끔 서로 맞서고 있는 용어 정의 중 어느 것이 상대적으로 유익한지가 관건이 된다. 충분한 것으로 제시된 정의를 뒷받침하는 기준은 다양한 해석들을 비교하기 위한 가치 있는 척도를 제공한다. 토론자들은 타당한 기준에 부합하는 정의를 선택하는 것이 바람직하다.

1. **정의가 이 논제에 맞는 것임이 공식적으로 규정되었음을 입증한다.** 이 기준은 법정에서 매우 큰 가치가 있다. 법정은 많은 정의들이 법령에 의해 규정되며 상급 법원에서도 이 정의는 지지되어 항소가 의미 없을 때가 많다. 한편 '킬로그램'은 국제적 동의에 의해 정의된 것이다. '와트'는 미국에서의 표준 단위이다. '마약류'는 공식적인 약전(藥典)에 의해 정의된다. 블랙홀, 기가플롭(gigaflop),* 펄서(Pulsar),** 퀘이사(Quasar)***와 같은 일상적이지 않은 용어는 공식적으로 정의되지 않았지만 과학 공동체에서 보편적으로 받아들여지고 있는 정의들이다. 물론 어떤 정의든 바뀔 수 있다. 하지만 공식적으로나 보편적으로 받아들여지고 있는 정의는 철저한 토론이 있은 연후에야 바뀐다.

2. **정의가 문법적으로 정확함을 입증한다.** 아마 논제 기획자들은 영어 문법의 관습과 구문론에 대한 지식이 많을 것이다. 논제의 각 단어들은 정당한 이유를 위해 존재하여야 하며 문장의 의미를 정교하게 하는 것이어야 한다. 따라서 토론자는 정의가 각 논제의 모든 용어를 고려한 것이며 용어 정의의 어떤 것도 쓸모없거나 모순되지 않는다는 점을 입증해야 한다.

3. **정의가 적절한 분야에서 도출된 것임을 입증한다.** 많은 논제가 전문적인 용어를 포함하고 있다. 만약 주제가 핵무기라면, 토론자는 자신의 정의가 핵물리학자들이 사용하는 것임을 증명해야 한다. 만약 주제가 경제학이라면, 토론자는 자신의 정의가 경제학자들이 사용하는 것임을 입증해야 한다.

4. **정의가 일반적 용법에 기초를 둔 것임을 입증한다.** 토론 논제 중 많은 용어가 일반적으로 사용하는 단어들이다. 토론은 공적 활동이기 때문에 토론자는 자신의 정의가 대중이 사용하는 일반적 용법과 부합한다는 점을 입증해야 한다.

....

* 1초 동안에 10억 회의 부동 소수점 연산을 실행하는 속도로, 컴퓨터의 성능을 나타내는 단위 중 하나이다.

** 규칙적인 신호를 보내는 전파 천체로 강한 자기장을 갖고 빠른 속도로 회전하는 중성자별.

*** 별과 비슷하게 점으로 보이지만, 스펙트럼선들이 큰 적색 이동을 보이는 천체.

5. **정의가 정책 입안자 혹은 가치 고안자의 용법에 부합함을 입증한다.** 토론자는
   일반인이 특정 정책이나 가치를 수용하거나 거부해야 한다고 주장한다. 토론자는 공공
   토론회에서 자신의 정의가 정책 입안자나 가치 고안자가 사용하는 것과 일치한다는
   점을 밝혀야 한다. 예를 들어, 토론자는 자신의 정의가 그 주제에 대한 의회식 토론에서
   사용하는 정의와 부합함을 입증할 필요가 있다.

6. **정의가 토론 논제 기획자의 근원적인 이해와 부합함을 입증한다.** (이 방법에 대한
   주의사항은 '충족된 정의 제시하기' 절에 나와 있다.) 이 기준은 토론 판정자나 법정의 응용
   토론에 참여하는 법학자들에게 매우 강력한 것일 수 있다. 그러나 교육 토론 혹은
   법정 밖의 응용 토론에서 논제를 기획한 사람의 근원적 이해는 종종 파악하기 힘들며,
   심지어 알아내는 게 불가능할지도 모른다.

7. **정의가 그 정의에 합법적으로 부합하고 배제되는 것을 분명하게 구분해줄 수 있음을
   입증한다.** 정의가 찬성 측과 반대 측의 근거를 분명하게 구별해준다는 것은 매우
   중요하다.

8. **정의가 근거의 공정한 구분을 제공함을 입증한다.** 토론자가 제안한 대로 해석한다면,
   찬성 측과 반대 측이 그들의 방안과 대안, 그리고 논쟁의 입장을 전개하는 데 사용하는
   근거가 공정하고 공평하게 구분된다는 점을 입증한다. 여기에 논제 용어의 좁고 깊은
   해석과 넓고 얕은 해석 중 어떤 것이 더 나은지 등 정의의 교육적 유익에 기초해 정의를
   정당화하는 것이 포함될 수도 있다. 덧붙이자면, 공정성과 사전 통지라는 측면에서
   정의는 토론자들이 논제를 분석하고 해석할 때 명확하면서 예측 가능한 한계를
   제공해야 한다고 말할 수 있다.

토론자는 사용된 정의가 충족되었다는 사실을 입증하는 데 이 모든 기준을 사용하지는
않는다는 것에 주목하라. 사실 이들 중 어떤 기준은 다른 기준과 모순된다. 처음에 정의는
주장을 세우는 데 필요한 최소한의 증거를 통해 간결하게 진술된다. 토론자는 정의에 대한
공격이 들어올 때에만 정의에 대한 총력을 기울인 정당화로 나아가게 된다. 이들 기준의 가장
중요한 역할은 토론 판정자들에게 서로 맞서고 있는 정의들을 따지는 방법을 제공해 특정
토론에서 어떤 정의가 가장 충분한 것인지 그들이 결정하게 하는 것이다.

상대방의 정의를 성공적으로 공격하려면 토론자는 그 정의가 방금 논의한 기준 중
하나 혹은 그 이상과 맞지 않는다는 점을 입증해야 한다. 또한 여기에 열거된 기준은 널리
사용되는 것이긴 하지만 모든 내용을 담고 있지는 않다. 논제의 성격에 따라 다른 기준을
제시하여 정의가 충족되었다는 주장을 입증하거나 반박하는 데 이용될 수 있다.

다. 즉, 대법원에서 헌법적 쟁점이 있는 사건을 논하는 변호사는 헌법의 적용 혹은 이와 관련된 수정 조항을 둘러싼 토론을 참고함으로써 헌법 제정자의 근원적 이해를 발견할 수도 있다는 것이다. 그러나 대부분의 토론 논제들은 헌법적 쟁점과 관련이 없으며 근원적 이해의 증거가 될 만한 기록이 적거나 없다. 따라서 이러한 선의의 충고는 종종 교육 토론에서 가치가 거의 없는 경우가 대부분이다.[5]

그러면 토론자는 용어 정의가 충족되었다는 것을 어떻게 증명할 수 있는가? 그 열쇠는 의사 결정자들에게 그 정의를 수용할 정당한 이유(good reasons)를 제시하는 것에 있다.

특정 정의가 충족되었다는 것을 증명하기 위해 제시하는 정당한 이유에는 어떤 것이 있는가? 정당한 이유는 논제와 의사 결정자에 따라 다르지만 가장 자주 사용되는 기준은 앞의 표에 열거해 놓았다.

자신의 용어 정의가 합리적임을 증명하기 위해 토론자는 그 정의가 관련 기준 혹은 표준에 부합함을 입증하여야 한다. 자신의 용어 정의가 **토론**에서 최적임을 증명하기 위해 토론자는 그 정의가 여러 방면에서 관련 기준에 부합하면서 대립하는 용어 정의보다 우월하다는 점을 입증하여야 한다.

3) '해야 한다'의 의미와 실행 당위의 관습

정책 문제에 대한 대부분의 논제는 '이러이러한 것을 해야 한다.'처럼 '해야 한다(should)'는 말을 포함하고 있다. 정책 논제에 대한 토론에서 **해야 한다**가 의미하는 것은 현명한 이기심, 사회복지, 국가적 이익이 이런 조치를 취하도록 추동하며, 이는 바람직하면서도 실행 가능하다는 것이다. 찬성 측이 어떤 정책을 채택 '해야 한다'라고 주장할 때에는 반드시 그 정책이 실용적임을 보여주어야 한다. 하지만 그것이 채택될지의 여부를 제시할 의무는 없다. 찬성 측은 그것이 실행되면 효과가 있다는 것을 보여줄 세부 사항들을 충분하게 제시하여야 한다. 토론 시간의 제한으로 찬성 측이 구체적 사항들을 모두 제시하지 못할 수도 있지만, 적어도 정책의 윤곽은 밝혀야 하며 세부 사항이 어떻게 운용될지는 제시하여야 한다. 예를 들어, 교육을 위한 연방정부의 자금 지원에 대한 토론에서 찬성 측은 각 주가 해당 방안에 의해서 얼마나 많은 돈을 받을지 제시할 의무는 없다. 그러나 해당 액수의 돈을 어떤 방법으로 마련할지는 제시해야 한다. 여론이 반대한다거나 그 방안의 지지자들이 의회에서 충분한 표를 얻을 힘이 없기 때문에 찬성 측의 방안이 채택될 수 없다고 반대 측이 주장하는 것은 무의미할 것이다.

여론과 의회의 다수당은 한때 소득세에 반대했다는 사실을 상기하라. 그러나 소득세를 옹호하는 사람들이 소득세 채택을 증명하자, 수정헌법 16조가 제정되었다. 어떤 특정 시점에서 똑같은 방법으로 수정헌법 18조, 19조, 21조, 26조가 통과되지 못했을 수도 있음이 증명될 수 있을 것이다. 매우 많은 이들이 금주법에 반대하고, 여성의 투표권에 반대하며, 수정헌법 18조의 폐지에 반대하거나 선거 연령을 18세로 낮추는 데 반대하였다. 그러나 이 모든 수정 조항들은 이 조치의 옹호자들이 그것들을 채택해야 한다는 것을 증명한 토론에서 승리한 후 통과되었다. 따라서 정책 논제에 대한 교육 토론에서 합헌성은 결코 쟁점이 될 수 없다. 찬성 측이 어떤 정책을 채택해야 한다는 점을 증명하면, 필요할 경우 헌법이 수정되어야 한다는 것도 증명되는 것이다. 마찬가지로 찬성 측의 제안이 현재 불법적이거나 현존하는 법 범위 밖의 것이라면, 그 제안을 채택해야 한다는 것을 증명함으로써 그것을 합법화하는 법안이 반드시 제정되어야 한다는 점을 보여줄 수 있다.

그리하여 교육 토론에서 반대 측은 "의회는 절대 찬성 측의 방안을 통과시키지 않을 것입니다."라고 말하면서 사고의 장벽, 정치적 이익, 여타의 이유를 들어 찬성 측이 제안을 입법화하기 위한 충분한 표를 얻지 못할 것이라고 주장할 수는 없다. 찬성 측은 그저 '실행 당위(fiat)'만 요청할 수도 있는데, 이는 논증을 위하여 자신의 제안이 입법화된다고 가정하고, 의회는 그 방안을 입법화해야 한다는 자신의 주장에 집중하는 것이다. 찬성 측은 채택되어야 하는 제안만 제시하면 된다. 법률 제정에 따라 생길 수 있는 잠재적인 정치적 결과 또는 사고방식의 결과에 맞서 해당 제안의 이점을 옹호할 의무는 있지만, 해당 시점까지 법률 제정을 방해하는 정치적 장벽이나 사고방식의 장벽을 고려할 필요는 없다.

반대 측은 교육 토론에서 무의미한 '당위성–가능성(should-would)' 논증을 피해야 한다.[6] 중요한 것은 찬성 측의 주장이 채택될 수 **있을 것이다**(would)가 아니라 채택되어야 한다(should)는 것이다. 물론 반대 측은 정책의 실행 가능성에 초점을 맞추고서 해당 정책이 채택된다면 그것이 심각한 불이익을 초래하거나 효과가 없을 것이라는 점을 보여주려고 노력할 수도 있다.

예를 들어, '에너지의 공급과 활용에 대한 정부의 규제'라는 논제에 대해 토론할 때 반대 측은 의회 의원들과 지역구 유권자가 지지하지 않기 때문에 휘발유 배급 안이 통과되지 않을 것이라고 주장할 수는 없다. 찬성 측은 배급의 실행 당위만 주장하면 된다. 즉, 그것이 통과되어야 한다고 주장하고, 이러한 방안이 실행되어 왔다고 가정하며 논증하는 것이다. 그러나 반대 측은 배급제가 지지를 받고 있지 못하기 때문에 효과적이지 않으며, 위법 행위가 빈번하게 발생하면서 암시장이 생길 것이므로 제도가 붕괴될 것이며, 찬성 측이 아무런 이득도 얻지 못할 것이라고 주장할 수 있다.

실행 당위란 토론 참여자들이 합리적인 정책 실행을 할 것이라고 가정하여 논증하는, 정책 논제 교육 토론에서의 관례이다. 이는 토론자로 하여금 정책이 채택되어야 할 당위성 여부에 초점을 맞추게 하고, 그 정책이 채택될 가능성 여부에 대한 관련 없는 논증을 피하도록 한다. 실행 당위의 목적은 법률 제정을 위해 어떻게 필요한 표를 얻을 수 있는지 등의 정치적 메커니즘이 아니라 논제의 이익에 대해 토론할 것을 토론자들에게 요구하는 것이다. 그러나 정치적으로 좋지 않은 방안을 채택한 결과는 토론의 대상이 될 수 있다. 실행 당위란 일반적으로 방안이 '정상적 수단(normal means)'을 통해 시행되는 것을 가정한다. 물론 어떤 것이 '정상적'인가는 법안의 주요 사안과 맥락에 따라 달라진다. 정책 발의는 입법 행위를 통해 수행되기도 하지만, 행정부의 선포 혹은 행정 조치에 의해서도 수행된다. 그렇긴 해도 우리의 정부 체제에서 정상적 수단은 타협과 협상을 포함한다. 찬성 측이 주장하는 제안의 시행은 다른 정책이나 조치의 시행이 희생되어 상실될 정치적 자본의 사용을 요구하는 것일 수 있다. 따라서 실행 당위는 논제에서 확인된 조치, 그리고 찬성 측이 제시하는 실행 방법과 실행 계획에 대한 해석에만 국한된다.

또 '실행 당위는 실질적인 힘이 아니다'라는 실행 당위의 한계에 주목해보자. 찬성 측은 해야 한다에 초점을 맞추기 위하여 실행 당위를 사용할 수 있지만 더는 나아가지 못한다. 찬성 측은 '실행 당위'를 사용하여 그들의 방안이 이익을 창출할 것이라고 주장할 수는 없다. 이익은 반드시 입증되어야 한다. 찬성 측은 태도 측면에서 '실행 당위'를 가정할 수도 없다. 예를 들어, 찬성 측은 모든 시민들이 휘발유 배급 안을 환영하며 열정적으로 지지할 것이라는 실행 당위를 가정할 수 없다. 실행 당위는 마법 지팡이가 아니다. 이는 어떤 방안이 잘 운용되게 하는 데 사용되지는 않는다.

실행 당위에 접근하는 또 다른 방법은 그것을 '주체'와 관련된 것, 또는 활동가이자 옹호자인 토론자가 변화를 일으킬 수 있는 능력을 지녔다고 생각하는 것이다. 이러한 접근은 전통적으로 실행 당위가 가설적으로 사용되었다는 점, 즉 토론 막바지에 토론 판정자가 찬성 측이 승리했다고 판정하더라도 찬성 측의 방안이 실제 법이 되지는 않는다는 점을 아는 것이다.

진정한 주체는, 또는 옹호자인 토론자의 힘은 직접적으로 토론 참여자에게 영향을 미친다. 그리하여 어떤 옹호 행위로서의 토론에 참여자들은 초점을 맞추어야 하고, 토론 판정자가 내린 판정은 토론자들이 토론하고 있는 가설적인 방안보다는 토론자들에 대한 것이 된다. 이러한 접근에 기초하면 토론 그 자체의 규칙과 맥락에 대한 비판적이고도 철학적인 함의, (주장과 언어 사용을 포함한) 토론자들의 토론 수행, 정책 옹호와 토론 실행의 구조적 틀의 토대는 모두 토론에 속한다. "실행 당위는 허구적인 것이다."라는 생각에 기초한 비판적이고 수행 중심적인 접근은 현재 토론대회의 실행에서 점점 대중성을 얻고 있다. 이 관점의 지지자들은 토론이 (토론 판정자와 토론자 등) 참여자들의 삶, 그리고 더 큰 의미에서의 토론자들의 참여와 행동주의에 더욱 밀접하게 관련될 수 있다고 주장한다. 그러나 반대자들은 (전통적인 실행 당위에 의해 용이해진 정책 비교가 제시하듯이) 의견 충돌 지점이나 구체적 비교를 명확히 하는 것이 어려울 수 있다는 점에 주목한다.

3. 쟁점

쟁점(issues)은 찬성 측이 반드시 규명해야 하는 논제에 내재되어 있는 중요한 주장이다. 이는 또한 논증들이 수렴되는 지점 혹은 논제에 종속된 의견 충돌의 지점으로 여겨질 수도 있다. 쟁점은 또한 토론 상황이나 논증 상황에서 참여자가 제시하는 논증의 체크리스트 혹은 범주를 말하기도 한다. 그리스 수사학자들은 모든 논증이나 입론에 **평형**(stasis), 즉 다루어야 하는 일련의 쟁점이나 입론의 타당성을 판단하기 위해 답해야 하는 질문들이 존재한다고 보았다. 평형은 비슷한 입론의 유형 내에서 공유되거나, 주제에서 생겨날 수도 있다. 그런데 현대 토론자들은 평형을 필수 쟁점 내에서 발견하는 경향이 있다.

(비록 필수 쟁점이 상호 비교를 통해 평가되긴 하지만) 전통적 정책 토론에서 반대 측은 적어도 하나의 '필수' 쟁점에서 우위를 점해야 승리할 수 있었다. **필수 쟁점**(stock issues)은 유사한 유형의 논제를 다루는 모든 토론에 공통적으로 존재하는 쟁점, 또는 많은 논제에 적용 가능한 표준적 주장이다. 이는 직접적으로 해당 논제를 입증하거나 반박하는 대답과 관련된 질문이기 때문에 쉽게 파악할 수 있다. 만약 이 쟁점이 규명된다면, 그 논제는 우세할 수밖에 없을 것이다. 토론자들이 논제 분석을 시작할 때 그들은 "존 아무개가 리처드 아무개를 고의로 살해하였는가?"와 같이 질문 형태로 쟁점을 표현한다. 분석 단계에서 쟁점은 찬성 측이 반드시 '예'라고 대답해야 하는 질문 형태로 표현된다. 물론 반대 측은 최소한 하나 이상의 쟁점에 대해 부정해야 하며 그렇지 않으면 토론은 성립되지 않는다. 쟁점이 토론에서 제시되면 토론자들은 "존 아무개가 리처드 아무개를 고의로 살해하였다."라고 평서문의 형태로 표현한다. 필수 쟁점은 아래의 해당 부분에서 구체적으로 다룰 것이다.

잠재적 쟁점(potential issue)은 필수 쟁점 질문에 대한 가능한 모든 대답이다. 그러나 어떤 토론에서도 잠재적 쟁점이 모두 사용되는 경우는 거의 없다.

인정된 쟁점(admitted issue)은 한쪽이 수긍하거나 이의를 제기하지 않기로 선택한 쟁점이다. 예를 들어, "연방정부는 노동력을 가진 모든 미국 시민에게 일할 기회를 보장하는 프로그램을 시행하여야 한다."라는 논제에 대한 토론에서 일부 찬성 측 토론자는 "수백만 명의 미국 시민들이 실직 상태이다."라는 쟁점을 도입하였다. 찬성 측이 이 쟁점을 뒷받침하기 위해 제시한 증거를 보고 많은 반대 측 토론자들은 이 쟁점을 쉽게 인정하였다. 또 어떤 반대 측 토론자들은 "수백만 명의 실업자들이 경제적 곤란을 겪고 있는 것은 아니다."라는 쟁점을 도입하였고, 반대 측이 이 쟁점을 뒷받침하기 위해 제시한 증거를 보고 많은 찬성 측이 이 쟁점을 재빨리 수긍하였다. 늘 자신이 이길 수 없는 쟁점은 수긍하고 이길 수 있는 쟁점에 집중하는 것이 토론자로서 현명한 방법이다.

토론 쟁점(issue of the debate)은 토론 속에 실제로 도입되어 상대 토론자와 충돌하는 쟁점이다. 예를 들어 특정 논제에서의 잠재적 쟁점이 A, B, C, D, E, F, G, H, I, J라면 찬성 측은 A~F까지의 쟁점을 도입할 수 있으며, 반대 측은 이 중 B와 C를 인정하고 G를 도입할 수 있고 A, D, E, F 쟁점을 반박하기 위해 노력할 수도 있다. 잠재적 쟁점 H, I, J는 어느 쪽도 도입하지 않았으므로 이 토론에는 포함되지 않는다. 여기서 토론 쟁점은 A, D, E, F, G이다.

최종 쟁점(ultimate issue) 혹은 표결 쟁점(voting issue)은 논쟁에서 오직 하나의 쟁점만 남아 있을 때, 존재하는 모든 쟁점이 하나의 표결 쟁점에 기초하고 있을 때 생긴다. 토론에서 의견 충돌이 대립하는 단일 쟁점으로 좁혀졌을 때 그것이 최종 쟁점이 된다. 앞선 예에서 찬성 측이 토론에서 일찍이 A, D, E, F 쟁점에서 승리를 거두고 논쟁에서 오직 G 쟁점만을 남겨 놓았다면, 이때 쟁점 G가 이 토론의 최종 쟁점이라 할 수 있다.

세부 주장(contention)은 쟁점을 뒷받침하기 위해 제시되는 진술이다. [세부 주장은 의견(observation) 혹은 '주요 논점(main point)'으로 불리기도 한다.] 각 쟁점을 뒷받침하기 위한 설득력 있는 논증 과정에서 관련 증거가 구성된다. 대체로 하나의 쟁점을 뒷받침할 때 여러 세부 주장들이 제시된다. 만약 남아 있는 세부 주장이 쟁점을 규명하기에 충분한 입증력을 가지고 있다면 찬성 측이 몇 가지 세부 주장을 확립하는 데 실패했더라도 해당 사건에서 이길 수 있다.

1) 쟁점 찾기

어떤 논제에 대한 토론을 준비할 때 직면하는 첫 번째 문제 중 하나는 쟁점을 찾는 것이다. 법정 토론에서 쟁점은 종종 해당 소송에 적용 가능한 법률로 법정에서 분명하게 진술된다. 예를 들어, 법정에서의 논제가 실제로 "존 아무개가 리처드 아무개를 죽였다."라면 대부분의 사법권에서 쟁점은 다음과 같다.

1. 리처드 아무개는 죽었다.
2. 존 아무개가 리처드 아무개를 죽였다.
3. 존 아무개가 리처드 아무개를 불법적으로 죽였다.
4. 존 아무개는 사전에 계획하여 리처드 아무개를 죽였다.
5. 존 아무개가 리처드 아무개를 고의로 죽였다.

만약 검사가 이들 쟁점 중 어느 하나라도 입증하는 데 실패하면 존 아무개는 살인죄를 선고받지 않는다. 그러나 이 쟁점 중 어떤 것이 증명되면 그는 과실 치사 혹은 좀 더 가벼운 다른 혐의로 기소될 수도 있다.

법정 밖의 토론에서는 쟁점이 이 정도로 분명하게 진술되지는 않는다. 다양한 방법을 사용하여 쟁점을 찾는 것은 토론자에게 속한 일이다. 첫째, 토론자가 논제의 용어를 세심하게 정의하는 것은 토론 쟁점을 찾는 데 도움이 된다. 용어를 정의하면 논제의 중요한 측면이 분명해지며, 최소한 몇 가지 쟁점이 드러날 수 있다. 예를 들어, '실업자를 위한 국가 공공근로 프로그램'에 대한 토론에서는 '실업'이라는 용어에 대한 정의가 중요하다. 만약 실업을 시간제 일자리를 찾고 있는 전업주부를 포함해 정의한다면 이 용어 정의는 "실업자는 공공근로 프로그램에 필요한 기술을 가지고 있는가?"와 같은 쟁점 질문을 암시하게 된다.

둘째, 많은 논제에 적용 가능한 표준적 질문인 필수 쟁점은 초기의 문제 분석에서 유용하게 사용될 수 있다. 표준 질문이 특정 논제의 쟁점을 제시할 정도로 충분히 구체적이지 않다 해도, 이것은 토론자가 실제 쟁점들을 명확하게 표현하는 데 도움을 준다.

① 사실 논제 혹은 가치 논제의 필수 쟁점

사실 논제 혹은 가치 논제의 필수 쟁점은 찬성 측 입론의 두 가지 기본 요소인 정의(definition)와 지시(designation)로부터 도출된다. 교육 토론에서는 사실 논제보다 가치 논제에 관심이 더 많으므로 사실 논제에 대해서는 간단하게 살펴보고, 가치 논제를 더 자세히 알아볼 것이다.

이들 필수 쟁점을 가장 간단하게 나타내면 다음과 같다.

1. 정의적 쟁점

　　a. 핵심 용어의 정의는 무엇인가? 앞에서 논의한 바처럼, 논제의 용어는 반드시 논제 자체에 대한 해석을 명확히 하기 위해 정의되어야 한다. 이는 필연적으로 명시적이든 암시적이든 논쟁점으로 확인된 가치(들)에 대한 정의를 포함하게 된다. 사실 논제와 가치 논제에서 정의는 평형(stasis)의 첫 번째 지점 혹은 '필수 쟁점'이 된다. 정의는 입론의 주요 초점을 제시한다. 무엇이 '사생활', '삶', '온실 효과'인가? 정의는 별도의 단어 혹은 어구로 제시되어야 하지만 또한 완전한 문장으로 논제에 대한 해석을 전달하기 위하여 작성되어야 한다. 토론자는 논제 진술의 의미가 무엇인지 핵심 정의를 고려하여 자신의 해석을 제시하여야 한다.

　　b. 가치(혹은 용어 정의에 대한 해석) 기준은 무엇인가? 가치는 토론의

의견 충돌 지점을 제공하지만, 대립하는 가치를 살펴보기 위해서는 가치를 측정할 기준이나 장치가 제시되어야 한다. 사실에 기초하거나 설명적인 정의의 경우에는 그 정의를 검증하는 몇 가지 방법이 사용된다. 기준은 용어 정의의 척도가 되며 드러나는 각각의 중요 논점에서 논증을 비교하는 실제적이고도 체계적인 방법을 제공한다. 그래서 기준은 정의와 해석이 작동될 수 있는 분류법이나 측정 가능하고 조직된 일련의 개념들을 제공한다.

2. 지시적 쟁점
  a. 사실들은 해당 정의에 부합하는가? 논제를 뒷받침하거나 반대하기 위해 제시된 사례는 1-a에서 정의한 바처럼 용어들과 관련이 있는 정도만 논제와 관련된다. 토론자들은 자신의 사례나 설명이 자신이 이미 제시한 정의와 해석과 일치한다는 증거를 제시하여야 한다. 지시적 쟁점은 사례나 전제를 1-b에서 밝힌 기준에 적용하여 일련의 체계적인 기준에 대한 직접적인 비교를 수행한다. 이 쟁점은 기준 쟁점에서 형성된 측정망을 통해 증거를 선별하게 된다.
  b. 무엇이 이 가치의 효용인가? 이 지점에서 토론자들은 1-b에서 밝힌 기준을 2-a에서 제시한 사실에 적용하게 된다.

이와 같은 간단한 개요를 염두에 두고서 필수 쟁점에 대해 더욱 구체적으로 살펴보도록 하자.

먼저 존 아무개의 살인 재판으로 돌아가보자. 물론 이 재판은 사실 논제에 대한 토론이다. 이 재판의 정의적 쟁점은 살인에 대한 법률적 정의이다. 이 재판의 지시적 쟁점은 '리처드 아무개가 죽었다.', '존 아무개가 그를 죽였다.' 등 다섯 가지 쟁점이 있다. 검사는 살인의 정의에 부합하는 사실을 확증하여 존 아무개가 리처드 아무개를 살인했다는 혐의를 입증해야 한다.

사실 논제를 다루는 법정 토론에서 쟁점은 종종 적용 가능한 법률로 간결히 설명되고는 한다. 그러나 법정 밖의 대부분의 토론에서는 논제를 주의 깊게 분석해야만 쟁점이 드러난다. "상업 텔레비전은 미국 사회에 유익하기보다는 유해하다."라는 가치 논제를 살펴보자. 핵심 용어에 대한 정의는 무엇인가? 우리는 '상업 텔레비전'과 '미국 사회'에 대한 정의를 확실히 내려야 한다. '유해하다'와 '유익하다'라는 가치 용어를 정의하는 기준은 무엇인가? (이에 대해 충족된 정의를 제시하는 법에 대한 논의를 참고할 수도 있을 것이다.)

가치의 효용을 고려할 때 추가적인 쟁점을 찾을 수도 있다. 찬성 측은 스포츠, 멜로드라마, 현실 도피 오락 프로그램을 강조한 편성을 '유해하다'라고 하는 반면, 고전 드라마, 고전 음악, 학술 강의들을 강조한 편성을 '유익하다'라고 주장할 수도 있다. 반대 측은 이러한 가치의 효용이 시청자들의 마음을 멀어지게 만들고 다음에는 스폰서들의 마음도 멀어지게 할 것이라고 반박할 것이다. 광고 수입이 적거나 없다면 텔레비전 방송국은 수입을 위해 정부에 의존하게 될 것이고, 그리하여 정부는 텔레비전 프로그램 편성의 결정자가 될 수밖에 없으며, 이렇게 TV 프로그램을 정부가 규제하게 되면 이는 찬성 측이 비난한 프로그램 편성보다 훨씬 더 해로울 수 있다고 반대 측은 주장할 것이다. 이에 대해 찬성 측은 이러한 가치를 적용하면 미국 사회의 지적 수준이 올라갈 것이고, 대중이 조만간 이 '유익한' 편성을 이해하게 되면서 미국 사회의 질이 향상될 것이라고 응답할 수 있다.

토론자들이 가치의 정책적 효용을 고려하기 시작하면서 유사 정책 토론으로 이동하게 된다는 점에 주목하자. 이러한 토론에서 반대 측은 '불이익'이라는 정책 토론의 쟁점과 매우 유사한 '가치 거부(value objections)'를 제시할 수도 있다. 정책 토론과 오랫동안 관련된 추가적 쟁점들은 유사 정책 토론에서 필수적인 것이 된다. 왜냐하면 유사 정책 토론은 정책 쟁점을 다루기 때문인데 다음 절에서는 이에 대해 살펴볼 것이다.

② 정책 논제의 필수 쟁점

정책 논제의 필수 쟁점은 찬성 측 주장의 세 가지 기본 요소인 피해, 내재성, 해결성에서 도출된다. 필수 쟁점을 간단히 기술하면 다음과 같다.

1. 피해
   a. (매우 긴급한 결함과 같이) 강력한 문제가 현 상태에 존재하는가?
   b. 해당 문제가 양적으로 중대한가?
   C. 해당 문제가 질적으로 중대한가?

찬성 측 토론자가 상당수 사람들의 삶의 양 또는 삶의 질이 심각한 위험에 직면할 수 있다는 점을 토론 판정자 혹은 청중에게 설득할 때 피해 쟁점은 성립된다. 피해는 현 상태 내에서 조치가 없을 때의 영향력이 있는 결과이다. 질적인 피해는 삶의 질 저하와 관련되어 있으며 가치에 기반하고 있는 경우가 많고, 말로 표현할 수 없지만 중대하다. 양적인 피해는 구체적이고, 객관적이며, 측정 가능하다.

2. 내재성

  a. 문제의 원인이 법, 태도, 현 상태의 구조에 내재되었는가?
  b. 정책 조치의 중대한 변화가 없으면 문제가 지속될 것인가?

내재성은 현 상태 내에서 피해의 해결을 방해하는 장벽이나 현 상태 내에서 피해를 유발하는 것들이 내재된 구조를 일컫는다. 찬성 측이 제안한 조치가 없으면 내재성으로 인하여 피해는 미래에도 지속될 것이다.

3. 해결성

  a. 해결 방안은 실행 가능한가?
  b. 그 방안은 문제를 해결할 수 있는가?
  c. 그 방안은 이익을 산출하는가?
  d. 이익이 불이익보다 더 큰가?

해결성은 가장 뒷받침하기 어려운 쟁점이다. 찬성 측 토론자는 해결 방안이 실행 가능할 뿐 아니라 만약 실행된다면 확인된 피해를 줄이며 실행과 작동에서 큰 불이익이나 해로운 결과를 야기하지 않을 것이라는 점을 증명하라는 요구에 직면한다.

이와 같은 간단한 개요를 바탕으로 필수 쟁점들에 대해 더욱 세밀하게 살펴보자.

현 상태의 변화에 대한 타당성이 있는가? 다시 말해, 특정 요구, 문제, 바람직하지 못한 요인, 결점, 충족되지 않는 목표나 기준, 얻지 못하는 이익이 존재하는 것은 아닌가? 혹은 현 상태를 바꿀 정당한 이유를 구성하는 대안적 타당성이 있는가? 이들 조건은 현 상태의 변화를 정당화할 만큼 충분히 심각한가? (심각성은 질적 혹은 양적으로 제시될 수 있으며, 최선은 둘 다 제시되는 것이다.) 피해 쟁점은 세상에 존재하는 악에 대해 발언하는 것이다. 우리는 행동하지 않으면 대가를 치른다는 확신이 들지 않으면 변화를 위해 행동하지 않는다. 피해에 대해 논할 때 토론자는 현재 존재하는 문제의 중대성과 강력한 속성, 즉 그 영향에 대해 다루어야 한다.

내재성 쟁점은 찬성 측이 제시한 조치를 취하지 않을 때 피해가 지속될 가능성을 고찰한다. 찬성 측은 "이들 조건은 현 상태에 내재된 것인가, 현 상태에 의해 야기된 것인가?" 등을 포함한 질문에 대답할 필요가 있다. (내재성은 구조적, 태도적인 것으로 제시될 수 있으며 최선은 둘 다 제시되는 것이다.) 현 상태의 틀 내에서 보수, 조정, 개선하는 것으로는 이들 조건을 제거하는 것이 불가능한가? 반대 측의 특정 제안이 현 상태의 문제를 보수하거나 조정하기에 불충분한가? 가장 중요한 것으로, 만약 우리가 조치를 취하지 않으면 미래에도 피해가 지속되는가?

해결성 쟁점은 제안된 해결책을 고려하면서 정책 비교에 초점을 맞춘다. 논제 채택의 이유로서 언급된, 문제를 해결할 수 있는 방안이 있는가? 해당 방안에는 논제 관련성, 즉, 논제와 직접적으로 연관된 것이 있는가? 해당 방안은 실행 가능한가? 해당 방안은 문제를 해결할 수 있는가? 즉, 해결성이 있는가? 주제와 관련이 있으며 찬성 측의 방안으로 흡수될 수 있는 반대 측의 실현 가능성 있는 대체방안이 있는가? 어떤 대체방안이 실행하

정책 논제의 필수 쟁점

....

1. 피해(harm)

2. 내재성(inherency)

3. 해결성(solvency)

기 어렵거나 해결성이 부족한가?

해당 방안으로 주장한 이익을 얻을 수 있는가? 즉, 찬성 측이 제시한 타당성을 충족하고, 찬성 측이 언급한 필요성에 부합하며, 찬성 측이 말한 목표나 기준에 도달할 수 있는가? 방안을 실행한 결과가 현 상태와 같거나 더 큰 불이익을 발생시키지는 않는가? 반대 측의 대체방안이 찬성 측의 방안 혹은 현 상태보다 더 큰 불이익을 발생시킬 가능성은 없는가? 이익은 방안에 내재되어 있는가? 즉, 이익은 방안을 적용하면 반드시 발생할 수 있는가? 해당 이익은 그 방안만의 고유한 것인가? 즉, 그 방안의 채택 없이 얻을 수 있는 것은 아닌가? 그 이익은 중요한가? 그 이익은 불이익보다 더 큰가?

③ 필수 쟁점 사용하기

논제의 용어와 논쟁 영역의 관련 용어들을 신중하게 정의하고 적절한 필수 쟁점을 적용한 후, 토론자는 잠재적 토론 쟁점에 대한 서두 발언을 준비할 것이다.

찬성 측과 반대 측은 모두 자신들의 분석에서 필수 쟁점을 사용한다. 찬성 측은 자신들이 옹호하는 쟁점을 밝혀내고자 할 때 필수 쟁점을 사용하며, 반대 측은 자신들이 반드시 논박해야 하는 쟁점, 그리고 불이익과 같이 제기하고자 하는 쟁점을 예측하고자 할 때 필수 쟁점을 사용한다.

토론자가 초기 분석 때 따라야 하는 실제적 방법은 아래의 두 가지 기본 단계를 포함한다. 이는 준비 과정에 대한 체크리스트이며, 실제로 이 쟁점들을 토론하기 위한 것은 아니라는 점에 주의하자.

1. 질문의 형태로 필수 쟁점을 진술한다. 현 상태의 변화의 타당성이 논제에서 필요로 하는 방식으로 이루어졌는가? 문제가 현 상태에 내재된 것인가? 기타 등등.
2. 잠재적 토론 쟁점을 진술함으로써 각각의 질문에 대답한다.

필수 쟁점을 어떻게 활용하는지 다음 사례를 통해 살펴보자.

토론자들은 "미국 연방정부는 국내 화석 연료의 전체 민간 소비를 대폭 축소하는 에너지 정책을 수립하여야 한다."라는 논제에 대한 분석을 시작하였다. 그들은 예비 조사를 통해 에너지 소비와 관련된 많은 문제를 빠르게 파악할 수 있었다. 문제는 대기 오염과 온실 효과를 비롯하여 원자력 발전에 내재된 위험, 외국 석유 의존의 위험성, 화석 연료의 연소가 야기하는 환경 피해 등을 포함하고 있었다. 더불어 토론자들은 이 문제에 대한 다양한 해결 방안을 주장하는 사람들을 다수 발견할 수 있었다. 토론자들은 논제의 용어를 정의할 때 미 연방정부 내에서 실행의 주체를 선택해야 하며, 에너지 정책에 대해 구체적으로 수립된 일련의 조치를 옹호해야 한다는 점을 인식하게 되었다. 예를 들어, 대체 에너지 연료 사용을 촉진하기 위한 새로운 세액 공제는 '에너지' 정책으로 고려되지 않을 수도 있다. 그리고 그들의 정책은 화석 연료와 같은 특정 유형의 연료에 대한 소비를 줄이는 것이어야 한다.

토론자들은 계속된 예비 조사를 통해 현 상태의 가장 심각한 피해는 개인 승용차들이 휘발유를 불필요하게 과다 소비하고 과도한 온실 가스를 배출하며 그 결과 석유 수입에 대한 의존성이 위험하게 높아지는 것이라고 보았다. 또한 이들은 기업평균연비제도(Corporate Average Fuel Economy: CAFE)를 통해 화석 연료의 소비를 줄이고자 하는 연방정부의 정책이 자동차 제조사들에 대해 제한을 가하기는 하지만, 그 기준이 너무 낮으며 다음과 같은 중대한 허점이 있다는 것을 알아냈다. CAFE에는 매우 보편적인 차종인 픽업트럭, SUV, 대형 밴은 포함되어 있었지만 전체차량무게등급(gross vehicle weight rating: GVWR)이 3855킬로그램을 넘는 경트럭은 그 기준에 따를 필요가 없었던 것이다. 이는 해당하는 에너지 정책을 서서히 약화시키는 결과를 초래했다. 따라서 더욱 엄격한 CAFE 기준을 적용하여 새로운 정책을 수립하는 것은 정당화되었다. 이 조사는 다음과 같은 잠재적인 피해 쟁점을 형성하도록 이끌었다.

화석 연료의 과도한 소비는 심각한 문제이다. 토론자들은 피해에 대해 분석하면서 피해 쟁점이 토론의 여지가 있기는 하지만 일반적으로 자동차의 온실 가스 배출, 인간이 지구 온난화에 미치는 영향, 그것의 끔찍한 결과에 대해 과학자들이 일치된 결론을 내린다는 것을 알았다. 이와 더불어 인간의 건강은 자동차 배출로 인한 대기 오염에 의해 나쁜 영향을 받으며, 이와는 별개로 외국의 석유 공급에 크게 의존하게 되면 미국이 더 큰 경제 혼란과 전쟁을 비롯한 대외 정책의 위험에 빠지게 된다는 것을 파악했다.

토론자들은 교통 문제에서 미국 경제가 개인 승용차에 의존하며 소비자들이 에너지 효율이 덜한 차를 선호하는 경향이 있기 때문에 이 점이 내재적인 문제를 초래한다고 보았다. 그 결과 일부 규제가 필요하지만 현재의 규제들로 충분하지 않으며 경트럭 등의 허점도 존재한다는 것을 알아냈다. 조사를 면밀히 해나가면서 자동차 제조사들이 경트럭에 대한 허점을 이용하지 못하도록 하는 것을 비롯해 더 높은 기준을 따를 수 있다는 것을 알아냈다. 이 방안은 효과적이며, 휘발유 형태의 화석 연료에 대한 소비를 줄이고 점차적으로 지구 온난화에 미치는 영향과 외국 석유에 대한 의존을 낮출 수 있을 것이다.

이들 잠재적 쟁점은 해당 문제에 대한 토론자들의 예비 분석에서 드러 났다. 이 지점에서 이들은 일반적인 필수 질문들에서부터 논제에 구체적으로 적용된 잠재적 쟁점으로 옮아갔다. 이들이 다음에 한 일은 증거가 실제로 토론자가 주장하는 쟁점을 뒷받침하는지를 확인하기 위하여 심화된 조사를 거쳐 이들 잠재적 쟁점들을 검증하는 것이었다. 토론자들은 자신의 방안에 대한 효과적인 반대가 존재하는지, 즉 그들이 주장하는 이익보다 방안이 발생시키는 불이익이 더 크지 않은지를 탐구해야 했다. CAFE 기준을 높이는 것에는 틀림없이 불이익이 존재한다. 미국 자동차 업계는 고연비 차량의 생산 분야에서 외국의 경쟁자들보다 뒤처져 있다. 그리고 매연 배출을 줄이기 위하여 안전성과 편의성이 다소간 희생될 수도 있다. 좀 더 심화된 탐구를 바탕으로 토론자들은 틀림없이 자신들의 잠재적 쟁점을 수정해 실제 토론에 내놓으려고 노력할 것이다. 이러한 경험을 통해 토론자들은 잠재적 쟁점 일부 또는 전부를 재고하게 된다. 이제야 토론자들은 일반적인 것에서 구체적인 것으로 나아가며 논제를 의미 있게 분석하기 시작하는 기초적인 첫걸음을 뗀 것이다.

쟁점들(논제에 내재되어 있는 중요한 주장들)

....

- **필수 쟁점**(stock Issues)은 유사한 유형의 논제를 다루는 모든 토론에 공통된 쟁점이
  거나 많은 논제에 적용 가능한 표준적 주장이다.

- 전통적 정책 토론에서 반대 측은 하나 이상의 필수 쟁점에서 이겨야 승리할 수 있다.

- **잠재적 쟁점**(potential issue)은 필수 쟁점 질문에 대한 가능한 모든 대답을 말한다.

- **인정된 쟁점**(admitted issue)은 한쪽이 수긍거나 이의를 제기하지 않기로 한 쟁점이다.

- **토론의 쟁점**(issue of the debate)은 토론 속에 실제로 도입되어 상대 토론자와 충돌하는
  쟁점이다.

- **최종 쟁점**(ultimate issue) 혹은 **표결 쟁점**(voting issue)은 논쟁에서 오직 하나의 쟁
  점만 남아 있거나 존재하는 모든 쟁점이 하나의 표결 쟁점에 기초하고 있을 때 생긴다.

- **세부 주장**(contention)은 쟁점을 뒷받침하는 진술이다.

연습

1. 짝을 지어 활동하면서 아래에 열거된 각각의 용어에 대해 대립하는 정의들을 찾아보자. 그 정의들 중 하나가 상대의 정의보다 우월하다는 점을 옹호하면서 토론해보자. 교대로 네 번 발언하되 1분을 초과하지 않는다.

테러리즘
결혼
빈곤
충분한 건강보험
가족의 가치
중산층
책무
존중
성인
자유
사생활
비만
미(美)
리더십
삶의 질
삶

2. 팀으로 활동하면서 정책 논제를 선택해보자(6장의 연습 2번에 마련된 것 중 하나를 고를 수도 있다). 핵심 용어를 정의하고 각 논제에 대한 해석을 준비해보자. 그리고 잠재적인 피해, 내재성, 해결성을 다루는 입론의 개요를 써보자.

3. 최근의 신문, 잡지, 뉴스 웹사이트 등에서 정책 논제에 대한 대중 연설가의 논증적인 연설 사례를 찾아보자. 선거 토론에서 사회자의 질문에 대한 후보의 대답은 탁월한 선택이 될 수 있다. '논제' 혹은 연설자의 주요 논증을 확인하고 제기된 쟁점에 대해 진술해보자. 필요하다면 연설자의 말을 논제와 쟁점이라는 명확하고 올바른 형태로 바꾸어 진술해보자. 그러나 연설자의 생각을 그대로 담을 수 있도록 주의하자. 당신은 연설자의 쟁점 선택에 동의하는가?

4. (1) 교사가 결정한 정책 논제 혹은 가치 논제에 대해 진술하고, (2) 용어를 정의하며, (3) 쟁점을 진술해보자. 수업에서는 이 세 부분을 평가하게 될 것이다. 수업에서 발표할 3분 연설을 준비해보자. 교사에게 제출할 이 연설의 개요를 작성해보자.

8장

증거와 확증*

부시 대통령은 2002년과 2003년에 이라크가 유엔 결의안을 위반하면서 대량살상무기(WMDs)를 개발하고 비축하는 프로그램을 운용했다는 증거를 제시하였다. 유엔이 이라크 정권에 대한 사찰을 하는 대신 이라크 침공을 선택한 것을 정당화하기 위한 증거였다. 하지만 이 증거는 구체적이지 못한 첩보성 주장을 포함하고 있었다. 부시 정부가 제시한 이 증거들은 충분했는가? 결과적으로 프랑스와 독일을 포함한 많은 동맹국들은 전쟁에 반대했지만 미국 국민 다수가 지지하며 전쟁이 발발했다. 주요 전투의 종료가 선언되고 막상 이라크에서 대량살상무기가 발견되지 않자, 민주당 대통령 후보 지명자와 전쟁 반대자들은 대량살상무기를 발견하지 못했다는

....

* 'proof'의 번역어인 '확증'은 의심의 여지가 없는 단서를 뜻한다. 내용이 확정적이어서 상대방의 주장을 충분히 반박하거나 본인의 주장을 반복할 수 있다. 반면에 'evidence'의 번역어인 '증거'는 주장의 타당성을 강화할 수 있는 것이긴 하지만 상대방이나 자신의 주장에 대한 영향력을 담보할 수 없다.

것이 이 전쟁이 부당하다는 증거라고 주장하였다. 그렇다면 그들의 논증은 근거가 충분한가?

증거(evidence)는 논증의 원재료이다. 이것은 증명을 하기 위해 사용되는 사실, 의견, 대상으로 구성된다. 토론자는 원재료를 가져와 추론 과정을 통해 새로운 결론을 도출한다. 우리는 제대로 된 증거에 기반을 두지 않고는 비판적 사고를 수행할 수 없다. 토론은 증거에 대한 배움의 탁월한 수단을 제공하지만, 증거의 사용은 토론에만 국한되지 않는다. 비공식적인 환경에서 이루어지는 체계적이지 않은 논쟁에서도 증거는 반드시 있어야 한다. 누가 첫 번째 하이스먼 트로피(Heisman Trophy)*의 수상자인가? 품질 보증서는 어디까지 보장하는가? 대학 신문에 정말 그렇게 나와 있는가? 이러한 문제와 여타의 수많은 문제들은 적절한 증거가 언급되어야 가장 잘 해결될 수 있다.

증거가 의사 결정자들에게 미치는 효과는 의사 결정자들이 증거에 대해 갖는 인식과 가치관에 따라 다르다. 대학 대항 토론에서 토론 판정자들은 선입견을 버리고 증거를 차분하면서 공정하게 평가하고 그 자료를 비판적으로 따지려 할 것이다. 이는 중요한 결정을 내려야 할 때 따라야 할 바람직한 모습이다. 그러나 우리는 대부분의 상황에서 판정자들 혹은 청중이 메시지의 원천(즉, 토론자 혹은 토론자가 인용한 출판물), 메시지 그 자체, 채널(예를 들어, 대면 의사소통, 라디오, 텔레비전)에 의해 영향을 받는다는 것을 인식하여야 한다. 판정자들은 일종의 수신자(receiver)로서 이 모든 요소에 영향을 받는다(즉, 수신자의 가치와 인식이 증거 평가에 영향을 미친다). 비록 판정자가 개인적으로 판단하지 않으려고 최선을 다한다 하더라도, 이는 다른 논증적 맥락에서뿐만 아니라 교육 토론에서도 진실이다.

....

* 대학 미식축구 최우수 선수에게 수여하는 상.

용어 해설

....

결정적 확증(conclusive proof) 법률상 부인할 수 없거나 모든 반대 증거가 기각될 정도로
강력하고 확실하기 때문에 반박할 수 없으며, 논제를 의심의 여지없이 성립시키는 증거.

계획된 증거(prearranged evidence) 나중에 언급할 가능성이 있는 어떤 정보의
기록이라는 특정 목적을 위해 만들어진 증거.

공문서(public records) 정부기관의 승인을 받거나 정부기관에 의해 편찬 또는 발행된 문서
일체.

공적 기록물(public writings) 일반 대중이 이용할 수 있도록 만들어진, 공문서를 제외한
모든 기록 자료를 포함하며, 증거의 출처로 자주 사용된다.

보강적 확증(corroborative proof) 동일한 사실 혹은 논제를 뒷받침하기 위해 다른 특성의
증거를 강화하거나 확실하게 하는 증거.

부분적 확증(partial proof) 논쟁의 쟁점을 지지하는 경향이 있는 일련의 사실 중에서 어떤
분리된 사실을 규명하는 데 사용되는 증거.

사법적 증거(judicial evidence) 법정에서 인정받을 수 있는 증거.

소극적 증거(negative evidence) 응당 발견될 수 있는 증거의 부재가 논의되는 쟁점을
참으로 만드는 것.

우연한 증거(casual evidence) 만들어질 때 어떤 노력도 하지 않은 증거로, 나중에 언급할
가능성이 있어서 고안된 것은 아니다.

이차 증거(secondary evidence) 논의되는 사안에서 더 좋은 증거의 이용 가능성을 자신의
특성으로 시사하는 증거.

일차 증거(primary evidence) 상황이 허락하는 가장 최선의 증거. 논의되는 사안에 대해
가장 큰 확실성을 제공하는 원래의 증거 혹은 직접적인 증거.

재판 외 증거(extrajudicial evidence) 법정에서는 인정받지 못하지만 법정 밖에서는 사용될
수도 있는 증거.

주지의 사실(judicial notice) 입증할 필요 없이 증거가 바로 논증에 도입될 수 있는 것으로,
잘 알려져 있기 때문에 입증할 필요가 없다고 추정된다.

증거(evidence) 증명을 하기 위해 사용되는 사실, 의견, 대상으로 구성된 것.

직접 증거(direct evidence) 어떤 다른 사실에 대한 증명이 전혀 개입되지 않은 채 해당
사실이 존재한다는 것을 보여주려고 하는 증거.

참조 증거(evidence aliunde) 다른 증거를 설명하거나 명확하게 하는 증거.

미국의 실업률이 8.2퍼센트를 넘었다는 사실 논제는 토론을 통해 규명될 수 있다. 일단 그 사실이 규명되면, 세계화 경향, 세계 경제 맥락에서 8.2퍼센트가 받아들일 수 있는 실업률 수치인지 아닌지를 평가하는, 좀 더 어려운 문제로 나아갈 수 있다. 토론 판정자 역할을 하는 대학 교수는 경제학 교수의 전문적 의견에 공감할 수도 있다. 또 실업 상태에 있는 청중은 노동 운동 지도자의 관점을 더 중시할 수도 있다. 청중 가운데 은행가가 있다면 그는 미국 연방준비제도 이사회(Federal Reserve Board) 의장의 발언에 가장 깊은 인상을 받을 수도 있다. 청중 속에 있는 어떤 학생은 개인적인 경험을 바탕으로 그 증거를 평가할 수도 있다. 실업은 오직 경제학 수업에서만 고려되는 동떨어진 개념인가, 아니면 자동차 공장에서 정리해고 당한 학생의 부모나 대학을 졸업하고 구직 시장에 들어가야 할 학생과 관련되어 있는가?

이전 장에서 우리는 어떻게 논란거리가 발견되어서 그 틀이 짜이는지, 그리고 논증이 어떻게 입론을 뒷받침하고 논쟁의 핵심 쟁점을 다루는지 살펴보았다. 토론에서 증거의 위치를 상기해보자. 증거는 논증을 구성하는 가장 기본적인 요소이다. 이 장에서는 증거 그 자체를 살펴보고, 증거에 적용될 수 있는 몇 가지 검증 방법을 살펴볼 것이다. 이어지는 장에서는 입론의 구성과 전달을 살펴봄으로써 출처, 메시지, 경로, 수신자 등과 증거의 상호 관련성을 부각할 것이다. 증거와 의사소통에서의 상호 관련성을 이해함으로써 (1) 의사 결정을 위해 제시된 논증을 평가하는 더 나은 위치, (2) 다른 의견을 가진 사람들로부터 우리가 지키고자 하는 의사 결정의 타당성을 제공하는 정당한 이유를 구성하는 더 나은 위치를 마련할 수 있을 것이다.

증거는 직접적인지 아니면 추정적인지에 따라 구분될 수 있다. **직접 증거**는 여타의 사실에 대한 증명이 전혀 개입되지 않은 채 논의되는 사실이 존재한다는 것을 보여주려고 하는 증거이다. 예를 들어서 '세금 교부(tax sharing)'에 대한 토론에서 "43개 주는 지금 현재 주 소득세(state income taxes)가 있다."라는 주장은 국세청이나 다른 믿을 만한 출처를 언급함으로써 확실하게 입증되거나 논박될 수 있다. 논증에서 직접 증거는 논제 그 자체를 증명하기보다는 뒷받침하는 세부 주장(contentions)을 확립하기 위하여 가장 빈번하게 사용된다. 만약 논박 불가능한 증거가 논제의 증명 과정에서 존재한다면, 토론할 거리가 없을 것이다. 예를 들어, "미국은 달에 사람을 착륙시켰다."라는 논제는 한때 토론거리가 되었다. (착륙이 날조된 것이라고 주장하는 수많은 웹사이트들이 있긴 하지만) 이는 지금은 더 이상 토론할 거리가 되지 않는다.

추정 증거 혹은 간접적·정황적 증거는 관련된 다른 사실을 증명함으로써 어떤 사실이 존재한다는 것을 보여주려고 하는 증거이다. 이 관련된 사실은 논의되는 사실을 추론할 수 있게 해준다. 예를 들어, 유해 폐기물에 대한 토론에서 학생들은 추정 증거를 보여줄 기회를 많이 발견한다. 유해 폐기물이 묻힌 곳 가까이에서 (그때는 그 사실을 모르고) 살았던 어떤 이가 수년이 지난 후 암에 걸리는 경우가 많이 있다. 그렇다면 유해 폐기물이 암의 원인이라고 추정할 수 있을까? 많은 민사 소송이 이 쟁점을 중심으로 벌어지고 있으며 많은 주의 입법기관은 이 문제를 다룬 법을 제정하였다. 많은 소송에서 법정은 이 추정이 원고 승소 판결을 정당화할 만큼 강력하다고 판결하였다.

실제적인 문제일수록 많은 시간과 노력이 이 추정 증거를 확보하는 데 소모된다. "하지만 정황 증거만으로 이 사람을 유죄라고 할 수 없다!"라고 학생들은 때때로 이의를 제기한다. 하지만 많은 사람들이 이 정황 증거를 바탕으로 유죄 판결을 받는다. 만약 피고의 죄에 대한 강력한 직접 증거가 있다면 이 사건은 재판에 거의 회부되지 않는다. 피고인은 보통 그런 상황에서는 더욱 가벼운 형량을 선고받는 대신 가벼운 혐의에 대해서 죄를 인정하는 '유죄 답변 거래(plea bargaining)'가 바람직하다는 것을 안다.

1. 증거의 출처

논증에 도입되는 증거는 그 출처가 매우 다양하다. 증거 출처의 사용과 한계를 이해함으로써 더욱 분별력 있게 의사 결정을 하고 다른 사람들의 의사 결정을 위한 논증을 펼칠 수 있다.

1) 주지의 사실

주지의 사실(judicial notice)은 증거를 논증에 도입하는 가장 빠르고 간단하며 쉬운 방법이다. (법정에서 빌려온 용어인) **주지의 사실**은 입증할 필요 없이 증거가 바로 논증에 도입될 수 있는 것으로, 잘 알려져 있기 때문에 입증할 필요가 없다고 추정된다. 이는 의회식 교육 토론에서 많이 나타나는 증거 유형이다. 대부분의 논증에서 다양한 공통 지식에 대해 언급할 필요가 있는데, 이는 적절한 맥락에서 논증을 구성하거나 이후에 도입될 다른 증거의 기초를 세우기 위함이다. 일반적으로 박식한 사람이라면 당연히 알 거라고 여겨지는 특정 사안들은 언급하기만 해도 증거로 인정된다. 그러나 주지의 사실을 사용할 때는 몇 가지 주의할 점이 있다.

① 증거는 반드시 제시되어야 한다.

토론자는 의사 결정자들이 자신을 위해 입론을 구성해주기를 바랄 수는 없다. 그리고 "그렇지만 전 모두가 그것을 알 거라고 생각했습니다."라고 답변할 수도 없다. 만약 특정 증거가 어떤 주장을 이해하는 데에 중요하다면 토론자는 반드시 그 증거를 제시하여야만 한다. 대법원은 이 원칙의 요점을 보여주었는데, 이는 법정 답변서와 그 외 다른 논증에도 적용될 수 있다. 즉, "판사는 오직 법적인 시각으로 볼 뿐이며, 법적으로 효력이 없는 어떤 주장도 고려하지 않는다."라는 것이다.

② 증거는 반드시 잘 알려진 것이어야 한다.

주지의 사실이라는 도구는 정말로 공통 지식인 사안들에 대해서만 사용될 수 있다. 예를 들어, 에너지 논제에 대해 토론할 때 석유 부족 문제가 존재한다는 것은 주지의 사실로 성립될 수 있다. 그러나 석유가 얼마나 부족한지는 또 다른 문제이다. 석유가 얼마나 부족한지를 분명히 밝히기 위해 토론자들은 증거를 제시하여야 하며, 이 증거는 다른 상충된 증거에 의해 공격받을 여지가 있다. 토론자들이 만약 잘 알려지지 않은 증거를 주지의 사실이라고 내놓으면 의사 결정자들은 의심할 것이다. 대법원은 법적 체계의 한 부분으로서 다음과 같은 타당한 논증 원리를 만들었다. "법원은 주지의 사실로 받아들이는 문제에 꼭 짚고 넘어가야 할 비판점이 있지는 않은지 주의해야 한다. 그리고 해당 문제에 대한 반대 측의 모든 합리적 의심은 반드시 해소되어야 한다." 잘 알려진 증거는 가끔 변질될 수 있다는 사실에 주목하자. 예를 들어, 진주만 폭격은 미국인의 특정 세대의 마음속에 지울 수 없는 상처를 입혔다. 또한 케네디 대통령에 대한 암살은 다른 세대 미국인의 마음속에도 굳게 뿌리내리고 있다. 그들은 당신에게 자신들이 어디에 있었는지, 누구와 함께 있었는지, 그리고 이러한 사건을 알게 되었을 때 무엇을 하고 있었는지 말해줄 수 있다. 그러나 당신은 사건이 일어난 이후 학교에서 그것을 읽어서 알았기 때문에 이러한 사건의 세부 사실들이나 날짜 등을 기억할 수도 있고 하지 못할 수도 있다. 당신은 아마도 테러리스트들이 펜타곤과 뉴욕의 세계무역센터를 공격한 날짜를 기억할 수도 있다. 이는 당신에게 잘 알려진 것이기 때문이다.

③ 증거는 논박될 수 있다.

주지의 사실로 제시된 증거는 일반적으로 반대 측이 질문 없이 받아들일 것이라 기대하면서 제시되는 것이다. 그러나 모든 증거가 그런 것처럼 주지의 사실도 논박 가능하다. 예를 들어, 노동권법에 대한 토론에서 찬성 측 토론자가 "노동조합은 전반적으로 부패한 상태이다."라는 것을 주지의 사실로 성립시키려고 노력한다고 하자. 그러나 반대 측 토론자는 이 주장을 인정하길 거부하고 이를 반박하기 위한 증거를 제시할 것이다.

주지의 사실을 통해 증거를 제시한다는 것은 토론자가 실제로 상대방과 의사 결정자들이 증거를 검증하지 않고 증명 없이 자신의 주장을 확실한 사실로 받아들이기를 요구하는 것이다. 만약 상대 토론자가 이의 제기

없이 증거를 받아들인다면 이는 상대 토론자의 위기가 된다. 실제로 증거가 논박될 수 없다면 이의를 제기할 점이 없는 것이다. 그러나 만약 증거가 논박 가능한데 상대방이 반론을 제기하지 않는다면, 의사 결정자가 그것을 확고한 사실로 받아들인다 해도 이는 상대방의 책임이다.

주지의 사실을 사용하는 것은 교육 토론에서 드물지 않다. 가장 흔하게 발견되는 것은 학년 말이 될 때쯤, 그 시기의 전국토론대회 논제와 연관된 증거와 논증의 특정 중심 내용이 토론 공동체에 공통 지식으로 형성되었을 경우이다. 이때 다음과 같은 환경에서는 주지의 사실이 효과적이다. (1) 증거가 반대 측에도 잘 알려져 있어서 반대 측이 이것을 논박하려고 하지 않고 요점에 동의할 경우, (2) 증거가 판정자에게 잘 알려져 있어 마치 단순히 우기는 것이 아니라 증거가 완전히 전개된 것처럼 보여 의사 결정에 영향을 미칠 경우이다.

그러나 주지의 사실은 법정 토론이나 교육 토론에만 한정되지 않으며, 증거가 의사 결정자에게 잘 알려져 있는 환경이라면 언제든지 사용될 수 있다. 이사회에서 임원은 다음과 같이 주장할 수 있다. "우리는 이 장려금 방안을 쓸 수 없습니다. 이것이 우리 세금 상황에 얼마나 큰 영향을 미칠지에 대해서는 존스의 보고서를 기억해 보십시오." 만약 그 보고서가 이사회에 잘 알려져 있다면, 그리고 이사회의 모든 구성원이 그 장려금 방안이 회사의 세금 상황을 악화시킨다는 결론을 받아들인다면 이 주장은 주지의 사실을 간단히 언급하는 것만으로도 승리할 수 있다. 그런데 토론자는 '집단 내'에서 잘 알려진 것이라도 다른 이들에게는 낯설 수 있다는 것을 반드시 기억하여야 한다. 따라서 주지의 사실로 일련의 결정적인 증거를 사용하는 것은 주요 대회의 마지막 경기에서 파괴적일 수 있지만 키와니스 클럽 (Kiwanis club)*의 시범 토론에서 활용하는 것은 효과적이지 않다. 이와 유사하게, 간략하게 상기시키는 것이 이사회에서는 논의의 매듭을 짓는 역할을 할 수 있지만 주주 총회에서는 의미가 없을 수도 있다. 왜냐하면 대기업의 주주들은 이사회에 제출된 모든 보고서의 세부 사항에 대해 잘 알기 어렵기 때문이다.

2) 공문서

공문서는 증거의 출처로 종종 사용된다. 많은 사안에서 공문서는 가장 중요한 증거이다. 사적 개인 혹은 단체는 많은 증거를 모을 수 있는 권한이나 출처가 부족하기 때문인데, 오직 공문서에서만 찾을 수 있는 증거들이 많이 존재한다.

공문서는 정부기관의 승인을 받거나 정부기관에 의해 편찬 또는 발행된 문서 일체를 포함한다. 이 범주에는 다양한 자료들이 있다. 예를 들어, 의회 의사록, 정부와 주 법령집, 출생 증명서, 날인 증서, 의회 청문회 기록, 타운 미팅의 의사록 등이다. 공식적 기록은 보통 매우 권위 있다고 여겨진다. 그러나 공문서라고 해서 그것이 아무런 비판 없이 받아들여지는 것은 아니다. 의회 운영위원회의 기록을 포함한 공문서는 미국이 특정 연도에 외국에 직접적인 경제 원조로 쓴 금액에 대해 입수 가능한 것 중 가장 나은 정보 출처일 것이다. 왜냐하면 그 운영위원회는 공문서를 작성하는 관료들을 강제하고 검증할 수 있는 권한을 가졌기 때문이다. 같은 보고서 내에 경제 원조의 가치에 대한 증인의 증언이 포함되어 있을 수도 있다. 그 증언은 이 주제에 대해 들을 수 있는 가장 최선의 전문가적 의견이 아닐 수도 있으며, 증인은 공정한 권위자가 아니거나 매우 편향된 로비스트일 수도 있다.

....

* 범세계적인 자원 봉사 단체.

3) 공적 기록물

공적 기록물이란 일반 대중이 이용할 수 있도록 만들어진, 공문서를 제외한 모든 기록된 자료를 포함하며, 증거의 출처로 자주 사용된다. 이 범주에는 『브리태니커 사전』, 『위클리 월드 뉴스(*Weekly World News*)』, 대학 교과서와 캠퍼스 유머 잡지, 『세계 연감(*World Almanac*)』, 『위대한 개츠비』, 브루킹스 연구소의 보고서, 점성술사의 차트 등 다양한 자료들이 포함된다. 몇몇 공적 기록물은 매우 큰 권위가 있으며 쉽게 받아들여진다. 그러나 어떤 기록물은 다른 것보다 신뢰를 받지 못하는 듯하다. 공적 기록물의 가치는 다양하다. 전문적이거나 학술적인 동료 평가 저널과 위키피디아 모두가 이 범주에 포함된다.

4) 사적 기록물

인터뷰, 서신과 같은 사적 기록물과 증인들의 증언은 증거의 실마리가 될 뿐 아니라 토론에서 수용 가능한 증거가 되기도 한다는 점에 유의해야 한다. 앞에서 기술했듯이, 토론자는 그 차이를 알 필요가 있다.

사적 기록물이란 공적 사용보다는 사적 사용을 위해 마련된 모든 기록물을 말한다. 어떤 사적 기록물은 나중에 공문서가 될 목적으로 기획되기도 한다. 예를 들어, 유언장은 공증이 되면 공문서가 된다. 계약서도 판결을 받기 위해 법정으로 가져가게 되면 공문서가 된다. 어떤 사적 기록물이라도 법정 혹은 정부기관의 기록에 포함되면 공문서가 될 수도 있다. 혹은 일반 대중이 이용 가능하도록 만들어진다면 공적 기록물이 될 수도 있다. 그러나 대부분의 사적 기록물은 선별적 개인들 사이에서 제한적으로 돌려보기 위해 마련된 것이다. 이 범주에는 공인회계사에 의해 마련된 개인 소유

회사의 재무제표, 어떤 학생의 수업 공책, 일기, 개인적인 편지 등 다양한 것들이 있다.

사적 기록물은 사건을 정확하게 기록하기 위해 그리고 내려진 판단을 반성하기 위해 주의 깊게 마련한 기록이어야 한다. 그렇지 않으면 불완전하고 즉흥적 발언이나 시시껄렁한 내용으로 가득하게 될 것이다. 사적 기록물은 증거의 중요한 출처가 되기 때문에 받아들일 때 어떤 환경에서 누가 그 기록을 마련하였는지 주의 깊게 판단해야 한다. 사적인 편지는 교육 토론에서 관례상 증거로 도입되지 않는다는 점에 주의해야 한다. 이는 교육 토론의 제한된 맥락에서 사적인 편지를 입증하기란 거의 불가능하기 때문이다. 따라서 만약 사적 기록물이 공적 기록물이 된다면 그것은 공적 기록물의 형태로 명확하게 인정된 것이다. 만약 사적 기록물로 남는다면 그것은 채택 가능한 증거로 안내하는 실마리가 된다.

컴퓨터는 공적 기록 혹은 사적 기록의 중간 지대를 창출하였다. 이메일이나 전자게시판에서의 발언은 엽서와 유사하다. 즉, 이것은 많은 사람들이 쉽게 접근할 수 있다는 점에서는 공적이지만, 한 사람 혹은 소집단의 의도를 담고 있다는 점에서는 사적이다. 여기서 검증은 증거가 발견되는 맥락이다. 만약 그것이 일반 대중이 접근 가능한 데이터베이스에 저장되어 있다면, 이는 명확히 공적 기록이며 증거로 받아들여질 수 있다. 만약 그 증거가 오직 순간적으로만 접근 가능하다면, 이는 하나의 실마리로만 취급되어야 한다. 또한 그런 증거는 입증하는 문제가 있음에 유의해야 한다.

5) 증인의 증언

증인의 증언은 증거의 가장 일반적인 출처 중 하나이다. 법정 혹은 정부기관에서의 증언은 보통 선서 속에서 이루어지며, 위증 혹은 모독죄를 저지르면 처벌을 받는다. 청문회장 혹은 법정 밖에서의 증언은 동일한 법적 규제를 받는 것이 아니어서 일반적으로 더 비형식적이다. 예를 들어, 경영인들은 주주 총회에서 기업의 운영 상황에 대해 종종 보고하며 공장 최고 감독자는 신형 기계의 유용성에 대해 기업 회장에게 구두로 보고해야 한다. 그리고 대학의 1학년생은 선배에게 어떤 과목을 수강할지에 대한 조언을 구한다. 사실 일상적 비즈니스와 사회활동의 많은 부분은 증인들의 증언에 기초하고 있다.

그런 증언의 가치는 상당히 달라질 수 있다. 의회 청문회에서 진행된 어떤 증인의 증언은 청문회를 인용함으로써 손쉽게 채택될 수 있다. 강의실 수업에서 정치학 교수의 '증언'은 출판되지 않는다면 교육 토론에서 채택되지 않을 것이다. 그러나 이는 채택 가능한 증거를 찾을 수 있게 하는 소중한 실마리는 될 수 있다.

6) 실지 검사

실지 검사(personal inspection)는 의사 결정자에게 실제로 어떤 것을 검사해보게 하고서 이를 증거의 출처로 사용하는 것이다. 예를 들어, 자동차 판매원은 고객이 직접 자동차의 보닛을 열어 엔진을 살펴보도록 한다. 증권 중개인은 고객에게 기업의 재무제표를 보여준다. 상원의원은 영양에 대해 발언할 때 사용할 목적으로 야채가 든 가방을 상원 회의실에 가져올 수도 있다. 대학생들은 가끔 실지 검사를 하도록 요구받는다. 예를 들어, 지질학 교수는 수업을 듣는 학생들이 관찰할 수 있도록 암석 표본을 제공할 수도 있다. 경제학 교수는 칠판에 수요와 공급 곡선을 그리고, 음악 교수는 음악 감상 수업에서 녹음의 일부를 틀어줄 수도 있다.

실지 검사는 법정 토론에서 자주 사용된다. 변호사는 배심원들과 판사에게 흉기를 보여주거나 그들이 범죄 현장을 방문할 수 있도록 준비하고 원고의 상처를 보여준다. 실지 검사를 통한 증거는 특정 논증을 뒷받침하기 위해 주의 깊게 선택되고 마련되므로 신중하게 검토되어야 한다.

2. 증거의 유형

1) 사법적 증거 혹은 재판 외 증거

증거는 흔히 사법적 증거 혹은 재판 외 증거로 구분된다. **재판 외 증거**는 '법 외적' 증거 혹은 '인정받을 수 없는' 증거로도 알려져 있다. 이 '인정받을 수 없는(incompetent)'이란 말에는 아무런 부정적인 함의가 없으며, 단순히 '법정에서 인정받을 수 없음'만을 뜻한다. 이러한 증거는 법정 밖에서 사용될 수도 있다. 재판 외 증거는 법적인 절차가 아닌 다른 상황에서 확증이 필요한 사실에 대해 사람들을 납득시키기 위해 사용되며, 일반적인 증거 검증만을 거친다. 한편 **사법적 증거**는 '법적' 증거 혹은 '인정받을 수 있는' 증거로도 알려져 있으며, 법정에서 받아들일 수 있는 증거이다. 이러한 증거들은 일반적인 증거 검증뿐만 아니라 법적 증거의 다양한 기술적 규칙까지도 만족시킨다.

법적인 절차에서는 완벽하게 좋은 다른 어떤 증거라도 배제될 수 있다. 예를 들어, 어떤 특정인의 증언이 진실인지 아닌지를 판단하려고 할 때, 그가 전과 기록이 있는지를 알고 싶을 것이다. 그러나 이러한 증거는 법정 토론에서는 종종 제외된다. 따라서 누가 "그 증거는 법정에서 인정받을 수 없다."라고 한다면, 토론이 실제로 법정에서 일어나지 않는 한, 그런 반박은 토론과 무관한 일이 된다.

유명한 O. J. 심슨(O. J. Simpson) 살인 사건을 통해 대중은 이 점에 대해 인지하였다. 몇 주 동안에 걸친 사전 심리에 대해 취재진의 과열된 보도 경쟁이 있었다. 이 기간 동안 피고 측 변호인과 검사는 DNA 검사 결과와 O. J. 심슨의 배우자 폭력 이력과 그 외의 다른 문제에 대해 토론하였다. 이러한 증거가 사법적 증거일 경우에는 재판에서 받아들여진다. 유사한 경우로, 코비 브라이언트(Kobe Bryant) 강간 사건 재판에서 피해자로 추정되는 여성의 과거 성 경력이 증거로 인정되는지의 여부가 해당 법정의 쟁점이 되었고 대중의 주의를 끌었다. 마찬가지로 케이시 앤서니(Casey Anthony)가 자신의 딸 케일리가 실종되고 나서 실종 신고를 하기까지 31일 동안 벌였던 일들, 그리고 지브자브(JibJab)* 애니메이션이 케이시를 춤추는 괴물로 표현한 것 등이 증거로 제출된 것도 마찬가지로 볼 수 있다.

....

* 미국 로스앤젤레스에 있는 디지털 엔터테인먼트 스튜디오(www.jibjab.com).

2) 일차 증거 혹은 이차 증거

증거는 일차 증거나 이차 증거로 구분되기도 한다. **일차 증거**는 상황이 허락하는 가장 최선의 증거이다. 이는 논의되는 사안에 대해 가장 큰 확실성을 제공하는 원래의 증거 혹은 직접적인 증거이다. **이차 증거**는 논의되는 사안에서 더 좋은 증거가 있다는 것을 자신의 특성으로 시사하는 것이기 때문에 일차 증거의 기준에는 미달하는 증거이다. 이 책의 이 장을 검토하는 것은 해당 책이 증거에 대한 장을 포함하고 있다는 일차 증거이며, 이 책이 증거에 대한 장을 포함하고 있다는 어떤 이의 리뷰는 이차 증거이다.

예를 들어, 법 집행이라는 논제에 대해 토론할 때, 학생들은 범죄율이 해당 연도에 16퍼센트 증가했다는 FBI 보고서를 인용한 많은 신문과 잡지를 접할 것이다. 물론 이들 기사는 FBI 보고서에 대한 이차 증거이다. 사려 깊은 토론자들은 일차 증거인 FBI 보고서 자체를 점검할 것이며 해당 통계를 연도별 비교를 위하여 사용하면 안 된다는 주의 사항을 발견하게 된다. 이 주의 사항이 들어간 한 가지 이유는 1995년에 전국적으로 많은 경찰서들이 범죄 보고 체계를 통합 범죄 보고(Uniform Crime Report: UCR)에서 전국적인 사건 기반 체계로 바꾸었기 때문이다. 사건 기반 체계하에서는 하나의 사건에 일어난 각각의 범죄를 모두 보고해야 한다. 통합 범죄 보고 체계에서 경찰은 사건당 가장 심각한 하나의 범죄만을 보고했다. 따라서 어떤 이가 주택에 침입해 들어와서 강도질을 하고 여성을 강간했다면 통합 범죄 보고에서는 이 사건을 하나의 강간 사건으로만 기록했다. 사건 기반 체계에서는 이 사건을 불법 침입, 중(重)절도죄, 강간이라는 세 가지 개별적인 사건으로 보고하게 된다. 사건 기반 체계에서는 하나의 사건에 대해 독립된 범죄를 열 가지까지 보고할 수 있다. 따라서 사건 기반 체계에서 더욱 많은 범죄가 보고된 사실은 실제로 일어난 범죄 숫자의 변화를 통계적으로 뒷받침할 유효한 증거가 되지 못한다. 많은 이차 출처들이 이러한 주의 사항을 생략함으로 인해서 이차 증거에 의존하는 토론자들은 일차 증거를 찾은 토론자에 의해 당혹스러운 패배를 당하게 된다.

일차 증거는 오류의 가능성이 적기 때문에 이차 증거보다 더 강력하다. 이차 증거는 증거의 신뢰성이 그 자체의 가치에서 도출되지 못하고, 다른 것의 진실성과 증거력에 크게 의존하기 때문에 일차 증거보다 약하다. 어떤 논증에서나 신중한 토론자라면 가능한 한 일차 증거를 사용하고자 할 것이다.

3) 기록된 증거 혹은 기록되지 않은 증거

기록된 증거는 모든 종류의 기록물이 제공하는 증거이다. 책, 신문, 잡지뿐만 아니라 어떤 건물의 주춧돌 위에 새겨져 있는 로마 숫자와 같이 상대적으로 덜 사용되는 유형의 기록도 모두 포함된다. 기록되지 않은 증거는 실지 검사를 위해 제공된 구두 증언이나 대상을 모두 포함한다.

법정 밖의 논증에서 기록된 증거는 입증이 더 쉽기 때문에 구두 증거보다 더 중시된다. 최근 대학 대항 토론에서 반대 측의 발언자가 기록되지 않은 이차 증거를 다음과 같이 소개했다.

지난주 저는 제 고향 마을을 방문한 상원의원과 대화할 기회가 있었습니다. 그는 저에게 이렇게 말했는데 ….

그러고 나서 반대 측 토론자는 찬성 측 입장을 강하게 비판하는 진술을 인용하였다. 이것에 대해 찬성 측 발언자는 기록된 증거를 이용하여 다음과 같이 응답하였다.

저희는 반대 측이 얼마나 정확하게 그 상원의원의 말을 인용하였는지, 그리고 그 상원의원이 사적인 면담에서 어떤 말을 하였는지 알 길이 없습니다. 그러나 우리는 그 의원이 지난주 『뉴욕 타임스 매거진』에 기고한 칼럼에서 이 문제에 대해 표명한 의견에 대한 기록을 가지고 있는데, 이에 따르면 ….

찬성 측 토론자는 신중하게 단서를 단 상원의원의 진술을 인용하였는데, 그 진술은 상원의원이 찬성 측 입장에 대해 단지 사소한 의구심만 지니고 있음을 나타냈다. 어느 쪽이 이 상원의원의 말을 올바르게 인용하였을까? 아마도 둘 다 맞을 것이다. 상원의원은 자신의 마음을 바꾸었을 수도 있고, 두 진술이 즉석 발언과 깊이 생각한 의견 간의 차이를 나타낸 것일 수도 있다. 대회에서 토론 판정자는 찬성 측 발언자의 진술을 채택하였는데, 이는 찬성 측 발언자가 자신의 증거를 더 잘 입증하였기 때문이다.

다른 한편, 우리는 전해 들은 말조차 가끔 구두 증거로 받아들이고 그것에 따라 행동한다. 교수가 몇몇 학생들에게 "어젯밤에 학장님 말씀이 이사회에서 내년 수업료를 올리기로 결정했다고 총장님이 말씀하셨다는구나."라고 말한다면 학생들은 이 말을 듣고 이사회가 내년 수업료를 더 많이 인상하겠다고 즉각적으로 판단할 수 있다. 10장에서 언급하겠지만, 기록되지 않은 증거는 비록 교육 토론에서 쓰이지는 않지만, 교육 토론에서 쓰이는 기록된 증거에 대한 소중한 실마리를 제공할 수도 있다.

4) 실제 증거 혹은 개인적 증거

실제 증거는 관찰되거나 검사받고 있는 대상에 의해 제공된다. 법정에서 실제 증거는 지문, 상처, 무기 등으로 구성된다. 법정 밖에서 농부는 어떤 다른 유형의 씨앗을 사용했는지 검역 구역에서 검사를 요청받을 수 있고, 고객은 새로운 식품 시식회에 초청받을 수 있으며, 학생은 박물관의 유명한 그림을 조사하는 일에 초청받을 수 있고, 고객은 새로운 차를 시승해 보라는 요청을 받을 수도 있다.

우리는 끊임없이 인쇄 광고, TV 광고, 라디오 광고를 통해 유사 증거 혹은 실제 증거를 제공받고 있다. 상품을 구입하고, 후보에 대한 찬반 투표를 하도록 우리를 설득하기 위해 고안된 증거를 생산하는 데 엄청난 돈이 아낌없이 쓰이고 있다. 산길을 거침없이 빠른 속도로 달리는 차의 사진, 혹은 상대 후보의 미숙함을 순간적으로 포착한 사진 등은 우리에게 차의 성능 혹은 후보의 자질 등에 대한 '실제(real)' 증거로 제공된다. 이러한 '실제' 증거가 누군가에 의해 선택되고 마련되었다는 점을 인식하는 것은 매우 중요하다. 따라서 우리가 만약 이러한 증거에 대하여 비판적 판단을 하고자 한다면, 이 증거 자체와 이것을 마련한 사람 모두에 대해 적절한 검증을 하여야 한다.

개인적 증거는 개인에 의해 제공된 증거로, 구두 증언 혹은 기록된 증언의 형태를 띨 수도 있다. 개인적 증거의 신뢰성은 상당 부분 증언을 제공하는 사람의 능력과 정직함을 어떻게 평가하느냐에 달려 있다.

5) 비전문가 증거 혹은 전문가 증거

증거는 보통 비전문가가 제공한 증거와 전문가가 제공한 증거로 분류된다. 그러나 실제로는 박식한 비전문가와 전문가를 구별하는 것이 어려운 경우도 종종 있다. 예를 들어, 하원의원과 상원의원은 그들이 발언하고자 하는 주제에 따라 전문가일 수도 있고 아닐 수도 있다. 그러나 이들은 공식적 지위로 인해 많은 주제에 대한 특수한 지식을 제공받을 수 있는 특별한 기회를 접할 수 있기 때문에, 청중은 자주 이들을 전문가로 간주한다. 한 학년 동안 고등 토론 프로그램에서 전국토론대회 논제를 연구한 재능 있는 대학 대항 정책 토론자는 그 논제에 대한 준전문가로 간주된다.

비전문가 증거는 해당 사안에 대해 특별한 훈련, 지식, 경험이 없는 이가 제공한 증거를 말한다. 이러한 증거는 특별한 자격이 필요하지 않는 영역에서 유용하다. 예를 들어, '노동권'법에 대한 토론에서 '일반' 노조원이나 소기업 관리자의 증언은 자주 중요하게 다루어진다. 이들은 법, 경제, 사회학에 대한 특별한 지식이 없고, 심지어 노동조합에 대한 특별한 지식도 없지만 어떤 노동조합이 자신들에게 어떻게 영향을 미치는지에 대해 중요한 증거를 제공해 줄 수 있다.

일반적으로 법정에서는 비전문가가 사실 문제에 대해 증언하는 것이 허용되지만, 그들의 의견 피력이 허용되는 것은 아니다. 이런 제한은 법정 밖의 논증에서도 똑같이 적용된다. 보통 비전문가가 정당한 증인으로서의 자격을 지닌다고 여겨지면 자신이 목격한 사실 문제에 대해 증언할 권한을 지니게 된다. 그러나 사실의 중요성에 대한 그들의 의견은 또 다른 문제이다. 따라서 평범한 철강 노동자 한 사람이 파업 투표에 얼마나 많은 노동자가 참석했는지에 대해 증언하게 된다면 그 철강 노동자가 정직하고 능력 있는 사람이라는 것을 보여주는 좋은 증거가 된다. 그러나 철강 노동자의 파업이 국가 경제에 미치는 영향에 대한 그의 의견은 비슷한 교육과 지성을 갖춘 다른 비전문가들보다 가치 있게 받아들여질 수는 없다. 오직 전문가, 이 경우에는 경제학자만이 의미 있는 의견을 제시할 수 있다.

전문가 증거는 논의 중인 사안에 대한 특수한 훈련, 지식, 경험을 갖춘 사람에 의해 제공되는 증거를 말한다. 법정에서 전문가의 증언은 도출될 추론이 단순한 일상 경험보다 더 많은 어떤 것을 필요로 할 때에만 허용된다. 예를 들어, 전문가는 피고의 행동 특성을 기반으로 하여 피고의 정신상태에 대한 추론을 요구받을 수 있다. 마찬가지로 법정 밖의 논증에서 전문가의 증언은 불필요하게 사용되어서는 안 된다.

법정은 전문가가 자신들의 의견을 증거로 제공하기 전에 그들에게 자신의 특별한 능력을 증명할 것을 요구한다. 모든 논증에서 이러한 관례를 따르는 것은 권할 만하다. 전문가는 특정 영역에서만 전문가일 뿐, 다른 모든 영역에서는 비전문가라는 것을 기억해야 한다. 토론자는 전문가의 자격증을 소개함으로써 제시된 정보나 결론의 신뢰성을 확보하여야 한다.

해당 개인을 전문가로서 채택하기 전에 증인으로서의 자격을 신중하게 검토해야 한다. 그 사람이 잘 알려져 있다고 해서, 혹은 그의 관점이 출판되었다고 해서 그를 전문가로 간주해서는 안 된다. 대학 대항 토론자들은 끊임없이 전문가와 가짜 전문가를 구별하기를 요구받는다. 매년 전국토론대회 논제에서는 당대의 중요한 문제를 다루는데, 이 문제에 대해 언론에서는 많은 사설을 쓴다. 그중의 몇몇은 전문가의 엄정한 분석이지만, 다른 것은 일반적인 대학생 토론자보다 그 논제에 대해 아는 것이 적은 필자가 마감 기한의 압박 속에서 피상적 분석을 한 것으로, 심지어는 많은 부분이 편향되어 있으며 블로그나 다른 인터넷에 게시된 충분하지 못한 정보이다.

토론의 주제가 될 만한 사안들에는 찬성 측과 반대 측 양쪽의 전문가 의견이 모두 존재할 것이다. 경제학자들마다 특정 세금 정책의 이점에 대한 의견이 서로 다를 것이고, 의사들마다 특정 약의 효용에 대한 의견이 서로 다를 것이며, 변호사들마다 특정 기업 합병이 독점금지법을 위반했는지 여부에 대한 의견이 서로 다를 것이고, 광고업자들마다 특정 광고의 효과에 대한 의견이 서로 다를 것이다. 응용 토론이나 교육 토론에서의 주요 과제는 전문가 의견의 우세를 확립하는 일이다. 이는 상대방보다 더 많은 전문가를 모으는 것뿐만 아니라 당면한 문제와 직접 관련될 수 있는 더 양질의 전문가 의견을 증언으로 사용하고, 전문가의 자격에 대한 비교를 제시하는 것이다.

과학적 연구는 전문가 증거의 한 형태로, 토론자가 자신의 주장에 대한 신뢰성을 더 많이 확보하기 위하여 적극적으로 열심히 노력하는 것이다. 연구 신뢰성에 대한 논증은 종종 토론 결과에 결정적으로 중요하다. 토론 교육자 세라 뉴얼(Sara Newell)은 어떤 연구가 고유성을 띨 수 있는 것은 견해(연구의 결과)뿐만 아니라 그 견해가 기반을 두고 있는 사실들(관찰과 자료)에 의해서라고 하였다. 우리는 사실들뿐만 아니라 그 관찰이 어떻게 생성되었는지에 대한 설명도 함께 제공받으며, 통계뿐만 아니라 그 통계에 대한 전문가의 해석도 함께 제공받는다. 연구는 그 자체의 신뢰성에 대한 논증을 포함하는 증거이다. 이런 고유한 결합은 연구를 잠정적으로 '보다 영향력 있는' 것으로, 또 다른 종류의 증거보다 신뢰성이 높고 확실한 것으로 보이게 한다.[1]

토론에 연구를 도입하는 토론자들은 그 연구를 수용해야 하는 정당한 이유를 제시할 준비가 되어 있어야 하고, 그 연구에 의해 피해를 입는 이들은 반드시 그 연구를 거부해야 하는 정당한 이유를 제시할 준비가 되어 있어야 한다. 뉴얼은 다음과 같이 권고한다.

> 토론에 연구를 도입하는 이는 그 연구의 신뢰성을 위해 기준이나 전제(warrant)를 합리적으로 제시할 필요가 있다. 다음의 세 가지 주요 요인은 필요한 확증의 범위를 결정한다. (1) 연구 결과의 논쟁적 성격, (2) 대체연구(counterstudies)의 존재, (3) 정책 주장의 중요성이나 논쟁성 등이다. 전제는 연구자의 전문성에 대한 일반적인 자격에서부터 연구가 정당하다거나 수용 가능하다는 것을 분명히 보여주는 다른 출처의 증거, 외적 타당성 및 내적 타당성에 대한 구체적인 설명과 뒷받침에 이르기까지 다양할 수 있다. 어떤 연구를 나타내는 논증은 일반적으로 다섯 가지 유형이 있

는데, 설득력에 따라 위계적인 순서로 나열하면 다음과 같다. 그것은 바로 (1) 대체연구는 틀렸음이 입증되었다, (2) 해당 연구에 오류가 있음을 전문가가 구체적으로 지적하였다, (3) 해당 연구에 오류가 있음을 전문가가 일반적으로 지적하였다, (4) 해당 연구에 오류가 있음을 토론자가 구체적으로 지적하였다, (5) 해당 연구에 오류가 있음을 토론자가 포괄적으로 지적하였다 등이다. "해당 연구에 결함이 있습니다."라는 말은 그저 외적 타당성이나 내적 타당성 둘 중 하나에 문제가 있음을 의미할 뿐이다.[2]

6) 계획된 증거 혹은 우연한 증거

계획된 증거는 나중에 언급할 가능성이 있는 어떤 정보의 기록이라는 특정 목적을 위해 만들어진 것이다. 많은 공문서와 공적 기록물이 바로 이 유형에 속한다. 정치인들은 선거 때마다 자신들의 정치적 견해가 유권자들의 이익을 위한 대책을 지지했다는 기록을 증거로 내세울 것이다. 보통 사람들은 출생신고서, 운전면허증, 혼인신고서, 부동산 증서, 사회보장카드, 보험증권, 영수증, 지불된 수표, 계약서, 제대증명서, 대학 성적증명서 등과 같은 상당한 양의 계획된 증거를 가지고 있다. 일반적으로 계획된 증거는 논의되는 사건이 일어난 때와 가까운 시점에 만들어진 것이기 때문에 가치가 있다. 또한 이는 나중에 참고하려고 의도한 것이기 때문에 신중하게 준비된다. 동시에 이러한 종류의 증거는 계획된 것이기 때문에 이를 계획한 이의 영향을 받기 쉽다.

우연한 증거는 만들어질 때 어떤 노력도 하지 않은 것으로, 나중에 언급할 가능성이 있어서 고안된 것은 아니다. 예를 들어, 혼잡 시간대에 어떤 차가 고장이 나서 교통 정체를 유발했다고 하자. 이때 신문 기자는 어떤 의도도 없이 고장난 차의 운전자를 돕는 '착한 사마리아인'에 대해 사람들의 관심을 불러일으킬 만한 사진을 찍었다. 이는 단순히 그날의 가벼운 뉴스였고, 신문 편집자는 이 교통 정체에 대한 짤막한 이야기와 더불어 그 운전자와 착한 사마리아인의 이름을 사진과 함께 싣기로 결정했다. 몇 달이 지난 후 이 우연한 증거는 착한 사마리아인이 은행 강도로 피소된 형사 사건에서 중요한 증거가 되었다. 정황 증거에서 착한 사마리아인에게 불리했다. 그의 차는 강도의 차와 외형이 일치하였으며, 왼쪽 뒤의 펜더가 움푹 들어간 것까지 유사하였다. 또한 그의 신체적 특징도 강도와 같아 그는 아무런 알리바이도 입증할 수 없었다. 그리고 그는 4개월 전 강도가 일어난 시점에 어디 있었는지를 기억하지 못했다. 암담한 미래 속에서 그의 변호사는 의뢰인과 관련 없는 사건을 조사하다가 우연히 그 뉴스 기사를 찾아 강도 사건이 일어난 시점에 그의 의뢰인이 160킬로미터 떨어진 도시에 있었다는 것을 입증할 수 있었다. 이는 우연한 증거가 신속한 무죄 방면으로 이어진 사례이다.

우연한 증거는 관계자가 증거를 생산하려고 한 것이 아니기 때문에 가치가 있으며, 조작되거나 꾸며낸 것으로 보이지 않는다. 강도 사건의 사례에서 피고인은 교통 정체의 현장에 있던 사진 작가를 알지 못했으며, 그는 자신의 사진을 찍어달라거나 출판해달라고 부탁하지도 않았다. 피고인이 증거를 생산할 의도가 없었기 때문에 판사는 이것이 진짜 알리바이이며, 꾸며낸 것이 아님을 전적으로 믿었다. 우연한 증거의 약점은 해당 증거가 생산된 바로 그 시점에는 그 가치를 알 수 없기 때문에 이를 보존하려는 노력을 하지 않아 이후 사건을 회상하려는 노력이 불확실성에 빠질 수도 있다는 점이다. 이 사건에서 특정한 날에 피고의 이름과 함께 아침 교통 혼잡 시간대의 정점에서 찍힌 것이라는 내용과 함께 사진이 뉴스에 실린 것은 순전히 우연이었다.

데이터베이스는 계획된 증거와 우연한 증거를 모두 포함한다는 점에 주의해야 한다. 예를 들어, 렉시스넥시스(LexisNexis)*에는 연방 대법원의 판결 전문이 게재되어 있다. 이 판결은 판사가 신중하게 준비한 것이며, 법률 용어에 익숙한 직원들이 주의 깊게 글로 옮긴 것이다. 이는 매우 진지한 토론에서 인용되리라 예상하면서 마련한 계획된 증거이다.

이와는 대조적으로, 어떤 블로그에서 발견된 해당 판결에 대한 코멘트는 매우 우연한 증거이다. 그 코멘트는 법정 판결의 발표를 듣고 충분히 숙고하거나 고찰하지 않은 채 그 판결에 대해 격렬하게 분노하고 분통을 터트린 것이다. 만약 글의 필자가 누구인지 밝혀진다면 그는 해당 코멘트가 그 판결에 대한 진지하거나 학술적이거나 공식적인 비평으로 의도된 것이 아니라, 순간적인 감정 폭발에 의한 것이라고 하며 발언의 책임을 지지 않으려 할 것이다.

7) 소극적 증거

소극적 증거는 응당 발견될 수 있는 증거의 부재가 논의되는 쟁점을 참으로 만드는 것을 말한다. 예를 들어, 어떤 사람의 이름이 당신이 다니는 대학의 공식 졸업생 명단에 없다면, 이는 그 사람이 이 대학을 졸업하지 않았다는 소극적 증거가 된다. 소극적 증거가 대통령 선거에서 중요한 역할을 한 적이 있다. 1884년에 뉴욕의 어떤 목사가 공화당 후보인 제임스 블레인(James Blaine)이 참석한 리셉션에서 연설하면서 민주당을 "럼주, 가톨릭, 반항아"의 당이라고 불렀다. 많은 유권자들은 블레인이 이 말에 대해 아무런 부인도 하지 않은 것을 그가 이 말에 동의하고 있다는 소극적 증거

....

* 신문, 잡지, 뉴스, 법률, 공문서 등 다양한 자료를 보유하고 있는 문서 검색용 상업 데이터베이스 (www.lexisnexis.com)로, 법률 시장에서 관련 법령이나 판례를 찾을 때 널리 쓰인다.

라고 생각하였다. 몇몇 역사가들은 이것이 블레인이 패배하고 그로버 클리블랜드(Grover Cleveland)가 당선된 결정적 전환점으로 간주한다. '세제 개혁을 위한 미국인들(Americans for Tax Reform: ATR)' 의장 그로버 노퀴스트(Grover Norquist)가 주도한 '납세자 보호 서약'에 서명하기를 거부하여 새로운 세금에 대해 반대하지 않은 공화당 인사들은 선거 또는 재선거에서 그 대가를 치렀다. 서명 거부는 그들이 세금에 반대하지 않음을 보여주는 소극적 증거 역할을 하였다!

소극적 증거는 케네디 대통령 암살 사건의 수사에서도 매우 중요하였다. 공식적 수사는 암살 음모의 증거가 없음을 분명히 하였다. 그러나 음모가 있다는 소문은 여전히 없어지지 않아서 많은 책, 논설, 텔레비전 프로그램과 올리버 스톤의 〈JFK〉라는 논쟁적 영화 등을 생산해냈다. 암살 음모를 확증하는 어떤 증거도 없다는 것은 음모 자체가 없다는 것인가 아니면 그 수사관들이 충분할 정도로 철저하게 조사하지 않았다는 증거인가?

소극적 증거는 논증에 신중하게 도입되어야 한다. 토론자들은 논의되는 증거가 없다는 것을 그들이 확신할 때에만 소극적 증거를 주장하여야 한다.

철저한 조사를 통해 정말 증거가 없다는 것을 규명한다 하더라도, 해당 주장의 이유가 사라질 수 있는가? 소극적 증거의 어려움은 바로 2차 세계대전의 사례를 통해 구체적으로 알 수 있다. 독일은 치명적인 신경가스인 타분, 사린, 소만을 대량 개발해 비축했다.[3] 연합국의 과학 학술지를 조사한 독일 과학자들은 이러한 화학물질에 대한 언급을 전혀 발견할 수 없었다. 이것을 연합군의 효과적인 검열 결과라고 생각한 독일인들은 연합군역시 이러한 가스를 개발해 아마도 대량으로 보유하고 있을 것이라는 결론을 내렸다. 그리하여 보복이 두려워 독일인들은 전쟁 중 자신이 소유한 가스를 사용하지 못하였다. 그러나 실제 연합국의 학술지에 화학물질에 대한 언급이 없었던 것은 단지 해당 화학물질을 발견하지 못했기 때문이었다.

독일이 항복한 1945년 5월 8일 이후 연합국 군대가 독일이 신경가스를 비축하고 있다는 것을 우연히 발견하기 전까지 신경가스의 존재는 알려져 있지 않았다.

리처드 번스타인(Richard Bernstein)은 역사가 데이비드 어빙(David Irving)의 『히틀러의 전쟁(Hitler's War)』에 대한 논평에서 소극적 증거라는 당혹스러운 문제를 다루었다.[4] 자신의 책에서 어빙은 나치의 유태인 근절 계획에 대해 총통이 몰랐다는 기이한 주장을 펴고 있었다. 어빙은 히틀러가 '최종적 해결(Final Solution)'*의 실행에 대해 어떤 문서화된 지시를 하지 않았다고 주장했다. 히틀러가 알았다는 증거가 없으므로, 어빙은 그가 몰랐다는 결론을 내렸으며 이는 소극적 증거의 전형적 사례이다. 그러나 다른 역사가들은 히틀러가 그의 바람을 자신의 추종자들에게 알릴 때 은밀하고 완곡한 표현을 사용하였으며, 따라서 어빙의 관점은 매우 편향된 것이라고 주장했다.

소극적 증거와 관련된 더욱 최근의 문제는 걸프전(Gulf War)에 참전한 바 있는 많은 퇴역 군인들이 '페르시아 걸프 신드롬(Persian Gulf syndrome)'이라는, 원인을 알 수 없는 병을 호소할 때 나타났다. 그들은 이를 이라크가 화학 무기 혹은 생물학적 무기를 사용했기 때문이라고 생각하였다. 의회 위원회에서 질문을 받았을 때, 국방부 대표와 CIA는 그러한 무기가 사용되었다는 확실한 증거가 없다고 증언하였으나 이는 군인들이 그 무기에 노출되지 않았음을 보장하는 것은 아니었다.

정보기관의 금언에 "증거의 부재가 부재의 증거는 아니다."라는 말이 있다고 국방정보국의 지상군 사령관 존 크리스(John T. Kriese)가 말하였다.

....

* 나치 독일에 의한 계획적인 유대인 말살을 일컫는 말.

나는 화학 무기의 사용이나 생물학적 무기의 감염이 없었다고 말할 수는 없다. 내가 아는 한 사용되지 않았다. [그러나] 나는 아니라는 것을 입증하는 것은 불가능하다고 생각한다.[5]

'이라크 자유 작전' 이후 사담 후세인이 이라크에서 대량살상무기를 개발하고 비축했다는 증거를 발견하지 못한 사실은 미국의 개입이 정당하지 않다는 주장의 근거로 사용되고 있다.

우리는 운 좋게도 정보국이 적의 능력을 탐지할 때 직면하는 그런 복잡한 문제를 마주할 일은 거의 없다. 일상에서 이러한 소극적 증거를 전형적으로 사용하는 경우를 생각해보자. 한 회사의 경영자가 교외의 어떤 회사로부터 어떤 상품을 사라는 매력적인 제안을 받았다고 가정해보자. 가격은 적당하지만, 그 회사가 충분히 높은 품질의 물건을 생산하는지는 알 수 없다. 경영자의 비서는 그 회사가 속해 있는 도시의 거래개선협회(Better Business Bureau)에 전화를 걸어 물어볼 것이다. 그 회사가 해당 도시에서 25년간 운영되고 있으며 이전에 단지 여섯 건의 불만 사항을 제외하고는 고객들의 만족을 위해 모든 것을 잘 조정해 왔었다는 대답을 받았다면, 아마도 경영자는 불만 사항이 거의 없다는 것을 이 회사에 대한 평판이 좋다는 소극적 증거로 충분히 간주할 수 있다.

8) 참조 증거

참조 증거는 다른 증거를 설명하거나 명확하게 하는 '외부' 증거 혹은 '보조' 증거로 알려져 있다. 가끔 증거의 의미나 중요성이 증거 그 자체로 잘 드러나지 않을 때가 있다. 이럴 때 해당 증거는 다른 증거가 제시됨으로써 설명될 수 있다. 자유무역에 대한 토론에서 몇몇 토론자들은 자유무역이 비교우위의 원리가 작동되는 것을 가능하게 하기 때문에 이익이라는 특정 경제학자들의 의견을 전문가 증거로 제시하였다. 그런데 의사 결정자들이 비교우위의 원리를 이해하지 못했다면, 토론자들은 이 개념을 설명하기 위한 부가적인 증거를 제시해야만 이 증거가 가치를 지닐 수 있다.

증거는 매우 복합적인 논증의 조합에서 사용되기도 한다. 하나의 증거가 여러 유형으로 분류되기도 한다. 예를 들어, '우주 탐사 및/혹은 우주 개발 증대'에 대한 토론에서 찬성 측은 그 이익을 규명하기 위해『타임 (Time)』에서 다음과 같은 증거를 가져와 내놓을 수 있다.

> [무산된 디스커버리호 우주비행의] 여섯 명의 승무원 중 한 명이 바로 찰스 워커(Charles Walker)로, 맥도널 더글러스(McDonnell Douglas)에서 일하는 35세의 엔지니어였고, 우주 왕복선에 참여한 첫 사기업 대사였다. 워커의 우주비행 중 임무는 지구에서보다 우주의 무중력 상태에서 700배 더 효과적으로 생물학적 화합물을 분리할 수 있는 전기이동(electrophoresis) 기술을 사용하여 존슨앤드존슨(Johnson & Johnson)사의 비밀스러운 약을 만드는 것이다. 주요 관계자가 드러낸 많은 단서를 통해 판단하건대, 그 물질은 당뇨병을 단번에 치료할 수 있는 약이 될 것이다.

이 진술에 제시된 증거 유형을 구별하는 것은 진술을 분석하는 데 도움이 될 것이다. 명확하게 이는 공적 기록물『타임』에 의해 기록된 증거이다. 또한『타임』은 '주요 관계자'가 누구인지 밝히지 않았기 때문에 이는 이차 증거가 된다. '주요 관계자'라는 용어가 암시하듯 이는 전문가 증거가 될 수도 있으나, 누가 그런 말을 했는지, 그리고 주요 관계자가 어떤 자격을 갖추고 있는지는 알 수 없다. 그리고 '단서'는 오프더레코드 논평에서 '흘린' 것처럼 보이기 때문에 이는 기록되지 않은 증거일 것이다. 분명히 그 단서는 『뉴잉글랜드 제약 저널(New England Journal of Medicine)』 같은 데 드러난 것이고, 『타임』은 그런 중요한 출처에서 인용했을 것이다. 이 증거는 현재 형태로는 쓸모가 없으며, 찬성 측 토론자는 아마 이러한 점을 재빨리 알아차릴 것이다. 따라서 우주에서 생물학적 화합물을 만드는 것의 가치를 규명할 때 실제적인 효과를 도출하려면, 이러한 참조 증거를 명확하게 하는 작업이 있어야 한다.

9) 증거의 대안적 형태

논증의 개발을 전통적인 논리 구성에서 벗어나 살펴본다면, 정서적인 내용과 대안적인 관점의 중요성이 관련될 수도 있다. 교실 토론자와 토론대회의 토론자들은 대부분의 증거를 출판된 자료에서 가져온다. 이들 출처는 학계, 특정 전문 영역, 정부, 다른 특권적 입장의 고등교육을 받은 전문가를 대표한다. 즉, 가장 많이 인용되는 출처는 각각의 사회에 존재하는 경제적·사회적 엘리트들이다. 이들은 학술 잡지, 정기 간행물, 여타의 자료 등 전통적인 출판물에 접근할 수 있다. 이들은 일반적인 관심사에 대한 의견과 결론을 제시할 완벽한 자격이 있다. 그러나 이들의 관점은 입장에 따라 제한적일 수도 있다. 그리하여 때때로 토론자들은 전통적이지 않은 자신들의 증거 형태, 그리고 주변인과 권리 박탈자의 증거를 제시하는 것이 유익할 수도 있다. 이러한 증거의 형태는 서사, 시, 산문, 예술, 음악, 힙합의 형태로 나타날 수 있다. 이 내용들이 기존 척도에 비추어 도전적인 것이라 하더라도, 매우 힘 있고 정서적일 수 있으며, 전통적인 기준에서 배제된 관점을 제공할 수 있다. 더 나아가, 시각적 증거는 그림을 활용한 증거를 통해 논증을 뒷받침할 수 있으며, 심지어 논증자의 연기까지도 제시된 추론과 주장을 뒷받침할 수 있다.

3. 증거의 증명력

우리는 증거의 출처와 유형 외에도 그 증명력(probative force)에도 관심을 기울인다. 증거는 쟁점을 부분적으로만 증명할 수도, 의사 결정자가 해당 주장을 정당화할 수 있을 만큼 강력할 수도 있다. "작년에 누가 '가장 훌륭한 선수 상'을 탔는가?"라는 질문에 대한 흥미로운 논쟁에 참여한 야구팬들은 표준 연감을 참고하여 그 문제를 해결할 수 있을 것이다. 그러나 "야구 역사를 통틀어 누가 가장 훌륭한 야구 선수인가?"라는 문제라면 확실한 대답을 하는 것은 아마 불가능할 것이다. 수년간 경기에 많은 변화가 있었으며, 타이 코브(Ty Cobb)와 베이브 루스(Babe Ruth)는 왕년의 훌륭한 선수들이긴 하지만, 현재의 훌륭한 선수들과 비교할 실제적인 방법이 없다. 따라서 결론을 내리기 위한 기준은 합의되지 못할 것이다. 2003-2004년 전국대학체육협회(NCAA) I-A 산하 전국 풋볼 챔피언에 대한 토론 역시 도전적인 일이다. 루이지애나 주립대학과 서던캘리포니아 대학은 서로 챔피언이라고 주장하였으나, NCAA와 풋볼 선수권 대회(Bowl Championship Series)의 기준은 이 쟁점을 해결하지 못하였다. 관련자 모두가 기준에 동의할 수 있었다면 아마도 챔피언은 결정되었을 것이다.

"우리는 사람을 달에 보낼 수 있으면서, 왜 노숙자 혹은 도심 지역의 청소 문제는 해결하지 못하는가?"라는 자주 제기되는 질문은 증거의 증명력과 관련된 매우 좋은 예를 제공한다. 사람을 달에 보내기 위해 돈을 쓰겠다는 정치적 결정이 한번 내려지면, 문제는 과학적이고 기술적인 측면으로 제한된다. 과학과 기술 공동체는 달에 착륙해 임무를 수행할 수 있다는 결정적 확증을 확립하기 위해 모두가 동의할 수 있는 기준을 개발했다. 그러나 노숙자나 도심 지역의 청소 문제를 푸는 것은 채택된 과학과 기술의 사실들에 달려 있을 뿐만 아니라, 서로 갈등하는 가치와 인식이 포함된 복합적인 정치적·사회적 문제들에도 달려 있다. 따라서 의사 결정자는 증거의 증명력을 판단해야 하고, 토론자의 임무는 자신의 주장을 정당화하는 데 바람직한 효과를 도출하는 증거를 발견하는 것이다.

1) 부분적 확증

부분적 확증은 논쟁의 쟁점을 지지하는 경향이 있는 일련의 사실 중에서 어떤 분리된 사실을 규명하는 데 사용되는 증거이다. '생활임금'에 대한 토론에서 찬성 측은 피해(harm) 쟁점을 뒷받침할 때 부분적 확증으로서 고용에서의 계절적 변동에 대한 증거를 제시할 수 있다. 살인 사건에서 검사는 피고가 피해자에게 품고 있던 악의를 보여주는 증거를 제시하며, 이는 살인죄를 드러내기 위해 검사 측이 규명하고자 하는 일련의 사실 중에서 부분적 확증이 된다. 토론자의 주장을 오직 부분적으로만 입증하는 증거는 그 자체로서는 가치가 적다. 그러나 일련의 부분적 증거가 합쳐지면, 그 효과는 강력할 수도 있으며, 제대로 합쳐지면 결정적일 수도 있다. 살인 사건 재판에서 악의는 필요조건일 수 있으나 피고에 대한 기소를 뒷받침할 수 있는 충분한 증거는 아니다.

2) 보강적 확증

보강적 확증은 '누적적' 확증 혹은 '추가적' 확증으로도 알려져 있다. 이는 동일한 사실 혹은 논제를 뒷받침하기 위해 다른 특성의 증거를 강화하거나 확실하게 하는 증거이다. 예를 들어, '자유무역'에 대한 토론에서 어떤 토론자가 자유무역이 국내 산업에 해가 됨을 보여주기 위해 노력한다고 가정해보자. 특정 국내 산업이 피해를 입는다는 것을 보여주는 증거는 이 주장을 확증하는 데 일정한 가치를 지닐 수 있다. 또한 많은 산업들이 피해를 입는다는 것을 보여주는 증거는 이 주장을 더욱 강력하게 할 수 있다. 유사한 경우로, 어떤 재판에서 피고는 범죄가 일어났을 당시 자신은 마을 밖에 있었다고 주장할 수 있다. 만약 다른 도시에서 문제가 되는 그 시점에 그를 본 증인은 그의 알리바이에 대한 증거를 제공할 수 있다. 그러나 그의 이야기를 확증해주는 다수의 증인을 제시할 수 있다면 그의 알리바이는 더욱 강력해질 것이다. 과학적 확증도 다수의 과학자들에 의해 뒷받침된 것이며, '전문가들의 합의'가 있다면 더욱 강력한 증거가 된다.

3) 필수적 확증

필수적 확증은 특정 쟁점을 증명하는 데 꼭 필요한 증거로, 법정 토론에서는 비교적 식별하기 쉽다. 예를 들어, 살인 사건에서 검사는 살해되었다고 하는 사람이 실제로 사망했음을 확증하는 증거를 제시하여야 한다.

법정 밖의 논쟁에서 논제를 확립하는 데 필요한 필수적 확증은 일반적으로 소송 절차에서보다 더 잘 정의되어 있지 않으나, 논제를 신중하게 검토해보면 특정 문제가 증명되어야 함을 알 수 있다. 교육 토론의 경우, 필수 쟁점은 요구되는 필수적 확증의 견본을 구성할 수도 있다.

4) 결정적 확증

결정적 확증은 법률상 부인할 수 없거나 모든 반대 증거가 기각될 정도로 강력하고 확실하기 때문에 반박할 수 없으며, 논제를 의심의 여지없이 성립시키는 증거이다. 그런데 소송 절차에서 반박될 수 없는 증거는 관할 사법권에 따라 차이가 있다. 법정 밖에서는 어떤 증거도 논박으로부터 자유롭지 못하며, 어떤 증거도 그 자체로 확실하다거나 수용 가능하다고 받아들여지지 않는다. 토론자는 결정적 확증을 찾으려고 언제나 노력하지만, 문제는 토론의 주제이며, 논제에 직접 적용되는 결정적 증거는 좀처럼 얻기 힘들다. 명백하게도, 어떤 논제에 대한 결정적 증거가 일단 제시되면 그 논제는 더 이상 토론할 필요가 없어진다. 그보다는 논제와 관련된 부수적 사안을 뒷받침하는 그런 증거가 더 자주 발견된다. 예를 들어, '노동권'법에 대한 토론에서 토론자들은 노무관리의 부패에 대한 결정적 증거를 제시할 수 있을 것이다. 그러나 이들은 '노동권'법이 이러한 부패 관행을 없앨 수 있다는 결정적 증거를 제시하지는 못할 것이다.

증거는 모든 논증에서 필수적인 요소이다. 증거 없이 이성적 판단을 할 수는 없다. 그러나 증거의 가치는 매우 다르다. 그래서 판단을 돕기 위해 제시된 증거를 평가할 때 좋은 것은 받아들이고 결함이 있는 것은 거부하여야 한다. 마찬가지로 다른 사람에 대한 결정을 내리려고 할 때, 자신의 입론에 타당한 증거를 사용할 수 있도록 증거를 신중하게 평가하여야 한다. 또한 다른 주장을 하는 상대방의 증거를 평가하여 그들이 결함이 있는 증거를 사용하고 있다는 것을 드러내야 한다. 증거에 대한 합리적인 판단을 추구하는 이들은 다음 장에서 논의하는 증거 검증을 이용하는 것이 바람직하다는 것을 알 것이다.

연습

1. 교사가 구체적으로 알려준 것처럼, 현 반대신문토론협회(CEDA)/전국 토론대회(NDT)의 전국 대학 대항 토론 논제와 관련 있는 주장을 하나 골라보자. 다음과 같은 증거 유형에 대한 사례를 각각 두 개씩 들어보자.

   a. 해당 주장을 증명할 수 있는 직접 증거
   b. 해당 주장을 뒷받침할 수 있는 추정 증거

2. 지난주에 간행된 신문이나 잡지에서, 다음과 같은 증거의 출처를 사용해 주장을 뒷받침한 사례를 들어보자.

   a. 주지의 사실
   b. 공문서
   c. 공적 기록물
   d. 본래 사적 기록물에서 연원한 증거
   e. 증인의 증언. 증거를 분류하고, 필자가 옹호하려고 했던 주장을 구별하며, 이를 뒷받침하는 증거를 첨부해 간단히 논문을 써보자.

3. 최근의 주요 사안에 대한 신문이나 잡지의 사설 혹은 잘 알려진 전국적인 유명 인사의 연설문을 입수하자. 그리고 증거를 다음과 같이 분류해보자.

a. 유형에 따라

b. 연설자가 말을 건네는 청중에 대해 가지는 개연성 있는 증명력에 따라

4. 대학 토론을 참관하고서 그 토론에서 제시된 증거를 주의 깊게 기록해 보자. 증거를 분류하는 간단한 논문을 다음과 같이 준비해보자.

a. 유형에 따라

b. 판정자에 대해 가지는 개연성 있는 증명력에 따라

이를 연습 3번과 비교해보자. 토론자와 유명 인사 중 누가 더 많은 증거를 사용하였는가? 그 이유는 무엇인가? 누가 증거를 수용할 수 있도록 정당한 이유를 청중에게 더 잘 제시하였는가?

9장

증거 검증

증거는 토론자가 입론을 구성할 때 그 구성 요소를 제공한다. 만약 증거가 정확하다면 토론자는 설득력 있는 주장을 할 수 있으며, 증거가 약하거나 흠이 있다면 합리적인 주장을 펼 수 없게 될 것이다. 또한 토론자는 서로 모순되는 증거를 마주하게 되기도 한다. 예를 들어, 「캘리포니아 대학교 버클리 캠퍼스 건강 회보(University of California-Berkeley Wellness Letter)」에서 언급한 바에 따르면, 몇몇 연구는 카페인이 높든 낮든 혈압과 심장박동에 변화가 없고, 호흡을 자극하지도 않으며, 신진대사율, 포도당 농도, 콜레스테롤 수치에도 변화가 없음을 보여주었다.[1]

하버드 대학교의 연구자들은 일반적인 수준의 카페인 섭취가 건강에 해가 된다는 증거를 발견하지 못했다. 스탠퍼드 대학교의 연구자들은 카페인을 줄인 커피가 콜레스테롤을 7퍼센트 정도 증가시킨다고 하였다. 그리고 보스턴 대학교의 연구는 일반적 커피든 카페인을 줄인 커피든 하루에 5잔 이상의 커피는 대장암 발생 확률을 40퍼센트 낮춘다고 보고하였다. 이렇게 서로 모순되는 증거는 의학계에만 국한된 것이 아니라 인간사의 모든 영역에서 발견될 수 있다. 따라서 증거는 검증되어야 한다.

1. 증거 검증의 활용

지금까지 증거의 유형과 그 출처에 대해 살펴보았다. 이 장에서는 증
거에 적용될 수 있는 검증 방법에 대해 살펴보고자 한다. 이러한 검증에는
세 가지의 주요 사용법이 있다.

1) 자기 자신의 증거에 대한 신뢰성 검증

입론을 구성할 때 토론자들은 많은 양의 증거를 찾아낼 것이다. 수집한 증거를 사용하기 전에 반드시 증거를 검증하여 약하거나 결정적이지 않은 증거는 버리고 검증에서 살아남은 것만 사용해야 한다. 증거를 검증함으로써 상대방이 할 만한 논박을 예측해 대비할 수 있다. 만약 조사 과정을 거친 후 선택할 수 있는 일련의 증거가 있다면 '가장' 유용한 증거를 선택해야 한다. 가장 효과적인 증거를 선택하는 것은 준비된 토론자에게는 필수적인 일이다. 그리고 자신이 가진 증거의 상대적인 강점과 약점을 잘 파악하고 있어야만 자신의 입론을 옹호할 수 있다.

증거 검증은 또한 토론 상황 이외에서도 이용할 수 있다. 예를 들어, 정치 지도자는 기밀 보고서를 판단해야 하고, 회사 중역은 시장 현황에 대한 보고서를 평가해야 하며, 대학생들은 다양한 영역의 취업 기회를 면밀히 살펴보아야 한다. 살면서 우리 모두는 논제를 형성하고, 그 논제와 연관된 증거를 수집하며, 의사 결정 과정의 일부로 증거를 평가해야 한다. 현명한 이기심, 의사 결정에 영향을 받는 사람들에 대한 책임감을 높이기 위해 증거는 더욱 신중하게 검증되어야 한다.

2) 반대자가 제기하는 증거에 대한 신뢰성 검증

자신의 입론을 준비하는 한편, 토론자들은 반대자가 유용하다고 여길 증거를 찾아 그것을 적절히 검증하면서 논박을 계획해야 한다. 토론이 전개될 때 토론자는 상대방이 실제로 사용하는 증거를 발견할 것이고, 토론 중에 이것에 대한 검증을 준비해 논박해야 한다. 어떤 토론에서든 토론 판정자나 청중은 대립하는 증거들 중에서 선택을 해야 한다. 만약 토론자가 자신의 증거를 옹호함과 동시에 상대방의 증거가 지닌 약점을 찾아낼 수 있다면 청중에게 자신의 입장을 선택하도록 설득할 때 더욱 유리한 위치를 차지할 수 있을 것이다.

증거 검증과 증거 논박의 책임은 그 증거에 의해 자신의 입론이 타격을 입는 쪽이 가지고 있다. 만약 상대가 사용한 증거가 자신에게 불리하게 작용함에도 불구하고 논박하지 않는다면, 의사 결정자들은 아무리 약한 증거라도 액면 그대로 받아들인다. 논박을 하지 않는다는 것은 불리한 증거의 가치를 실질적으로 높이는 결과를 초래할 수도 있다.

3) 의사 결정을 하기 위한 증거에 대한 신뢰성 검증

일생 동안 몇 번 안 되는 토론에 참여할지라도 우리는 끊임없이 의사 결정을 하며 살아간다. 우리는 시민으로서, 소비자로서, 한 명의 사회적 존재로서 거의 매일같이 증거들을 평가해야 한다. 만약 선거에서 정치 후보자의 자격에 대한 증거를 적절하게 평가하지 못한다면, 만족스럽지 못한 정부에 대한 책임을 함께 져야 한다. 만약 어떤 상품의 장점에 대한 증거를 적절하게 평가하지 못한다면, 상품에 대해 후회하거나 돈 낭비를 하게 된다. 사실 증거 검증에 실패할 때마다 현명하지 못한 결정이 지닌 위험에 노출된다. 위험이 큰 만큼 증거 검증을 올바르게 했을 때의 보상도 크다. 증거 검증을 통해 타당한 의사 결정 기회를 많이 가질 수 있고, 현명한 결정에 따르는 혜택을 모두 얻을 수 있다.

2. 증거의 신뢰성에 대한 검증

증거의 신뢰성에 대한 검증은 오랜 논증의 역사에서 그 뿌리를 찾을 수 있고, 토론자에게 증거 평가의 믿을 만한 체계를 제공한다. 증거 검증은 질문 형식으로 진술될 수 있으며 그 질문 목록은 다음과 같다.

증거의 신뢰성을 검증하기 위한 질문

일반적으로 이들 질문에 대한 긍정적인 대답은 해당 증거가 믿을 만하다는 것이며, 부정적인 대답은 증거에 약점이 있다는 것을 의미한다.

해당 증거는 충분한가?
해당 증거는 명확한가?
해당 증거는 다른 알려진 증거들과 합치하는가?
해당 증거는 그 자체로 일관된 것인가?
해당 증거는 입증 가능한가?
해당 증거의 출처는 전문적인가?
해당 증거의 출처는 편향되지 않은 것인가?
해당 증거의 출처는 믿을 만한가?
해당 증거는 관련성이 있는가?
해당 증거는 통계적으로 타당한가?
해당 증거는 가장 최신의 것인가?
해당 증거는 누적적인가?
해당 증거는 결정적인가?

앞에서 지적한 바처럼, 모든 증거는 동일한 설득의 강도(degree of cogency)를 갖고 있지 않으며, 사려 깊은 사람은 의사 결정자가 해당 증거에 부여할 법한 설득의 강도에 따라 증거를 검증한다. 검증 방법에 대해 구체적으로 살펴보자.

1) 충분한 증거

토론자는 논란이 되는 쟁점을 뒷받침할 수 있는 충분한 증거를 제시해야 한다. 어느 정도가 충분한가? 논제에 대한 조사를 시작하면 자신의 입장을 뒷받침하는 신뢰할 만한 증거들을 발견할 수 있다. 하지만 논쟁적인 사안의 경우 반대 측도 마찬가지로 비슷한 수의 믿을 만한 증거를 확보할 것이다. 따라서 토론자들은 상대방의 증거보다 더 설득력 있는 증거를 제시해야 한다. 토론자는 당연히 결정적인 증거를 찾고자 할 테지만, 만약 이를 손에 넣을 수 없다면 **충분한 증거**, 즉 증거가 양적으로 상당히 우세한 것에 만족해야 한다. 민사 법정에서는 '증거의 양적인 우세함'에 기초하여 평결이 이루어진다. 민사 법정 밖의 중요한 사안에서도 합리적인 사람들은 의사 결정을 할 때 이 기준을 적용한다. 예를 들어, 전국 대학 대항 토론 논제에서 찬성 측과 반대 측은 모두 결정적 증거보다는 못하지만 이용 가능한 몇몇 증거를 늘 확보하고 있다. 그렇기 때문에 양적으로 상당히 우세한 증거를 확립했는지의 여부는 일반적으로 토론자의 능력에 달려 있다. 논증 상황에서 토론자는 상대편 토론자가 아니라 의사 결정자를 설득해야 한다는 점을 기억해야 한다.[2] 토론자는 자신이 양적으로 상당히 우세한 증거를 확보하고 있다고 토론 판정자들을 설득해야 한다.

2) 명확한 증거

토론자들은 명확한 증거를 제시해야 하며, 만약 어떤 증거가 명확하지 않다면 참조 증거(evidence aliunde)를 통해 증거를 명확하게 만들어야 한다. 예를 들어, "연방정부는 미국 내의 대중매체를 강력하게 규제해야 한다."라는 '대중매체' 논제에 대한 교실 토론에서 찬성 측이 '텔레비전 폭력'을 금지해야 한다는 입론을 마련했다고 하자. 이때 찬성 측 토론자들은 기쁘게도 전국텔레비전폭력규제연합(National Coalition on Television Violence)에 소속된 어떤 정신과 의사 겸 연구 책임자의 신문 사설을 발견했다. 그는 신문 사설에서 "공중위생국장 등 전문가들은 폭력적인 예능 프로그램이 시청자에게 해로운 영향을 미친다는 확실한 증거가 있다는 결론을 내렸다."라고 말했다.[3] 처음에 찬성 측 토론자들은 자신들이 원하는 바를 정확하게 말하는 탁월한 출처를 발견했다고 생각하였다. 그런데 이 증거는 과연 명확한가? 참조 증거가 없다면 이것은 명확한 증거가 아니다. 폭력이 의미하는 것이 무엇인가? 프로 축구나 프로 하키인가? 토요일 아침의 만화인가? 살인이 나오는 드라마인가? '해로움'의 의미 또한 명확하지 않다. 사소한 피해인가, 아니면 매우 큰 피해인가? 반대 측은 이 증거의 특정 부분이 명확하지 않음을 즉시 지적할 것이다. 찬성 측 토론자들은 판정자의 마음속에 이 증거를 분명히 각인할 추가 증거를 현명하게 찾아야만 했다. 그들은 더욱 심화된 조사를 통해 공중위생국장의 보고서가 26년 전의 것이며, 26년 전에 의회가 그 보고서에 따른 입법 활동을 하지 않았다면 의원들이 그 증거가 납득할 수 없다는 것을 확인했기 때문이라고 판단하였다. 찬성 측은 명확하고 일차적이며 최신의 증거를 찾아야 한다고 판단하였다.

3) 다른 알려진 증거들과 합치하는 증거

토론자들은 자신들의 증거가 다른 알려진 증거와 합치하는지를 확인해야 한다. 만약 다른 증거와 합치한다면, 보강적 증거(corroborative evidence)에 의해 자신의 증거를 강화할 수 있을 것이다. 만약 그렇지 않다면, 다른 알려진 증거보다 토론자의 증거를 더 신뢰할 수 있다거나, 다른 알려진 증거가 이 특수한 사례에는 적용되지 않는다는 점을 보여주어야 한다. 예를 들어, 만약 회사 경영자가 특정 상품의 단가가 생산량이 늘어남에 따라 떨어진다는 증거를 제시한다면, 이 증거는 많은 제조업체들의 경험과 합치한다. 따라서 이 증거는 다른 알려진 증거와 합치하는 증거이다.

그러나 이러한 검증은 토론자가 다른 알려진 증거와 합치하지 않는 증거를 고려하거나 이용하는 것을 금지하지는 않는다. 예를 들어, '취업 기회 보장' 논제에 대해 토론할 때 어떤 학생들은 우리의 예상대로 실업률이 열악한 건강 상태, 이혼, 아동 학대, 범죄, 자살과 관련이 있다는 증거를 찾았다. 이러한 결론은 다른 알려진 증거들과 합치했으며, 학생들에게 그들이 펼치고자 하는 주장에 대한 최신 연구 성과를 제공하는 것이었다. 동일한 논제를 연구한 다른 학생들은 취업과 관련된 스트레스와 근무 중 사고의 위험 역시 열악한 건강 상태, 이혼, 아동 학대, 범죄, 자살과 관련이 있음을 입증하는 또 다른 연구들을 발견했다. **직관적으로 수용할 수 있는 증거**에 기초한 미국 사회의 직업윤리는 보편적으로 수용되고 있으며, 대부분의 청중은 '취업은 좋고 실업은 나쁘다'라는 것을 '알고' 있기 때문에 아마도 그 증거를 채택할 것이다. 이러한 증거를 제시할 때 사람들은 동의 차원에서 고개를 끄덕거리며 "맞아, 저건 분명한 사실이지."라고 생각한다. 그러나 두 번째 유형인 취업 스트레스와 이혼, 범죄 등이 연관이 있다는 주장을 펴는 토론자들은 **직관에 반하기 때문에 거부되는 증거**를 접할 수 있는데, 이는 청중이 해당 증거가 잘못되었다는 것을 '알고' 있기 때문에 거부하는 것이다. 토론자들이 이처럼 직관을 거스르는 증거를 사용하고자 할 때에는 반드시 의사 결정자들에게 자신이 사용하는 증거의 출처가 더 믿을 만하며 더 최신의 증거라는 점을 제시해야 한다. 또한 다른 알려진 증거와 합치하지 않는, 직관에 반하는 증거가 왜 특정한 경우에는 수용되어야 하는지에 대한 정당한 이유를 제시해야 한다.

심리적 사실은 직관에 부합하는 증거 및 직관에 반하는 증거와 관련이 있다. 경제학자 로버트 새뮤얼슨(Robert Samuelson)은 심리적 사실을 "끊임없는 반복을 통해 삶을 살아가는 방식을 변화시키기 때문에 구체적인 증거로 뒷받침되지 않더라도 진실이라고 받아들여지는 믿음"[4]이라고 정의하였다. 예를 들어, 많은 사람들은 학교의 석면이 아이들의 건강에 해롭다고 믿고 있다. 그러나 대법관 스티븐 브레이어(Stephen Breyer)는 석면 공포가 얼마나 큰 대가를 요구하는 실수였는가를 보여주었다.[5] 새뮤얼슨은 자료를 통해 경찰이 근무 중 사망할 확률은 연간 4500명당 한 명이고, 사람이 비행기 사고로 사망할 확률은 연간 16만 7000명당 한 명이며, 사람이 번개로 사망할 확률은 연간 2백만 명당 한 명인데, 학교에 사용된 석면으로 사망할 확률은 연간 1100만 명당 한 명이라는 사실을 언급하였다.

토론자는 직관에 반하거나 다른 알려진 증거와 합치하지 않는다는 이유만으로 해당 증거를 묵살해서는 안 된다. 지금은 보편화된 많은 신념들이 한때는 직관에 반하는 것으로 여겨졌다. 그러나 토론자들은 이러한 증거들을 특히 신중하게 살펴볼 필요가 있음을 인식해야 한다. 토론자들은 해당 증거에 대한 상대방의 공격과 청중의 반발을 예상하고 그에 대비해야 한다. 물론 대부분의 영역에서 찬성 측과 반대 측 모두 알려진 증거를 사용할 수 있다. 예를 들어, 주식 시장의 경향과 관련하여 어떤 증거는 상승을 나타내고 어떤 증거는 하락을 나타낸다.

인터넷 검색을 통해 무제한적인 정보에 즉시 접근할 수 있는 이 시대에는 잘못된 정보는 승수 효과(multiplier effect)를 낳을 수 있다는 점을 기억해야 한다. 이차 증거(secondary evidence)가 웹사이트나 블로그와 같이 출판되지 않는 공간에서 제시될 경우 계속 반복될 수도 있다. 증거를 반복하는 사람들은 자신이 일차 정보의 이차 보고를 하고 있다고 생각하지만, 사실은 원정보의 정확성을 떨어뜨리거나 결함을 만드는 것일 수도 있다. 또한 원출처가 보이지 않음에도 불구하고 정보가 그 자체로 생명력을 얻게 될수도 있다. 따라서 모든 증거는 엄정하면서 비판적인 평가를 거쳐야 한다.

4) 그 자체로 일관성 있는 증거

토론자들은 증거를 신중하게 연구하여 증거 그 자체로 일관성이 있는지 판단해야 한다. 예를 들어, "미국의 법 집행 기관은 흉악 범죄의 수사 및/또는 기소에서 더욱 많은 자율권을 부여받아야 한다."라는 논제에 대해 토론할 때 찬성 측 토론자는 경악할 만큼 증가한 강간 범죄 빈도를 증거로 인용하면서 강간 범죄 재판의 진행 방식을 변화시켜야 한다는 자신들의 방안을 내세우려고 할 수 있다. 이에 대해 잘 대비한 반대 측 토론자는 동일한 자료를 다음과 같이 인용할 수도 있다.

그 비율은 신고된 범죄만 반영한 것입니다. 많은 사례에서 사회의 범죄에 대한 태도는 신고 여부와 상관없이 중요한 요소입니다. 강간은 전형적인 사례입니다. 몇 년 전만 해도 강간이 여성 자신도 원했던 일이라고 간주되었고, 많은 수의 여성들이 이러한 범죄를 신고하기를 꺼렸습니다. 오늘날 강간위험센터(Rape Crisis Center)들은 피해자를 돕고 상담하는 데 널리 이용되며, 전에는 들어보지 못했던 '데이트 강간'이라는 것도 최근 들어서 인식되기 시작한 현상 중 하나입니다.

통계 도표는 강간 범죄의 증가를 나타내지만, 그 문서의 본문은 해당 통계의 정확성을 부정하게 만든다. 증거는 그 자체로 일관된 것이 아니다. 반대 측은 수치가 증가했다는 보고서는 여성들이 현재 소송을 꺼리지 않는다는 사실을 보여주며, 따라서 강간 범죄 재판의 진행 방식을 바꾸고자 하는 찬성 측의 방안이 불필요하다는 사실을 입증한다고 주장했다.

또 하나의 사례가 있다. 지방 학교들을 위해 더 많은 세금을 걷자는 캠페인을 하는 집단이 교사의 봉급을 인상하기 위한 추가 세입이 필요하다는 주장을 담은 팸플릿을 발행하였다. 그들은 교사의 봉급 인상이 해당 학교들에서 양질의 교육을 유지하는 데 필요하다고 주장했다(교육의 질은 해당 학교들에서 선호되는 쟁점이었다). 그러나 팸플릿에 제시된 예산안을 검토해 보니 추가 세입의 대부분은 스쿨버스의 매입과 버스 운전사와 버스를 유지하는 데 필요한 노동자의 인건비에 사용된다는 것이 드러났다(버스는 이 학교들에서 선호되지 않는 쟁점이었다).

주요 대도시 신문의 어떤 편집자는 다음과 같이 형편없이 일관성 없는 기사를 작성했다.

미국의 보고서는 통화 시장을 혼란스럽게 했다.

재무부의 소식에 따르면 엔화는 2차 세계대전 후 가장 낮은 수치까지 하락하였다. 워싱턴―미국 재무부가 엔화 강세는 증가하는 미국의 대일 무역 적자를 줄이는 데 도움이 된다고 한 보고서를 내놓은 이후, 어제 엔화에 대한 달러 환율은 2차 세계대전 이후 가장 낮은 수치까지 하락하였다.

명확히 기사의 헤드라인과 본문이 서로 일치하지 않고 있다.

5) 입증 가능한 증거

토론자들은 언제나 자신의 증거를 입증할 수 있어야 한다. 즉, 증거를 입증하고, 확정하며, 확증할 수 있어야 한다. 증거를 제시하기 전에 타당성에 대해 토론자 스스로가 먼저 확신하기 위해, 토론자는 증거를 수집할 때 서로 다른 출처를 활용하여 증거를 신중하게 점검해야 한다. 토론자는 증거를 뒷받침하기 위해 필요한 것이라면 무엇이든 청중에게 제시해야 한다. 또한 의사 결정자들이 원한다면 그들이 직접 검토해볼 수 있도록 토론자는 정확하고 완벽한 인용과 함께 증거의 출처를 세심하게 밝혀야 한다. 예를 들어, 경제 정책에 대한 토론에서 어떤 발언자가 "12월 26일자 『뉴스위크(Newsweek)』에 따르면 실업률은 지난 3년간 11퍼센트에서 8.2퍼센트까지 하락하였다."라고 발언했다면 청중은 『뉴스위크』를 통해 정말 그 잡지에 그러한 내용이 있는지를 검증해 볼 수 있다. 대부분의 토론에서 이 정도면 실업률에 대한 주장을 성립시키기에 충분할 것이다. 만약 청중이 이 잡지의 정확성에 대해 회의적이거나 의문을 품는다면, 발언자는 적절한 보고서를 인용하여 추가적인 증명을 제시할 수도 있다. 다양한 독립적 출처를 통해 주장을 입증할 수 있다면 당연히 매우 깊은 인상을 심어 줄 것이다. (누적적 증거에 대해서는 뒤에서 논의할 것이다.)

데이터베이스에서 얻은 일부 증거들은 쉽사리 입증이 가능하지만, 어떤 증거들은 잘 소멸되거나 입증하기 불가능할 수도 있다는 점에 유의해야 한다. 예를 들어, 토론에서 증거의 결정적 부분이 지난주 『월스트리트저널』에서 인용된 것이고, 찬성 측은 이 인용 부분의 인쇄물을 소지하고 있으나 반대 측은 이 인쇄물의 정확성에 대해 의문을 제기하였다고 치자. 이 사안이 정말 중요하다면 토론 판정자는 컴퓨터로 해당 인용 부분을 검색하여 찬성 측 인쇄물이 정확한지 판단할 수 있다. 그러나 문제가 된 인용 부분이 어떤 블로그에서 1주 전에 쓴 댓글에서 나온 것이라면, 입증이 아마 불가능할 것이다. 이러한 댓글은 48시간마다 정기적으로 지워지기 때문이다. 따라서 우리는 경고한다. 입증할 수 없는 증거는 절대 사용하지 마라.

6) 전문적인 증거 출처

토론자들은 증거의 출처가 쟁점이 되는 문제를 실제로 검증할 자격을 갖추었는지 판단해야 한다. 만약 해당 증거가 비전문가에게서 나온 것이라면 다음과 같은 검증이 이루어져야 한다.

1. 해당 증인은 문제가 되는 사안을 관찰할 기회가 있었는가? 어떤 유명한 언론인이 쿠바에서 일주일을 보내고 돌아오는 길에 '중앙아메리카에 대한 카스트로의 비밀 계획'이라는 제목의 칼럼을 썼다. 그 저자는 경험이 많은 언론인이었지만 외교 정책과 첩보 활동에는 문외한이었기 때문에 엄격히 통제되고 있는 전체주의 정권이 내린 비밀 의사 결정을 알 기회가 실제로 있었는지에 대한 합리적인 질문이 제기될 수 있다.

2. 해당 증인은 물리적으로 의문시되는 문제를 관찰할 능력이 있는가? 어떤 재판에서 증인이 대략 100미터 거리에서 본 강도를 알아볼 수 있었다고 주장하였다. 그러나 그 증인은 자신이 서 있는 곳으로부터 30미터 떨어져 있는 재판정의 시계도 읽지 못하였다. 그 증인이 자신이 보았다고 주장하는 사람을 알아볼 신체적 능력을 갖추고 있는지에 대한 합리적인 질문이 제기될 수도 있다.

3. 해당 증인은 자신이 목격한 것을 보고할 수 있는 정신적 능력이 있는가? 어떤 특정 재판에서 피고는 5년 전 어떤 사업의 일상적 일에 대해 매우 구체적으로 증언하였으나, 거의 같은 시기에 일어난 다른 사업의 세부 사항에 대해서는 아무것도 기억하지 못했다. 이때 자신

이 기억한다고 주장하는 구체적 사항 모두를 회상할 수 있는 정신적 능력을 그가 갖추고 있는지에 대한 합리적인 질문이 제기될 수도 있다.

사람의 관찰력은 그 사건을 둘러싼 환경에 따라 영향을 받을 수 있다. 두 사람이 교실에 갑자기 뛰어들어와 "불이야!" 하고 외치고 나가는 전형적인 심리학 교실 실험에서 이 사건에 대해 묘사하라고 하면 학생들은 매우 다른 보고를 하는 경우가 많다. 또한 우리는 증인이 이 사건을 관찰하고 기억하려는 정신적 노력을 했는지의 여부도 알아야 한다. 작년에 진행된 대학의 학위 수여식에 몇 명의 사람들이 참여하였는가? 그때 참석했던 사람들 다수에게 물어보라. 청중을 세려는 노력을 했던 사람은 매우 극소수에 불과할 것이다. 목격자의 증언에 대한 연구는 끊임없이 우리가 인간으로서 불완전하며, 선택적인 지각과 기억의 영향을 받는다고 말한다.

증거의 출처가 전문가일 경우, 다음과 같은 검증이 비전문가에게 적용된 검증에 추가되어 적용될 수 있다.

4. 해당 증인은 신뢰할 만한 공식적 자격증이 있는가? 만약 증인이 의사라면 의학 학위가 있는가? 경제학자라면 해당 분야의 박사학위가 있는가? 즉, 해당 증인은 자신이 전문가임을 증명하는 자격증을 가지고 있는가? 물론 해당 의사가 적절한 외과의 자격증을 모두 보유하고 있다는 것이 수술의 성공을 보장하는 것은 아니다. 그러나 적합한 자격증이 없지만 수술을 성공적으로 할 수 있는 사람이 있다고 해도, 자신의 생명을 아마추어 뇌외과의에게 맡기는 것에 개의치 않을 사람은 극소수일 것이다.

5. 해당 증인은 다른 권위자로부터 인정받고 있는가? 전문가인 증인이 특별한 능력을 가지고 있다고 스스로 주장하는 분야에서 다른 이들로부터 높게 인정받고 있다면 그의 의견은 더욱 무게를 갖는다. 어떤 의사가 해당 의료협회에서 주요 직책을 맡고 있고, 전문성을 인정받으며, 의학 학술대회에서 논문을 발표한 의과대학 약학과 교수라면, 이 사람은 약학 분야에서 다른 전문가들로부터 인정받고 있다고 결론 내리는 것이 합리적이다. 토론자들은 다른 유형의 전문가들에 대해서도 전문성 인정에 대한 유사한 표지를 찾아야 한다.

7) 편향되지 않은 증거 출처

토론자들은 증거의 출처가 편향되지 않은지 판단해야 한다. 많은 경우 사람들은 자신의 이해와 관련된 사안에 대해 증언하며, 어떤 경우에는 그 사안에 대한 개인적 이해관계가 있는 사람이 유일한 증인이기도 하다. 이들 개인은 편견에서 자유로울 수 있을까? 그들은 사안에 대해 객관적으로 증언할 것인가, 아니면 그들 자신의 이해관계에 유리하도록 편향되게 증언할 것인가? 토론자들은 증인이 쟁점 사안에 이해관계가 있는지, 그 이해관계가 증인의 증언에 영향을 미칠 수 있는지 판단해야 한다. 지구 온난화 가설에 의문을 제기하는 연구는 흔히 석유산업에 고용되거나 그 기금을 받는 전문가의 연구 내지 증언이라는 결론이 있다. 우세한 위치의 담배회사가 연구를 재정적으로 지원하면서 담배 연기가 건강에 악영향을 미친다는 결정적 확증(conclusive proof)은 오랜 세월 동안 왜곡되어 왔다. 물론 어떤 주제에 대해 기록하거나 발언하는 많은 사람들은 그 주제에 대해 편견을 가지고 있으며, 이는 곧바로 쟁점에 대한 관심을 추동한다.

전통적으로 대통령은 임기의 첫 100일 후에 평가를 받는다. 클린턴 대통령이 그 시점에 이르렀을 때 어떤 주요 도시의 신문은 1면 헤드라인으로 "클린턴, 첫 100일에 좋은 성적을 받다."를 내걸었다. 인상적인 말이다. 그렇지 않은가? 물론 중요한 질문은 누가 클린턴에게 좋은 성적을 주었느냐이다. 이 기사의 첫 번째 문단은 다음과 같이 그 대답을 하고 있다. "클린턴 대통령은 자신의 일자리 법안을 부결한 공화당의 힘을 과소평가했다고 어제 인정했지만, 자신의 첫 100일에 대해 전체적으로 좋은 점수를 주었다." 클린턴이 본인의 집권 100일을 공정하게 평가할 수 없는 사람임은 명백하다. 만약 학생들이 자신의 성적을 스스로 매길 수 있다면, 파이 베타 카파(Phi Beta Kappa)회*의 구성원은 아마 수천 퍼센트로 늘어날 것이다.

잘 알려진 로스앤젤레스 로드니 킹(Rodney King) 사건에서 킹은 속도 위반으로 검거될 때 저항하다가 경찰에게 피격당한 후 병원으로 후송되었다. 킹은 경찰이 잔인하다고 비난하였고, 경찰은 킹이 저항했기 때문에 그를 검거하기 위해 정당한 공권력을 사용한 것뿐이라고 대답하였다. 킹이나 경찰과 아무 관련도 없는 제삼자가 우연히 이 검거 과정을 지켜보면서 이를 녹화하였다. 이 테이프는 이 사건에서 결정적 증거가 되었다. 이 사건 뒤에 일어난 긴 소송 절차에서 두 명의 배심원은 해당 사건을 다르게 해석하였다. 그러나 아무도 해당 사건을 녹화한 자료의 공정성에 이의를 제기하지 않았다. 또한 이는 우연한 증거(8장 참조)의 사례이기도 하다는 점에 주목하자. 캠코더를 가진 남자는 결정적 증거를 수집하기 위해서가 아니라 단지 새로 구입한 기기를 시험해보기 위해 녹화한 것이기 때문이다.

가능하다면 언제나 편향되지 않은 출처로부터 증거를 찾는 것이 최선이다. 학술적 기록물이나 과학적 기록물은 이런 면에서 매우 도움이 되는

....

* 미국 대학생 중 우등생들만 가입할 수 있는 오래된 엘리트 클럽.

출처일 수 있다. 저자들은 자신의 편향된 시각에 의해 연구가 영향을 받는 것을 경계하며, 해당 주제에 대한 자신의 관여를 있는 그대로 기술한다. 게다가 저자들은 객관적 관찰을 하기 위해 고안된 과학 도구를 활용한다. 그러나 아무리 교수라 하더라도 개인적 편향에 영향을 받지 않을 수 없어서, 중대한 결과를 강조하고자 할 때 그들은 자신의 연구에 호의적인 리뷰만을 받아들이는 경향이 있다. 내키지 않아 하는 증인은 자신의 이해관계나 편견에 반대되는 증거를 제공하는 증인이다. 물론 이 증거는 사심 없는 출처보다 더 강력하다. 예를 들어, 탄핵에 맞선 오랜 싸움 내내 닉슨 대통령은 하원 법사위원회에서 자신을 능숙하게 방어해준 공화당 충성파를 신뢰하였다. 위원회의 청문회가 끝난 후 새로운 증거가 나왔을 때, 닉슨은 처음엔 그 증거의 중요성에 대해 얼버무리고 넘어갔다. 그러나 그것을 글로 옮긴 기록이 나오자, 위원회의 모든 공화당 의원은 새로운 사실이 "대통령에 대한 최소한 하나의 기소 조항을 유지하기에 법적으로 충분하다."라는 점을 지적하고 탄핵에 찬성표를 던졌다. 내키지 않았음에도 이들이 이전의 입장을 바꾼 일은 닉슨으로 하여금 자신의 소송이 희망 없다는 것을 확신하도록 한 주요 요인이 되었음은 명백하다. 사흘 후 그는 하야하였다.

8) 믿을 만한 증거 출처

토론자들은 증거의 출처가 믿을 만한지 확인해야 한다. 유사한 사안에서 해당 출처가 정직하고 정확하기로 명성이 높은가? 대통령 선거는 이러한 증거 출처의 신뢰성에 대한 흥미로운 사례를 제공한다. 대통령 선거의 공식 결과는 선거 후 며칠까지는 알려지지 않는다. 그러나 전국 뉴스의 결과 보도는 신뢰성이 있다고 알려져 있으며, 우리는 변함없이 선거가 있은 후 그날이나 그날 밤에 보도하는 비공식적 보고를 받아들이고 이에 따라 행동한다. 2000년 대통령 선거의 최종 결과 발표는 매우 장기간 지연되었음에도 불구하고, 역사적 법정 투쟁에 대한 매체의 보도는 믿을 만하였다. 비슷한 경우로 대통령 선거 결과를 예측하는 여론조사 또한 정확하기로 명성이 높으며 일반적으로 **믿을 만한 증거**로 받아들여지고 있다. 대조적으로, 후보 스스로 선거 결과를 예측하면서 제시하는 증거는 믿을 수 없기로 악명이 높다. 여론조사에서 앞서 나가는 선두 주자는 자신의 지지자들이 과도한 자신감을 가져 투표하지 않아서 자신이 패배할 것을 염려하여 여론조사의 중요성을 애써 낮추는 경향이 있다. 여론조사에서 우위를 점하지 못한 후보들 역시 예측의 중요성을 낮추는데, 이는 지지자들이 낙담하여 투표하지 않아 압도적 패배를 당하는 것을 두려워하기 때문이다.

만약 토론자들이 자신의 증거 출처가 믿을 수 있다는 것을 증명한다면, 해당 증거에 대한 신뢰성을 높일 수 있다. 만약 상대방의 증거 출처가 신뢰성이 부족하다는 것을 증명할 수 있다면, 해당 증거에 대한 의혹을 제기하는 것이다.

9) 관련성이 있는 증거

토론자들은 해당 증거가 쟁점이 되고 있는 사안과 실제로 관련이 있는지를 확인해야 한다. 때때로 해당 쟁점과 관련이 없거나 관련이 있어 보일 뿐인 증거가 제시되기도 한다. 예를 들어, 지역 번호 900번을 사용하는 대중적 전화 여론조사도 의심스러운 증거가 된다. 대중은 여론조사에서 '예/아니요' 질문에 답하거나, 각각의 후보에 대한 선호를 밝히기 위해 전화번호를 누를 것을 요구받는다. 이 방법의 결함은 시외전화에 돈을 지불할 정도로 의사 표현을 하고 싶은 사람만 전화를 받으며,* 아주 강하게 의사 표현을 하고 싶은 사람은 여러 번 전화를 받을 수 있다는 점이다. 따라서 일반적인 대중이 어떻게 투표할지에 대한 정확하고 관련성 있는 증거가 되지는 못한다.

10) 통계적으로 타당한 증거

때때로 토론자들은 통계 형태로 증거를 이용할 필요가 있다는 점을 발견할 수도 있다. 그러나 이러한 증거는 꼭 필요할 때에만 발언에 도입해야 한다. 예를 들어, 레이건 대통령은 연방정부의 통계적 증거를 모두 끌어다 사용할 수 있는 위치에 있었지만, 꼭 필요할 때 외에는 연설에서 통계적 증거를 사용하지 않았다. 그가 통계를 사용할 때에는 가능한 한 수치를 '반올림'하거나 단순화하면서 각색하였다. 이는 모든 화자가 따라야 할 타당한 습관인데, 대부분의 청중은 통계에 흥미가 없고, 통계 자료를 잘 이해하지 못하며, 쉽게 잊어버리기 때문이다. 통계적 증거는 언제나 누군가에 의해 준비되어 있고, 대부분 늘 기록된 증거(written evidence)이며, 전문적이거나 전문적이라 불리는 것이다. 그리하여 이것은 통상적인 증거 검증의 대상이다. 엄격히 말해, 다른 증거 검증에서 나타나지 않은 통계를 위한 특별한 검증은 없다. 그러나 통계적 증거는 특별한 형식을 취하기 때문에, 어떤 검증은 토론자가 이런 증거를 평가할 수 있도록 돕는다.

① 정확한 통계 자료가 수집되었는가?

대부분의 사람들은 자신이 사회적으로 받아들여지지 않거나 지식이 없어 보이는 것을 꺼린다. 여론조사 요원들이 전화를 걸 때 사람들은 자신

....

* 미국의 전화요금제는 전화를 할 때 발신자만 부담하는 것이 아니라 발신자와 수신자가 공동으로 부담하는 제도이다.

이 생각하기에 사회적으로 받아들여질 수 있는 대답을 하게 된다. 그들은 실제 자신의 의견이 그렇지 않더라도 보다 덜 논쟁적인 의견이라고 생각하는 쪽이나 쟁점에 대한 자신의 무지를 감출 수 있는 임의적 의견을 표현하는 쪽을 선택한다. 어떤 연구에서 실제로는 존재하지 않는 '공무법(Public Affair Act)'에 대해 질문한 결과 거의 삼분의 일에 해당하는 응답자가 의견을 피력하였다. 전화 조사의 경우 여성 응답자가 전체 조사의 70퍼센트를 차지하는 경우에 주의해야 한다. 만약 성비를 맞추기 위해 남성 응답자에게 추가로 전화를 하는 방법 등으로 이 부분을 보완하지 않는다면 결과는 왜곡될 수도 있다. 토론자는 수집한 통계의 정확성을 확립해줄 증거를 찾아야 한다.

② 해당 통계는 정확하게 분류되었는가?

만약 스키를 탈 최적의 장소를 원한다면, 무엇을 찾아야 하는가? 랜드 맥낼리(Rand McNally)*의 직원들은 스키 타기에 좋은 열 개의 도시 리스트에서 콜로라도에 있는 세계적 수준의 리조트를 제쳐두고 디트로이트를 첫 번째로, 로스앤젤레스를 두 번째로, 오하이오의 애크런-캔턴(Akron-Canton)을 세 번째로 꼽았다. "이것은 이상하다!"라고 콜로라도 스키 리조트 소유주가 반발하였다. 전국적으로 가장 인기 있는 열 곳의 스키 리조트에는 스키어들이 최고로 꼽는 베일(Vail)을 비롯해 콜로라도주의 스키 리조트 여섯 곳이 포함되어 있다. 그러나『스포츠 장소 평가: 미국에서 스포츠를 즐길 수 있는 장소 순위(Sports Places Rated: Ranking America's Best Places to Enjoy Sports)』의 저자는 해당 순위가 '매우 적절하게' 선정된 것이라고 말하였다. 이 순위는 모두 연방정부가 정의한 대도시 통계 권역(metro-

....
* 지도, 교과서 등을 제작하는 미국의 회사.

politan statistical area)에 기초한 것인데 콜로라도에 있는 세계적 수준의 스키 리조트들은 모두 이 권역 밖에 있었던 것이다. 해당 점수는 도시가 위치한 대도시 권역 내의 스키 리프트 보유량에 따라 매겨졌다. 디트로이트는 세 곳의 대도시 권역 내에 다섯 곳의 스키 리조트를 보유하였으나 산악지대에는 리조트가 없었다. 스키를 위한 최적의 장소를 분류할 때 대도시 통계 권역 내의 의자식 리프트 보유량으로 해야 하는가? 아니면 슬로프의 규모로 해야 하는가?

직접적인 대외 경제 원조 논제에 대해 토론하는 학생들은 통계 자료의 정확한 분류가 얼마나 중요한지에 대해 배운다. 어떤 출처에서는 대외 지원으로 인한 지출이 수십억 달러라고 하고, 또 다른 곳에서는 7억 달러, 5억 달러 정도라고 한다. 이러한 차이는 통계 자료를 준비한 이가 군사 원조, 방위 원조, 기술 원조, 여타의 원조를 어떻게 분류했는지에 따라 달라진다.

③ 표본 추출은 정확한가?

연구자는 통계 방법론에 따라 모집단에서 추출한 아주 작은 표본에 기초해 다수에 대한 일반화를 한다. 그래서 2억 명의 미국인을 인터뷰하는 대신, 연구자들은 체계적으로 100명 내지 1000명을 뽑아서 이들로부터 결론을 도출한다. 연구에 이용되는 계량 도구는 매우 정교하고 정확하게 그런 과정을 가능하게 하지만, 일반화는 여전히 소집단이 대집단을 대표하여 선택되었다는 가정에 기초하고 있다.

텔레비전 프로그램의 시청률은 몇몇 의회 관측자가 그 실효성을 우려할 정도로 작은 표본에 기초하고 있다. 통계학자들은 전체 국민 중 도시 거주자, 농부, 북부 지역 출신자, 여성, 아프리카계 미국인, 대학 졸업자, 육체노동자, 귀화 시민 등등의 정확한 비율을 안다면, 수천 명의 응답자만으로도 대통령 선거 결과를 예측할 수 있다고 주장한다.

그러나 이러한 대표 표본을 얻기는 매우 어렵다. 많은 여론 조사원들은 필요한 비숙련 노동자 수를 채우기 위해 슬럼가에 가는 대신 좋은 주거 지역에 살고 있는 부유해 보이는 사람들과 인터뷰를 한다. 어떤 빈민가 (ghetto) 거주자들은 여론조사원들을 '기득권'의 대표자로 생각해 대답하기를 거부하거나 사실을 호도하는 대답을 하기도 한다. 많은 심리학 연구는 대체로 대학교 2학년 학생의 응답을 기반으로 하고 있는데, 이는 대체로 대학교 2학년 학생들이 심리학 수업을 많이 수강하고 그들을 대상으로 실험하는 것이 편리하기 때문이다. 그러나 대학 2학년이 과연 일반 대중을 대표할 수 있을까? 그래서 표본이 어떻게 선택되었으며, 사용된 표본 및 통계 기준이 어느 정도 확신을 주는지 고려하는 것이 중요하다.

④ 단위는 정확하게 정의되었는가?

킬로와트시(kilowatt-hour)는 합리적으로 잘 정의된 단위이다. 그러나 '주당 노동 시간'이란 무엇인가? 연간 생활 임금(annual living wage)에 대해 토론하는 학생들은 이 용어에 대한 아주 다양한 정의가 존재함을 발견할 수 있다. 주당 노동 시간은 한 주에 몇 시간의 노동, 혹은 며칠의 노동을 하는 것인가? 콜레스테롤이나 체질량 지수(Body Mass Index: BMI) 등 널리 받아들여지는 기준을 바꾸는 것은 공중위생의 고려 사항 및 더 나아가 보건 정책의 예상 비용에까지도 영향을 미친다. '가족'과 같은 매우 익숙하고 쉽게 이해할 수 있는 단위도 정확한 정의가 필요하다. 해당 단위는 과세 목적을 위해 정의될 수도 있고, 주택 통계에서는 다르게 정의될 수도 있으며, 다른 목적의 통계에서는 또 다르게 정의될 수도 있다.

⑤ 자료는 통계적으로 유의한가?

대부분의 통계 자료는 어떤 변화를 보여준다. 그런데 이러한 변화가 유의한가? 통계적 차이는 오직 표본이 유의할 정도로 크고, 대표성이 있으며, 오차나 계절적 등락이나 다른 요인들이 허용 범위 안에 있어야만 유의하게 받아들여질 수 있다. 만약 어떤 학생이 IQ 검사에서 120을 기록하였고 다른 학생이 121을 기록하였다면 그 차이는 통계적으로 유의하지 않다. 만약 동전을 열 번 던져 여덟 번 앞이 나왔다면 그 결과 또한 통계적으로 유의하지 않다. 12월과 6월의 실업률 차이는 계절적 차이가 고려되지 않는다면 유의하지 않다.

⑥ 백분율의 기준점은 합리적인가?

통계적 증거가 백분율로 보고되면 토론자들은 항상 백분율의 기준점을 살펴보아야 한다. 미국 달러의 가치는 올라갈까, 아니면 내려갈까? 이 모두는 기준점으로 사용된 날짜에 따라 달라진다. 1984년 로스앤젤레스 하계 올림픽 기간은 매우 평화로워서 경찰들은 특정 구역에서의 범죄가 250퍼센트까지 떨어졌다고 주장하였다. 이에 대해 『뉴스위크』는 냉담하게 "100퍼센트 이상의 수치는 범법자 몇 명이 착한 행동으로 돌아섰다는 것을 의미하는 듯하다."라고 비꼬았다.

⑦ 시각 매체는 자료를 공정하게 보고하는가?

통계 자료들은 종종 시각적 형식으로 보고된다. 올바르게 준비된 시각 매체는 통계에 대한 청중의 냉담함을 극복하고 복잡한 자료들을 분류하는 데 도움이 된다. 그러나 시각 매체는 통계 증거를 왜곡할 수도 있다. 따라서 토론자들은 다양한 차트, 도표, 여타의 시각 매체들이 자료를 공정하게 해석했는지를 확인해야 한다. 예를 들어, 아래에 제시된 부품의 생산 수치가 정확하다고 가정해보자.

	미국	일본
작년	1,000,000	5,000
올해	1,010,000	10,000

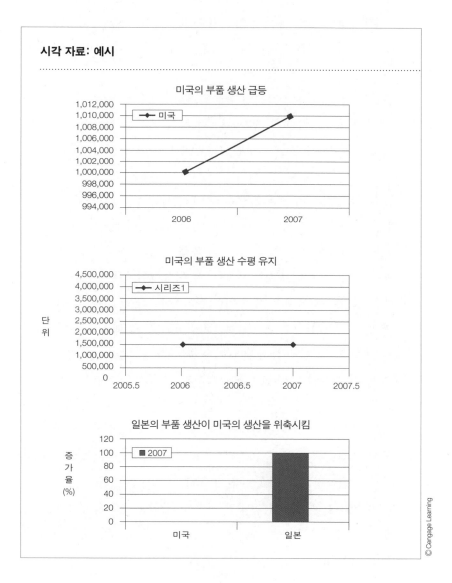

시각 자료: 예시

여기에 나오는 그래프들을 보고서 각각이 생산 수치를 어떻게 편향되게 제시하고 있는지를 살펴보자. 앞의 두 그래프를 보면 그래프 수직축의 단위를 어떻게 선택하느냐에 따라 서로 다른 그림이 나온다는 것을 알 수 있고, 세 번째 그래프에서는 각 막대의 높이가 상당히 정확하긴 하나 일본 쪽에 더 넓은 폭의 막대를 사용하여 그림을 왜곡시켰다. 각 그래프 위의 설명은 이 왜곡을 확대하고 있다.

이와 같은 사례는 시각 매체의 왜곡 가능성 중 극히 일부만을 보여줄 뿐이다. 토론자들은 논증에서 제시되는 각 시각 매체를 검토하여 그것이 자료를 정확하게 나타내고 있는지 면밀히 검토해야 한다.

⑧ 통계에 대해 합리적인 정밀함만을 요구하는가?

통계가 그 자체가 가진 것보다 더 정밀하다고 간주된다면 이는 부적절한 결론으로 이어질 수도 있다. 미국 내 폭행을 당하는 여성의 수는 대략 몇 명인가? 『타임』은 매년 400만 명의 미국 여성들이 '같이 사는 배우자'에게 폭행을 당한다고 보도한 적이 있다. 『뉴스위크』는 "남편, 전 남편, 남자친구"에게 맞는 여성의 수는 1년에 200만 명이라고 보도했다. 『뉴스위크』가 언급했듯, 이는 매우 끔찍한 일이다. 왜냐하면 『타임』과 『뉴스위크』의 수치가 두 배나 차이 나는 결과를 보여주기 때문만이 아니라, 그런 불일치가 중요하고 이론적으로 타당한 통계에 관해 사회가 무지하다는 것을 반영한 것이기 때문이다. 이는 얼마나 많은 남자들이 자신의 아내를 때리는지에 국한된 문제만은 아니다. 자신이 무엇을 말하는지도 정확히 모르고 있는 사람들이 공공정책의 주요 쟁점에 대해 토론하고 있다는 사실이다.[6] 『타임』과 『뉴스위크』는 선의를 가지고 신뢰할 만한 출처를 사용하였다. 문제는 믿을 만한 출처를 활용한 경우에도 대단히 다른 통계적 결론에 도달할 수 있다는 점이다.

계량화에 대한 요구를 만족시키려는 욕구에서, 언론인, 의회 사무관, 아마도 진지한 학자들, 특정 이해집단, 그리고 여타의 사람들은 우리에게 종종 '허수(imaginary number)'[7]를 제시하곤 한다. 따라서 해당 문제를 정확하게 측정하는 것보다 그것을 생각보다 더 부정적으로 보이게 하는 데 관심을 둔 출처에서 나온 통계를 건전한 의심을 가지고 살펴보아야 한다. 『월스트리트 저널』의 리포터이자 작가인 신시아 크로센(Cynthia Crossen)은 "공공정책을 바꾸고자 하는 이들은 목적이 수단을 정당화할 수 있다는 강한 믿음을 갖고 있다."라고 말한 바 있다.[8]

매체에 나타난 허수에 대한 다음의 사례들을 보자.

노숙자의 수는 22만 3000명에서 7백만 명 정도로 추산된다.

미국의 한 상원의원은 매년 5만 명의 아이들이 낯선 사람에 의해 납치된다고 발표하였다. 그러나 법무부의 연구에 따르면 낯선 사람에 의한 아동 유괴는 연 5000명 이하라는 사실이 밝혀졌다.

한 출처에서는 15만 명의 여성이 매년 식욕 부진으로 죽는다고 주장하였으나, 다른 출처에서는 식욕 부진의 사례가 매년 15만 명 있는 것이지, 그들 중 죽은 사람은 거의 없다고 보고하였다.

미국의료협회(American Medical Association)는 거의 1만 명의 여성들이 해마다 가정폭력으로 죽었다고 발표했으나 FBI 보고서에 의하면 연간 사망자 수는 총 4000명이었다.

크로센(Crossen)은 '미국 내 결식 아동 조사'가 1150만 명의 12세 이하 미국 아동이 결식 상태이거나 결식의 '위험에 처해 있다.'는 '핵심 결론'을 제시했다고 말했다. '위험에 처해 있다.'라는 범주는 시민단체가 문제를 확대하고자 할 때 유익하다. '위험에 처해 있다.'라는 용어는 수백만의 수치를 손쉽게 올리거나 낮춰 표현할 수 있는 것이다.

만약 이처럼 중요한 사안에서 통계 수치가 크게 차이 나는 것을 확인했다면, 사안의 진실을 찾기를 바랄 수 있겠는가?

⑨ 자료가 합리적으로 설명되는가?

때때로 "사물은 그 자체로 말하며"[9] 그래서 아무런 설명이 필요하지 않을 때가 있다. 그러나 통상적으로는 누군가 자료를 보고하고 이로부터 특정 관점을 지지하는 결론을 도출한다. 예를 들어, 부품 가격에 대한 다음의 수치들이 절대적으로 정확하다고 가정해보자.

월	부품 가격	1월 대비 증가율(%)	전월 대비 증가율(%)
1월	$ 1.00	–	–
2월	$ 1.10	10	10.0
3월	$ 1.20	20	9.6
4월	$ 1.30	30	9.1
5월	$ 1.40	40	7.8
6월	$ 1.50	50	7.1
7월	$ 1.60	60	6.7
8월	$ 1.70	70	6.2

자기 앞에 있는 이 자료를 두고 토론자들은 정확하긴 하지만 각기 다른 진술을 할 수도 있다. "부품 가격은 8개월 동안 70센트 상승하였다."라고 말할 수도 있지만 "직전 8개월 동안 악성 인플레이션으로 부품 가격이 70퍼센트 상승했다."라고 말할 수도 있다. 다른 한편으로, 토론자들은 낙관적인 시각을 가지고 "지난달에는 부품 가격이 단지 6.2퍼센트만 올랐다."라고 말하거나 "인플레이션은 끝났다. 여섯 달 연속하여 부품 가격의 인상 폭이 낮아지고 있다."라고 말할 수도 있다.

또 다른 사례로, 비행기로 여행하는 것이 안전할지, 혹은 자동차로 여행하는 것이 안전할지를 검토하는 경우를 생각해보자. 항공사가 선호하는 통계 방법은 여객 마일 방법(passenger-miles traveled)이다. 이 수치는 각각의 교통수단으로 이동한 마일과 해당 교통수단을 이용한 승객 수를 곱한 것이다. 이 방법으로 보면, 정규 민간 항공기는 최근 10년 동안 1억 여객 마일당 사망자 수가 0.06명이었다. 이에 비해 자동차는 같은 기간 동안 동일한 1억 여객 마일당 사망자 수가 2명이었다. 이는 민간 항공기가 차보다 33배 더 안전하다는 것을 시사한다.

그러나 만약 비행기보다 자동차를 더 선호한다면, 교통수단 마일 방법(vehicle-miles method)을 선호할 수도 있다. 이는 해당 교통수단 안에 몇 명의 사람이 있었는지는 완벽하게 무시한다. 이 관점으로 민간 항공기는 1억 교통수단 마일당 사망자 수가 6.6명이지만 자동차는 1억 교통수단 마일당 사망자 수가 단지 3명뿐이었다. 이 방법은 차가 민간 항공기보다 2배 이상 안전하다는 것을 시사한다.

토론자는 가능한 상세하게 통계 자료를 살펴보고, 또 해당 설명이 합리적인지 혹은 다른 설명이 비슷한 수준으로 합리적인지를 명확히 살펴보아야 한다.

⑩ 질문이 편향되지 않은 것인가?

전문성을 갖춘 것으로 여겨지는 여론조사원에 의해 수행되는 여론조사조차도 질문 내용이 어떻게 표현되는가에 따라 극명하게 다른 결과를 낳을 수 있다.

조사 문항의 표현은 응답을 '강요'하거나, 토론 주제와 관련 없는 특정 반응을 측정할 수도 있다.

공화당 여론 조사원 패브리지오 맥러플린(Fabrizio McLaughlin)은 미국인이 "힐러리 클린턴"이라고 했을 때에는 호의적 평가와 비호의적 평가가 각각 56.8퍼센트와 25.6퍼센트이며, "힐러리 로댐 클린턴"이라고 했을 때에는 49.4퍼센트와 30.6퍼센트인 것을 발견했다. 이는 거의 13퍼센트 포인트 차이 나는 것이다.[10]

어떤 관점 혹은 의견이 질문에 포함되면 답변에 엄청난 영향을 미친다. 질문을 어떻게 제시하느냐에 따라 같은 사람이 극단적으로 다른 판단을 내리는 것이 놀랍기도, 걱정스럽기도 할 것이다. 그러나 이런 일은 자주일어난다. 예를 들어, 일군의 의사들에게 다음과 같이 질문하였다.

> 미국이 600명의 사망자를 낼 수 있는 희귀병의 발생에 대비한다고 가정해보자. 해당 질병에 대한 대책으로 두 가지의 대안적 프로그램이 제안되었다. 해당 프로그램의 결과에 대한 정확한 과학적 추정치는 다음과 같다. 먼저 A프로그램을 적용하면 200명은 살릴 수 있다. B프로그램을 적용하면 600명 모두가 살 확률은 3분의 1이며, 아무도 생존하지 못할 확률도 3분의 2이다. 당신은 어떤 프로그램을 선택하겠는가?

의사들은 대다수(72퍼센트)가 프로그램 A를 선택하였다. 또 다른 의사집단은 첫 번째와 동일한 커버스토리를 들었으나 그들은 다음과 같은 대안중 선택을 해야 했다.

> C프로그램이 적용되면 400명이 죽는다. D프로그램이 적용되면 아무도 죽지 않을 확률은 3분의 1이지만, 600명이 죽을 확률은 3분의 2이다. 당신은 어느 프로그램을 선택하겠는가?

오직 22퍼센트의 의사만이 C프로그램을 선택하였다. C가 A를 달리 표현한 것일 뿐인데도 말이다.[11] 그리고 D 역시 B를 달리 표현한 것일 뿐이다. 그러나 이와 같은 제시 방법의 차이는 응답을 다르게 만든다. 토론자들은 이러한 의견 제시 방법에 대해 알고 있어야 하고, 질문이 어떻게 표현되는지를 신중하게 살펴보아야 한다.

⑪ 해당 통계가 청중에게 의미가 있는가?

토론 대회의 토론자들은 마치 그들이 하원 세출 위원회(House Appropriations Committee)의 일원인 것처럼 100만, 10억, 1조와 같은 단위들을 아무 생각 없이 말한다. 이는 해당 증거가 모두에게 익숙한 것이기 때문에 토론대회에서 채택된 것이다. 그러나 일반 대중 앞에서 토론자는 이러한 수치가 비전문가에게 의미가 있도록 하려는 노력을 해야 한다. 다음의 사례를 살펴보자.

1백만 초가 흘러가려면 11.5일이 걸릴 뿐인데, 10억 초를 보내려면 32년이 걸린다. 그렇다면 1조 초는? 네안데르탈인은 1조 초 전에 사라졌다. 따라서 우리가 2조 달러에 대해 말할 때, 이는 대부분의 사람들이 복권에 당첨되기를 열망하는 11.5일만큼의 달러 가치에 비해, 인간이 존재한 시간 두 배만큼의 달러를 말하고 있는 것이다.[12]

앞에서 보았듯이, 통계는 여러 가지 방법으로 설명될 수 있다. 자연스럽게 토론자는 해당 통계를 자신의 의견을 옹호하는 쪽으로 설명하길 원한다. 칼럼니스트 조지 윌(George Will)은 선거운동에 사용하는 자금의 액수를 제한하자는 입법에 반대하면서 다음과 같이 그 제안을 비난하였다. "1992년 의회 선거전에서 쓴 돈의 총액은 미국인들이 요구르트를 사는 데 쓴 돈의 40퍼센트와 같은 액수이다."[13] 대부분의 미국인들은 요구르트를 먹는 데 사소한 돈만 쓰므로, 그 사소한 것의 40퍼센트는 실로 보잘것없는 것이다. 윌은 자신이 반대하는 해당 법이 거의 필요 없다는 사실을 교묘하게 암시한 것이다.

11) 가장 최신의 증거

오래된 증거는 때때로 최신의 증거보다 가치 있을 때가 있다. 예를 들어, 메이플라워호의 항해에 대한 특정 사실을 알고 싶을 때, 1620년에 기록된 자료는 1920년에 기록된 자료보다 더 가치가 있다. 서기 1000년에 만들어진 지도는 콜럼버스가 신세계를 '발견'하기 이전에 레이프 에릭슨(Leif Ericson)*이 이끄는 고대 스칸디나비아인이 래브라도, 뉴잉글랜드 해안, 마서스비니어드 섬을 발견했다는 많은 학자들의 주장을 뒷받침하는 중요한 증거이다.

그러나 가장 최신의 증거가 최선의 증거일 때가 많다. 상황과 관련된 사실이 변할 수 있거나 특정 문제에 대한 의견이 뒤집히려는 경향이 있다면, 구할 수 있는 가장 최신의 정보를 수집하는 것이 좋다. 예를 들어, 미국의 인구를 추산하는 인구조사국의 이번 달 자료는 같은 국에서 1년 전에 발행한 보고서보다 인구의 규모를 더 잘 알려주는 자료이다.

대부분의 경우 좀 더 최근에 생산된 증거는, 최근에 생산됐다는 사실만으로도 충분히 더 오래된 자료를 반박할 수 있다. '대중매체' 논제에 대한 토론에서 찬성 팀은 사카린이 함유된 다이어트 드링크 광고를 금지할 것을 요구하였다. 그들은 7년 동안 캐나다에서 이루어진 연구에서 사카린을 섭취하는 사람이 그렇지 않은 사람에 비해 방광암의 위험이 60퍼센트

....

* 아이슬란드 출신의 11세기경 스칸디나비아의 항해자.

나 더 높다고 한 것을 토대로 자신들의 주장을 정당화하였다. 그러나 토론 기간 중 3분기에 "미국에서 사카린으로 인한 방광암의 확산은 없으며", 적당량의 사카린을 섭취한 사람들은 "발암 위험이 있다고 해도 매우 낮아서 걱정할 이유는 거의 없다."라는 일련의 최신 연구가 제시되면서 이 증거의 가치는 급격히 평가 절하되었다. 마침내 2010년 EPA(환경보호국)에서는 공식적으로 위험 성분 목록과 상업적 화학품 목록에서 사카린과 소금을 삭제한다고 발표하였다. 2010년 12월 14일자 보도자료에서 EPA는 사카린은 더 이상 인간의 건강을 해치는 잠재적 독성 물질에 해당하지 않는다고 말했다.[14] 토론의 주제가 될 만한 문제들에서는 최신의 증거들이 계속 나타나기 때문에, 토론자들은 가장 최신의 증거를 모아 입론에서 이를 참작하는 것에 특히 주의를 기울여야 한다.

12) 누적적 증거

어떤 주장을 뒷받침하는 데 증거 하나만으로 충분하다고 할지라도, 만약 토론자들이 그들의 주장(contentions)을 입증할 다른 출처나 다른 유형의 증거를 여럿 제시할 수 있다면 더 유리한 위치에 설 것이다. 예를 들어, 원자력 발전소 안전성에 관한 토론에서 특정 주장을 확고히 하기 위하여 어떤 저명한 과학자의 의견을 제시했다고 하자. 그런데 만약 토론자가 원자력규제위원회(Nuclear Regulatory Commission), 참여과학자연합(Union of Concerned Scientists), 원자력발전운영협회(Institute of Nuclear Power Operations), 국립과학원(National Academy of Science)도 똑같은 결론을 내렸다는 사실을 제시할 수 있다면 해당 주장은 더 확실해질 것이다.

13) 결정적 증거

많은 증거가 있을 수 있다. 하지만 어떤 특정한 상황에 정말로 필요한 결정적 증거를 가지고 있는가? 많은 경우 우리가 접근할 수 있는 증거들은 왜곡되어 있다. 이는 식품의약국(Food and Drug Administration)이 식품 표시와 광고를 관리하는 새로운 규정을 만든 이유이다. 『타임』에 보도된 다음 기사를 보자.

'버짓 구르메 라이트(Budget Gourmet Light)'와 '헬시 솔즈베리 스테이크(Healthy Salisbury Steak)'는 저지방이라는 라벨이 붙어 있지만, 전체 칼로리의 45퍼센트는 지방으로 이루어져 있다.

다이어트 코카콜라는 캔당 칼로리가 광고에서 제시한 것보다 더 높다(다이어트 펩시도 마찬가지이다).

'포스트 프루티 페블스(Post Fruity Pebbles)'는 진짜 과일이 아니며 과일 향이 날 뿐이다.

'허니 넛 치리오(Honey Nut Cheerios)'는 꿀보다 설탕이 더 들어가 있으며, 견과류보다 소금이 더 들어가 있다.

'스미스 부인 천연 주스 애플파이(Mrs. Smith's Natural Juice Apple Pie)'는 방부제를 함유하고 있다. '천연(natural)'이라는 말은 파이를 만들 때 과일 주스가 사용되었다는 것을 의미한다.

스미스 부인을 못 믿는데, 누구를 믿을 수 있겠는가?[15]

1차 걸프전 때 이라크가 가진 가장 큰 의문은 연합군이 어디를 공격할 것인가 하는 점이었다. 노먼 슈워츠코프(Norman Schwarzkopf) 장군은 공중 폭격과 해상 폭격을 통해 남쪽과 동쪽에서 공격이 진행될 것이라는 충분한 증거를 제공했다. 사담 후세인은 이 방향의 공격에 대비할 수 있도록 군사력을 집중시켰으나, 남쪽과 동쪽에서 폭격을 강화하는 동안, 슈워츠코 프는 나중에 '헤일 메리 플레이(Hail Mary Play)'라고 불린 작전, 즉 20여 만 명의 병력이 480여 킬로미터의 사막을 열흘 안에 횡단하는 작전을 구사 하였으며, 사담 후세인은 이를 알지 못했다. 이후 지상군은 이라크의 약점 인 서쪽 면을 공격하였다. 이 경우 '증거'는 결국 미끼였다.

2012년 4월 오바마 대통령은 '버핏세(Buffett Rule)'를 제안하였다. 『워싱턴 포스트』에 의하면 "버핏세 제안은 100만 달러에서 200만 달러 사 이의 연 소득을 올리는 가구가 내야 하는 세율을 올리는 것으로, 연 소득 이 200만 달러 이상인 사람들은 최소 30퍼센트의 세금을 더 내야 할 것이 다."[16] 백악관의 발표에 의하면 "버핏세는 모든 사람이 공평하게 세금을 내 야 한다는 단순한 원리이다. 100만 달러 이상을 버는 가구는 중산층에 비 해 더 높은 비율의 세금을 내야 한다. 미국인 가정의 98퍼센트는 세금이 올 라가지 않을 것이다."[17] 해당 법률은 세입이 더 공평해진다는 점으로 정당 화된다. 버핏세의 반대자들은 버핏세에 의한 세입이 연방의 재정 적자를 줄 이지 못하고, 새로운 세금이 중간 소득자에게 부과되어서는 안 된다는 증거 로 대응하였다. 하지만 그 증거는 버핏세를 옹호하는 주장에 결정적 영향 을 미치지 못하였다. (결정적인 증거를 제시한 다른 주장들에 의하면 미국 최고 의 부자들은 버핏세를 면할 수 있어서 세율의 평등화를 해칠 것이고, 버핏세가 성 공한다 하더라도 이는 고용 창출과 투자에 악영향을 미치게 될 것이라고 했다.)

3. 청중의 수용성에 대한 검증

증거의 신뢰성을 검증하는 것 외에도 토론자는 청중의 수용성도 검증해보아야 한다. 신뢰성이 있어 보이는 어떤 증거는 청중에게 수용될 수 없는 것일 수도 있다. 그러므로 토론자는 청중이 해당 증거의 신뢰성을 어떻게 보고 있는가뿐만 아니라 청중이 해당 증거를 수용하는가도 살펴보아야 한다. 물론 청중은 교육 토론에서 한 사람의 토론 판정자일 수도 있고, 대통령 선거에서 미국의 전체 유권자일 수도 있으므로, 의사 결정을 내리는 모든 구성원이 청중에 해당한다.

1) 청중의 믿음에 부합하는 증거

앞에서 살펴보았던 증거 검증에서 부정적인 대답이 나온다면, 해당 증거에 약점이 있다는 뜻이다. 그러나 청중의 믿음에 부합하느냐는 질문에 부정적인 대답이 나오는 것은 그러한 함의를 지니지는 않는다. 토론자는 가끔 청중의 믿음에 부합하지 않는 증거를 사용해야 할 때가 있고, 청중의 믿음을 점진적으로 바꾸거나 변화시키기 위해 청중을 설득하고자 한다. 토론자들이 그런 증거를 사용할 때에는 청중의 저항을 예상하고 이런 저항을 극복하기 위해 조치를 취해야만 한다. 이는 토론자들이 청중을 분석해 자신들이 사용하고자 하는 다양한 증거에 대해 청중이 어떤 믿음을 가지고 있는지 판단해야 한다는 것을 뜻한다.

1988년 대선은 청중의 믿음이 어떻게 선거 후보자에 대한 반응에 영향을 미쳤는지에 대한 좋은 예이다. 민주당 예비선거에서 마이클 듀카키스는 자신이 "미국시민자유연맹(American Civil Liberties Union: ALCU)의 정식 회원"이라고 자랑스럽게 뽐냈다. 예비선거에서 투표한 자유주의적 민주당 지지자는 이를 듀카키스의 가치관이 자신들과 일치하는 증거라고 보았다. 이 증거는 신뢰를 얻어 듀카키스가 대통령 후보로 지명되는 데 기여하였다. 그러나 본선인 대통령 선거에서 조지 부시는 듀카키스가 ALCU의 회원인 것을 공격하였다. 대통령 선거에서 많은 보수 유권자들은 이를 듀카키스의 가치관이 자신들의 가치관과 일치하지 않는다는 증거로 보았다. 이 증거는 부시의 승리에 기여했다. 2012년 미트 롬니 매사추세츠 주지사는 공화당 대통령 후보 지명을 위한 선거운동에서 자신이 "상당히 보수적인 주지사"였다고 주장하였다. 예비선거 기간에 공화당의 열성 지지자들 사이에서는 이 표현이 도움이 되었으나, 최소한 잠재적 지지자들에게는 중도의 정체성 내지 소속에서 벗어난 것처럼 보일 수도 있었다.

청중의 믿음이 가진 중요성은 비단 선거에만 국한되지 않는다. 비정치적인 쟁점에서도 열성 지지자들은 있기 마련이다. 경험이 많은 토론자는 다수의 청중이 자신들의 가치관으로 증거를 해석하는 편향적인 면이 있다는 것을 알고 있다. 따라서 토론자는 가능한 한 다수의 청중에게 받아들여질 수 있는 증거를 찾아야 한다.

2) 청중이 수용할 수 있는 출처

출처 수용성의 수준은 증거 자체의 약점을 의미하지는 않는다. 그보다는 토론자가 극복해야 할 문제를 나타낸다. 우리는 청중이 특정 출처를 다른 출처보다 더 신뢰하는 경향이 있다는 것을 알고 있다. 만약 증거가 청중의 마음속에서 높은 권위를 갖고 있는 출처에서 나온다면, 그 증거는 자동적으로 받아들여질 것이다. 만약 증거가 청중에게 어떤 특별한 권위도 없는 출처에서 나온다면, 그 증거는 자체의 장점에 의지해야 할 것이다. 만약 증거가 청중이 거의 존중하지 않는 출처에서 나온다면, 그 증거는 본질적 장점에도 불구하고 신뢰받지 못할 수도 있다. 그러므로 토론자는 청중에게 받아들여질 수 있는 증거의 출처를 사용하도록 노력해야 한다. 만약 토론자가 낮은 권위를 갖고 있는 출처를 사용해야 한다면, 적어도 해당 경우에는 출처의 신뢰성을 확립해야 한다. 그리고 청중이 적대하는 출처를 사용하는 것이 반드시 필요하다면, 토론자는 이 적대성을 극복해야 한다.

"연방정부는 에너지의 공급과 사용을 통제해야 한다."라는 논제에 대한 토론에서 이 문제를 아주 잘 보여준 사례가 있다. 1970년대에 아랍이 석유 수출을 금지하고 가격을 올렸을 때 여러 나라는 심각한 석유 부족 문제를 겪었고 석유 가격이 급등했다. 석유 부족 문제가 과연 이런 금수 조치 때문인가? 수입산 석유 가격의 인상으로 가격은 얼마나 상승하였는가? 석유회사와 정부기관은 이에 대해 다르게 대답했다. 그리고 소비자 옹호자들은 제3의 대답을 지지했다. 청중은 어떤 출처를 믿게 되었을까? 이는 다양한 출처에 대한 청중의 태도에 전적으로 의존했다. 어떤 토론자는 소비자 옹호자인 랠프 네이더*가 말한 수치를 인용하면서 네이더조차 수입이 X퍼

....

* 미국의 변호사이자 소비자 보호 운동가.

센트 낮아졌다는 것을 인정하였기 때문에 청중은 해당 수치가 정확하다는 것을 받아들여야 한다고 주장하였다. 청중들 중 프로컨슈머(pro-consumer)*는 자신들의 영웅에게 동의해야 한다고 생각했다. 또한 청중들 중 기업 친화적인 이들은 실제 수치는 더 높을 것이라고 믿으면서도 오래된 라이벌이 자신들에게 유리한 진실을 인정했다는 점에 만족스러워했다. 칼 호블랜드(Carl Hovland)와 그의 동료는 다음과 같이 지적했다.

> 토론자, 과학 논문의 저자, 뉴스 칼럼니스트는 모두 권위를 가진 수치를 인용함으로써 그들의 주장을 강화한다. … 찬성 측 관점을 뒷받침하는 논증을 통해 주장을 받아들여지게 하려고 할 때, 해당 주장을 하는 사람의 전문성과 신뢰성은 논증의 신빙성을 결정하게 된다. … 가끔 주장에서 논증의 뒷받침 없이 결론만 제시되는 경우가 있는데, 결론이 권위 있고 높이 평가되는 출처에 기인한 것일 때에만 그것의 수용이 증가했다.[18]

예를 들어, 만약 토론자가 『뉴욕 타임스』, 『내셔널 지오그래픽』, 『레이디스 홈 저널(Ladies Home Journal)』, 『필드 앤드 스트림(Field and Stream)』에 나와 있는 특정 증거를 인용하기를 원한다면, 토론자는 자신의 청중에게 가장 높은 권위를 가지는 출처를 인용하는 것이 현명할 것이다. 호블랜드와 그의 동료는 어떤 메시지의 신뢰성은 그것이 실린 특정 잡지와 관련 있다는 것을 발견하였다.[19] '법 집행' 논제에 대해 토론하는 학생들은 이 사실을 확신하게 될 것이다. 해당 논제에 대한 탁월하면서 질이 높다고 간주되는 글이 『플레이보이』에 실렸다고 가정해보자. 토론자가 "지난달 『플레이보이』에서 파커 경찰서장이 언급하기를"이라고 말하면 청중은 해당

---

* '생산자(producer)'와 '소비자(consumer)'를 합쳐서 만든 말.

인용을 들을 때 킥킥거릴 것이다. 청중은 그 잡지에 가끔씩 게재되는 질 높은 논설보다 유명한 벌거벗은 여성 사진을 더 많이 떠올릴 것이기 때문이다. 카터 대통령은 대통령 선거 바로 직전 『플레이보이』에 자신의 인터뷰가 게재되었을 때 그런 교훈을 배웠다. 그 인터뷰는 선거 기간 동안 카터의 명성을 가장 많이 손상시켰으며, 그는 결국 선거 기간 중 세 번째 TV 토론에서 "만약 미래에 제 깊은 기독교 신앙에 대해 논의하기로 정한다면 … 저는 『플레이보이』가 아닌 다른 토론장을 선택하겠습니다."라고 애처롭게 시인할 수밖에 없었다.[20]

3) 청중 수준에 맞는 증거

증거가 청중이 이해하기에 너무 전문적이거나 수준이 높지 않는 것이 중요하다. 원자력 발전소의 안전성 쟁점에 대한 토론에서 몇몇 일차 증거는 물리학에 박식한 사람만 알아들을 수 있는 전문적인 증거였다. 비전문가 청중 앞에서 토론할 때 토론자들은 일차 증거를 버리고 이차 증거를 사용해 더 단순한 용어로 거의 같은 의견을 형성할 것을 요구받는다. 어떤 토론자는 다음과 같이 이를 요약하였다. "당신이 굳이 로켓 과학자가 되지 않더라도, 원자력 발전소가 폭발하면 인근의 메인, 버몬트, 뉴햄프셔까지 영향을 미친다는 점을 이해할 수 있을 것이다."

4) 청중의 동기에 부합하는 증거

토론자들은 가끔 청중의 가치와 사고방식에 부합하지 않는 증거를 사용해야 할 때가 있다. 이 경우에 그들은 청중의 저항이 있을 것에 대비해야 한다. '대중매체' 논제를 토론하는 몇몇 토론자들이 CIA 요원의 신원 정보

공개를 제한할 것을 요구하는 입론을 사용했다(이란과 아프가니스탄의 사건을 들어 미국의 정보 수집력이 더 높아질 필요가 있다고 하면서 이를 정당화했다). 이때 CIA의 초기 권력 남용을 생각한 몇몇 판정자가 찬성 측이 주의 깊게 단서를 단 방안을 무시하고, "난 그저 CIA에 통제되지 않는 권력을 주는 것을 지지할 수 없을 뿐입니다."라고 말했다.

5) 청중의 규범에 부합하는 증거

어떤 청중은 증거를 평가할 매우 잘 정의된 규범을 미리 가지고 있다. 그래서 토론자들은 그 규범을 잘 알고 그것에 적용해야 한다. 많은 변호사들 앞에서 법의 의미를 논증하는 사람은 그 변호사들이 법률적 논증을 어떻게 해야 하는지에 대한 분명한 생각이 있다는 사실을 발견할 것이다. 마찬가지로 과학자, 의사, 회계사, 정책 입안자, 철학자도 증거를 평가하는 구체적인 평가 기준이 있다. 예를 들어, 과학자 집단이 어떤 과학적 가설을 규명하기 위해 사용하는 증거에 적용하는 규범은 비전문가 청중 앞에서 어떤 논제를 규명하기 위해 필요한 자료에서보다 훨씬 더 엄격할 것이다.

6) 청중을 위한 문서로 기록된 증거

앞에서 문서는 입증 가능해야 한다는 것을 확인하였다. 발언자는 청중에게 증거를 검증할 기회를 주기 위해서 발언 도중 증거를 발표할 때 문서를 제시해야 한다. 교육 토론에서 토론 판정자는 문서를 예상하며, 능숙한 토론자는 이러한 판정자의 예상에 부응한다. 사실, 전국토론대회(NDT), 미국토론협회(ADA), 미국토론연합(AFA), 반대신문토론협회(CEDA)는 토론 증거를 윤리적이고 공정하게 사용하기 위한 지침을 제공하고 있다. CEDA

규약의 세칙(2012년 3월에 개정된 CEDA 규약의 B-C항, 세칙 XVII)은 이 점을 다음과 같이 명백히 제시하고 있다.[21]

1. '증거'는 의견에 대한 증언 또는 인쇄된 사실로서 제시되는 자료로 정의되며, 토론자의 주장을 뒷받침하기 위해 제시된다.
2. '날조된 증거'는 존재하지 않거나 문제가 되는 내용의 원출처에는 포함되지 않은 어떤 사실 또는 의견의 인용을 말한다.
3. '왜곡된 증거'는 사실적 증거나 의견 증거의 실제 내용 또는 함축적 내용을 잘못 제시하는 것을 말한다. '잘못 제시함'은 다음과 같은 사항을 포함한다. 하지만 이 사항들에만 국한되지는 않는다.
   a. 맥락에 어긋나게 인용하는 것: 내용을 총체적으로 판단해야 함에도 불구하고, 어떤 글에서 뽑은 텍스트에 의해 이루어진 주장이 인용을 가져온 논문, 책, 여타의 출처에 드러난 필자의 입장과 일치하지 않는 경우이다.
   b. 인용을 하면서 어휘를 생략하거나 덧붙이는 것. 이렇게 함으로써 인용문의 변경 전에 드러난 필자의 입장으로부터 질, 양, 가능성, 힘의 정도를 대폭 바꾼다.
   c. 인용 내용을 상대방 혹은 판정자에게 전달할 때 어휘가 덧붙거나 삭제되는 등의 변형이 있었음을 구두로 혹은 기록된 문서 형태로 알리지 않는 것.
4. 날조된 증거나 왜곡된 증거는 증거의 잘못된 제시에 토론자에게 책임이 있는지 여부와는 상관없이 정의된다.
5. 토론대회 참여자는 판정자와 상대방이 증거 검증을 요구할 때 이에 따라야 한다. 그리고 요청받았을 때 증거의 출처에 대한 충분한 문서를 제공해야 하며, 다른 사람이 원래 형태의 인용이 있는 곳을 찾을 수 있

도록 해야 한다.

모든 오해를 피하기 위해 토론자는 발언 때 정보의 출처를 전부 언급해야 한다. 의사소통 이론을 배운 학생들은 모두 알듯이, 토론 판정자뿐 아니라 일반 대중들도 문서에는 반응한다. 이에 대해 폴 로젠탈(Paul Rosenthal)은 다음과 같이 지적하였다.

입증 가능성은 어떤 진술이 신뢰성을 가지기 위한 중요한 언어적 요소이다. 이는 청자가 해당 진술을 입증하려 하기 때문이 아니라 청자 혹은 다른 이가 이를 입증할 수 있기 때문이다. … 이는 어떤 메시지의 입증 가능한 내용의 정도에 대한 측정 가능성을 열어두며, 이것이 청자에게는 신뢰할 수 있는 표지가 된다.[22]

헬렌 플레슐러(Helen Fleshler)와 그녀의 동료는 실험 연구를 통해 다음과 같은 결론을 내렸다.

메시지의 문서 출처를 분명히 하는 것은 메시지와 발언자에 대한 평가에 영향을 미치는 주요 변수임이 명백하다. 구체적인 문서 출처를 밝히는 것은 해당 메시지와 화자에 대하여 상당히 긍정적인 평가를 유발한다.[23]

사람들이 문서 출처에 어떻게 반응하는지에 대한 사례가 있다. 레이건 대통령과 조지 부시 대통령의 연설문 작가였던 페기 누넌(Peggy Noonan)은 아버지 부시의 수락 연설에서 '천 개의 불빛'이라는 이미지를 사용했다. 이 문구는 대중의 상상을 사로잡았고, 몇 달 동안 대중매체에서는 그것의 원출처에 대한 추측들을 했다. 누넌은 이 표현을 다룬 신문 기사에 대한 응답으로 다음과 같이 말했다.

C. S. 루이스(C. S. Lewis)가 그의 공상과학소설 중 하나에서 나를 놀라게 한 '천 개의 불빛'이라는 표현을 사용하였다. 나는 그 책을 읽지는 않았다. 그런데 나는 『타임』이 정답일 거라고 추정한다. 왜냐하면 『타임』은 작가가 글을 쓸 때 수중에 그 책을 가지고 있을 것이라고 여기는 확신의 표시로, 특정 판본의 페이지 수를 적어놓았기 때문이다. 하지만 사람들이 나에게 정말 그곳에서 따왔느냐고 물어본다면, 나는 아니라고 말하겠다.[24]

연습

1. 지난주 신문에서 광고주가 자신의 주장을 뒷받침하기 위해 증거를 사용한 광고 세 편을 찾아보자. 그리고 해당 광고에 대해 적절한 증거 검증을 해보자. 발표문에 광고의 복사본을 부착하도록 하자.

2. 지난주 신문에 실린 사설 중 필자가 자신의 주장을 뒷받침하기 위해 증거를 사용한 사설 세 편을 찾아보자. 해당 사설에 대해 적절한 증거 검증을 해보자.

3. 지난주에 발행된 신문이나 잡지에서 통계적 증거를 사용한 사례 세 가지를 찾아보자. 해당 통계에 대해 적절한 증거 검증을 해보자.

4. 지난주에 발행된 신문이나 잡지에서 통계 자료를 그래픽 도구를 사용해 제시한 사례 세 가지를 찾아보자. 시각적 도구에 대해 적절한 증거 검증을 해보자.

5. 신중하게 선택한 증거로 논증을 뒷받침하는 수업 발표용 3분 연설을 준비해보자. 다른 학급 구성원들은 증거가 타당한지 검증할 것이다. 사용한 증거의 유형을 언급하는 연설 개요를 준비해보자. 교사에게 해당 개요를 제출한다.

6. 두 팀으로 나누어 원 포인트(one point) 토론을 해보자. 첫 번째 토론자는 증거에 의해 뒷받침되는 주장을 만든다(이전 장에서 만들어진 토론 카드 중 하나를 선택할 수도 있다). 상대 팀의 두 번째 토론자는 해당 증거의 신뢰성을 약화시키기 위해 증거에 대한 적절한 검증을 하며 증거에 이의를 제기한다. 세 번째 토론자는 해당 이의 제기에 맞서 최초의 토론 카드를 방어하고, 네 번째 토론자는 세 번째 토론자의 논증에 대응한다.

10장

증거 수집과 정리

논쟁이 분석되고 잠재적 쟁점이 진술되었다면 그다음 단계는 해당 논쟁을 탐구하는 것이다. 토론자가 자신의 입장을 현명하게 제시하고 다른 사람이 이에 동의하도록 설득하려면 논쟁을 완벽하게 익혀야 한다. 토론자는 쟁점과 관련된 모든 측면을 완전히 탐구하기 위해 체계화된 조사 프로그램에 착수해야 한다. 신중한 조사는 토론자가 형성하고자 하는 입론에 대한 확고한 기초가 된다. 그리고 논쟁 분석에서 도출된 잠재적 쟁점은 논쟁 탐구의 방향을 정하는 데 도움이 될 것이다. 논쟁을 검토하고 탐구하는 과정은 서로 긴밀하게 짜여 있으며, 토론자들은 논제와의 관련성을 살펴 각 과정을 한 단계씩 진전시켜 갈 것이다. 토론자들은 증거와 쟁점을 조사할 때 혁신적이면서 창조적이어야 하고, 발견한 것을 평가하고 추가 조사를 계획하는 과정에서 반드시 침착하면서 냉정하게 분석적인 태도를 유지해야 한다. 토론자는 이러한 탐구를 기반으로 해서 애초에 개발한 쟁점을 다시 진술하거나 새로운 쟁점을 개발하며, 심지어 논제를 변경하는 것까지 필요하다는 사실을 발견할 수 있다. 조사는 논제와 입론 구성의 적절한 쟁점에 대해 이해하고 학습하는 과정을 포함할 뿐만 아니라, 토론의 '원료' 인 증거를 찾는 과정이기도 하며, 논증, 쟁점, 입장, 입론을 뒷받침할 때 사용하기 위해 증거를 정리하는 과정이기도 하다.

형식을 갖춘 토론에서 논제의 재진술은 일방적으로 이루어져서는 안 된다. 그것은 관련된 모든 당사자들의 동의를 필요로 한다. 토론자들은 논제를 설명할 수도 있지만, 그 논제를 자신들의 출발점이자 토론의 초점으로 삼아야 한다. 대학 토론자, 실습 변호사, 여타의 토론자들은 가끔 논제가 수정되지 않는다는 조건하에서 토론해야 하는 경우가 있다. 그러나 정부와 사업에 대한 비형식적 토론에서는 종종 설득 목적을 가진 토론자들이 일방적으로 논제의 표현이나 의미를 바꾸려고 시도한다. 예를 들어, 낙태를 반대하는 이들은 '생명권'에 대해 말하는 것을 선호하고, 안락사를 지지하는 이들은 자신들의 제안을 '안락사'라는 말보다 '존엄사'라는 말로 표현하는 것을 선호한다. 의회식 토론에서 논제는 다수의 투표에 의해 간단히 변경될 수 있으며, 많은 회의와 토의 상황에서 문제는 비형식적인 행위에 의해 수정될 수 있다. 아무튼 토론자들은 쟁점을 지속적으로 탐구하고, 새로운 정보에 기초하여 주장을 수정하게 된다.

정보를 수집하고 정리하는 체계적 과정은 일련의 단계를 통해 진행되어야 하며, 앞으로 나아가기 위해 때로는 후퇴도 필요하다는 것을 명심해야 한다. 첫 단계로, 토론자는 주제에 대해 미리 알고 있는 것들을 고찰하면서 설명 목록과 하위 주제 목록을 만들어야 한다. 이 단계는 자기 성찰과 브레인스토밍 과정을 포함한다. 두 번째 단계는 주제에 대해 읽고 학습하는 것이다. 그다음 단계로 토론자는 증거를 모으며, 마지막에는 찾아낸 것들을 정리한다.

1. 의견을 검토하고 만들어내기

조사는 이미 알고 있는 것을 체계적으로 돌아보는 일로부터 시작한다는 점을 기억해야 한다. 보통 토론 논제는 중요하면서도 시의 적절한 논쟁 쟁점에 초점을 맞추고 있어서 학생 토론자가 이를 전혀 모르는 경우는 드물다. 조사 과정을 시작하기 위해 주제, 쟁점, 이야기, 주제에 대해 이미 알려진 정보들의 목록을 만드는 것은 가치 있는 일이다. 다른 이들과의 상호작용은 이 과정을 촉진하도록 도우며, 이는 브레인스토밍 과정으로 이어진다.

전통적으로 토론자들은 꼼꼼하고, 정연하며, 의도적이고, 논리적인 과정으로 자신들의 입론을 발전시키고자 한다. 그들이 최종적으로 제시하는 입론이 논리적으로 타당해야 한다고 할지라도 입론 작성을 위해 의견을 모으고 논리적 절차를 단축하는 것이 필요하다는 것을 깨닫기도 한다. 때때로 문제에 대한 해결책은 '직관적 도약', '예감', '행운', '영감', '뜻밖의 발견'이라는 수단에 의해 찾아진다. 토론자들은 묻혀 있는 참고문헌들을 조사하면서 논증의 연결고리를 완성하기 위해 중요한 추론을 하거나 필요한 증거를 찾을 수도 있다. 토론자는 "그저 재미있어서" 불가능해 보이는 방안을 고찰하다가 자신이 찾던 바를 찾아낼 수도 있다. 혹은 겉보기에는 관련 없어 보이는 단서를 따라가다가 중요한 선례를 찾아내거나, 비현실적이라 생각하는 방안을 고민하다 매우 현실적인 해결책으로 나아갈 수도 있다.

추론을 활용하여 개략적인 자료로부터 창조적 도약을 한 극적인 사례로 CIA 내의 조사원이 적대적 정권의 토착어 신문을 읽다가 일어난 일을 들 수 있다. 그는 어느 작은 마을의 축구 팀이 계속 지기만 하다가 갑자기 경기에서 이기며 리그 정상에 오른 것을 주목했다. 이 조사원의 제안으로 마을 상공을 비행하자 그 마을에 핵 관련 설비가 있는 것이 발견되었다. 정권은 치밀하게 그 시설을 위장하였으나, 핵 시설의 기술자들이 마을 축구팀의 기량을 눈에 띄게 향상시킨 것을 숨기지 못했다. 이렇게 능숙한 조사원의 읽기가 중요한 비밀을 밝혀냈던 것이다.

잊혔거나 미뤄졌을 수도 있는 의견을 드러내 표현할 목적으로 토론자들은 **브레인스토밍**을 사용한다. 이 브레인스토밍은 한 집단의 모든 구성원이 자발적으로 의견을 말하는 가운데 공동 문제를 해결하는 방법이다. 또한 개개인은 브레인스토밍을 활용해 다양하고도 가능성 있는 해결책들을 빠르게 산출할 수 있다. 많은 상황에서 브레인스토밍을 사용하는 것이 유익할 수 있다. 그런 상황은 바로 용어를 정의하거나 쟁점을 밝히는 상황, 논증에 필요한 자료를 찾는 상황, 증거나 추론의 문제와 관련된 상황, 입론을 세우는 상황 등이다. 브레인스토밍이 다른 장에서 다뤄지는 문제 해결 방법을 대신하지는 못해도, 많은 상황에서 도움을 주는 보충 수단이 될 수 있다.

브레인스토밍은 일반적으로 참가자들이 형식에 얽매이지 않은 자유로운 분위기를 느끼도록 하기 위해 의식적인 노력을 기울인다. 모든 사람이 의견을 말하도록 독려하며, 어느 누구도 다른 사람을 비판하지 못한다. 브레인스토밍은 다음의 지침을 따랐을 때 성공적인 결과를 가져올 수 있다.

브레인스토밍을 위한 지침

1. **집단의 크기를 제한하라.** 소집단에서 진행하는 브레인스토밍이 더 효과적이라고 알려져 있다. 열다섯 명이 가장 효율적인 크기이지만, 두세 명 정도의 소수인 집단에서도 효과를 볼 수 있다. 심지어 혼자서도 브레인스토밍을 할 수 있다.

2. **브레인스토밍에 할애하는 시간을 제한하라.** 브레인스토밍의 목적은 많은 양의 아이디어를 생산하고, 그 시간 동안 어떤 비판적 평가도 피하는 것이기 때문에, 한 시간이나 그 이하로 시간을 제한하는 것이 바람직하다. 많은 경우 유익한 시간은 20분에서 40분 사이로 제한된다.

3. **먼저 문제를 공표하라.** 브레인스토밍을 요청한 사람은 해당 집단이 숙고하기를 바라는 문제를 브레인스토밍을 시작하기 전이나 1~2일 전에 미리 말해야 한다.

4. **모든 참여자가 의견을 말하도록 독려하라.** 브레인스토밍의 목표는 최대한 많은 양의 의견을 확보하는 것이기 때문에 모든 사람이 참여해야 한다. 지도자는 친근하면서 형식에 얽매이지 않은 분위기를 조성하여 의견을 말하도록 독려할 수 있다. 참여자는 의견을 생성할 뿐 아니라 다른 이들이 제시한 의견을 변경하고 확장할 수 있다.

5. 어떤 조직화된 양식도 따르지 마라. 전통적 토의가 반성적 사고의 치밀한 양식을 따르는데 비해, 브레인스토밍은 의도적으로 어떤 양식도 따르지 않는다. 그 목적은 비록 질이 낮거나 관련이 없는 의견이라 하더라도 좋은 의견을 촉발할 수 있다는 '방아쇠 효과'를 위한 분위기 조성이다.

6. 의견에 대한 어떤 평가나 비판도 허용하지 마라. 이런 때에 비판을 하는 것은 참여를 위축시키고 방아쇠 효과를 줄이는 경향이 있기 때문에 지도자는 비판을 억제하고 누구나 자유롭게 의견을 말할 수 있는 분위기를 유지하려고 노력해야 한다.

7. 모든 의견을 기록하라. 가장 광범위하게 사용되는 방법은 집단의 구성원 두세 명이 사람들이 의견을 말하는 즉시 빠르게 칠판에 쓰는 것이다. 다른 방법은 '의견 나무(idea tree)'를 이용하는 것인데, 짧은 막대기를 탁자 중앙에 설치한 뒤 참여자들이 자신의 의견을 써서 접착테이프로 나무에 붙이는 방법이다. 또 다른 방법은 '크래커 통(cracker barrel)'으로, 이는 바구니를 탁자 위에 놓고 참여자들이 종이에 자신의 의견을 써서 통에 던져 넣는 방법이다. 어떤 방법을 사용하든 모든 의견은 기록되어야 하며, 이에 대해 평가를 할 사람이나 집단에 전달되어야 한다.

8. 모든 의견은 엄격한 평가의 대상이 된다. 브레인스토밍이 끝나고 의견들이 활용 가능한 형태로 기록되었을 때에만 의견은 철저한 평가 대상이 된다. 이들 의견은 가끔씩 평가를 위해 복사되어 참여한 개인들에게 보내지기도 한다. 대부분의 경우, 정책 입안자 집단, 의사 결정에 책임이 있는 사람들에게 검사와 검증을 위해 전달된다. 브레인스토밍을 통해 수집된 의견들은 개념의 도약대로 기능하며, 평가를 통해 더욱 발전하게 된다.

브레인스토밍은 때로는 믿을 수 없을 정도로 단순하다. 생성된 의견은 "누구라도 그건 생각할 수 있겠다."라는 논평을 촉발할 수도 있다. 그렇지만 중요한 점은 많은 경우에 아무도 일찍이 그런 의견을 생각하지 못했으며, 브레인스토밍 과정이 없었다면 그런 특정 의견을 생각하지 못했을 것이라는 점이다. 브레인스토밍에서 떠오른 많은 의견들은 '수준이 낮은' 것들이다. 하지만 예전에는 결코 고려하지 못했던 단 하나의 중요한 의견이라도 도출된다면, 브레인스토밍 시간은 가치가 있다.

'실업자를 위한 국가 공공근로 프로그램'에 대해 토론하는 대학생들은 일찍이 일자리를 제공하기 위해 대규모 도시 재개발 프로그램이 필요하다는 찬성 측의 주장이 성립하기 어렵다는 것을 알았다. 반대 측 토론자들은 실업자 중 소수만이 건설에 필요한 기술을 갖고 있음을 지적함으로써 찬성 측에 효과적으로 반론을 제기했다. 반대 측 토론자들은 브레인스토밍 시간을 통하여 찬성 측이 문제 해결을 위해 꼭 건설 사업을 요구할 필요가 없다는 것을 알아냈다. 그들은 이어서 미숙련자들도 손쉽게 수행할 수 있는 보존, 서비스, 유지·보수 근로를 요구하는 새로운 방안을 개발하였다. 이 방안은 물론 다른 방법을 통해서도 개발될 수 있었겠지만, 문제에 대한 브레인스토밍을 하기 전까지는 효과적인 방안을 개발할 수 없었다.

반대신문토론협회(CEDA)/전국토론대회(NDT) 논제에 대한 브레인스토밍과 조사 착수의 탁월한 출발점은 주제 선택 과정에서 생산된 주제 보고서 및 관련 토의이다. 이들 문서는 CEDA 포럼(http://www.cedadebate.org/forum/index.php?board=135.0)을 통해 쉽게 접근할 수 있다. 이 주제 보고서는 다른 이들에 의해 이미 수행된 브레인스토밍과 조사를 반영하고 있으며, 논제와 관련한 주요 자료의 참고문헌 목록을 제공한다. 또한 이 포럼은 공동체 주제 선정과 표현을 이끄는 브레인스토밍과 토의도 기록하고 있다.

2. 조사 절차

증거 기반 정책 논제 팀 토론에서 (통계, 조사에 기초한 전문가의 결론, 전문가의 증언과 사례 등) 증거가 가득한 파일을 보유하려는 궁극적 목적은 브레인스토밍과 사전 지식 검토에서 시작하여, 일반적인 참고도서를 통해 토론자가 주제에 대하여 전체적이고도 보편적 지식을 획득할 수 있도록 하는 데 있다. 의회식 교육 토론(academic parliamentary debates) 등 증거 기반

이 아닌 토론을 준비하는 경우, 토론자들은 있을 법한 토론 논제 목록을 산
출하는 브레인스토밍을 하는 한편, 주제에 대해 읽기와 학습 수준에서 지
속적인 조사를 통해 토론을 준비한다.

오늘날 도서관이든 그 이외의 곳이든 간에 조사는 대체로 컴퓨터에서
시작한다. 인터넷 자료와 데이터베이스를 통한 온라인 조사는 생산적일 수
있다. 도서관은 대체로 온라인 조사가 가능하게 되어 있으며, 멀리 떨어진
곳에서도 접근할 수 있다. 그런데 토론자들은 어떻게 해서든 자신들의 첫
번째 자료 출처를 도서관에 의지하는 것이 좋다는 조언을 듣곤 한다. 도서
관, 컴퓨터 시설, 자원, 물리적 배치, 대출 정책 등이 매우 다양하긴 하지만
토론자들은 차후의 정보 검색이 목적에 맞고 효과적일 수 있도록 도서관의

소장 도서와 체계를 익혀놓는 것이 좋다. 도서관 사서들은 진지하게 조사하는 사람들을 열성적으로 도와주며, 가치 있는 도움을 줄 수도 있다.

1) 참고 자료

참고 자료를 모으는 것은 방향을 정하고 주제에 대해 학습하는 데 도움이 된다. 위키피디아를 포함하여 백과사전과 사전은 시작하기에 좋다. 무료 온라인 영어 사전인 http://www.yourdictionary.com과 http://dictionary.reference.com은 용어 정의, 유의어 항목, 스펠링, 발음, 어원 등을 포함하는 탁월한 자료와 서비스를 제공한다. 『옥스포드 영어 사전(*The Oxford English Dictionary*)』과 『옥스포드 참고문헌(*Oxford Reference*)』은 모두 온라인으로 접속 가능하며, 『메리엄 웹스터 대학생 사전(*Merriam-Webster's Collegiate Dictionary*)』도 그러하다. 이 단계에서 조사자의 목적은 논증을 확증할 증거를 모으는 것이 아니라, 용어와 함께 논제 관련 쟁점을 학습하고 이후의 조사에 대한 아이디어를 발전시키는 것이다. 도서관의 참고문헌 구역에서 관련 자료를 찾고 여러 검색 플랫폼에서 핵심어를 다양하게 조합하여 시도해봐야 한다. 탐구는 해당 문제에 대한 전반적 지식을 얻으면서 시작되는 것이다. 토론자가 문제를 전체적으로 알수록 보다 명확한 탐구 체계를 발전시키고 더 구체적인 정보를 찾을 수 있게 된다.

연구 절차의 이 지점에서 (이것이 전부는 아니지만) 구글, 야후, 빙(Bing), 애스크(Ask) 등 일반적 검색 엔진은 해당 주제의 배경 정보를 제공하고 있는 출처를 아는 데 유용하다. 인용 자료의 출처가 될 수는 없지만, 위키피디아(http://en.wikipedia.org/wiki/Main_Page) 또한 도움이 될 수 있다.

2) 책

학술 서적을 읽는 것은 주제 영역에 대해 가장 풍부하고 심층적이며 완벽하게 분석할 수 있는 방법이다. 책은 깊이가 있다는 장점이 있고, 조사자가 더 가치 있는 정보와 증거의 출처를 찾아갈 수 있도록 많은 참고문헌 목록을 참고할 수 있게 해준다. 다루는 범위가 넓기에 책은 주제에 대한 일반적 지식을 획득하는 탁월한 수단이 될 수도 있다. 물론 다른 증거 출처와 비교하였을 때 책은 이해하고 정리하는 시간이 길고 번거로울 수도 있다. 게다가 조사하여 원고를 쓰고 이를 출판하여 널리 전달하는 과정은 꽤 시간이 걸리므로, 책은 주제에 대한 가장 최신의 정보를 제공해주지는 못한다. 마지막으로, 책은 다른 출처보다 더 접근하기 어렵다. 어떤 책은 전자 형태로 제작되어 온라인으로 접근할 수도 있지만, 이러한 접근성은 보편적이지 않으며, 조사자는 지역 도서관 혹은 도서관 상호대출제도라고 하는 더 많은 시간이 걸리는 절차를 통해 접근할 수밖에 없다.

책을 찾을 때 도서 목록을 활용해보자. 모든 도서관은 도서 목록을 구비하고 있으며, 온라인 의회도서관 목록(http://catalog.loc.gov)에 접속하면 관련 도서들을 찾는 데 도움이 된다. 또 다른 훌륭한 출처는 세계에서 가장 큰 도서관 자료 네트워크를 표방하는 월드캣(http://www.worldcat.org)이다. 또 상업적인 온라인 서점(아마존, 반스앤노블 등이 그런 회사이다)을 방문해 책을 확인하고 서평을 읽어본 다음 다른 연관 도서들의 연결고리를 발견할 수 있다. 한번 관련 도서들을 확보하면, 더 많은 책을 찾을 수 있다. 각주를 확인하고 관련 도서의 참고문헌에 열거된 자료들을 찾아보자.

3) 일반 정기 간행물

일반적인 정기 간행물에는 신문과 잡지가 포함된다. 색인, 데이터베이스, 전문적인 검색 엔진을 사용하여 정기 간행물을 찾아보자. 토론자들은 대부분 최근의 시사 논제에 관심이 있기 때문에, 때때로 일간지, 주간지, 월간지 등이 논제 관련 정보를 다루기를 기대한다. 온라인은 정보를 즉시 전달 가능하게 한다. 사실 어떤 경우에 토론자들은 신문이나 관련 게시판, 혹은 RSS 피드(나중에 논의할 것이다)를 이메일로 구독하기를 바랄 수도 있다. 지략이 있는 토론자들은 지속적으로 자신들의 문제와 관련된 최근 기사를 훑어본다. 주요 신문으로는 『뉴욕 타임스(*New York Times*)』, 『워싱턴 포스트(*Woshington Post*)』, 『월스트리트 저널(*Wall Street Journal*)』, 『가디언(*Guardian*)』, 런던의 『파이낸셜 타임스(*Financial Times*)』 등이 있다. 또한 주간 간행물로는 『타임(*Time*)』, 『뉴스위크(*Newsweek*)』, 『유에스 뉴스 앤드 월드 리포트(*U.S. News & World Report*)』, 『이코노미스트(*The Economist*)』 등이 있다. 만약 논제가 특정 분야와 관련된 것이라면 토론자들은 조사 목록에 그 분야의 전문 간행물을 추가해야 할 것이다. 예를 들어, 경영 문제와 관련된 것이라면 『월스트리트 저널』, 『비즈니스 위크(*Business week*)』, 『포춘(*Fortune*)』, 『AFL-CIO 뉴스(*AFL-CIO News*)』, 『먼슬리 레이버 리뷰(*Monthly Labor Review*)』 등과 다루고 있는 특정 분야의 업계 신문 및 뉴스레터도 함께 읽어야 한다.

간행물은 서로 다른 편집 정책을 가졌다는 것에 주의해야 한다. 상대방의 증거와 논증의 상당 부분이 자신들이 동의하지 않는 간행물에서 나왔을 수도 있다. 만약 토론자들이 원래 출처의 간행물 정책을 알고 있다면 더 나은 입장에서 이것을 다룰 수 있을 것이다.

대부분의 주요 학술지와 정기 간행물은 (적어도 부분적으로는) 인터넷에 접속하여 읽을 수 있다. 더불어 많은 우수한 학술지들은 오직 온라인으로만 읽을 수 있다. 이용 가능한 출처의 목록은 실제로 끝이 없다. 예를 들면 다음과 같다.

데일리 비스트/뉴스위크 (*The Daily Beast/Newsweek*)	http://www.thedailybeast.com/newsweek.html
CNN	http://www.cnn.com/
뉴욕 타임스(*New York Times*)	http://www.nytimes.com/
살롱(*Salon*)	http://www.salon.com/
슬레이트(*Slate*)	http://slate.msn.com/
이코노미스트(*The Economist*)	http://www.economist.com/
뉴 리퍼블릭(*The New Republic*)	http://www.tnr.com/
타임 매거진(*Time Magazine*)	http://www.time.com/time/
트루스아웃(*Truthout*)	http://www.truthout.org/
유에스 뉴스 앤드 월드 리포트 (*U.S. News & World Report*)	http://www.usnews.com/
월스트리트 저널(*Wall Street Journal*)	http://www.wsj.com/
워싱턴 포스트(*Woshington Post*)	http://www.washingtonpost.com/

정기 간행물에 들어 있는 정보를 찾는 더욱 생산적인 방법은 도서관의 일반 색인 중 하나 이상을 통해 주제어 검색이나 핵심어 검색을 하는 것이다. 이들 색인은 광범위한 신문, 잡지, 학술지, 전자 저널, 여타의 출처들로 인도해줄 것이다. 그리고 많은 이용 가능한 서비스가 있으나 이용하기 위해서는 대체로 회원 가입을 요구하므로, 자신만의 접근법을 찾을 필요가 있다. 심지어 색인 서비스가 중복될지라도, 그들 각자는 자신만의 소장 목록과 특성을 가지고 있다. 따라서 다양한 검색 방법으로 찾는 것이 현

명하다. 매우 질 좋은 색인으로는 아카데믹 원파일(Academic OneFile), 인 포트랙(InfoTrac), 렉시스넥시스(Lexis-Nexis), 뉴스뱅크(NewsBank), 얼터 너티브 프레스 인덱스(Alternative Press Index), 월드 뉴스 커넥션(World News Connection), 윌슨 웹(Wilson Web), 그리고 『리더스 가이드(*Reader's Guide*)』전체 텍스트와 지난 호를 포함하여 다양한 간행물을 소장하고 있 는 엡스코호스트(EBSCOhost), 프로퀘스트 리서치 라이브러리(ProQuest Research Library), 공공 업무 정보 서비스(Public Affairs Information Service: PAIS), 인터내셔널(International), 리걸트랙(LegalTrac), 오시엘시 퍼스 트서치(OCLC FirstSearch), 익스펜디드 아카데믹 에이에스에이피(Expanded Academic ASAP)* 등이 있다. 도서관에서 제공되는 것을 찾으려면 도서 관의 웹페이지를 방문하여 데이터베이스와 색인 목록을 찾아 검색하면 된 다. 앞의 목록은 본보기에 불과하며, 전부가 아니다. 몇몇 경우 이들 도구는 온라인으로 전체 텍스트에 즉시 접근할 수 있는 링크를 제공하고, 도움이 되는 인용 형식을 제공하여 '원스톱'으로 조사를 할 수 있게 한다.

더욱 특수한 색인들은 보다 초점이 맞추어진 분야별 자료와 학술지를 찾을 수 있게 한다. 학술 출판물들은 실질적이거나 일반적 관심사인 뉴스 와는 달리, 더 신뢰성이 있으며 일반적으로 더 전문적이다. 토론자들은 다 양한 방법으로 학술지를 찾을 수 있다. 먼저 (『미국의료협회 저널』과 같이) 이 름에 구체적인 학회명이 들어가거나 아예 '저널(Journal)'이라는 단어가 포함되기도 한다. 논문은 앞부분에 논문 내용을 서술적으로 요약해놓은 초 록을 포함하는 대신, 인상적인 그림이나 컬러 그래픽 없이 학술적인 외양

....

* 모두 유용하게 활용할 수 있는 색인들의 이름이다. 예를 들어, 렉시스넥시스는 법률 문서와 공문 서 검색에 특화되어 있는 색인이며, 엡스코호스트는 다양한 연구 분야의 논문을 포함하고 있는 색인이다.

을 하고 있다. 논문은 반드시 각주 혹은 미주의 형태로 참고문헌들을 인용하며, 다수의 편집자와 검토위원의 명단을 수록해 놓는다. 학술지에 있는 논문들은 동료 학자들이 검토한 것이며, 출판을 위해 경쟁을 거쳐 선택한 것이다. 따라서 논문은 광범위하고 질이 높은 조사와 꼼꼼한 평가를 대표하고 있다. 논문은 다른 정기 간행물에 비해 더 믿을 수 있고 신뢰성이 높다. 커뮤니케이션과 대중매체 총서(Communications & Mass Media Complete), 가족과 사회 연구(Family & Society Studies)와 같은 많은 분야별 색인을 통해 조사자들은 관심 영역의 학술지를 찾을 수 있다. 도서관에서 토론 주제에 적합한 이용 가능한 분야별 색인이 무엇인지 확실히 점검해보자. 제이스토어(JSTOR)*를 포함한 학술 출판물의 일반 색인도 있다. 예를 들어, 스콜라리 저널 아카이브(The Scholarly Journal Archive), 구글 스콜라(Goolgle Scholar), 교육자료정보센터(Educational Resources Information Center: ERIC) 등이 있다.

4) 학술지

학술지는 정기적으로 출간되는 학문적이고도 전문적인 출판물이며, 대체로 학술 동료들의 검토를 거친다. 이 동료 검토 절차의 의의는 학술 자료가 전문가가 편집하고 검토하며 논문이 출판되기 위해 경쟁을 통해 선발된다는 것을 말한다. 이런 절차는 주제와 결론과 관련하여 높은 수준의 신뢰성과 특수성을 담보한다. 학술지는 읽기 어려운 대신, 과학적이고 학문적인 방식으로 준비되어 주제 영역에 대한 믿을 만한 결론과 자료를 찾는

....

* 1995년부터 시작한 전자도서관으로 초기에는 학술지의 지난 호들을 중심으로 공급했지만 현재는 최신 호까지 망라하고 있다.

데 유용하다. 동료 검토 연구 역시 학술 모임 또는 전문가 모임의 회의록으로 출판되어 싱크 탱크, 정부기관, 이익집단의 웹사이트, 그리고 여타의 곳에서 찾을 수 있다. 도서관의 이용 가능한 색인을 활용함으로써 이를 가장 잘 찾을 수 있고, 제이스토어(JSTOR), 교육자료정보센터(ERIC), 분야별 데이터베이스와 색인 등이 포함되지만 이것들에만 국한되지는 않는다. 또한 구글 스콜라와 다른 특수 인터넷 검색 엔진도 학술적이고 전문적인 출판물을 찾은 데 도움을 줄 수 있다.

5) 정부 자료

정부 기록물에 접근해보자. 꽤 유용한 조사, 정보 수집, 정책 분석, 그리고 미 연방정부의 자금 지원을 받아 수행된 토론 등은 쉽게 접근 가능하고 교육 토론자들에게 매우 유용하다. 어떤 측면에서 보면 미 연방정부는 세계에서 가장 거대한 출판사이다. 정부의 출판물은 (기밀이 아닌 한) 누구나 접근 가능하도록 법으로 보장되어 있고, 대부분은 온라인에서 자유롭게 열람할 수 있다. 정부 문서에 대한 조사 절차를 시작하려고 할 때, http://www.archives.gov/research/alic/reference/govt-docs.html의 '기록 보관소 도서관 정보 센터(Archives Library Information Center)'와 접근이 곧바로 가능한 미 연방정부 정보 포털(http://www.usa.gov)을 사용해보자. 정부 문서에는 의회가 개최한 토론과 공청회, 정부에 위임되어 수행된 백서와 연구들, 접근 가능하면서 토론자와 관련이 있는 매우 많은 자료나 조사, 의견 등이 포함되어 있다.

6) 데이터베이스

데이터베이스를 찾아보자. 데이터베이스는 다양한 장소에 있는 정보들을 모아 접근하고 이용할 수 있도록 그것들을 체계화한 것이다. 쉽게 이용할 수 있도록 출판물과 정보의 출처 등이 체계적으로 정리되어 있는 도서관을 통해 이용 가능한 데이터베이스에 토론자는 큰 관심을 가진다. 교육 토론자에게 특히 도움이 되는 데이터베이스는 CQ 리서처 플러스 아카이브(CQ Researcher Plus Archive)이다. CQ는 『콩그레셔널 쿼털리(*Congressional Quarterly*)』를 나타낸다. 이 자료는 공공 정책의 쟁점에 대한 보고서들을 모아 유용하고 읽기 쉽게 제시함으로써 매우 좋은 정보를 제공한다.

7) 싱크 탱크

싱크 탱크에 접근해보자. 싱크 탱크는 공공 정책과 정부 정책, 사업, 과학, 교육을 포함한 다양한 관심 쟁점에 대한 자신들의 연구와 지지를 뒷받침하기 위해 조사를 수행하고 보고서를 준비하는 일군의 전문가들이다. 어떤 싱크 탱크의 목적은 연구이며, 또 다른 싱크 탱크는 뻔뻔한 옹호자들이거나 로비스트 집단이다. 싱크 탱크는 비영리 단체로서 자금 지원을 받을 수도 있는데, 이러한 경우에는 정치적 혹은 사적 개입을 피할 수 있다. (완전한 목록은 아니지만) 잘 알려져 있는 싱크 탱크들을 정치적 성향에 따라 분류하면 다음과 같다.

보수 성향
- 미국 기업 연구소(American Enterprise Institute)
- 클레어몬트 연구소(Claremont Institute)

- 경쟁 기업 연구소(Competitive Enterprise Institute)
- 새로운 미국의 세기를 위한 프로젝트(Project for the New American Century)
- 헤리티지 재단(Heritage Foundation)

진보 성향
- 브루킹스 연구소(Brookings Institution)
- 예산과 정책 방향 센터(Center on Budget and Policy Priorities)
- 미국 진보 센터(Center for American Progress)
- 경제와 정책 연구 센터(Center for Economic and Policy Research)
- 진보 개혁 센터(Center for Progressive Reform)

자유주의 성향
- 카토 연구소(Cato Institute)
- 아인 랜드 연구소(Ayn Rand Institute)

무당파 중립 성향
- 아스펜 연구소(Aspen Institute)
- 미국 대서양 자문위원회(Atlantic Council of the United States)
- 전략과 국제 연구 센터(Center for Strategic and International Studies)
- 대외 관계 자문위원회(Council on Foreign Relations)
- 우드로 윌슨 국제 학술 센터(Woodrow Wilson International Center for Scholars)

8) 월드 와이드 웹

인터넷을 검색해보자. 학생들은 대부분 인터넷 검색으로 조사를 시작한다. 하지만 이 방법은 효과적이지 않다. 월드 와이드 웹(World Wide Web), 즉 인터넷은 광범위한 개인, 기업, 조직이 웹 서버라고 불리는 컴퓨터에서 구성하고 저장한 이미지, 텍스트, 비디오, 여타의 자료들을 누적적으로 모은 것이다. 어떤 키워드로 검색하든 나오는 산출물은 방대할 것이다. 웹페이지나 웹사이트는 비영리 싱크 탱크와 학회가 게재한 양질의 연구 자료에서부터 사회관계망 사이트, 개인의 일기장, 상업적 자료까지를 망라한다. 웹 검색을 통해 유용한 많은 자료에 접근할 수 있으나, 문제(그것도 엄청난 문제이다)는 가치 있는 자료를 효과적으로 찾아서 파악해야 하며, 그 수준을 비판적으로 평가해야 한다는 것이다. 이는 매우 쉽지 않은 일이다. 학술지에 게재된 논문을 읽는 토론자는 그 논문이 치밀하게 검토되고 편집되었으며 어느 정도의 신뢰성을 보이고 있다는 것을 안다. 하지만 웹사이트에서는 그렇지 않다. 이 절에서는 인터넷을 어떻게 검색해야 하고, 웹사이트의 신뢰성, 피해야 할 위험을 어떻게 평가해야 할지 살펴볼 것이다.

인터넷 검색은 **검색 엔진**으로부터 시작한다. 검색 엔진은 컴퓨터 체계 안에서 정보를 검색하고 우선순위를 매겨 처리하는 컴퓨터 프로그램이다. 문자 그대로 수백 개의 검색 엔진이 있으나, 2012년의 경우 83퍼센트의 사용자는 인터넷 검색 때 구글에 의존한다.[1] http://www.searchengineco-lossus.com/Academic.html에서 이용할 수 있는 콜로서스(Colossus)는 일반적인 인터넷 검색보다 더 구체적인 정보를 안내하는 특수한 검색 엔진으로 유용한 출처이다. 이는 직접 가지 않고도 도서관에 접속할 수 있는 가치 있는 도구이다. 검색 엔진을 사용할 때에는 키워드 하나로 검색을 시작한다. 검색 공간에 관련 용어를 입력해보자. 다양한 방법으로 검색을 제한하기 위해 불 검색 연산자(boolean search operators)의 AND와 OR를 사용해 보자.* 예를 들어서, Obama AND "gay marrage"라고 입력하면 Obama 와 gay marrage를 모두 포함하는 자료를 찾는다. 그런데 OR를 사용하면 Obama에 대한 언급이나, gay marrage에 대한 언급이나, Obama와 gay marrage에 대한 언급이 포함된 자료를 찾는다. 만약 gay marrage에 대한 인용 부호("")가 없다면 이 검색은 Obama와 gay, Obama와 marrage에 대한 언급을 찾는다는 점에 주의해야 한다. 많은 검색 엔진들은 연산자로 서 NOT의 사용을 허용하고 있다. 이는 전형적으로 BUT NOT이나 AND NOT으로 제공된다. 예를 들어, Obama BUT NOT gay marriage라고 하 면, Obama에 대한 언급을 포함한 자료 중 gay marrage를 언급한 다른 자료들은 제외하게 된다. 또 다른 불 연산자는 NEAR이다. Obama NEAR Syria라고 입력하면 논문 텍스트 안에서 오바마가 시리아라는 단어의 (검 색 엔진에 의존해볼 때) 10에서 25 사이에 있는 자료를 찾게 된다. 더 유용한 것은 (AND라는 단어를 대신하는) + 기호, (NOT이라는 단어를 대신하는) − 기 호, 그리고 (문구를 한정하기 위한) "" 기호이다.

웹사이트가 지닌 신뢰성은 사이트마다 다르다. 몇 가지 웹사이트 유형 으로는 다음과 같은 것이 있다.

- 개인 홈페이지: 이는 개인에 의해 개발되어 정보가 게시된다. 내용 으로는 가족사진이나 취미가 포함될 수도 있고, 의견, 학술적 논문이 나 조사 보고서, 이력서, 여타의 정보 자료를 제공할 수도 있다. 개인

....

* 이 문단에서는 검색 엔진에 사용되는 연산자를 정확하게 이해할 수 있도록 연산자와 검색어를 번역하지 않고 원문 그대로 실었다. 연산자에 해당하는 AND, OR, BUT NOT 또는 AND NOT, ""은 한국의 주요 검색엔진에서 +, |, −, ""로 대체할 수 있다.

홈페이지에는 블로그(웹로그 또는 저널)나 사회관계망 사이트들이 포함될 수도 있다.

- 특수 이익단체 사이트: 이는 클럽, 지역 기관, 특수 이익집단에 의해 정보가 게시된다. 이 사이트는 이익을 증진하거나 촉진하기 위해 만들어진 것이기 때문에 본질적으로 편향되어 있다. 예를 들면, 이 사이트는 정치적 쟁점(총기 규제), 공동체의 새로운 계획(개 공원에 대한 제안), 취미(서바이벌 전쟁 게임) 등을 홍보할 수 있다.

- 전문 사이트: 이런 웹사이트는 전문적인 단체, 기관, 개인이 공식적으로 운영한다. 이 사이트는 웹 게시자가 하고 있는 일에 대한 유용한 정보를 제공하며, 질 높은 연구, 조언, 정보, 견해를 제공한다. 이 사이트는 영리 목적으로 존재하지만 해당 사이트의 정보는 무료 서비스로 제공된다.

- 상업 사이트: 많은 웹사이트는 광고이거나 온라인 판매를 위한 포털이거나 카탈로그이다. 여기에는 (아마존닷컴 같은) 거대한 온라인 기업, (반스앤드노블처럼) 웹사이트를 보유하면서 기존의 소매 사업을 하는 기업, 가내 기업 등이 포함된다.

- 출판물: 신문, 학술지, 잡지 등은 일반적으로 인쇄 출판물과 함께 온라인으로도 출판되며, 몇몇 언론 출판물은 온라인(전자 잡지)으로만 출판된다. 많은 이들에게 웹은 단순히 신뢰성 있는 저널리즘을 위한 또 다른 매체일 뿐이다. 그러나 누구나 자신의 자료를 웹에 올릴 수 있다. 개인 홈페이지와 존경받는 블로그 사이의 경계는 아주 흐릿하다.

- 위키: '위키(wiki)'는 하와이어로 '빠르다'는 뜻이다. 위키피디아가 가장 유명하다. 독자 집단이 소재 개발에 기여하며, 콘텐츠뿐만 아니라 편집에도 기여한다. 위키는 개념을 이해하는 데 매우 유용하지만

질 높은 정보, 조사, 견해의 출처로서 신뢰성이 높지는 않다.

- 블로그: 말 그대로 '웹 로그(Web Logs)'이며, 일종의 온라인 일기장으로 시작하였다. 필자의 정기적인 게시물을 담는 웹사이트나 웹페이지로, 독자와 방문자의 초대 논평이나 글이 게재되기도 한다. 블로그는 화가 난 독자들의 장광설에서부터 전문가들의 흥미롭고 믿을 만하며 관련성이 높은 관찰에 이르기까지 광범위한 내용을 제공한다. 그러나 아무도 실질적인 편집이나 검토를 하지 않는다. 블로그는 (트위터와 같은 '마이크로블로그'*를 포함한) 개인 블로그에서부터 단체 블로그, 주제 블로그, 매체 블로그까지를 망라한다. 블로그는 독자들에게 논평 기회를 제공하기 위해 뉴스를 올리거나, 독자적으로 평론을 게시하기도 한다. 이들 출처는 아무리 저자가 신뢰성이 있더라도 대체로 입증하기 어렵다. 블로그는 토론 증거를 위한 생산적인 자료를 제공하지는 않지만 연구자들이 배경 정보와 일반적인 정보를 찾는 데 도움이 된다.

- RSS(rich site summary 또는 really simple syndication)는 정기적으로 바뀌는 웹 콘텐츠를 전송하는 형식이다. 많은 뉴스 관련 사이트, 웹로그, 여타의 온라인 출판인들은 자신의 콘텐츠를 원하는 이들에게 RSS 피드(feed)로 판매한다. RSS는 중요한 뉴스와 정보를 접하는 손쉬운 방법으로, 웹사이트에서 정보를 훑어보거나 검색하는 종래의 방법을 피할 수 있도록 돕는다. 이메일 메시지로 메일 수신함이 가득 차는 일 없이 자신이 원하는 정보를 직접 전달받을 수 있다. 이런 콘텐츠는 '피드(feed)'라고 불린다. RSS는 대부분의 웹브라우저에서 가능하다.

....

* 단문으로 소식을 전하는 블로그 서비스.

이렇게 다양하고 폭넓은 정보를 어떻게 탐색할 수 있을까? 이미 8장에서 모든 증거를 판단하기 위한 기준들이 논의되었다. 거기에는 정보 탐색을 위한 기준도 포함되어 있다. 즉, 정보의 생산자를 명확하게 확인할 수 있는가? 그 사람으로부터 무엇을 배울 수 있는가? 저자는 그 정보에 대한 신뢰를 확보하기에 충분한 자격을 가지고 있는가? 기업 저자나 지원 단체를 명확하게 알 수 있는가? 해당 주제에 대해 그들이 갖고 있을 법한 편견이나 명성은 어떤 것이 있는가? 출판된 날짜와 정보가 생성된 날짜는 이용 가능한가? 최근인가? 인용된 저작물 목록이 있는가? 어떤 종류의 웹사이트인가? 물건이나 서비스를 판매하는가? 웹 주소에서 해당 사이트와 관련된 것들을 알 수 있는가? 예를 들자면, 주소의 마지막 세 글자는 .edu(교육 사이트), .gov(정부 사이트), .org(단체 사이트), .com(상업 사이트), .net(네트워크 기반시설) 등을 나타낸다.

마지막으로, 어떤 웹사이트가 전문적으로 보인다고 해서 믿을 만한 것이라고 가정하지 말아야 한다. 그래픽은 복잡한 것을 쉽게 만들고 인터넷은 모든 사람이 이용할 수 있다. 예를 들어, http://www.wto.org를 클릭하면 세계무역기구(World Trade Oragniztion: WTO)의 정식 사이트를 방문할 수 있다. 그러나 만약 http://www.gatt.org를 클릭하면, WTO 사이트와 비슷하게 만들어졌으나, WTO를 반어적으로 비판할 의도에서 만들어진 교묘한(그러면서 교묘하지 못한) 거짓 이야기를 제공하는 가짜 사이트를 방문하게 된다. 만약 WTO에 대한 아무 지식 없이 이 가짜 사이트를 방문한다면, 다른 어떤 것보다도 WTO가 공식적인 굴종 상태를 만든다는 이야기를 읽게 될 것이다. 분명 이 가짜 사이트는 WTO에 대한 재치 있는 비판일 수는 있지만 실제로 대표성을 띠고 있지는 못하다.

9) 직접적 의사소통

인터뷰 또는 서신을 통해서도 정보를 얻을 수 있다. 2절 앞부분의 표에 있는, 관련 자료를 찾는 데 활용할 수 있는 세 가지 질문에 대한 대답은 인터뷰나 서신을 통해 정보를 얻어야 할 사람들을 의미한다.

주의해야 할 것은 인터뷰와 서신은 증거에 이르는 단서와 토론에서 인정되는 증거 모두를 제공할 수 있다는 점이다. 이 두 유형이 갖는 차이를 아는 것은 매우 중요하다.

① 인터뷰

해당 주제의 전문가 인터뷰는 가치 있는 정보의 근원이다. 인터뷰의 가치는 인터뷰 전의 준비에 따라 현저하게 좌우된다. 꼼꼼하게 계획된 선행 조사는 의미 있는 질문을 할 수 있도록 한다. 학생 토론자는 교수와 인터뷰를 시도할 수 있는 좋은 위치에 있다. 더 나아가 의회 의원, 회사 중역, 노동계 인사, 논제에 대한 특별한 지식을 가지고 있는 사람들과도 종종 인터뷰할 기회를 마련할 수 있다.

다음과 같은 상황을 가정해보자. 토론자가 자신이 다니는 대학의 경제학 교수인 해밀턴 박사와 인터뷰하는 중에 상대방이 인용한 것 중 반박하기가 어려운 연구에 대해 질문을 했다고 하자. 만약 해밀턴 박사가 "그 백베이(Back Bay) 연구는 어떤 점을 고려하지 못했기 때문에 잘못되었는데…."라고 대답한다면 토론자는 단서를 잡게 되는 것이다. 하지만 토론에서는 해밀턴 박사가 한 말을 인용할 수가 없는데, 교육 토론의 한계 안에서는 이 경제학 교수의 말을 정확하게 인용했다는 사실을 토론자가 증명할 수 없기 때문이다. 토론자는 가장 적절한 순간에 해밀턴 박사에게 "어떻게 우리는 이 연구의 약점을 입증할 수 있을까요?"라는 질문을 던질 수 있다.

만약 해밀턴 박사가 경제학 학술지의 학술 논문을 인용하여 대답한다면, 이 논문을 살펴보고 백베이 연구의 약점에 대한 구체적 진술을 찾아 토론에 대비할 수 있을 것이다. 경제학 교수가 단서를 준 논문을 인용함으로써, 토론자는 이제 토론에서 채택될 수 있는 증거를 확보하게 된 것이다.

토론자가 검토할 수 있는 중요한 많은 다른 인터뷰들이 있다. 라디오와 텔레비전 방송국에서는 당대의 중요한 사안에 대하여 전국적 인사 혹은 국제적 인사와의 인터뷰를 종종 보여준다. [⟨미트 더 프레스(Meet the Press)⟩, ⟨하드볼(Hardball)⟩, ⟨페이스 더 네이션(Face the Nation)⟩* 등의 시사 프로그램이 그 예이다.] 종종 잡지에서는 유명 인사들이 중요한 문제에 대한 질문에 답변한 인터뷰를 출판하기도 한다. 종종 웹사이트와 블로그에서는 유명한 전문가들의 개인적 진술과 인터뷰를 제공하기도 한다. 이러한 자료에서도 마찬가지로 단서와 증거가 될 수 있는 것을 구별해야 한다는 점에 주의하자. 잡지에 게재된 인터뷰는 분명히 채택될 수 있는 증거이다. 이것은 공적 기록물로 이용 가능하며, 그 점에서는 아무 의심 없이 사용될 수 있다. 그러나 재무부 장관이 지난 일요일에 ⟨미트 더 프레스⟩에서 언급한 것을 기억하는 일은 그저 기억일 따름이다. 이는 오직 단서밖에 되지 않는다. 물론, 월요일 신문이 그 장관의 말을 인용한다면 채택될 수 있는 증거를 갖게 된다. 다른 방법으로는 그 프로그램을 전사한 기록을 요청해야 하며, 전사한 기록을 확보하기 전에는 그 증거를 사용할 수 없다.

교육 토론에서는 현명하게도 토론자가 공공 영역에서 얻을 수 있는 자료를 통해 증거를 뒷받침하기를 요구하는 관행이 존재한다.

....

* ⟨미트 더 프레스⟩는 역사상 가장 오래 방영하고 있는 텔레비전 프로그램으로, 매주 NBC에서 뉴스와 인터뷰를 중심으로 방송된다. ⟨하드볼⟩은 MSNBC의 시사 프로그램이고, ⟨페이스 더 네이션⟩은 CBS의 시사 토론 프로그램이다.

② 서신

글로 하는 의사소통과 이메일 등을 포함한 서신은 때때로 정보를 얻는 유익한 출처가 되지만, 증거가 되지는 못한다. 정보 검색을 시작하는 데 도움이 되는 출발점은 바로 어소시에이션스 언리미티드(Associations Unlimited)*에 게재된 미국 내 협회와 단체의 목록이다. '사형제도 폐지 미국 연합(Abolish Capital Punishment, American League to)'에서부터 '미국 동물학자 협회(Zoologists, American Society of)'에 이르는 수백 개의 단체가 열거되어 있다. 이들 단체 대부분은 다른 특수 이익집단과 마찬가지로 자신들의 관심 영역 내에서 누군가 똑똑한 질문을 해오면 친절하게 편지나 이메일로 답신을 해준다.

가끔 토론자들은 해당 논제를 강하게 지지하거나 반대하는 단체를 발견할 수 있다. 이들 단체 중 몇몇은 정교한 선전기관을 가지고 있어, 토론자는 통상 도서관을 통해서는 구할 수 없는 대언론 공식 발표, 특수 보고서, 통계 자료, 팸플릿, 소책자, 여타의 자료를 서신을 통해 구할 수도 있다. 마찬가지로 여기서도 단서와 채택될 수 있는 증거 간의 구별에 주의해야 하는 것은 중요하다. 예를 들어, 실업에 대한 의회 공청회 내용을 전사한 기록을 요청한 것에 대한 응답으로 해당 단체의 대변인이 그 사본을 보낼 뿐만 아니라, "저는 이 공청회가 불필요하게 비관적이었다고 생각해요. 제가 보기에는 다음 분기 초반에 실업률이 상당히 떨어질 것 같습니다."와 같은 개인적인 언급을 덧붙인다고 가정해보자. 물론 공청회는 토론에서 채택될 수 있는 증거이다. 하지만 이 편지는 그렇지 않은데, 그 이유는 교육 토론의 한계 안에서 이 편지의 진위 여부를 증명할 수 없기 때문이다. 그러나 이는 가치 있는 단서이다. 해당 대표자에게 즉시 전화를 걸어 그 예측이

....

* 미국 전역의 협회나 비영리 단체에 대한 데이터를 확보하고 있다.

증명될 수 있는지를 확인하자. 만약 그 대표자가 언론에 보도되지 않은 싱크 탱크의 최근 보고서를 알려준다면, 그 연구의 사본을 얻을 때 가치 있고 채택될 수 있는 증거를 확보할 수도 있다. 토론의 모든 참여자들이 공개적으로 이용할 수 있는 방식으로 출판되지는 않은 이메일과 사적 서신은 인용하지 말아야 한다.

3. 목적을 가지고 읽기

토론자들은 브레인스토밍에서 제안된 의견과 제시된 출처의 개요를 신중하게 기록해 준비함으로써 브레인스토밍 작업을 할 수 있다. 이 목록으로부터 토론자들은 조사에 사용할 참고문헌 목록과 검증할 출판물의 목록을 만들어야 한다. 이런 브레인스토밍과 조사 과정, 그리고 그 역의 과정은 첫 번째 토론 때까지 이어지며, 이 첫 번째 토론은 논제를 토론하는 동안 지속될 이후의 브레인스토밍과 조사 작업을 종종 촉발할 것이다.

학생들에게 일간지나 주간지를 검토하라고 하면 그들은 가끔 "그런데 저는 신문과 잡지 전체를 읽을 시간이 없어요."라고 하며 문제를 제기한다. 학생들은 아마도 전체 신문을 매일 읽을 시간은 없을 것이다. 그런데 특정 문제에 대한 정보를 찾을 목적이라면 전체 신문을 읽을 필요는 없다. 이를테면, 인플레이션, 실업, 인구 안정화, 국제 분쟁 등에 대한 기사가 포함되었는지 여부를 확인하기 위하여 『뉴욕 타임스』를 훑어보는 데에는 몇 분밖에 걸리지 않는다.

온라인 색인, 데이터베이스, 검색 엔진 중 어떤 것을 통해 조사하더라도, 키워드를 효과적으로 사용하는 것은 생산적인 정보 수집에서 매우 중요하다. 토론자는 관련 영역의 전문 용어에 익숙해야 하며, 찾을 핵심어가 무엇인지, 그것들을 어떻게 합칠지, 검색의 범위를 넓힐지 혹은 좁힐지 알기 위해 색인 작업 혹은 검색 보조 도구에 익숙해야 한다. 또한 논쟁에 대한 기록물에서 사용되고 있는 언어들에도 익숙해져야 한다. 조사자가 관련 문헌에 익숙해질수록 자료의 날짜와 유형 등에 의해 조사를 어떻게 제한할지 그리고 어떻게 관련 자료에 효과적으로 관심을 집중시킬지 더 잘 알게 된다.

조사를 시작하기 전 자신이 할 수 있는 최대의 노력을 기울여 논증을 계획해야 한다. (컴퓨터를 이용하거나 직접 손으로 써서) 논증에 대한 지형도를 만들어 조사가 진척되는 대로 추가하라. 중요한 것은 그것을 볼 때 하나의 토론 카드로 인식할 수 있도록 논증의 모든 요소에 대해 알고 있어야 한다는 점이다. 논증을 뒷받침할 수 있는 핵심어 혹은 구절의 목록을 개발하라. 참고문헌이 상호 교환할 수 있는 어떤 단어나 구절을 사용하고 있는지 여부를 판단하기 위해 노력해야 한다. 이는 논문을 찾을 때 다른 선택지가 될 것이다. 각주를 복사해 조사해보자. 가끔 흥미로워 보이는 제목을 우연히 발견하고 그 책을 찾아볼 수도 있다. 만약 유용한 정보를 찾는다면, 그리고 그것에 대한 각주가 있다면, 그 각주를 훑어보는 일은 아마 도움이 될 것이다. 같은 저자가 집필한 유사한 논문을 찾아보자. 저자의 웹사이트를 찾거나, 그 저자가 집필한 출판물의 웹사이트, 저자가 대표하는 단체의 웹사이트를 찾아보자. 아니면, 그냥 저자 이름을 구글에서 검색해 찾아보자. 어떤 저자가 어떤 쟁점에 대해 글을 썼다면, 다른 곳에는 더 많은 글이 있을 가능성이 있다.

4. 비판적으로 읽기

시사적이면서 논쟁적인 문제에 대한 이용 가능한 문헌은 토론자들이 주어진 시간 내에 읽을 수 있는 것보다 더 많다. 그러므로 조사는 반드시 시간을 효과적으로 사용할 수 있도록 폭넓고 안목 있게 계획되어야 한다. 토론자들은 가능성 있는 논증 방향을 알기 위해서 문제와 관련되어 있는, 다양한 관점을 대표하는 출처를 찾아야 한다. 시사 문제에 대한 많은 기록들이 다른 기록을 재진술한 것 또는 표피적으로 다룬 것이기 때문에, 안목 있는 토론자는 학술지나 전문지의 기사, 수준 높은 권위자가 쓴 기록물, 능력 있고 객관적인 사람이 쓴 보고서 등 원출처를 찾을 것이며, 정확하다는 평판이 확립된 출처를 우선할 것이다.

예컨대, '원자력 과학자들의 게시판(Bulletin of the Atomic Scientists)'에 올라온 핵무기에 대한 글은 아마도 지역 신문의 일요일 증보판에 실린, 같은 주제의 논문보다 더 정확하고 유의미한 정보를 다룰 것이다. 대외 정책 문제에 대한 국무 장관의 발언 전문은 뉴스잡지에 실린 요약문에서는 누락된, 신중하게 표현된 단서 조항이 포함되어 있을 수도 있다.

토론자들은 해당 문제에 대한 기록된 모든 것을 읽을 수는 없다. 그렇기 때문에 치밀하고 상세한 조사를 위하여 대표성이 있고, 권위 있으며, 정확하고, 유의미한 자료를 선별하기 위하여 비판적 읽기를 해야 한다.

5. 자료 기록하기

어떤 문제에 대한 탐색 초기에 토론자는 반드시 다양한 많은 출처에서 모은 정보를 쉽게 이용하기 위해 자료를 기록하는 체계적인 방법을 마련해야 한다. 토론자들은 색인 카드, 리걸 패드(legal pads), 문서 보관함, 컴퓨터 데이터 파일 등 자신들의 필요와 자료에 맞는 방법을 사용할 수 있다. 많은 토론자들은 비행기 좌석, 회의실, 법정, 교실 등에서 지닐 수 있는 휴대용 도서관을 개발한다. 대학 대항 토론대회 참여자들은 손수레 또는 카트를 이용해 옮기는 상자나 통에 모이는, 편지지 크기의 토론 개요(briefs)로 채워진 많은 파일 폴더(혹은 펼칠 수 있는 아코디언 스타일의 서류철)들을 이용함으로써 자료를 기록하는 성공적인 방법을 개발했다. 요즘 그 방대한 파일들은 대체로 워드 파일, 드롭박스, '클라우드'를 통하여 전자 형태로 저장된다. 비록 토론자들이 상대적으로 적은 수의 토론 개요를 사용할 수도 있지만, 경험 있는 CEDA/NDT 토론자들은 상대방이 제시할 가능성이 있는 논증에 대처하기 위해 즉시 사용할 수 있는 정보들을 많이 보유하는 것이 바람직하다는 것을 알고 있다.

일찍이 대학 대항 토론대회 참여자들은 색인 카드나 레시피 박스 혹은 서류 보관함에 자신의 자료를 보관하곤 했다. 쉽게 이용할 수 있는 복사 기능의 등장으로 한 페이지 크기의 **토론 개요**를 파일 폴더와 펼칠 수 있는 서류철로 정리하는 것이 보다 편리해졌다. 요즘 이들 토론 개요는 전자 형태로 되어 있으나, 아직도 개별 단위의 정보를 언급할 때에는 **토론 카드**라고 부른다. 비록 이 토론 카드가 종이 한 장에 적힌 인용이나 통계 자료를 나타내는 것이긴 하지만 말이다. 조사를 수행할 때 그 목적은 논증 개요를 구성하기 위하여 **토론 카드**를 축적하고 정리하는 데 있다.

응용 토론에서는 얼마나 많은 증거가 필요할까? 짧게 답하자면, 논증에서 승리할 수 있을 만큼만 있으면 된다. 교실 토론에서는 잘 선택된 증거 토론 카드 수십 장이 있으면 아마 충분할 것이다. 그에 비해 법적 소송에서는 말 그대로 트럭 한 대 분량의 증거가 필요하다. 대부분의 토론자들은 사용할 수 있는 증거가 너무 적은 것보다는 차라리 너무 많은 것을 선호한다. 교육 토론에서는 거의 사용되지 않는 증거일지라도 결정적이라면 반드시 확보해두어야 한다. 이러한 노력을 소홀히 한다면, 증거를 확보할 경우라면 이길 수도 있는 토론 쟁점에서 패배하고 말 것이다.

원자료를 조사하고 읽으면서 토론자는 반드시 (1) 논제에 대한 자신의 의견을 뒷받침할 때 도움이 될 수도 있는 모든 정보와 (2) 상대에게 도움이 될 수도 있는 모든 정보를 기록할 체계를 가지고 있어야 한다. 이는 토론 카드 정리로 시작할 수 있다.

하나의 토론 카드는 세 부분으로 나뉜다. 이는 바로 한 문장으로 토론 카드를 설명하는 꼬리말(tag), 작가나 출판물을 포함한 토론 카드의 출처에 대한 인용, 토론 카드 그 자체이다. 반드시 전부를 완전하게 인용해야 한다. 저자, 출판된 곳, 출판 날짜, 권 혹은 호수, 온라인이라면 웹사이트 주소를 토론 카드에 포함해야 한다. 책을 언급할 경우에 편집자가 있다면 편집자의 이름도 포함해야 하며, 책의 어떤 장을 언급할 경우엔 책명뿐만 아니라 장의 제목도 포함해야 한다.

또 저자의 자격을 확인하라. 신문사들은 종종 전속 기자를 보유하고 있는데, 이는 그들의 자격이다. 그런데 책이나 학술지에서의 저자들은 대체로 자격증이 있으며, 자격증이 기록되어 있지 않더라도 인터넷에서 찾아보아야 한다. 이름으로 구글 검색을 해보거나 후즈후(Who's Who)에서 찾아보자. 이렇게 5분 동안 저자를 찾아보는 일이 『피츠버그 포스트 가제트(Pittsburgh Post Gazette)』의 어떤 녀석이 아닌 코넬 대학의 물리학 교수에게서 나온 핵심 증거라는 이유로 당신을 토론에서 살아남을 수 있다면 충분히 가치 있는 것이다.

만약 인터넷 출처에 명확한 날짜가 없다면 그 웹사이트를 자세히 살펴봐야 한다. 가끔 맨 밑에 저작권 기호와 연도가 있는데, 이는 그 자료가 가장 나중에 업데이트된 때 혹은 '출판된' 때를 나타낸다. 만약 철저히 검색해도 아무 소득이 없다면, 검색 날짜(Date of Access: DOA)를 활용해보자. 이 경우 토론자가 언급한 날짜는 출판된 날짜가 아니라 그 자료를 검색한 날짜라는 것을 인용할 때 명확히 밝혀야 한다.

토론 카드 안에 있는 인용 자료의 처음과 끝에 괄호를 쳐두라. 이는 이후 이 자료를 처리하는 데 도움이 될 것이다. 만약 컴퓨터에서 토론 카드를 만든다면 토론 카드 만들기를 끝냈을 때 그 위에 즉시 인용 표시를 해야한다. 해당 토론 카드가 뒷받침하지 못하는 꼬리말은 붙이지 마라. 그 토론 카드가 무엇인지 알 수 있게 하고, 다른 토론 카드와 결합해 함께 하나의 이야기를 하는 것이 좋은데, 이는 하나의 토론 카드로 모든 것을 말할 수 있다고 주장하려고 애쓰면서 토론에서 바보처럼 보이는 것보다 훨씬 낫다. 만약 (컴퓨터가 아닌) 프린트된 인쇄물 출처로부터 토론 카드를 만든다면, 인용 목록을 프린트한 뒤 토론 카드를 오려 적절한 인용 부분에 붙이거나 테이프로 고정하는 등의 처리를 해야 한다. 이를 '자료 처리(processing)'라고 한다. 증거 카드를 만든 후 곧바로 자료 처리해야 한다.

증거 카드를 만들자마자 곧장 꼬리말을 붙여야 한다. 그 부분을 괄호

상태로 남겨두지 마라. 만약 컴퓨터로 작업할 경우에는 토론 카드를 만들 자마자 바로 꼬리말을 타이핑할 수 있을 것이다. 만약 인쇄된 자료를 읽고 있다면, 옆에다 꼬리말을 써두어라. 프린트하거나 (토론 개요에 추가하는 등) 토론 카드를 묶기 전까지는 꼬리말을 변경할 수 있다. 그러나 꼬리말의 분류는 범주화하고 분류하는 데 필요한 것이어야 한다.

6. 자료 정리하기

토론자들은 풍부한 정보를 가지고 있어야 할 뿐 아니라 그 정보를 즉각 사용할 수 있도록 만들어야 한다. 여기서 살펴볼 방법들은 주로 대학 대항 토론대회 토론자들이 사용하는 것들이지만 어느 유형의 주장에도 적용 가능하다.

먼저 토론자들은 정보를 찬성 측의 것인지 반대 측의 것인지 분류하고, 이를 논증 유형별(불이익, 입론/해결성, 대체방안 등)로 분류해야 한다. 어쩌면 각 토론 카드마다 약어를 쓰거나 토론 카드 색상으로 이 분류를 표시할 수도 있다. 다음으로 토론자들은 전개될 쟁점에 따라 토론 카드를 분류해야 한다. 예를 들어, 찬성 측의 파일은 찬성 측 첫 번째 발언에서 입론을 세우기 위해 필요한 증거와, 찬성 측 두 번째 발언과 반박에서 이 입론을 방어하고 확장하기 위한 증거를 모두 포함한, 찬성 측 입론을 전개하는 데 필요한 쟁점들로 구성될 것이다.

파일 색인 체계를 개발하면 어느 토론 개요든지 빠르게 찾을 수 있다. 증거는 (꼬리말을 붙이고 표시하는) '토론 카드 만들기'와 (관련 인용을 붙이는) '자료 처리' 후에 '분류될' 준비가 된다. 여기서 토론자는 논증 지도(map)나 파일로 되돌아갈 것이다. 가능한 한 많은 논증 범주를 확실히 가지고 있도록 하라. 모든 범주에 대해(그리고 다양한 하위 범주에 대해) 독자적 파일을 만들고, 각각의 파일 안에 있는 수북한 토론 카드 더미를 정리하라. 가끔 어떤 범주에도 속하지 않는 토론 카드가 있다면 새로운 범주를 만들어야 한다. 펼쳐져 있는 파일을 눈으로 보는 일은 메워야 할 구멍이 있는지 아는 데 매우 중요하다. 일단 파일이 분류되면 개요를 만들 수 있다.

개요 만들기(blocking)는 논증의 개요, 즉 토론에서 발표하기 위해 증거가 뒷받침된 논증을 만드는 것을 말한다. 상단의 왼쪽 구석에 자신의 이름을 써넣음으로써 이를 시작할 수 있다. 페이지의 상단 가운데에 해당 구역(block)의 제목을 쓰고 토론 개요의 상단 오른쪽에 파일의 이름을 쓰도록 하라. 꼬리말과 인용을 달고, 토론 카드를 해당 페이지에 내려놓아라.

상단 오른쪽에 파일의 색인을 달고, 구역 안에 해당 페이지 번호를 넣어라. 예를 들어, 4페이지짜리 효과 확대 구역의 첫 페이지라면 '1/4'라고 써넣을 수 있다. 만약 6페이지짜리 구역 답변의 두 번째 페이지라면 '2/6' 이라고 써넣을 수 있다. 파일의 하단 오른쪽에는 페이지 번호를 기입하라. 하지만 파일이 완성되었다고 확신하기 전에, 혹은 색인을 만들기 전에는 번호를 붙이지 않도록 해야 한다.

이러한 일의 목적은 (독자적인 파일에) 필요한 만큼 부제를 붙임으로써 (파일 내부와 관련 파일 그룹들 사이의) 연관된 정보를 통합하고 즉각 필요한 정보를 사용할 수 있게 하는 데 있다. 하위 범주를 나타내기 위해 색깔을 표시할 수도 있으며, 형광펜으로 칠하거나 밑줄을 긋는 것으로 (인용 자료로 선택된) '토론 카드'와 특별히 중요한 정보가 있는 토론 카드를 표시할 수 있다. 여기서 제시한 사례는 모두 학생 토론자들의 파일에서 가져온 것이다. 하지만 방대한 자료를 정리해야 하는 토론자들은 반드시 이와 유사한 체계를 개발해야 한다.

어떤 경우에 토론자들은 해당 정보가 하나 이상의 범주로 분류되는 게 적절하다는 것을 발견할 수도 있다. 이 경우에 같은 정보를 기록한 복수의 토론 카드를 준비해 적절한 곳에 삽입할 수 있고, 중복을 피하기 위해 다른 장소에 있는 것들을 상호 참조할 수도 있다.

문제에 대한 치밀한 탐구는 현명한 주장을 위해 필수적이다. 합리적이고 신중한 사람들은 자신이 무슨 말을 하는지 모르는 것처럼 보이는 토론자들에게 시간을 허비하지 않을 것이고 신뢰하지도 않을 것이다. 정보의 적합한 출처에 대해 철저히 탐구하고, 신중하게 조사를 수행하며, 목적을 가지고 비판적으로 읽고, 정확하게 자료를 기록하고 효율적으로 정리한 토론자들은 책임감 있고 효과 있는 주장을 향한 중요한 발걸음을 내디딘 것이다. 오직 잘 준비된 토론자만이 비판적 청중의 관심을 얻어낼 수 있으며, 해당 주제에 대해 충분히 알고 있는 상대방에 맞서 토론을 잘 수행해 합리적 평가자의 의사 결정을 획득할 수 있다.

연습

1. **브레인스토밍.** 다섯 명으로 구성된 모둠으로 활동하면서, 소아 비만 문제(또는 중요한 사회적 쟁점, 교실 토론에서 브레인스토밍을 하고 싶은 쟁점)의 원인과 가능한 해결책에 대해 브레인스토밍을 해보자. 이는 조사를 위한 '지도(map)'로 귀결되어야 한다.

2. 연습 1번에서 알게 된 쟁점과 관련하여, (직접적인 의사소통을 제외한) 토론 자료의 일곱 개 출처에 대해 각각 토론 카드를 하나씩 만들어보자(또는 사회적 쟁점을 파악하여 각 출처 유형마다 관련 토론 카드를 모아보자).

3. **보물찾기.** 연습 1번에서 알게 된 주제(또는 사회적으로 중요한 주제)와 관련된 최근 서적 또는 학술 논문을 찾아보자. 다른 출처를 알기 위하여 참고문헌을 활용해보자. 해당 출처에 가서 참고문헌에 있는 관련된 다른 출처를 찾아보자. 다섯 출처를 찾을 때까지 이것을 지속하자.

4. 사회적으로 중요한 주제로 시작해보자. 해당 주제에 대한 온라인 검색을 할 때 될 수 있는 한 많은 핵심어를 찾고 이를 조합해보자.

5. 사회적으로 중요한 주제로 시작해보자. 해당 주제와 관련한 여섯 가지 유형의 웹사이트 중 하나를 찾아보자. 토론 정보의 출처로서 그것의 수준에 대해 평가해보자.

11장

논제에 찬성하는 논증

찬성 측 토론자는 논제를 지지한다. 추정(presumption)이 논제에 반대하는 경향이 있음을 상기해보자. 추정은 여러 이유를 들어 논제에 반대한다. 이러한 이유들에는 긍정적인 진술이나 새로운 신념을 수용하는 것에 대한 자연스러운 의심, 미지의 위험에 노출되기를 꺼리는 마음, 해당 이유가 제시되기 전까지의 현 상태를 유지하며 편안함을 추구하려는 성향 등이 포함된다. 그러므로 논제에 반대하는 측은 토론 개시 전에 추정의 이점을 충분히 살려야 한다. 한편 다른 시각에서 보면 찬성 측은 그 반대의 입장에 놓인다. 찬성 측은 추정을 극복하기 위해서 논제에 대하여 선결 요건을 갖춘 입론(prima facie case)을 제시함으로써 반드시 입증 책임을 충족해야 한다. 그런 입론이 이 장의 주제이다.

이 장에서는 찬성 측의 입론을, 다음 장에서는 반대 측의 입론을 다루게 되는데, 가치 논제를 먼저 다루고 나서 정책 논제를 살펴볼 것이다. 이 장과 다음 장에서는 가치 논제보다 정책 논제에 훨씬 많은 분량을 할애한다. 그 이유는 간단한데, 팀 주제 토론자들은 대부분 정책 토론에 참여하기 때문이다. 또한 정책에 대한 토론은 기본적인 정책 질문에 덧붙여 사실 쟁점과 가치 쟁점을 토론자에게 다루기를 요구하기 때문이다.

전국토론대회(NDT)의 토론에서 그 전형적인 예를 찾을 수 있는 정책 주제 팀 토론은 1920년부터 존재했다(첫 번째 NDT는 1947년에 있었다). 반대신문토론협회(CEDA)는 1975년까지는 가치 논제를 사용하지 않았고, 1995년 봄부터는 정책 논제만 채택하기 시작했다. 1996-1997학년도에는 CEDA와 NDT가 연중 동일한 정책 논제를 공유하기도 하였다. 55년간 정책 토론이 이루어지면서 당연히 정책 영역에서 더 많은 연구와 집필이 이루어졌다. 링컨-더글러스 토론 참여자들도 간혹 정책 주제나 유사 정책 주제를 사용하였으며, 의회식 토론 참여자들도 정책과 연관된 다양한 유형의 주제를 사용하였다.

"탈냉전 시대에 민주 정부를 육성하기 위한 미국의 군사 개입은 적절한 일이다."라는 CEDA의 전국대회 논제는 가치와 정책의 경계가 모호한 대표적인 사례이다. 이러한 유사 정책 논제는 대부분의 찬성 팀이 정책 패러다임을 사용하게 하고 입론에 방안(plan)을 포함하도록 유도한다. 앞으로 살펴보겠지만, 이 방안이야말로 정책 토론의 대표적인 특징이다. 이것은 토론자들이 기존 논증 이론의 미개척 영역에까지 시야를 확장한 분명한 사례이다.

이러한 입론을 대하는 반대 측의 영리한 토론자들 역시 정책 토론 이론을 활용하여 지혜롭게 대응하였는데, 이들은 찬성 측 입론에 대한 대체 방안(counterplan)과 함께 우리가 뒤에서 살펴볼 정책 토론의 또 다른 특징인 불이익(disadvantage)을 제시하였다. 1990년 초반 CEDA 토론을 참관한 한 사람은 다음과 같이 말하였다. "전국 규모 토론대회의 거의 모든 라운드에서 찬성 측은 다소 구체적인 정책을 옹호하는 데 비해, 반대 측은 똑같이 구체적인 '불이익'을 언급하는 현상이 나타났다."[1] 가치와 정책 패러다임을 모두 도출하여 토론에 적절하게 적용하면 논증과 토론 지식을 더욱 확장할 수 있다. 실제 응용 토론에서도 "나는 가치 토론만 하겠다." 또는 "나는 정책 토론만 하겠다."라고 말하는 것은 호사스러운 일이다. 1990년대 초반에 가치 토론이 정책 논증을 통합하는 경향을 보인 것처럼, 현 정책 토론의 실행은 가치에 대한 비판적이고 철학적인 숙고에 깊이 의존하고 있다.

응용 토론에서는 가치와 정책에 대한 토론을 모두 준비해야 하거나 두 가지가 혼재된 논제에 대해 토론해야 한다. 두 유형의 응용 토론을 이해하게 된다면 가치와 정책이 인위적으로 구분되지 않는 응용 토론의 복잡한 세계에서 효과적인 역할을 수행할 수 있는 힘을 얻게 된다.

사실 가치와 정책을 동시에 고려하지 않고서는 국내외의 중요한 쟁점에 대해 현명하고 효과적으로 토론할 수 없다. 또한 그 둘을 동시에 고려하지 않고서는 개인적인 의사 결정(1장 참조)에서 비판적 사고를 할 수 없다. 당연히 교육 토론의 장 밖에서 우리 모두는 합리적 의사 결정의 문제를 해결하기 위해 비판적 사고를 적용하면서 가치 논제 및 정책 논제에 대해 토론해야 하는 경우가 있을 것이다.

1. 찬성 측 입론의 목표

가치 토론과 정책 토론은 모두 확실성이 아니라 개연성의 영역에서 이루어지며, 교육 토론뿐만 아니라 비형식적 토론에서도 시간 제약이 있으므로 논제와 관련된 모든 증거와 논증을 제시하는 것은 불가능하다. 그러므로 찬성 측은 확실성 측면에서 입론을 구성하도록 요구받지는 않는다. 실제 세계에서 그러한 설득의 강도(degree cogency)를 확보하는 경우는 드물다. 대신에 찬성 측은 해결 방안을 채택할 정당한 이유(good reasons)를 제시하면서 개연성을 가능한 한 최고의 수준으로 높이도록 선결 요건을 갖춘 입론을 구성해야 한다. 예를 들면, "미국의 사법제도는 언론의 자유를 지나치게 강조해 왔다."라는 논제에 대한 토론에서 찬성 측은 자신의 입장을 완벽하게 입증할 필요는 없다. 그저 판정자에게 자신의 입장을 수용하는 것이 옳음을 보여주는 정당한 이유를 충분히 제시하기만 하면 된다. 마찬가지로, "미국은 NATO 회원국에 대한 군사적 책임을 대폭 줄여야 한다."라는 논제의 토론에서 찬성 측은 확실한 입장을 세울 필요는 없다. 그저 판정자에게 자신의 입장을 수용하는 것이 옳음을 보여주는 정당한 이유를 충분히 제시하기만 하면 된다.

2. 가치 논제에 대한 찬성 측 입론

6장의 가치 논제에 대한 토론에서 살펴본 바와 같이, 찬성 측은 특정 신념이나 가치나 사실이 옳다는 것과 그것들이 당면한 문제를 평가하는 데 적합한 정의나 기준을 충족한다는 것을 주장한다. 가치 논제에 대한 찬성 측 입론을 개발할 때, 토론자는 필수 쟁점(stock issues)을 뒷받침하는 논증을 구성하면서 선결 요건을 갖춘 입론을 제시해야 한다.

필수 쟁점: 가치 논제

....

1. 정의적 쟁점(Definitive issues)
   ① 핵심 용어의 정의는 무엇인가?
   ② 가치의 기준은 무엇인가?

2. 지시적 쟁점(Designative issues)
   ① 사실(facts)은 정의에 부합하는가?
   ② 가치의 효용은 무엇인가?

---

1) 만족스러운 정의를 제시하기 위한 요건

7장에서 살펴본 바와 같이, 가치 논제를 옹호하기 위해서는 용어를 이치에 맞게 정의해야 한다. 가치 논제를 토론할 때 정의는 선결 요건을 갖춘 입론을 제시하는 데 반드시 필요한 필수 쟁점이며 여기에서는 그러한 맥락으로 정의를 고찰하고자 한다. 그러나 정의는 논제에 포함된 용어의 개념을 정의하는 것 이상을 포함한다. 정의는 논제의 진술이 지닌 의미에 대한 찬성 측의 해석을 제시하는 것이다.

예를 들어, "미국의 국익을 보호하기 위한 연방정부의 검열은 정당하다."라는 논제를 토론할 때, '검열', '정당함', '국익'이라는 용어에 대한 정의가 필요하다. 이라크와 아프가니스탄에 대한 군사 개입과 관련하여 흥미롭고 다양한 용어 정의를 확인할 수 있다. 대부분의 경우 미국 특파원들은 그러한 사안을 보도하지 말아달라는 미국 정부의 요청에 자발적으로 협조하곤 했다. 영국 특파원들은 정부가 원하지 않는 내용을 보도하는 것이 금지되어 있으며, 어길 경우 강력한 처벌을 받는다. 다른 연합군 정부들은 언론에 대해 더욱 엄격한 통제를 하고 있다. 이렇듯 검열에 대한 해석에는 커다란 차이가 확실히 존재하고 있다.

"개인의 사생활 보호 권리가 헌법에 규정된 다른 모든 권리보다 중요하다."라는 논제를 토론할 때, '사생활 보호 권리'에 대해 명확한 정의가 필요하다. 많은 소송에서 법정에 있는 사람들은 그 정의가 헌법에 나와 있는 것처럼 행동하지만, 사실 헌법은 사생활 보호 권리를 명시적으로 언급하지 않고 있다. 이러한 상황에서 가장 적합한 정의는 무엇인가? 예전에는 정치인의 성생활이 사적인 문제로 취급되었다. 하지만 세월이 흐르자 클린턴 대통령의 성적 행위는 탄핵이 추진되기도 전에 언론에 대대적으로 보도되었다. 거의 대부분의 사람들은 그 행위가 사생활이라는 데 동의할 것이다. 하지만 공익의 관점에서 몇몇 예외가 필요하다. 용어를 정의하면서 어떠한 예외를 정당화할 수 있을까?

2) 만족스러운 기준을 제시하기 위한 요건

가치 논제에 대한 토론에서 찬성 측은 논제에 등장하는 각각의 가치 용어 및 옹호하는 주요 가치에 대해 합리적인 기준을 제시해야 한다. **기준**(criteria)은 가치를 측정하는 척도를 제공할 뿐만 아니라 서로 대립하는 가치를 비교할 수 있는 도구를 제공한다. 반대 측 역시 찬성 측이 제시하는 기준을 면밀히 살펴보아야 하고, 더 나은 기준을 제시하거나 찬성 측의 오류에 대해 우위를 잡을 수 있도록 준비해야 한다.

"미국의 텔레비전은 오락성을 위해 방송의 품질을 희생해 왔다."라는 논제를 토론할 때, 찬성 측은 '품질(quality)'이라는 가치 용어에 대한 기준을 신중하게 따져본 후 제시해야 한다. 품질을 어떻게 측정할 수 있을까? 기준이 적절하게 설정되면, 이 기준은 찬성 측 입론의 견고한 토대를 형성하여 찬성 측은 토론에서 승기를 잡게 된다. 그러나 기준이 제대로 설정되지 못하면, 반대 측이 더 나은 기준을 제시하여 찬성 측을 패배시키거나, 반대 측이 가치 거부(value objections)를 제기하여 찬성 측에 불리하도록 기준을 바꿀 기회를 얻게 된다.

3) 효용을 제시하기 위한 요건

여기서 찬성 측은 "이 가치의 효용은 무엇인가?"라는 질문에 답해야만 한다. **효용**(application)은 가치를 수용했을 때의 효과 정도, 또는 가치의 구체적인 영향을 의미한다. 논제에서 제시된 가치를 수용하면 어떠한 일이 발생할 것인가? 예를 들면, "미국에서 민간인의 권총 소지에 대해 규제를 강화하는 것은 정당하다."라는 논제를 토론할 때, 찬성 측은 권총 소지에 대한 규제 강화가 '범죄 감소' 차원에서 확실히 옳다는 것을 입증하기 위한 준비를 해야 한다. 범죄 감소는 매우 바람직한 가치 효용이다. 그러나 권총 규제를 강화하는 것이 실제로 이 목적을 달성하는 데 기여하는가? 반대 측은 권총 규제가 범죄 감소에 미치는 영향이 미미하다고 주장할 것이 확실하다. 대부분의 범죄(예컨대, 화이트칼라 범죄)는 총기와 무관하게 발생하며, 범죄자들은 원하면 언제든지 총기를 구할 수 있다고 반대 측은 주장할 것이다. 반대 측은 또한 여러 차원을 감안할 때 총기 소지의 헌법적 권리와 같은 가치가 '범죄 감소'보다 더 중요하다고 주장할 것이 분명하다. 정책 토론에서 이익 쟁점을 개발하고 옹호해야 하는 것과 아주 유사하게, 찬성 측은 가치 토론에서 효용 쟁점을 개발해 옹호해야 하고, 양쪽 모두 강력한 효과를 규명해야 한다. 정책 토론의 경우처럼 효과가 질적인 것이어서 철학적인 기반을 가질 수도 있다. 가치의 효용은 질적인 의미나 양적인 의미에서 큰 효과가 있음이 입증되어야 한다.

4) 본질을 입증하기 위한 요건

가치 토론을 할 때 토론자는 특정 요인이 입론의 다양한 요소에 대해 또는 입론의 특정 요소들 간의 관계에 대해 **본질적**(intrinsic)임을 입증해야 할 때가 있다. 어떤 사물의 필수적 본질에 내재된 것이거나, 그 사물의 내재적 속성 또는 결과일 때, 본질적이라고 할 수 있다. 앞서 살핀 '사생활 보호 권리' 논제에 대한 토론에서, 토론자는 종종 사생활 보호 권리에서 무엇이 본질적인지, 또는 필수적인지, 그리고 다른 법적 권리보다 그것이 왜 더 중요한지에 대해 규명해야 했다. 앞서 살핀 검열 논제에 대한 토론에서도 토론자들은 검열에 내재한 특정 요인이 미국의 국익을 보호하는 데 결정적으로 중요함을 규명하고자 하였다.

5) 중대성 요건

정책 토론처럼 가치 토론에서도 토론자는 자신이 구성한 입론의 핵심 사항이 중대하다는 것을 입증해야 한다. 그들이 옹호하는 가치가 중대한 가치이며, 그 가치의 효용이 중대하다는 것을 반드시 입증해야 한다. 총기 규제의 예에서 범죄 감소는 틀림없이 중대한 효용처럼 보일 것이다. 그러나 범죄가 얼마나 감소할지, 반대 측에서 주장하는 헌법적 권리 상실을 상쇄할 만큼 충분한지 등을 살펴보아야 한다. 그러므로 정책 토론에서와 같이 중대성은 효용이 가치 목표에 대해 균형을 이루는지 가늠해봄으로써 규명되곤 한다. 중대성은 정책 토론에서도 중요한 쟁점인데 이에 대해서는 이 장의 뒷부분에서 자세히 살펴보겠다.

6) 함께 입론 구성하기

토론의 입론은 일반적으로 여러 명이 함께 작업한 결과물이다. 입론의 개요가 어느 정도 완성되면 다음 단계는 찬성 측 첫 번째 발언을 위한 원고를 준비하는 일이다. 발언 원고를 작성할 때 최종 원고는 토론자 또는 (원고가 집단적 노력의 산물이라면) 토론자들이 최고의 기술을 발휘하여 작성한 강도 높은 퇴고와 편집 과정의 산물이어야 한다. 토론자가 발언할 때 전달 효과를 극대화하기 위해 발언은 글로 써야 한다. (이 부분에 대해서는 찬성 측과 반대 측의 입론 구성과 발표를 다룬 16장을 참조하면 도움이 될 것이다.)

찬성 측의 발언 원고가 완성되면, 토론자는 말할 내용을 어구형으로 간략하게 표현한 **토론 개요**(briefs)를 준비한다. 이것은 반대 측의 공격을 논박하고 찬성 측 논증을 확장하는 데 사용된다. 이 토론 개요는 구체적인 반대 측 입론에 맞추어 조정되어야 하므로, 발언 원고를 단순히 옮겨와서는 안 되며, 오히려 즉석 연설을 위해 면밀하게 계획된 개요로서 역할해야 한다. 능숙한 토론자는 잘 구성된 **확장 개요**(extensions)도 준비할 것이다. 확장 개요는 앞에서 도입한 증거와 논증을 단순하게 반복하는 것이 아니라 그것을 발전시킬 새로운 증거와 분석으로 구성된다.

3. 정책 논제에 대한 찬성 측 입론

6장에서 살펴본 바와 같이, 정책 논제에 대한 토론에서 찬성 측은 특정 정책이나 행동 방침이 채택되어야 함을 주장한다. 그러므로 정책 논제에 대한 찬성 측 입론을 개발할 때 토론자는 선결 요건을 갖춘 입론을 제시할 책임을 진다.

쟁점이 몇 가지 논증으로 구성되는 것처럼, 선결 요건을 갖춘 입론은 몇 가지 쟁점으로 구성된다. 새로운 정책의 채택 여부를 결정할 때 합리적인 사람은 다음 세 가지 질문을 할 것이다.

1. 변화의 필요를 인식하였는가? 세상에서 신속하게 없어져야 할 피해나 긴급 사태가 존재하는가?
2. 이 문제는 저절로 없어지는 것인가, 아니면 어떤 조치를 취해야 하는가? 이 문제는 원래 그 상태로 세상에 내재되어 있는 것인가? 찬성 측이 제시하는 조치가 없다면 이 문제는 지속될 것인가?
3. 이 정책을 채택하면 실제로 도움이 되는가? 이 정책은 문제를 해

결할 수 있는가, 아니면 많은 새로운 문제들을 야기할 것인가?

이 세 질문은 정책 토론의 필수 쟁점(stock issues)이 된다. 정책 논제에 대한 선결 요건을 갖춘 입론을 구성하기 위해서 찬성 측은 반드시 세 질문의 각각에 답하는 설득력 있는 논증을 제시해야 한다. 토론에서 이 세 질문 또는 쟁점을 피해(harm), 내재성(inherency), 해결성(solvency)이라고 부른다. 찬성 측은 토론을 시작하기 위해 세 가지 필수 쟁점을 모두 언급해야 하며, 토론의 의견 충돌 대부분은 그것들을 중심으로 전개된다.

1) 피해를 입증하기 위한 요건

첫 번째 필수 쟁점은 피해(harm)이다. 피해가 세상에 존재하지 않는다면 변화의 이유 역시 없다. 피해란 더욱 큰 선(예를 들면, 지금도 괜찮지만 더 많이 좋아질 수도 있는 것들)의 부재일 수도 있고, 실재하고 가시적이며 존재하고 있는 악일 수도 있다. 변화의 필요를 규명하기 위해서는 피해가 존재함을 입증해야 한다. 찬성 측이 제시한 피해가 중대하고 강력하며 만연한 것이어야 설득력을 얻는다. 여기서 명심해야 할 것은 피해 자체가 찬성 측에 대한 지지를 보장하는 것이 아니지만, 피해가 없다면 해결 방안에서 언급한 변화가 정당화될 수 없다는 점이다.

중대성(significance)이란 "어느 정도의 피해가 존재하는가?"라는 질문에 대한 답이다. 토론자는 양적 중대성, 즉 수치화되고 측정 가능하며 구체적인 피해 정도를 입증해야 한다. 이는 피해 인원수를 파악하고 (실제 피해가 일어날 가능성에 대한) 위험 발생률을 측정하는 등 수치화된 피해 정도를 살펴봄으로써 입증할 수 있다. 큰 수치는 매우 인상적이면서 중요한 설득 기능을 담당하지만, 피해 인원수를 측정하지 않고 통계를 통해 피해의 중대성을 증명할 수 있음을 명심해야 한다. 사실 미국에 집 없는 사람이나 에이즈 감염자가 몇 명인지 정확하게 알지 못하지만 이 두 문제가 매우 중대하다는 것은 의심의 여지가 없다. 찬성 측은 피해의 정도에 대한 현실적인 추정치를 제시하고 이 추정치 또한 실제보다 축소된 것이라는 증거를 제시해야 한다.

피해는 무엇보다도 강력해야 한다. 모든 논증에서와 같이 강력한 피해의 핵심은 **효과**(impact)이다. 합리적인 사람이 피해를 인식한 다음 "그래서 뭐?"라고 한다면 그 피해는 그다지 중대한 것이 아니다. 남성의 대머리 문제는 양적으로는 매우 중대하지만 모든 대머리 남성이 그것을 심각하게 여기지는 않는다. 사람들은 대머리로 인해 삶의 질이 심각하게 훼손된다거나 (허영심을 제외한) 인간의 중요한 가치가 침해된다고 여기지 않을 수도 있다. 강력한 피해를 입증하기 위해 찬성 측은 질적 피해를 증명해야 하며, 삶의 질이 낮아진다거나 중요한 가치가 훼손됨을 지적해야 한다.

질적 중대성은 용어 정의에서도 중요하고 결과에서도 중대하다. 미국 대법원은 중요한 가치가 위협받는 것, 즉 질적 중대성이 성립되기 때문에 개인의 권리 제한에 기초한 정책을 수립한다. 반면에 **양적 중대성**은 질적인 피해와 직결되지 않는다면 강력하지 않다. 당뇨병 사망 환자가 수천 명에 달하는 상황을 해결하려는 것은 피해를 입은 사람의 수가 많기 때문이 아니라, 인간의 생명과 고통 회피에 높은 가치를 두기 때문이다. 일반적으로 인간의 생명에 높은 가치를 두기 때문에 사망은 중대한 피해로 여겨진다. 또한 고통의 회피에도 높은 가치를 두기 때문에 고통 역시 중대한 피해이다. 하지만 피해가 존재하는 상황이라고 해서 모두 중대하다고 여겨지는 것은 아니다. 피해 정도는 매우 정밀한 조사에 의해 증명되어야 한다. 예를 들어, 경제적 피해가 수많은 사람의 삶의 질을 저하시키거나 사망의 위험을 증대시킨다는 것을 구체적인 방법으로 제시하지 못한다면 그것은 그다지 설득력이 없다. 질적 피해는 피해의 효과를 규명하며, 효과가 있다는 것은 강력하다는 것이다.

마지막으로, 피해가 만연함을 증명해야 한다는 것은 일반적으로 받아들여진다. 사실 이 문제는 어느 정도는 논제의 성격에 달려 있다. 대부분의 정책 결의안은 국가적 또는 국제적 조치를 요구한다. 만약에 일부 지역의 문제라면 국가적 또는 국제적 조치가 필요하지 않을 것이다. 즉, 변화를 주장하는 토론자는 피해가 만연해 널리 퍼져 있다는 사실을 입증해야 한다.

토론자가 양적 필요와 질적 필요를 제시하고 피해의 만연한 성질을 지적할 수 있다면 매우 강력한 입장을 확보하게 되지만, 이것이 항상 가능한 것은 아니다. "정부는 미국 내의 대중매체에 대한 규제를 강화해야 한다."라는 논제에 대한 토론에서, 찬성 측 토론자는 언론 보도가 불공정한 판결을 야기한 경우를 근거로 들어, 정부가 범죄 소송에 대한 언론 보도를 강력하게 통제해야 한다고 주장했다. 이 입론을 사용한 토론자는 언론 보도가 배심원에 직접 영향을 미친 사례를 찾기 힘들었다. 하지만 그 토론자는 미국 수정헌법 6조가 보장하는 배심원의 공정성과 관련된 권리는 질적으로 매우 중요하며, 수많은 소송에서 단지 한 번만 이 권리가 침해받는다 하더라도 이는 반드시 보호되어야 함을 주장했다.

2) 내재성을 입증하기 위한 요건

내재성(inherency)은 미래에 피해가 생길 경향으로 이해될 수 있다. 해결해야 할 피해가 존재한다는 사실이 일단 입증되면 의사 결정을 하는 사람은 해결 방안을 살펴보게 된다. 현 상태에 대한 대대적인 정비 없이 문제가 사라진다면 실질적인 변화는 불필요하다. 내재성은 문제의 원인을 고찰하는 것이다. 유감스럽게도 문제의 원인은 단순하지 않다. 대부분의 문제들에는 서로 얽혀 있는 수많은 원인이 존재하며, 어떤 것은 파악하기조차 힘들다. 만일 문제의 원인이 현 상태에 비교적 영구적으로 고착되어 있고, 이를 변경하거나 극복하기 위해서는 대규모의 개선 작업이 필요하다면 내재성이 있는 것으로 본다. 그렇지만 내재성은 지속적으로 변하는 체제 (system)와 같아 다루기가 까다롭다. 현 상태에 대한 진술에서 변화의 방향을 예측할 수 있으며, 문제 해결을 위한 조치가 없으면 피해로 인식한 문제가 해소되지 않음을 지적해야 한다. 그러므로 내재성은 "문제가 저절로 해소될 것인가, 아니면 그것을 해결하기 위해 우리가 어떤 일을 해야 할 필요가 있는가?"를 질문한다.

구조적 내재성은 가장 강력한 형태의 내재성이다. 구조적 내재성은 피해가 현 상태에 영구적으로 내재되어 있으며, 피해를 없애기 위해 현 상태의 개선이 필수적임을 입증한다. 구조적 내재성은 법률과 법적 강제력을 갖는 법원의 판결 및 사회 구조 등으로 이루어져 있다. 교도소를 건설하려면 대중의 승인과 법률에 의한 공적 기금 마련이 필요하므로 쉬운 일이 아니다. 낙태는 미국의 대법원에서 규제하고 있으므로 낙태를 위한 모금은 금지된다. 법원이 판결을 했으니 미국 국기를 불태우겠다는 말을 상징적으로 하는 것은 허용된다. 법이 불법 약물 사용과 소지를 금지하므로 마리화나 흡연자는 구속된다. 어떤 주에서는 노동조합이 법적·사회적 구조를 통하여 조합원만을 고용하는 클로즈드 숍(Closed Shop) 제도를 만들기도 했다. 만약 찬성 측이 법률이나 법원 판결이나 사회 구조가 피해의 해결에 장애가 됨을 증명할 수 있다면, 이는 구조적 내재성을 입증하는 것이다.

피해를 낳는 의사 결정에 영향을 미치는 권위자의 태도에 기반을 둔 내재성도 있다. **태도적 내재성**은 발견된 문제를 현 상태에서 해결할 수 없게 방해하는 태도를 의미한다. 인종차별주의와 성차별주의는 사회활동에서 여성과 소수자의 평등한 권리와 기회 부여를 방해하는 태도를 취한다. 범죄에 대한 공포는 죄수의 외부 노동과 일시 출소 프로그램의 시행을 방해한다. 역설적으로, 교도 시설을 반기는 지역이 거의 없기 때문에 새로운 교도 시설을 짓는 것조차 두려움의 대상이 된다. 그러한 태도의 이면에 있는 핵심 동기를 파악하는 것은 유용하다. 예를 들면, 약물 유통과 범죄와 관련된 문제는 일반적으로 금전적 이익 또는 권력과 깊은 관련이 있다. 일단 유해한 행위의 핵심 동기를 드러내면 해당 태도가 무엇인지 분명하게 파악할 수 있다.

피해가 존재하고 해소될 조짐이 보이지 않기에 피해가 내재한다는 주장을 하는 경우가 간혹 있다. 이를 존재적 내재성(existential inherency)이라고 하는데, 이는 보통 부적절한 조사를 토대로 한 분석이다. 만약에 문제가 쉽게 사라지지 않는 것이 진실이라면, 분명히 어떤 이유가 있기 마련이다. 그 이유는 현 상태 안에 문제를 해결하는 데 구조적으로나 태도적으로 장애가 있기 때문이다. 존재적 내재성은 '유사(pseudo)' 내재성이다. 이것은 책임 회피의 한 방식으로, "피해가 있는 것은 알겠는데, 그 이유를 모르겠다."라고 말하는 것이다. 피해의 배후에 존재하는 이유를 밝혀내지 못한다면 피해 해결을 기대할 수 없다. 선결 요건을 갖추기 위해서 찬성 측은 반드시 현 상태에서 피해 해결을 가로막는 구조적 내재성 또는 태도적 내재성을 드러내야 한다. 그럴 때 내재성 책임을 충족하게 된다.

배심 재판에 영향을 미치는 언론 보도의 사례에서, 찬성 측 토론자가 구조적 내재성을 규명하는 것은 쉬운 일이었다. 수정헌법 1조는 정부의 언론 규제를 막는 강력한 장벽을 제공한다. 찬성 측의 방안은 헌법을 개정하거나, 수정헌법 1조에 의해 부정된 구체적인 힘을 연방정부에 부여해야만 효력을 얻을 수 있다.

동일한 이 사례에서 찬성 측은 종종 태도적 내재성을 입증할 수 있었다. 이는 신문 발행과 텔레비전 시청 증가가 선정주의를 증대시킨다고 주장하는 것이었다. 이런 이유로 찬성 측은 신문과 텔레비전이 배심원단에게 편견을 조장할 수 있는, 검증되지 않고 (법정에서) 허용되지 않은 충격적인 뉴스를 발굴하여 보도하는 경향이 있다고 주장했다.

3) 해결성을 입증하기 위한 요건

찬성 측은 중대하고 강력하며 만연한 피해가 있고 그 피해가 현 체제의 근본적인 변화가 없으면 해결되지 않는다는 점을 일단 규명하고 그다음에는 피해를 해결할 실행 방안을 반드시 제시해야 한다. 이 방안은 해결성(solvency) 책임을 충족하고 현 상태보다 문제를 더 잘 해결해야 한다. 이때 찬성 측은 **비교우위**(comparative advantage)를 입증만 하면 되며 피해를 제거할 것까지 요구받지는 않는다. 다른 말로 하면, 해당 방안이 현 상태와 비교했을 때 더 우수한 시스템이며 비교우위가 있다는 점을 입증하면 되는 것이다. 이를 위해 찬성 측은 방안이 실행 가능하다는 점, 방안이 현 상태보다 문제를 더 잘 해결한다는 점, 방안이 피해 자체보다 더 나쁜 부작용을 유발하지 않는다는 점을 입증하는 해결성 쟁점을 다루어야 한다.

해결성 쟁점의 첫 번째 요건은 실행 가능성이다. 찬성 측에는 방안의 실행을 추정할 때 **실행 당위**(fiat)를 적용하는 것이 허용된다. 실행 당위는 마술이 아니다. 그것은 논증을 위해 찬성 측에만 허용되는 것으로 만약 방안이 바람직하다는 점이 입증되면 정상적인 법적 절차에 의해 채택될 수 있다. 그렇게 되면 토론은 방안의 채택 여부에 중점을 두게 된다. 만약 토론자가 자신이 제안한 방안이 채택될 가능성을 증명해야 한다면, 토론자는 해당 방안이 투표로 채택될 정치적 실행 가능성을 논증하는 데 대부분의 시간을 소비할 것이다. 이렇게 되면 토론의 핵심인 정책 분석은 방해를 받게 된다. 그러므로 실행 당위는 방안의 실행 가능성이 아니라 방안의 가상적 실행을 추정하게 된다. 찬성 측은 해당 방안이 내재성 쟁점에서 밝혀진 구조적 장애와 태도적 장애를 해소하거나 극복할 수 있다는 점과 아울러 실제 세계에서 정상적으로 작동할 것이 예상된다는 점을 입증해야 한다. 즉, 찬성 측은 마술적 기술을 발명한다거나 흙을 파서 예산을 마련한다는 논리가 아니라 실행 가능한 방안임을 입증해야 한다. 그래야만 실행 가능성 책임을 충족하게 된다.

방안은 정책 토론에서 필요와 이익의 연결고리를 제공하는 핵심 요점이다. **방안**은 타당성 논증에서 필요나 피해로서 주장된 문제를 반드시 해결할 수 있어야 하며, 찬성 측이 주장한 이익을 산출해야 한다. 찬성 측의 방안은 제기된 필요를 충족하고 이익을 산출할 수 있다는 점을 입증하기 위해 충분히 구체적으로 개발되어야 한다. 하지만 교육 토론에서는 제한된 시간 안에 제시하고 옹호할 수 있을 만큼 충분히 간략해야 한다.

비록 방안이 찬성 측의 논제와 특정 입론에 꼭 들어맞도록 조정되어야할지라도, 그것은 실제 세계에서도 충분히 합리적으로 여겨지는 정책이어야 한다. 방안에 대한 아이디어를 찾을 때 토론자는 공적인 보고서나 문헌, 경우에 따라서는 방안 채택의 효율성을 지지하는 연구 논문을 쓴 전문가의 의견을 참조해야 한다.

초보 토론자는 방안의 기본 형식을 익혀야 한다. 숙달된 토론자는 기본 형식을 바탕으로 자신이 생각하기에 더 바람직하고 주장하기에 편리하다고 여겨지는 변형을 만들어 사용할 수도 있다. 방안의 주된 내용은 일반적으로 강령(planks)의 형태로 제시되는데, 기본 형식은 다음과 같다.

방안의 기본 형식

제1강령 – 주체

이 강령에서 찬성 측은 누가 방안의 시행을 책임질지 분명하게 밝혀야 한다. 여기에는 방안을 입법화하는 주체 또는 방안을 시행하는 주체를 구별하는 것이 포함된다. 찬성 측은 해당 방안을 시행할 주체로 연방정부를 요구하는가? 아니면 새로운 주체를 형성할 것인가? 여기서 찬성 측은 해당 방안을 시행할 주체의 필수 세부 사항을 명시해야 한다.

제2강령 – 요구 사항

대부분의 토론에서 요구 사항은 방안의 핵심이 된다. 이 강령에서 찬성 측은 방안을 시행하기 위해 시행 주체에게 전하는 요구 사항을 명시한다. 찬성 측은 시행 주체에게 요구할 내용을 정확하게 구체적으로 밝혀야 한다. 만약 찬성 측 방안을 시행하기 위해 새로운 입법이 필요하다면, 이 강령에 해당 내용이 포함되어야 한다.

제3강령 – 강제 조항

강제 조항은 필수적인 것이 아니나 경우에 따라 시행 방법을 명시하는 것은 방안의 작동을 용이하게 하는 데 도움이 된다. 피해와 내재성 쟁점에서 찬성 측은 사람들이 자신의 방안을 거부할 많은 이유를 제시한다. 이때 강령은 찬성 측이 원하는 방식으로 사람들이 행동하도록 할 방법을 제시해야 한다. 찬성 측은 사람들이 방안 시행에 필요한 방식으로 행동하도록 할 벌금 부과, 금고형, 여타의 강제 조항이나 다른 보상책을 찾아낼 수도 있다. 상황에 따라서 찬성 측은 방안에 의해 조성된 새로운 조건에서는 사람들이 자신에게 이익이 되는 방향으로 움직이기 때문에 바라는 방향으로 행동할 것이라는 점을 증명할 수 있어야 한다. 대부분의 경우 강제 조항은 방안에 의해 명시되지 않음을 의미하는 '정상적인 수단(normal means)'을 통해 이루어진다.

제4강령 – 예산과 인력

역시 필수적이지 않을 때도 가끔 있지만, 찬성 측은 이 강령에서 요구 사항을 실행하기 위해 주체에게 인력과 예산을 얼마나 허용할 것인지 구체적으로 명시해야 한다. "미국 연방정부는 지구 대기의 중간권 이상의 공간에 대한 탐사와 개발을 확대해야 한다."라는 논제의 경우는 수십억 달러, 아마도 수조 달러의 세금 인상이 필요해서 정부 예산 고갈과 국채 증가를 초래할 것이다. 반면에 '대중매체 규제'와 관련된 논제의 경우는 요구 사항을 실행하기 위해 이미 존재하는 주체에게 아주 적은 인력과 예산의 증가만 허용하면 된다. 이 조치 역시 '정상적인 수단'을 통해 이루어진다.

제5강령 – 추가 사항

찬성 측은 마지막 강령에서 방안의 시행을 완수하는 데 필요할 수도 있는 조항을 추가한다.

예를 들면, 상충하는 법률의 폐지를 제시하거나, 방안의 의도를 나타내거나, 방안이 쉽고 충분하게 이해되도록 세부 사항을 제시한다.

방안의 필수 요소, 또는 방안 강령(plan planks)은 반드시 '논제 관련 성'이 있어야 한다. '비논제 관련성(extratopical)' 방안 강령을 넣는 것은 불법적 전략으로 간주된다. 이 비논제 관련성 방안 강령은 이익이 있다고 주장하는 방안의 일부이지만 논제에 내재된 정책의 시행과 관련해서는 필 수적인 것은 아니다. 예를 들면, 고용 기회 논제에 대한 토론에서 대부분의 찬성 측 입론은 고용된 사람들의 소득은 필연적으로 증가한다는 것이다. 이 논증은 반대 측에 '사료를 먹인 소고기(grain-fed beef)' 불이익 논증을 할 수 있는 길을 열어준다. 반대 측은 소득이 증가한 사람들이 사료를 먹여 키운 소의 고기를 더 소비하는 경향이 있으며, 그러면 심혈관 질환이 늘어 찬성 측이 돕고자 하는 많은 사람을 죽음으로 몰아넣는다는 논증을 할 수 있다. [이런 포괄적인 미끄러운 비탈길(slippery slope) 불이익 논증은 찬성 측의 여러 방안에 적용된다. 이것은 때로는 '미트볼(meatballs)' 불이익이라고도 한다. '미트볼'은 나중에 중대한 불이익이 발생할 수 있는 경우를 포괄하는 용어이다.] 어떤 찬성 측 토론자는 이러한 공격을 예상하고서 자신들의 방안은 사료를 먹인 소고기에 세금을 부과하여 부분적으로 예산을 충당하는 것이라고 말 하기도 한다. 이러한 전술은 반대 측에서 불이익을 제기하는 것을 차단할 뿐 아니라, 찬성 측이 세금 부과로 사료를 먹인 소고기의 가격이 인상되어 현재 수준에서 소비가 유지되며, 따라서 불이익을 초래하지 않을 것이라고 함으로써 반대 측에 대응할 수 있게 한다. 하지만 이러한 방안 강령은 논제 관련성을 갖추지 못한 것으로 간주되어 공정하지 않은 전략이 된다. 찬성 측에서 주장하는 조치는 단지 논제에 필수적인 정책 조치를 시행하거나 가능하게 하는 것뿐일 수 있다.

찬성 측은 방안의 채택 가능성은 입증하지 않아도 되지만, 채택 후 방안의 실행 가능성은 입증해야 한다. 찬성 측은 밝혀진 내재성을 극복하고 방안의 입법을 가능하게 하는 실행 당위 개념을 이용할 수 있다. 실행 당위를 적용하지 않으면 방안의 실행 가능성을 가정할 수 없다. 만약 찬성 측 방안에서 개인 소득세 인상을 주장하면서 동시에 재산세 인하를 주장한다면, 반대 측이 실행 가능성 쟁점을 제기하는 것은 타당하지 않다. 현 상태에서는 효과적인 세금 징수 방법이 있기 때문이다. 그러나 경우에 따라서는 실행 가능성이 모든 면에서 가장 중요한 쟁점이 될 수도 있다. 전 국민을 위한 종합의료보험에 대한 토론에서 찬성 측 방안 중 하나는 전 국민을 대상으로 매년 정기 검진을 실시한다는 것이었다. 찬성 측은 방안에 "필요한 모든 수단을 동원하여 집행한다."라는 조항을 주장함으로써 자신의 책임을 회피하려고 하였다. 반대 측은 수많은 사람들이 두려워하거나 모르거나 무관심하여 정기 검진에 자발적으로 응하지 않을 것이라고 하였다. 더불어 방안의 실행을 강제할 수 있는 효과적인 수단을 찬성 측은 반드시 제시해야 하며, 그렇게 하지 못하면 함께 언급한 이익이 보장되지 않는다고 주장하였다. 경험이 부족한 찬성 측 토론자는 아주 과도하게 '능지처참(drawing and quartering)' 규정으로 방안의 실행을 강제하면 된다고 답변하였다. 이에 대해 다음 순번의 반대 측 토론자는 찬성 측이 제시한 능지처참은 건강을 증진하는 것과는 정반대의 수단이며 법적 강제 수단의 현대적 기준에 비추어볼 때 매우 혐오스러운 것이므로, 찬성 측의 주장을 거부할 수 있는 근거로 삼겠다고 반박하였다. 판정자 역시 능지처참은 중세 시대에나 적용한 수단이므로 현대 미국에서는 채택과 실행이 불가능한 규정이라는 것에 동의하였다.

실행 당위는 '정상적인 수단'—대체로 미국 연방정부처럼 관련된 의사 결정체의 일반적인 정책 입안 절차—에 의해 방안이 채택됨을 가정한다. 경우에 따라 토론 팀들은 주어진 상황에서 무엇이 정상적인 수단(normal means)에 해당하는지에 대해서 토론해야 할 수도 있다. 하지만 찬성 측은 의사 결정 과정의 영향에 대해서는 실행 당위 개념을 사용하지 않는다. 예를 들어, (비록 찬성 측은 방안 실행에 정치적 비용이 들지 않는다는 것을 입증하기 위해 방안의 옹호자에 의존할 수도 있지만) 찬성 측은 방안 실행에 정치적 비용이 들지 않는다는 것에 대해서는 굳이 실행 당위 개념을 사용하지 않는다.

또한 찬성 측은 방안의 비합리적인 조항에도 실행 당위 개념을 사용하지 않는다. 예를 들어, 찬성 측은 소비자 보호에 대한 토론에서 행정부가 랠프 네이더(Ralph Nader)*에 의해 지휘를 받을 것이라는 것에 실행 당위를 적용하지 않는다. 또한 범죄 단속에 대한 토론에서 행정부 관료가 타락하지 않을 것이라는 것에 실행 당위를 적용하지 않는다.[2] 만약에 그들이 의회의 위원회를 지정해 CIA를 조사하게 할 때, 위원회의 모든 구성원이 진보적인 민주당원은 아닐 것이라는 것에 실행 당위를 적용하지 않는다. 요약하면, 찬성 측 방안은 정상적인 정치 절차의 지배를 받으며, 그 구성원들은 정상적인 인간의 나약함을 가지고 있다. 그러므로 찬성 측은 행정부에 간달프나 해리 포터를 임명하여 태도적 내재성을 극복하면서 현 상태가 완벽하게 작동하는 것을 방해하는 여타의 문제를 극복하기 위해 마술을 부리라고 명기할 수는 없다.

게다가 해당 방안은 주장하는 정책의 실행에 필요한 충분한 정보를 제공해야 한다. "연방정부는 매년 소득세 수입의 일정 비율을 주 정부에 보조금으로 교부해야 한다."라는 논제에 대한 토론에서 찬성 측은 각 주에

....

* 소비자 보호 운동을 주도한 미국의 변호사로 1996년 미국 대통령 선거에 녹색당 후보로 출마한 바 있다.

교부해야 하는 정확한 보조금 액수까지 제시할 의무는 없다. 그러나 적정 액수를 정하기 위한 정책 수단 정도는 언급해야 한다.

해결성의 두 번째 요건은 방안이 현 상태보다 문제를 더 잘 해결하는 것이다. 이 요소는 '필요를 충족하는 방안' 또는 '이익을 유발하는 방안'이라고 한다. 찬성 측은 선결 요건을 충족하기 위해서 특정 이익을 반드시 보장해야 한다. 또한 가능하다면 어느 정도의 성공을 예상할 수 있는지 제시할 필요가 있다. 방안이 피해를 얼마나 많이 제거할 수 있는지를 제시할 수 있어야 하는 것이다.

방안을 세울 때에는 항상 문제의 해결성을 염두에 두어야 한다. 조사 과정에서 해결성 옹호자, 즉 해당 정책을 지지하는 전문가와 함께 시작하는 것은 좋은 생각이다. 또한 방안의 시행에 적합한 주체를 제시하는 것도 중요하다. 우주 개발에 대한 토론에서 어떤 찬성 측 토론자는 나사(NASA) 가 우주 공간에서 일할 전문가를 보유하고 있기에 방안의 시행 주체로 나사를 지목하였다. 찬성 측은 문제를 해결할 최선의 주체로 나사를 지지할 준비가 되어 있었던 것이다.

찬성 측은 원하는 목표를 달성할 수 있도록 요구 사항을 면밀하게 작성해야 한다. 찬성 측은 '고용 기회 보장'에 대한 토론에서 "정부는 고용을 3퍼센트 증대시킬 것이다."라고 말할 수 없다. 그 대신에 정부가 3퍼센트 고용 증대를 달성하기 위해 반드시 해야 할 것을 구체적으로 적시해야 한다. 어떤 찬성 측 토론자는 공정근로기준법(Fair Labor Standard Act)이 정한 범위 내에서 주당 기준 노동시간의 축소를 요구하였다가, 자신의 요구가 문제를 해결할 수 있다는 것을 증명하기 위해서는 상당히 구체적으로 요구 사항을 설명해야 함을 알았다.

강제 조항 강령은 원하는 방향으로 사람들이 행동하도록 하는 유인책이나 강제 수단을 제시하는 것이다. 이때 유인책이나 강제 수단은 반드시 실제적이어야 하며, 전문가의 옹호에 의해 뒷받침되어야 한다. 음주 가능 연령을 21세로 올리기 위한 법률 제정 과정은 방안 구성에서 강제 조항을 제시하는 흥미로운 사례를 보여준다. 음주 가능 연령은 기본적으로 개별 주에서 결정한다. 최소 음주 가능 연령을 21세로 조정하기를 주장하는 발의자들은 자신들이 원하는 이 법률을 제정하기 위해 전체 50개 주에 입법 로비를 해야 한다는 것을 인식하고서는 연방정부를 상대로만 입법 로비를 하기로 정하였다. 결국은 개별 주가 음주 가능 최소 연령을 21세로 올리지 않으면 각 주에 교부하는 연방의 고속도로 건설 예산을 삭감하도록 하는 법률을 연방정부가 제정하도록 하는 데 성공하였다. 이러한 강제 수단과 유인책의 혼합은 모든 주에서 발의자들이 바라던 법률이 통과되도록 하는 데 필요한 강제 조항을 제공했다. 이 법률의 발의자들은 그들이 원했던 법률이 정한 연령을 변경하여 모든 주가 강제성 있는 음주법을 만들었다는 데 만족스러움을 느꼈다.

예산과 인력은 반드시 균형이 맞아야 한다. 다시 말해, 예산과 인력이 찬성 측에서 제시한 목표를 달성할 수 있을 만큼 충분해야 하지만, 반대 측에 의해 쉽게 '불이익'으로 전환될 정도로 과도하게 커서는 안 된다. '우주 개발' 논제에 대한 토론에서, 많은 찬성 측 토론자들은 우주 개발 프로그램을 추진하기 위해서는 천문학적 규모의 세금 인상은 물론이고 개별 회사에 우주 개발 프로그램 참여를 유도하기 위한 엄청난 세금 혜택이 필요함을 확인하였다. 이러한 입론에서 찬성 측은 이런 막대한 금액이 마련 가능하다는 것을 입증할 준비를 해야 한다. 물론 음주 가능 연령을 21세로 올리는 법률의 경우에는 예산 강령이 특별히 필요 없다. 개별 주가 따라오도록 만들기 위해서는 이미 적절하게 책정되어 있는 건설 예산을 연방정부가 단순히 지급하지 않겠다고 위협만 하면 되었다.

추가 조항 강령에서는 방안이 효과적으로 작동하기 위해 필요한 조항을 제시해야 한다. 경우에 따라서는 찬성 측의 방안이 현행법이나 헌법 조항에 배치될 수도 있다. 7장에서 살펴본 대로 합헌성(constitutionality)은 결코 교육 토론에서 쟁점이 아니다. 그럼에도 불구하고 방안은 조항이 합법적이 되도록 적절한 조치를 취해야 한다. 투표 연령을 18세로 낮추고자 했던 사람들은 명백하게 헌법에 배치되는 제안을 한 것이지만 그 방안은 수정헌법 26조의 형태로 나왔다. 따라서 찬성 측에서 제시한 방안이 위헌이거나 불법적이거나 (현행법의 범위를 벗어나는) 초법적일 경우, 해당 방안이 정상적인 수단과 조화를 이루면서 합법화될 수 있도록 하는 필수 조항을 추가 조항 강령에 담아야 한다. 만약에 반대 측이 방안이 불법적이라거나 지난한 법정 공방을 초래할 정도로 불확실한 것임을 입증하는 데 성공한다면, 찬성 측은 해결성 쟁점에서 패하게 된다.

해결성은 해당 방안에 유일한 것이어야 한다. 찬성 측은 입론의 이 부분을 전개할 때 해당 방안만이 최고의 이익을 보장하면서 문제를 해결할 수 있다는 것을 입증해야 한다. 이 방안이 아닌 다른 수단에 의해 현 상태의 문제가 해결된다면 굳이 이 방안을 채택할 이유가 없다. 대중매체에 대해 토론할 때 어떤 찬성 측 토론자는 텔레비전의 폭력성이 해롭기 때문에 연방정부는 이 폭력성을 규제해야 한다는 주장을 담은 입론을 구성하였다. 이에 대해 반대 측 토론자는 연방정부의 규제 없이도 자율 기관인 전국방송국협회(National Association of Broadcasters: NAB)에 의해 이 문제가 해결될 수 있다고 주장하였다. 이에 대해 다시 찬성 측은 모든 텔레비전 방송국이 NAB에 가입되어 있지도 않고 모든 NAB 회원이 그 규정을 준수하지도 않는다고 응수하였다. 따라서 모든 텔레비전 방송국에 방송의 폭력성을 규제하는 규정을 준수하도록 강제하는 이 방안만이 현재의 요구에 대한 충분한 해결성을 보장한다고 찬성 측 토론자는 주장하였다.

이론적으로 찬성 측은 전문적인 해결성 옹호자, 즉 찬성 측 방안을 뒷받침하는 실제 지지자들로부터 도움을 받을 수도 있다. 만약 찬성 측이 자신의 방안을 만들고 고안할 때와는 대조적으로, 제안을 고안하고 자신들의 주장을 옹호하는 내용을 출판하는 전문가들을 언급할 수 있다면 더 안전한 근거를 가지게 된다. 많은 입론에서 해당 방안의 바람직함을 보여주는 경험적 증거를 제시하면서, 다른 영역 또는 시범 사업이나 여타의 정책과 같은 더 작은 사법권에서 방안을 실행해볼 수도 있다.

한 명 이상의 '해결성 옹호자(solvency advocates)'에 의해 뒷받침되는 의견을 제시할 수 있을 때 찬성 측은 아주 강력해진다. 이들 옹호자는 학자, 정책 전문가, 또는 해당 영역에 깊이 관여하여 전문적으로 활동하거나 연구해 온 여타의 연구자나 전문가들이다. 이들은 찬성 측이 논제로 다루고 있는 쟁점을 고찰해 왔고, 찬성 측의 방안에 동의하는 글을 쓰거나 발언을 해 온, 아는 것이 많은 전문가들이다. 이들은 방안에 대하여 가장 강력하고 신뢰할 수 있는 지지를 제공한다. 경우에 따라서 이들은 방안이 다른 곳에서 성공했기 때문에 제대로 작동할 것이라는 실험 결과를 제시할 수도 있다. 예를 들면, 개인이 아닌 정부가 보험료 전액을 단독 납부하는 의료보험 제도의 해결성에 대해서는 캐나다의 축적된 경험을 증거로 삼을 수 있다. 마리화나와 헤로인의 합법화에 대해서는 네덜란드의 경험을 증거로 삼을 수 있다.

마지막으로, 찬성 측 토론자는 자신들의 제안이 가져올 이익을, 야기될지도 모르는 부정적 결과나 불이익과 비교할 준비를 해야 한다. 어떤 변화든 비용이 따르기 마련이다. 찬성 측은 이것을 미리 언급할 필요는 없지만 반대 측이 방안의 비용이 이익보다 크다는 논증을 할 때 이를 반박할 준비가 되어 있어야 한다. 해결성의 이 세 번째 요소는 선결 요건에 해당하는 쟁점이 아니므로 반대 측이 불이익에 대한 문제를 제기하기 전까지는 논의할 필요가 없다.

4) 이익을 입증하기 위한 요건

찬성 측 입론의 이익 부분은 방안이 필요를 충족시키고 찬성 측이 현 상태에서 발견한 결핍과 약점을 바로잡을 수 있음을 입증할 만큼 충분히 구체적으로 제시되어야 한다. **이익**(advantage)이란 찬성 측이 주장하는 바에 의해 방안을 채택했을 때 얻을 수 있는 편익이나 이득을 말하는데, 반드시 불이익보다 더 크다는 것이 입증되어야 한다. 찬성 측은 이익을 방안과 연결할 때 주의를 기울여야 한다. 찬성 측은 이익이 해당 방안의 실행 결과이고, 해당 방안에 유일한 것이며, 해당 방안 외의 다른 요소로는 달성할 수 없다는 점을 입증해야 한다.

이익은 효과가 분명해야 하며, 그 중요성이 상당히 커서 불이익에 비해 분명히 커야 한다. 사실 모든 논증은 해당 토론의 다른 모든 논증과 비교하여 전략적으로 그 논증의 중요성 면에서, 그리고 중요성 척도와 관련해서 그 효과로 측정되어야 한다. 찬성 측 입론의 효과란 그 이익의 중요성과 측정된 이익의 가치를 의미한다.

이익은 반드시 필요(needs)와 통합되어야 한다. '고용 기회 보장' 논제에 대한 토론에서 찬성 측이 수백만 명이 실업자인데 이 실업자들은 건강이 악화되고 높은 자살률을 기록하며 범죄에 연루되어 있다고 주장한다면, 수많은 사람에게 고용 기회가 제공될 경우 반드시 그 첫 번째 이익으로 그들의 건강이 좋아지고 자살률과 범죄율이 낮아질 것임을 제시해야 한다. 찬성 측은 고용 증가, 건강 증진, 자살률 감소가 방안 실행의 직접적인 결과이고, 동일한 이익이 다른 프로그램을 통해서는 가능할 수 없다는 점을 입증할 수 있다면 가장 강력한 논증을 하게 되는 것이다.

모든 정책 실행에는 비용이 든다. 찬성 측의 방안은 거의 예외 없이 중대한 문제를 야기하기 마련이다. 그러므로 반대 측은 불이익이 찬성 측의 방안에 내재되어 있음을 입증하기 위해 가장 강력한 불이익 조합을 찾아 제시하려고 한다. 당연히 찬성 측은 이러한 불이익을 최소화하거나 논박할 준비를 해야 한다. 그런데 실제적으로 논박하기 어려운 불이익이 존재하기 마련이다. 찬성 측은 순이익을 반드시 입증해야 한다. 즉 이익이 불이익보다 더 크다는 것을 증명해야 하는 것이다.

이익이 불이익보다 크다는 것을 입증할 필요성은 콘택트렌즈와 관련된 일상의 사례로 설명할 수 있다. 콘택트렌즈를 착용하는 사람들은 분실 가능성이 있다는 불이익을 인식하고 있다. 하지만 그들은 사용의 편리함이나 외모를 고려할 때 그러한 불이익보다 이익이 더 크다고 판단해 콘택트렌즈를 낀다. 이익과 불이익의 비교는 토론자에게 매우 중요하다. 찬성 측은 불이익보다 이익이 크다고 주장하며, 반대 측은 이익보다 불이익이 크다고 주장한다.

'고용 기회 보장' 논제에 대한 토론에서, 어떤 반대 측 토론자는 취업 상태가 실업 상태보다 건강 문제를 더욱 악화시킨다는 주장을 하는 경우가 있는데, 이들은 산업재해로 인한 피해자 수와 위험물 취급으로 발생한 환자 수를 근거로 제시한다. 이 불이익 논증에 대해 찬성 측은 종종 자신들의 방안이 실업자들에게 취업을 강요하는 것이 아니라 취업 기회를 제공하고 있다는 점을 들어 응수하곤 한다. 그리하여 찬성 측은 모든 것을 감안할 때 취업 기회를 가지면서 취업의 잠재적 위험을 받아들일지 여부를 선택할 자유를 가지는 것이 사람들에게 더 유익하다고 주장한다.

이익이 불이익보다 크다는 것을 증명하는 다른 수단으로는 위험 분석이 있다. 위험 분석은 부정적으로 평가된 사건의 발생 가능성을 측정하는 일이다. 부정적으로 평가된 사건의 효과도 판단해야 한다. 안전벨트 착용이 생명을 구한다는 사실을 입증하는 증거는 우리에게 널리 알려져 있다. 안전벨트를 하지 않을 경우의 불이익 중 가장 확실한 결과는 사망이다. 하지만 증거는 수많은 운전자와 동승자가 생명이 위험할 정도의 사고를 당할 가능성이 희박하다고 판단해 안전벨트를 착용하지 않는다는 점도 보여준다.

'고용 기회 보장' 논제에 대한 토론에서, 어떤 찬성 측 토론자는 석유 수입을 줄이면서 가능한 모든 산업체가 화석 연료로 전환할 것을 요구하는 방안을 제시하였다. (찬성 측은 석유 수입으로 인한 비용 증가가 실업을 야기하는데, 국내 화석 연료를 개발하면 고용이 촉진된다고 주장하였다. 국내 화석 연료 산업의 개발은 노동 집약적 석탄 산업을 성장시키는 것을 말한다. 하지만 석탄 추출은 석유 추출보다 환경에 더 큰 영향을 미친다.) 이에 대한 응답으로 어떤 반대 측 토론자는 찬성 측의 방안을 실행하여 상층부 대기 중에 석탄 배기가스가 늘어나게 되면 극지방의 빙하가 녹아 전 세계의 모든 해안 도시에서는 홍수가 유발되고, 그 결과 1조 달러 규모의 금전적 피해가 발생할 것이라는 불이익을 제시하였다. 반대 측이 말한 1조 달러의 피해는 확실히 명백한 불이익으로서 효과가 상당하다. 그러나 이 불이익에 대해 찬성 측 토론자는 이러한 일이 발생할 가능성이 매우 희박함을 입증할 수 있었다. 극지방의 빙하가 녹기 위해서는 석탄류의 화석 연료 배기가스가 전 세계적으로 크게 증가해야만 가능한데, 찬성 측은 미국에서만 화석 연료 사용을 늘일 것을 제안하였던 것이다. 반대 측이 수백만 톤 이상의 석탄이 타서 극지방의 빙하를 실제적으로 녹일 수 있는 어떤 지점, 즉 임계점을 제시할 수 없었기 때문에, 찬성 측은 그런 불이익이 일어날 가능성이 희박하므로 이익이 불이익보다 더 크다는 점을 증명할 수 있었다.

방안에 반대하는 반대 측의 불이익 논증에 찬성 측이 대답할 때 특별히 효과 있는 방법은 논증을 전환하는 것이다. 일반적인 용법에서 **전환 논증**(turnaround argument)은 최초의 발언을 전환하는 모든 진술을 말한다. 토론에서 이 용어는 일반적으로 반대 측이 제시한 불이익을 찬성 측이 이익으로 전환하거나, 찬성 측이 제시한 이익을 반대 측이 불이익으로 전환하는 경우 모두에 사용한다. 그러므로 양 팀은 토론에서 자신의 논증이 전환되는 것을 피할 수 있는 논증을 개발해야 한다. 이와 동시에 상대에게 논증전환의 기회를 주는 것을 경계해야 한다. 전환 논증에는 "이 방안은 불이익을 초래하기도 하지만 실제로는 그것을 방지하기도 한다."라며 반대 측의 불이익 논증에 대한 '연결 전환(link turns)'도 있다. 또한 "불이익의 결과는 실제로 나쁜 것이 아니며, 사실 매우 좋은 것이다."라며 효과에 기초한 '효과 전환(impact turns)'도 있다. 물론 찬성 측은 이러한 두 종류의 '전환' 논증을 동시에 하는 것을 피해야 한다는 점에 유의해야 한다. 그렇지 않을 경우, "방안이 불이익의 결과를 피하기에 좋고 그 불이익의 결과는 사실 좋은 것이라고 주장할 경우, 불이익의 결과는 오히려 방안이 왜 나쁜지 그 이유를 제공하게 된다."라는 '이중 전환(double turn)'의 함정에 빠질 수도 있다.

　'고용 기회 보장' 논제에 대한 토론에서, 찬성 측 토론자는 자신의 방안이 "수많은 사람을 가난으로부터 구제할 것이다."라는 이익을 주장하였다. 이 입론에 대해 반대 측 토론자는 (소득이 많아진 사람은 술을 많이 마시게 되고 이는 심혈관 질환을 야기할 것이라고 주장하며) 찬성 측의 방안이 '심혈관 질환을 증가시킬 것'이라는 불이익으로 이를 반박하였다. 이 불이익에 대해 찬성 측 토론자는 전환 논증을 사용하여 '건강 증진'이라는 추가적인 이익이 있음을 주장하였다. (찬성 측 토론자는 알코올 소비의 적당한 증가는 오히려 심혈관 질환의 위험을 감소시킨다고 주장했는데, 반대 측은 더 많은 사람들이 술을 마실 것이라는 점만 증명했을 뿐, 사람들이 과도하게 마실 것을 증명하지는 못했던 것이다.)

　반대 측의 입론 발언자는 방금 언급한 불이익 논증을 종종 사용한다. 그런데 이 불이익은 현실 상황을 엄밀하게 평가한 것인가, 아니면 단지 미미한 장점을 얻기 위한 전략적 계책인가? 이런 논증들은 현실 세계의 정책 토론에서 만들어지며, 모든 근거는 믿을 만한 출처에서 도출된다. '현실 세계'에는 통찰력 있는 논증과 설득력 없는 논증이 섞여 있으므로 토론자는 양쪽 모두에 답변할 준비를 해야 한다. 주의 깊게 이루어진 위험 분석만이 논증의 강점을 판단할 수 있게 하고, 근거나 뒷받침 논증이나 중간 결론이 결론을 받아들일 정당한 이유가 된다는 것을 의사 결정자들에게 증명해줄 것이다.

전환 논증과 관련해 다음 사례가 잘 알려져 있다. 로스쿨에서 회계학 지식이 필요하다고 판단한 로스쿨 입학 준비생은 회계학 수강을 고민한다. 그러자 한 친구가 그 준비생에게 다른 수업을 듣는 데 시간이 많이 들므로 회계학 강의를 수강하지 말라고 조언하였다. 준비생은 친구의 조언이 전환 논증이라고 판단하였고, 로스쿨 학생 때보다는 학부 학생 때 쓸 수 있는 시간이 더 많다는 것을 근거로 회계학 강의를 학부 때 수강하기로 결정하였다.

5) 논제 관련성을 옹호하기 위한 요건

논제 관련성은 간혹 선결 요건을 갖춘 쟁점으로 오인되지만 그렇지는 않다. 논제 관련성은 결정적 쟁점으로 토론에서 종종 가장 중요한 단일 쟁점이 되기도 하지만, 독립적인 필수 쟁점으로 간주되지는 않는다. 논제 관련성은 다른 쟁점보다 먼저 판단되어야 하는 선결 쟁점이다. 토론이 끝나면 판정자는 우선 논제 관련성부터 검토한다. 방안이 논제 관련성을 갖추었음을 확인한 연후에야 필수 쟁점에 대한 평가를 한다. 방안이 논제 관련성을 갖추지 못했다면 판정자는 필수 쟁점을 검토할 필요가 없다. 그렇기에 논제 관련성은 우선적으로 검토된다. 반대 측은 변화를 반대하므로 필수 쟁점에 대한 추정은 일반적으로 반대 측에 유리하지만, 논제 관련성 쟁점에 대한 추정은 일반적으로 찬성 측에 유리하다. 반대 측에서 방안이 논제 관련성을 갖추지 못했다고 설득력 있는 논증을 하기 전까지 판정자는 찬성 측의 방안이 논제 관련성을 갖추었다고 간주한다. 찬성 측은 선결 요건을 갖추기 위해 방안이 논제 관련성을 갖추었음을 증명할 필요는 없다.

6) 준비

찬성 측의 발언 원고가 일단 완성되면, 찬성 측 토론자는 반대 측의 공격을 논박하고 찬성 측 논증을 확장하는 데 사용할 수 있도록, 말할 내용을 어구형으로 간략하게 표현한 **토론 개요**를 준비해야 한다. 이런 토론 개요는 반대편의 구체적 주장에 맞춰서 준비해야 하기 때문에 원고를 그대로 읽을 수만은 없으며, 즉석 연설을 위해 신중하게 계획된 개요를 준비해야 한다. 또한 성공적인 토론자는 잘 짜인 확장 개요도 만들 수 있어야 한다. 확장 개요는 앞에서 도입한 논증으로 넘어가기 위한 새로운 증거와 분석으로 구성되는 것으로, 앞에서 도입한 증거와 논증 분석을 단순히 반복하는 것은 아니다.

4. 최고의 능력 계발하기

찬성 측 토론자는 가치 논제와 정책 논제에서 모두 입증 책임을 진다. 찬성 측은 공세를 취해야 하고 자신의 입론을 전개하기 위해 강한 공격을 준비해야 한다. 지금까지 주로 다룬 내용은 찬성 측의 공격적인 입장과 관련된 부분이다. 하지만 토론은 진공 속에서 이루어지는 것이 아니며 유능한 반대편 토론자는 찬성 측에 대해 매우 강력한 공격을 준비할 것이다. 찬성 측은 공격과 방어 능력의 최적화된 균형을 이루기 위해 입론을 구성하고 증거를 배치해야 한다.

토론자는 입론을 구성할 때 반대 측의 공격이 가능한 부분을 예측해야 한다. 토론자는 반대 측의 공격이 있기 전에 이를 피하거나 무디게 만들도록 입론을 조정할 수 있다. '전 국민을 위한 개선된 의료보험 접근' 논제에 대한 입론을 개발할 때, (오바마의 방안을 미리 보여주는 듯한) 찬성 측은 '단독 납부자 방안(single-payer plan)'을 주장할 수도 있다. 찬성 측이 반대 측의 가능한 공격을 연구했다면, 단독 납부자 방안의 막대한 비용과 복잡성이 반대 측에 무수한 공격 기회를 제공한다는 사실을 알았을 것이다. 찬성 측은 잠재적인 공격에 대한 답변이 어렵다는 사실을 인식한 후 단독 납부자 방안을 폐기하고, 의료보험거래소(health insurance exchange) 제공 방안과 저소득층 의료보장 제도(Medicaid) 및 노인 의료보험 제도(Medicare)를 통한 수혜자 수의 점진적 확대 방안을 채택할 수도 있다. 점진적 방안의 수혜자는 상대적으로 적겠지만, 자유 시장 방식, 그리고 보편적 방안보다는 적은 비용으로 인해 이는 반대 측의 동일한 공격이 있더라도 방어하기가 상대적으로 용이할 것이다.

동일한 이 논제에 대해 찬성 측 토론자가 방안의 한 항목으로 전 국민에게 매년 건강검진을 제공하는 것이 좋을 것이라고 생각한 경우를 상정해 보자. 초기에는 아마도 이 생각을 뒷받침할 만한 다수의 증거들을 찾을 수 있을 것이다. 하지만 나중에 비용-편익 분석을 하면 전 국민을 대상으로 한 건강검진이 비생산적인 것이라고 판명되는 증거를 발견할 것이고, 토론 상대도 이 증거를 찾을 것임이 분명하다. (이 논증에 의하면 1년에 2억 5천만 번이라는 엄청난 횟수의 건강검진이 실행되어야 하며 의사들은 검진 외에 다른 진료는 아무것도 못하게 된다.) 찬성 측은 초기에 이상적으로 여겼던 방안을 버리고, 다항목 선별검사 방법을 제시했다. 이 검사는 의료 보조자들이나 컴퓨터에 의해 실행될 수 있기 때문에 의사의 진료 시간을 절약할 수 있고 비용도 훨씬 줄어들게 된다.

반대 측의 강력한 공격을 피할 수 있는 방안을 선택하는 것이 방어를 위해 타당하기는 하지만, 여전히 토론자는 상당한 이익을 가져오는 방안을 제시해야 한다는 점에 유의해야 한다. 700억 달러가 소요되는 방안보다 10억 달러가 소요되는 방안이 비용 공격에 확실히 용이하게 대응할 수 있다. 하지만 주어진 논제의 맥락에서 10억 달러가 소요되는 방안이 상당한 이익을 가져오는지는 의문이다. 이와 같이 찬성 측 토론자의 역할은 공격 능력과 방어 능력의 균형이 최적화된 방안을 만들어 내는 것이다.

레이건 대통령의 챌린저호 우주비행사에 대한 그의 기품 있는 추도는 어떠한 반박도 불러일으키지 않았다. 하지만 어떤 연설 보좌관이든, 또 그가 얼마나 재능이 있든 간에 반박을 받지 않는 선거 연설을 작성하는 것은 불가능하다. 사실, 논쟁적 주제로 연설을 하면서 반박에서 자유롭기를 가정할 수는 없다.

신중한 찬성 측 토론자는 자신의 입론에 반대하는 가장 가능성 있고 효과적인 공격을 고려할 것이며, 그것에 대한 합리적인 방어를 준비할 것이다. "좋은 입론은 스스로를 방어한다. 그리고 잘 계획된 입론은 최고로 효과적인 자기 방어를 제공하기 위해 구성된다."라는 토론 격언이 있다.

5. 대안적 토론법

이 책의 앞부분에서 다루었듯이, 토론의 본질적인 것 중 하나는 자기 점검과 변화이다. 이 장에서 지금까지 다룬 내용은 정책 토론과 가치 토론을 위한 타당하고 전통적인 틀의 제시이지만, 토론 전통은 차츰 변화하고 있다. 실행 당위의 개념을 토론 라운드에 참여하는 사람들의 성찰적 권위(reflexive authority)로서 새롭게 규정함으로써, 그리고 사회적으로 소외된 목소리에 수사적 공간을 제공하고 더 많은 관점과 입장과 문화에 토론의 여지를 남기고자 하는 경쟁자들 간의 다툼을 비판적으로 점검함으로써 무한한 창의성이 실제로 진화하고 있다. 토론에 대한 접근은 관습적 접근에 도전하는 스토리텔링, 힙합, 음악, 영화, 시, 그리고 여타의 소설적 시도를 지지하기에 전통적 틀을 무시하기도 한다. 토론자들은 철학적 기반을 바탕으로 해서 좀 더 미세한 구조 안에서 비교우위 입론을 구성할 수 있다. 전통에 대한 더욱 급진적인 변화는 해결 방안을 옹호하거나 정책 토론의 틀에 이의를 제기하는 논증을 (때로는 미학적인 형태로) 제시할 수도 있다. 비판적 토론 방법은 기존의 용어에 대한 철학적이고 가치 기반적인 해석에 초점을 맞추고, 수행 기반의 토론 방법은 음악, 시각적 의사소통, 역할놀이, 그리고 여타 자기 표현의 창의적 형식들에서 의견 충돌을 발견한다.

연습

1. 가치 논제에 대한 찬성 측 첫 번째 입론의 전체 원고를 작성해보자. 여기에는 선결 요건을 갖추는 데 필요한 모든 증거와 추론을 포함한다.

2. 정책 논제에 대한 찬성 측 첫 번째 입론의 전체 원고를 작성해보자. 여기에는 선결 요건을 갖추는 데 필요한 모든 증거와 추론을 포함한다.

3. 가치 논제나 정책 논제를 뒷받침하는 랩을 써보자.

12장

논제에 반대하는 논증

반대 측의 임무는 부정하는 것, 즉 선결 요건을 갖춘 찬성 측의 입론에 대해 의혹을 제기함으로써 논제에 대한 찬성 측의 주장이 승리하는 것을 저지하는 것이다. 일반적으로 추정의 원칙은 반대 측에 유리하게 작동하기 때문에, 어느 쪽도 명백하게 승리하지 못했음을 의미하는 '무승부'는 반대 측의 승리로 귀결된다. 최소한 무승부를 위해서라도 찬성 측의 입론에 있는 결함이나 약점을 지적하는 것은 반대 측에 이익이 된다. 반대 측은 찬성 측의 필수 쟁점을 하나 이상 공격하기 위해 '연속 논박(running refutation)' 전략을 선택할 것이다. 이 전략은 찬성 측 입론 주장의 각각에 반대하는 논증을 가능한 한 많이 제시하는 것으로, 반대 측의 입장을 주제별로 더 많이 연계해 살필 필요 없이 "찬성 측은 틀렸다."라고 하는 것이다.

　　반대 측의 선택은 '반대 논제(antiproposition)'를 지지하는 것이 아니라 논제를 기각하는 것이다. 그렇지만 어떤 사람들은 이런 접근이 그저 마구잡이로 물건을 벽에 던져 무엇이 붙는지를 알아보는 것에 불과하다고 말한다. 연속 논박을 통해서도 찬성 측을 성공적으로 제압할 수 있지만, 논제

용어 해설

....

가치 거부(value objections) 가치 토론에서 찬성 측의 입론을 적용하면 바람직하지 않은 결과가 야기될 것이라는 반대 측의 논증. 정책 토론의 불이익과 유사하다.

골자(shells) 이후의 토론에서 확장될 논증의 간략한 형태.

논제 관련 대체방안(topical counterplan) 논제에 대한 어떤 정의에서는 찬성 측 방안으로 사용될 수 있지만, 찬성 측이 사용하기로 한 조작적 정의(operational definition)와 관련해서는 논제 관련성이 없는 대체방안. 일단 찬성 측이 논제를 한정적으로 정의하면, 거의 모든 상호 배타적인 방안은 대체방안의 근거를 구성한다.

논제 관련성(topicality) 토론 논제의 의도에 부합하는 상태. 어떤 방안이 논제 관련성을 갖추었다고 할 때에는 방안이 논제의 전체 의도를 정당화하거나, 문제가 해결되거나, 논제를 실행할 방안 안에 있는 강령의 직접적 결과로서 비교우위가 달성되는 경우이다.

대체방안(counterplan) 반대 측이 제시하는 방안으로, 찬성 측의 방안과 경쟁하는 더 나은 정책 대안.

미끄러운 비탈길 논증(slippery slope argument) 찬성 측의 방안 중에서 언뜻 무해한 제안처럼 보이지만, 되돌릴 수 없으면서 매우 치명적인 불이익으로 이끄는 첫 단계의 논증.

반박 책임(burden of rebuttal) 찬성 측의 쟁점 중 적어도 하나에 대해 논박해야 하는 반대 측의 책임으로, 실패하면 찬성 측이 승리하게 된다. 상대가 제시한 논증을 반박해야 하는 모든 토론자의 의무로서, 반박에 실패하면 해당 논증은 상당한 설득력을 갖춘 논증으로 간주된다.

불이익(disadvantages) 반대 측이 주장하는, 찬성 측 방안이 초래할 바람직하지 않은 결과로, 반드시 이익보다 더 크다는 것이 입증되어야 한다.

비판(kritic) 상대의 철학적 근거에 대해 이의를 제기하거나, 상대 측 주장과 그 결과의 윤리적 개념에 적용하는 논증.

입론 전환(case turn) 찬성 측이 찾아낸 문제가 사실은 문제가 아니라 현 상태에 이익이 된다는 것을 증명하기 위해 고안된 반대 측의 공격 전략.

조건적 대체방안(conditional counterplan) 특정 조건이 우세하면 대체방안에 대한 옹호를 그만둘 수 있는 반대 측의 논증.

치환(permutation) 찬성 측에 의한 대체방안의 경쟁력 검증. 방안과 대체방안이 동시에 채택되는 것, 또는 방안과 비판이 동시에 받아들여지는 것에 대한 가상적 실례.

포괄적 불이익(generic disadvantages) 다수의 가능한 찬성 측 방안에 적용될 수 있는 불이익.

에 반대하는 논증을 할 때, 일관성 있는 주장이나 옹호를 하여 논제 기각을 도출한다면 반대 측은 더욱 설득력을 갖게 될 것이다.

반대 측 입론을 계획할 때에는 유연함이 필요하다. 논제를 면밀하게 분석한다면 반대 측은 찬성 측이 어떤 쟁점을 들고 나올지 판단할 수 있다. 찬성 측은 자신의 입론을 제시함으로써 토론을 위한 최초의 근거를 마련한다. 토론이 실제로 진행되기까지 찬성 측이 어떤 유형의 주장을 전개할지 반대 측은 알 수 없다. 즉, 개별 쟁점에 어느 정도의 비중을 두어 다룰지, 또는 개별 쟁점을 전개하면서 어떤 증거나 논증을 사용할지 알 수 없다. 이 불확실성으로 인해 찬성 측의 입론이 제시될 때 이에 즉시 대응하는 반대 측의 능력은 아주 중요하다. 물론 찬성 측도 반대 측의 공격을 듣자마자 그것에 맞춰서 논증을 할 준비가 되어 있어야 한다. 그럼에도 불구하고 찬성 측은 언제나 먼저 시작한다는 이점을 가지고 있고, 따라서 용어 정의와 입론 제시를 통해 논증의 근거와 토론의 초점에 대한 결정을 내릴 수 있다.

1. 반대 측의 목표

추정은 논제를 반대하는 것이므로 변화를 주장하는 찬성 측이 입증 책임을 지게 된다. 이론상으로는 찬성 측이 선결 요건을 갖춘 입론을 제시하기 전까지 반대 측은 굳이 말을 하지 않아도 된다. 그러나 현명한 토론자라면 반대 측의 침묵을 청중이 때로는 동의로 여겨서 선결 요건을 미흡하게 갖춘 입론이라 하더라도 그 논제를 받아들일 수도 있다는 점을 알 것이다. 그러므로 찬성 측 토론자는 선결 요건을 갖춘 입론의 제반 논리적 요건을 충족하지 못했다 하더라도, 자신의 모든 입론에 대해 응답할 준비를 해야 한다. 법정에서 피고 측은 검사나 원고가 선결 요건을 갖추고 있지 않다는 이유를 들어 소송 기각을 요청할 수도 있다. 그러나 이 선택지는 법정 밖에서는 일반적으로 유효하지 않다.

찬성 측에 입증 책임이 있는 반면, 찬성 측 입론이 제시된 후 반대 측에는 **반박 책임**(또는 **논박 책임**)이 있다. 이는 찬성 측의 쟁점 중 적어도 하나에 대해 논박해야 하는 반대 측의 책임으로, 실패하면 찬성 측이 승리하게 된다. 사실 토론자가 제시한 논증에 대해 상대가 대답을 하지 못하면, 해당 논증은 꽤 설득력 있는 것으로 여겨질 것이다. 토론이 진행됨에 따라 뒤이은 각각의 토론자는 제시된 각각의 논증에 대해 새로운 반박 책임을 지게 되며, 그래서 토론 전반에서 양측이 서로 번갈아가며 반박을 하게 된다. 그러므로 반대 측은 모든 쟁점에 대한 찬성 측의 방어 능력에 타격을 가하기를 바라면서 찬성 측의 입론에 있는 결함을 단지 지적만 할 수도 있다. 하지만 찬성 측 주장과 경쟁하는 반대 측 정책 주장 속에서 반대 측 논증이 일관성 있는 입장을 구성하면서 통합된다면, 반대 측의 반박은 더욱 효과적일 것이다. 우선 가치 논제에 대한 반대 측 입론을 살펴본 후에 정책 논제에 대한 반대 측 입론을 살펴보도록 하겠다. 정책 논제에 대한 반대 측 입론을 다루면서 가치 논제와 정책 논제에 대한 반대 측 입론의 많은 핵심 쟁점들을 아울러 고찰할 것이다.

2. 가치 논제에 대한 반대 측 입론

반대 측은 반박 책임을 가지며 찬성 측이 제시한 입론을 공격해야 한다. 반대 측은 찬성 측이 명확하고 지정된 쟁점을 제시하리란 것을 알고 있다. 반대 측은 승리하기 위해 찬성 측 쟁점 중 적어도 하나 이상을 반박하거나, 자신이 제시한 쟁점 중 하나를 관철해야 한다. 다시 말해, 반대 측 논증이 일관성 있고 포괄적인 입장으로 통합된다면 반대 측의 설득력은 더욱 커질 것이다. 가치 논제에 대한 반대 측 토론자는 입론을 구성할 때, 유효한 다양한 선택지 중에서 가장 적절한 조합을 선택할 것이다.

1) 논제 관련성이나 정의 공격하기

사실 논제나 가치 논제에 대한 토론에서 **논제 관련성**은 토론 논제의 의도에 부합하는 상태를 말한다. 토론자가 사안이 논제 관련성이 없다고 주장할 때에는 사안이 토론되고 있는 논제와 관련이 없거나 그것에서 직접적으로 도출되지 않은 것이라는 말이다. 즉, 논제에 대한 공정하고 타당한 해석이 아니라는 말이다. 사실 논제나 가치 논제에 대한 토론에서 논제 관련성은 논제에 대한 설명과 함께 제시되는 찬성 측의 용어 정의에 대한 공격이다. 예를 들면, "미국에서 증가하는 외국인 투자는 국가에 해로운 일이다."라는 논제에 대한 토론에서, 반대 측의 한 토론자는 찬성 측의 용어 정의가 논제에 사용된 문법적 용법과 정확하게 일치해야 한다고 주장했다. 그 토론자는 단어가 명사, 동사, 형용사, 부사 중 어떤 것으로 쓰이느냐에 따라 논제의 의미가 상당히 변한다는 점을 지적하였다. 그래서 반대 측은 '증가하는'이라는 단어에 대한 정의가 논제에서 사용한 용어에서 도출된 것이 아니기 때문에 찬성 측은 논제 관련성이 없다고 결론 내렸다.

논제 관련성은 독립적이면서 다른 쟁점에 선행하는 것으로 간주되는 '선결' 쟁점이다. 만약 반대 측이 찬성 측의 입론이 논제 관련성을 갖추지 못했음을 판정자에게 확신시킬 수 있다면, 찬성 측의 입론은 토론되고 있는 논제를 뒷받침할 수 없다는 말이 되므로 찬성 측 입론의 강점과는 상관없이 승리할 수 있다. 이와 반대로, 찬성 측이 자신의 입론은 논제 관련성이 있다고 판정자를 납득시킬 수 있다면, 전체 토론에서 승리한 것은 아니지만 논제 관련성 쟁점에서는 승리할 수 있다. 반대 측이 찬성 측의 설명은 논제 관련성이 없다고 주장할 때에라도 토론은 지속되겠지만, 판정자가 토론이 끝난 후 판정할 때에는 논제 관련성 쟁점을 첫 번째로 판정하게 된다.

정의(definitions)는 7장에서 이미 상세하게 논의된 바 있다. 거기서 지적한 바와 같이, 가치 토론에서 찬성 측은 최소한 논제에 대한 합리적인 설명을 제시해야 한다. 이때 찬성 측의 용어 정의가 비합리적이라고 여겨진다면, 반대 측은 바로 그 정의를 공격 대상으로 삼을 것이다. 찬성 측의 용어 정의에 대한 반대 측의 공격이 효과적으로 이루어진다는 말은 찬성 측의 입론이 논제 관련성을 갖추지 못했다는 것인데, 이는 곧 반대 측의 승리를 의미한다.

사실 논제나 가치 논제에 대한 토론에서 용어 정의는 필수 쟁점이므로, 반대 측은 관련성(relevancy) 쟁점에 대한 토론에서뿐만 아니라 용어 정의의 본안과 설명 자체에 대한 토론에서도 승리할 수 있다. 반대 측은 찬성 측이 제시한 정의가 부정확하거나 유해하다고 주장할 수도 있다. 정의가 유해하다는 것은, 토론 맥락에서 벗어나 정의를 적용하면 부정적인 결과를 야기한다는 뜻이다. 예를 들어, '민주주의 지원(democracy assistance)'을 너무 광범위하게 정의하여 군사적 지원을 포함한다면 사회 문제에 대한 폭력적 해결책의 장려도 주장될 수 있다. 또는 합법적 절차나 비자 없이 미국에 들어온 사람들을 '불법 체류자(illegals)'라고 정의한다면, 그들의 행동 중 하나에 불과한 부정적 측면으로 그들에 대한 배려를 최소화하며, 그들의 인간성을 말살하는 결과를 초래한다.

2) 기준 공격하기

찬성 측의 기준(criteria)을 성공적으로 공격하기 위해서 반대 측은 처음에 제시된 기준이 결함을 가지고 있거나 위험한 이유를 제시해야 하며, 또한 '대체기준(counter-criterion)'을 제시해야 한다. "미국 대통령 선거에서 매우 강력한 제3 정당의 참여는 정치 과정에 유익하다."라는 논제에 대한 토론에서, 찬성 측은 '생존'이 궁극적 가치, 즉 가장 중요한 기준이 된다고 주장하였다. 반대 측은 이 입론에 대해 '민주주의'가 궁극적 가치라고 주장하였다. 토론이 진행되면서 반대 측은 민주주의가 가장 중요한 기준이라는 자신의 입장을 계속 유지할 수 있었는데 이로 인해 판정에서 승리하였다("나에게 자유를 달라, 아니면 죽음을 달라!"). 대체기준이 우세하다는 것이 받아들여지면, 판정자는 경쟁하는 찬성 측 가치와 효용을 반대 측 기준으로 판단할 수밖에 없을 것이다. 만약 반대 측이 다른 기준이 찬성 측이 제시한 기준보다 더 중요함을 입증하고, 찬성 측은 이러한 기준을 충족시키지 못함을 보이면, 반대 측은 일반적으로 토론에서 승리하게 된다.

3) 중대성 공격하기

중대성(significance) 공격에서 반대 측의 목표는 찬성 측 입론의 필수 요소 중 적어도 몇 가지가 논제 채택을 정당화하기에는 충분히 중대하지 않다는 점을 입증하는 것이다. 만약 찬성 측이 입론에서 중대성을 입증할 수 있다면, 반대 측의 다른 공격을 막는 강력한 위치에 서게 된다. 그러므로 반대 측은 찬성 측 입론의 필수 요소 중 적어도 몇 가지에 대해서는 그 중대성을 축소할 방법을 찾아야만 한다.

4) 고유성 공격하기

고유성(uniqueness) 공격에서 반대 측의 목표는 찬성 측 입론의 필수 요소 중 적어도 몇 가지는 문제를 해결하는 방식에서 고유성이 결여되어 있음을 입증하여 논제 채택이 보장되지 않도록 하는 것이다. 앞서 논의한 제3 정당 논제에 대한 토론에서 찬성 측은 매우 강력한 제3 정당은 미국의 정치제도 내에서 본질적으로 유익한 효용을 창출할 것이라고 주장하였다. 찬성 측은 소득세, 상원의원 직접선거, 여성 참정권, 노동 입법, 사회보장제도 등을 제3 정당이 발의할 수 있는 바람직한 입법의 사례로 언급하였다. 반대 측은 이러한 입론에 대해 그러한 법률들은 현 상황에서도 제정될 수 있으므로 강력한 제3 정당에 고유한 것이 아님을 지적하였다. 만약 반대 측이 찬성 측 입론의 일부 요소가 고유성을 가지고 있지 않거나, 해당 논제를 채택하지 않아도 이루어질 수 있음을 입증하면, 찬성 측의 고유성 주장을 성공적으로 공격한 것이 된다.

5) 효용 공격하기

효용(application) 공격에서 반대 측은 찬성 측이 옹호하는 가치나 유사 정책이 해당 문제에 적용되지 않는다는 점, 가치의 의미가 긍정적이지 않다는 점, 제시된 효용은 옹호되고 있는 가치의 효용으로 적절하지 않다는 점을 증명하고자 한다. 제3 정당 논제에 대한 토론에서 찬성 측 토론자는 해당 논제의 효용은 현실에 안주한 다수당이 극단적이라고 여기는 중요한 법안을 제정할 수 있는 강력한 제3 정당이 생기는 결과를 초래할 것이라고 주장하였다. 이러한 주장에 대해 반대 측은 찬성 측의 주장대로 작동하지 않을 것이라고 주장하면서 그 효용에 대해 공격하였다. 반대 측은 제3 정당이 다수당으로 성장하기 전까지는 극단적인 법안을 제정하기 어려울 것이며, 다수당이 되기 위한 충분한 표를 얻기 위해서는 그러한 극단적 입장을 포기해야 할 것이라고 주장하였다.

6) 해결성 공격하기

(경우에 따라 찬성 측이 자신들의 가치 입장이 지닌 의미를 표현하기 위해 방안이나 그와 비슷한 것을 실례로 제시할 수는 있지만) 가치 논제 토론에서 당연히 찬성 측은 방안을 제시할 것을 요구받지 않는다. 하지만 찬성 측이 주장한 가치 수용의 이익이나 이유에 대해 이의를 제기하기 위해서, 반대 측이 찬성 측 주장의 구체적인 결과를 지적하는 것은 대체로 효과적이다. 해결성(solvency) 공격에서 반대 측은 찬성 측이 원하는 효용이 생기더라도 문제를 해결할 수 없으며, 찬성 측이 옹호하는 가치에 포함된 좋은 일들이 일어나지 않을 것이라고 주장한다. 이것이 실제로 가치나 유사 정책 맥락에 적용되는 정책 논증이다. 앞에서 언급한 "미국에서 증가하는 외국인 투자는 국가에 해로운 일이다."라는 논제에 대한 토론에서 찬성 측은 다음과 같이 주장했다.

1. 외국인 투자자는 대기의 이산화탄소를 증가시키는 석탄을 때는 공장을 미국에 지을 것이다.
2. 이산화탄소의 증가는 온실 효과를 야기할 것이다.
3. 온실 효과로 인해 지구의 대기 온도가 올라갈 것이다.
4. 지구의 기후는 재앙에 가깝게 변할 것이며 지구의 생물은 위협받을 것이다.

반대 측은 이러한 유형의 입론에 대해 다음과 같은 방법으로 대응하곤 했다.

1. 석탄을 때는 미국의 모든 공장이 폐쇄되면, 온실 효과는 고작 3~4

년 정도 지연될 것이다.

2. 전 세계 석탄의 50퍼센트를 보유한 중국은 가까운 미래에 석탄 소비를 대폭 늘리려고 한다.

3. 여타의 나라들은 산업화를 하려고 할 것이고 더 많은 석탄을 사용할 것이다.

반대 측은 찬성 측의 방안이 논제 채택을 정당화하기 위해 제시한 온실 문제를 해결할 수 없다고 결론 내렸다. 이렇듯 반대 측이 해결성 논쟁에서 승리하면 해당 논제를 채택할 이유는 사라진다.

7) 가치 거부 제시하기

가치 거부(value objections)는 찬성 측의 입론을 적용하면 바람직하지 않은 결과가 야기될 것이라는 반대 측의 논증이다. 다른 말로 하면, 가치 거부는 찬성 측 입론이 기반으로 하는 기준 또는 가치에 철학적으로나 실제적으로 옳지 않은 이유이다. 가치 거부를 제시할 때, 반대 측은 찬성 측의 제안이 또는 찬성 측의 가치와 주장을 채택하는 것이 너무나 부적절한 결과(실제로는 불이익)를 초래하므로 찬성 측 입론을 받아들이지 않아야 한다고 주장한다. 제3 정당 논제에 대한 토론에서 반대 측 토론자는 하나의 제3 정당이 아니라 여러 정당이 난립하는 결과를 초래할 것이라고 주장하였다. 그 토론자는 여러 정당의 난립은 본질적으로 불안정한 정부와 국내 혼란을 유발하여 중국에는 전체주의 정권으로 나아갈 수 있다고 주장하였다. 반대 측이 가치 거부를 도입한다는 점에 유의해야 한다. 반대 측이 가치 거부를 도입할 때, 찬성 측은 가치 거부가 중요하지 않다는 것과 찬성 측의 주장이 다른 쟁점보다 중요하다는 것을 입증할 준비가 되어 있어야 한다.

3. 정책 논제에 대한 반대 측 접근법

가치 논제에 대한 반대 측 입론에서처럼, 정책 토론에서 반대 측은 우선 반박 책임을 가지며 찬성 측이 제시한 입론을 반드시 공격해야 한다. 반대 측은 찬성 측이 피해, 내재성, 방안, 해결성, 이익 쟁점을 제기하리라는 것을 알고 있다. 반대 측이 승리하기 위해서는 찬성 측의 쟁점 중 적어도 하나를 논박하거나, 자신이 제시한 쟁점 중 적어도 하나에서 우세를 보여야 한다. 물론 반대 측이 찬성 측 주장과 경쟁하는 일관되고 한결같은 주장을 형성할 수 있다면 더욱 강력하고 설득력 있는 위치에 서게 될 것이다. 주어진 상황에서 반대 측이 사용하는 구체적인 입론의 전개와 특정 쟁점들은 분명히 토론의 논제, 이용할 수 있는 증거와 논거들, 상대편의 실제 입론, 상황의 역동성, 청중의 태도, 흥미, 지적 능력 등에 따라 다를 것이다.

반대 측의 각 전략은 반드시 찬성 측의 특정 입론을 공격할 수 있도록 맞춤형으로 형성되고 조정되어야 한다. 반대 측은 잠재적 쟁점의 무기고에서 전략을 선택하여 특정 상황에 최적화되도록 이를 개발해야 한다. 비록 어떤 하나의 쟁점—예컨대, 실행 가능성 쟁점—에서 반대 측이 우세하더라도, 능숙한 찬성 측 토론자라면 이를 예상해 모든 공격에 대비한다는 사실을 반드시 기억해야 한다. 따라서 토론이 종료될 때까지 반대 측 토론자는 어떤 쟁점에서 승리할지 확신하기 어려우므로, 일반적으로 최고의 전략은 찬성 측 입론의 모든 취약한 부분을 공략하는 것이다. 가장 취약한 부분에 주요 공격을 집중해야 하는데, 예컨대 실행 가능성에 대한 공격뿐만 아니라 단순 조정(minor repairs)이나 대체방안을 제시하면서 불이익이 이익보다 크다는 사실을 제시해야 한다.

1) 논제 관련성 공격하기

교수가 제프리 초서(Geoffrey Chaucer)의 업적에 대한 보고서를 쓰는 과제를 부여했는데 셰익스피어에 대한 보고서를 제출하였다면 좋은 성적을 받지 못하리라는 것은 분명하다. 이때 그 보고서는 '논제와 관련된' 것이 아니다. 즉, 그 보고서는 과제에서 설정한 제한 범위를 따르지 않은 것이다. 논제 관련성이란 찬성 측이 제시한 방안이 논제에서 제시한 제한(한계와 허용)의 범위를 준수하는지 따지는 절차적 질문이다.

토론에서 다른 모든 논증은 서로 저울질되고 비교되지만, 논제 관련성은 독립적인 쟁점이 된다. 논제 관련성은 선결적인 것으로 간주되므로, 판정자가 찬성 측의 방안에 논제 관련성이 없다고 판단하면, 토론의 다른 쟁점에 대해서는 보통 고려조차 하지 않는다. 정책 논제에 대한 토론에서 논제 관련성에 대한 질문은 엄밀히 말해 찬성 측 방안이 논제가 요구하는 조치를 표현하는지와 관련된 질문이다. 반대 측이 논제 관련성 쟁점에서 승리하면, 일반적으로 토론에서 승리하게 된다. 반대 측이 이 한 가지 쟁점에서 승리하면 일반적으로 토론 전체에서 승리했음을 의미한다. 다른 쟁점은 서로의 관계 속에서 평가받지만, 논제 관련성 쟁점은 독립적이다.

토론자가 상대방의 방안이 논제 관련성을 가지고 있지 않다고 주장할 때, 그 토론자는 제시된 방안이 토론하고 있는 논제가 요구하는 적법하거나 적절한 조치를 가지고 있지 않다고 주장하는 것이다. 법정에서 변호사는 사건과 관련이 없다는 이유로 증거, 질문, 논거 등을 거부한다. 판사가 이러한 거부를 인정하면 해당 사항은 제외된다. 의회식 토론에서 의장은 사안과 밀접한 관련이 없는 발언이나 수정안 제안을 '규칙 위반'이라고 판정할 수 있다. (이러한 규칙을 강제하는 엄격성의 정도는 다양하다. 예를 들면, 미국 상원에서는 상원의원의 발언이 사안과 밀접한 관련성이 있어야 함을 요구하지는 않는다.) 교육 토론에서 논제 관련성 쟁점은 보통 결정적인 표결 쟁점이 되는데, 판정자는 반대 측이 이 쟁점에서 이기면 토론에서 승리한 것으로 판정한다. 이보다 덜 공식적인 상황에서도 합리적인 사람들은 주제에서 벗어난 논증을 일축하려는 경향이 있다.

① 방안의 논제 관련성

논제 관련성이란 해당 방안이 논제가 요구하는 정책 조치에 대한 적법하고 정당한 설명인지 언급하는 것이다. 논제 관련성에 대해서는 우선 방안 그 자체를 점검해야 한다. 정당화(justification)와 해결성과 이익에 대한 논증이 없더라도 해당 방안은 그 자체로 논제 관련성이 있어야 한다. 찬성 측이 주장한 방안이 논제 관련성을 가지고 있지 않다면, 논제가 아닌 다른 것을 주장하는 것이므로 논제 관련성 기준에 의해 부적격으로 간주될 수밖에 없다.

"연방정부는 연간 소득세 수입의 일정 퍼센트를 주 정부에 교부해야 한다."라는 논제는 흥미로운 사례를 제공한다. 이 논제는 찬성 측 방안에 네 가지의 구체적인 사항을 다룰 것을 요구하는데, 그것은 바로 (1) 매년 제공, (2) 세입의 일정 퍼센트, (3) 연방정부의 소득세 수입에서 나온 자금, (4) 연방정부에서 주 정부에 교부하는 자금이다. 만약 이 항목 중 하나라도 누락된다면, 반대 측은 찬성 측 방안이 논제 관련성을 가지고 있지 않다고 주장할 근거가 생긴다. 찬성 측은 방안의 합리적 실행을 제안하기 위해 논제와 무관한 몇몇 조항을 방안에 추가하는 경우가 있다. 예를 들어, 세입 교부 논제에 대한 토론에서 어떤 토론 팀은 자금이 사용될 수 없는 경우를 제시하였는데, 그것은 (1) 연방정부의 개별 보조금 프로그램을 위한 연방정부용 매칭 펀드, (2) 고속도로 건설이다. 찬성 측의 논증에 따르면 이런 것들은 불가피하며 논제에서 요구하는 정책 조치의 실행을 위해서는 필수적 요소라는 것이다. 반대 측은 방안의 일부가 논제 관련성이 없고, 따라서 거기에서 얻은 이익은 논제에서 벗어난 것이므로 고려되어서는 안 된다고 주장하는 것이 현명할 것이다.

② 이익의 비논제 관련성

이익은 반드시 논제 관련성이 있는 방안을 실행한 직접적 결과여야 한다. 어떤 이익이 논제 관련성이 없음을 반대 측이 입증한다면, 그 이익은 논제를 채택하는 이유로서는 기각되어야 한다. 일단 제시한 자신의 방안을 찬성 측이 부분으로 '나누지' 않을 것이기 때문에, 방안의 핵심 부분이 논제 관련성이 없다면 해당 방안 전체가 기각되어야 한다고 주장할 수 있다.

찬성 측 방안 중 논제 관련성이 없는 항목에서 이익이 발생한다면, 찬성 측은 곤란하게 된다. 세입 교부 논제에 대한 토론에서 찬성 측 토론자는 주 정부가 연방정부로부터 받은 자금을 공립학교 지원에 사용해야 한다고 논증하면서 더 나은 교육이라는 이익을 주장하였다. 일반적으로 이러한 입론을 접한 반대 측은 교육 관련 항목은 논제 관련성이 없고, 더 나은 교육이라는 이익은 학교에 대한 자금 지원을 통해 발생하는 것이지 논제가 규정하는 네 가지의 사항에서 나오는 것이 아님을 입증할 수 있었다. 반대 측은 또한 그 이익이 해당 논제에 '고유한 것이 아니라는' 것도 입증하였다. 이와 똑같은 이익은 연방정부가 (반드시 소득세 수입일 필요는 없는) 자금을 학교에 직접 지원함으로써 얻을 수 있는 것이다. (논제 관련성이 있는 세입 교부 방안을 통한 자금 수령과 관련해 주 정부가 연방정부의 지시 없이 예산 사용의 우선순위를 교육에 두어 더 나은 교육이라는 이익을 발생시킬 것이라는 점을 찬성 측이 입증할 수 있었다면, 찬성 측은 매우 강력한 승리의 기반을 다질 수 있었을 것이다. 이를 위해서는 주 정부가 달성하고자 하는 최우선순위가 교육임을 입증하는 근거가 있어야 한다.)

방금 살펴본 바와 같이, '더 나은 교육'이라는 이익은 논제와 관련이 없는 것으로 드러났다. 왜냐하면 이 이익은 교육 예산 증가와 관련된 주 정부의 지시와 관련된 것으로, 해당 방안의 논제와 무관한 부분에서 발생한 것이기 때문이다. 앞에서 언급한 바와 같이, 방안의 합리적 시행을 촉진하기 위해 특정 사항이 논제 관련성을 갖추지 않았다고 하더라도 방안에 추가될 수는 있다. 그러나 방안 중 논제 관련성이 없는 항목에서 유발된 이익은 논제 관련성을 갖추지 못한 것이다. 예를 들어, 세입 교부 예산을 고속도로 건설에 사용하지 못하게 한 조항은 합리적이나 논제 관련성이 없는 제약이다. 찬성 측이 그것을 고속도로 건설에서 낭비를 줄일 수 있게 하는 이익이라고 주장한다면, 그러한 이익은 명백하게 논제 관련성이 없는 것이다. 왜냐하면 방안에서 논제 관련성이 없는 항목을 수용하여 유발된 이익이기 때문이다. 물론 고속도로 건설에서의 낭비는 세입 교부가 아닌 법령에 의해서도 제거될 수 있다는 점에서 '고유성이 없는' 것으로 볼 수 있다.

2) 피해 공격하기

여기서 반대 측의 목표는 찬성 측이 피해(harm)의 존재를 증명하지 못했다는 것을 입증하거나, 피해가 없다는 것을 증명하거나, 피해를 최소화하거나, 사실은 피해가 이익이라고 주장함으로써 피해 쟁점에 이의를 제기하는 것이다.

① 피해가 없음

드문 경우이지만, 반대 측은 찬성 측이 확인한 상황에는 피해가 없다는 것을 성공적으로 논증할 수도 있다. "연방정부는 미국 내의 에너지 공급과 사용을 규제해야 한다."라는 논제에 대한 토론에서, 찬성 측은 연방정부가 전기를 생산하는 원자력 발전소의 추가 건설을 금지해야 한다고 주장하였다. 찬성 측은 현 상태가 그런 발전소 건설에 기울어 있음을 지적하면서, 피해 쟁점으로 100개 이상의 발전소가 생기면 감당할 수 없는 방사능 누출이나 폭발 위험이 있을 것이라고 주장하였다. 많은 반대 측 토론자는 피해가 존재하지 않았고 앞으로도 존재하지 않을 것이라고 주장하였다. 반대 측은 원자력 발전소가 완벽하게 안전하며 어떠한 누출이나 폭발도 불가능하다고 주장하였다. 반대 측은 민간 원자력 발전소에 의해 사망자가 전혀 생기지 않았음을 증거로 언급하였고, 기존의 정교한 안전 예방책을 언급함으로써 자신의 논증을 확장하였다. 찬성 측이 주장하는 체르노빌에서의 재앙은 원자력 발전소가 미국 표준보다 낮은 기준으로 건설되었기 때문에 논제와 무관하며, 미국의 원자로는 연약한 지반에 설치되지 않았기 때문에 일본 도호쿠(東北)의 태평양 연안에서 발생한 2011년 지진과 비교할 만한 것이 아니라는 것이다. 이러한 쟁점에 대한 토론은 증거에 대한 의견 충돌의 훌륭한 사례를 보여준다. 견고한 증거는 양쪽에서 활용 가능하며,

최적의 권위자에게서 나온 논점을 뒷받침하는 데 가장 직접적으로 인용할 수 있는 최신의 증거를 제시하는 팀이 토론에서 필연적으로 승리하게 된다.

　② 피해가 중대하지 않음

　중대성 공격에서 반대 측의 목표는 (방안을 채택했을 때의 불이익과 대체 방안의 이익 혹은 변경된 현 상태와 견주어볼 때) 찬성 측이 제시한 피해나 이익이 논제 채택을 정당화할 만큼 충분히 중대하지 않음을 입증하는 것이다. 앞에서 논의한 바와 같이, 많은 토론에서 이것은 피해 쟁점의 존재를 논증하는 것과 유사하다. 하지만 피해의 중요성에 대한 판단 기준이 의심스러우면, 피해의 중대성은 반대 측의 알맞은 공격 목표가 된다.

　보통 반대 측은 찬성 측이 제시한 피해를 양적 중대성과 질적 중대성 양쪽에서 검토하여 타당한지를 확인하고자 할 것이고, 만약 둘 중 하나나 둘 모두 증명되지 못한다면 찬성 측을 공격할 것이다. "연방정부는 미국에서 대중매체 규제를 대폭 강화해야 한다."라는 논제에 대한 토론에서 찬성 측은 설탕이 함유된 식품에 대한 텔레비전 광고가 어린이의 충치를 유발한다고 주장하였다. 이러한 주장에 맞서 반대 측은 알려지지 않은 충치의 수로는 대중매체에 대한 정부 규제를 충분하게 정당화할 수 없음을 쉽게 증명하였다. 같은 논제에서 찬성 측은 "어린이에게 부정적 영향을 미치는" 텔레비전 내용의 폭력성을 주장하였다. 이에 대해 반대 측은 상당수의 아이들이 부정적 영향을 받은 것으로 입증되지 않았기 때문에 '부정적인 영향'이라고 제시된 것은 맞지 않다고 신속하게 피해의 중대성을 논박하였다.

　'고용 기회 보장' 논제에 대한 토론에서 보통 찬성 측은 수백만 명이 실업자이기에 양적 중대성을 쉽게 입증할 수 있다. 반대 측은 이 논증을 인정하면서, 실업이 바람직한 상태는 아니지만, 만약 그것이 일시적이고 실업자들이 공공과 민간의 프로그램으로 구제와 지원을 받는다면, 그 결과는 정부의 새로운 대규모 지출 프로그램을 정당화하지 못할 수도 있으며, 따라서 찬성 측은 실업의 질적인 피해를 입증하지 못했다고 응수할 수도 있다. 사실 실업 기간 동안에 시민들은 적어도 일에 대한 스트레스와 업무 현장의 사고 위험성에서 벗어날 수 있다. 반대 측은 많은 실업자들이 실업 수당, 식료품 배급표, 다른 복리 후생 등을 제공받는 증거를 소개하며 논증을 이어갈 수 있다. 반대 측은 찬성 측이 실업자가 실업으로 피해받는다는 것을 증명하지 못했다고 주장할 수도 있다.

반대 측은 찬성 측이 피해의 양적 중대성이나 질적 중대성, 경우에 따라서는 이 둘 모두를 입증하는 데 실패했다고 공격할 것이다. 물론 대부분의 경우 찬성 측은 몇 가지 중대성을 성공적으로 규명할 것이다. 이 경우에 반대 측의 과제는 찬성 측이 규명한 중대성이 결국 반대 측이 입증하려고 하는 불이익보다 충분히 더 크지 않다는 것을 입증하는 것이다.

③ 피해가 과장됨

보통 충분히 준비한 찬성 측은 중요한 피해 영역을 확인할 수 있으며, 가능한 한 가장 설득력 있는 방법으로 피해를 보여주는 전문적인 증거를 찾을 수 있다. 이에 대한 반대 측의 과제는 피해에 대한 찬성 측의 판단이 과장되었다고 주장하고, 그것을 입증하는 증거를 제시하는 것이다. 반대 측이 성공하면 찬성 측이 판정한 피해 규모는 축소된다.

④ 입론 전환

찬성 측의 피해 쟁점을 반박하는 가장 효과적인 방법은 전통적인 전환 논증(turnaround argument) 또는 입론 전환(case turns)을 사용하는 것이다. 이는 찬성 측이 찾아낸 피해가 사실은 피해가 아니라 현 상태에 이익이 된다는 것을 증명하기 위해 고안된 반대 측의 공격 전략이다. 예를 들어, "미국 연방정부는 인종 차별 및 성 차별에 대한 추가적인 보호 조치를 위해 1964년에 제정된 시민권법 7조를 입법 활동을 통해 개정해야 한다."라는 논제에 대한 토론에서, 대다수의 찬성 측 토론자는 현 상태에서 발생한 광범위한 차별 사례를 제시하였다. 반대 측은, 차별은 해로운 것이긴 하지만, 차별의 존재는 억눌린 사람들을 자극해 사회운동을 조직해서 풀뿌리 시민운동에 참여하도록 하였고, 이는 찬성 측 방안에 의해 실행되는 하향식 해결책보다 의미 있는 사회 변화를 만드는 데 훨씬 더 효과적이라고 주장함으로써 쟁점을 전환하였다. 의료 서비스의 접근성 확대에 대한 토론에서, 반대 측은 의료 서비스의 접근성 확대는 잠재적으로 유해한 백신, 엑스레이 방사선, 과잉 진료 등에 노출되는 횟수를 증가시킬 수도 있다고 주장함으로써 찬성 측이 제시한 의료 서비스 부족이라는 피해에 대해 답변할 수도 있다. 또는 사회기반시설 건설 프로젝트를 통해 고용을 창출하려는 새로운 건설 계획은 화석 연료의 연소를 비롯한 자원 사용을 필요로 하는데, 이는 지구 온난화를 가속화할 수도 있다고 하면서 일자리 프로그램에 반대하는 논증을 할 수도 있다. 이때 피해는 찬성 측에 반대하는 이유가 되거나, 달리 말해, 반대 측 대안에서 이익이 된다.

3) 내재성 공격하기

내재성은 현 상태의 본질적인 속성으로 인해 찬성 측의 개선 노력이 없다면 밝혀진 피해가 향후에도 지속될 가능성이 있음을 나타내는 필수 쟁점이다. 내재성은 현 상태 속에 구조적으로 내재된 문제 해결의 장애 요소, 또는 긍정적 개선을 불가능하게 하는 일련의 지배적인 행위와 태도라고 설명될 수 있다. 가장 중요한 점으로, 내재성은 피해를 야기하는 근본 원인을 밝혀내 이 원인이 피해를 지속시킬 것임을 예측한다는 것이다. 반대 측은 여러 가지 방식으로 내재성 주장을 다룰 수 있다.

첫째, 반대 측은 찬성 측이 장애 요소를 밝혀내는 데 실패했다거나, 내재적인 원인을 부정확하게 밝혀냈다거나, 현 상태에 존재하는 피해의 또 다른 원인이 지닌 중요성을 밝혀내는 데 실패했다고 주장할 수 있다. 예를 들어, 찬성 측은 미국인의 건강이 위태롭다고 주장하며 5200만 명의 미국인이 건강보험이 없다는 사실을 증거로 들 수 있다. 반대 측은 대다수가 건강보험이 없는 것은 사실이지만 사람들이 보건소나 다른 무료 의료 서비스에서 필수적인 치료를 받지 못하는 것은 아니며, 미국 내 환자 대부분은 실제로 보험에 가입된 상태이고, 보험 비가입자의 대부분은 자신이 선택한 것이라고 반박할 수도 있다. 반대 측은 또한 인터넷이나 다른 매체를 통해 이용 가능한 무료 건강 정보, 지역의 무료 검진 및 교육 프로그램을 비롯하여 현 상태에서 피해를 보상하는 저비용 제도 등을 제시할 수도 있다. 게다가 반대 측은 많은 사람들이 의료 서비스를 이용할 때의 장애 요소는 비용이나 접근성의 문제가 아니라, 찬성 측 방안을 실행하지 않고도 쉽게 개선될 수 있는, 정보와 마케팅의 문제라는 것을 증명할 수도 있다.

만약 찬성 측의 내재성이 매우 강력하다면, 해결성을 '압도할' 수도 있음을 기억해야 한다. 이 말은 결국 어떠한 방안도 내재성 쟁점을 극복할 수 없다는 뜻이다. 실행 당위(fiat)는 방안의 실행을 허용하지만, 실행 가능성을 높일 수는 없다. 게다가 찬성 측의 조치가 필요한 사고방식의 강한 편견이나, 기존 정부 구조를 혼란스럽게 하는 것은 상당한 불이익을 초래할 수도 있다. 마지막으로, 찬성 측이 방안이 실행되지 않았던 이유나 문제의 근본 원인을 명확하게 밝혀내지 못하면, 피해가 계속 존재하는 진정한 이유인 숨겨진 불이익을 놓칠 수도 있다.

내재성을 반박하는 반대 측의 두 번째 논증 세트는 현 상태에서 자연스럽게 일어나는 제도적 조정이나 움직임을 들 수도 있는데, 이는 입법이나 정책 조치 없이도 피해 쟁점에서 확인된 문제를 해결할 수 있다. 예를 들어, 가스 가격 인상이 재생 가능한 대체 에너지 자원의 사용을 자연스럽게 유도한다면, 새로운 규제, 법률, 프로그램 없이 기존 시장의 힘만으로도 온실 가스 발생 문제를 해결하는 것이라고 주장할 수도 있다. 단순 조정(minor repairs)은 반대 측 논증에 추가적인 기회를 부여한다. 이 단순 조정은 피해를 줄이려고 하는 찬성 측 방안이 주장한 주요 변화를 요구하지 않으면서 작은 조치를 도입하는 것이다. 예를 들어, 소비자는 대규모 오염을 유발하고 온실 가스를 발생시키는 기업의 생산품에 대한 구매를 거부함으로써, 이러한 회사들이 탄소 발자국(carbon footprints)*을 줄이게끔 경제적 유인책을 만든다.

4) 해결성 공격하기

일반적으로 반대 측은 피해와 내재성 쟁점에 대한 논증으로 찬성 측의 방안이 가진 이익을 최소화하고자 할 것이며, 나아가 찬성 측이 주장한 방안으로는 이익을 얻지 못함을 증명하려 할 것이다.

해결성 논증을 전개할 때 반대 측은 해당 방안이 실행될 수 없고, 찬성 측이 원하는 대로 방안이 실행된다고 할지라도 피해를 해결하지 못하거나 찬성 측이 주장한 이익을 얻지 못하며, 이익이 그리 중대하거나 강력하지 않음을 증명하려고 한다. 예를 들어, '비농업 노동자의 연간 임금 보장' 논제에 대한 토론에서 찬성 측은 피해 쟁점으로 실업자의 구매력이 유지되어야 함을 주장하였다. 찬성 측은 연간 수백만 명의 사람들이 실직한다는 사실을 증거로 들어, 1년 차 근로자의 연간 임금을 보장하는 방안을 제시하

....

* 온실 효과를 유발하는 이산화탄소의 배출량.

였다. 반대 측은 찬성 측이 피해 쟁점에서 언급한 수백만 명의 실업자는 방안에서 다루어지지 않는(즉 논제에서 배제되는) 농업 종사자로서 방안은 해결성을 제시하지 못했다고 주장하였다. 반대 측은 대부분의 실업자가 마지막 직장에서 1년보다 더 짧은 기간 동안 있었으므로, 방안에서 제시한 연간 임금을 보장받을 수 없다는 사실을 보여주는 증거를 제시하였다. 방안은 1년 근무 경력을 갖춘 상대적으로 소수인 실업자에게만 적용될 뿐이며, 문제의 쟁점에서 찬성 측이 제시한 수백만 명의 사람들에게는 적용되지 않는다는 것이다.

"모든 미국 시민에게 고용 기회를 보장해야 한다."라는 논제에 대한 토론에서 찬성 측은 도심 재건축 방안을 제시하면서 이 방안이 모두에게 일자리를 제공한다는 점을 이익으로 주장하였다. 이러한 주장에 대해 반대 측은 해당 방안이 창출하는 일자리는 특별한 건축 기술이 없는 노동자와 비숙련 건축 노동의 육체적 부담을 감당할 수 없는 사람들에게는 고용 기회를 보장하지 않는다는 점을 신속하게 지적하였다.

① 실행 가능성

여기에서 반대 측의 목표는 찬성 측이 제시한 방안이 실행 불가하다는 점을 입증하여 논제의 채택을 막는 것이다. 개인의 총기 소유에 대한 금지를 옹호하는 쪽은 법이 주어진 내재성의 범위 내에서 집행되어야 한다는 점, 많은 총기 소유자들이 자신의 총을 지키려고 할 것이라는 점, 총기 소유를 금지하는 것은 법 집행기관이 자신이 할 수 있는 능력 이상으로 사생활 보호 권리를 침해할 수밖에 없다는 점을 증명해야 한다. 에너지 생산 방법 또는 태양계 너머의 유인 우주여행 방법으로서 핵분열을 옹호할 경우 기술적 가능성을 입증하는 데 곤란을 겪을 것이다. 실행 가능성 논증을 하기 위해서 반대 측은 간결하게 진술되고 빈틈없이 논리적인 일련의 논증을 제시해야 한다. 이것을 위해 준비할 때 반대 측 토론자는 여타의 반대 측 쟁점에서처럼 종종 잠재적인 찬성 측 방안을 반박하는 일련의 토론 개요를 마련한다. 반대 측은 찬성 측이 제시하는 방안을 실제로 들을 때, 서류철에서 적절한 토론 개요를 뽑아 찬성 측이 제시한 특정 방안에 그것을 적용한다.

에너지 논제에 대해 토론할 때, 찬성 측은 피해 쟁점으로 에너지 부족을 들고, 그 해결 방안으로 석유와 석탄을 사용하는 발전소를 점진적으로 줄이고, 전기를 생산하기 위한 태양광 발전소, 지열 발전소, 원자력 발전소를 건설할 것을 연방정부에 요구할 것을 제안하였다. 잘 준비된 반대 측은 보통 이러한 각각의 에너지 자원에 대한 논증 개요를 마련해놓고 있다. 반대 측은 다음과 같이 증거를 들어 찬성 측 방안을 논박하였다.

첫째, 태양광 에너지는 실행 불가능하다. 그 이유는 (1) 상업적 사용이 증명된 바 없고, (2) 그 가능성이 구름의 양에 따라 지리적으로 제한되고, (3) 연료 전지 방법은 엄두도 못 낼 만큼 비싸서 전기 요금을 수천 배 인상시킬 것이고, (4) 반사판 방법은 토지 임대료가 엄두도 못 낼 만큼 많이 드는데, 찬성 측의 요구를 해결하기 위해서는 21개 주와 비슷한 크기의 대지가 필요하기 때문이다.

둘째, 원자력 에너지는 실행 불가능하다. 그 이유는 (1) 원자로를 설치하려면 매우 오랜 시간이 걸리기 때문이다. 현재의 모든 원자력 발전소는 예상보다 2년에서 7년 정도 건설이 지연되었다. 생명과 환경에 대한 위험을 주장하는 장기간의 소송과 공청회로 인해 미래의 발전소 건설은 훨씬 더 지연될 것이다. (2) 현재 발전소를 가동하는 데 필수적인 우라늄이 부족한데, 찬성 측이 제시한 발전소의 수만큼 가동할 만한 우라늄이 충분하지 않다.

셋째, 지열 에너지는 실행 불가능하다. 그 이유는 (1) 상업적으로 사용 가능한 잠재적 자원의 규모가 매우 작고, (2) 온천을 위해 시추를 한 곳은 그 자체로 지진을 유발할 수 있으며 지진이 일어나기 쉬운 곳, 또는 생산된 전기를 사용할 사람들로부터 거리가 멀리 떨어져 있는 곳이며, (3) 구리가 부족해 원거리 전력 전달을 상업적 차원에서 비현실적으로 만들기 때문이다.

반대 측은 찬성 측이 제시한 세 가지 에너지 자원 모두 피해를 해결하지 못한다는 것을 입증함으로써 실행 가능성 논증을 끝맺는다.

② 방안이 주장된 이익을 유발하지 않을 것이다.

이 논증을 전개할 때 반대 측은 찬성 측이 원하는 대로 방안이 정확히 실행될지라도 찬성 측이 주장한 이익을 유발하지 못한다는 점을 입증하는 데 노력을 기울여야 한다. 입론의 내재적인 이유는 해당 방안이 성공할 수 없는 이유를 종종 제공하기도 한다. 반대 측 토론자는 찬성 측의 방안이 기각되어야 할 이유와 그 메커니즘을 파악하고자 한다.

법률 집행 논제에 대한 토론에서 찬성 측은 주 경찰과 지역 경찰을 위해 도청을 합법화하는 방안을 제시하고, 도청은 범죄의 직접적인 증거를 제시할 수 있으므로 범죄자들에게 더 많은 유죄 판결을 내릴 수 있다는 점을 이익으로 주장하였다. 이러한 주장에 대해 반대 측은 범죄자는 전화가 도청된다고 추정하여 이를 피할 대책을 마련하기 때문에, 해당 방안이 이익을 유발하지 않는다고 주장하였다. 반대 측은 범죄자가 다음과 같이 행동할 것이라고 주장했다. (1) 전화 사용량을 줄인다. (2) 주파수대 변환 전화기를 사용한다. (3) 전자 장치를 이용해 전혀 사용하지 않은 전화기를 찾은 뒤 그 전화기를 사용한다. (4) 공중전화를 무작위로 선택하여 사용한다. (5) 전화번호를 자주 바꾼다. (6) 은어나 암호를 자주 바꾼다. (7) 단편적인 언급과 확인만 한다.

'종합 건강검진' 논제에 대한 토론에서, 찬성 측은 모든 시민을 위한 무료 건강검진 방안을 제시하고, 그 이익들 중 하나로 '가난한 사람을 위한 더 나은 건강검진'을 주장하였다. 반대 측은 찬성 측의 방안이 그런 이익을 유발하지 않는다고 주장하였다. 그 이유는 (1) 가난한 사람들이 사는 지역에는 의료진이 적고, (2) 가난한 사람들은 의료진이 있는 곳으로 이동하는 데 드는 교통비가 부족하고, (3) 대다수의 가난한 사람들은 조기 건강검진의 가치를 몰라서 이를 시도하지 않을 것이고, (4) 대다수의 가난한 사람들은 건강검진을 두려워해 건강 상태가 심각해질 때까지 검진을 받지 않으며, (5) 대다수의 일하는 빈곤층은 상태가 매우 나빠졌을 때 외에는 건강검진을 할 시간을 내기 어렵기 때문이라는 것이었다.

찬성 측의 방안은 우회의 기회를 제공할 수도 있다. 피해에 대한 강한 태도적 내재성이 존재한다면, 사람들은 방안의 의무를 우회하고자 하는 동기와 능력을 갖게 된다. 이것이 바로 적정 부담 의료보험법(Affordable Care Act)에 대한 비판이다. 건강보험 구매를 강제했지만, 위반에 대한 벌금이 가입비보다 많지 않다면 사람들은 벌금을 선택하고 보험을 구매하지 않을 수도 있다.

③ 이익의 효과

반대 측은 이익이 얻어지더라도 그것이 강력하거나 중대한 이익이 아니라고 주장하길 원한다. 에너지 논제에 대한 토론에서 어떤 찬성 측 토론자는 연안에서 석유 시추를 금지하는 방안을 제시하면서 환경 보호라는 이익을 주장하였다. 환경 보호는 (1) 보기 흉한 석유 굴착 장치를 막고, (2) 어류 개체를 보호하며, (3) 누유로 인한 환경 피해를 막는 것을 통해 이루어진다는 것이다. 이러한 방안에 대해 반대 측은 찬성 측이 제시한 이익이 중대하지 않다는 논증을 전개하였는데, 그 이유는 (1) 석유 굴착 장치는 연안에서 멀리 떨어져 있으므로 연안에서 볼 수 없고, (2) 석유 굴착 장치는 물고기의 사육 기반을 제공하므로, 그 지역의 물고기 개체 수는 실제로 증가하고(반대 측의 입론 전환에 주목해야 한다. 찬성 측이 어류 개체를 보호하기 위해 석유 굴착 장치를 금지해야 한다고 주장했으나, 반대 측은 이 주장을 전환하여 석유 굴착 장치가 물고기 개체 수를 증가시킨다고 주장한다.), (3) 누유는 드물며, 실제로 그런 경우가 발생하더라도 야생 동물의 개체 수는 2년 이내에 정상으로 돌아오기 때문이다. 반대 측은 찬성 측이 이익에 대한 양적 중대성과 질적 중대성을 모두 제시하지 못했다고 결론 내렸다. 즉, 연안에서의 석유 시추는 환경에 무해하며, 어쨌든 석유에 대한 필요가 찬성 측이 제시한 중요하지 않은 환경적 고려보다 더 비중이 있다는 것이다.

9장에서 언급된 석면의 사례를 떠올려보자. 많은 사람들이 학교 건물에 있는 석면이 학생들의 생명을 위협하는 위험 요소라고 주장하였다. 반대 측은 1100만 명 중 한 명의 아이만 위험하다고 주장할 수도 있을 것이다. 경제학자인 로버트 새뮤얼슨(Robert Samuelson)은 다음과 같이 언급했다. "보통의 대응은 이렇다. 즉, 우리나라와 같이 부유한 나라는 절대적인 안전을 제공할 수 있다. 그러나 우리는 제공할 수 없다. 규제 비용은 물가나 세금을 올린다. 우리의 수입은 그것들보다 적다. 만약 우리가 더욱 맑은 공기나 건강한 음식과 같은 많은 편익을 얻는다면 그것은 좋다. 그러나 편익이 하찮거나 존재하지 않는다면 그것은 좋지 않다."[1]

한 명일지라도 아이의 생명을 구하는 것은 전혀 사소한 일이 아니다. 그렇다면 한 사람의 생명이 수십억 달러를 지출할 만큼 중대한 이익일까? 그 자금을 다른 방식으로 사용하여 수천 명 혹은 수백만 명의 생명을 구하거나 삶을 개선할 수도 있지 않을까?

5) 불이익 입증하기

논제 관련성 논증을 하지 않는 한, 대부분의 정책 토론에서 불이익 논증은 반대 측 논증에서 가장 중요하다. 불이익 논증은 반대 측의 공격 방법이기 때문이다. 불이익 논증은 찬성 측 방안을 채택하는 것이 나쁜 이유를 제시한다. 피해, 내재성, 해결성 쟁점에 대해 논증할 때, 반대 측은 (입론 전환을 제외한) 대부분의 쟁점에서 이익이 찬성 측이 주장한 것만큼 크지 않다는 점을 논증한다. 즉, 반대 측은 '방어'를 한다. 이것은 전략적으로 타당한 접근법이지만 그 자체만으로 방안의 시행을 기각할 이유는 되지 않는다. 모든 정책 조치는 위험을 수반하고 어느 정도 비용을 필요로 한다. 불이익 논증에서 반대 측의 목표는 찬성 측이 제시한 방안이 불이익(상당한 비용)을 유발하는 근거와, 이러한 불이익(비용)이 찬성 측의 방안으로 얻을지도 모르는 어떤 가능한 이익(편익)보다 더 큰 이유를 제시함으로써 논제의 채택을 막는 것이다.

에너지 논제에 대한 토론에서 노천 채굴이 환경을 파괴한다는 문제를 규명하면서 찬성 측은 모든 노천 채굴을 금지하는 방안을 제시하고, 이익으로 더 나은 환경을 주장하였다. 이러한 입론에 대해 반대 측은 노천 채굴(노천 채광)의 금지가 다음과 같은 불이익을 낳을 것이라고 논증하였다. (1) 구리의 부족을 유발한다(대부분의 구리는 노천 채광으로 채굴되며 구리선은 발전기의 송전에 필수적이다). (2) 철의 부족을 유발한다(대부분의 철은 노천 채광으로 발굴된다). (3) (노천 채광 석탄의 부분적인 대체물로 석유가 사용되기 때문에) 석유 부족을 악화시킨다. (4) (노천 채광 석탄 대신 부족한 석유와 깊은 갱에서 캔 비싼 석탄이 사용되기 때문에) 전기 요금을 상승시킨다. (5) (1~4번의 결과로서) 인플레이션을 유발한다. (6) (1~5번 불이익의 결과로서) 실업자를 증가시킨다. (7) (찬성 측의 방안에 의하면 더 많은 사람들이 깊은 탄광에서 일할 것이기 때문에) 진폐증 환자를 증가시킨다. (8) (깊은 탄광에서 일하는 것이 본질적으로 노천 탄광에서 일하는 것보다 더 위험하기 때문에) 탄광 사고 빈도가 증가한다. (9) (최근 국내의 깊은 탄광은 석탄의 수요를 충족시킬 수 없으며, 외국 자원의 경우 아랍이 석유 통상을 금지한 것처럼 석탄 수출을 금지할 수도 있기 때문에) 신뢰할 수 없는 외국의 석탄 자원에 대한 의존을 초래한다. (10) (석탄을 사기 위해 다른 나라로 달러가 유출될 것이기 때문에) 국제 수지 문제를 악화시킬 수 있다. 반대 측은 노천 채굴 후의 풍경과는 대비되는 손상되지 않은 풍경을 바라봄으로써 얻을 수 있는 심미적 이익보다 불이익이 더 크다는 것을 주장하며 이 부분의 입론을 끝맺었다.

미국의 대중국 무역 정책에 대한 토론에서, 찬성 측의 방안은 인권 상황에 대한 개선을 강제하기 위해서 중국에 대한 '최혜국' 지위를 끝낼 것을 요구하였다. 이러한 방안에 대해 몇몇 반대 측 토론자는 '인권 침해의 증가'라는 불이익을 주장하였다. 반대 측은 중국이 무역과 인권을 연계하지 않는 다른 나라로 무역 대상국을 쉽게 변경할 수 있으며, 인권 신장에 대한 유인책이 없어서 상황은 더욱 나빠질 것이라고 주장하였다.

당연히 반대 측은 이러한 불이익을 입증해야 한다. 6장에서 살펴본 것처럼, 토론에서 쟁점이나 주장을 도입하는 사람은 누구나 일반적 입증 책임을 진다.

① 미끄러운 비탈길 증명하기

찬성 측의 방안이 그 자체로 나쁘지 않을 때, 반대 측은 해당 방안이 언뜻 해롭지 않은 제안처럼 보이지만, 사실은 가장 위험한 결과를 초래하는 **미끄러운 비탈길**(slippery slope)로 내려가는 돌이킬 수 없는 첫 단계라는 것을 증명하고자 할 수도 있다. 대중매체 논제에 대한 토론에서, 설탕 함유 식품의 광고를 금지하는 찬성 측의 방안은 아마도 아이들의 충치를 감소시키고 건강을 증진하는 데 이익이 될 것이다. 이는 틀림없이 그 자체로는 바람직한 것이다. 이러한 입론에 대해 반대 측은 해당 방안이 언뜻 좋아 보이긴 하지만, 수정헌법 1조*를 약화시키는 미끄러운 비탈길로 인도할 것이라고 주장하였다. 즉, 설탕 함유 식품의 광고를 금지한다면 다음 차례는 무엇이 될 것인가? 이는 책에 대한 광고와 정치 후보자에 대한 광고를 금지한다거나, 언론의 자유에 대한 수용하기 어려운 장벽을 낳는 위험한 선례가 될 것이다. 반대 측이 말하는 바를 요약하면, 명백히 불리한 결과를 이끌 수 있는, 미끄러운 비탈길로 내려가는 첫 단계를 피해야 한다는 것이다. 이때 찬성 측은 자신들의 제안은 제한된 조치이고, 방안에는 미끄러운 비탈길을 피하기 위한 안전장치가 포함되어 있다는 점을 입증할 책임이 있었다. 공화당 지지자들은 아주 부유한 미국인들에 대한 증세 제도(버핏세)는 사회 모든 부문에 대한 증세를 유발하여 점진적이지만 순차적으로 사회를 붕괴시킬 것이라고 주장했다. 헌법에서는 자유를 보장하겠지만 종국에는 전체주의 정부로 귀결된다는 것이다.

미끄러운 비탈길 논증은 반대 측에만 고유한 것도 아니고, 정책 토론에만 한정된 것도 아님에 유의해야 한다. "미국의 대학은 인종이나 성에 대한 쟁점을 다루기 위해 교육 관행을 부적절하게 변경하였다."라는 논제에 대한 토론에서 몇몇 찬성 측 토론자들은 많은 대학에서 '정치적으로 정당한 발언'을 실행하기 위한 규칙을 채택했음에 주목하였다. 이러한 규칙은 인종차별주의자나 성차별주의자의 터무니없는 말을 줄이기 위한 것이다. 그러나 찬성 측 다른 일부는 '정치적으로 정당한 발언'을 강요하는 규

....

* 종교의 설립을 주선하거나, 자유로운 종교 활동을 방해하거나, 언론의 자유를 막거나, 출판의 자유를 침해하거나, 평화로운 집회의 자유를 방해하거나, 정부에 대한 탄원의 권리를 막는 어떠한 법 제정도 금지하는 내용이다.

칙은 미국 수정헌법 1조를 약화시키는 미끄러운 비탈길로 이끌 것이라고 주장하였다. 즉, 비방을 금지하면 그다음에는 어떻게 될 것인가? 아마도 이는 이전의 대중매체 사례에서 언급된, 모든 피해로 이어지는 위험한 선례가 될 수 있다. 인종차별주의자나 성차별주의자의 터무니없는 말을 개탄할 수도 있지만, 찬성 측은 훨씬 더 큰(그리고 더 중대한) 가치는 수정헌법 1조의 수호라고 주장하였다.

② 포괄적 불이익 제시하기

방금 살펴본 불이익은 단지 공격 받는 입론에만 한정된 것이었다. 앞에서 지적한 것처럼, 종종 반대 측은 토론이 실제로 진행될 때까지 찬성 측 입론을 알 수 없다. 그리고 이때는 상대 측 입론을 논박하기 위한 구체적인 조사를 수행하기에는 이미 너무 늦은 시간이다. 이러한 상황에 대비하기 위해 노련한 반대 측 토론자는 찬성 측의 다양한 방안에 적용 가능한 **포괄적 불이익**(generic disadvantages)을 개발한다. 다시 말해, 반대 측 토론자는 논제를 면밀하게 분석한 후에 찬성 측이 방안에 반드시 포함할 수밖에 없는 특정 항목을 조사한다. 반대 측 토론자는 찬성 측이 제시할 항목을 사전에 정확하게 예측할 수 없다고 하더라도, 실제적인 추정을 하는 것은 가능하다. 예를 들어, '고용 기회 보장' 논제에 대한 토론에서 어떤 반대 측은 소득을 증가시킬 것이라는 찬성 측의 방안에 대해 일련의 포괄적 불이익을 개발하였다. (물론 실업자에게 일자리를 제공함으로써 찬성 측의 방안은 일반적으로 실업자의 소득을 증가시킨다.) 앞에서 이를 '미트볼(meatballs)' 불이익이라고 설명한 바 있다. 반대 측은 다음과 같이 주장하였다. (1) 미국인은 소득이 증가하면 소고기를 더 많이 먹는다. (2) 소고기를 더 많이 먹으면 심혈관계 질환이 늘어나 수백만 명이 죽게 된다. (3) 농부는 더 많은 소고기 생산으로 더 많은 수익을 얻기 위해 곡물 사료를 사용할 것이기 때문에, 저개발국으로 수출되는 곡물은 줄어들게 된다. (4) 저개발국에서는 수백만 명이 곡물을 얻을 수 없게 되어 죽게 될 것이다. (5) 이는 저개발국이 곡물을 얻기 위해 3차 세계대전을 일으키는 원인이 될 것이다. (6) 3차 세계대전은 지구에서 생명체의 종말을 초래할 것이다. 이것이야말로 정말 엄청난 불이익이다. 미국에서 일자리를 늘리는 것이 정말로 지구에서 생명체의 종말을 초래할 것인가? 반대 측 토론자는 이 원인이 해당 결과를 초래할 수 있는지 입증해야 한다.

미끄러운 비탈길 논증을 살펴볼 때 언급한 것처럼, 대중매체 논제에 대한 토론에서 반대 측은 설탕 함유 식품의 광고를 금지하는 방안에 반대하는 효과적인 논증을 개발할 수 있었다. 반대 측은 이러한 특정 입론에 반대하는 데 사용된 논증이, 언론의 자유에 제한을 가하려는 여러 찬성 측 입론에 반대하기 위해 사용되는 포괄적인 불이익 논증으로 각색될 수 있다는 것을 발견하였다. 반대 측은 찬성 측이 사카린 광고, 포르노그래피, TV의 폭력성, 이용할 수 있는 여타의 무수한 변주 등 어떤 것의 금지를 주장할지 미리 알지 못한다. 그러나 반대 측은 이러한 금지들 중 많은 부분이 미끄러운 비탈길을 달려 수정헌법 1조에 불이익을 초래할 수 있으며, 언뜻 좋아 보이는 찬성 측의 금지가 수정헌법 1조 위반이라는 불이익을 유발할 수 있다고 주장했다. 요점은 언론의 자유 침해로 인한 불이익이 찬성 측이 주장한 어떤 이익보다 더 크다는 점이다. 적절한 적용을 통해 특정 불이익을 포괄적인 불이익으로 전환하는 능력은 반대 측의 중요한 무기이다.

포괄적인 반대 논증을 가장 이용하기 쉬운 영역은 정치 과정이다. 왜냐하면 조치를 필요로 하는 연방정부의 정책은 정치적 행위를 수반하며 교육 토론에서 대부분의 정책 논제는 미국 연방정부를 시행 주체로 인식하고, 찬성 측의 조치에 드는 정치적 비용은 반대 측의 불이익 논증을 위한 잠재적 무대가 된다. 실행 당위는 논증을 위해서 찬성 측의 방안이 '정상적 수단에 의해' 실행될 것임을 추정하도록 허용한다. 그러나 정상적인 수단은 정치적 타협, 정치적 자본의 활용, 입법 의제의 재배열을 요구할 수도 있고, 찬성 측 방안은 입법 과정을 쉽게 통과하기 위해 진통을 겪을 수도 있다.

③ 전환 경계하기

현명한 찬성 측 토론자는 이익이 불이익으로 '전환'되는 것을 경계하고, 불이익을 이익으로 바꾼다. 불이익을 개발하는 반대 측 토론자는 찬성 측의 이러한 전략을 알아차리고 어떤 불이익이 그런 식으로 전환되는지, 절대로 사용하면 안 되는 입론이 어떤 것인지 살펴보아야 한다. 성공적인 전환은 반대 측으로 하여금 불이익을 잃게 할 뿐만 아니라 찬성 측이 이익을 얻는 것을 의미한다.

일자리 나누기가 파업을 초래할 수 있다는 반대 측의 논증을 생각해보자. 반대 측이 논증할 수도 있는 이 파업은 찬성 측에 불이익일 것이다. 찬성 측은 노조가 일자리 나누기를 획득하고자 파업을 했다는 증거를 들어 불이익 '전환하기'를 시도할 수 있었다. 이 증거를 통해 입증하고자 하는 것은 파업이 일어날 가능성은 없고 사실은 파업이 줄어들 가능성이 있다는 것이다. 이때 찬성 측은 추가적인 이익을 주장할 수 있다. 그것은 바로 찬성 측의 방안에 의하면 노조가 일자리 나누기를 획득하고자 파업을 하지 않을 것이기 때문에 노사관계는 더욱 평화로워질 수 있다는 것이다. 물론 반박 발언에서 새로운 쟁점이 도입되어서는 안 된다. 하지만 반대 측이 파업 쟁점을 도입한다면, 이는 찬성 측이 쟁점을 전환할 완벽한 기회가 될 것이다.

수입 석유에 부과하는 세금의 인상을 둘러싼 토론에서 찬성 측은 외국 석유 자원에 대한 의존을 줄일 수 있다는 이익을 제시하였다. 이런 유형의 입론에 대해 반대 측에서는 전환을 시도하였다. 반대 측은 석유가 비싸지면, 원자력 발전소가 더 많이 건설될 것이라고 주장하였다. 반대 측은 원전 사고의 위험 증가라는 불이익이 생긴다고 주장하였다.

④ 불이익 골자 준비하기

반대 측은 논증을 개발하고 확장하는 데 더욱 많은 시간을 확보하기 위해서 첫 번째 기회, 즉 반대 측의 첫 번째 입론에서 어떠한 형태로든 전체 논증을 제시해야 한다. **골자**(shells)란 이후의 토론에서 확장될 논증의 간략한 형태이다. 반대 측이 개요 형식으로 첫 번째 논증을 제시하면 이후 토론에서는 전략적 선택이 가능해진다. 반대 측은 찬성 측의 최소한의 답변이라도 이끌어낼 논증을 확장하거나 우세해질 최고의 기회를 잡을 수도 있으며, 성공 가능성이 희박한 여타의 논증 시간을 아껴둘 수도 있다.

선결 요건을 갖춘 불이익 논증의 필수 요소는 다음과 같다.

1. **한계점**(threshold): 불이익이 발생하기 시작하는 그 직전 또는 그 시점이다. 반대 측은 찬성 측 방안의 조치가 우리를 한계점까지 밀어붙일 것이라고 주장한다.

2. **고유성**(uniqueness): 만약 불이익이 방안을 기각하는 이유라면, 반드시 해당 방안에 의해 고유하게 도출된 것이어야 한다. 만약 해당 방안과 무관하게 불이익이 발생한다면 해당 방안을 기각하는 이유가 될 수 없다.

3. **연계**(link): 불이익은 반드시 방안과 연계되어 있어야 하며 반드시 구체적 방안의 조치에 의해 야기되는 것이어야 한다. 심지어 포괄적 불이익(generic disadvantages)까지도 반드시 찬성 측의 방안과 분명히 연계되어 있어야 한다.

4. **효과**(impact): 불이익은 찬성 측의 이익에 비해서 질적 효과 또는 양적 효과가 반드시 더 커야 한다.

5. **개연성**(probability): 다수의 불이익은 (예컨대, 전 지구적 핵전쟁과 같은) 엄청난 효과를 가지고 있지만 그것이 발생할 개연성은 작다. 찬성 측의 방안을 거부하기 위해서는 불이익의 발생 가능성이 실제로 있어야 한다.

---

6) 대체방안 개발하기

대체방안(counterplan)은 현 상태를 옹호할 필요성에서 반대 측을 놓여나게 하며, 토론에서 몇몇 논증 근거를 반대 측으로 옮겨놓기 때문에 강력한 반대 전략이다. **대체방안**은 반대 측이 제시하는 방안으로, 찬성 측의 방안과 경쟁하는 더 나은 정책 대안이다. 대체방안이 채택되면 찬성 측의 방안은 기각되며, 반대 측의 결정이 받아들여지게 된다. 반대 측은 찬성 측이 제기한 문제를 해결할 더 나은 방법으로서, 또는 찬성 측의 방안이 채택될 경우 방해받는 더 나은 정책으로서 대체방안을 제시할 수 있다. 대체방안의 이익은 찬성 측이 제시한 문제에 대한 해결책을 제시하면서도 반대 측이 제시한 불이익을 유일하게 피할 수 있다는 것이다.

① 경쟁

대체방안은 찬성 측 방안과 경쟁할 수밖에 없으나 그 자체로는 찬성 측 방안을 기각하는 이유가 되지 않는다. 다시 말하면, 대체방안에 대한 지지가 있어야 찬성 측 방안을 기각할 수 있다는 뜻이다. 경쟁(competition)은 두 가지 방식으로 드러날 수 있다.

a. 찬성 측 방안과 그 대체방안은 상호 배타적이다. 이 말은 찬성 측의 방안과 반대 측의 대체방안이 동시에 공존할 수 없음을 의미한다.

다음과 같은 사례가 있다. 동유럽에서 공산주의가 붕괴하자 어떤 사람은 미국이 동유럽에서 군대를 철수해야 한다고 주장하였다. 그들은 냉전이 종식되었으므로 군대 주둔이 불필요하고 예산을 절감해 국가의 부채를 줄이는 데 사용할 수 있다고 주장하였다. 반대 측은 찬성 측의 정당화(justification)에 대해 동의하지 않고 정당화를 재정의하여 제시하였다. 반대 측은 냉전이 종식되었다고 할 수도 있지만 전쟁 위협이 이전보다 더 커졌다는 사실에 주목하였다. 반대 측은 찬성 측 입론에 대한 대체방안으로 미국이 유럽에 군대를 증파해야 한다고 주장하였다. 공산주의 붕괴로 불안한 상황이 조성되어 새롭게 자유를 얻은 국가에서 전쟁이 발발할 수도 있다는 것이었다. 유럽에 미군을 증파함으로써 전쟁을 억지할 수 있다는 것이었다. 반대 측은 방안과 대체방안의 이익과 불이익을 따져보았을 때 순이익이 대체방안에 있다고 주장하였다. 미국이 유럽에서 군대를 철수함과 동시에 군대를 증파할 수 없다는 것은 분명한 사실이다. 방안과 대체방안은 이렇듯 상호 배타적이다.

찬성 측은 자신의 방안을 대체방안에 맞추기 위해서 치환함으로써 찬성 측 방안이 대체방안과 경쟁하는 것이 아니라는 점을 분명히 증명하고자 하고, 방안과 대체방안을 모두 채택하는 것이 가능하다고 주장할 수도 있다. **치환**(permutation)은 경쟁력 검증으로, 방안과 대체방안의 결합이 가능하다는 점을 (주장하기보다는) 증명하는 것이다. 만약 찬성 측이 방안과 대체방안은 상호 배타적이 아니며 그리고 대체방안만 채택하기보다는 두 방안을 함께 채택하는 것이 더 낫다는 것을 입증하면, 찬성 측은 승리하게 된다.

b. 대체방안만 채택하는 것이 찬성 측 방안과 대체방안을 동시에 채택하는 것보다 더 나아야 한다. 종종 찬성 측 방안과 공존할 수 없는 대체방안을 구성하는 것은 불가능하다. 경쟁의 또 다른 척도는 순이익이라는 기준이다. 여기에서 반대 측은 대체방안만 채택하는 것이 대체방안과 찬성 측 방안의 조합을 채택하는 것보다 더 나음을 증명하고자 한다. 이 경우 찬성 측에서 제기한 문제를 대체방안이 더 잘 해결한다면 그 주장은 성립될 것이다. 더불어 반대 측이 제시한 불이익을 대체방안이 유일하게 피할 수 있다면 대체방안은 그 자체만으로 더 나은 것이 될 것이다.

> **순이익 공식**
>
> ....
>
> CP 〉 CP + P (대체방안은 대체방안과 찬성 측 방안의 조합보다 더 낫다.)

　예를 들어, 찬성 측이 심장 질환은 국가의 주요 사망 원인이므로 10억 달러를 심장 질환 연구비로 책정해야 한다고 주장할 수도 있다. 이에 대해 반대 측이 정부는 이미 심장 질환을 위해 10억 달러를 사용하였으나 그 효과가 크지·않았다고 주장할 수도 있다. 에이즈(AIDS)가 더 긴급한 문제이므로 우리는 10억 달러를 에이즈 연구에 사용해야 한다고 주장할 수도 있는 것이다. 이 대체방안을 접한 찬성 측은 두 질병이 모두 심각하므로 20억 달러의 예산을 책정하여 10억 달러는 심장 질환 연구에 10억 달러는 에이즈 연구에 사용하자고 제안함으로써 입론을 치환할 수도 있다. 만약 찬성 측이 자신의 방안과 대체방안은 (상호 배타적인 것이 아니라) 동시에 채택이 가능하며 대체방안만을 채택하는 것보다 (순이익이 크고) 바람직하다는 것을 입증하면 승리하게 된다. 제한된 연방정부 예산 내에서 다른 좋은 프로그램 예산을 대폭 삭감하거나 경제에 악영향을 끼칠 만큼 세금을 인상하지 않고서도 20억 달러를 마련하는 것이 아마도 가능할 것이다. 반대 측이 승리하기 위해서는 에이즈 연구에만 예산을 책정하면 순이익이 더 크다는 점을 입증해야 한다. 만약 10억 달러 이상의 예산 투입으로 고유한 불이익이 초래된다는 점을 증명할 수 있다면 그렇게 할 수도 있다. 찬성 측이 이런 종류의 치환을 하였을 때, 반대 측은 반드시 치환의 기준을 논증할 수 있어야 하며, 찬성 측이 자신의 입론을 대체방안을 포함하기 위해 치환할 수 없도록 정당한 이유를 제시하거나 대체방안만으로 더 낫다는 점을 입증해야 한다.

　반대 측은 대체방안이 여러 면에서 찬성 측 방안과는 서로 배타적임을 입증할 수 있다. 반대 측은 논제가 요구하는 것과 다른 수준의 정부(예를 들어, 연방정부가 아니라 주 정부)에서 대체방안이 시행되어야 한다고 주장할 수도 있다. 또는 다른 주체가 대체방안을 시행해야 한다고 주장할 수도 있으며(예를 들어, 법률에 의한 강제가 아니라 자원봉사여야 한다.), 제한된 예산을 다른 방식으로 사용하자고 주장할 수도 있다(예를 들어, 우주 연구에 사용할 수 있는 예산으로 금성보다는 화성에 무인 우주탐사선을 보내야 한다.). 대중매체 논제를 다루는 토론에서 반대 측은 종종 연방 정부기관이 아닌 전국방송국 협회(National Association of Broadcasters: NAB)와 같은 비정부기관이 텔레비전에 대한 규제를 해야 한다는 대체방안을 제시하기도 한다. 이와 유사한 경우로, '생활용품의 안전'에 대한 토론에서 어떤 반대 측 토론자는 연방정부가 아닌 주 정부의 조치를 요구해야 한다는 대체방안을 제시하기도 했다.

반대 측은 자신의 대체방안이 찬성 측의 방안과 비교하여 위험과 이익의 최상의 균형을 제공한다는 점을 입증해야 한다. 대중매체 논제를 다루는 토론에서, 전국방송국협회(NAB)가 텔레비전의 폭력 내용을 규제해야 한다고 말하는 반대 측은, 연방정부가 아닌 비정부기관이 텔레비전의 폭력 내용을 규제하는 것이 미국 수정헌법 1조 언론의 자유를 상실할 위험을 줄일 수 있다고 종종 주장하곤 한다. '생활용품의 안전'을 다루는 토론에서, '주 정부'를 이용한다는 대체방안을 제시한 반대 측은 연방정부가 아닌 주 정부에서 특정 생활용품을 규제해야 한다고 주장했다. 찬성 측의 방안이 바람직하지 않다고 밝혀지면 그 방안이 전국적으로 적용되는 폐해를 줄일 수 있으며, 그 방안이 바람직하다고 밝혀지면 다른 주에서 그것을 적용하면 된다는 것이다.

② 조건적 대체방안과 성향적 대체방안

조건적 대체방안(conditional counterplan)이란 "만약 현 상태가 문제를 해결하지 못한다면 대체방안이 문제를 해결할 수 있다." 또는 "만약 대체방안이 실패하면 우리는 현 상태에 의존하게 될 것이다."와 같이 반대 측의 '만약 – 그렇다면(if-then)' 진술의 일부로 제시되는 대체방안이다. 이런 유형의 주장을 개발할 때 반대 측은 (1) 현 상태는 문제를 해결할 수 있으며, (2) 만약 현 상태가 문제를 해결할 수 없다면 그것은 반대 측의 대체방안을 옹호하는 것이 된다고 주장한다. 이런 전략은 반대 측으로 하여금 토론에서 논증이 전개되는 양상에 따라 대체방안이나 현 상태에 대한 옹호를 포기하도록 만든다.

학생 토론자는 이러한 접근을 선택하기에 앞서 두 가지 중요한 제약을 고려해야 한다. 첫째, 교육 토론에서는 시간 제한으로 인해 현 상태 옹호와 대체방안 옹호 두 가지 모두를 적절하게 전개하는 것은 지극히 어렵다는 것이다. 둘째, 조건적 논증은 매우 명확하게 제시되어야 한다는 것이다. 이 명확성에 대한 요구는 대체방안 자체의 어려움과 결합될 때 토론자에게 두 배쯤 복잡한 문제가 될 것이다.

반대 측은 **성향적 대체방안**(dispositional counterplan)으로 대체방안을 제시할 수도 있다. 이는 옹호의 조건이 미리 정해져 있는 조건적 논증의 특별한 유형이다. 만약 대체방안이 성향적이라면, 반대 측은 대체방안이 전환되지 않는 한, 즉 대체방안의 불이익을 억지로 답해야 하는 부득이한 경우를 제외하고는, 대체방안에 대한 지지를 포기할 수도 있다.

③ 기타 대체방안[2]

대체방안의 또 다른 유형으로는 (1) 지연(delay) 대체방안, (2) 예외(exceptions) 대체방안, (3) 방안–포함(plan-inclusive) 대체방안이 있다. 지연 대체방안은 찬성 측 방안을 채택하기에 앞서 일정 기간 동안의 지연을 주장한다. 이러한 지연의 근거는 찬성 측 방안의 즉각적 채택 때에만 유일하게 발생하는 불이익을 회피하기 위한 것이다. 예외 대체방안은 찬성 측의 방안을 채택하긴 하지만 어떤 관할 구역이나 집단을 방안의 시행 때 제외해야 한다고 주장하는 것이다. 예를 들면, 시민권 관련 토론에서 반대 측은 찬성 측의 방안을 채택하긴 하지만 푸에르토리코, 일본, 아메리칸 인디언 거주 구역에 적용되는 규제는 제외할 것을 주장하였다. 이 예외 대체방안은 규제받는 집단이나 주(州)에만 유일하게 나타나는 불이익을 피해야 한다고 주장한다. 이 두 가지 대체방안은 찬성 측 방안의 좋은 부분을 그와 경쟁하는 대체방안 내에 포함하여 다루는 방안-포함 대체방안의 유형에 속한다.

④ 대체방안과 실행 당위

(보편적이지는 않지만) 일반적으로 반대 측은 대체방안의 시행을 위한 실행 당위를 상정할 수 있다고 여겨진다. 반대 측 실행 당위로의 접근법 중 하나는 상호성을 전제하는 것이다. 즉, 찬성 측이 연방정부의 조치에 실행 당위를 적용하면 반대 측도 그렇게 하면 된다. 또 하나의 접근법은 반대 측 실행 당위의 근거가 대안적 시행 주체에 근거하고 있다고 상정하는 것이다. 즉, 찬성 측이 연방정부를 시행 주체로 이용하면 반대 측은 주 정부나 국제연합을 시행 주체로 이용하는 것이다. 실행 당위는 마술 지팡이가 아니라 실행의 정상적인 수단을 상정하며, 그 무엇도 실행 당위의 실행 가능성을 보장할 수 없다는 것을 기억해야 한다.

⑤ 대체방안과 추정

또한 대체방안 토론에 적용되는 추정 관행을 살펴보는 몇 가지 방법들도 있다. 반대 측이 현 상태를 옹호하고 있는 토론에서 추정은 대체로 반대 측에 유리하다고 받아들여진다. 그러나 만약 반대 측이 대체방안을 옹호하면 어떻게 될까? 널리 받아들여지는 이론에 따르면, 추정은 최소한의 위험이나 보다 작은 변화만 가져오는 정책에 적용된다고 한다. 또 다른 이론에 따르면, 추정은 항상 논제를 반대한다고 한다. 다른 전통적 이론가들은 반대 측이 대체방안을 선택하면 추정을 포기하게 되어, 추정이 없어지거나 찬성 측으로 이동하게 된다고 주장한다.

만약 논제에 반대하는 것이 추정의 지배적인 견해로 간주되면, 반대 측은 대체방안을 제시할 때에도 추정의 이점을 항상 유지할 것이다. 그러므로 대체방안이 적어도 찬성 측 방안만큼 가치가 있다면, 심판은 무승부를 깨는 추정을 허용하면서 찬성 측 방안을 채택하지 않을 것이다. 추정을 측정하는 다른 방법은 위험 정도에 기반을 두고 있다. 이 개념에 따르면, 현 상태에 큰 변화를 가져올 정책은 대부분 위험을 수반한다. 이때 추정은 작은 규모의 변화를 선호한다. 그래서 탄소세 인상 프로그램을 제시한 찬성 측은, 그것이 휘발유 연소 내연기관을 금지하는 대체방안보다는 아마도 변화가 작을 것이라고 간주해 추정을 유지하게 된다.

7) 비판(kritic, critique) 개발하기

비판(가끔 'K'로 줄여서 씀)은 토론에서 (항상은 아니지만) 종종 반대 측이 개시하는 대중적 논증 형식이다. 비판은 철학적 근거에 대해 이의를 제기하거나 상대의 주장과 그 영향의 윤리적 구성 요인에 적용하는 논증을 말한다. 본질적으로 비판은 정책 토론에서 사용되는 가치 거부이다. 논증은 불이익 논증처럼 구성되는데, 절대적인 표결 쟁점으로 주장된다. 비판은 상대 토론자의 언어 사용 등과 같은 수행의 어떤 측면에 대한 공격, 혹은 논제나 제안의 기본 전제에 대한 공격에 바탕을 둘 수도 있다.

일반적으로 논증이 '비판적'이라고 간주되는 경우는 전통적 권력 구조에 도전할 때이다. 마르크스는 경제 엘리트에 기초한 비판적 분석을 제시했다. 일부 포스트모던 비평가는 (커다란 사회 문제에 대한 검토뿐만 아니라 토론 같은 행위에 대한 고찰을 포함하여) 세상을 바라보는 패러다임이나 세계관을 제시한다. 그러므로 기존 패러다임, 또는 기존 논증 방식과 이해 방식은 제도적 틀을 강화하여 기존 권력의 위계성을 강화하는 데 기여한다. 비판적인 학자들은 배제보다는 포괄을 지지하고 억압적인 정권의 붕괴를 모색하기 때문에, 새로운 방식의 인식과 사고를 지지하면서 종종 이러한 전통적 패러다임의 해체를 주장한다. 이러한 논증은 기존 접근법에 대한 비판을 할 때 매우 강력해지는 경향이 있으나, 관습에 대한 대안을 제시할 때에는 설득력이 떨어지곤 한다.

비판 논증의 한 형태는 실행 당위가 단지 토론의 관행일 뿐이며 찬성 측이 토론에서 승리하더라도 방안이 실행되는 것은 아니라는 점을 인식하는 것으로 시작한다. 그러므로 가상적인 정책 실행보다 참여자와 관찰자를 향한 토론자의 행동과 언어 사용이 토론 시합에서의 보이는 효과를 고려하는 것이 더욱 중요하고 직접적이다. 예를 들어, 반대 측은 찬성 측이 포괄적으로 '그(he)'라는 말을 사용한 것을 지적하면서, 판정자에게 토론에서 성차별적 생각을 보이는 찬성 측의 주장을 기각하라고 요청할 수 있다. 유사한 논증이 사람들이나 집단을 '타자화(otherize)'하는 상대의 언어, 증거, 논증하는 자세 등의 경향성에 바탕을 둘 수도 있는데, 타자화는 상대의 희생자 만들기(victimization), 성격(characteristics), '뉴크스피크(nukespeak, 핵전쟁의 영향에 대한 말하기)'의 사용, 다양한 쟁점의 중요성에 대해 청자를 무감각하게 만드는 공공 정책 토의 접근법에 기초한 언어 등을 기반으로 하여 사람들이나 집단을 고립시킴으로써 이루어진다. 토론에서 민첩한 말하기나 기술적인 말하기에 대한 비판, 직선적 사고, 단순한 인과 분석, 다른 여러 반대 등은 그런 비판적 접근법에 기초해 제시될 수도 있다.

비판 논증의 또 다른 형태는 찬성 측 방안이 기초하고 있는 논제의 전제에 대해 질문하는 것이다. 예를 들어, 반대 측은 논제(그리고 찬성 측 토론자)가 사회문제에 대해 정부의 해결책에 의존하고 있다고 주장할 수도 있다. 또한 세상의 문제 대부분을 유발하는 것은 정부이며, 사회문제 해결을 주(州)에 의존하는 것은 철학적으로 옳지 않다고 주장할 수도 있다. 그리하여 찬성 측의 방안은 주(州)에 의존하였기 때문에 기각되어야 한다.

비판 전략을 옹호하는 반대 측은 반드시 세심하게 일관성을 가져야 한다. '인간'이란 용어를 사용한 증거를 읽으면서 주(州)에 대한 철학적 개념을 공격하고 세계 정부라는 대체방안을 제시하며 포괄적인 남성 대명사 사용을 비판하는 것은 일관적이지 않을 수 있으며, 이는 반대 측의 패배를 초래할 것이다. 반대 측은 내재된 모순, 논증 제시 위선, 자신의 비판과 일치하지 않은 입장 옹호 등을 삼가야 한다. 게다가 반대 측의 모든 포괄적인 전략과 마찬가지로, 특정 토론 라운드와 찬성 측에 대한 비판의 적용(즉, 연계)을 설명하는 것은 중요하다. 비판 논증을 제시하는 반대 측은 '대안'을 명확히 밝혀야 한다. 대안은 철학적인 사명을 구체화한 대체방안일 수도 있다. 그러나 더욱 비판적인 대안은 새로운 윤리적 토대나 반대 측이 옹호하는 전제에 대한 명확한 설명이다. 만약 비판이 찬성 측 주장에 대한 기각을 정당화하는 선택지를 제공하는 것이라면, 반대 측은 관련 쟁점을 토론하는 상반된 사고방식, 사고의 틀, 접근법을 제공하는 것이 중요하다. 따라서 비판을 제시하는 반대 측은, 왜 자신의 비판 철학을 수용하는 것이 찬성 측 주장의 기각(곧 효과)을 초래하는지에 대해 분명하게 설명해야 한다.

연습

1. 팀을 구성하여 연습해보자. (앞 장에서 준비한) 찬성 측 입론을 교환한다. 상대의 입론을 위해 토론 개요를 준비한다. 만약 가치 논제로 토론한다면 논제 관련성, 기준, 가치 거부, 구체적인 사례가 있는 논증 등에 대한 토론 개요를 준비한다. 만약 정책 논제로 토론한다면 논제 관련성, 피해, 우회, 불이익 등에 대한 토론 개요를 준비한다.

2. 필요한 모든 근거를 포함한 대체방안 논증을 준비해 연습 1번을 계속하자.

3. 토론을 해보자. 교실을 반으로 나눈다. 보통 때처럼 매점에서 음식을 먹는다고 상정한다. 첫 번째 토론자는 다른 곳에서 음식을 먹을 방안을 구체화하여 제시해야 한다. 반대 측 첫 번째 토론자는 또 다른 곳에서 음식을 먹을 대체방안을 제시해야 한다. 모든 사람이 참여할 때까지 이 과정을 반복한다.

13장

반대신문

교육 토론(academic debate)은 혼자 주장을 길게 말하거나 발언을 주고받을 때 의견 충돌이 일어날 뿐만 아니라, 대부분의 대립적 토론 형식에서처럼 상대와 직접적인 상호작용의 기회도 제공한다. 토론에서 **반대신문**(cross-examination)은 토론 참여자가 지정된 발언 시간 내에 논증, 입론, 증거, 그리고 토론과 관련된 여타의 사안 등에 대해 질문하고 답변하는 상호작용의 과정이다. 증거 기반의 정책 논제 팀 토론과 링컨-더글러스 토론에서 보듯, 전형적인 반대신문의 형식은 반대신문 시간 내에 한 명의 토론자가 질문자의 역할을 수행하고 상대편의 다른 한 명의 토론자는 답변자의 역할을 수행하는 것이다. 의회식 교육 토론 형식에서 토론자는 상대 토론자의 발언 도중에 관련된 질문을 하기 위해 '질의응답(points of information)'을 할 수도 있다. 토론자는 반대신문을 토론에 새로운 논증을 소개하는 기회로 삼을 수는 없다. 이 반대신문은 청중(판정단)에게 토론의 가장 역동적이며 매력적인 부분인 경우가 많으며, 이것이 효과적으로 이루어졌을 때에는 전략적이면서도 심리적 차원에서 중대한 이익을 산출할 수 있다.

반대신문(cross-examination) 토론 참여자들이 지정된 발언 시간 내에 논증, 입론, 증거, 그리고 토론과 관련된 여타의 사안 등에 대해 질문하고 답변하는 상호작용의 과정.

유도질문(leading questions) 자신의 답변을 암시하거나 포함하면서 그런 답변을 하도록 부추기는 질문.

직접질문(direct questions) 간략하고 구체적인 답변을 요구하며 일반적으로 질문자가 이미 답을 알고 있는 질문.

함정질문(loaded questions) 사전 추정을 기반으로 한 질문으로, 답변자가 질문에 직접 답하면 그 사전 추정이 확정되게끔 언어로 표현한 것이다.

현대의 교육 토론에서 반대신문은 1920년대 스탠리 그레이(J. Stanley Gray)가 도입한 오리건 형식(Oregon Style)의 토론에서 사용한 교차질문(cross-questioning)에서 시작되었다.[1] 그레이는 토론자가 토론 교사가 써준 대본에 의존하는 경우가 종종 있어 토론 참여로 인한 교육적 효과를 얻는 데 한계가 있으며, 중단 없이 이어지는 일련의 발언은 청중에게 흥미를 유발하지 못한다고 하였다. 그레이는 자신의 혁신에 대해 다음과 같이 말했다.

교차질문의 시간이 있다는 것은 토론 준비를 하는 데 충분한 자극이 된다. 처음 두 연설 외에는 암기가 불가능하다. 토론의 전 과정에서 토론자는 자신의 생각을 새로운 상황에 맞추어가는 방법을 배워야 한다. 우리는 청중들이 교차질문 시간에 강렬한 흥미를 느끼며 이 장치가 토론 참석률을 높인다는 점을 발견하였다(Gray, 1926, p. 179).

10년 뒤 몬태나 주립대학교의 대럴 파커(Darrell Parker)는 법률 용어인 '반대신문'을 사용하여 이와 유사한 형식을 고안하였다.[2] 파커는 반대신문 형식의 수많은 이점을 다음과 같이 말했다.

> … 반대신문은 정통 토론 스타일에 대한 개선을 의미한다. 우선 토론 참여자로 하여금 질문을 연구하고 준비하게 한다는 점에서 커다란 장점이 있다. 토론자는 반대신문을 처음 경험하면 주제에 대해 가능한 모든 시각으로 파악하는 것의 중요성을 절감하게 된다. 그리고 어떤 공격이든 즉각적으로 방어할 수 있도록 준비해야 함을 배우게 된다. 또한 자신의 근거, 사실, 추론 등을 뒷받침하고 입증해야 한다. 반대신문을 하는 사람은 입론의 모든 부분에 대해 공격해 올 것이므로 토론자는 반드시 준비되어 있어야 한다. 질문은 상당히 빠른 속도로 연속해서 제시되는데, 답변을 하기 위해 오랫동안 숙고하는 것은 자신의 불확실함을 인정하는 꼴이 된다. 빈틈 없이 준비된 반대신문자에게 자신의 준비가 부족하다는 사실을 숨기기란 사실상 어렵다. … 질문에 답변하는 일은 즉흥 연설을 연습하는 기회가 된다. … 반대신문의 사용은 확실한 의견 충돌에 이른 토론자 쪽에서는 실패에 대한 안전장치가 된다. … 반대신문의 사용은 토론에 대한 청중의 흥미를 증가시킨다. … 그리고 토론에 재치와 유머를 곁들일 좋은 기회가 된다 (Parker, 1932, pp. 98-99).

파커는 또한 반대신문이 토론자로 하여금 명확한 입장을 취하게 만드는 것을 발견하고는 "언어적 위장(verbal camouflage)은 종종 매우 편리해 보이지만 곧 그 힘을 잃고 만다."라고 말했다. 이 두 명의 토론 혁신자는 직접적 상호작용이 입론 발언과 반박 발언에서조차 토론의 질을 향상시킨다는 점과, 대면 질문으로 인해 토론이 청중에게 더욱 재미있는 경험이 된다는 점을 확신하였다. 파커는 "모든 청중은 축구 경기든 말로 하는 경기든 충돌을 좋아한다."라고 말했다.

그럼에도 불구하고 반대신문이 공식적으로 대학 대항 토론 형식에 포함된 때는 (나중에 반대신문토론협회, 즉 CEDA가 된) 남서부반대신문토론협회(Southwest Cross Examination Debate Association)가 결성된 1971년 이후였다. 1976년에 전국토론대회(NDT)가 반대신문을 포함하였고, 대부분의 대학 대항 증거 기반 정책 토론대회 및 토론 단체들은 이를 따랐다.

그레이와 파커가 80여 년 전에 발견한 바와 같이, 반대신문은 토론자에게 전략적이고 논리적이며 설득력 있는 기회를 제공하고, 판정자와 여타 청중을 위해 극적 효과, 흥미, 판정의 명확함을 만들어내는 흥미진진하고 가치 있는 과정이다. 반대신문을 효과적으로 수행하면 입론 발언의 논증을 명확하고 설득력 있게 만드는 동시에, 반박 전략을 수립하게 하고 토론자의 공신력을 높여 판정자와 서로 우호적 관계를 형성할 기회를 제공한다. 자신감 있고 지식을 갖춘 준비된 토론자는 효과적인 반대신문을 통해 토론에서 이득을 볼 수 있다.

대부분의 판정자는 판정을 고려하는 과정에서, 반대신문 단계에서 드러난 논증이 나중에 입론 발언의 논증으로 이어지지 않는 한 토론에 포함된 것으로 간주하지 않는다. 하지만 일반적으로 반대신문 단계에 이루어진 인정, 주장, 해명은 결합되어 있다고 여긴다. 달리 말하면, 토론자는 반대신문에서 한 말에 구속을 받는다. 토론자는 고의적으로 잘못 인도하거나 그릇된 정보를 제공하지 말아야 하며, 자신이 옹호할 수 있는 답변만을 제시하려고 노력해야 한다. 그러므로 반대신문의 목적은 논증을 생성하는 게 아니지만, 토론자는 반대신문에서 제시된 어떤 정보나 입장에 구속을 받게 된다.

1. 반대신문의 목적

① 내용 명확화

반대신문의 가장 근본적인 목적은 명확화(clarification)이다. "불이익 논증의 두 번째 답변은 무엇입니까?"와 같이 가장 간단한 수준에서 명확화를 위한 질문을 할 수 있다. 토론자는 반대신문 때 토론 흐름표(flow sheet)의 여백을 메우며 상대편 토론자가 앞에서 빠뜨린 내용을 다시 답하게 한다. 또한 더욱 중요하게는 상대편으로 하여금 직전의 입론 발언에서 명확히 밝히지 못했던 입장, 증거, 주장, 정책, 논리 등을 설명하도록 할 수 있다. 이러한 명확화는 논증에 대한 답변을 잘못 적용하거나 판정자가 해석을 잘못하는 것을 방지하는 데 도움이 된다. 첫째, 질문자는 상대편이 취한 입장에 대한 이해를 분명하게 하여, 상대편 입장에 대한 대응을 적절하고 일관되게 할 수 있다. 이러한 점은 토론 과정에서 좋은 전략적 선택을 하는 데 유용하다. 둘째, 질문자는 판정자가 상대편의 논증을 확실하게 이해하도록 함으로써 상대편이 모호하거나 불명확한 논증으로 시작하지 못하게 하거나, 토론 후반부에 허위 진술이나 오해를 바탕으로 더욱 구체적인 대답이나 확장된 논증으로 '변경'하지 못하게 할 수 있다.

② 결함, 오류, 빠뜨린 것의 노출

사려 깊고 준비된 토론자는 반대신문 때 핵심 논증에 답변하면서 상대편의 입론, 근거가 부족한 주장, 논박 책임을 충족하지 못한 측면에 주목할 기회를 얻게 된다. 증거가 약하거나 편향되어 있다면 질문자는 증거에 대해 "증거의 출처는 어디입니까?", "누가 그것을 연구했습니까?", "그 연구의 방법론은 무엇입니까?" 등과 같은 질문을 할 수도 있다. 이러한 질문은 중요한 주장의 뒷받침 때 제시된 증거의 약점을 노출시킨다. 또한 반대신문은 이해가 되지 않는 답변이나 무응답을 지적할 기회를 제공한다. 종종 토론에서 미리 만들어진 논증이나 증거를 제시함으로써 상대의 공격에 대응하는 경우가 있다. 경우에 따라서는 각기 다른 쟁점에서 사용된 논증이나 증거가 서로 배치되는 경우도 있다. 이럴 때는 "그래서 당신의 주장은 문자 메시지 사용을 금지하도록 하는 운전 관련 법률이 유권자들의 분노를 유발한다는 것입니까?" "네, 맞습니다." "그러나 정치적 불이익 차원에서 본다면 제시하신 증거가 유권자들이 그 법을 지지하지 않는다는 점을 입증하는 것은 아니지 않습니까?"라는 질문으로 이런 점을 지적할 수 있다. (상대가 핵심을 언급하지 못하거나 대답하지 못하는 등) 논증에 결함이 있는 경우, 반대신문은 결함 있는 논증("… 그래서 우리의 우회 논증에 대한 당신의 답변은 무엇입니까?")에 주목하도록 할 기회를 제공한다.

③ 전략 세우기

토론의 다음 단계에서 사용할 논증이나 입장을 마련하기 위해, 질문을 사용하여 상대를 꼼짝 못하게 봉쇄하거나 상대의 입장과 그것의 의미를 명확하게 할 수도 있다. 토론자는 상대방에게 자신이 펼치고자 하는 불이익 논증과의 연계를 뒷받침하기 위해, 실행 방안(또는 대체방안)이 무엇인지 구체적으로 설명하도록 요구할 수 있다. 철학 기반 또는 가치 기반 논제의 경우에는 어떠한 주장이 전제되어 있는지를 분명하게 밝혀 나중에 비판 논증과의 연계를 뒷받침할 수도 있다. 내재성 쟁점은 해결성 쟁점을 교묘하게 회피하는 장애 요소나 기제로 작용할 수 있으므로 더욱 구체적으로 제시되어야 한다.

④ 공신력(ethos) 형성하기

구체적인 정보에 기반한 질문은 해당 분야에 대한 지식의 깊이를 보여준다. 또한 편안하고 확신에 찬 태도로 질문하고 답변하면 토론자의 공신력에 대한 판정자의 인식에 긍정적인 영향을 줄 수 있다. 효과적으로 질문과 답변을 함으로써 토론자는 자신감 있고 유능하게 보일 수 있으며 해당 영역, 논제, 입론, 문헌 등에 대한 월등한 지식을 가지고 있음을 보여줄 수 있다. 대부분의 판정자가 이렇게 드러난 장점을 토론 판정에 직접 반영하는 것은 아니지만, 발언자의 의견을 강력하게 만들 수 있고, 대립하는 주장과 근거를 비교하는 순간에 판정자의 인식에 영향을 미칠 수 있다. 토론에서 더욱 준비가 잘되어 있고 특정 논증과 증거에 대해 전문성을 가지고 있으며 토론 맥락 자체에 대해서도 경험이 많은 토론자는 절대적인 이점을 가질 것이다. 판정자는 논의되고 있는 주제에 대한 지식이 부족하고 문헌에 익숙하지 않은 토론자에 비해 전문성을 보이는 토론자의 증거가 더 우월하고 그의 주장이 더 타당하다고 여기는 경향이 있다.

2. 반대신문 전략

1) 일반적인 반대신문 전략

① 준비하기

반대신문은 즉흥성을 보이지만 충실하게 계획되어야 한다. 토론의 다른 부분도 마찬가지이지만, 토론의 승리를 위해서는 반대신문 역시 철저하게 준비해야 한다. 토론자들은 토론 개시 전에 전략과 목표에 대한 전망을 공유해야 하며, 우선순위를 정하거나 질문을 예상하기 위해 질문 시간 직전에 상의해야 한다. 반대신문 시간에는 대본을 작성할 수 없고 작성해서도 안 되므로, 토론자는 자신이 들은 내용을 통해 예측한 논증과, 자신이 응답으로 제시하고자 하는 입장을 바탕으로, 있을 법한 질문 목록을 사전에 준비해야 한다. 토론자는 찬성 측 입론과 반대 측 입론을 마치 기말시험을 위해 공부하듯이 준비해야 한다. 완벽한 준비란 중요한 문헌을 읽고 기억하는 것과 그것을 바탕으로 입론과 논증을 제시하는 것을 의미한다. 반대신문은 토론자가 현재 다루는 논증에 익숙한지를 확인하는 구두 시험의 역할을 한다. 그러므로 당연히 토론자는 토론하기 전에 질문하고 질문에 답변하는 것에 참여해야 한다.

② 규칙 준수하기

반대신문의 규칙과 실행은 다양하다. 전통적인 반대신문의 경우 질문자와 답변자는 판정자 앞에 나란히 서서 한 번에 한 명씩 발언한다. 한 토론자가 질문하면 다른 토론자는 그 질문에 답변하도록 되어 있다. 파트너는 질의응답에 참여하지 않고 조용히 있어야 한다. 어떤 토론 상황에서는 '열린(open) 반대신문'이나 '교대(tag-team) 반대신문'을 사용하는 게 더 적절하다. 이 경우에는 반대신문 시간에 네 명 전원이 질문과 답변에 참여한다. 토론자는 판정자, 코치, 교사, 운영자에게 문의해 토론대회의 규칙을 분명하게 이해해야 한다. 만약 전원이 반대신문에 참여할 경우, 한 번에 한 명의 토론자가 질문하거나 답변해야 하며, 각각의 토론자는 여타 토론 참여자를 상대로 발언하는 것을 삼가야 한다는 것을 명심해야 한다.

개별 발언 때보다 더 상호적인 반대신문에서라도, 청중이 판정단(또는 토론에 참여하지 않는 청중 회원)이라는 것을 상기해야 한다. 상대와 질의응답을 하는 중이더라도 판정자를 바라보아야 하며 정중한 태도를 보여야 한다. 상대의 이름(first name)을 부르는 것이 바람직하며, 단호한 것은 좋지만 과도하게 공격적인 것은 바람직하지 않다. 흥분하거나 화내지 말고, 상대를 조롱하는 말, 무례한 발언, 부적절한 언어, 사람들의 이목을 끌기 위한 발언은 삼가야 한다.

반대신문은 입론 발언 과정에서 이미 언급한 사항에 대해 논의하기 위해 만들어진 것이다. 반대신문 과정에서 새로운 증거나 논거를 제시하는 것은 부적절하다. 또한 이전의 입론 발언에서 언급하지 않았으면서도 앞으로 할 답변을 미리 소개하거나, 가지고 있는 가용한 증거를 미리 소개하는 것은 도움이 되지 않는다.

③ 반대신문 시간 통제하기

반대신문 시간은 제한되어 있다. 반대신문은 질문자의 발언으로 시작하기 때문에 질문자는 시간에 대한 초기의 통제권을 가질 수 있다. 그러나 답변자 역시 시간을 통제하려고 하기 때문에 질문자는 반대신문 시간을 효율적으로 관리하면서도 원하는 목표를 달성해야 할 과제에 직면하게 된다.

첫째, 이미 답을 알고 있는 질문을 함으로써 반대신문 시간을 통제할 수 있다. 둘째, 직접적인 질문 그리고 폐쇄형 질문 또는 한정형 질문을 한다. "입론에 대해 설명해 주시겠습니까?"와 같은 개방형 질문은 상대에게 입론 발언 시간을 추가로 허용하게 되므로 피해야 한다. 셋째, 의사 진행을 방해하거나 단순히 청중의 이목만 끌려고 하는 상대를 적절하게 중지시켜야 한다. 이치에 맞지 않는다면 '예/아니요' 답변을 요구하지 말아야 한다. 하지만 상대편이 합리적인 질문에 대해 간결한 대답을 하지 않고 오히려 연설을 시작하려고 하는 경우에는 신속하고 자신감 있지만 정중한 어조로 후속 질문을 해서 발언을 중단시켜야 한다. 넷째, 활발한 발언 속도를 유지한다. 일련의 연계 질문을 준비하지 못하면 반대신문을 효과적으로 진행하기는 어렵다. 중간에 끊기는 시간이 길어지면 상대에게 역전의 기회를 허용하게 된다.

답변자로서는 질문을 무시하거나 관련 없는 답변을 하는 것은 도움이 되지 못한다. 첫째, 답변자는 예상 질문에 대한 답변을 준비해야 한다. 질문자가 질문을 준비해야 하듯이, 효과적인 답변자는 자신의 입장과 논증을 뒷받침할, 신중하게 고려된 답변을 준비해야 한다. 둘째, 상대를 존중하는 태도로 흠잡을 데 없는 답변을 하거나, 답변하고자 하는 내용이 더 많지만 시간 제약 때문에 충분히 답변하지 못했다고 판정자가 생각하도록 주고받는 대화에 주의를 집중해야 한다. 셋째, 가장 정직한 답이 "모르겠습니다."일 때는 기꺼이 그렇게 답해야 한다. 만약 주제에 대해 충분하게 준비하였다면, 답을 모르는 질문은 관련성이 적거나 대수롭지 않은 질문일 것이다. 혹시 중요한 질문일지라도 논박될 수 있는 답변으로 자신의 입장을 옹호하지 말아야 한다. 넷째, 명확하고 간결한 태도로 이치에 맞는 모든 질문에 최선을 다해 답변해야 한다. 질문자나 판정자의 시간을 허비해서는 안 되며, 주제에 대한 지식과 전략에서의 자신감을 충분히 보여주어야 한다.

④ 비언어적 요소를 효과적으로 사용하기

반대신문은 당신과 상대의 차이점을 직접적으로 동시에 대비해 보여줄 수 있는 가장 좋은 기회이다. 토론자는 공격적이고, 불쾌해하고, 비이성적이고, 빈정대고, 품격이 없고, 거만한 상대와의 반대신문에서 가장 어려움을 겪을 것이다. 어떤 경우 이런 특성들은 과열된 경쟁 상황에서의 불안감을 반영한 것일 수도 있고, 때로는 상대의 성격적 결함에 의한 것일 수도 있으며, 때로는 상대를 함정에 빠뜨리기 위해 의도적인 전략으로 사용된 것일 수도 있다. 판정자는 정중하고 예의 바르며 자신감 있으면서도 단호한 토론자에게 좋은 인상을 받는다는 사실을 명심해야 한다. 반대신문 과정에서의 이미지 관리하기는 차분하면서도 자신감 있는 토론자에게 이득을 가져다주고, 이들의 논증이 수용될 가능성을 높이며, 상대와의 비교에서 판정자가 이들을 우호적으로 인식하도록 한다.

⑤ 질문 유형 살펴보기

위험성이 낮은 질문은 토론 과정에서 쉽게 확인할 수 있다. "해결성 논증에 대해 답변을 하신 겁니까?" 또는 "해결성 증거를 인용한 연구자는 당신의 것과 같은 방안이 바람직하다는 연구 결과를 제시했습니까?"와 같은 직접질문(direct questions)은 간략하고 구체적인 답변을 요구하는데 일반적으로 질문자는 이미 답변을 알고 있다. 질문자는 적절하다고 판단되는 경우에만 '예/아니요' 답변을 요구해야 하고, 설명이 어느 정도 이치에 맞아야 한다. 질문자가 답을 알지 못하는 개방형 질문과 같이 위험성이 높은 질문은 답변자에게 자신의 입장을 강화할 기회를 준다. "다른 전문가들도 당신이 해결성 쟁점에 대해 인용한 저자에게 동의합니까?"라는 질문에서, 만약 답변이 '예'라면 이 질문은 역습의 빌미를 제공할 수도 있다. 함정질문(loaded questions)은 사전 추정을 기반으로 한 질문으로, 답변자가 질문에 직접 답하면 그 사전 추정이 확정되게끔 언어로 표현한 것이다. 예를 들어, "당신은 불법 마약 사용을 중단했습니까?"라는 질문에 답변하면, 답변자는 과거에 이미 불법 마약류를 사용했다는 사전 추정을 확정하게 된다. 유도질문(leading questions)은 "당신의 방안은 규제 증가의 사례입니다. 그렇지 않습니까?"와 같이 원하는 답변을 암시하거나 포함하면서 그런 답변을 하도록 부추기는 질문이다. 질문자는 위험성이 낮은 질문을 선호해야 하며, 개방형 질문, 함정질문, 유도질문 등은 피해야 한다.

2) 반대신문 고려 사항

① 질문자 고려 사항

질문자와 답변자는 경쟁 구도에 의해 독특한 역할이 주어지게 된다. 질문자의 역할에 대한 구체적인 지침은 다음과 같다.

1. 내용을 명확하게 한다.

2. 상대 증거의 결함을 노출한다.

3. 자신의 입장을 강화한다.

4. 공격에 응수한다.

5. 개방형 질문은 피한다.

6. 짧은 답변을 끌어낸다.

7. 논증하지 말고 질문한다.

8. 간결하게 질문한다.

9. 질문을 위한 발판을 마련한다.

10. 답을 알고 있는 질문을 한다.

11. 공격할 수 없는 것은 공격하지 않는다.

12. 반대신문에서 얻은 정보를 다음 발언에서 활용한다.

1. 내용을 명확하게 한다.

상대편 발언의 어떤 부분은 고의로든 우연이든 불명확할 수 있다. 반대신문은 그것을 명확하게 하는 기회로 삼아야 한다. 예를 들면 다음과 같다.

Q: 당신의 방안은 우주정거장을 궤도에 올릴 것을 요구하는데, 어떤 유형의 궤도를 말합니까?

A: 지구정지궤도입니다. 이를 통해⋯⋯.

Q: 감사합니다. 그게 제가 원하던 답변입니다.

이런 간단한 대화로 찬성 측의 방안을 명확하게 하였다. 반대 측은 찬성 측이 낮은 궤도보다 훨씬 비용이 많이 드는 높은 궤도를 사용할 것이며 이는 수많은 기술적 어려움을 드러낼 것임을 즉시 파악하였다. 방금 명료화된 방안을 가지고, 반대 측은 찬성 측이 현재 자신의 방안에서 사용하고자 하는 궤도 유형을 구체적으로 공격하는 방안을 개발할 수 있다. 명료화는 "불이익에 대한 세 번째 답변을 못 들었는데 다시 말씀해주시겠습니까?" 또는 "장기 우주 체류의 위험성에 대해 제시하신 근거의 출처는 무엇입니까?" 또는 "제시하신 방안과 관련된 문헌을 보여주시겠습니까?"와 같은 질문도 포함하는데, 이러한 명료화 작업은 판정자에게도 도움이 된다. 질문자가 답변을 알고 있더라도 판정자가 이것을 분명하게 인식하도록 할 수 있다.

2. 상대 증거의 결함을 알고 있다면, 반대신문은 그것을 노출할 수 있는 최고의 기회이다. 다음의 예를 살펴보자.

Q: 법 집행기관의 권한 확대 방안에 대한 근거로 작년에 범죄가 16퍼센트 증가했다는 사실을 제시하신 겁니까?

A: 네, 이는 비단 작년뿐만 아니라 지속적인 추세입니다.

Q: 자료의 출처는 어디입니까?

A: 『보스톤 글로브(*Boston Globe*)』입니다.

Q: 그렇다면 그 신문은 그 수치를 어디에서 구했습니까?

A: 어…… [토론 카드를 확인하며] FBI 연구자료네요. 네, FBI 자료입니다.

Q: 2011년 FBI 자료라고요. 감사합니다. 거기에 대해선 나중에 다시 말씀드리지요. 지금은…….

반대 측 질문자는 현재 찬성 측 증거의 출처를 분명히 하는 작업을 하고 있다. 다음 발언에서 반대 측 질문자는 이미 알고 있는 증거의 결함을 확실하게 강조할 것이다. 반대 측은 FBI가 연간 비교를 할 때 이 통계를 사용하지 말라고 권고한 사실을 알고 있기 때문에 지금 자신감을 갖고 있다.

다른 사례를 보자.

Q: 환경 규제 때문에 산업체가 이전할 것이라고 주장하셨지요?

A: 네, 맞습니다. 분명히 그럴 겁니다.

Q: 그 토론 카드를 좀 읽어주시겠습니까? 제 생각에 그건…….

A: 『스테이트 스트리트 리포트(State Street Report)』에 의하면… 비합리적인 높은 세금과 과도한 규제에 직면하면 산업체는 비즈니스 환경이 더 좋은 장소로 이동하는 방안을 심각하게 고려할 것이라고 되어 있습니다.

Q: 자료에 의하면 높은 세금과 비합리적인 규제의 조합이라고 특별히 적혀 있습니다. 그렇지요?

A: 글쎄요. 어, 그렇군요. 그렇지만 제 생각으로는 이게 초점이…….

Q: 환경 규제만으로 산업체가 이전했다는 증거가 있습니까?

A: 어, 아닙니다. 저는 그렇게 생각하지 않습니다. 이 자료에 의하면 환경 규제는 일부에 해당합니다.

Q: 『스테이트 스트리트 리포트』가 특별히 환경 규제를 언급했습니까?

A: 언급하고 있는 건 '비합리적인 규제'와 많은…….

Q: 환경 규제에 대해선 언급이 없습니다. 감사합니다. 그리고 산업체가 이전을 고려한다고 언급되어 있습니다. 그렇지 않습니까?

A: 네, 그리고 산업체가 이전했습니다.

Q: 증거가 있습니까?

A: 글쎄요. 거기에 대해서 제가 지금 증거를 가지고 있지 않습니다. 제 파트너가 읽을 자료에 그 증거가 있습니다…….

Q: 그건 파트너의 발언 때 확인하도록 하겠습니다. 하지만 지금까지는 산업체의 이전에 대한 증거가 제시되지 않았으며, 환경 규제에 대한 증거도 제시되지 않았습니다. 감사합니다.

질문자는 이 반대신문에서 증거의 중대한 결함을 지적할 기회를 얻었다. 만약 상대의 파트너가 약속된 새로운 증거를 자신의 발언 때 제시하지 못한다면, 질문자의 동료는 반드시 그 점을 지적할 준비가 되어 있어야 한다.

3. 반대신문은 자신의 입장을 강화하는 데 사용될 수 있다. 다음의 예를 보자.

Q: 스페인에서 실업이 지속될 거라는 우리의 네 번째 논증에 대한 답변은 무엇입니까?

A: 음, 그것에 대해선 말씀을 제대로 못 드린 것 같습니다. 그렇지만…….

Q: 네, 감사합니다.

이 단순한 대화를 통해 토론자는 상대편이 논증을 누락한 사실을 부각했다. '우주 개발' 논제에서 다른 사례를 확인할 수 있다.

Q: 저희가 제시한 증거에 의하면 기업들은 새로운 우주정거장에서 수십억 달러를 벌게 될 것입니다. 그렇지 않습니까?

A: 그렇습니다. 하지만 기업들이 우주로 나가길 꺼릴 겁니다.

Q: 지금 기업들이 수십억 달러의 이익을 얻길 꺼린다고 말씀하신 겁니까?

A: 아니요. 우주정거장이 건설된다는 확신을 하지 못하기 때문에 꺼리는 겁니다.

Q: 우리의 방안에 따르면 우주정거장은 건설될 겁니다. 아닙니까?

A: 네, 그렇지만······.

Q: 그리고 기업들은 수십억 달러의 이익을 얻길 확실히 바랄 겁니다. 그렇지 않습니까?

A: 네, 그게 건설된다면야······.

Q: 감사합니다.

4. 반대신문은 자신의 입장에 대한 공격에 응수하는 데도 사용될 수 있다. 다음 예를 살펴보자.

Q: 당신은 실행 가능성에 대해 공격하면서 새로운 우주 공간에서 사람들이 병을 얻을 것이기 때문에 우리 방안이 제대로 작동하지 않을 것이라고 말씀하셨습니다.

A: 맞습니다. 저혈압과 골수 감소의 촉진을 보여주는 증거가 있습니다. 러시아인과 미국인 모두요. 3개월에 걸쳐······.

Q: 저혈압이라고요. 그래서요?

A: 저혈압은 건강에 좋지 않습니다.

Q: 증거 자료에 그렇게 되어 있습니까?

A: 글쎄요, 아니긴 하지만 저혈압의 부작용에 대해서는 널리······.

Q: 그 근거에는 건강에 해를 끼칠 만큼이라고 되어 있지 않습니다. 그렇지 않습니까?

A: 거기에는 혈압이 떨어질 것이라고…….

Q: 그 근거 자료에는 일을 하지 못할 정도로 혈압이 낮아진다고는 되어 있지 않습니다. 그렇죠?

A: 글쎄요, 그렇긴 하지만 모든 사람들이 저혈압에 대해 알고 있어요.

Q: 저혈압의 심각성에 대해선 특별히 제시된 것이 없습니다. 그렇다면 골수 감소는 어떻다는 겁니까?

A: 5퍼센트의 골수가 감소되며 정상으로 돌아오는 데 3개월이 걸립니다. 역시 러시아인과 미국인 모두요.

Q: 역시 심각한 것은 아닙니다. 근거 자료에 의하면 그들이 일을 못한다고 되어 있지는 않은데, 그렇지요?

A: 여기에는 3개월이나 걸린다고 되어 있어요.

Q: 그리고 정상으로 돌아오지요. 하지만 근거 자료에선 5퍼센트 손실에 대해 어떤 심각성 같은 것을 언급하고 있지는 않는데, 그렇지요?

A: 확실하게 심각하다고 생각합니다.

Q: 그 자료를 작성한 의사가 심각하다고 했습니까?

A: 글쎄요, 그들에 의하면 저혈압과 골수 감소에 대해 보고하고…….

Q: 두 사례 모두 심각하다는 말은 없군요. 감사합니다.

여기서 토론자는 실행 가능성에 대한 공격에 대해 심각한 문제가 아니라며 자신의 입론을 방어하였다.

5. 답변자가 자유롭게 발언할 수 있는 개방형 질문은 피한다. 다음의 예를 보자.

Q: 말씀하신 방안이 석유 소비를 줄일 것이라고 생각하십니까?

A: 물론입니다. 「석유 연구」에 의하면 탄소세는 소비 축소에 효과적입니다. 그 기술이 있다는 것은 청문회에서 입증되었지요. 「버클리 리포트」에 의하면 세금 인상과 이미 입증된 기술이 결합되면 최소 20퍼센트 이내의 원유 수입을 줄일 수 있습니다⋯⋯.

"어떻게 생각하십니까?"와 같은 질문은 답변자가 하고 싶은 말을 할 수 있는 자격증을 주는 것이다. 당연히 답변자는 자신들의 입장이 옳다고 여기면서 이 기회를 이용할 것이다.

법률가이면서 베스트셀러 작가인 스콧 투로(Scott Turow)는 에드워드 베닛 윌리엄스의 현명한 조언을 인용해 "훌륭한 법정 변호사는 답을 모르는 질문을 하지 않는다."라고 충고하였다.[4] "어떻게 생각하십니까?"와 같은 개방형 질문과 마찬가지로 "왜요?"라는 질문은 답변자에게 자신의 입장을 뒷받침하는 근거를 제시할 수 있게 한다.

더 나아가 질문자는 다음과 같은 점들도 고려해야 한다.

6. (적절한 답변이 설명을 포함한다면 굳이 '예/아니요' 답변을 요구하지 않고도) 짧은 답변을 끌어내도록 노력해야 한다. 합리적인 답변은 중단시키지 않지만, 장황한 답변은 "충분한 정보를 말씀해주셔서 감사합니다." 또는 "됐습니다, 감사합니다. 당신의 입장을 분명히 알겠습니다." 등의 말로 중단시켜야 한다.

7. 반대신문을 하는 동안 논증을 해서는 안 된다. 반대신문은 질문을 던져 답변을 얻기 위한 시간이다. 답변의 중요성은 입론 발언이나

반박 단계에서 논증되어야 한다.

8. 질문은 간결해야 하며 이해하기 쉬워야 한다. 장황하고 모호한 질문은 상대편을 혼란에 빠뜨린다. 동시에 의사 결정을 하는 사람들을 혼란에 빠뜨릴 수도 있다. 답변자는 분명히 그러한 질문의 명료화를 요구할 것이다. 시간이 불필요하게 소모되면 할 수 있는 질문의 수는 줄어들게 된다.

9. 질문자는 질문을 위한 발판을 마련할 수도 있다. "오바마 대통령이 지지를 표명했다는 것을 물론 아시겠지만……"과 같이 말이다.

10. 답을 알고 있지 못한 질문은 피한다. 에드워드 베닛 윌리엄스의 조언을 기억하라.

11. 공격할 수 없는 것은 공격하지 않는다. 상대의 입론 중에서 어떤 논증은 견고해서 논박하기 어려울 수도 있다. 실패한 공격은 의사 결정을 하는 사람들에게 오히려 상대편의 강점을 명확하게 부각한다. 질문자는 자신이 다룰 수 있는 부분에 집중해야 한다.

12. 반대신문에서 질문을 하는 주된 목적은 여기서 얻은 정보를 다음 발언에서 활용하기 위한 것임을 알아야 한다. 질문자는 곧바로 참고할 수 있도록 질문과 예상 답변을 토론 흐름표에 적어둔다. 물론 이러한 작업은 판정자도 한다. 질문자는 상대 답변의 심각성이 자명하다고 생각하지 말고, 다음 발언에서 청중들에게 그 요점을 알도록 해야 한다. 다음의 예를 보자.

반대신문에서 게일은 우주정거장이 지구정지궤도에 있을 것이라는 점을 인정하셨습니다. 이것이 비용 측면에서 무엇을 의미하는지 살펴 보겠습니다. …

반대신문에서 로저는 범죄 증가에 대한 자료의 출처가 연방수사국 (FBI)임을 인정했습니다. 그렇다면 FBI가 연간 비교를 위해 그 자료를 사용하는 것에 대해 어떻게 얘기했는지 지금부터 말씀드리겠습니다. …

제가 마크에게 우주정거장에 체류하는 사람들은 병이 날 것이라는 주장의 심각성에 대해 질문했을 때를 기억하십시오. 그는 저혈압이 어떤 심각성을 초래하는지 아무런 답변도 하지 못했습니다. 전혀 없었습니다. 역시 골수 감소에 대해서도 그랬습니다. 마크는 두 가지의 심각성에 대해서 아무것도 제시하지 못했습니다. 실행 가능성 차원에서 어떤 심각성도 없다는 것을 알 수 있습니다. …

② 답변자 고려 사항

1. 경계를 늦추지 않는다.
2. 합리적 질문에는 답변을 한다.
3. 비합리적 질문에는 답변을 하지 않는다.
4. 답변에 단서를 단다.
5. 자신의 관점으로 답변한다.
6. 답을 모르면 인정한다.
7. 방어할 수 없는 것은 방어하지 않는다.

답변자가 고려할 사항은 다음과 같다.

1. 모든 질문은 답변자의 입론을 약화시키고 질문하는 상대편의 입론을 강화하도록 설계되어 있다는 점을 명심해야 한다. 그러므로 항상 방어적인 입장을 고수해야 한다. 질문에 숨겨진 의도나 전략을 간파하여 그것을 무력화해야 한다.

2. 합리적인 질문에 대해서는 협조적으로 답변해야 한다. 판정자나 청중이 답변자의 공신력을 평가할 때 답변의 내용뿐 아니라 답변자의 태도도 중요하다. 하지만 앞에서 언급했듯이, 합리적인 단서를 달거나 '예/아니요' 답변을 거부할 수 있다. 다음의 예를 보자.

   Q: 이 보고서는 화학업체의 권고를 채택했습니다. 그렇지 않습니까? '예/아니요'로 답변해주시기 바랍니다.
   A: 그 위원회에는 민주당과 공화당 모두 있었고 보고서는 만장일치로 채택되었습니다.

3. 모호한 질문이나 함정질문에는 답변하지 않을 수 있다. 다음의 예를 보자.

   Q: 시험을 치를 때 부정행위를 중단했습니까?
   A: 당신이 코카인 흡입을 중단한 바로 그날 중단했습니다.
   Q: 그런데, 그런데, 그런데 저는 결코 코카인을 흡입한 적이 없습니다.
   A: 맞습니다!

4. 답변자는 자신의 답변에 단서를 달 수 있다. "네, 그렇지만"이란 말로 조건을 제시하는 것은 약하다. 다음의 예와 같이 단서를 먼저 제시한 다음 직접적인 답변을 해야 한다.

Q: 당신은 정부의 모두 부처가 국민의 뜻에 부응해야 한다고 생각하십니까?

A: 대법원은 국민들의 헌법상의 권리를 보호함으로써 국민의 뜻에 부응한다고 생각합니다. 이 중요한 헌법상의 안전장치를 가지고서 정부는 국민의 뜻에 부응해야 한다고 말할 수 있습니다.

5. 자신의 관점으로 답변해야 한다. 전 뉴욕 주지사인 마리오 쿠오모(Mario Cuomo)는 다음과 같은 사례를 제공하였다.[5]

기자: 주지사님, 그 부분에 대해서 지나치게 예민하신 것 아닙니까?

쿠오모: 지나치게 예민하다는 게 반응이 빠르다라는 의미라면, 그건 제가 살아온 방식입니다. 전 20년 넘게 변호사로 지냈습니다. 누구나 증인의 말을 그냥 넘어갈 수는 없을 겁니다. 비판에 대해 개인적으로 예민한 것을 그렇게 말씀하신 거라면, 그것은 꽤 심한 욕설이군요.

주의사항: 비록 가벼울지라도 욕설은 교육 토론에서 규칙 위반이며, 판정자에 의해 감점이 된다는 것에 주의해야 한다. 더욱 중요한 것은 효과적이고 정제된 언어 사용은 토론자의 표현에 대한 전문성을 높이고 토론자의 공신력을 강화한다는 점이다. 욕하며 감정을 드러내기보다는 비언어적 의사소통 기술과 신중하게 선택한

언어 표현을 사용해야 한다.

6. 답을 모른다면 다음의 예처럼 기꺼이 인정해야 한다.

Q: 콰시아니(Kwarciany)와 랭어(Langer)의 논문에 사용된 연구방법
   론이 무엇인지 아십니까?

A: 그들은 저명한 학자입니다. 저는 그들이 적합한 연구방법론을 사
   용하였으리라고 확신합니다. 하지만 정확하게 어떤 연구방법론을
   썼는지는 모릅니다.

7. 방어할 수 없는 것에 대한 방어는 시도하지 말아야 한다. 그런 방
   어는 일련의 질문들 속으로 답변자를 곤혹스럽게 빠뜨리고 판단
   을 내리는 사람들이 해당 부분의 요점을 더 확고하게 파악할 수
   있도록 한다. 그보다는 얼른 항복해버리는 것이 낫다.

③ 질문자와 답변자의 공통 고려 사항

---

1. 바로 앞의 발언에 질문의 초점을 맞춘다.
2. 예의 바른 태도를 지닌다.
3. 서로를 향하지 말고 판정자와 청중을 바라본다.
4. 한 사람이 질문하고 한 사람이 답변한다.
5. 반대신문을 준비하고 연습한다.

다음은 질문자와 답변자 모두에게 적용되는 고려 사항이다.

1. 방금 발언한 상대편의 발언에서 전개된 논증에만 초점을 맞춰 질문한다. 그렇지만 답변자의 동료가 한 이전의 발언 속에 들어 있는 논증이나, 논제와 관련된 사안에 대한 질문은 가능하다.

2. 질문자와 답변자는 서로를 예의를 갖춰 대해야 한다. 빈정대기, 협박, 명백한 회피 등은 신뢰를 떨어뜨리는 부메랑이 된다.
   만약 상대가 자신을 이성을 잃게 할 정도로 매우 거칠게 몰아간다 하더라도 평정심을 유지해야 한다. 이러한 공격에 대해 더 우호적이고 더 조용하고 더 안정된 스타일로 맞서야 한다. 그러면 자신의 자신감과 유능함이 상대와 대비되어 부각될 것이며 판정자는 이에 맞춰 점수를 더 줄 것이다.

3. 질문자와 답변자는 개인적 대화를 하는 것이 아니라 판정자와 청중에게 영향을 미치기 위해 설계된 질문과 답변을 한다는 점을 명심해야 한다. 청중과의 소통을 용이하게 하기 위해, 양 토론자는 반대신문 시간에 청중을 바라봐야 한다.

4. 일반적인 규칙으로, 질문이 시작되면 질문자나 답변자 모두 자신의 동료와 상의할 수 없다. 하지만 어떤 경우에는 동료의 정중하고 제한된 참여가 허용되기도 한다. '교대형' 반대신문이나 '개방형' 반대신문에 대한 판정자의 성향을 파악하는 것이 좋다. 설사 가능하더라도, 반대신문 시간을 혼란스러운 집단 질문 시간으로 만드는 것은 좋지 않은 일이다. 한 사람이 질문하고 한 사람이 답변하는 형식을 선호하도록 하자. 만약 동료가 답변에 필요한 질문이나 중요한 정보를 가지고 있다면, 그것을 알리는 정중한 비언어

적 신호를 보내야 한다.

5. 특히 질문자와 답변자 모두 반대신문을 준비하고 연습해야 한다. 일단 찬성 측 입론이나 반대 측 토론 개요를 준비하고 나면, 질문들을 준비하고, 상대의 질문을 예측하고, 가능한 답변을 준비하고, 반대신문을 연습하도록 하자. 능숙한 상대의 질문을 고려해야 한다. 입론에서 공격에 가장 취약한 지점은 어디인가? 어떤 질문이 가장 치명적인가? 어떤 질문이 가장 답변하기 어려운가? 이러한 질문에 대한 자신의 답변을 계획해야 한다. 간결하고 확신에 차고 효과적으로 답변할 때까지 재차 표현해보아야 한다.

이와 동시에 상대에 대한 질문 계획을 미리 수립해야 한다. 상대는 어떤 논증을 할 것인가? 나는 어떤 질문을 할 것이며 상대는 그 질문에 어떻게 답변할 것인가? 그 답변에 대해 나는 어떻게 대처할 것인가? 노련한 상대는 나에게 도움이 되는 방향으로 답변할 것인가, 아니면 그 반대인가? 상대의 답변이 도움이 되는 것이라면, 이어지는 추가 질문이나 다음 발언의 분석과 논증에 이를 어떻게 활용할지 계획을 세워야 한다.

요약하면, 반대신문은 토론의 필수적인 부분으로 사용되며, 참여자들은 토론의 다른 부분을 준비할 때처럼 준비해야 한다. 이 준비에는 예상 질문과 예상 답변에 대한 정교한 계획과 실제적인 말하기 연습뿐만 아니라 판정을 하는 사람에 대한 분석도 포함된다. 1987년에 주지사 듀카키스는 부통령 부시와의 두 번째 토론에서 사형제도에 대한 질문을 명확하게 예측하고 계획하였다. 하지만 청중이 그의 차분하고 냉정한 답변에 어떻게 반응할지에 대한 분석은 미처 준비하지 못했다.

반대신문을 준비하는 찬성 측 토론자는 의회의 반대신문 준비 때와 동일한 방식으로 동료와 함께 시뮬레이션을 하며 정리하는 것이 도움이 될 수도 있다. 대통령이 대법관으로 지명한 사람들은 의원들의 냉정한 질문에 대비하기 위해 강도 높은 연습 과정을 거치라는 조언을 받는다.

일주일 동안 매일 루스 베이더 긴스버그(Ruth Bader Ginsburg)는 법률 문제에 대한 법률가 집단의 질문에 답하면서 사무실 108호에 앉아 있었다. ……
클린턴(Clinton) 대통령에 의해 대법관 지명을 받은 긴스버그 판사는 현대의 지명 과정의 일부인 질의응답 과정에서 대선 토론을 준비하는 후보들처럼 전력을 다해 노력해야 한다.
이 과정과 관련된 백악관 고위 관리는 "만약 그녀가 위원회 앞에 나갔을 때 그녀에게 묻는 모든 질문이 연습 과정에서 이미 그녀에게 물어본 것이라면, 우리는 일을 잘 수행한 것이다."라고 말했다.
1987년 레이건 대통령이 대법원 판사로 지명한 로버트 보크(Robert H. Bork) 판사는 연습 과정이 불필요하다고 고집했다. 연방법원 항소심 판사이며 전직 법학 교수인 보크는 법률적 의견 교환에는 익숙하므로 백악관 관계자에게 그러한 연습 과정은 시간 낭비라고 이야기하였다.
떠들썩한 청문회 후 보크에 대한 지명이 상원에 의해 거부되자, 누구도 연습 과정을 건너뛸 수 없다는 워싱턴의 정치 규칙은 확고해졌다.[6]

보크의 재앙과 같은 경험이 증명하듯, 철저한 준비 없이 상대의 반대신문에 맞서는 것은 어리석은 일이다. 반대신문을 준비하는 토론자의 목표는 상대가 던질 모든 질문을 예측해 효과적인 답변을 하는 것이다.

연습

1. 반대신문을 연습해보자. 한쪽 편에서 찬성 측의 첫 번째 입론을
   읽은 후, 질문이 바닥날 때까지 무제한의 반대신문을 해보자. 둘러
   앉아 돌아가면서 질문을 해보자. 아니면 개인별로 색인 카드에 (예
   컨대, "나는 그들의 연계 카드가 벼랑 끝에 있음을 드러내고자 한다."와
   같이) 반대신문의 비밀 목표를 적은 후 옆의 동료에게 건네고, 목
   표를 달성하기 위해 준비한 일련의 질문을 하게 하자.

14장

논박

개별 발언은 논증을 제시하며, 반대의 관점에 기초한 둘 이상의 연속 발언은 논증과 관련된 패널 토의(panel discussion)를 구성한다. 토론에는 의견 충돌이 필요하다. 토론과 관련된 것으로 경쟁적 주장의 대치, 직접적인 비교를 통해 각자 다른 논증을 전개하면서 반대쪽에서 자신의 논제를 방어하는 상대방에 대한 인식, 이러한 논증들 중에서 우열을 가리는 강제적 선택을 통해 판정하는 비판적 평가 등이 있다. 토론에서 양측은 상대의 논증에 대응해야 하며, 상대의 대응에 직면하여 자신의 주장을 방어해야 한다. 2012년, 전직 알래스카 주지사였던 세라 페일린(Sarah Palin)은 트위터를 통해 "평화를 사랑하는 뉴욕 시민은 이전에 세계무역센터가 있었던 장소 근처에 모스크를 건설하는 것을 '논박·거부해야(refudiate)'* 한다."[1]라고 하였다. 사실 그녀는 모스크 건립을 지지하는 사람들이 만든 논증을 논

....

* 'refudiate'는 세라 페일린이 사용한 신조어로서 'refute'(논박하다)와 'repudiate'(거부하다)를 합성한 것이다.

박하도록 독자들을 고취하려는 의도를 갖고 있었다. 이렇게 논증을 생성하고, 답변하고, 방어하고, 확장하는 과정을 논박(refutation)이라고 한다.

엄격하게 해석하면, 논박하다(refute)란 말은 상대의 증거와 추론이 거짓 또는 오류임을 증명하여 상대를 제압하는 것을 의미한다. **반박**(rebuttal)은 상대의 증거와 추론을 무력화하는 다른 증거와 추론을 제시하여 상대를 제압하는 논증을 의미한다. 실제로는 이 책 대부분의 장에서 논박과 반박이라는 용어는 대부분의 교육 토론 형태에서 반박 발언(rebuttal speech)으로 설계된 각 토론자의 두 번째 발언을 가리킬 때를 제외하고는 혼용된다.

교육 토론에서 토론자는 상대가 제시한 특정 논증에 국한하여 논박해야 한다. 하지만 응용 토론에서 토론자는 결정을 내리는 사람에게 영향을 미칠 수 있는 모든 증거와 추론에 대해 논박해야 한다.

1. 반박 책임의 이동

앞 장에서 논의하였듯이, 입증 책임은 항상 찬성 측에 있는 반면, 반박 책임은 토론의 시작 단계에서는 반대 측에 부과된다. 반박 책임은 토론 과정 중에 토론자들 사이를 오가며, 최종적으로 찬반 양쪽 토론자 중 한쪽에만 놓이게 된다. 토론의 마지막에 반박 책임을 지고 있는 쪽은 아마도 패배하게 될 것이다. 정책 토론(policy debate), 의회식 토론, 링컨-더글러스 토론과 같은 전형적인 교육 토론에서 찬성 측 첫 번째 토론자는 자신의 입론을 충분하게 확립해 상대에게 반박 책임을 부과할 것이다. 그러면 반대 측 첫 번째 토론자는 찬성 측에 반박 책임을 옮기고자 시도하고 그다음 찬성 측 토론자는 주장을 재구성하고 확장하여 반대 측에 반박 책임을 다시 옮기고자 한다. 반박 책임은 토론 과정에서 양측을 번갈아 오가는데, 상대가 만든 논증이나 답변에 대응해야만 하는 쪽에 놓이게 된다.[2]

정해진 발언 때 상대가 제시한 모든 논증에 대응할 시간은 일반적으로 충분하지 않다. 그렇지만 토론자는 토론 결과에 영향을 미치는 쟁점의 중요성, 상대가 제시한 논박의 질, 입장을 방어하는 데 필요한 시간 등을 포함한 여러 요소를 기반으로 해서 어떤 논증을 우선적으로 언급해야 할지 신중하게 정해야 한다. 정책 토론과 의회식 토론 형태의 경우, 토론자는 반박 책임을 첫 번째 발언 기회나, 최소한 지정된 입론 발언 시간에 해결해야 하는 것이 일반적이다. 반박 발언에서는 새로운 논증이나 언급되지 않은 논증에 대한 대응을 해서는 안 된다. 이러한 협약은 토론의 전반부에 논증을 충분히 제시해 토론 상대가 이에 잘 대응할 수 있게 한다. 논증에 대해 상대가 대응하지 않으면 토론자는 논증이 '누락'되었다고 말하며 자신의 팀이 그것을 계속 살려 나가도록 할 것이다. 하지만 이 장의 후반부에서 자세히 살펴보겠지만, 한쪽 상대가 논증을 누락할 때, 다른 쪽이 그 논증을 반복하고 확장함으로써 논증이 누락된 데서 오는 이익을 취할지는 그 상대에게 달려 있다.

2. 논박의 목적과 위치

논박 과정은 첫 번째 입론 발언 이후 진행되는 토론의 모든 발언에 포함되어야 한다. 당연히 토론을 개시하는 찬성 측 첫 번째 발언에는 그 이전에 반대 의견이 개진된 적이 없으므로, 직접적인 논박을 포함하기 어렵다. 하지만 이 발언에서도 예상 논박을 어느 정도 포함할 수 있는데, 이는 단순히 반대 측이 진행해 주기를 바라는 지푸라기 논증(straw argument)에 대한 것이 아니라, 반대 측이 반드시 언급할 수밖에 없는 쟁점과 직결되어야한다. 논박 과정에 대한 요약은 다음과 같다.

논박 과정

....

1. 상대의 증거는 무효이며, 오류가 있고, 관련이 없음을 증명하여 이를 뒤집는다.

2. 상대 증거를 부인하고, 의심하고, 효과를 축소하며, 검증에 실패한 것임을 보여주는 다른 증거를 소개하여 그것을 뒤집는다.

3. 상대의 추론이 참이 아님을 증명하여 이를 뒤집는다.

4. 상대의 추론에 대해 그것이 상대의 불이익으로 바뀌며, 그 추론을 부인하고, 의심하고, 효과를 축소하며, 검증에 실패한 것임을 보여주는 다른 추론을 소개하여 그것을 뒤집는다.

5. 더 나은 입증을 위해 새롭고 추가적인 증거를 소개하여 증거를 재구성한다.

6. 더 나은 입증을 위해 새롭고 추가적인 추론을 소개하여 추론을 재구성한다.

7. 상대 입장을 명확하게 하고 더 뚜렷한 입장을 취하도록 강제하기 위해 설계되면서, 상대 입장을 검증할 목적으로 제시되는 예비 논박인 탐색 논박(exploratory refutation)을 내놓는다.

8. 상대의 논증과 경쟁하는 대체논증(counterargumentation)을 내놓는다.

일반적으로 토론자는 중요한 쟁점을 방치해두지 말고 첫 번째 발언 기회를 얻었을 때 바로 논박해야 한다. 경우에 따라서는 반대쪽이 책임지고 쟁점 문제에 착수하는 것을 기다리기 위해 쟁점을 일시적으로 무시할 수도 있다. 또는 토론자가 나중에 논박할 입장을 정해놓고 그 방향으로 상대 토론자가 논증을 밀고나가도록 유인하는 제한된 논박을 전개할 수도 있다. 이러한 방식으로 상대가 회피하고자 하는 논증을 토론에 들여올 수도 있다. 모든 토론자는 상대가 제시한 논증 중에 어떤 것에 답변할지, 어떤 것에 반박 책임을 충족하지 않아도 되는지를 선택할 것이다. 답변할 논증과 답변하지 않아도 될 논증에 대한 결정은, 개별 요점을 논증하는 과정에서의 전략적 유익함뿐만 아니라 토론자의 발언에 정해진 시간적 제약을 고려할 때 불가피하다. 효율적인 토론자는 어떤 논증이 자신들의 전략과 주장에 가장 이로운지, 어떤 논증이 가장 잘 준비되어 있는지에 대해 분석하면서 소중한 시간을 슬기롭게 할당한다.

한 사례로 "미국의 비농업 산업은 근로자에게 연간 임금을 보장해야 한다."라는 논제에 대한 토론에서, 찬성 측 토론자는 이 논제가 논의되던 당시에 상당수의 사람들은 직장이 없었다고 주장하였다. 반대 측 토론자는 탐색 논박을 사용하여 어떤 실업자는 일을 한 수년 동안 상당한 저축을 했다는 증거를 제시하며 의도적으로 약한 논박을 제시했다. 그러면서 일부 근로자는 연간 임금 보장을 필요로 하지 않는다는 결론을 끌어내었다. 찬성 측 토론자는 연차가 낮은 근로자가 먼저 해고되고 많은 사람이 일자리를 잃기 직전 불과 몇 개월 동안만 일했으므로 대다수의 근로자는 저축이 충분하지 않다고 주장하면서 이 논박에 대응하였다. 반대 측 토론자는 탐색 논박의 결과로서 찬성 측으로부터 이러한 인정을 얻었고, 이어지는 토론에서 그들은 자신들이 전개하려는 논박의 중요한 부분에 초점을 맞출 수 있었다. 반대 측 토론자는, 찬성 측이 제시한 임금 보장 방안이 효력을 발생하려면 최소 1년 이상의 근무가 필요한데, 찬성 측의 발언에서 언급했듯이 대다수의 실업자 집단은 근무 연한이 적으므로 연간 임금 보장 방안이 적용될 수 없다고 주장하였다. 탐색 논박은 상대가 답변 시간을 소모하게 만들 수 있다. 그리하여 탐색 논증이나 '유인(decoy)' 논증을 개시한 토론자는 특별한 노력 없이도 토론 후반부에 독자적인 발언 시간을 가질 수 있다. 물론 그러한 '유인' 논증에 대해 상대 토론자가 전혀 답변을 하지 않는다면, 그 논증을 시작한 토론자는 자신들 편을 위해 해당 논증을 상당히 중요한 것으로 확장하면서 답변되지 않거나 '누락된' 논증을 이용할 수도 있다.

3. 논박 준비하기

토론자는 자신의 입론을 준비하는 것과 동일한 비중으로 논박을 준비해야 한다. 효과적인 논박은 드물게 즉흥적으로 나타나기도 하지만 보통은 세밀한 분석과 준비의 결과이다.

토론자는 가능한 한 토론 논제와 관련되어 있는 모든 증거와 추론에 대해 철저하게 숙지해야 한다. 주제에 대한 지식은 자신의 입론이나 상대가 사용할 것으로 예상되는 입론에만 제한되어서는 안 되며 가능한 한 논제의 모든 측면을 포함해야 한다. 반대신문토론협회(CEDA)와 전국토론대회(NDT) 정책 토론에서 이 과정은 정보 공유를 통해 촉진된다. 토론대회에서 토론 팀이 펼친 입론과 논증은 위키(Wiki)에 공개적으로 게시되며, 토론 팀은 대개 무슨 주장을 할지 사전에 노출한다. 그러므로 토론자는 주제에 대한 자신의 조사가 충분하게 구체적으로 이루어져 상대가 도입한 새로운 증거나 추론에 놀라지 않도록 해야 한다. 토론자는 대부분의 논제에서 증거가 완벽하지 않다는 것을 인식해야 한다. 즉, 새로운 증거 또는 증거에 대한 새로운 해석이 종종 나타날 수 있는 것이다. 달리 말하면, 토론자는 조사가 완벽하다고 생각해서는 절대로 안 되며 토론 개시 직전까지 조사를 계속해야 한다.

　토론자는 논박을 준비할 때 넓은 시야를 가져야 한다. 토론자는 절대로 특정한 관점이나 철학에 자신을 한정해서는 안 된다. 반드시 양 측면을 신중하게 분석하고자 노력해야 하며, 논제에 대해 취할 수 있는 가능한 모든 입장을 고려해야 한다. 학생 토론자는 논박 능력을 향상하는 최고의 방법 중 하나가 논제의 양면, 나아가 동일한 주장의 양면을 토론하는 것임을 알게 될 것이다. 이러한 접근법은 토론자가 시야를 넓히고, 한쪽 면만 보는 것의 위험을 피하게 해준다. 교육 토론이 아닌 경우 토론자는 상대가 사용할 만한 가장 강력한 입론을 작성해보면서 그 각각의 입론에 대한 논박을 준비하게 된다. 토론자는 상대가 사용할 만한 증거뿐 아니라 제시할 만한 논증의 방식, 상대편 입론의 기반이 되는 철학적 입장까지도 고려해야 한다.

　상대가 전개할 가능성이 있는 입론에 대한 답변을 계획할 때, 토론자는 논박의 표현까지도 신중하게 고려해야 한다. 만약 토론자의 생각이 '상대가 A 전문가를 인용하면, 나는 B 전문가를 인용해야지'라는 수준으로 진행된다면, 논박은 장황하고, 불확실하고, 구체성이 결여될 가능성이 크다. 토론자는 단어가 분명하고 구체적인지, 추론은 설득력이 있는지를 확인하면서 논박의 표현을 계획해야 한다. 정리되고 준비된 토론 개요는 향후 직면할 광범위한 잠재적 논증과 쟁점에 대한 '답변'을 가능하게 할 것이다.

　"첫 번째 논증은…"과 같은 적절한 담화표지 이후에, 경구(tag line)나 표제(slug) 형식을 띤 첫 번째 주장을 통해 논증이 제시되어야 한다. 논증이나 주장을 제시할 때 중요한 점은 일곱 단어 미만으로 분명히 표현하는 것이다. 경구의 형태로 토론 개요를 지속하는 것은 **토론 흐름표**에 판정자가 기록하는 바를 더욱 강하게 토론자가 통제할 수 있게 한다. **토론 흐름표**는 토론의 모든 발언에 대해 가로 칸에는 각각의 논증이 전개된 과정을 추적할 수 있도록 정리하고, 세로 칸에는 각각의 발언에서 제시된 논증을 기록한 토론 개요이다. 경구가 길어지면 판정자는 토론자의 말을 다른 말로 바꾸거나 다르게 해석해버린다. 경구를 표현할 때 강력하고 설득력 있는 언어를 사용하는 것이 중요하다. 이것은 마치 선거운동에서 정치 후보자가 사용하는 인상적인 말 한마디와 유사하다. 이러한 말은 판정자에게 기억될 가능성이 높다.

경구를 말한 후에 자신의 증거와 근거를 제시해야 한다. 그다음에는 전제(warrant)에 대한 요약을 제시하거나, 자료와 주장이 연결되는 추론 과정을 제시해야 한다. 전제는 다른 말로 하면 증거가 주장을 뒷받침하는 이유에 대한 설명이다. 마지막으로 토론자는 토론에서 논증의 효과를 요약해야 한다. 이러한 모든 것은 말의 낭비 없이 신속하게 이루어져야 한다. 말의 경제성은 효과적인 토론의 핵심이다.

4. 준비: 논박을 위한 자료 정리

토론이 진행되기 전까지 상대가 어떤 입장을 취할지 확신할 수 없다. 그러므로 논박을 끌어내는 데 필요한 다양한 분야의 자료를 확보해야 한다. 이러한 자료는 바로 사용할 수 있도록 정리해두어야 한다.

논박 개요를 선두 답변(frontline answers), 즉 상대의 논증에 대한 최초의 답변, 그리고 확장(extensions), 선두 답변에 대한 방어, 연속 발언에서 있을 법한 대응에 대한 방어 등으로 준비하는 것은 필수적이다. 논박 개요는 접근이 용이하도록 폴더, 아코디언 파일, 즉각 접근할 수 있는 컴퓨터 파일 등으로 정리해 둘 수 있다.

토론 개요는 상대의 논증이 지닌 체계와 독특한 구조에 맞는 유연성을 토론자에게 제공해야 하며, 토론자가 발언 때 사용하는 것보다 더 많은 증거와 답변을 포함하게 된다. 대응해야 할 상대의 잠재적 논증을 예측하고 가능하면 많은 답변 목록을 작성할 필요가 있다. 가능한 한 그 답변을 뒷받침할 증거를 찾아 연결해야 한다. 강한 것에서 약한 것 순서로 '중요 항목'이나 답변 목록을 정리하라. 이때 강약의 평가는 실제 토론에서 바뀔 수 있음에 유의해야 한다. 성실한 학생 토론자는 자신이 듣게 될지도 모르는 모든 가능한 논증에 대해 상세한 토론 개요와 파일을 마련하는 습관을 가지고 있을 것이다. 행동이 앞서는 토론자의 경우 준비하는 데 충분한 노력을 기울이지 않는 경향이 있는데, 준비는 필수적이다.

5. 증거와 추론의 선택 및 확장

준비한 논박 파일에는 토론에 사용할 수 있는 것보다 더 많은 자료가 담겨 있듯이, 상대의 발언에는 주어진 시간 동안 논박할 수 있는 것보다 더 많은 증거와 추론이 담겨 있을 것이다. 문제는 바로 선택이다. 논박에 깔려 있는 기본 생각은 상대의 입론을 논박하고자 노력해야 한다는 것이다. 여기에는 입장을 방어하는 것도 포함된다. 이를 위해서는 제시된 그대로의 입론의 정확한 모습과, 토론 과정에서 언급된 모든 논증과 증거에 대한 정확한 기록을 가지고 있어야 한다. 이러한 기록은 토론 흐름표를 통해 만들 수 있다

학생이 숙달해야 하는 가장 중요하면서도 가장 어려운 기능 중 하나는 토론을 기록하는 것이다. 앞에서 논의한 것처럼, 토론 흐름표는 체계적인 노

트 작성으로 만든 토론의 상세한 기록이다. 정확한 토론 흐름표에는 토론에서 여덟 차례의 발언을 통해 진전시킨 모든 논증이 반영된다. 토론 흐름표에는 증거가 기록될 것이고, 어떤 논증이 답변되었으며, 어떤 논증이 누락되고 답변되지 않았는지 확인할 수 있다. 이 토론 흐름표는 토론을 하는 동안 토론자에게 필수적인 도구이다. 대부분의 토론에서 다른 이유보다도 상대가 누락하거나 놓치는 논증을 어떻게 활용하는가에 의해 승패가 결정된다. 완벽하고 정확한 토론 흐름표를 작성하는 방법을 배우는 것은 학생이 더욱 효과적이면서도 비판적인 청자가 되는 방법을 익히는 데에도 도움이 된다.

이 장에 제시된 토론 흐름표 견본을 살펴보자. 뒤에 나오는 것은 손으로 적은 토론 흐름표이다. 여러 토론자와 판정자는 엑셀이나 다른 컴퓨터 프로그램을 사용하여 노트북 컴퓨터로 토론의 흐름을 기록한다. 견본으로 제시한 것은 정책 토론이므로, 논증은 입론 논증(case arguments)과 간접 반박 (방안) 논증[off-case (plan) arguments]의 두 부분으로 기록되었다. 전형적으로 토론자와 판정자는 리걸 규격*의 종이 여러 장에 논증의 흐름을 기록한다.

입론 논증은 대개 종이의 한 면에 세로 일곱 칸으로 기록되며, 입론 토론을 나타낸다. 1AC(first affirmative constructive speech)는 찬성 측 첫 번째 입론 발언을 나타낸다. 1AR(first affirmative rebuttal)은 찬성 측 첫 번째 반박을, 1NC(first negative constructive speech)는 반대 측 첫 번째 입론 발언을 나타낸다.

방안(plan)과 방안 논증은 대개 다섯 칸으로 '방안 면(plan side)'이라는 이름으로 다른 종이에 기록된다. 만약 대체방안 논증이나 논제 관련성

....
* 미국의 종이 규격으로 가로 216mm, 세로 356mm이며 A4 용지와 폭은 비슷하고 길이는 좀 더 길다.

II. 반박	변사 측 입론 #2	신사 측 변박 #1	변사 측 변박 #2	신사 측 변박 #2
1. 사례 주제는 법무의 신뢰 관련성	I. 반박은 효과가 없음	I. 반박은 오류 또는 반성강을 두려워 함		
2. 테마에 대한 반박도를 제한하는 대부분 법원 —예단 및 이유도 문제하지 않음 반응으로 함	A. 될 상대는 반복보도를 증거될 수 있는 법원 두기를 필요로 함			
3. 법칙근—약한 찬성두기 25% ~ 50%	B. 반응서사 거래 자력 두 을 활용: 다수의 복수 소송을 사용할 것	→ 8. 불확실성을 단순할 것		
4. 권칙 재량의결 — 일반 세수당	C. 법원의 관점 소즈 제한간의 들어당 것: 대부분 도달까지 사당다한 사건	→ C. 두렵하지 않음	→ C. 반박 자체가 효과 없다는 것이 비슷함	→ C. 두렵하지 않음
5.	수느			
A. 대부국서세에 관련 소득자료를 법무상에서 제출	D. 대부분한 거래 침해에 관련 사건에 다하구니 거부의 있음: 반박 자체를 무표하당 것임	D. 대부분한 보수정당; 반박을 지각당 것임	→ D. 대부분한 변화이유를 지각함	→ D. 테에 대부분함은 다수 두당성임
B. 산출되는 비교자료 페이	II. 반박이 사례대에 대응의 알 권한이가 있당 것임	II. 반박은 다수의 알 권배를 지각하지 않음		
C. 권벅 개혁	1. 불러서			
	1. 반박이 사례대에 대응의 알 권한이가 되었 — 테 관점 배드 및 두기 등	1. 두렵성 두기는 테 없어도 강조되당 수 있음 찬성 등이 개재한 원 신사할 수 없는 선택정인 것을 촉배하는 것임		
	A. 반박 등이 경우 반박정될 수 있음	2. 이에 대한 2가는 해야 아닌 두려움 위험됨표로 부터 나눔.		
	B. 두렵두 불러성이거나 원생까지 촉성 주리 해야할 요배이고 있음	III. 두렵로 강조당지 않음	III.	III.
	2. 반박이 사례대에 대응자력가 강배되당	A. 반박은 냅당된 제한정당	→ A. 부당적 선배	→ A. 반박은 냅당의 제한정당
	A. 부당적 선배하게 됨	B. 사배부는 행배를 기반	B. 변호사과 선당	
	B. 두렵는 약한 단박을 포함	C. 두 A, B당 인배 강배도지 않음	→ C. 변호사과 선당	
	C. 변호사가 두박당는 테알보다 다수 심각한 패배함.	IV. 테 방박이능성이 두나지지 않음	IV.	IV.
	3.반박이 사례대에 테의 방박이능성이 놀아당	A. 반박은 효과를 방박당 것	→ A. 반박세이능성이 두기에 두어나당	→ 반박은 효과저이 있당
	A. 테 방박비당가 거래에 변본로당이 필요성과 거래	B. 변호사과 두배를 방박당 보드는 두당		
	B. 테에 관련 반복보도의 부배는 테 방박조치에 대한 마중 지침의 부저로 이어짐	C. 반박한 보드를 통해 마중을 지각당 것임		

논증이 사용될 경우에는 각각의 주요 논증마다 하나씩 다른 종이에 기록된다. 토론 흐름표에 대한 기본 인식에 통달하면, 추가적인 종이를 가지고 이러한 논증을 기록하는 것이 수월하다는 것을 알게 될 것이다. 일반적으로 찬성 측 발언자는 토론 시작 전에 토론 흐름표의 첫 번째 세로 칸에 적힌 개요에 대해 준비한다. 이러한 방식으로 찬성 측은 발언 중에 실시간으로 기록하는 것보다 더욱 완벽하고 정돈되며 조직된 찬성 측 첫 번째 발언의 '논의 흐름'을 확보할 수 있는데, 이를 사전 논의 흐름(preflow)이라고 한다. 반대 측 토론자 역시 토론 전에 부분적인 '사전 논의 흐름'을 준비할 것이다. 만약 반대 측 토론자가 포괄적 불이익 논증이나 대체방안 논증을 제시할 경우, 또는 토론에 앞서 찬성 측 입론이 완전히 공개되었을 경우, 반대 측의 첫 번째 발언은 사전에 잘 준비되어 있을 것이다. 반대 측은 첫 번째 입론 발언(1NC)의 세로 칸 일부나 전부를 같은 방식으로 완성할 수 있다. 사전 공개가 없다면, 반대 측 논증의 어떤 부분은 포스트잇에다 사전 논의 흐름을 작성해 토론 흐름표의 알맞은 세로 칸에 붙일 수도 있다.

토론 흐름표 작성을 위한 조언

1. 집중하라! 유용한 토론 흐름표를 만드는 비결은 듣기와 이해이다.

2. 연습하라! 저녁 뉴스, 학교 강의, 영화 등 얻을 수 있는 모든 기회 때마다 토론 흐름표를 만들어라.

3. 많은 종이를 사용하라. 하나의 종이에는 제한된 수의 논증만 기록하라.

4. 찬성 측과 반대 측을 나타낼 수 있도록 두 가지 색깔을 사용하라.

5. 효율적으로 하라. 약어와 기호를 활용하고, 경구(짧은 주장 진술)와 증거만 기록하라.

6. 사전 논의 흐름(preflow)을 사용하라. 포스트잇 같은 접착식 종이에 모든 토론 개요와 입론에 대한 사전 논의 흐름을 작성하라. 이것을 관련 논증을 다루는 폴더 안쪽에 붙여 종이를 절약하고, 나중에 논증을 제시할 때 토론 흐름표의 알맞은 위치에 붙이라.

7. 토론 흐름표의 빈칸을 채우기 위해 반대신문 시간과 준비 시간을 활용하라.

8. 세로 칸은 좁게 유지하여 가로 여백을 충분하게 남겨두라. 많은 토론자와 판정자가 노트북 컴퓨터로 토론 흐름표를 작성하기 시작했다. 이런 작성 기술에 대해 알려면 http://www.wcdebate.com/1policy/9-edebate.htm을 참조하라.

9. 논증과 답변의 관계를 나타내기 위해 화살표를 사용하라.

10. 무언가를 놓쳤을 때에는 나중에 채워야 한다는 걸 기억하도록, 빈칸으로 남겨두거나 다른 어떤 기호를 사용하여 표시하라.

　

의견 충돌을 확인하고 논증의 흐름을 기록하기 위해 토론자와 판정자는 화살표와 기호를 사용한다. 반대신문 자료를 기록하거나 다른 항목을 확인하고, 반대 측과 찬성 측을 식별하기 위해 다른 색의 펜을 사용할 수도 있다. 토론자와 판정자는 시간 절약을 위해 약어와 기호 체계를 개발하기도 한다. 토론 흐름표 견본에서 T는 논제 관련성(topicality), SQ는 현 상태(status quo) 또는 현재 정책, s는 중대성(significance), SCOTUS는 미국 연방대법원(Supreme Court of the United States)을 나타낸다. 위쪽 방향 화살표는 '증가'를 의미하며, 델타(Δ) 기호는 '변화'라는 말 대신으로 사용된다. 중요하거나 답변이 안 된 논증에는 동그라미를 치거나 강조한다. 토론 흐름표 각각의 세로 칸에는 발언 개요를 가능하면 가장 정확하고 상세하게 적어야 한다. 이런 유형의 개요는 토론자가 구성에서 빠뜨린 논증이나 약한 연결고리를 찾도록 하는 데 도움을 준다. 토론 흐름표 작성법을 익히기 위해서는 시간과 연습이 필요하지만, 토론자는 이러한 필수적인 기술을 개발하는 것이 얼마나 가치 있는지 깨닫게 될 것이다. 토론 흐름표를 적절하게 조정하면 어떤 유형의 논증 상황에서도 적용할 수 있다. 예를 들어, 두 군데의 직장에 합격하여 이를 견주는 행복한 고민을 하는 대학생은 두 직장의 장점을 비교하는 토론 흐름표를 준비하면 도움이 될 것이다. 회사에서 대규모 구매를 책임지고 있는 기업의 구매 담당자는 경쟁 상품이나 재화의 장단점을 평가하는 데 도움을 얻고자 토론 흐름표를 준비할 수도 있다.

토론 흐름표는 확장할 만한 가장 중요한 논증을 선택할 때 사용하는 도구가 되며, 인정받을 논증에 대한 현명한 선택을 가능하게 한다. 어떤 토론자도 상대에 대한 자신의 논증을 포기하려고 하지 않을 것이다. 그러나 시간과 전략에 의해 어쩔 수 없이 포기해야 하는 경우도 있다. 가장 성공적인 토론자는 토론의 전개에 따라 아주 전략적인 선택을 한다. 상대 논증이 효과의 한계가 있을 때에는, 그것에 답변하는 데 소중한 시간을 사용하는 것은 그리 대수롭지 않다. 예를 들어, 피해 쟁점에서 반대 측의 논증이 피해의 규모를 축소하거나 완화하는 것이지만 입론 전환(case turn)이나 불이익 논증이 아니라면(다시 말해, 공격적인 입장이 아니라면), 찬성 측의 반박은 그것에 우선순위를 둘 필요가 없다. 찬성 측이 말한 피해가 만약 높은 실업률에서 기인한 폭력 범죄와 살인율에 대한 조사를 바탕으로 한 것이라면, 반대 측 답변은 범죄율이 찬성 측이 제시한 것만큼 오르지 않았음을 드러내는 증거를 제시할 것이다. 찬성 측은 범죄율이 올랐지만 "예"라고 쉽게 답할 수 있다. 찬성 측의 입장에서는 반대 측 증거를 구체적으로 캐낼 필요가 없다. 반면에, 반대 측의 논증이 실업은 실제로 폭력 범죄를 감소시킨다는 것이라면(공격적 논증), 찬성 측은 그것에 대해 답변을 더욱 잘해야 한다.

6. 논박의 구조

1) 기본 구조

기본 구조를 사용하면 토론자는 자신뿐 아니라 상대, 더욱 중요하게는 청중이나 판정자가 논의를 쉽게 따라갈 수 있게 하는 이점이 있다. 기본 구조를 명확히 하면 모든 토론 참여자는 토론 흐름표에서 토론 전체와 의견 충돌 지점을 쉽게 따라갈 수 있어서, 논증에 답변하고 확장하는 것의 신뢰도를 높이게 된다. 토론자는 각각의 발언에서 전체 개요나 간략한 내용 체계를 반드시 밝혀야 한다. 상대의 논증에 답변할 때에는 의견 충돌 지점을 확인하는 것이 중요하다. 각각의 논증은 반드시 담화표지와 함께 제시되어야 한다는 것을 기억하자. 담화표지는 숫자나 "저의 다음 논증은……" 같은 내용 연결 표현들로, 모든 청자의 주의를 다음에 제시되는 논증에 집중할 수도록 한다. 그다음에 토론자는 일곱 단어 이하로 간결하고, 말 그대로 기록하고 반복하고 기억하기 쉬운 경구와 주장을 제시한다. 그다음에는 필요한 설명과 효과와 함께 증거를 제시한다.

다섯 단계로 구성된 논박의 기본 구조는 다음과 같다.

논박의 기본 구조

....

1. **언급**(reference): 공격하거나 방어하려는 논증을 분명하고 간결하게 확인한다.
2. **대응**(response): 자신의 입장을 간명하게 진술한다(이것은 경구로 표현된 반대 주장이다).
3. **지지**(support): 입장을 뒷받침하는 증거와 논증을 소개한다.
4. **설명**(explanation): 증거와 논증을 요약한다.
5. **효과**(impact): 자신의 주장을 강화하거나 상대의 주장을 약화하는 해당 논박의 효과를 보여준다.

토론자에게 시간은 매우 중요하고 한정된 자원이므로 시간을 효율적이고 경제적으로 사용해야 한다. 청중이 토론의 흐름을 따라가고 있을 때, 어느 발언에서든 약간의 반복은 필요하다. 대부분의 토론자들이 종종 간과

하는 마지막의 '효과' 단계는 아마도 가장 중요한 단계일 것이다. 논박은 상대의 입론 또는 자신의 입론과 결부되지 않으면 효과를 잃는다.

2) 확장과 효과

토론은 논증이 진화하면서 만들어내는 연이은 발언의 연속이다. 어떤 논증은 사라지고 어떤 논증은 많은 주목을 받는다. 효과적인 토론자는 토론을 따라가며 논증이 토론 과정에서 우연이나 논증 구성의 실패에 의해서가 아니라, 토론자의 선택에 의해서 선정되고 주목받도록 한다. 토론은 처음 한두 발언으로 판정되는 경우가 드물며, 오히려 토론의 마지막까지 살아남는 논증에 의해 판가름이 날 것이다. 토론자에게 토론 흐름표가 중요한 도구가 되는 것은 이 때문이다. 토론 흐름표는 토론자로 하여금 토론 발언(표준적인 정책 토론은 8회)을 통해 수평적으로 전개되는 각각의 논증, 쟁점, 입장의 진행을 주시할 수 있게 한다. 논증을 확장하는 것은 그것의 생명력을 유지하고 중대성을 더하여서, 토론의 마지막 단계에 판정자의 판정에 기여한다.

논증을 확장하는 단계는 다음과 같다. 첫 번째, 토론 흐름표에서 해당 논증을 추적한다. 해당 논증을 찾고 언급해야 하는 것이다. 두 번째, 해당 논증에 반대하는 상대의 논증에 답변한다. 이상적으로는 하나의 논증으로 여러 논증에 답변해야 하는데, 특히 상대 토론자의 주장에서 핵심적이거나 전략적으로 중요한 논증에 답변해야 한다. 세 번째, 같은 편에서 처음에 한 주장을 반복하고 살려 나간다. 상대가 논증에 답변하지 못했을 경우에는, 그다음 세로 칸에서 이를 확장하여 상대의 실수를 활용하는 것이 중요하다. 상대가 첫 번째 기회에서 논증에 답변하지 않았다면, 반박 논증에서 새로운 논증을 제시하는 것이 상대에게 허용되지 않는다는 점을 상기하

라. 네 번째, 가능한 한 논증을 확대한다. 부가적인 증거, 설명, 효과를 추가하라. 효과는 "그래서 뭐?"라는 질문에 답하는 것으로, 논증에서 승리하는 데 가장 중요한 기능이다. 효과는 두 차원으로 나타난다. 첫째, 효과는 실제 세계에서의 쟁점의 중요성에 대한 직접적인 척도로, 수백만 미국인의 심리적 웰빙에 영향을 미치는 실업의 결과, 또는 이란의 핵무기 획득으로 인해 야기된 핵폭발 위험의 증가 등으로 나타난다. 둘째, 효과는 토론 그 자체에 포함된 논증이나 쟁점의 중요성에 대한 척도이다. 예를 들면, 찬성 측은 사회기반시설 일자리 방안이 피고용자 수의 순수한 증가를 창출한다는 점을 입증하지 못할 수 있다. 그로 인해, 실업의 피해에 대한 어떠한 해결성도 제시하지 못하고, 선결 요건을 갖춘 입론을 제시할 책임을 충족하는 데 실패하게 된다. 토론에서 논증이 늦게 이루어지면 판정자의 판정에 더욱 강력하게 다가올 가능성이 높다. 그 논증은 토론 흐름표의 많은 부분을 차지할 것이고, 다음 반박 발언에서 그것에 더 많은 시간을 쓴 것이다. 그로 인해 토론 전체를 통해 효과가 축적될 것이다.

3) 일반적인 고려 사항

논박의 기본 구조와 더불어 다음과 같은 논박의 일반적인 고려 사항을 알아두어야 한다.

① 논박은 일찍 시작해야 한다.

개별 발언에서뿐 아니라 전체 토론에서도 논박을 일찍 시작하는 것이 일반적으로 유리하다. 발언 시간에 논박을 일찍 시작하는 목적은 상대의 논증이 지닌 몇몇 효과를 즉각적으로 상쇄하는 것이다. 그렇다고 이 말이 논박을 발언의 첫 부분에 배정해야 한다거나 입론 발표 때 균형을 이루어야 함을 의미하는 것은 아니다. 능숙한 토론자는 전체 발언 과정에서 논박과 입론 자료들을 잘 섞을 것이다. 대개 토론 과정에서 주요 주장이 반박되지 않은 채로 오래 방치되는 것은 바람직하지 않다. 논증은 일반적으로 그다음 발언에서 반박되어야 한다. 그러므로 반대 측 첫 번째 발언에서 만들어진 공격은 반드시 찬성 측 두 번째 발언에서 답변되어야 한다. 만약 찬성 측이 이 논증에 대한 답변을 마지막 반박 발언까지 미룬다면, 판정자는 "음, 마지막까지 언급이 없군. 하지만 너무 늦어서 반대 측이 응답할 기회가 없어."라고 생각하며, 그 답변을 대수롭지 않게 여기거나 심지어는 묵살할 것이다. 즉, 그것은 반박 발언에서 용인되지 못하는 새로운 논증으로 여겨지게 된다. 의회식 토론에서 이것은 규칙 위반이며, 상대는 의사 진행 규칙을 들어 위반 판결을 요청할 수도 있다.

② 효과(Impact)로 마무리한다.

토론자는 대개 자신의 입론을 우세하게 만드는 긍정적인 자료로 발언을 끝맺고자 한다. 상대의 입장을 기각해야 하는 이유를 청중에게 제시한 후, 자신의 입장에 동의해야 하는 명백한 이유를 제시한다. 전체 구도를 보며 이야기하기 위해서는 경쟁하는 논의의 상대적인 효과를 따져보아야 한다.

③ 입론에 논박을 포함한다.

논박과 함께 발언을 개시하는 것이 일반적으로 바람직하다고 여겨지지만, 이것은 논박이 발언의 첫 부분에 국한된다는 것을 의미하지는 않는다. 구성이 잘된 입론일지라도 상대의 여러 반대 의견에 직면하기 때문에 논박을 입론에 포함해 짜는 것이 바람직하다. 예를 들어, "연방정부는 연간 소득세 수입의 일정 비율을 주 정부에 교부해야 한다."라는 논제에 대한 토론에서, 어떤 반대 측 토론 팀은 이 정책은 납세자에게 추가적인 부담을 줄 수 있다는 이유로 논제 채택을 반대하였다. 이 반대에 대한 논박에서 찬성 측 토론 팀은 GDP가 상승하여 (논제가 토론되는 당시에 실질적으로) 소득이 증가하였고, 동일한 세율로 더 많은 세수가 걷힌다는 점을 지적함으로써 내장되어 있는 논박을 사용하였다.

④ 논박의 양을 평가한다.

종종 "얼마만큼의 논박이 필요한가요?"라고 묻는다. 유감스럽게도 정답은 없다. 즉, 논박의 양은 경우에 따라 다르고 판정자, 청중, 토론 상황에 따라 다르다. 논박을 제시할 때 청중에게 효과적으로 적응하기 위해서는, 명시적이면서도 미묘한 일치와 불일치 신호를 찾으면서 판정자나 청중을 면밀하게 관찰해야 한다. 최소한의 논박은 앞에서 알아본 기본적인 다섯 단계를 통해 전개되어야 한다. 그 목표는 논박을 충분하게 전개하여 합리적인 사람을 충족시키는 것이다. "최근 브루킹스 연구소는 이 주장을 입증하지 못했습니다." 같은 지나치게 짧은 논박은 피해야 한다. 그러한 진술은 논박의 방향을 제안할 수는 있지만, 토론의 맥락에서 논박이 실제로 개발되기 전까지는 별로 가치가 없다. 일반적으로 상대에게 적어도 두 가지 답변을 제시해야 한다.

⑤ 체계화된 논박을 사용한다.

토론자는 판정하는 사람들이 논박을 쉽게 따라올 수 있도록 분명하면서 정교하고 체계화된 논박 패턴을 사용해야 한다. 그 목적은 판정자가 논증의 '흐름'을 편하게 따라오도록 하는 것이다. 능숙한 토론자는 논박하고자 하는 상대의 특정 논증을 분명하게 파악하여, 어느 부분에 자신의 논증을 적용하고 싶어하는지를 판정자가 정확하게 알도록 한다. 발언자의 기본 책임은 논박의 체계화된 패턴과 발언자의 책임에 대한 명확한 구분을 보여준다. 일단 토론자가 동료와 사전 협의를 통해 이 기본 패턴을 숙달하면 다른 변형들도 개발할 수 있다.

동료가 없고 토론 흐름표를 가진 판정자가 없는 비공식적 상황에서도, 간명한 논박 패턴은 여전히 중요하다. 판정하는 사람들이 제시한 논증을 쉽게 따라오기 바라기 때문이다.

⑥ 사전 대책(contingency plan)을 활용한다.

토론자는 사전 대책을 준비해야 한다. 즉, 상대의 주장을 접했을 때 매우 중요하게 부각될 쟁점에 대응하기 위해 사전에 증거와 논증의 개요를 작성해두어야 한다. 사실, 토론자는 사전 대책을 가능하면 많이 준비해야 한다. 토론 과정에서 상대가 제시한 입론에 어떤 사전 대책을 적용할지 판단해야 한다. 물론 상대가 사용한 특정 논증에 부합하는 사전 대책을 준비해두어야 한다.

예를 들어, 실업자를 위한 국가 차원의 공공근로 프로그램에 대한 토론에서, 반대 측이 확실히 예측할 수 있었던 것은 찬성 측이 실업은 피해가 크다고 주장하리라는 점이었다. 반대 측에서는 '마찰을 빚는 실업', '주기적인 실업', '장기 실업' 등 찬성 측 논증과 부합되는 사전 대책을 준비하였다. '장기 실업'(15주 이상의 실업)에 대한 사전 대책으로 다음을 입증하는 증거를 준비하였다. (1) 많은 고령자가 퇴직연금을 수령하고 있다. (2) 많은 십대 청소년이 시간제 일자리를 찾고 있다. (3) 단지 적은 수의 사람들만 가장이고, 그들 중 많은 사람은 자택에서의 개인 사업을 하고 있으므로 수입이 있다.

7. 논박의 방법

툴민의 모형은 상대의 논증에 대한 답변을 하는 데 좋은 방법을 제공한다(3장 참조). 첫째, 상대의 주장에 대응하는 반대 주장(counterclaim)을 제시할 것을 고려해야 한다. 일반적으로 반대 주장을 형성할 경우에는 이를 뒷받침할 근거를 반드시 제시해야 한다. 둘째, 상대의 자료를 고려해야 한다. 9장에서 논의한 증거 검증 중 어떤 것이 증거의 신빙성을 무너뜨리고 증거의 힘을 감소시킬 수 있을지 고려해야 한다. 셋째, 자료와 주장을 연결하는 논리적 추론이나 전제를 고려해야 한다. 3장과 4장에서 논의한 추론 검증 중 어떤 것이 논증의 힘을 약화시키는 데 효과적으로 이용될 수 있을지 고려해야 한다. 더 나아가 증거, 추론, 오류 등과 관련된 논박 기술도 고려해야 한다.

1) 증거

증거는 증거 검증의 적용을 통해, 상대가 제시한 증거가 이 검증에서 실격임을 입증함으로써 논박한다. (9장에서 살펴본 증거 검증을 참조하라.) 자신의 증거를 공격하는 상대에 대한 반대 논박은, 상대가 제시한 반대에는 증거 검증이 부정확하게 이루어졌음을 입증함으로써 구성된다.

2) 추론

추론은 추론 검증의 적용을 통해, 상대가 제시한 추론이 이 검증에서 실격임을 입증함으로써 논박한다. (3장과 4장에서 살펴본 추론 검증을 참조하라.) 자신의 추론을 공격하는 상대에 대한 반대 논박은, 상대가 제시한 반대에는 추론 검증이 부정확하게 이루어졌음을 입증함으로써 구성된다.

3) 오류

오류는 상대의 논증이 오류라는 것을 드러냄으로써 논박한다. (오류와 오류에 대한 반박 방법은 4장 참조.) 자신의 논증을 오류로 여기는 상대에 대한 반대 논박은, 자신의 논증이 실제로 참이라는 것을 입증함으로써 구성된다.

4) 찬성 측 논박과 반대 측 논박

일반적으로 토론에서 찬성 측은 전체 주장을 방어하고 반대 측의 전부 또는 대부분의 논증에 답변해야 승리할 수 있다. 반대 측은 어떤 논증이 토론의 마지막 반박 발언까지 확장되거나 살아남을 수 있는지를 선택할 수 있는 전략적 이점을 가지고 있다. 모든 토론자를 위한 전략적 조언은 다음과 같다. 나중에 도움이 될 증거와 논증은 토론에서 일찍 제시해야 한다. 이렇게 하면 당신의 증거들이 당신을 위해 작동하게 된다. 상대방이 제기한 논증이 토론에서 당신이 앞서 제시했던 논증으로 대답될 수 있다면, 새로운 증거를 읽거나 새로운 논증을 하는 데 시간을 낭비하지 말아야 한다. 대신에 이전 논증을 답변으로 제시하면 된다.

반대 측이 논제 관련성 논증을 하면, 찬성 측은 그것의 정의는 반대 측이 제시한 정의에 부합하고 반대 측의 것보다 우세하다고 주장함으로써 방안의 논제 관련성을 옹호할 수 있다. 찬성 측은 판정자가 반대 측의 정의가 매우 제한적이거나 부적합하다는 것을 확신하게 하는 것이 중요하다. 반대 측이 대체방안을 제시하면, 찬성 측은 그 대체방안은 경쟁력이 없고, 찬성 측이 확인한 문제를 해결할 수 없으며, 대체방안 자체에 고유한 불이익이 있으므로 찬성 측 방안이 대체방안보다 우세하다는 것을 논증해야 한다.

5) 발언자의 책임

정책 토론 형식에서는 두 명의 토론자가 4회의 반대신문 시간을 제외하면 여덟 번의 발언을 하는데 각각의 발언은 예상과 책임의 상당히 표준화된 틀이 있다([표 14-1]과 [14-2] 참조).

[표 14-1] 발언자의 책임: 가치 토론

	1AC	1NC	2AC	2NC/1NR
	찬성 측 첫 번째 입론자(1AC)의 책임은 일반적으로 논제에 대한 선결 요건을 갖춘 찬성 측 입론을 읽고를 읽는 방식으로 제시하는 것이다. 이것은 찬성 측 입론이 필수 요소를 모두 포함해야 한다는 것이다. 그 예는 다음과 같다.	반대 측 첫 번째 입론자(1NC)의 책임은 토론을 통해 개발된 반대 측 논증을 제시하는 것이다. 여기에는 찬성 측 입론에 대한 간접 반박(논제 관련성, 가치 거부 등)과 직접 반박 논증을 포함한다. 직접 반박 논증은 찬성 측의 주장에 대한 분명한 언급과 함께, 찬성 측 첫 번째 입론자가 제시한 쟁점과 정확히 같은 순서로 같은 지점에서 제시된다. 실제적인 순서는 다음 측의 입론에 맞춰진다. 토론자는 다음 사항을 준수해야 한다.	찬성 측 두 번째 입론자(2AC)의 기본 책임은 찬성 측의 최초의 주장을 다시 입증하고, 찬성 측 입론 논증을 확장하여, 반대 측의 간접 반박 공격과 직접 반박 공격을 논박하는 것이다.	반대 측 두 번째 입론자(2NC)와 반대 측 첫 번째 반박자(1NR) 간의 업무 분담은 중요하다. 반대 측 두 번째 입론자는 반대 측 첫 번째 입론에서 제시된 반대 측 논증을 '선별'하거나 확장하기 나 확장해야 한다. 이때 반대 측은 모든 논증을 확장할 수는 없다. 각각의 입장이나 논증에서 토론자는 다음의 사항을 준수해야 한다.
1. 정의		1. 토론에서 측의 입장이나 철학에 대해 개관한다.	1. 반대 측의 간접 반박 공격(논제 관련성, 대체기준, 가치 거부를 포함할 수도 있고, 또는 유사 정책 토론의 입론에서는 대체방안과 불이익을 포함할 수도 있음)을 다룬다.	1. 논증에 대한 찬성 측 두 번째 발언자의 답변에 대응한다.
2. 기존		2. 취약하다면 반대 측의 논제 관련성 논증을 제시한다.	2. 찬성 측의 두 번째 입론에 대한 반대 측의 직접 반박 공격에 답변하고, 주장을 적절히 받아들고 확장한다.	2. 반대 측의 최초의 주장을 다시 입증한다.
3. 가치		3. 간접 반박 논증(가치 거부, 불이익, 대체방안 논증, 비판)의 근거를 제시한다.	a. 각 쟁점에 대한 반대 측의 첫 번째 입론 공격을 반박한다.	3. 가능하다면 반대 측의 논증을 추가하거나 확대한다.
4. 중대성		4. 찬성 측과 같은 순서로 같은 지점에서, 입론이 취약함을 공격한다.	b. 찬성 측 첫 번째 입론에 대한 각 쟁점에 대한 주장과 근거를 다시 입증한다.	
5. 고유성			c. 추가 증거나 논증을 통해 최초의 주장을 확장하거나 확대한다.	
6. 효용				

564 논증과 토론

1AR	2NR	2AR
찬성 측 첫 번째 반박자(1AR)의 기본 책임은 반대 측이 블록(반대 반박)에서 확장된 첫 번째 반박 공격에 대해 답변하는 것과, 입론 논증을 확장하는 것이다.	반대 측 두 번째 반박자(2NR)는 반대 측이 이기는 데 가장 나은 기회를 제공할 논증을 선택하여 확장해야 한다. 가장 확실한 논증에 시간을 최대한 쓰기 위해서는 일부 논증을 포기해야 한다. 구체적으로 다음 사항을 준수해야 한다.	찬성 측 두 번째 반박자(2AR)는 찬성 측이 이기는 데 가장 나은 기회를 제공할 논증을 선택하여 확장해야 한다. 가장 확실한 논증에 시간을 최대한 쓰기 위해서는 일부 논증을 포기해야 한다. 구체적으로 다음 사항을 준수해야 한다.
1. 반대 측의 간접 반박 논증을 반박한다.	1. 반대 측에 투표할 만한 이유를 간략하게 개관하며 시작한다.	1. 토론에서 찬성 측이 승리해야만 하는 이유를 요약하고, 핵심 쟁점을 보여주는 개관으로 시작한다.
2. 반대 측의 직접 반박하고, 찬성 측 두 번째 입론에서 제시된 입론 논증을 확장한다.	2. 반대 측 입론에서 가장 중요한 몇 논증을 다시 강조하고 매듭짓는다.	2. 반대 측 두 번째 반박자가 확장한 간접 반박 공격에 대해 반박한다.
이러한 발언에는 세심한 시간 안배가 필요하다는 것에 유의해야 한다. 찬성 측 첫 번째 반박자는 앞선 반대 측의 두 발언에 대해 효율적으로 답변해야 하며, 입론 논증의 확장에 시간을 들여서는 안 된다.	3. 반대 측 판단을 정당화하는 최고의 이유를 제시하고, 반대 측의 입장을 이야기하는 것으로 결론을 맺는다.	3. 찬성 측이 입론을 확장한다.
		4. 자신의 입론에 대한 반대 측 두 번째 반박자의 공격을 반박하고, 입론 논증을 확장한다.
		5. 찬성 측의 '이야기(story)'를 말하며 찬성 측의 판단을 정당화하는 최고의 이유를 제시함으로써 결론을 맺는다.

[표 14-2] 발언자의 책임: 정책 토론

1AC	1NC	2AC	2NC/1NR
찬성 측 첫 번째 입론자(1AC)의 책임은 일반적으로 노제에 대한 선결 요건을 갖춘 찬성 측 입론을 읽고 이를 제시하는 것이다. 이것은 전성 측 입론의 필수 요소를 모두 포함해야 한다. 그 예는 다음과 같다	반대 측 첫 번째 입론자(1NC)의 책임은 토론을 통해 개발된 반대 측 논증을 제시하는 것이다. 여기에는 찬성 측 입론에 대한 간접 반박(노제 관련성, 가치 거부) 공격과 직접 반박 공격을 포함한다. 직접 반박 공격은 찬성 측의 주장에 분명한 언급과 함께, 찬성 측 첫 번째 입론자가 제시한 평점과 정확히 같은 순서로 같은 찬성 측 입론에서 제시된다. 실제적인 순서는 토론자는 다음 사항을 준수해야 한다.	찬성 측 두 번째 입론자(2AC)는 반대 측 첫 번째 입론자(1NC)의 모든 논증에 대해 답변해야 하며, 찬성 측의 최초 입론에 대한 직접 반박(노제 관련) 공격에 대해 답변해야 한다. 또한 찬성 측 논증의 중요성을 첫 번째 주장에 추가하여 확장해야 한다.	반대 측 두 번째 입론자(2NC)와 반대 측 첫 번째 반박자(1NR) 간의 입무 분담은 중요하다. 반대 측 두 번째 입론자는 반대 측의 첫 번째 입론에서 제시된 수의 논증을 '선별'하거나 확장해야 한다. 반대 측 두 번째 입론자가 반대 측의 첫 번째 입론자가 제시한 논증을 확장하지 않을 때, 반대 측 첫 번째 반박자가 이러한 논증을 확장해야 한다. 이때 반대 측의 모든 논증을 확장할 수는 없다. 각각의 입장이나 논증에서 토론자는 다음 사항을 준수해야 한다.
1. 피해	1. 반대 측 입장 개관	1. 노제 관련성에 답변한다.	1. 논증에 대한 찬성 측 두 번째 발언자의 답변에 대응한다.
2. 내재성(방안)	2. 노제 관련성	2. 모든 간접 반박 논증에 답변한다.	2. 반대 측의 첫 주장을 다시 입증한다.
3. 해결성	3. 간접 반박 논증의 공격들(가치 거부, 불이익, 대체방안 논증, 비판)	3. 같은 지점의 입론 공격에 답변하고, 전성 측 첫 번째 입론자의 주장을 확장한다.	3. 가능하다면 반대 측의 논증을 추가하거나 확대한다.
	4. 같은 지점의 직접 반박 공격	4. 시간이 허락될 때 새로운 효과와 논증을 추가한다.	

1AR	2NR	2AR
찬성 측 첫 번째 반박자(1AR)의 기본 책임은 반대 측이 블록(반대 측 두 번째 입론과 첫 번째 반박)에서 확장된 간접 반박 공격과 직접 반박 공격에 대해 답변하는 것과, 입론 논증을 확장하는 것이다.	반대 측 두 번째 반박자(2NR)는 자신들이 이기는 데 가장 나은 기회를 제공할 논증을 선택하여 확장해야 한다. 가장 확실한 논증에 쓸 시간을 최대화하기 위해서 일부 논증을 포기해야 한다. 구체적으로 다음 사항을 준수해야 한다.	찬성 측 두 번째 반박자(2AR)의 기본 책임은 찬성 측 입론 논증을 다시 확립하고 결정짓는 것이다.
1. 반대 측의 간접 반박 논증을 반박한다.	1. 반대 측에 투표할 만한 이유를 간략하게 개관하며 시작한다.	1. 토론에서 찬성 측이 승리해야 하는 이유를 보여주는 개관으로 시작한다.
2. 반대 측의 직접 반박 논증을 반박한다.	2. 반대 측 입론에서 가장 중요한 몇몇 논증을 다시 입증하고 매듭을 짓는다.	2. 반대 측의 두 번째 반박자가 확장한 간접 반박 공격에 대해 반박한다.
3. 찬성 측 두 번째 입론자의 주장을 확장한다.	3. 반대 측의 판단을 정당화하는 최고의 이유를 제시하고, 반대 측의 입장을 이야기하는 것으로 결론을 맺는다.	3. 찬성 측이 입론을 확장한다.
		4. 입론에 대한 반대 측 두 번째 반박자의 공격을 반박하고, 입론 논증을 확장한다.
		5. 찬성 측이 '이야기'를 말하며 찬성 측의 판단을 정당화하는 최고의 이유를 제시함으로써 결론을 맺는다.

연습

1. 저녁 뉴스, 스포츠 센터, 토크쇼 등의 흐름을 따라가보자.

2. 즉흥 논증 토론(SPAR debate: SPontaneous ARgumentation debate)을 다시 살펴보자. 이 즉흥 논증 토론 시간에 토론자는 방안이 있는 정책 논제를 토론하고 발언자의 표준적인 책임을 따른다.

3. 각각의 학생은 (가능하면 토론 카드나 토론 개요를 통해) 논증을 구성할 수 있어야 한다. 정해진 답변자는 논박의 기본 구조를 따라 논증을 반드시 논박해야 한다. 세 번째 학생은 공격을 물리치고 애초의 의견을 옹호하기 위해 동일한 방법을 사용한다.

4. 논제 관련성, 불이익, 피해, 여타의 개별 쟁점에 대한 단일 쟁점 토론을 조직해보자.

5. 논박을 훈련하자. 학급을 절반으로 나눈다. 첫 번째 학생이 뉴스의 어떤 쟁점으로 토론을 시작한다. 참가자는 할 수 있을 때까지 찬성과 반대 측을 오가도록 한다.

15장

듣고 평가하기

인간으로서 우리는 듣기의 기능에 대해 좀 오만한 경향이 있다. 말하기에 대한 불안이 대체로 일반적이듯이 듣기에 대한 자만 또한 흔히 찾아볼 수 있다. 의사소통 과정을 정확하게 이해한다는 것은 의사소통이 모든 상황에서 양 방향으로 이루어지는 과정임을 인식하는 것이다. 청자는 토론자, 화자, 그 밖의 상징적 메시지 출처 등이 제공하는 관념을 그대로 흡수하는 수동적인 관찰자나 복종적인 스펀지가 아니다. 오히려 청자는 공유된 이해를 창출하는 능동적인 참여자이다. 화자는 청자를 향해 의사소통을 하는 것이 아니라 청자와 함께 의사소통을 한다. 귀가 있어서 들을 수 있다고 청자가 되는 것은 아니다!

토론의 판정자나 청중으로서 자신에게 제시되는 논증, 입론, 증거를 해석하고 이해하는 데 자신이 관여하고 있음을 인식하는 것은 매우 중요하다. 아무리 객관적이고 공평해지려고 하더라도 인간 자신의 관심과 지각은 개인적 삶의 역사, 지식, 문화, 경험, 태도 등과 같은 많은 다른 요소들에 의해 형성된다. 선택적인 인식은 불편을 느끼는 메시지나, 자신의 삶의 방식,

흥미, 호기심, 편견, 소속감, 신념을 지지하지 않는 메시지를 회피하는 것이
다. 더욱이 사람들은 이미 알고 있고 믿고 있는 것에 부합하는 메시지만을
취사선택해 듣는다. 토론 문화는 본질적으로 모든 사고를 환영하는 개방적
인 윤리의식을 요구하기에, 토론에 참여할 때 사람들은 선택적 인식을 성
공적으로 극복할 수 있을 것이다. 그리하여 선택적 지각은 해볼 만한 일이
될 수도 있다. 자아 체계는 자신에게 제시된 논증, 증거, 호소를 이해하고

해석하는 렌즈를 만들어낸다. 그래서 사람들은 냉정해지려고 하지만 온전히 그럴 수는 없다. 효과적으로 행해지기만 한다면, 토론에 대한 판단 행위는 모든 의사소통 맥락에서 듣기 기능을 향상시킬 수 있는 강력하고 효과적인 연습이 될 것이다.

조지프 드비토(Joseph DeVito)는 윤리적인 듣기를 위해서는 메시지를 편견 없이 온전하고 정직하게 듣고, 정직하게 응답해야 한다고 말한 바 있다.[1]

1. 효과적인 듣기의 단계

1) 듣기 준비

듣기도 일이다! 수동적인 활동이 아니다. 화자는 그 활동에 모든 에너지를 쏟아붓는다. 청자로서 효과적으로 듣기 위해 기꺼이 노력을 기울여 완전히 몰입하고 관찰하며 주의를 기울여야 한다. 듣게 될 자료에 익숙하면 더 나은 청자가 될 수 있다. 읽기 과제를 다 마치면 학생이 강의를 더 완벽히 이해하게 되는 것처럼, 주제에 대한 지식을 갖추면 토론의 판정자나 청중으로 더 잘 준비된 것이다. 대학 대항 정책 토론에서 다수의 뛰어난 판정자는 조사 과정에 능동적으로 개입해 논의될 자료에 대해 잘 알고 있는 코치들이다.

2) 집중을 방해하는 것 없애기

물리적 소음과 심리적 소음은 효과적인 듣기를 방해할 수 있다. 청자는 되도록 자신과 화자 사이의 거리를 좁히고 자신의 머리에서 다른 생각,

걱정, 우려를 없애야 한다.

3) 다중작업 제한하기

아마도 토론 판정자는 토론을 들음과 동시에 토론 흐름표를 작성하는 다중작업을 할 것이다. 토론자들이 말하는 동안 청자가 문자 메시지를 보내거나 인터넷 자료를 검색하는 것을 포함해 다른 활동을 하는 것은 메시지를 완전히 흡수하고 비판적으로 평가하는 청자의 능력을 제한하며, 화자에게 거부라는 메시지를 제공하게 된다. 거부 메시지란 누군가에게 그것들이 중요하지 않거나 다른 무언가에 비해 덜 중요하다고 말하는 것이다. 그러한 메시지는 비효과적인 의사소통을 초래하고 화자가 쏟는 노력에 영향을 준다. 화자에게 그리고 화자에게만 귀를 기울이는 것은 예의와 존중을 표하는 것으로 의사소통 결과를 향상시키는 데 기여한다.

4) 에너지를 쏟고 집중하기

듣기는 집중을 요한다. 토론에서 정보는 빠르게 지나간다. 청자는 화자, 토론에서 제시되는 복잡한 논증, 증거, 의견 충돌에 귀를 기울이려는 노력을 해야 한다. 청자는 집중을 방해하는 것들을 제거하고 화자가 전하는 메시지를 수용하기 위해서 에너지를 모아야만 한다. 청자는 정신을 집중하여 경구, 증거, 부연설명에 담긴 문자 그대로의 언어적 메시지뿐만 아니라 언어적 강조와 비언어적인 강조, 담화표지 등 메시지를 이해하는 데 도움이 되는 모든 가능한 단서를 인식할 수 있다. 그리고 계속 그렇게 듣도록 노력하여야 한다. 청자가 듣기를 잠시 멈추는 순간 내용을 놓쳐버리며, 해당 듣기 활동에 다시 참여하는 것은 더욱 어려워진다.

5) 판단 유보

사람들은 인간 본연의 편견으로 인해 어떤 정보나 관념을 듣는 순간 그것의 특질, 수용 가능성, 일관성, 정확성을 바로 판단한다. 이렇게 성급한 판단은 이어지는 주장을 평가하고 판단하는 데 영향을 미친다. 화자의 말을 끝까지 듣고, 그것에 대한 반응과 대립되는 주장을 기다리며, 전체 발언에 담긴 모든 논증을 분석하고 평가할 때 평가는 더 정확하게 이루어진다.

6) 정중하게 피드백하기

의사소통은 양 방향에서 이루어지며 그렇지 않고서는 의사소통할 수 없다. 토론 판정자들은 판단을 유보하려고 애쓰며 동의나 반대, 또는 제시된 특정 논증이나 입장에 대한 자신의 지지가 드러나지 않기를 바랄 것이다. 그러나 이것이 고개를 끄덕이고 눈을 맞추는 것과 같이 이해를 했다거나 알아들을 수 있게 더 명확하게 말해야 함을 가리키는 즉각적인 비언어적인 행동까지도 하면 안 된다는 것은 아니다. 개인적으로 이루어지는 긍정적인 피드백은 더 나은 의사소통 과정을 유도하고 증진한다. 물론 토론 후에 이어지는 논평은 가장 직접적이고 명시적인 피드백을 제공한다.

7) 토론 기록

토론 흐름표 작성은 이미 14장에서 논의한 바 있다. 토론 판정에 선택적 기억이 미치는 영향을 제한하고자 모든 토론 맥락에서 토론 기록을 작성하는 것은 가치 있고 중요한 일이다. 토론 흐름표를 작성하거나 세부 사항 및 전체 내용을 노트에 기록하면 토론에 계속 집중할 수 있다. 그리고 청자의 에너지와 노력이 모두 효과적이고 생산적인 듣기에 기여하도록 한다.

2. 토론 판정

종종 "투표 결과가 어떻게 되었습니까?", "판정이 어떻게 났습니까?", "누가 이겼나요?"라고 묻는다. 의회 의원들이 투표 카드를 전자 슬롯에 넣으면, 방청석 벽에 있는 전자 점수판에 불이 들어오고, 그 법률안의 운명을 알 수 있게 된다. 법정에서 판사는 배심원단에게 판결을 공표할 것을 요청하고, 그 재판 결과를 알게 된다. 교육 토론에서 판정자는 판정을 공표하거나, 이후에 토론자들이 볼 수 있는 평가표에 판정 결과를 쓴다. 이때까지 고려해오던 모든 것은 이 극적인 판정의 순간을 위해 만들어진 것이다.

판정자가 없다면 경쟁적인 교육 토론은 있을 수 없다. 토론자들은 이기기 위해 경쟁하고 이러한 활동의 가장 중요한 초점은 이기고 지는 것을 결정하는 판정자이다. 판정자는 토론을 촉진하고 토론에 대한 분석, 승자에 대한 판정, 논평과 평가, 토론에 대한 보고를 통해서 토론의 교육적 가치를 생성한다.

판정자는 토론을 어떻게 평가하는가? 무엇이 판정을 위한 토대가 되는가? 판정은 토론의 논제나 토론 그 자체에 기초해 내려져야 한다. 응용 토론에서는 논제 그 자체에 대한 판정이 이루어져야만 한다. 이에 비해 교육 토론에서는 논제의 장점이 아니라, 토론 그 자체, 즉 토론자들이 제시한 논증과 증거의 장점을 비교해 판정을 내려야 한다. 물론 이는 그리 간단한 일이 아니다. 여기서는 교육 토론에서 판정자의 역할에 대해 다룰 것이다.

3. 판정자의 역할

교육 토론에서 판정자는 (1) 의사 결정자, (2) 비평가, (3) 교육자라는 세 역할을 담당한다. 의사 결정자로서 판정자는 토론에서 어느 측이 이겼는지를 판별해야 한다. 비평가로서 판정자는 판정을 내리는 방식이 중요하고, 그것이 토론의 전개 방식에 영향을 주게 됨을 마음속 깊이 새기며, 자신의 판정과 그에 대한 합리적 이유를 설득력과 명료성을 갖추어 보고해야 한다. 교육자로서 판정자는 토론 판정자 겸 교사로서 자신의 일이 갖는 교육적 함의를 고려해야 한다. 판정자에 의한 토론 판정과 논평은 토론 수행과 토론 참여 학습 경험에 지대한 영향을 끼친다. 토론 판정자의 역할은 상당히 어렵고 부담스럽다. 토론 판정자들은 그 과정에 쏟아붓는 자신의 전문 지식과 노력을 통해 의미 있는 학습 경험에 기여한다.

토론이 진행되는 동안 판정자와 토론자 간의 상호작용은 비교적 제한되어 있다. 판정자는 토론자들로 하여금 시간을 엄수하게 하고, 심지어 발언하고 준비하는 단계에서 남아 있는 시간을 소리 내어 알려주기까지 한다. 판정자는 간혹 토론자의 발언이 불명확하면 "더욱 명확하게"라고 말하거나, 화자에게 무언가를 더 명료하게 할 기회를 주고 싶다면 더욱 빈번히 "설명해주세요."나 "그게 무엇이었나요?"라고 말할 수 있다. 의회식 토론에서는 판정자와 토론자가 더 높은 수준으로 상호작용한다. 몇몇 토론 형식에서 판정자들은 질문을 하거나 절차와 규칙 적용을 결정하면서 참여해야 한다. 이 장의 앞에서 살펴보았듯이, 어떤 판정자들은 제시된 논증에 대한 비언어적인 피드백을 중요시한다. 반면 또 다른 판정자들은 토론에 영향을 끼치거나 토론자에게 부정적인 영향을 끼칠 수 있는 시각적 반응을 보이지 않기 위해 애쓴다. 판정자가 자신이 잘 듣고 있으며 만들어진 논증을 잘 이해하고 있다는 것을 확증해주는 피드백이나, 토론자의 노력을 확증하고 지지하는 즉각적인 비언어적 반응을 적극적으로 제공한다면 이는 토론의 의사소통 맥락에 긍정적으로 기여할 것이다.

1) 어느 측이 이겼는지 파악하기

무엇보다도 토론 판정자는 토론에서 누가 이겼는지 결정한다. 학생 토론자들이 힘들게 작업하고 준비하면 할수록 토론을 통해 더 많은 학습을 할 수 있게 된다. 토론자들은 준비 과정에서 경쟁하며 동기를 부여받고, 판정자의 토론 평가표에서 높은 점수를 얻고자 사력을 다한다. 그러므로 판정자들은 합리적인 판정을 내릴 책임이 있다. 판정자는 신중하고 사려 깊게 토론자들의 토론 수행과 논증을 숙고하고 그것에 완벽한 주의를 기울이며 토론자들의 긍정적인 토론 수행을 강화하고 보상하기 위해 토론을 명료하게 표현해야 한다. 이 원칙은 효과적인 듣기의 단계에 똑같이 적용된다.

① 판정자는 논증과 토론에 대한 자신의 지식, 논제에 대한 자신의 지식 전부를 활용해야 한다.

토론에 대해 판정을 내리는 과정은 수많은 요인에 의해 영향을 받는다. 그러므로 판정자들은 논증을 평가하기 위해 논증과 토론의 원칙에 대한 광범위한 지식을 사용할 수 있어야 한다. 판정자들은 실제 토론 과정에서 제시된 증거와 추론의 내용과 질에 기반하여 실질적인 판정을 내릴 수 있도록 최선을 다해야 한다. 제1차 전국토론학술대회(National Developmental Conference on Forensics)에서는 다음과 같이 명시하였다.

의사 결정자로서 판정자는 논제로부터 도출될 수 있는 여러 대안들을 선택할 수 있어야 한다. 판정자는 전달력보다는 내용, 기술보다는 핵심에 대해 더 많은 가치를 매길 수 있어야 한다. 쟁점에 대해 강력한 입장을 취하고 더 신뢰할 만한 증거를 제시하는 쪽은 설득력이 약한 증거를 양적으로만 더 많이 내세우는 쪽을 이길 것이다.[2]

토론 판정자들은 이러한 준거를 판정에 도입해 토론의 각 라운드에서 토론자들이 구성하고 이용하는 논증, 쟁점, 입론, 증거에 대한 비판적 분석과 평가에 기반을 두고 결정을 내려야 한다. 건전한 토론 수행을 강화하기 위해서 판정자는 토론 수행의 구성 요소에 정통해야만 한다. 토론 판정이 합리적인 의사 결정을 가르치는 것이라면, 토론 판정자는 판정이 근거하고 있는 논증 원칙을 인식하고 이해해야 한다. 논증의 규칙에 대한 전문 지식과 더불어, 논제와 관련된 내용이나 문헌에 익숙하다면 판정자는 주장, 증거, 논제에 대한 추론을 공정하게 평가할 더 나은 위치에 있게 된다.

② 판정자는 토론이 진행되는 동안 주제에 대한 전문 지식에서 비롯된 사적 편견에서 벗어나려고 노력한다.

효과적인 토론 판정자는 토론 사안에 대한 편견이나 성향에 기반을 두지 않고, 단지 토론자들이 토론에서 제시한 논증만을 토대로, 백지 상태에서 개별 토론을 평가할 것이다. 교육 토론에 가장 철저히 대비하는 판정자는 논제를 읽고 많은 토론을 청취한다. 그리하여 그들은 관련 문헌에 익숙하게 되고, 토론자가 하는 분석의 질과 전문적인 정보의 이용을 공정하게 평가할 수 있는 위치에 서게 된다. 그런데 이렇게 부가적으로 얻게 되는 지식은 논제에 대해 특정한 태도, 고정관념, 예측, 왜곡된 생각을 야기할 수 있다. 판정자는 토론 진행 과정에서 사적인 편견과 거리를 두면서도 이러한 지식을 활용해 정보를 얻을 책임이 있다. 판정을 내릴 때 대부분의 판정자는 토론에서 실제로 도입된 증거와 추론만을 고려할 것이다. 예를 들어, 한 팀이 A 자료에 있는 어떤 글에서 찾은 몇몇 증거를 제시할 수 있다. 판정자는 자료 A의 입장이 피상적이고 자료 B에 기록된 학술도서에서 찾을 수 있는 증거에 의해 쉽게 반박된다는 사실을 알 수도 있다. 그렇지만 판정자는 제시된 증거에 의해 뒷받침되는 주장들의 상대적인 장점을 평가하는 경우를 제외하고는 토론에 개입해서는 안 된다. 반대 측이 A 자료에 있는 글에서 끌어온 약한 증거를 반박하지 않는다면 그 증거는 토론 맥락 내에 있는 그대로 수용되어야 한다. 통상적으로 특정 분야의 전문가들은 교육토론에서 좋은 판정을 내리지 못한다. 자신의 전문 지식으로 인해 그들은 보통 길고 세밀한 연구 후 논제에 대한 판단을 형성해 왔고, 그래서 토론이 진행되는 동안에 이러한 판단과 떨어져 있기가 어렵다. 그리고 전문가들은 토론 이론과 앞의 첫 번째 단계에서 논의된 논증 수행에 대한 지식을 갖추지 않았거나 익숙하지 않을 수도 있다.

판정자들은 토론자들에게 그들의 논증을 향상시킬 수 있는 길을 제안하기 위해 사후 토론(post-round discussion)에서 주제에 대한 자신의 전문 지식을 끌어와야 한다. 여기서 판정자는 토론자들의 주제에 대한 지식을 평가하고 토론 평가표에 있는 발언자의 점수에 대한 자신의 평결을 성찰한다. 판정자는 토론자가 증거를 의도적으로 잘못 사용한 사실을 발견하면 적절한 벌점을 부가할 수도 있다. 전국토론대회(NDT)에서는 다음의 사항을 명기한 규칙이 채택돼왔다. "만약 판정자가 증거 왜곡이나 위조가 일어났다고 확정하면 그 판정자는 그것을 범한 토론 팀에게 패배 판정을 내리고, 그것을 범한 토론자(들)에게 발언자 점수 0점을 줘야 한다."

③ 판정자는 제시된 토론에 근거해 판정을 내려야 한다.

판정자는 논증이나 토론 전문가이기 때문에 토론에서 제시된 몇몇 논증을 쉽게 반박할 수 있다. 판정자는 어떤 팀이 실제로 취했던 것보다 더 강력한 입장을 취할 수 있었다는 사실을 알 수도 있다. 그런데 판정자는 학생들에게 상대 팀이 아닌 자신과 토론할 것을 요구해서는 결코 안 된다. "내가 어떤 논증을 논박해도 될까요?"라고 물어서는 절대 안 된다. 대신에 "상대 팀이 그 논증을 논박했나요?"라고 물을 수는 있다. 판정자는 어떤 팀의 입장이 이상적인 입장에 견주어 약한지 강한지 물어서는 안 된다. 단지 상대 팀의 그것보다 더 약한지 강한지에 대해서만 물을 수 있다. 가령 "미국의 대외 정책에 대한 행정부의 통제를 대폭 축소해야 한다."라는 논제에 대한 토론에서 찬성 팀은 미국이 고립적인 대외 정책을 채택해야 한다는 입장을 취했다. 이 토론을 판정해달라는 요청을 받은 한 교육자는 그러한 대외 정책이 미국에 재앙을 초래할 것이라는 의견을 피력할 수 있다. 그런데 그의 의견은 판정자라는 자신의 역할에서 벗어난 것이다. 쟁점은 고립이 미국에 유익할 것인가 해로울 것인가가 아니고, 토론의 맥락에서 찬성 팀이 미국의 대외 정책에 대한 행정부의 통제를 축소해야 한다는 입론을 잘 뒷받침했느냐 하는 것이다.

실제로 토론은 그 자체의 틀 안에서 판단되어야 하기에 각 팀의 진술이나 각 팀이 취한 입장은 논박될 때까지 유효하다. 유일한 예외는 찬성 측 마지막 발언인데, 판정자는 증거나 새롭게 도입된 개념의 타당성을 주지의 사실로 간주할 수 있다. 만약 어떤 팀이 상대방 입론에 있는 명백한 오류나 모순을 주지의 사실로 삼을 것을 판정자에게 요구하지 못한다면 판정자는 그 팀이 오류를 탐지하지 못했다고 추정해야만 한다. 따라서 그 팀은 반드시 그러한 오류나 모순에 맞서야만 한다.

물론 판정자는 토론 입론에 대해 강점과 약점에 대해 기록하고 사후 토론에서 그것에 대해 언급하면서 발언자 점수에 대한 자신의 평결과 토론 평가표의 논평을 성찰한다.

④ 판정자는 **토론 전반에 대해 기록한다.**

숙련된 판정자는 토론 내내 기록하는 일에 주의를 기울인다고 알려져 있다. (몇몇 판정자가 토론 흐름표 작성을 방기하고 어떤 기록도 하지 않거나 흐름을 고려하지 않는 방식으로 한정된 기록을 하는 것에 주목하자. 이러한 판정자는 기술, 경험, 토론을 운영할 '특권' 등이 없는 이들을 포함하기 위하여 비선형적 방식으로 토론에 접근하는 것을 선택한 것이다.) 앞에서 경고했듯이, 모든 판정자는 토론을 효과적으로 평가하기 위해 토론이 진행되는 도중 모든 중요한 전개를 기록할 수 있는 종합적인 기록 체계를 개발해야 한다.

교육 토론 판정 경험이 많은 교육자들은 토론 흐름표가 토론을 종합적으로 기록하기 위한 가장 편리한 방법임을 알고 있다. 토론 흐름표를 활용하는 판정자는 토론을 관통하여 각각의 쟁점이 어떻게 전개되는가를 기록하려고 한다. 이것은 14장에서 살펴본 토론자의 토론 흐름표와 유사하지만 다른 점이 하나 있다. 토론자는 이어지는 발언을 계획하는 데 도움을 받고자 토론 흐름표를 기록하지만, 판정자는 토론자들이 실제 제시한 논증만을 기록할 뿐이다.

14장에서 제시된 방법은 교육 토론을 판정하는 데 사용될 목적으로 특별히 고안된 것이지만, 응용 토론에서 판정을 내리려 하는 경우에도 사용될 수 있다. 많은 법정 재판관들과 변호사들은 법정 토론의 흐름을 따라가기 위해 이것과 비슷한 방법을 사용한다. 많은 경영자들도 기업 정책 토론에서 주장을 비교 검토하는 데 도움을 주는, 이것과 비슷한 '대차대조표(balance sheet)'를 사용한다. 중요한 토론에서 판정을 내릴 필요가 있을 때마다 논증을 분석하고 비교 검토하는 과정을 촉진하는 어떤 체계를 개발해야 한다.

토론 흐름표는 토론에 대한 완벽한 기록이 될 수 없으므로, 많은 토론 대회에서 판정자는 판정을 내리기 전에 증거를 검토하거나, 논증과 방안과 대체방안 텍스트를 검토하려고 든다. 이때 판정자가 명심해야 할 것이 있다. 토론 후에 자료를 읽는 것이 토론이 진행되는 동안에 들은 것에 대한 이해를 명료하게 할 수 있더라도, 그것은 토론이 진행되는 동안 세심한 주의를 기울이며 효과적인 토론 흐름표를 작성하는 것을 대체하지는 못한다는 사실이다. 더구나 대부분의 대회가 토너먼트인 상황에서 일정을 맞추기 위해서는 정해진 시간 안에 판정을 내려야 한다.

⑤ 판정자는 토론에 앞서 판정에 대한 자신의 접근법을 공표한다.

토론은 수사적 대화에 근거한 의사소통 활동이다. 토론자는 청중의 눈높이에 맞추면서도 청중을 설득하기 위해서 전략과 논증을 선택하고 고안해야 한다. 물론 대부분의 교육 토론에서 청중은 토론의 판정자이다. 자신의 메시지를 판정자에 맞추기 위해서 토론자는 판정자의 선호, 편견, 판정 방법을 단순히 추측만 해서는 안 된다. 판정자는 사전에 토론자에게 적용할 판정 철학을 드러낼 기회를 가질 수도 있다. 토론에 앞서 토론자가 그러한 핵심 정보를 묻거나 판정자가 이를 자발적으로 제공하는 것은 언제나 적절한 일이다.

2) 교육적으로 유용한 방식의 판정 보고

판정은 교육적 토론 과정의 일부분이기 때문에 학생 교육에 기여하는 방식으로 보고도 이루어져야 한다. 보고는 구두 비평, 세심하게 준비된 토론 평가표, 이 두 방법이 이상적으로 결합된 것 등으로 이루어질 수 있다.

① 사후 비평

일반적으로 토론을 마치고 판정자는 자신의 토론 흐름표를 점검하고 판정을 내리기 전 토론을 돌아보는 데 약간의 시간을 소요한다. 토론에서 제시된 증거와 관련해, 판정자는 그 내용을 다시 읽기 위해 증거의 특정 항목에 대한 재보고를 요청할 수도 있다. 일단 판정자가 판정을 내리고 나면 종이 토론 평가표를 완성하거나 전자 평가표 형태로 결과를 평가표 관리자에게 보내 대회 집행관에게 보고한다. 이때 판정자는 토론자 각각의 개별 수행을 평가한 발언자 점수와 어느 팀이 토론에서 이겼는지 보고할 것이다. 다음으로 판정자는 토론자들에게 자신의 판정을 공표하고 설명할 기회를 가질 수도 있고, 토론에 대한 사후 토론에 참여할 수도 있다. 그런데 어떤 토론 형태와 토론 맥락에서는 규칙이나 일정에 따라 직접적인 참여 기회가 배제되기도 한다. 그러나 사후 토론의 기회가 허용된다면 이는 경쟁적인 토론대회에서 중요하고 가치 있는 행사가 될 수 있다. 의미 있고 세심한 논평을 제공하고 토론 전체와 토론자의 수행에 관한 질문에 최선을 다해 대답하여 상호작용적 학습 대화에 참여하는 판정자가 최고이다. 효과적인 비평은 다음과 같이 해야 한다.

1. 토론의 진행 과정을 검토한다.
2. 논증과 토론의 원칙을 효과적으로 적용한 사례를 인용한다.
3. 토론 능력 향상을 위한 제안을 내놓는다.
4. 판정을 내리는 데 가장 중요하게 작용한 요소를 언급한다.
5. 판정을 공표한다. 이것은 반대신문토론협회(CEDA)와 전국토론대회(NDT)의 토론에서는 규범이지만, 보편적인 것은 아니다. 어떤 토론대회에서는 토너먼트나 리그의 규칙으로 금지되어 있기도 한다. 또 어떤 판정자는 토론자에게 제안과 피드백을 제공하지만 판

정에 대해서는 토론 평가표로만 보고하는 것을 선호한다.

6. 토론자들에게 질의와 대화의 기회를 제공한다.

구두 비평이 허용된다면 이를 위한 적정 시간이 배분되어야 한다.

②토론 평가표

구두 비평과 판정 공개가 토론대회에서는 규칙이지만, 토론 평가표를 수월하게 작성하기 위해 일반적으로 손으로 쓰는 토론 평가표나 전자 제출 평가표를 사용한다. 적어도 토론 평가표에서는 판정 결과와 점수가 기록된다. 토론 평가표에서는 논평 내용과 더불어 판정자가 그러한 판정을 내린 이유에 대해 기록하는 것이 이상적이다. 판정을 구두로 논의했을 때조차도 손으로 쓴 판정 기록을 남기는 것이 바람직하다. 토론 평가표와 함께 구두 비평도 같이 제시될 수 있다. 판정자는 일반적으로 참여한 팀에게 건네질 토론 평가표에 비평을 써야 한다. 다음의 사항을 원활히 진행할 수 있도록 토론 평가표를 효과적으로 고안하여야 한다.

1. 토론 판정을 기록한다.
2. 이름, 소속 팀(관련 있는 경우), 편, 토론자의 입장, 순위, 각 토론자의 점수를 기록한다.
3. 판정자의 이름과 소속을 기록한다. 서명 라인을 제공한다.
4. 토론 비평과 더불어 판정 이유를 쓸 공간을 제공한다.
5. 각 팀의 토론 기록을 제공한다.
6. 대회 감독관을 위해 토론 기록을 제공한다.

이러한 사항을 충족하는 네 가지 전통적인 토론 평가표가 뒤에 제시되어 있다. 이러한 평가표는 대체로 시대착오적이다. 대다수의 대회는 자신들만의 간단한 종이 평가표나 전자 평가표 양식을 사용한다. 그러나 이들 평가표는 발언자 점수를 부여하거나 판정을 내릴 때 이전에 사용하던 일련의 평가 기준을 반영하기에 유용한 정보를 제공한다. 또한 그것들은 어떤 평가표든 갖추어야 할 구성 요소의 개요를 보여준다.

뒤에 제시된 미국토론연합(American Forensic Association: AFA) A 양식의 평가표는 AFA에서 나온 여러 평가표 중 하나로 애초에 반대신문토론협회나 반대신문 토론에 사용하기 위해 고안된 것이다. 그다음에 제시된 W 양식은 전국토론대회에서 사용하기 위해 고안된 것이다. 물론 이 둘은 상호 교환 가능하다. 그다음에 제시된 H 양식의 평가표는 링컨-더글러스식 토론을 위한 것이다.

그다음에 제시된 토론 때의 의견 변화 평가표는 현장에서 준비해서 청중에게 배부될 수도 있다.

**반대신문
토론협회**

분과 [ ]　라운드 [ ]　장소 [ ]　판정자 [ ]
찬성 측 [ ]　반대 측 [ ]

지침: 평가표의 음영 처리된 영역을 모두 채웁니다. 30(우월함)에서 1(미흡함)까지의 척도로 모든 발언자에 대해 평가합니다. 우수한 각 발언자의 순위를 1에서 4까지 매깁니다. 동점은 허용되지 않습니다. 만약 더 낮은 발언자 점수를 받은 팀이 이겼다고 판정을 내릴 경우에는, 해당 네모 칸에 표시를 하십시오. 네모 칸은 다음의 척도에 따라 표시합니다(네모 칸은 숫자적 중요성을 가지고 있지 않습니다).

P – 미흡(poor)　F – 양호(fair)　A – 보통(average)　E – 우수(excellent)　S – 우월(superior)

찬성 측 첫 번째	찬성 측 두 번째		반대 측 첫 번째	반대 측 두 번째
P F A E S	P F A E S		P F A E S	P F A E S
		분석/정의		
		증거		
		논박/반박		
		반대신문		
		체계성		
		전달력		
		언어/스타일		

[ ]　[ ]　이름　[ ]　[ ]

점수
(최고 30) [ ] 순위 [ ]　점수
(최고 30) [ ] 순위 [ ]　점수
(최고 30) [ ] 순위 [ ]　점수
(최고 30) [ ] 순위 [ ]

나는 [ ] 팀이 이겼음을 확신합니다.　대표: [ ]　코드: [ ]
　(찬성 또는 반대)
낮은 점수를 받은 팀이 승리했습니까? [ ]　[ ]　소속 [ ]
　　　　　　　　　　　　　　　　판정자 서명

판정의 이유/논평:

미국토론연합 토론 평가표

분과 _____ 라운드 _____ 장소 _____ 판정자 _____
찬성 측 _____ 반대 측 _____

다음 척도에 따라 세로 칸에 각각의 항목에 대해 표시합니다.
토론자의 효과적 수행에 대한 평가를 최대한 성실하게 기술합니다.

1 - 미흡   2 - 양호   3 - 보통   4 - 우수   5 - 우월

찬성 측 첫 번째					찬성 측 두 번째						반대 측 첫 번째					반대 측 두 번째				
(이름)					(이름)						(이름)					(이름)				
1	2	3	4	5	1	2	3	4	5	분석	1	2	3	4	5	1	2	3	4	5
										추론										
										증거										
										체계성										
										논박										
										전달력										

총합 _____ 순위 _____   총합 _____ 순위 _____   총합 _____ 순위 _____   총합 _____ 순위 _____

각 토론자를 우수한 순서에 따라 (최고는 1, 그다음은 2와 같이) 순위를 매깁니다.

나는 이 토론에서 _____를 대표하는 _____이 이겼다고 판정합니다.
　　　　　　　　(학교 또는 소속)　　　　　　　(찬성 측 또는 반대 측)

　　　　　　　　_____　　_____
　　　　　　　　　(판정자 이름)　　　　　(학교)

미국토론연합
링컨-더글러스 토론 평가표

라운드 _____ 장소 _____ 날짜 _____ 판정자 _____

	이름-코드	점수		이름-코드	점수
찬성 측 _____	_____		반대 측 _____	_____	

척도	12-15	16-19	20-23	24-27	28-30
	보통 이하	보통	우수	매우 우수	비범

(분석, 뒷받침, 논박, 전달력의 측면에서) 논평/추천

찬성 측

반대 측

판정의 이유(쟁점, 입장의 타당성, 설득력 등을 포함할 수 있습니다):

나는 이 토론에서 _____를 대표하는 _____이 토론을 더 잘
      (학교 또는 소속)   (찬성 측 또는 반대 측)

수행했다고 판정합니다.

_____ _____
(판정자 이름)   (학교)

의견 변화 평가표

대학 토론 팀
청중 의견 변화 평가표

청중에게 주는 지침:
토론자들은 당신의 관심과 협력에 감사할 것입니다. 토론 전과 후에 토론의 논제에 대해 당신의 개인적 의견을 이 평가표에 나타내주십시오.
논제는 _____(여기에 토론의 논제를 진술합니다)를 해결하는 것이다.

토론 전 이 면을 채웁니다. (하나만 체크합니다.)	토론 후 이 면을 채웁니다. (하나만 체크합니다.)
	_____ 나는 해결에 대한 찬성 측의 방안에 이전보다 더 강력히 동의합니다.
_____ 나는 해결에 대한 찬성 측의 방안에 동의합니다.	_____ 나는 해결에 대한 찬성 측의 방안에 동의합니다.
_____ 나는 결정하지 않았습니다.	_____ 나는 결정하지 않았습니다.
_____ 나는 해결에 대한 반대 측의 방안에 동의합니다.	_____ 나는 해결에 대한 반대 측의 방안에 동의합니다.
	_____ 나는 해결에 대한 반대 측의 방안에 이전보다 더 강력히 동의합니다.

4. 판정 철학

자질 있는 모든 교육 토론 판정자는 판정이 "어느 팀이 토론에서 이겼나요?"라는 질문에 대한 대답을 토대로 해야 한다는 데 동의한다. 그러나 다양한 판정자는 이 질문에 대한 대답을 할 때 다양한 철학적·이론적·교육적 접근법(또는 다양한 의사 결정 패러다임)을 사용한다.[3] 패러다임은 세계관, 즉 세계를 이해하는 일련의 일반적 원리이다. 판정자의 패러다임은 토론자의 논증이나 발표에 대한 자신의 인식을 특성화하고, 판정을 내리는 데 적용할 일련의 규칙이나 규범을 제공한다. 판정 패러다임을 구별하는 일은 지금으로서는 다소 역사적인 논의가 된다. 토론대회의 판정자들은 1970년대와 1980년대에 자신들이 취했던 여러 접근법을 뛰어넘어 판정 패러다임을 발전시켜 왔기 때문이다. 당시의 판정자들은 대체로 다음과 같은 유형으로 나눌 수 있었다.

1) 말하기 기술 판정자

말하기 기술 판정자(skills judge)는 미국토론연합(AFA) W 양식의 평가표에 열거되어 있는 기술 항목, 즉 분석, 추론, 증거, 체계성, 논박, 전달력 등에 초점을 맞춘다. 판정자는 어느 측이 이러한 기술의 각 항목과 관련되어 더 나은 수행을 했는지를 신중하게 평가한다. 이 경우 판정자는 단지 "누가 이겼는지 알기" 위해 점수를 부여하고 합산하는 것은 아니다. 토론 평가표는 판정자가 판정을 보고하기 위해 사용하는 도구이다. 말하기 기술 판정자는 논증과 토론에 대한 자신의 지식 전부를 동원해 판정을 내린다. 그들은 실제 토론에서 평가표에 있는 기술 항목들이 동등한 무게를 가짐에도 불구하고 한두 기술이 나머지 전부보다 더 중요하다고 인식하고 판정의 이유를 구성한다. 가령 한 팀이 사용한 증거나 특정한 비판적 쟁점을 발전시키는 분석적 기술이 토론에서 결정적일 수도 있다. 궁극적으로 말하기 기술 판정자는 토론에서 대중 연설의 질을 평가하고 형식과 내용, 스타일, 자료 등을 잘 조합한 팀을 식별한다. 오늘날 많은 판정자는 옛 토론 평가표에 열거되어 있는 기술에 기초한 기준(skill-based criteria)의 구체적 목록을 선정하지는 않는다. 판정자는 부분적이거나 전체적으로 옹호, 전달력, 매너, 일관성의 힘에 기반을 둔 토론자들의 전반적인 토론 수행에 대한 자신

의 인상 위에서 판정한다. 이런 판정자는 '말하기 수행(performance)' 판
정자라고 칭할 수도 있으며, 이들의 패러다임은 말하기 수행 패러다임이라
고 할 수도 있다. 상징적 활동으로서 토론 수행을 연구하고 이해하는 것은
단지 전달만을 고려하는 것보다 훨씬 더 복잡하다.

2) 필수 쟁점 판정자

필수 쟁점 판정자(issues judge)는 찬성 측의 입론에, 특히 필수 쟁점에
초점을 둔다. 이런 판정자의 판정에서 이기기 위해서 찬성 측은 필수 쟁점
인 피해, 내재성, 해결성에서 모두 이겨야 한다. 반면 반대 측은 단지 하나
의 필수 쟁점만 이기면 된다. 찬성 측은 토론의 모든 논증과 세부 주장에서
이겨야 하는 것은 아니지만, 각각의 필수 쟁점에서는 꼭 이겨야 한다. 쟁점
의 승패는 상대 팀의 논증 비교를 통해 이루어진다. 반대 측은 찬성 측 방
안이 상당한 불이익을 초래하게 된다는 점을 입증해야 할 수도 있으나, 해
당 쟁점에서 이기려면 불이익이 필요 그 자체의 중요성보다 더 큰 효과를
가짐을 증명해야 한다. 예를 들어, 항공 여행객을 교통안전국(TSA)의 전신
스캐너로 훑으며 조사하는 데 따른 불이익은 사생활 침해이다. 그런데 그
스캐너가 항공 여행의 안전을 향상하는 데 기여한다면 안전과 안보라는 이
익은 사생활을 침해받는 불이익보다 더 클 수 있다. 이렇게 되면 스캐너를
옹호하는 찬성 측이 이기는 것이다. 반대로 스캐너를 옹호하는 찬성 측을
이기기 위해 반대 측은 테러 위협이 항공사를 목표로 하는 것에서 벗어났
고, 전신 스캐너로는 새로운 화학 폭발물을 발견할 수 없음을 제시함으로
써 피해 쟁점이 그렇게 강력한 것이 아님을 주장할 수도 있다. 이 경우 찬
성 측이 제기한 피해와 해결성 쟁점은 상실되기 때문에, 필수 쟁점 판정자
는 반대 측에 우호적으로 될 것이다. 필수 쟁점 판정자의 핵심 과제는 일종

의 체크리스트와 같은 쟁점들을 파악해 판정을 내리는 데 필요한 요소들을 구별해주는 것이다. 필수 쟁점 판정자에게 추정은 현 상태를 지지하는 규칙이다. 그리고필수 쟁점 판정자에게 논제 관련성은 필수 쟁점에 대해 발언하는 찬성 측의 입론과 그 강점에 앞서 고려하는 중요한 절차상의 질문이다. 만약 찬성 측이 논제 관련성을 상실하면 규칙에 따라 지게 된다.

3) 정책입안자 판정자

정책입안자 판정자는 찬성 측의 방안을 다른 가능한 대안들과 비교하는 데 집중한다. 그리고 간단히 "어느 것이 더 나은가요?"라고 물으며, 일종의 비용-편익 분석을 통해 대립하는 각 정책들의 장점을 비교한다. 논제 관련성은 대립하는 정책들을 고려하기 전에 우선적으로 고려해야 할 관할권에 관한 질문이다. 만약 찬성 측이 논제 관련성을 확보하지 못했다고 여겨지면 패배하게 된다. 이런 추정은 성찰적이라 위험 부담이 최소한인 정책 제안을 주장하는 편에 속한다. 입법자가 경쟁관계의 법안을 평가하는 것처럼, **정책입안자 판정자**(policymaker judge)는 현 상태에서 벗어나는 것을 보여주는 찬성 측의 정책 체계(즉 찬성 측의 방안)를 평가할 때 반대 측의 정책 체계(현 상태나 대체방안)와 대비하고, 그런 뒤 찬성 측이 바람직한 방안을 제공하고 있는지를 판정한다. 찬성 측의 방안이 실행 가능하거나 바람직하다면, 판정자는 또 그것이 반대 측의 정책 체계보다 더 낫기를 요구할 것이다. 이 패러다임의 초점은 경쟁하는 정책들 간의 직접적인 비교이다. 정책입안자 판정자가 이익과 불이익을 비교해 평가할 때 필수 쟁점은 정보를 제공한다. 필수 쟁점은 절대적인 것으로 또는 규칙으로 여겨지지는 않는다. 하지만 찬성 측 주장 내에서의 논증으로 서로 관련이 있다고 여겨진다. 가령 (많은 새로운 폭발물들이 전신 스캐너의 감지를 피할 수 있기에) 찬성 측 방안의 해결성이 낮아진다면, 반대 측은 줄어든 이익을 압도하기 위한 자신들의 불이익 논증의 효과에 대해 부담을 덜 갖게 될 것이다. 이에 더해 간접 효과도 고려해야 할 중요 사항이다. 미끄러운 비탈길 논증이나 다중적으로 연계되어 있는 불이익을 고려하는 것은 다른 접근법에 비해 더 중요하다. 반대 측은 모든 검문소에서 전신 검사를 하는 스캐너의 도입을 요청하는 새 법률이 통과된다면, 그 법률은 교통안전국에 값비싼 비용을 치르게 할 것이고, 인간 노동자들을 해고하게 만들 것이며, 그 결과 실업률이 높아질 것이라고 주장할 수 있다. 그리하여 해고된 노동자들은 가족에게 건강보험을 제공할 능력을 상실하여, 가족들이 병원에 가지 못할 가능성이 높아지고, 그 결과 독감 백신을 맞지 않아 사람을 죽게 만드는 새로운 독감이 창궐하게 될 것이라고 주장할 수도 있다. 그 가능성이 낮을지라도 독감으로 인해 사망률이 증가하는 효과는 정책입안자가 고려해야 할 사항이다. 그리고 찬성 안을 실행하는 데 드는 잠재적인 비용과 경감된 스캐닝 비용의 이득을 비교해 따져볼 필요가 있다.

4) 가설 검증 판정자

필수 쟁점 판정자의 초점은 찬성 측의 입론과 그것을 기반으로 한 쟁점에 있고, 정책입안자 판정자의 초점은 경쟁하는 정책들 간의 비교에 있다. 반면, 가설 검증 판정자의 초점은 논제에 있다. 논제는 대안적 설명에 맞서 검증되어야 할 진실에 대한 진술, 즉 연구자의 가설로 여겨진다. 찬성 측 입론은 논제(가설)를 지지하면서 이를 구체화하거나 입증하는 것이다. 반대 측이 할 일은 가능성 있는 대안적 설명(현 상태의 옹호나 하나 이상의 대체방안)과 대립하는 찬성 측 설명을 검증하는 것이다. 만약 반대 측이 제공한 대안적 설명 중의 하나가 찬성 측의 설명과 동등하거나 더 낫다면,

연구자의 가설(찬성 측 안)은 기각된다. **가설 검증 판정자**(hypothesis testing judge)는 가설에 대한 개연성 있는 진실을 확증하고자 하는 과학자의 관점을 취한다. 정책입안자 판정자와 달리 가설 검증 판정자는 두 정책 체계를 비교하려고 시도하지 않는다. 그는 가설(찬성 측의 입론이 예로서 거론하는 논제)만을 검증한다. 따라서 반대 측은 어떤 것이든지 논제와 관련 없는 모든 것을 자유롭게 옹호할 수 있다. 왜냐하면 대안적 설명(현 상태에 대한 옹호나 많은 대체방안들)은 검증되어야 할 가설에 대립하는 대안적 설명인 영가설(null hypotheses)이 되기 때문이다. 토론의 초점이 논제에 있기 때문에, 가설 검증 판정자에게 논제 관련성은 특히 중요하다. 찬성 측은 논제의 용어들을 정당화하려고 한다. 용어가 논제를 기각할 이유가 된다면, 반대 측의 논증은 본질적으로 그러한 용어들에 대한 반박일 수밖에 없다. 그러므로 다중적으로 연계된 불이익은 가설 검증관에게는 덜 중요하다. 가령 유행성 독감이 퍼지는 것은 전신 스캐너를 사용하는 것과 상당히 동떨어져 있는 문제이고, 그래서 안전 검사를 강화하는 것의 본질적 특성이 아니다. 따라서 그와 같은 것은 논제의 진실성을 기각할 이유가 되지 못한다. 가설 검증 판정자는 모든 논증을 잠정적인 것, 즉 진실성에 대한 검증으로 간주하므로 잠정적인 대체방안이나 가설적인 대체방안을 수용하려는 경향이 있다. 논제는 연구자의 가설로 여겨지기 때문에 참으로 입증되기 전까지 그것은 거짓으로 간주되며, 그래서 추정은 항상 논제에 반해 설정된다. 이 패러다임의 핵심은 논제의 진술에 있다. 토론은 찬성 측의 사례로 구체화된 논제의 개연성 있는 진실성을 검증하는 수단이 된다.

5) 백지상태 판정자

대부분의 토론 판정자들은 더하든 덜하든 사실상 백지상태임을 공언

한다. **백지상태 판정자**(tabula rasa judge)는 판정을 하면서 그 자신의 토론 철학이 개입되는 것을 기피하고, 토론자들이 토론을 전개하면서 판정을 위한 이론틀을 결정하는 것을 허용하고 이를 기대한다. 만약 찬성 측이 필수 쟁점을 사용하고 토론에서 필수 쟁점에 대해 판정이 내려져야 함을 성공적으로 논증한다면, 판정자는 필수 쟁점이 표현될 경우 찬성 측에 투표할 것이다. 만약 반대 측이 잠정적인 대체방안을 제시하고 판정자가 가설 검증자 역할을 해야 함을 성공적으로 논증한다면, 판정자는 잠정적 대체방안이 표현될 경우 반대 측에 투표할 것이다. 어느 측도 판정 철학에 대해 논하는 것을 선택하지 않는다면 판정자는 특정 유형의 판정 철학이 토론의 진행 방식 내에 함축되어 있다고 판단하여 그 철학을 판정을 위한 기초로 선택할 수도 있다. 대부분의 판정자는 어느 정도는 백지상태에서 판정하며, 토론 주제나 제시된 자료에 대한 자신들의 성향에 기반을 두지 않고, 토론대회에서 토론자들이 제시하는 논증에 기초해 판정하려고 노력한다.

6) 논증 평가관

어느 정도는 백지상태 판정자와 비슷하다. 그러나 **논증 평가관**(evaluator of argument)은 논증 평가에서 전문 지식과 특수 지식을 갖추고 있으며, 토론의 특성상 판정자에 의한 어느 정도의 해석이나 '중재'가 필요할 수도 있음을 인식하고 있다. 논증 평가관은 승자를 정하기 위해서 훌륭한 논증에 대한 기준을 적용해 각 토론 팀이 논증에서 보인 상대적 질을 비교한다. 이 판정자는 토론을 판정하기 위한 틀을 부과하는 것을 피하고자 하지만, 경쟁하는 논증들의 상대적 질을 평가하는 것이 논증 전문가로서 자신의 역할이라고 인식하고 있다. 예를 들어, 논증 평가관은 출처의 질, 주장에 대한 논리적 뒷받침, 충분한 자료, 주장을 지지하는 근거와 같은 그런 기준에 기초하여 경쟁하는 토론자들의 주장을 비교할 것이다. 어떤 판정 철학이 토론에 명백하게 포함되어 있으면서 드러나 있지 않다면, 이 판정자는 그 철학들 가운데 하나를 판정을 위한 토대로 활용하기 위해 선택할 수도 있다. 논증 평가관은 토론과 주제에 대한 자신의 우월한 지식을 인식하는 것을 아주 편하게 여긴다. 그들은 토론 경쟁자들에 의해 제시된 논증과 동시에 토론 외부 요인에 기반한 그들 자신의 논증 평가 관점을 가지고 토론 내의 논증의 질을 고려해야 할 의무감을 느낀다.

7) 최근의 판정 흐름

앞에서 언급하였듯이 판정자를 패러다임으로 구분하는 것은 지금은 구식이 되었다. 왜냐하면 대부분의 판정자들은 몇몇 이론적 선례들을 결합하는 더욱 개별화된 자신만의 접근법을 개발했기 때문이다. 각 토론 판정자들은 독특한 접근법을 취하긴 하지만, 일반적으로 현재 두 주요 진영으로 나뉜다.

보다 전통적인 판정자 그룹은 (정책에 대한 것이든 중요한 철학적 입장에 관한 것이든) 토론에서 나타난 논증, 증거, 의견 충돌에 근거하여 대립하는 주장들을 비교하는 일을 한다. 그리고 개인적인 편견이나 개입을 최소화하면서 메시지 전달 측면에서 논증 내용을 토대로 판정하는 것을 옹호한다. 이 그룹은 토론을 기록하기 위해 토론 흐름표를 완전하고 정확하게 작성하며, 토론 후에 증거가 정확하게 표현되었는지 점검하기도 한다. 이러한 판정자의 대다수는 토론 중인 정책의 구체적 특성에 대한 논증을 선호하고, 논증이 가설로서 제시되는 것을 받아들인다. 토론자들이 어떤 쟁점의 모든 측면을 옹호하기도 하고 반대하기도 하는 과정을 통해 뭔가 배우는 '입장 바꾸어 토론하기(switch-side debating)'라는 개념에 긍정적이다. 판정자는 교육 토론이라는 교육 게임의 관찰자이다. 판정자가 하는 일은 논증 내용에 기초해 토론을 공정하게 판정함으로써 교육 경험을 촉진하는 것이다.

토론 판정의 새로운 흐름은 사실상 더욱 **활동가**(activist)적이고 상호작용적인 특징을 띤다. 이런 접근을 하는 판정자는 자신을 토론 과정의 능동적인 참여자로 보고, 토론을 게임이 아닌 행위로 본다. 토론자의 토론 수행은 자신과 자신의 주장을 확장하는 것으로, 토론 맥락 안팎에 있는 참여자의 삶에서 중요성을 가진다. 이 패러다임은 청중을 사로잡고 윤리적인 올바른 행동에 대한 본보기가 되는 토론자의 능력뿐만 아니라 토론자의 고유한 표현 기술도 중요하게 고려한다. 이 판정자는 토론 텍스트를 덜 평가하는 듯하지만, 더욱 전체적인 평가를 한다. 또한 형식에 대해 더 많은 관심을 가진다. 활동가적 접근은 음악, 랩, 비디오, 개인적 내러티브, 연극적인 수행을 통합해 왔다. 활동가 판정자는 자신을 사회 비평가로 여기는 경향이 있어서 사회 구조와 계층적 위계에 대한 자신의 비평을 기술적 본성상 사회 참여를 배제하는 토론 활동에까지 확장하려고 한다. 토론과 토론 판정에 대한 활동가적 접근법의 일관된 기준은 토론 활동에 억압되고 소외된 집단을 포함하느냐 여부이다.

8) 토론자에게 부여되는 의미

앞에서 여섯 가지의 다양한 역사적 판정 철학과 두 가지의 일반적인 현대 판정 실행의 경향을 살펴보았다. 그러나 여기에 어떤 제한이 있는 것은 결코 아니다. 사실 판정자의 수만큼 토론을 판정하는 데에는 많은 방식이 있을 수 있다. 토론자들은 보통 판정자의 철학을 알지 못하기 때문에 "토론자들은 상황에 어떻게 적응할 수 있는가?"와 같은 질문을 제기한다. 여기에 두 가지 고려 사항이 있다.

첫째, 토론자는 논증 이론을 알아야 하고 판정자가 해야 하는 일을 논증할 준비가 되어 있어야 한다. 가령 토론자가 쟁점에 대한 주장을 할 작정이라면 판정자는 '이번' 토론에서는 필수 쟁점 판정자여야 한다고 말할 수 있어야 한다. 둘째, 판정자가 특정한 판정 철학을 선호한다 하더라도 대다수의 판정자는 판정 철학에 대한 토론자의 요구를 기꺼이 반영해 특정 토론에 가장 적합한 모델을 적용하려 할 것이다. 존 크로스(John Cross)와 로널드 매틀런(Ronald Matlon)은 "교육 토론 커뮤니티에 속한 판정자의 대다수는 정해진 자신만의 판정 철학이 있음에도 불구하고 기이할 정도로 토론에 대한 견해가 일치한다."라는 사실을 발견하였다.[4] 이러한 관찰이 과거의 일이기는 하지만 여전히 꽤 정확한 진술이다.

토론 전에 토론자들과 자신의 성향, 선호도, 패러다임에 대해 의사소통하는 것은 판정자의 책임이다. 반대신문토론협회(CEDA) 전국대회와 전국토론대회(NDT)를 포함한 많은 대회에서는 각 판정자가 자신의 판정 철학을 진술하도록 요구받는다. 대부분의 대학 대항 토론에서 판정자는 '토론 결과(Debate Results)'라는 사이트(http://commweb.fullerton.edu/jbruschke/web/Index.aspx)나 '행성 토론(Planet Debate)'이라는 사이트(http://www.planetdebate.com/philosophies)에 자신의 철학을 게시한다. 1999년 CEDA 전국대회에서 한 판정자는 (여기에 인용한 일부분처럼) 자신의 철학을 랩으로 쓰기도 했다.

난 이걸 운에 맞추기로 했네/그러니 이 시를 들어보게/그만큼 정확하네/한 쪽이면 되네/내가 너를 평가하고 있다면/이게 내가 하려는 거야/… 그리고 네가 맘에 들지 않는다면/너는 한 방 먹는 거야. …
라운드마다/내가 들어가지/나는 모든 토론 카드를 따라가고/열심히 듣지/네가 변론에 덧붙이는 내용/확장과 교차-적용/이기길 원한다면/이렇

게 시작하는 게 좋을걸/좋은 분석으로/그다음엔 증거들로

　　네 주장에/적격인 전제들은/대부분의 토론자가 만드는/결정적인 실수가 있는/곳에 있거든/네가 가져오는 쟁점에 대해/내가 이해한 것을 오해/하지 마/너는 반박을 할 때/기민하고 공격적이어야 해/그래야 네 논증이/무언가를 의미하게 되지/내 말은/그것들이 어떻게 하나로 수렴되는지를 나에게 말하는 거야/그렇지 않으면 네 발언자 점수는/로체스터 날씨*/같을 거야.[5]

판정 철학에 대한 더욱 전통적인 또 다른 사례는 다음의 표와 같다.

판정 철학

....

크리스 윌리스(Kris Willis)
토론 지도자
플로리다 대학
지도 경력: 10년(활동 전체로는 19년)

토론은 게임입니다. 재미있어야 하고 교육적이어야 합니다.
서로에게 친절하세요

나는 당신이 참여할 토론에서 최선을 다해 판정을 내릴 것입니다. 교실 뒤에 있는 나를 위해 변하려고 하는 것보다는 당신이 토론에서 잘할 수 있는 것을 하는 것이 더 좋다는 말을 해주고 싶습니다. 그런데 당신이 알아야 할 것은 나는 토론과 관련한 성향이나 신념을 가지고 있지 않다는 사실입니다. 토론이 진행되는 동안 정해진 틀 없이 나는 정책입안자가 될 것입니다. 나는 좋은 증거를 가지고 있고 정책 행동을 지향하는 토론을 지켜보는 것을 선호합니다.

이론 토론: 나는 이론 토론을 좋아하지 않습니다. 왜냐하면 그것은 일반적으로 블리피

....

* 　로체스터(Rochester)는 영국 켄트 지방의 해안 도시인데, 여기서는 영국 해안 지역의 흐리고 변덕스러운 날씨에 빗대어 발언자 점수가 좋지 않을 수도 있음을 말하고 있다.

태그라인(blippy tagline)* 같아서 흐름을 따라가는 것이 불가능하기 때문입니다. 이렇게 말을 하긴 하지만, 나는 이론 토론에 몰입하는 것의 중요성과 그 전략을 이해하고 있습니다. 때때로 이것이 당신에게 최선이라는 것을 압니다. 당신이 토론에서 이론을 선택한다면, 깊게 들어가서 천천히 토론을 분석해야 합니다. 심도 깊은 설명 없이 앞 문장을 계속 읽기만 하는 것은 당신에게 불리할 것입니다. 토론 내에 함축되어 있는 것에 대해 토론하십시오. 오용(abuse)의 가능성에 집중하지 말고, 미래에 '어떻게' 토론해야 할지에 집중하지 마십시오. 만약 당신이 말로 좋은 평을 받지 못했다면, 일반적으로 내가 공정성(fairness) 논증보다 교육 논증이 더 설득력 있다고 여기는 경향이 있어서입니다. 물론 공정성도 중요합니다.

사고틀/수행(또는 이와 같은) 토론: 만약 토론이 사고틀에 대한 것이거나 내가 그 토론을 어떻게 평가해야 하는지에 관한 것이라면, 토론에서 다른 논증에 대해 말하는 것을 잊지 마십시오. 다시 말하자면, 당신은 나의 표를 얻을 만한 뭔가 '생산적인' 것이 있어야만 한다는 것입니다. 어떻게 토론해야 하는지에 관한 토론은 흥미롭긴 하지만, 당신이 어떤 종류의 토론에 참여해야 한다는 것을 명심하십시오. 대본을 읽거나 처음부터 막혀버리는 것은 나에게 전혀 인상적이지 못합니다. 그 자리에서 바로 토론을 하도록 하십시오.

논제 관련성: 나는 그다지 자주 논제 관련성에 투표하지 않지만, 그것이 표결 쟁점이라고는 생각합니다. 당신이 논제 관련성 논증을 읽는다면, 잠재적으로 오용 가능성이 있다고 주장하는 것이 아니라 '논제 관련' 함의를 말하십시오. 입론 목록(case list), 노출(disclosure), 상호 선호도 평가서(Mutual Preference Judging: MPJ)에 따라, 나는 잠재적 오용 논증이 그렇게 매력적이지는 않다고 생각합니다. 토론에서 논제 관련성을 다른 논증들과 연결하고, 찬성 측이 토론에서 핵심적인 부정적 근거를 회피함으로써 부당한 이익을 얻게 됨을 드러내는 것은 최고의 효과를 발휘합니다. 논제와 관련된 함의에서 벗어난 예측 가능한 문헌에 대한 토론은 그렇게 무게감을 갖지 못합니다. 왜냐하면 대부분의 경우 반대 측은 그런 사례를 알고 좋은 전략을 연구해 오기 때문입니다. 예외는 찬성 측이 어떤 새로운 찬성 측 첫 번째 입론(1AC)을 깨버렸을 때입니다. 그럴 경우 반대 측이 잠재적 오용 논증을 하는 것은 허용되어야 합니다. 반대 측은 노출과 입론 목록을 준비하지는 않았습니다. 나는 일반적으로 심층적인 교육적 주장을 선호합니다.

불이익: 나는 이것을 좋아합니다. 구체적일수록 더 좋습니다. 연관성은 매우 중요합니다. 토론이 진행되는 동안 증거를 비교하십시오. 나는 한두 줄로 핵심을 드러낼 수 있는데도 정치적 불이익 등에 독특하게 접근하기 위해 스무 장 이상의 토론 카드를 사용하는 것을 싫어합니다. 빠르고 부적합한 것보다는 보다 길고 보다 맥락이 풍부한 카드를 읽으십시오. 나는 불이익에 위험 부담을 주지 않는 편입니다. 당신은 불이익에 대해 구성 요소별로 이겨서

....

* 인터넷 전자상거래업체였던 블리피닷컴(www.blippy.com)에서는 소비자들이 상품이나 서비스에 대한 사용 후기를 공유했다. '블리피 태그라인'은 사람들이 자신이 구매한 모든 것에 대해 과도하게 의견을 표시하는 것을 가리키는 것처럼 보인다.

내가 그것을 찬성 측 안보다 더 나은 것으로 평가하게 해야 합니다.

대체방안: 나는 자문 대체방안(Consult CPs)을 좋아하지 않습니다.* 대체방안의 다른 유형을 선택하길 바랍니다. 계획 포함 대체방안(plan inclusive counterplan: PIC)과 행위주체 대체방안(agent CPs)은 괜찮습니다만 특정 맥락에서 그것을 정당화하는 관련 문헌을 제시하는 것이 좋습니다. 이익 대체방안(advantage CPs)은 아주 좋습니다. 찬성 측은 경우의 수를 따져 주장할 수는 없습니다. 그러나 이론 남용 논증(theory abuse arguments)은 이러한 행위를 정당화하는 데 사용될 수 있습니다. 콘도 자체는 문제가 될 게 없습니다.** 다만 반박할 때 모순되는 논증을 해서는 안 됩니다.

입론 토론(case debate): 나는 입론 토론을 좋아합니다. 그러나 이러한 토론은 '블리피식 확장(blippy extensions)'***으로 바뀌는 경향이 있어서 입론 토론의 논증이나 뉘앙스를 이해하기 위해서 토론 카드를 읽도록 만듭니다. 토론자들은 토론이 진행되는 동안 설명을 해야 하며 내가 당신을 위해 토론 카드를 읽고 입론을 파악할 것이라고 믿어서는 안 됩니다. 나는 토론자의 논증이 증거에 대해 설득력을 가지도록 노력하고 그렇게 하려고 하는 편입니다. '스미스(Smith)식 논증의 확장'****을 말하는 것은 오히려 충분히 확장된 논의가 못 된다는 사실을 뜻합니다. 전제(warrants)는 모든 논증에서 필수입니다.

비판: 필요를 충족하는 방안(plan meet need: PMN)과, 종종 남용되지만 결론부에 덧붙여지는 대체방안을 고려한다면, 나는 대체로 이 논증을 일종의 직선적인 불이익으로 간주합니다. 그렇습니다. 나는 비판에다 투표할 것입니다. 대학원생이었을 때 나는 이러한 문헌을 매우 많이 읽었고, 이러한 토론들을 좋아했습니다. 대학원을 떠난 지 10년이 지난

....

* 언어적으로는 어떤 나라 누구에게라도 자문을 구할 수 있지만, 자문의 대상만을 명시하는 방안은 구체성이 떨어지고, 사안에 가장 적절한 대체방안을 제시할 수 있는 자문을 얻기란 현실적이지 않은 것으로 여겨지기 때문이다.

** 2000년대 말 미국의 주거 정책에 대한 토론에서 콘도의 장단점이 논의되었다.

*** 인터넷 전자상거래업체였던 블리피닷컴은 상품 사용 후기 외에도 자신이 거래하는 여러 전자상거래 사이트 계정과 신용카드를 등록해서 신용카드로 구매한 내역을 다른 친구와 공유하게 했다. 자신이 팔로(follow)한 친구들이 자주 가는 곳이나 구매한 상품 정보를 안다면 지금보다 훨씬 효과적인 쇼핑이 가능하다는 점에 착안한 것이다. 그러나 이 서비스는 개인의 민감한 금융 정보를 외부에 공개한다는 점 때문에 2009년도에 뜨거운 논란이 되었다. 여기서 '블리피식 확장'은 다른 이의 민감한 정보를 접하는 것을 가리키는 것으로 볼 수 있다.

**** 토론학자 스미스(Smith)는 토론 중에 사용할 수 있는 추가 전략을 제시했는데, 이 전략은 근거를 보강하거나 주요 쟁점에 대한 깊이 있는 토론을 유도하기보다는 쟁점에서 다소 비껴 있는 방향으로 논의를 확장하는 것이다. 예를 들어, 상대의 실수나 잘못된 대답을 부각하는 것을 들 수 있다. 자세한 논의는 18장에서 이루어질 것이다.

지금, 나는 저자의 의도를 괴기스럽게 변화시키는 토론은 나쁜 토론으로 보는 편입니다. 이것은 사고틀 토론에서도 마찬가지입니다. 당신의 비판은 가능한 한 구체적인 문헌을 갖추고 있어야 합니다. 포괄적인 비판은 포괄적인 찬성 측 답변이 나쁜 것처럼 최악입니다. 나는 콘도가 괜찮은 방안이라 생각하지만, (특히 담화가 비판과 연계된 것이라면) 수행적 모순 논증(performative contradiction arguments)이 때때로 설득력이 있다고 여깁니다. 그래서 이러한 반대 측 (또는 찬성 측)에 관여하지 않으려고 합니다.

당신이 알아야 하는 일반적인 것

1. 나는 '입장 바꾸어 토론하기'를 좋아합니다. 당신은 이것이 나쁜 것이라고 마음대로 말할 수 있지만, 이것은 내가 토론 게임에 대해 강력하게 취하는 경향입니다. 찬성 측의 주장(Read-Affirmatives)은 행동에 대한 방안을 갖고 있어야 하고 그것을 옹호해야만 합니다. 그러나 이 때문에 나는 보통 찬성 측 방안의 핵심 조치가 좋은 생각임을 입증하는 결정적인 논증의 치환에 대해 찬성 측에 좀 더 넓은 '운신의 폭'을 부여합니다.

2. 잠재적 오용은 그다지 설득력이 있지 않습니다. 대신 오용을 논제와 관련된 함의와 연결하십시오.

3. 좋은 효과에 대한 분석을 적극 하십시오. 판정자에게 가장 최악의 토론은 토론자가 자신의 발언에 이런 분석 작업을 하지 않아 판정자가 그 효과를 가늠하는 경우입니다.

4. 조사를 하십시오. 나는 '정책 토론'을 교육적인 관점에서 다른 토론 형식에서 분리해 더 바람직한 참여 형식으로 만드는 것이 조사와 조사에서 나온 논증 구성이라고 굳게 신봉하고 있습니다. 저는 잘 조사된 논증을 좋아합니다.

5. 상대의 준비 시간을 빼앗아서는 안 됩니다. 당신에게 종이가 없다면, 당신은 준비되어 있다고 말할 때가 아니며, 당신이 상대편에게 점프 드라이브를 건넬 때 준비 시간은 멈추는 겁니다.

이것에 추가해 판정자는 토론 전에 자발적으로 자신의 철학을 토론자들에게 말해줌으로써 안내를 해줄 수 있다. 토론자는 판정자들에게 그들이 선호하는 것을 말해줄 것을 항상 자유롭게 요청할 수 있다. 토론자는 판정자의 판정 습관과 관련해서 판정자를 알고 있는 사람과 이야기를 나누는 것도 유익할 것이다.

지금까지 교육 토론에서 사용되는 주요 의사 결정 패러다임에 대해 논의하였다. 다른 토론회(forum)에서 판정을 내리는 이들은 종종 주제나 사건에 적합하다고 여기는 의사 결정 패러다임을 천명해 왔다. 이러한 패러다임이 명확하게 진술되지 않았거나 교육 토론 패러다임으로 분명하게 표현되지 않았다 하더라도, 그것은 중요한 것이어서 토론자는 그것을 발견해야만 한다. 필요하다면 토론자는 논제와 관련된 쟁점이나 증거뿐만 아니라 의사 결정을 위한 패러다임에 대한 토론 준비도 되어 있어야 한다.

5. 판정자 판정의 역할

1) 판정 보고

전통적으로 손으로 쓴 평가표는 판정자의 판정을 탭룸(tab room)에 전달하는 주요 수단이다. 몇몇 상황에서는 여전히 그러한 기능을 수행한다. 다른 대회 환경에서 평가표 정보는 전자매체로 보고된다. 어느 쪽이든 평가표는 토론 결과를 대회 운영자들과 토론자들에게 제시한다. 토론 결과에는 어느 측이 이겼는지에 대한 '판정', 토론자들의 수행을 수치로 등급화한 '발언자 점수', 팀으로 이루어지는 많은 토론대회에서 누가 잘했는지 1등, 2등과 같이 등급화한 '순위'가 포함된다. 발언자 점수는 보편적이라 하기는 어렵지만, 전형적으로 0~30의 점수로 매겨진다. 여기서 30점이 가장 높은 점수이고, 점수는 소수점 첫째 자리까지 주어져서 27.5나 28.2 같은 점수가 가능하다. 발언자 점수가 동점이 되는 것은 권장되지 않거나 금지되어 있다. 가장 잘했으면 1등, 두 번째로 잘했으면 2등, 이런 식으로 부여하는 순위는 점수의 순서와 일치한다. 다시 말해 발언자 점수를 28.2점 받은 토론자는 27.5점을 받은 토론자보다 높은 순위를 받게 된다. 어떤 경우 몇 팀이 전체 점수에서 동점이 될 수도 있다. 특수한 경우이긴 하지만, 더 낮은 점수를 받은 팀이 판정자의 판정에서는 이기기도 한다. 보통 이러한 '낮은 점수 승리'는 평가표 상에 따로 언급해 두어야 한다는 조건이 있다.

2) 판정 설명과 정당화

구두 비평과, 가능하다면 글로 쓴 논평에서 판정자가 자신의 판정 이유를 명료하게 설명하는 것은 중요하다. 이러한 과정은 판정의 질을 향상시킨다. 판정자들은 판정에 대한 설명을 요청받을 것을 알기 때문에 조심스럽게 추론하고 총체적으로 고려하며 타당한 판정을 내리기 위해서뿐만 아니라, 판정을 신중하면서도 명료하게 설명하는 진술을 준비하기 위해서 더 열심히 일한다. 그들은 판정에 대한 변호를 요청받을 것을 알 때 더 열심히 일할 수도 있다. 명료하고 탄탄히 뒷받침된 설명과 논의는 경쟁 과정의 진실성과 교육적 경험의 질을 고양하도록 돕는다. 숙련된 판정자들은 판정 이유를 명료하게 전달하는 자신들의 능력에 대해 자부심을 갖고 있다.

3) 교육적 도구로서 기여하기

판정자들의 논평은 경험적 선행 학습의 기회를 제공한다. 질문과 대답은 종종 토론으로 이어지고 학생 토론자들은 교육자인 판정자와 호혜적인 방식으로 관계를 맺는다. 생각, 토론 수행, 기술 개발에 대한 완전하고 개방적인 비평을 통해 개인의 성장과 변화를 이끄는 교육 과정은 드물다. 판정자의 논평은 교훈을 배워 토론 수행과 통합되도록 한다. 그것은 훌륭한 논증 실행을 강화하고 부족한 실행을 교정한다. 손으로 쓴 기록은 이후 토론자에게 코치 및 교사와 함께 자신의 토론을 검토하고 논의하는 데 도움을 준다.

토론 지도자들은 일반적으로 자신의 교내 팀이 참여하는 대학 대항 토론에 대해 판정하지 않지만, 대학 대항 토론을 준비하면서 자신의 학생들 사이에 수행되는 많은 토론에 대해 판정을 할 것이다. 이때 평가는 종종 학생들의 교육에 가장 중요한 부분이 된다. 이 경우 일반적으로 다른 환경에서보다 더 상세한 비평을 할 시간이 주어진다. 토론 지도자들은 자신의 학생들이 수행하는 토론을 종종 수년 동안 여러 번 보았기 때문에 그 학생들의 능력과 한계에 대해 상당한 지식을 갖고 있다. 또한 그 학생들을 딱 한 번 본 판정자보다 각 학생의 문제점에 대한 통찰력을 더 잘 갖추고 있다.

연습

1. 자신의 판정 철학을 써보자.

2. 교실, 온라인, 토론대회에서의 토론을 보고 토론에 대한 평가표를 작성해보자.

3. 교실 구성원에게 (기술, 쟁점, 정책, 백지상태, 가설 검증, 활동가 등) 다양한 판정 철학을 담당하게 하자. 함께 토론을 참관한 뒤 각자에게 맡겨진 철학이 참되다고 생각하는 역할 놀이를 하고, 자신의 판정을 설명하는 평가표를 작성해보자.

4. 행성 토론(Planet Debate) 또는 토론 결과(Debate Results) 사이트에 있는 판정 철학을 읽어보자.

16장

대중 연설로서의 토론

토론은 의사소통의 한 형태이다. 명백해 보이는 이 말을 현장의 토론자는 너무나 자주 잊곤 한다. 물론 토론을 의사소통이라고 말할 수 있으려면 "의사소통이란 무엇인가?"라는 물음에 답해야 할 것이다. 단순하게 의사소통을 "한 사람이 다른 사람에게 정보를 전달하는 것"이라고 해석할수도 있다. 정보를 한 사람이 다른 사람에게 직접 전달하는 것이 정말로 가능하다면 인생은 훨씬 덜 복잡할 것이다. 예를 들어, 만약에 우리가 상대에게 자신의 생각, 감정, 의견을 전달하고자 할 때 서로의 머리에 USB 케이블을 연결해 정보를 '그대로 옮기면' 서로 오해를 줄일 수 있을 뿐 아니라갈등을 해결하거나 회피하는 데 매우 효과적일 것이다. 더욱 실용적으로의사소통을 정의하자면 "이해를 공유하고자 하고 의미를 구성하는 상호적이고주관적인 과정"이라 할 수 있다.

이해는 우리의 생각, 감정, 의견을 형성하고 내면화하는 독특한 개별적 경험에 의해 만들어진다. 우리는 자신만의 역사, 문화, 지식, 선이해가만든 인식틀을 통해 다른 사람의 이해를 해석한다. 의사소통은 엉성한 과

거부(disconfirmation) 다른 사람을 무시하거나 묵살하는 의사소통 유형으로, 차이를 강조하고 표면적으로나 암묵적으로 (종종 의식하지 않고) 타자나 타인을 압도하려 한다.

대조법(antithesis) 평행적 구조를 활용하여 대조적인 생각을 병렬로 배치함.

대중 연설(public speaking) 한 사람이 한 명 이상의 사람에게 구두로 메시지를 전달하는 것. 이때 한 사람은 주로 연설자의 역할을 수행하며 다른 사람은 청중이 되는데, 연설자는 끊이지 않게 이어지고 거의 방해받지 않는 구두 메시지를 전달한다.

명시적 의미(denotative meaning) 언어 공동체 안에서 공유하는, 문자 그대로이면서 상대적으로 객관적인 언어 의미.

비언어적 의사소통(nonverbal communication) 다른 사람에게 신체나 목소리로 의미를 전달하는 특성을 지님.

언어적 의사소통(verbal communication) 언어를 사용하여 영향을 미치거나, 정보를 주거나, 가르치거나, 고무하는 것.

은유법(metaphor) 상이한 대상을 암시적으로 비교하는 비유적 표현.

의사소통(communication) 이해를 공유하고자 하고 의미를 구성하는 상호적이고 주관적인 과정.

인증(confirmation) 다른 사람의 존재, 중요성, 가치를 인정하는 의사소통 유형.

즉석 연설(extemporaneous speaking) 메모나 개요를 참고하면서 연설의 일정 부분을 단어를 주의 깊게 선택하여 계획적으로 말하지만, 대화적이고 비형식적 말투를 사용하여 즉석에서 말하는 연설 방식.

즉흥 연설(impromptu speaking) 사전에 어떠한 준비도 없이 이루어지는 발언자의 즉흥적이고 비형식적이며 대화적인 연설 방식.

함축적 의미(connotative meaning) 개인적이면서 종종 정서적인 언어 해석.

정이다! 의사소통은 어떤 사람이 어떤 일련의 생각, 감정, 의견을 인식하는 능동적 과정에 관여하고 그것을 다른 이에게 표현하고자 할 때 시작된다. 이 일을 위해 그 사람은 (대부분 말로 이루어진 토론에서) 자신의 생각, 감정, 의견(논증)을 대변할 일련의 상징들을 선택한다. 이때 상징들은 자의적이고, 추상적이고, 모호한 것이라는 점을 기억해야 한다. 이 상징들은 그 사람이 대변하고자 하는 것들이 아니며, 단일하고 공유하는 정확한 의미가 아닌 기껏해야 대강의 의미 범위를 제공하는 정도이다. 어쨌든 이런 상징들을 선택한 후에 의사소통의 발신자(근원지)는 다른 사람에게 메시지를 표현하는 데 사용할 채널을 선택한다. 토론에서 그 채널은 대부분 구어, 또는 대중 연설이다. 메시지가 겨냥하는 한 사람 혹은 더 많은 사람들은 메시지에 주의를 기울이면서(주어지는 것이 아니다!) 선택적인 노출, 인식, 기억의 영향을 받아 자신만의 방식으로 메시지를 해석한다. 말하자면 사람들은 자신이 관심을 가지는 것에 주의를 기울이며, 자신만의 틀, 편견, 성향에 따라 그것들을 인식하고 자신의 선이해에 가장 관련 있으며 일관성 있어 보이는 것을 소환한다. 의사소통의 한 형태로서의 토론은 이러한 과정에 내재된 의미 범위를 최소화하고 이해 공유를 최대화하고자 한다. 하지만 의사소통 과정에 참여하는 사람들이 자신에게 전달된 상징, 논증, 추론을 개별적으로 이해하는 것은 피할 수 없다. 또한 토론은 왜곡을 초래하는 선택이나 편견의 영향을 최소화하는 도구를 제공한다. 그럼에도 모든 형태의 토론은 정의상 의사소통에 해당한다는 것을 반드시 기억해야 한다.

토론은 대중매체와 매개된 의사소통에서뿐만 아니라 대인관계 의사소통이 포함된 비공식적 상황에서도 일어난다. 하지만 이 책에서 다루는 대부분의 토론은 구두로 하는 커뮤니케이션인 대중 연설에 초점을 둔다. 대중 연설은 주로 화자의 역할을 수행하는 한 사람이 한 명 이상의 사람에게 구두로 메시지를 전달하는 것이다. 이때 한 사람은 주로 연설자의 역할을 수행하며 다른 사람은 청중이 되는데, 연설자는 끊임없이 이어지는 구두 메시지를 거의 방해받지 않고 전달한다. 기술적 변화가 새로운 기회를 제공하고는 있지만, 대부분의 교육 토론은 모두 대중 연설로서 동시 발생적이다. 즉, 교육 토론은 같은 시간에 공유된 장소에서 일어난다. 예컨대, 전자우편(E-mail)은 동시적이지 않은데, 발신자와 수신자(토론자와 판정자)가 같은 장소에서 즉각적으로 상호작용할 필요가 없기 때문이다.

아리스토텔레스는 수사학을 "어떤 주어진 상황에서 이용할 수 있는 설득 수단을 발견하는 능력"이라고 보았다. 아리스토텔레스의 이 말은 화자가 자신의 논증을 선별해서 '주어진 상황'에 맞게 구체적인 메시지를 구성할 때 그 초점을 청중에게 맞춘다는 점을 의미한다. 이는 또한 의사소통의 실제를 화자와 청중 간의 협력적 과업으로 인식하고 메시지가 정신적 과정으로 구성되어야 함을 의미한다. 효과적인 연설자는 청중을 이해하고, 청중이 아는 바에 따라 메시지를 구성하며, 발표 전에 청중에 대한 예상을 하여 청중과의 관계를 발전시킬 수 있는 방향으로 발표한다. 또한 발표 과정에서 청중으로부터 얻은 피드백을 활용하여 내용을 구성한다. 효과적인 토론자가 된다는 것은 효과적인 연설자가 되는 것을 요구한다. 이 장에서는 효과적인 대중 연설에 대해 살펴볼 것이다.

1. 대중 연설에 대한 불안

대부분의 초보 연설자가 겪게 되는 첫 번째 장애물은 대중 앞에서 발언하는 것에 대한 두려움과 불안이다. 사람들은 대부분 대중 앞에서 발언할 상황에 놓이게 되면 어느 정도의 정상적이고 자연스러운 긴장을 느끼게 되며 이와 같은 긴장은 가장 보편적인 두려움 중의 하나로 알려져 있다. 연설 전문가인 스티븐 루카스(Stephen Lucas)는 다음과 같이 말한다.

에이브러햄 링컨(Abraham Lincoln), 마가렛 생어(Margaret Sanger), 윈스턴 처칠(Winston Churchill)을 포함해 역사상 위대한 연설가들 중 몇몇도 무대 공포증으로 어려움을 겪었다. 로마의 유명한 연설가 키케로(Cicero)는 "나는 연설을 시작할 때면 얼굴이 창백해지고 사지가 떨리고 영혼이 떨리곤 한다."라고 말했다. 오프라 윈프리(Oprah Winfrey), 코넌 오브라이언(Conan O'Brien), 제이 레노(Jay Leno) 역시 대중 앞에서 발언하는 것이 두렵다고 말했다. 배우 생활 초기에 리어나도 디캐프리오(Leonardo DiCaprio)는 수상 연설을 하는 것이 두려워 아카데미상을 받지 않기를 희망했다. 기업 경영자의 81퍼센트는 대중 연설이 가장 신경을 건드리는 경험이라고 언급했다. 코미디언인 제리 세인펠드(Jerry Seinfeld)가 농담조로 "장례식에서 추도사를 하는 것과 관에 들어가는 것 중의 하나를 선택하라고 한다면 대부분의 사람들은 죽음을 선택할 것이다."라고 말한 것은 문자 그대로 진실인 것처럼 보인다.[1]

사실, 최근 가장 성공적인 대중음악가 중 한 명인 아델(Adele)조차도 심각한 무대 공포증을 겪고 있는데, 그녀는 "청중이 무섭다."라고 하면서 "암스테르담에서 열린 한 쇼에서 나는 너무 긴장해 비상문으로 탈출한 적이 있어요. 또 몇 번은 구토를 했고 브뤼셀에서는 누군가에게 구토물을 뿜은 적도 있어요. 나는 그냥 견딜 뿐이에요."라고 말하기도 했다.[2]

대개의 경우 무대 공포증을 겪는다고 해서 토론을 성공적으로 수행하지 못하는 것은 아니다. 물론 이와 같은 긴장은 비정상적이거나 이상한 것이 아니다! 그런데 연설자가 불안을 느껴 토론에서 불안감을 극복하려는 데 목적을 두어서는 안 된다. 때때로 건강한 긴장이 토론 수행, 즉 준비나 발표를 더 잘 할 수 있도록 실제로 도와주기도 한다. 최악의 경우라 하더라도, 대부분의 불안감은 청중이 눈치채지 못한다는 사실을 떠올리는 것은 도움이 된다. 긴장한 연설자는 자신의 불안감이 연설의 목적(토론에서 이기는 것!)을 이루려는 능력을 방해하지 못하도록 불안감에 대처하는 법을 배워야 한다. 능숙한 연설자는 "나를 죽이지 못하는 것은 나를 더욱 강하게 만든다!"라는 명언을 기억할 것이다. 그 연설자는 경험을 통해 자신에게 가장 효과적인 극복 기술을 익히게 될 것이고 청중이나 판정단 앞에서 발언할 수많은 기회를 찾아낼 것이다. 몇몇 추가적인 전략은 다음과 같다.

- 준비하라! 충분한 준비는 자신감을 심어준다. 꼼꼼히 준비한 노트, 메모, 필사본, 그리고 마음속의 연설 과정에서 떠올리는 다른 자료 등이 이에 해당한다.
- 의미에 중점을 두라! 스타일이나 전달력이 내용 이해에 영향을 미치는 것은 사실이지만 최종 목적은 청중이나 판정단이 당신이 아닌 당신의 논증과 생각을 좋게 평가하게 하는 것이다! 그러므로 토론이나 연설의 본질 그리고 바라는 목표에 계속 집중하라.
- 육체적 긴장을 풀라! 육체적인 상태와 심리적인 상태는 본질적으로 상호 연결되어 있기 때문에 육체적 긴장을 푼다면 안정감을 느끼게 될 것이다. 깊게 호흡하는 이완 훈련, 충분한 휴식, 소화가 잘 안 되는 음식이나 탄산음료 피하기, 발언하기 전에 연습하기 등은 일시적으로 연설의 긴장을 풀어주는 데 도움을 준다.
- 멋진 개시 발언을 계획하라! 연설의 첫 부분부터 청중을 자신의 편으로 만들 수 있다면 연설의 나머지 부분에서는 훨씬 긍정적인 분위기를 느끼게 될 것이다.
- 대화하는 것처럼 하라! 가능하면 한 번에 한 명씩 청중과 눈을 맞춰라. 그러면서 청중이 보내는 긍정적인 반응에 집중하고, 머리가 여럿 달린 괴물처럼 보이는 전체 청중을 상대하는 대신 개별적인 청중과의 관계에 집중하라.

- 숨을 쉬어라! 길고, 천천히 깊게 호흡하는 것은 여러 면에서 유익하다. 인위적으로 효과적인 숨 멈추기를 해서 그 순간의 긴박감을 낳는 불안감을 누그러뜨려라. 당연히 산소도 필요할 것이고, 깊게 숨을 쉬면 기분도 좋아질 것이다.
- 웃어라! 그리고 모든 일을 웃으면서 하라. 친근한 분위기는 보다 편안한 느낌을 주고 긴장을 완화하는 데 도움을 준다.

2. 효과적인 대중 연설의 요소들

마틴 루터 킹 주니어(Martin Luther King, Jr.), 존 F. 케네디(John F. Kennedy), 로널드 레이건(Ronald Reagan), 버락 오바마(Barack Obama), 스티브 잡스(Steve Jobs), 팻 라일리(Pat Riley), 앤서니 로빈스(Anthony Robbins), 힐러리 클린턴(Hillary Clinton), 세라 페일린(Sarah Palin)은 대중 연설 기술로 유명한 사람들이지만 각각 자신만의 특색이 있다. 강렬한 감정과 은유적 표현으로 유명한 킹 박사의 연설을 소박하면서 인간적인 매력이 있는 레이건 대통령이 대신했다면, 그 영향은 확연히 달라졌을 것이며 각각의 장점은 소실되어버렸을 것이다. 효과적인 대중 연설이란 어떤 면에서는 연설가의 고유한 개인적인 강점과 기술을 찾아낸 결과물이고, 상황이 제시한 요구에 맞춰 만들어진 것이다. 어떤 한 개인이나 상황에 효과적인 것이 다른 사람이나 다른 상황에는 맞지 않을 수도 있다. 따라서 모든 연설자에게 동일한 평가 기준을 적용하는 것은 부적절하다. 자신만의 목소리와 방법을 발견해야만 한다. 그럼에도 불구하고 연설자에게 도움을 줄 수 있는 연설 기술의 몇 가지 일반적인 범주를 제시할 수는 있는데, 마치 여러 가지 재료가 하나의 스튜를 만들듯이 각각의 요소는 다른 요소와 더불어 동반 상승

효과적인 연설의 요소

....

- 전달력
- 뒷받침
- 체계화
- 관여
- 언어
- 시청각 도구

의 효과를 낸다. 그 요소들로는 전달력, 뒷받침, 체계화, 관여, 언어, 시청각 도구가 있다.

1) 전달력

구두 의사소통에서 전달력의 중요성에 대해서는 아리스토텔레스가 "연설에서 가장 중요한 것은 전달에 성공하는 것이다."[3]라고 언급한 이래로 오늘날까지 강조되고 있다. 의사소통 이론을 공부하는 지금의 학생들도 이와 같은 고전적 명언을 확신하고 있다. 예를 들어, 제임스 매크로스키(James McCrosky)는 몇 차례 연구를 진행하고 결론을 내리길 "우수한 전달력은 수사학적으로 강력한 메시지가 정상적인 효력을 발휘하도록 하고, 부족한 전달력은 언어적 메시지가 효력을 발휘하지 못하도록 가로막는다."[4]라고 했다. 수사학적으로 강력한 메시지를 구성했다면 청중으로부터 바라는 판정을 얻을 수 있는 방식으로 그 내용을 전달해야 한다. 물론 강력한 전달력이 필요하지만 토론이나 연설의 성공을 위해서는 전달력만으로는 충분하지 않다. 전달력은 청중이 연설을 듣고 그대로 행하게 만든다는 최종 목적에 도달하기 위한 수단이 된다. 전달력은 메시지가 전해지는 것은 보장하지만 메시지 자체의 질에 영향을 미칠 수는 없다. 예를 들어, 피자를 주문한 사람은 그 피자가 새로 출고된 멋진 스포츠카로 배달이 되었든 낡고 녹슨 픽업트럭으로 배달이 되었든 간에 따끈하게 갓 구워진 상태로 집 앞에 배달되기만 한다면 어느 한 쪽을 더 맛있다고 느끼지 않는다. 자동차가 고장나지 않는 한 주문자는 음식을 먹는 것에 만족할 것이다. 마찬가지로 연설자의 전달력이 청중이 메시지의 내용을 이해하고 따라올 수 있게 돕는 데 무리가 없었다면 전달력 자체의 역할을 수행한 것이다. 하지만 효과적인 전달력은 연설자가 언어만으로는 표현할 수 없는 의미, 특히 정서적인 내용을 전달하는 것을 가능하게 한다.

① 전달 방법

연설자가 활용할 수 있는 네 가지 전달 방법에는 즉흥 연설, 즉석 연설, 원고 연설, 암기 연설이 있다. 연설자의 전달 방법은 발언 상황과 맥락에 의해 어느 정도 결정된다. 각 방법은 연설의 형태나 상황, 내용과 어조의 방식을 반영한다.

a. 즉흥 연설. 어떤 토론에서든 자주 일어나는데, 상대방의 질문이나 주장에 대응해 즉흥적이고 대본 없는 발언이 요청될 때 일어난다. 즉흥 연설 대회에서 참여자들은 토론 주제가 주어지자마자 거의 바로 주제에 대해 연설해야만 한다. 수업 중에 학생이 발표하거나 학부모회(PTA)·협회·학생회 구성원이 발언할 경우 그 발언은 즉흥적이다. 이러한 발언은 구조적이지 않고 다듬어지지 않은 것이긴 하나, 진정성이 있고 자연스럽다. 하지만 즉흥 연설 상황과 즉흥적인 방식 간에는 차이가 있다. 즉흥적인 방식은 자연스러움을 전달한다. 연설자가 자신의 자료에 매우 익숙하고 그것을 말하는 것에

익숙하다면, 준비 없이 연설을 할지라도 대본을 준비해 말하는 것처럼 보인다. 이것이 나쁘다는 것은 아니지만, 즉흥 연설과 즉석 연설 사이에는 어조(tone)와 방식(style)에서 차이가 있다. 즉흥적 방식은 매우 상호적이며, 연설 발표에 대한 개인적인 접근법이다. 이것은 가장 덜 지시적이지만 참된 신뢰성을 제공하고, 청중의 반응에 즉각적으로 맞추기 위해서 메시지를 조정할 아주 큰 기회를 제공한다. 당연하게도, 청중이 이 연설을 이해하거나 따라가기에는 다소 어려울 수도 있다. 즉흥 연설자들이 준비된 연설보다 엉성한 이야기 체계를 가질 수 있고, ('어', '음', '같은', '저' 등과 같은) 군말을 더 많이 사용하기 때문이다.

b. 즉석 연설. 즉석 연설은 꽤 준비된 연설자의 메모나 개요를 바탕으로 이루어진다. 즉흥 연설보다는 더 많이 준비된 연설이지만 그렇다고 완벽하게 준비된 연설은 아니다. 즉석 연설 대회에서는 주어진 주제에 대해 약 30분 정도 준비할 시간이 주어지기 때문에 어느 정도 준비된 연설이라고 할 수 있다. 즉석 연설을 할 때 연설자는 원고를 읽거나 연설 전체를 암기하지는 않지만 그렇다고 완전히 즉흥적으로 하는 것은 아니다. 연설자는 준비한 메모를 사용할 수도 있고 짧은 인용문이나 준비한 자료의 일부를 발췌하여 읽을 수도 있다. 또한 연설의 짧은 부분을 암기해 말할 수도 있다. 즉석 연설의 어조는 준비되고 조직되어 있지만 순발력을 발휘하여 어조를 조절할 기회가 있다. 연설자는 '읽기'와 '읽지 않기'의 접근법을 모두 사용할 수 있는데 몇몇 인용문을 읽거나 신중하게 준비한 원고의 개요를 참고한 다음 즉흥적인 방식으로 바꾸어 말할 수도 있다.

즉석 연설 방법은 다른 전달 방법의 장점을 모두 취한 것으로 단점은 거의 없다. 가장 큰 장점은 준비되어 있으면서도 상황에 유연하게 대처할 수 있다는 점이다. 이 방법은 연설자가 자신이 말하고자 하는 내용과 말하고자 하는 방법을 정확히 계획할 수 있도록 한다. 따라서 토론의 입론을 세울 때나 말할 내용을 구성할 때 즉석 연설의 이와 같은 장점을 명심할 필요가 있다. 게다가 연설을 미리 계획하여 준비할 수 있지만 "돌에 새긴 듯 변경 불가능한" 것이 아니기에 주어진 상황에 맞게, 또 앞선 발언자의 진술에 따라 조정할 수 있다. 연설자는 연설하는 동안 청중을 면밀히 지켜볼 수 있기 때문에 청중의 반응을 보고 이에 맞추어 연설 내용을 조정할 수 있다.

즉석 연설 방법에 약간의 단점이 있다면 원고를 보면서 연설하거나 외워서 연설하는 것에 비해 실수할 가능성이 더 크다는 것이다. 하지만 세심히 준비한다면 이와 같은 위험을 최소화할 수 있다. 시간 조절이 관건인데 라디오 연설이나 텔레비전 연설을 해야 하는 상황에서 즉석 연설 방법은 초보자에게는 약간 문제가 있을 수 있다. 원고나 암기한 내용을 바탕으로 연설하는 경우보다 시간을 조절하는 것이 훨씬 어렵기 때문이다. 하지만 숙련된 연설자라면 시간에 대한 뛰어난 감각을 활용할 것이고, 교육 토론의 토론자들 역시 자신의 시간 한도를 알고서 타이머를 활용하여 시간을 잘 조정할 수 있다. 텔레비전 토크쇼의 고정 출연자들은 다른 것도 있겠지만 방송의 엄격한 시간 엄수 요구에 적응하면서 즉석 연설 방법의 즉흥성을 잘 발휘할 수 있도록 훈련된 사람들이라고 할 수 있다. 선거운동이 한창일 때 매일 수많은 연설을 해야 하는 후보는 보통 상황에 따라 짧게는 5분에서 많게는 20분 이내에 자신의 관점을 즉석에서 제시하는 '연설'을 개발한다. 찬성 측의 첫 번째 발언이 끝난 후 대부분의 토론자들(학생 혹은 의회 의원이 될 수 있다)은 즉석 연설의 방법을 활용한다. 체계성을 유지하고 토론 흐름표에 충실하면서 효과적인 토론에 매우 필수적인, 세심하게 준비한 즉석 각색과 논박은 즉석 연설을 통해서만 발휘될 수 있다.

즉석 연설 방법에서는 메모가 가장 널리 이용되며, 연설자는 메모지에 핵심어나 핵심 구절을 최대한 축약해 적어 넣는다. 로널드 레이건은 1950

년대 중반에 제너럴 일렉트릭(General Electric)의 대변인으로서 전국을 돌아다닐 때 색인 카드를 사용했다. 그는 대통령이 되어서도 이 방법을 계속 활용했다.[5] 토론 카드가 조금 더 커서 늘 카메라를 가로막긴 하지만, 유사한 방법이 텔레비전 쇼에서도 사용된다.

c. 원고 연설. 원고 연설 방법을 사용할 때 연설자는 연설 내용을 세밀하게 준비해 빠짐없이 원고로 작성하고서 이를 청중 앞에서 읽는다. 원고 연설의 장점은 어떠한 토론 압박이나 발언 상황에서도 자신이 하고 싶은 말을 정확하게 자신이 원하는 대로 할 수 있다는 것이다. 또한 실수를 최소화하는 것이 최우선순위일 때에는 원고 연설이 일반적으로 사용된다. 연두교서나 주지사의 시정방침 연설, 모든 미국 대통령의 연설에서는 아무리 즉석 연설에 뛰어난 사람이라 하더라도 원고 연설의 방법을 사용한다. 그런 상황에서 작은 말실수는 아주 위험하며 국내적으로나 국제적으로 위기를 야기할 수 있다. 토론에서 찬성 측의 첫 번째 입론 발언은 거의 원고 연설 방법으로 이루어진다. 원고를 보며 내용을 전달하는 방식은 즉흥 연설, 즉석 연설에 비해 상당한 수준의 격식성과 정확성을 보인다. 또한 이는 유려한 글쓰기 방식을 활용하거나 케네디 대통령과 마틴 루터 킹 목사의 연설에서 볼 수 있는 비유적 표현을 쓸 더 큰 기회를 제공한다. 이와 같은 세심한 원고는 즉흥적이거나 제한된 준비로 이루어지기는 어렵다. 실제 상황에서 연설자는 원고나 텔레프롬프터(teleprompter)를 사용하여 비교적 매끄럽게 읽을 수 있는데, 필요하다면 비언어적인 강조, 눈 맞춤, 극적인 효과, 자연스러운 대화 어조를 사용하기도 한다.

원고 연설의 단점은 유연성을 발휘하기 어렵고 원고를 효과적으로 읽는 것이 어렵다는 점이다. 원고는 사전에 작성되기 때문에 현장이나 이전의 발언, 청중의 반응에 따른 조정이 이루어질 수 없다. 게다가 연설자가 청중과 친밀해지기를 원할 경우 연설 원고는 연설자와 청중 사이에 장애물로 작용할 수도 있다. 청중은 연설자가 자신들과 말하기를 원하지, 자신들에게 읽어주는 것을 원하지 않는다. '의사소통 달인'이었던 로널드 레이건은 "연설문을 읽는 것으로는 청중의 관심을 끌 수 없다."[6]라는 말을 하면서 똑같은 의견을 피력했다. 연설문을 작성할 때에는 구어체 표현을 계속 유지하기보다는 청중이 유려하게 읽을 수 있는 글을 쓰고 싶다는 유혹이 생긴다. 하지만 원고를 사용할 필요가 있는 상황에서도 숙련된 연설자는 인상을 깊게 남기기 위해 종종 원고로부터 벗어나 자신만의 방식으로 내용 전달을 계획하곤 한다.

연설 내용을 조정할 필요나 기회가 거의 없거나 아예 없을 때, 즉 토론자가 온전히 자신의 뜻대로 연설할 수 있는 경우에는 연설 구성의 기술을 최대한 반영해야 한다. 예를 들어, 정책 논제 팀 토론에서 찬성 측 첫 번째 발언자는 정확하게 자신이 원하는 방법으로 자신이 말하고자 하는 바를 세심하게 고른 단어를 통해 최대의 효과가 나타나도록 전달할 수 있어야 한다. 잘 짜인 찬성 측 첫 번째 발언은 구성과 전달 면에서 걸작이 되어야 한다. 주제, 주장, 전환, 분석, 증거,[7] 요약, 이 모든 것들은 연설자가 바라는 그대로 판정자의 토론 흐름표에 기록됨과 동시에 청중의 마음에 정확하게 각인될 수 있도록 완벽한 상태로 다듬어져야 한다. 잘 작성되고 잘 전달된 찬성 측 첫 번째 발언은 우아하고, 강력하고, 학식이 높고, 명료하며, 설득력 있는 진술이 되어 찬성 측 입론을 전개하는 데 강력한 힘이 될 수 있다. 준비성이 좋은 토론자라면 논증과 입장 요약, 개요와 논평(도입과 결론)을 포함한 이후의 연설 원고도 미리 작성할 수도 있지만 토론은 의견 충돌이 일어나는 장이며 이는 준비된 원고를 읽는 것 이상임을 반드시 기억해야 한다. 첫 번째 연설 이후 효과적인 토론자는 개별 토론의 독특한 맥락에서 일어나고 있는 논의에 자연스럽게 적응하고 구체적으로 설명할 수 있도록 자신이 준비한 자료들을 각색해야 한다.

실제 원고를 준비할 때 연설자는 연설문을 발표할 동안 원고를 사용하기 편하게 만들어야 한다. 연설자는 읽을 원고를 세심하게 준비하면서 원고의 전문적인 질을 유지해야 한다. 고친 표시가 있는 거친 원고는 읽기 불편하다. (물론 원고 작성을 컴퓨터로 한다면 이 작업은 훨씬 쉬워진다.) 전문적인 특성을 가진 원고는 읽는 것이 보다 쉬우며 이는 연설자에 대한 신뢰성을 높여줄 것이다. 원고는 연설자가 효과적으로 전달하는 것을 도와서 논증의 효과를 증가시킬 것이다. 원고 용지로는 양쪽에 3.8cm 정도의 여백이 있는 가로 21cm 세로 28cm의 종이가 적당하다. 한 행씩 띄어 쓰는 것은 읽기에도 편리하고 마지막 순간의 수정을 위한 공간을 확보하기에도 좋다. 밑줄을 치거나, 대문자로 표기하거나, 강조하거나, 발음이 어려운 단어에 발음 기호를 적어두거나, 언제 쉴지를 표시하는 이음표나 빗금 기호를 활용하면 연설을 효과적으로 전달하는 일이 더욱 쉬워진다. 또한 핵심 문장을 두 페이지에 나누어 기록하지 않도록 원고 하단에 여백을 많이 두는 편이 좋다. 새로운 주장이나 생각은 원고의 하단이 아닌 상단에 오도록 하는 것이 좋은데, 원고를 넘길 때 자연스럽게 쉬어가므로 연설에서 의도했던 쉬기와 일치할 것이다.

d. 암기 연설. 원고 연설이나 즉석 연설 또는 연설 일부에서 반복해 말하는 경우를 제외하고는 전체 연설을 암기하는 연설자는 거의 없다. 하지만 이 방법은 아직도 몇몇 연설 대회에서 요구하는 방법이다. 하지만 대회 상황이 아니라면 대부분의 연설자들은 연설 내용을 암기할 시간이 없다고 생각할 것이다. 물론 선거운동에서 사용하는 '연설'은 제외된다. 암기 연설은 사실상 기억에 새긴 원고 연설로, 원고 연설의 모든 이점을 제공함과 동시에 원고가 없다는 추가적 이점이 있다. 암기 연설은 세련된 발표를 할

최고의 기회를 제공한다. 하지만 이런 장점과 함께 잠재적 위험성을 안고 있기도 하다.

미숙한 연설자가 암기 연설을 하는 경우엔 어딘지 부자연스럽고, 인공적이며, 자발성이 떨어지는 것처럼 보인다. 연설이 딱딱하고, 청중과의 상호작용도 없고, 반응에 대응하지 않는 것처럼 보인다. 게다가 암기한 내용을 상기하려면 시간이 필요하기 때문에 유연성이 부족하고, 심지어 연설자가 연설의 일부를 잊어버릴 수도 있다. 하지만 많은 연설자들은 연설의 일부를 암기하는 것은 매우 유익하다고 말한다.

② 효과적인 전달의 특성

전달력이 중요하긴 하지만 이것이 효과적인 연설을 위한 충분조건은 되지 않는다는 점을 기억해야 한다. 전달은 연설자가 제시하는 논증, 증거, 쟁점, 입장의 내용을 청중이 이해할 수 있도록 하고 관심을 갖게 하는 일에 초점을 맞추어 안내하는 것이다. 토론의 초점은 거의 전적으로 입론이나 의견이 대립하는 내용에 있지만 어떤 점에서는 개인적인 감정, 비언어적인 표현도 메시지가 될 수 있다. 그러므로 효과적인 전달은 제시된 내용을 보충하고, 드러내고, 강조하기 위해 존재한다.

비언어적 의사소통의 중요성은 의사소통 이론을 공부하는 요즘 학생들에게 강조되고 있다. 케니스 핸스(Kenneth Hance)와 그의 동료는 "청중에게 표현하고 싶은 생각이나 느낌은 우리가 사용하는 단어보다는 비언어적 행동과 목소리 신호를 통해 결정된다."라고 주장했다.[8] 또한 랜들 해리슨(Randall Harrison)은 "얼굴을 마주 보고 하는 의사소통 상황에서 언어적으로 수행되는 사회적 메시지는 35퍼센트에 불과하다."[9]라고 추정했다. 사회적 의미의 나머지 65퍼센트 대부분은 비언어적 메시지 전달에서 나온다는 것이다.

연설 내용을 전달할 때 글로 하는 의사소통과 말로 하는 의사소통이 서로 다른 특성을 지닌다는 사실을 명심해야 한다. 글의 페이지를 읽을 때, 청중은 다시 읽거나, 밑줄을 긋거나, 강조하거나, 여백에 메모를 하거나, 재차 다시 읽을 수 있다! 독자는 또한 자신만의 시간 속에 있으면서 구두점, 중앙이나 측면의 면주(面註), 페이지 숫자, 글자 처리(볼드체, 이탤릭체, 밑줄, 글자 크기), 문단 들여쓰기 등의 안내에 따라 글을 읽는다. 연설을 들을 때, 이 연설은 연설자의 시간 속에서 생성되어 의미가 전달되고, 발언한 대로 기록이 가능하다. 연설자는 거의 전적으로 목소리 변화와 표현을 통해 구두점을 찍고, 의견들을 구별하며, 강조점을 전달한다. 그러므로 효과적인 전달을 위해 연설자는 청자가 자신의 발표를 이해하고 따라오고 있는지 파악해야 하며, 단어나 소음을 쏟아내고 있는 것처럼 보여서는 안 된다. 효과적인 전달은 제시된 내용 체계와 의견을 청자가 이해할 수 있도록 한다. 또한 효과적인 전달은 역동적이고 진실한 발표를 통해 연설자와 그의 논증에 대한 신뢰를 형성해 내용에 대한 청자의 관심을 불러일으킴과 동시에 연설자와 청중 간의 긍정적인 관계를 형성하도록 돕는다. 마지막으로 효과적인 전달은 연설을 더욱 재미있게 만들고 청중이 정신을 집중하여 연설에 주의를 기울이도록 만든다. 연설자는 어떤 경우에도 두 사람이 똑같은 발표를 할 수 없듯이 매우 개인적이며 독특한 문화를 배경으로 전달이 이루어진다는 것을 명확히 인식해야 한다. 이 책에서 제시된 조언은 북미권 지배 문화에서 통용되는 효과적인 전달 기준에 따른 것이다. 하지만 현명한 연설자라면 청중이 지닌 구체적 성격과 그들이 각각의 전달 방식에 부여하는 의미를 학습해야 한다.

a. 연설 전달의 신체적 자질. 화자의 몸은 메시지를 전달하는 매개체의 일부분이다. 신체적인 전달요소에는 눈 맞춤, 육체적 움직임, 몸짓, 얼굴 표정 등이 포함된다. 혹자는 비언어적 의사소통을 거론할 때 '몸짓 언어(body language)'라는 말을 쓴다. 이는 우리에게 친숙한 용어이고 확실히 그 중요성을 인식하고 있는 말이지만, 신체적 특성은 언어가 아니다. 언어는 사용자들 사이에서 공유되고 이해되는 꽤 정확한 의미를 가진 (말과 같은) 공유하는 상징들로 이루어진다. 비언어적 의사소통은 대부분의 상황에서 언어적인 의사소통보다 더 중요하긴 하지만, 언어 공동체 내에서 정의하고 동의한 명확한 의미를 거의 지니지 않고 있다. 따라서 그것은 언어가 아니다.

토론자들은 미리 준비한 원고, 토론 개요, 그리고 여타의 자료에 의존하며 토론을 수행한다. 토론자들은 토론 흐름표를 채우기 위해 열심히 토론 내용을 적거나 자판을 치는 판정자를 향해 발언하면서 동시에 청중과 눈을 맞춰야 한다는 것을 너무나 자주 잊곤 한다. 하지만 이것은 실수이다. 우리는 눈을 통해 그리고 눈 주변 부위에서 만들어지는 얼굴 표정을 통해 엄청난 양의 정보를 전달한다. 눈 맞춤은 강조, 진정성, 진실함, 자신감을 전달하며 화자와 청자 간의 관계를 형성한다. 이를 통해 화자는 청중의 반응을 파악하고 메시지를 그것에 맞춰 조정한다. 효과적인 눈 맞춤은 양 당사자가 서로 의식할 정도로 충분히 지속적으로 응시를 하는 것이다. 그러나 다른 청중을 소외시키거나, 상대가 눈 맞추는 것을 불편하게 여길 정도로 오랫동안 바라봐서는 안 된다. 효과적인 눈 맞춤은 뒤쪽 벽, 천장, 바닥의 한 점을 바라보며 청중을 훑어보는 것이 아니다. 전달의 모든 특성 중에서 눈 맞춤이 문화적으로 가장 특수하다. 많은 문화에서는 눈 맞춤을 제한하거나 그것에 다른 의미를 부여하는 습관이 있다. 하지만 북미 문화권에서는 대부분 직접적인 눈 맞춤은 효과적인 대중 연설의 긍정적인 특징으로 여겨지고 있다.

토론자와 대부분의 연설자들은 청중이 자신의 얼굴과 눈을 쳐다볼 수 있게끔 자신의 신체적 움직임을 제한해야 한다. 효과적인 연설자는 자신의 양발에 똑같은 힘이 실리도록 발을 균형 있게 벌리고 편안한 자세를 유지하며 허리를 곧게 세워 최대한 키가 커 보이도록 해야 한다. 또 청중이 보기에 어깨는 직각으로 유지하고, (까딱거리거나 아래를 내려다보거나 양옆으로 흔들지 말고) 고개를 반듯하게 들어야 청중이 연설자의 눈과 눈 주변에 초점을 맞출 수 있다. 이러한 자세를 유지하면 청중에게 관심을 받을 수 있고 권위 있는 모습을 보일 수 있으며 연설자의 목소리가 멀리까지 뻗어나가면서 울려 퍼지게 된다. 연설자의 입은 스테레오 스피커와 같기 때문에 아무런 장애물 없이 청자를 향해야 한다. 좋은 자세를 유지하면 연설할 때 횡경막에서부터 복식호흡이 가능해져 목소리를 강력하게 만들고 멀리까지 울려 퍼지게 한다. 또한 숨을 깊게 쉬면 신체적으로 불안감을 완화할 수 있다. 이는 연설자가 동상처럼 가만히 있어야 한다는 말은 아니지만 동작을 취할 때에는 목적이 있어야 한다. 동작은 청중과의 의사소통을 도와주는 것이어야 한다. 예를 들어, 연설자가 연단에 다가가는 방법도 중요하다. 연단에 자신감 있는 걸음걸이로 다가가서 말없이 권위를 유지하며 연단을 붙잡는다면 공신력이 향상될 것이다. 동작은 쉽고, 경제적이고, 결의에 찬 듯한 인상을 주며, 자연스러워 보여야 한다. 연설자는 연단 뒤에서 고정된 자세로 있거나 목석처럼 한 자리에 가만히 있는 모습을 보여서는 안 된다. 연설자는 중심 내용을 강조하고자 할 때 연단에서 벗어나 청중에게 좀 더 가까이 다가갈 수도 있다. 또한 한 쟁점에서 다른 쟁점으로 전환할 때에는 연단 이쪽에서 저쪽으로 움직일 수도 있다. 하지만 이와 같은 동작이 입론보다 청중의 관심을 끌어서는 절대 안 된다. 자신이 맡은 첫 소송에서 패한 어느 젊은 검사에 대한, 사실일 것이라 믿어지는 이야기가 있다. 그 검사는 절도범 재판에서 피의자가 범인이라는 충분한 증거가 있었음에도 패소했다. 초보 검사는 너무 긴장한 나머지 증거를 제시할 때 재판관 앞에서 이리저리 계속 서성거렸다. 이와 같은 서성거림은 재판관의 주의를 끌어 검사가 제시하고자 하는 주장을 듣지 못하게 만들었고, 그가 재판 내내 어느 쪽으로 몇 걸음을 걸었는지, 얼마나 움직였는지 헤아리도록 만들었다.

제스처, 즉 손과 팔의 움직임도 발표 내용을 보완하거나 진술의 틀을 잡는 데 아주 효과적이다. 손이나 팔의 움직임은 자연스러우면서 동작이 작아야 하는데 일반적으로 허리와 어깨 사이에서 움직이는 것이 좋다. 반복적이거나 이상한 동작은 피해야 한다. 사람은 자신의 감정을 얼굴 표정을 통해 전달하는 경우가 많다. 연설자의 얼굴 표정과 드러내고자 하는 감정이 적절하게 일치하면 연설자가 전달하고자 하는 메시지에 대한 공신력과 감정 이입은 증가한다. 얼굴 표정은 전달하고자 하는 태도와 일치해야 한다. 웃음은 청중을 몰입하게 하고 연설자와 모든 참여자들의 긴장을 푸는 데 도움이 된다. 만약 소년병의 신체 절단이나 피난민 수용소에서 발생하는 강간과 살인에 대해 이야기할 경우에는 웃기보다는 끔찍하고 심각한 표정을 짓는 것이 더 적절할 것이다. 브라이언 윌리엄스(Brian Williams)나 케이티 쿠릭(Katie Couric)처럼 숙련된 의사소통 달인들은 눈썹의 움직임, 고개의 끄덕임, 입술의 비죽거림, 미묘한 표정 변화 등으로 다양한 의미를 전달할 수 있다. 물론 사람들은 다른 사람의 얼굴 표정을 '읽기' 위해 늘 노력한다. 예를 들면, 기자회견 후 뉴스 리포터들은 항상 대통령이나 주지사가 '즐거운' 혹은 '긴장한', '자신감에 찬' 혹은 '걱정이 있는' 것처럼 보인다고 말하곤 한다.

b. 구두 전달의 음성적 자질. 음악가가 자신의 악기를 사용하듯 목소리는 효과적인 연설자가 오묘하고 강력하게 사용하는 힘 있는 도구이다. 목소리의 특징은 음의 속도, 높이, 크기, 어조 등이 포함된 항목으로 구분할 수 있으며, 다양성을 제공할 수 있는 연설자의 열쇠이다. 청중은 종종 연설자의 '단조로운 어조'가 불만이라고 말한다. 하지만 청중은 단순히 어조만 말하는 것이 아니라 모든 음성적 특성을 포함해서 말하는 것이다. 음의 높이는 목소리가 얼마나 높은지 낮은지를 말하며 성대가 울리는 빈도수에 의해 결정된다. 일반적으로 음이 높을수록 화자의 흥분 정도가 더 크다는 것을 나타내며 설득력이 있다고 여겨지지만, 연설의 일부분에 제한적으로만 활용해야 한다. 전체 연설 내용이 높은 음으로 전달되면 정작 강조되어야 할 부분은 묻혀버리고 만다. 그리고 계속 듣는 것도 힘겨워진다. 연설을 할 때에는 음의 높이에서 다양한 변화를 보여주어야 한다.

목소리의 속도는 단순히 말의 빠르기뿐만 아니라 변화와 강조를 유발할 수 있는 휴지의 사용을 포함한다. 일상적인 대화에서는 1분에 보통 120에서 150개의 단어를 말한다. 연설할 때에는 많은 사람들이 이 속도를 조금 늦추는데 유명한 연설가는 1분에 90에서 190개의 단어를 말하고, 출판업자는 오디오북 독자들에게 대략 1분에 180개 단어를 읽으라고 조언한다. 사실 우리는 1분에 빠르면 500개 단어까지 이해할 수 있다. 그래서 경험이 많은 교육 토론자들은 전문 토론 판정자 앞에서 자신이 할 수 있는 최대한의 속도로 이야기하기도 한다. 사람들의 들을 수 있는 능력과 대다수 연설자들의 느린 발언 속도 간의 괴리는 청중의 관심을 다른 곳으로 돌리게 할 수도 있다. 하지만 지속적으로 빠르게 전달하면 대다수 청중은 이를 따라 잡기 위해 많은 노력을 기울여야 한다. 숙련된 토론대회 토론자들의 선례를 따라 하는 것은 권장할 사항은 아니지만, 대부분의 청중은 조금 빠른 연설(받아들일 수 있는 1분에 150~200개의 단어 범위)이 더 설득력 있다고 여긴다. 하지만 어떤 상황에서든지 잠시 멈추고 관심과 강조를 위해 속도에 변화를 주는 일은 중요하다! 잠시 침묵을 하는 것은 청중으로 하여금 자신이 방금 들은 말에 대해 숙고할 수 있게 하고 다음에 나올 말에 대해 준비할 수 있게 할 뿐만 아니라, 극적이거나 희극적인 시간을 만들 수도 있게 한다. 대부분의 북미 문화권에서는 충분히 큰 소리로 이야기하는 것이 그렇지 않은 경우보다 더 낫다. 연설자는 맨 뒷줄에 앉은 사람도 들을 수 있도록 목소리의 크기를 조정해야 하며 자신의 성량이 적절한가에 대해 비언어적 피드백을 확인해야 한다. 큰 소리로 이야기하는 것은 설득력이 있지만, 모든 음성적 특질과 함께 성량에 변화를 주는 것이 중요하다. 핵심 단어나 표어나 충격적인 말을 할 경우, 이야기하기 전에 잠시 멈추고 말할 때 점점 목소리의 크기를 키우면서 '강한 어조로' 말하도록 한다. 어조는 화자가 얼마나 진정성이 있는지, 또는 발언 내용에 대해 어떤 감정을 품고 있는지를 드러낼 수 있는 음성적 특질의 조합이다. 분노, 흥분, 열광, 신실함을 표현하기 위해 음성의 다양함뿐 아니라 어조도 활용할 수 있다. 만약 한 토론자가 "어떻게 하면 나의 입론이 진정성 있는 것처럼 들리게 할 수 있을까요?"라고 묻는다면, "글쎄, 진정성이 있는 것처럼 들리게 하는 가장 좋은 방법은 진정성이 있는 것이지. 자신이 믿을 수 있는 사례, 또는 최소한 몇몇 믿을 수 있는 근거 자료를 찾아야지."라는 대답을 할 수 있을 것이다. 연설자가 내용을 잘 이해하는 것은 중요하다.

정확한 발음으로 전달하는 것은 듣는 사람이 일반적으로 수용할 수 있게 그렇게 들릴 것이라 기대하는 방식으로 단어나 이름을 말하는 것이다. 발음에 실수를 하게 되면 잘못 이해하거나 말하는 이의 신뢰도가 떨어질 수 있다. 조음(articulation)은 화자가 각 음절이나 단어를 분명하게 들릴 수 있게 하는 노력이나 능력을 가리키며, 똑똑한 발음은 단어나 문장의 연속적인 흐름을 분명하면서도 구별할 수 있게 만들어준다. 효과적인 연설을 하기 위해서는 소리 하나하나를 강조하는 연습을 할 필요가 있으며, 일상적인 말하기에서처럼 모음이나 자음을 빠뜨려서 말하거나 중얼거리지 않도록 해야 한다.

③ 교육 토론에서의 연설

경험이 많은 대학 대항 토론대회 판정자는 전문적인 청중이다. 하지만 각기 다른 취향이 있을 수 있기 때문에 판정자가 선호하는 말하기 방식이 무엇인지 확인할 필요가 있다. 하지만 판정자는 또한 특정한 전달 방식에 익숙한 사람들이라는 것을 기억해야 한다. 다음은 대학 대항 토론대회에서 요구하는, 특히 증거 기반의 팀 논제 토론 형식에서 고려되는 전달력 요소들이다.

1. 말하는 속도에 변화를 주라. 준비해온 자료를 읽을 필요가 있거나 정해진 시간 안에 상대보다 더 많은 자료를 가지고 있다는 것을 보여주기 위해 연설자는 좀 더 빨리 말하거나 읽게 되는 경향이 있다. 대학 대항 토론대회에서는 매우 빠른 속도로, 1분에 300개의 단어를 초과하여 말할 수도 있다. 판정자들은 분명하게만 발음된다면 빠른 전달을 능히 알아듣고서 '토론 흐름표'를 작성할 수 있다. 이 정도의 속도로 이야기하고 읽는 능력을 개발하는 것은 쉬운 일이 아니다. 하지만 중요한 것은 지속적으로 분명하게 말하는 것이며 어떤 속도에서나 똑똑하게 발음해야 한다는 것이다. 또한

잠시 멈추어야 한다는 것을 기억하고, 효과적인 강조를 사용하며, 비언어적 음성적 특질에 변화를 주는 것도 중요하다. 도입, 결론, 전환은 효과적으로 속도를 늦출 수 있는 좋은 기회가 되는데 간단하면서도 짧은 휴지는 청자에게 도움이 된다.

2. 눈을 맞추라. 판정자가 토론 흐름표만 꼼꼼히 기록한다면 토론자는 판정자의 정수리 부분만 보게 될 것이다. 토론자가 토론 개요를 읽거나 토론 흐름표를 언급하느라 지속적으로 눈 맞추는 것이 불가능하다 할지라도 판정자와 가능할 때마다 눈을 맞추는 것은 중요하다. 토론의 시작이나 마지막은 눈 맞춤을 할 가장 좋은 기회이다. 효과적인 눈 맞춤은 주의를 끌 수 있을 뿐 아니라 자신감을 드러내 보인다. 또한 말하고 있는 토론자(그리고 앉아 있는 토론자)는 논증에 대해 판정자가 어떤 반응을 보이고 있는가를 살펴보는 것이 중요하다.

3. 에너지, 진정성, 열정을 드러내라. 토론자는 자신이 옹호하는 것을 사람들이 사도록 만드는 세일즈맨이다. 효과적인 토론자는 자신이 옹호하는 것에 대한 열정을 보여주며 이를 자신감 있고 능숙하게 표현한다. 토론에서 가장 흥미진진한 면 중 하나가 바로 높은 수준의 에너지를 느낄 수 있다는 것이다. 큰 소리로 말하는 것이 너무 조용한 것보다는 조금이라도 더 나으며, 진정성을 드러내는 비언어적 행동과 자신의 입장에 열중하는 것 역시 발표의 효과를 높이는 데 기여할 수 있다. 많은 토론자들이 앉아서 말하거나, 자신의 원고에 머리를 파묻고 이야기하거나, 박스 더미 뒤에 숨어서 발표하는 실수를 한다. 토론대회에서 토론자는 자신의 자신감과 권위를 판정자가 느낄 수 있도록 적절한 자세를 취하는 것이 좋다. 곧게 편 자세는 깊은 숨을 쉬는 데도 도움이 되고 매우 빠른 속

도로 말하더라도 자신의 목소리가 멀리까지 잘 울려 퍼질 수 있도록 해준다.

4. 정중하고 전문성 있게 행동하라. 토론이 시작되기 전 토론자와 판정자가 만날 때에 이미 토론자에 대한 인식이 시작된다. 상대편이 발언하는 동안이나 자신의 동료가 발언하는 동안, 반대신문이 진행되는 동안, 그리고 토론이 끝난 후에 보이는 행동은 판정자의 평가에 부지불식간에 강력한 영향을 미칠 수 있다.

5. 산만한 행동을 피하라. 반복적인 제스처, 발을 구르거나 펜으로 두드리는 일, 숨이 가빠 헐떡이는 행동들은 모두 토론자의 발표가 지닌 잠재적 효과를 감소시킨다. 연설을 전달하거나 구성할 때 고려해야 할 요소들이 많은데, 대부분의 상황에서 가장 위대한 기술은 기술을 감추는 것이다. 주장을 하는 사람으로서 토론자는 판정에서 이기는 것이 목적이기 때문에 이러한 목적을 달성하기 위해 구두 의사소통 기술을 사용하곤 한다. 군말 사용을 피하도록 해야 한다. 요즘 대학생 토론자들은 '있잖아요'라는 말을 많이 하는데

교육 토론에서의 연설

....

- 말하는 속도에 변화를 주라.
- 눈을 맞추라.
- 에너지, 진정성, 열정을 드러내라.
- 정중하고 전문성 있게 행동하라.
- 산만한 행동을 피하라.
- 반대신문 시간에 자신감을 가지고서 자신을 제어하라.

이는 신뢰를 잃게 만드는 가장 큰 적이다. 유창함은 필요하나 '음'이나 '어' 같은 말은 줄여야 한다.

6. 반대신문 시간에 자신감을 가지고서 자신을 제어하라. 다음 발언에 대한 준비로 부산하게 행동하지 말고 책상 위의 자료를 정돈해야 한다. 가능하면 판정자와 눈을 맞춘 채 자신감을 보이면서 상황과 내용을 장악한 듯이 보이도록 해야 한다. 토론을 마친 후에는 악수를 하는 것이 좋다.

2) 뒷받침

연설은 연설을 뒷받침하는 자료의 질에 따라 결정된다. 뒷받침은 여러 가지 형태로 이루어지는데 서사, 다양한 유형의 인용, 유추와 비유, 통계, 사실적 관찰, 정의, 설명, 묘사, 그리고 시각적 의사소통이나 음악 같은 대안적 형태도 가능하다. 하지만 왜 뒷받침이 필요할까? 뒷받침의 어떠한 기능이 주장을 하는 사람을 돕는가? 토론에 참여해본 사람들은 뒷받침이 주장을 믿게 만드는 역할을 한다는 것을 알고 있다. 이와 같은 신뢰와 증명의 기능이야말로 뒷받침을 제시해야 하는 첫 번째 이유이다. 또한 청자가 주장이나 상황을 이해하지 못하면 증거는 아무 의미가 없다는 것을 현명한 연설자라면 기억할 것이다. 따라서 뒷받침을 사용해야 하는 두 번째 이유는 자신의 생각을 명료하게 만들기 위해서이다. 마지막으로, 자주 잊히곤 하지만, 뒷받침은 연설을 보다 재미있고 들을 만하게, 흥미 있고 의미 있게 만든다. 뒷받침의 형태에 따라 어떤 것은 이들 기능 중 하나를 성취하는 데 다른 것들보다 더 낫고 또 어떤 것은 다른 기능을 성취하는 데 더 효과가 있지만, 세 가지 모두를 만족시키는 뒷받침 형태는 거의 없다. 예를 들어, 트레이본 마틴(Trayvon Martin)의 죽음*과 관련한 극적인 이야기는 '정당

방위법' 개정을 주장하는 연설에 청중의 관심을 모을 수 있다. 하지만 독특하고 불명확한 마틴 사건의 상황은 증거 사례로서 타당성을 지니기에는 문제가 있다. 마틴 사건에서 사실 여부의 혼란은 정당방위법 관련 사건을 더욱 분명하게 하는 데 제한된 가치만을 지닌다. 따라서 이야기는 흥미를 끄는 데 사용될 수 있는 뒷받침이지만, 법이 함의하는 바를 분명하게 설명하는 법률 자료에 대한 전문가의 증언, 그리고 이 사건의 특수한 기준을 일반화하기 위한 정당방위와 관련된 이전의 수백 건의 사건 통계 등으로 보충될 필요가 있다. 그래서 뒷받침 제시의 규칙은 다양한 유형의 뒷받침을 제시해야 하고, 뒷받침들을 쌓아서 뒷받침에 필수적인 세 가지 기능을 충족시켜야 한다는 것이다. 하나의 주장을 위해 토론자는 여러 층의 다양한 형태의 증거를 쌓을 수 있다. 교육 토론에서는 대부분의 증거가 인용 형태로 제시되지만 이 인용은 다양한 유형의 뒷받침을 포함한다. 뒷받침의 세 가지 기능을 모두 확보하는 것은 토론자에게 달려 있다. 토론의 깊이는 쟁점의 양이 아니라 여러 쟁점에 대한 다양한 뒷받침에 의해 결정된다.

툴민이 제시한 논증의 기본 모형에서 근거(grounds)는 바탕으로 삼아야 하는 것이며 논증의 출발점이다. 물론 근거는 뒷받침을 제시한다. 증거는 토론의 원재료라고 할 수 있다.

3) 체계화

연설의 종류나 맥락에 따라 요구되는 체계화의 방법은 달라지지만, 연

....

* 2012년 4월 26일 밤, 미국 플로리다 올랜도 북부 샌포드 시에서 17세 흑인 소년 트레이본 마틴이 총기를 소지한 28세 백인 청년 짐머맨에게 살해당한 사건을 가리킨다. 소년을 살해한 짐머맨은 자신의 행위를 정당방위라고 주장하며 무죄를 선고받았지만, 당시 트레이본은 재킷 후드를 쓰고 편의점에서 캔디와 아이스티를 사가지고 돌아가던 길이었다.

설의 체계화는 항상 논리적이고 분명할 필요가 있다. 논리성은 논증의 전개가 청자에게 이해되고 이유에 맞게 선택되었음을 의미한다. 논리적 체계화는 자료의 성격, 청중, 목적에 맞게 패턴이 확립되도록 한다. 원인과 결과, 문제와 해결, 가장 중요한 것부터 덜 중요한 순서로, 덜 중요한 것부터 가장 중요한 순서로 배열하는 것 등이 체계화의 예이다. 정책 토론에서 입론 연설을 하는 토론자들은 일반적으로 문제와 해결 방식을 사용하는데, 더 구체적으로는 내재성, 피해, 해결성의 필수 쟁점(stock issuess)을 활용할 수 있다. 피해의 내재성은 일종의 원인과 결과 유형이다. 용어 정의의 필수 쟁점은 사실 입론과 가치 입론에 합리적인 패턴을 제공해준다.

연설의 체계화는 또한 분명해야 한다. 이는 연설의 개요를 청중과 공유한다는 뜻이다. 말로 하는 의사소통은 글로 하는 의사소통의 도구, 예를 들면 목록, 페이지 숫자, 구두점 등을 청중에게 제공하지 않는다는 사실을 기억해야 한다. 반면에 효과적인 연설자는 청중이 연설의 내용 체계를 잘 따라오고, 기록하고, 기억할 수 있도록 돕기 위해 예고(preview), 담화표지(signpost), 정리(review) 등을 활용한다. 이는 청중에게 토론자가 어디로 갈 것이고, 지금 어디에 있고, 어디에 갔었는지에 대해 말하는 것이다. 예고는 청중에게 앞으로 무슨 말을 하게 될지를 이르는 것이다. 예를 들면, "이번 연설에서는 이민 위기의 원인에 대해 말하고 이민이 우리 사회에 끼친 영향력에 대해 밝힌 다음 이러한 상황을 고려하여 가능한 해결책이 무엇인지 말하겠습니다."와 같은 것이다. 담화표지는 청중에게 무엇을 말하고 있는지를 환기하는 것으로, 예를 들면, "첫째, 비자를 적절한 시기에 공정한 방법으로 발급하는 제도를 만들기 위해서 미국 이민 정책의 실패에 대해 생각해봅시다."와 같은 것이 있다. 정리는 연설을 반복하는 것이 아니라 주장한 의견을 간결하게 요약하는 것이다. 예컨대, "이번 연설에서 저는 이민 위기에 영향을 미친 여러 요소들에 대해 이야기했습니다. 그리고 이러한 정책적 실패의 악영향에 대해 논하고 이 문제에 대한 부분적인 해결책을 제시하였습니다."와 같은 것이다. 중간에 요약 정리를 하거나 효율적으로 이어가기 위한 전환 발언을 하는 것도 연설 내용을 분명히 하는 데 도움을 준다. 토론에서 발언자는 경제적으로 말해야 하고, 판정자들이 토론 내용을 토론 흐름표에 주의를 기울여 적고 있음을 알아야 한다. 체계화를 분명히 하기 위해 삼단계 접근법을 취하면 중복된 내용을 줄일 수도 있다. 하지만 토론자들은 연설에 앞서 제시된 예고, 즉 '로드맵'을 잊지 말아야 한다. 연설자들은 분명한 담화표지를 사용하여 자신의 논증이 체계화된 구조에 제대로 위치할 수 있도록 신경 써야 한다.

4) 관여

연설자와 청자 간에 공감대를 형성하고 이해를 공유하면 효과적인 의사소통이 가능하다. 의사소통 과정은 상호적이고 협력적이며 청자의 긍정적인 참여를 필요로 한다. 자신의 개인적 경험 및 개인과 관련된 가치와 개념의 중요성과 결부해 연설자가 청자를 참여시키는 정도에 따라 메시지의 효과성이 결정된다. 연설자는 관여를 높이고 어떤 주제에 대한 청자의 관심을 높이는 데 몇 가지 방법을 사용할 수 있다. 첫째, 연설자는 자신의 체계(system)와 결부된 청자의 지식과 적응 그리고 청자의 피드백을 필요로 한다. 연설자는 알고 있는 것을 바탕으로 청자에 대해 예상할 수 있으며, 관련된 이야기나 비교를 하고, 적합하고 적절한 언어를 선택하며, 청자의 편견, 취향, 경험에 근거한 입장, 정책, 논증을 선택할 수 있다. 예를 들어, 청중이 미식축구 팬들로 이루어진 집단이라면 연설자는 제안서를 통과시키는 것을 슈퍼볼(Super Bowl) 경기에서 우승하는 것에 비유할 수 있다. 둘째, 연설자는 역동적이고 에너지 넘치는 전달력을 보여야 한다. 눈 맞춤, 얼굴 표정, 따뜻한 목소리와 같은 즉각적이고 비언어적인 전략을 통해 청자와의 거리를 좁힐 수 있다. 셋째, 연설자는 청중에게 알맞은 어휘를 구사해야 한다. 전문 용어의 사용은 적절할 수도 있으며 심지어 사용자의 신뢰도를 높여주기까지 한다. 하지만 그런 용어는 정의를 하거나 예를 드는 방식으로 설명해야 한다. 넷째, 연설자는 청자가 참여할 수 있는 방법을 생각해야 한다. 이는 청자에게 수사학적 질문을 던지거나 개인적인 언급을 하거나 청자에게 전심전력하는 것을 통해 할 수 있다. 상황이 허락한다면 청자에게 실질적인 참여 기회를 제공할 수 있는 장치나 게임을 활용할 수 있다.

5) 언어

말은 강력한 힘을 가진다! 이 장의 '전달력'을 다룬 절에서 비언어적 의사소통, 메시지를 전달하는 도구(몸짓과 목소리)의 중요성에 대해서 살펴보았다. 하지만 메시지 그 자체는 언어적 의사소통이다. 우리는 영향을 미치고, 정보를 주고, 가르치고, 고무하기 위해 언어를 사용한다. 말은 열정이나 무관심, 포섭이나 증오, 이해를 만들고, 또 불행하게도 오해를 만든다. 기억할 만하고 뛰어난 연설가들은 효과적인 언어를 선택한다. 말은 생각, 감정, 그리고 의사소통의 개시자인 아이디어를 전달하기 위한 구성된 표상들, 즉 상징임을 기억해야 한다. 말하자면 말은 분리되어 있는 어떤 것의 의미를 나타내기 위해 고안된 임의적인 소리들의 집합체이다. 그런데 표상하는 것의 의미와 소리가 비슷한 의성어의 경우는 예외가 될 수도 있다. 하지만 '철썩', '쾅', '뺑'과 같은 의성어를 들을 때조차도 실제로 풍선이 터지는 소리나 연못에 돌 던지는 소리를 들은 경험에 비추어보면 경험과 다르고 동떨어져 있다. 말은 추상적이며 표상하고자 하는 것들이 제거된 것이다. 언어의 구체성이나 특수성은 추상 수준을 감소시키거나 증가시킬 수 있다. 예를 들어, '숀은 사람이다.'라고 말하는 것은 '숀은 여자이다.', '숀은 소녀이다.', '숀은 여섯 살 소녀이다.', '숀은 축구, 골키퍼 등을 좋아하는 행복한 여섯 살 소녀이다.'라고 말하는 것보다 훨씬 추상적이다. 결국 말은 모호하며 의미 영역을 제시하는 것이다. 6시는 몇 시인가? 5시 59분 31초를 6시라고 할 수 있는가? 아니면 6시 59초는 어떠한가? 이것은 휴대폰의 디지털시계를 보는지 아니면 손목에 찬 아날로그시계를 보는지에 따라 결정될 수도 있다. 말은 명시적 의미와 함축적 의미를 모두 갖는다. 명시적 의미는 언어 공동체 안에서 가장 잘 이해되는 것이다. 명시적 의미는 문자 그대로의 의미로서, 상대적으로 객관적이고 사람들의 인식에 의해 제한되며 이를 사용하는 사람들이 공유하는 의미이다. 사전에서 보이는 정의가 바로 명시적 정의이다. 온라인 메리엄-웹스터 사전(Merriam-Webster Dictionary Online)이 제공하는 '개'라는 단어의 명시적 정의는 "매우 다양한 가정용 포유류(갯과)로 회색 늑대와 혈연적으로 가깝다."[10]이다. 하지만 그 단어를 사용하는 개별 사용자에게 환기되는 의미는 다를 수 있다. 어떤 사람에게 '개'는 따뜻하고 솜털이 보송보송하며 충성스러운 동반자로 인

효과적인 언어 사용을 위한 연설 지침들

- 구어 스타일을 사용하라.
- 간단하고 분명하게 말하라.
- 적절한 언어를 사용하라.
- 군말을 없애라.
- 기억하기 쉽고 의미 있는 언어를 사용하라.
- 모두 참여할 수 있도록 하라.

식될 수 있고, 다른 사람에게는 공포의 대상으로 사나운 동물의 공격이라는 기억을 떠올리게 만들 수도 있다. 이처럼 개인적이고 종종 정서적인 언어 해석은 함축적 의미이다. 효과적인 연설자는 단어의 정확한 의미뿐 아니라 개인적인 반응을 전달하는 언어의 역동적이고 심층적인 힘을 잘 안다. 효과적인 연설을 하기 위해 다음과 같이 간단한 지침을 소개한다. 이것들은 때때로 모순된 것처럼 보이고 종종 어렵게 보이기도 한다.

① 구어 스타일을 사용하라.

구어와 문어의 스타일은 영어와 스페인어의 차이만큼이나 극명하게 다르다. 구어를 잘 사용하면 산뜻하면서 역동적이고, 간명하면서 생기가 넘치며, 실시간으로 이해하기 쉬울 뿐 아니라 기억하기에도 좋다. 특히 연설문 쓰기(speech writing)는 매우 도전적인 과정이다. 우리는 기본적으로 쓰기가 너무 얽혀 있어서 복잡하고, 수동적이면서 모호하며, 구어적인 연설보다 장황하다고 종종 생각한다(아마도 글로 하는 의사소통 역시 마찬가지일 것이다). 이러한 장황한 글쓰기 경향은 컴퓨터로 글을 쓸 때 더욱 극대화된다. '말로 하는 연설'을 해야지 '글로 하는 연설'을 해서는 안 된다! 스트렁크와 화이트(Strunk and White)는 『문체의 요소(*The Elements of Style*)』라는 책에서 작가에게 장황하게 쓰지 말라고 충고한다. "호화롭고 장식적인 구절은 이해하기 어렵고, 일반적으로 좋은 문장이 아니며, 때때로 지겹게 다가온다. 매우 달콤한 말이나 과장된 구절을 사용하는 것이 자신의 글쓰기 스타일이라면 때때로 생동감을 드러냄으로써 이를 상쇄할 필요가 있다. 솔로몬의 「아가」처럼 칭찬할 만한 것을 쓰면서 말이다."[11] 구어 스타일은 형식에 얽매이지 않고 생동감 넘치는 언어, 간단한 문장 구조를 사용한다. 그것은 능동적인 목소리로 1인칭을 사용하여 반복적으로 말하기 때문에 개별적으로 맞춤 메시지를 전달할 수 있다. 이는 연설자가 속어를 사용하거나 일상적인 언어를 사용하라는 말은 아니다. 대중 연설 상황은 자연스러워야 하고 대화 톤을 사용해 개별적인 상호작용을 해야 하지만, 연설은 실제 대화보다는 격식을 갖추고 전문적이어야 한다.

② 간단하고 분명하게 말하라.

"적을수록 좋다."라는 말을 명심하면서, 선명하게 묘사하고 분명하고 쉽게 이해할 수 있도록 설명해야 한다. 너무 많은 형용사나 과도하게 불필요한 표현을 사용하면 의도한 내용이 모호해질 뿐 아니라 듣는 이의 저항감이 증가할 수도 있다. 하지만 청자가 정확하게 이해하는 것이 중요할 경우, 연설자는 청자의 이해를 위해 충분히 설명해주어야 한다. 예를 들어, 플로리다 남부의 날씨가 '덥다'라고 하는 것은 희망하는 이해에 이를 수 없다. 마이애미에는 다양한 종류의 '덥다'가 있기 때문이다. 1월의 더위는 온도가 섭씨 25.5도이고, 해가 쨍쨍하고, 건조하고, 바람이 살랑살랑 불지만, 8월의 더위는 온도가 섭씨 32.2도이고, 습하고, 바람이 없고, 숨 막히게 덥다가 한낮에 천둥과 번개를 동반하기도 한다. 추상화의 정도를 줄이면 분명하게 의미를 이해하는 데 도움을 준다. 말로 그림을 그리듯 설명하는 것은 사용된 언어가 충분히 구체적이고 생동감이 있다면 청자로 하여금 대상, 사람, 장소, 사건을 경험하게 할 수 있다. 효과적으로 묘사하고 설명하기 위해서는 주의 깊게 관찰해야 한다. 만약 연설자가 사물에 대해 자세하고 풍부하게 인식하지 못하면 그것의 의미를 다른 사람에게 전달할 수 없다. 연설자는 관찰하고 적절히 세부 사항을 공유해야 하지만 그렇다고 불필요하게 자세하게 설명해서는 안 된다.

③ 적절한 언어를 사용하라.

연설자는 우선 청중에 대해 알고 있어야 하고 청중의 언어 능력이나 그들이 친숙하게 생각하는 것이 무엇인지 파악해야 한다. 청중이 기술 용어나 전문 용어를 당연히 알고 있을 거라고 생각해서는 안 된다. 전문 용어는 전문적이고 직업적이며 문화적인 영역에서 특수하게 발달한 것이기 때문에 집단 내 혹은 가까운 사람들은 익숙하지만 그 집단 바깥의 사람은 이해하기 어렵다. 그룹 내의 전문 용어는 이 책에 제시된 많은 용어가 그런 것처럼 속기하기에 효율적이고 효과적이다. 하지만 익숙하지 않은 전문 용어를 사용하면 이해하는 데 방해가 된다. 연설자는 제한된 전문 용어만을 사용함으로써 자신의 신뢰도를 높일 필요가 있다. 만약 낯선 개념이나 낯선 용어에 대해 말해야 한다면 그 용어들을 정의하고 예를 들어 설명해야 한다. 직접적이고 비형식적이면서 익숙하고 매력적인 언어를 사용하면 청중의 공감과 참여를 얻을 수 있어서 연설자에게 유익할 것이다. 알기 쉽게 말하는 것은 전문 지식이 없는 청자를 위한 좋은 연설 방법이다.

④ 군말을 없애라.

스티븐 루카스는 군말을 "전국적인 전염병"[12]이라고 불렀고 스트렁크와 화이트는 작가들에게 필요 없는 단어들을 삭제하라고 현명하게 충고했다. "좋은 글은 간결하다. 문장에 필요 없는 단어가 들어가서는 안 되며 단락에도 마찬가지로 필요 없는 문장이 들어가서는 안 된다. 이는 그림을 그릴 때 불필요한 선을 그리지 않고 기계를 조립할 때 불필요한 부속품을 달지 않는 것과 마찬가지이다. 이 말은 작가가 모든 문장을 자세하게 기술하는 것을 피하면서 짧게 쓰고 대상에 대해 대략적으로만 말해야 한다는 뜻이 아니라 모든 단어가 말하도록 해야 한다는 뜻이다."[13] 연설자는 주의 깊게 편집하고 검토해서 쓸데없는 표현과 형용사들을 피해야 하고, 의미를 보태지 못하는 구절들을 쳐내야 한다. 가장 중요하게는 ('있잖아', '정말', '진짜', '내가 무슨 말을 하려는지 알지', '내 말이 어떤 말이냐면', '어쨌든' 등과 같은) 때우는 말을 피해야 한다. 이와 같은 의미 없는 말은 연설자의 신뢰를 손상시키며 메시지 이해에도 어려움을 겪게 만든다.

⑤ 기억하기 쉽고 의미 있는 언어를 사용하라.

아마도 이 말을 들으면 바로 알아차릴 수 있을 것이다.

"지금으로부터 87년 전에 …"*

"국가가 나에게 무엇을 해줄 수 있는지 묻지 말고 내가 국가를 위해 무엇을 할 수 있는지 물으십시오 …"**

"나에게는 꿈이 있습니다 …"***

위대한 지도자들이 남긴 이 유명한 말들은 어휘의 일부처럼 인식된다. 이 말들은 강력하고 기억할 만하다. 품위 있게 만들어진 이 말들은 당시의 청중에게 중요한 의미를 형성하는 것이었고, 공통된 기억으로 여전히 중요성을 띠고 지속되고 있다. 레이건 대통령의 연설문을 쓴 페기 누넌(Peggy Noonan)은 "문체는 실질을 돋보이게 만든다. 그리고 그것은 실제 내용에 목소리를 부여하고 메시지를 기억할 만한 것으로 만들고 정책을 분명하게 하면서 이해할 수 있게 한다."라고 말했다.[14] 문체는 부분적으로 다음과 같은 장치를 통해 완성된다.

a. 은유법. 윈스턴 처칠은 동유럽까지 뻗은 구소련을 '철의 장막'에 비유했고, 마틴 루터 킹 주니어는 미국 건국 문서(미국의 독립선언서와 헌법)를 부족한 은행 잔고가 표시된 부도수표에 비유했다. 그리고 냉전시대의 정

....

* 미국의 16대 대통령인 에이브러햄 링컨의 게티스버그 연설의 시작 부분.
** 미국의 44대 대통령인 케네디의 취임 연설 중 한 대목.
*** 미국의 흑인 인권운동가 마틴 루터 킹 목사의 연설의 시작 부분.

치인들은 '공산주의라는 암적 존재'에 대해 언급하기도 했다. 이는 강렬한 은유를 사용한 예들이다. 서로 다른 사물 간의 내포적 비교는 인간의 공통 경험 비교에 토대를 둔 ('언덕 위의 빛나는 도시', '무식의 극', '끝없이 밀려오는 파도' 등) 전형적이고 잠재적인 사고방식에 기댄다. 킹 박사가 권리에 대한 약속을 부도수표에 비유한 것처럼 다른 경우에 비교는 보다 구체적으로 되기도 한다. 각각의 입론에서, 비교는 청자들이 자신들의 완벽하고 내재적인 기존 경험을 통해 새로운 개념을 이해할 수 있도록 도움을 준다. 은유를 사용하면 심리적으로 강력한 효과를 발휘할 뿐 아니라 기억하기도 쉽다.

b. 대구법. 반복이나 한 문장 이상의 유사한 구조는 청중의 주의를 끌어서 주제를 기억하게 하거나, 일련의 암시를 주는 공통의 근본 개념(root idea)을 기억하게 하는 데 효과적이다. 2008년 민주당 전당대회에서 힐러리 클린턴 상원의원은 "나는 항상 ~할 것입니다."라는 구절을 되풀이했다.

나는 항상 기억할 것입니다, 자폐아 둘을 입양한 싱글맘을. 그녀는 아무런 의료 혜택도 받지 못했습니다. 게다가 그녀는 자신이 암이라는 사실을 발견하게 됩니다. 하지만 그녀는 털이 빠진 머리 위에 나의 이름을 쓰고서 나를 환영해주었습니다. 그러면서 나에게 자신과 그녀의 아이들을 위한 의료보험을 위해 싸워달라고 부탁했습니다.

나는 항상 기억할 것입니다, 해병대 티셔츠를 입은 젊은 남성을. 그는 몇 개월째 진료를 받기 위해 기다렸습니다. 그는 나에게 말하길, "내 동료들을 돌봐주세요. 많은 이들이 아직 그곳에 있습니다."라고 했습니다. 그런 다음 그는 "저도 돌봐줄 수 있겠습니까?"라고 했습니다.

그리고 나는 항상 기억할 것입니다, 고용주가 근로시간을 줄이는 바람에 최저임금만 받고 일하는 자신의 엄마에 대해 말해준 어린 소년을. 그 소년은 자신의 가족을 위해 무엇을 해야 할지 모르겠다고 했습니다.

　　나는 항상 감사할 것입니다, 50개 주, 푸에르토리코 자유연합주와 그 영토의 모든 이들에게. 우리의 캠페인에 참여해준 것에 대해 부시 행정부에 의해 배제되고 남겨진 사람들을 대신하여 감사를 표합니다.[15]

　　c. 대조법. 우주비행사 닐 암스트롱(Neil Armstrong)은 1969년 달에 첫 발을 내디디면서 "한 인간에게는 하나의 작은 발걸음이지만, 전 인류에게는 위대한 도약이다."라는 명언을 남겼다. 이는 병렬 구조를 사용하여 대조적인 생각을 병치하는 대조법의 한 예이다. 이와 같은 언어적 선택은 의미 있고 기억할 만한 수사법이다. 케네디 대통령도 취임 연설에서 "조국이 당신을 위해 무엇을 해줄 수 있는지 묻지 말고, 당신이 조국을 위해 무엇을 할 수 있는지 물으십시오."와 같은 대조법을 활용하였다. 케네디의 또 다른 명언인 "공포로 인해 타협하지 말고, 타협하는 것을 두려워하지도 마라."라는 표현에서도 알 수 있듯이 대조법으로 효과적인 말을 만들어내는 것은 쉽지 않아도 이것은 연설자에게 아주 유익하다.

　　d. 연설의 부가적인 표현법. 이 외에도 두운(첫 자음의 소리를 반복하는 것), 각운, 리듬, 생략 등과 같은 표현법이 있다. 더욱 효과적인 연설을 하기 위해 연설자나 연설문 작성자는 문학적 장치의 사용을 어떻게 향상시킬 수 있을까? 좋은 문학작품을 많이 읽고 명연설을 많이 듣거나 읽으면서 어떤 부분이 기억할 만하고 의미 있게 다가왔는지 관심을 기울여야 한다. 효과적인 연설자라면 좀 더 만족스러운 언어 사용을 도출하려는 목적으로 시를 인용하거나 가까이할 수도 있다.

⑥ 모두 참여할 수 있도록 하라.

"몽둥이와 돌이 내 뼈를 부러뜨릴지라도 말은 결코 나를 해치지 못한다."라는 옛 속담은 마음을 아프게 하는 말을 들은 아이를 안심시켜 자신을 방어하게 하는 데 도움이 될지는 모른다. 하지만 간단히 말해 이는 사실이 아니다. 말은 의미를 전달하고, 정신을 고양하며, 권한을 부여하거나 기운을 불러일으키는 힘을 가지고 있을 뿐만 아니라, 사람들이 스스로를 중요하지 않거나 하찮은 존재로 생각하게 만드는 힘도 가지고 있다. 우리가 어떤 이를 가치 있고 관심을 받을 만하다고 인식하면 우리는 인증(confirmation)의 의사소통에 참여하는 것이다. 인사를 하거나 어떤 이를 칭찬할 때, 어떤 이의 이름이나 직함을 부를 때, 그들에 대한 우리의 진술이 가지는 문화적 함의를 고려하는 일이 어려움에 직면할 때, 우리는 그들의 존재나 중요성을 인증한 것이다. 거부(disconfirmation)는 다른 사람을 무시하거나 묵살하는 의사소통 유형으로, 차이를 강조하고 표면적으로나 암묵적으로 (종종 의식하지 않고) 타자나 타인을 압도하려 한다. 인증은 윤리적으로 선호할 만한 실천이 될 뿐 아니라 이야기하거나 토론하거나 상호작용할 때 성공적으로 한 단계 더 나아가는 데 도움을 준다. 의사소통의 장에서 상대에게 공평하게 열린 태도를 보이며 기꺼이 듣고자 하는 청자가 되기 위해서는 상대의 목소리에 힘을 실어주고 그들을 대화 속으로 끌어들여야 한다. 주장을 하는 사람들, 연설자, 토론자, 의사소통을 하는 사람들은 이해를 공유하고 문제를 조사해 해결하고자 하기에, 모든 목소리에 귀를 기울이는 것이 유익할 것이다. 자제하는 말의 힘은 자유롭게 하는 말의 힘 못지않게 강렬하다. 연설자와 토론자에게 필수적인 것은 최선을 다해 모두를 포괄하고, 공격적이지 않으며, 문화적으로 적절한 말을 사용하는 것이다. 부당성, 차이, 대외적인 문화적 민족성 또는 집단적 정체성에 기반을 둔 사람들을 그냥 무감각하게 언급하면 상대방은 당신이 자신을 '타인'처럼 취급한다고 생각해 자신이 당신과 당신이 속한 그룹보다 덜 중요하거나 덜 이해받는다고 생각하게 될 것이다.

문화나 특성에 근거해 어떤 사람들을 의도적이거나 부주의하게 비하하거나 깎아내리는, 부정적인 고정관념을 나타내는 언어나 표지는 그 사람들을 위계상 열등한 위치에 두면서 거부한다. 그리하여 윤리적으로 그릇되고 실용적으로 형편없는 의사소통 결과가 초래된다. 일반적인 사례는 성별이 반영된 언어를 사용하는 것으로, 성별이 반영된 '그(he)', '인간(mankind)' 같은 단어는 사람을 가리키고 있지만 표면적으로 남자만을 인정하는 말이다. 이와 같은 남성 편향 지시어를 사용해서는 안 된다. 다른 집단이나 문화적 차이가 있는 집단을 언급할 때 자신의 정체성을 드러내거나 그 집단에 대한 편견을 강조하는 것 역시 삼가야 한다. 어떤 이를 '게이' 혹은 '저능아'라고 부르는 것은 스스로를 GLBTQ(게이, 레즈비언, 양성애자, 성전환자, 성정체성 의심자나 퀴어) 또는 장애자라고 생각하는 사람들을 억누르거나 비하하는 것으로 인식되고 받아들여질 수도 있다. 특히 게이나 장애자가 부정적인 평가를 받고 있는 상황에서 게이나 장애자가 아닌 사람들의 행동을 부정적으로 묘사하는 데 그런 표현을 사용한다면 더욱 그렇다. 연설자가 지녀야 할 태도는 환영받지 못할 표현이나 묘사를 의식하고 상대가 원치 않고, 모멸감을 느끼며, 피해를 입는 말의 사용을 피해야 한다. 상대를 거부하기보다는 인증하는 의사소통의 행동 양식을 선택해야 한다.

6) 시청각 도구

시청각 도구의 적절성 여부는 컴퓨터에서 만든 시각 도구의 활용과 대체로 관련이 있으며, 연설 상황에 의존한다. 대부분의 교육 환경이나 사업 환경에서 컴퓨터를 활용한 시각 도구의 활용은 최근의 실행에서 대세가 되고 있다. 시청각 도구를 잘 활용하면 훨씬 재미있고 즐거운 발표를 할 수 있다. 연설자는 자신의 생각을 표현하기 쉽고 청중은 이해하기 쉽고 기억하기 쉽다. 반대로 시청각 도구를 잘 활용하지 못하면 오히려 발표에 방해가 되고, 집중하는 데 장애물로 작용하며, 연설에 논리적인 문제를 초래한다. 유명한 요리사의 요리 강의라면 미각이 사용될 수도 있다. 다른 경우 (오디오 녹음, 음악이나 악기의 활용 등) 청각적인 도구가 사용될 수도 있다. 창의적인 연설자라면 촉각이나 후각적 도구를 활용할 수도 있을 것이다. 하지만 시청각 도구를 다루는 이 장에서는 대체로 시각적 도구에 초점을 맞출 것이다.

　시각적 도구에는 사물, 모형, 포스터, 도표, 칠판, 화이트보드 등이 있다. 하지만 주로 활용되는 시각적 도구는 파워포인트, 프레지(Prezi),* 여타의 발표 소프트웨어를 이용해 컴퓨터에서 비추는 것이다. 시각적 도구는 기본적으로 앞에서 논의한 연설문 만들기의 또 다른 기능을 지원한다. 텍스트에 기반을 둔 도구는 담화표지나 체계화를 위한 도구로 기능하면서 연설자가 논의하고 있는 개념이나 용어의 대략적인 구조 또는 목록을 청중이 따라갈 수 있게끔 돕는다. 텍스트 도구의 또 다른 사용법은 개념에 대한 간단한 정의나 설명을 제시하고, 인용구를 보여주는 것이다. 그래픽 도구는 통계 자료(차트, 표, 그래프 등), 지도, 도표, 토론 흐름표, 조직표, 사진 등을 말한다. 어떤 시각적 도구에는 간단한 동영상이 삽입되기도 한다. 시각적 도구를 활용한 효과적인 발표의 핵심은 청자가 내용을 이해하거나 따라오는 데 도움을 주면서 연설을 즐길 수 있도록 하는 것이다. 하지만 시각적 도구가 연설이 되어서는 안 된다. 대중 연설은 연설자와 청중의 관계를 형성하고 상호적이기 때문에 청중에게 말을 거는 가치 있는 방법이 된다. 만

....
* 클라우드 기반의 발표 도구.

약 시각적 발표 도구가 연설이 되어버린다면 연설자가 설 자리는 없다. 파워포인트나 다른 발표 기술을 활용하는 대부분의 연설자들은 너무 많은 시각적 이미지를 사용하면서 말을 충분히 하지 않는 경우가 많다. 다음은 시각적 도구의 효과적인 활용을 위한 지침이다.

1. 슬라이드 수를 제한하라. 사용할 슬라이드의 최대 수를 계산하는 훌륭한 공식은 분 단위의 연설 시간을 2로 나눈 뒤 하나를 더하는 것이다. 예를 들어 10분의 연설 시간이라면 6개가 넘는 슬라이드를 사용해서는 안 된다.

2. 슬라이드 내의 글자 수를 제한하라. 한 장의 슬라이드에 여섯 줄 이상의 텍스트를 넣지 말고, 문장이 아니라 핵심어나 구절을 넣어라. 한 줄에 40자를 넘어서는 안 된다. 글자는 되도록 큰 것(30 포인트 이하가 되지 않도록)을 사용하고, 대·소문자를 구분해서 사용하되 한 가지 글자체를 사용하라.

3. 너무 복잡해 보이지 않도록 하라. 한 장의 슬라이드에 네 장의 사진을 보여주는 것보다는 한 장만 보여주는 것이 더 낫다. 표나 그래프는 세밀한 데이터나 격자 선을 생략한, 간단한 것이 좋다. 지도의 경우도 부차적인 도로나 필요하지 않은 세부 사항은 나오지 않고 지역 윤곽만 보여주는 간단한 지도를 사용하라.

4. 말하고 있는 그 슬라이드만을 보여주라. 주요 항목과 목차 등을 포함하여 슬라이드 쇼를 잘 구성하여 연설자가 슬라이드에 주의를 집중시키기 원하는 그 시점에 마우스를 클릭하여 슬라이드가 나올 수 있도록 해야 한다.

5. 음영을 사용하여 디자인하라. 슬라이드는 스크린에 비춰지는 것보다 컴퓨터 화면에서 더 잘 보인다. 따라서 텍스트와 배경은 상당한

차이를 두어 청중이 텍스트를 잘 읽을 수 있도록 해야 한다. 슬라이드에 예술적 요소를 가미하거나 디자인하여 심미적으로 즐겁고 재미있는 발표가 이루어질 수 있도록 해야 한다.

6. 스크린을 보지 말고 청중을 보라. 만약 당신 앞에 모니터가 없다면 슬라이드를 프린트해서 그것을 손에 들고 청중이 슬라이드를 보는 동안 그것을 읽는 게 좋다.

7. 꼭 필요할 때 사용하라. 슬라이드가 발표에서 중요한 기능을 할 때에만 그것을 포함시키고 필요하지 않다면 생략하는 게 낫다.

8. 화면 앞에 서지 마라.

효과적인 연설을 하기 위해서는 효과적인 연설의 요소(전달력, 뒷받침, 관여, 체계화, 언어, 필요하다면 시청각 도구)가 필요하다. 모든 연설자들처럼 토론자들도 자신들이 고려해야 하는 특수한 환경에 직면해 발언에 대한 특별한 요구를 분석하며, 이에 적절하게 맞추어야 한다. 하지만 토론자는 청중을 설득하거나 토론 판정자를 자신의 편으로 만들기 위해 언어적 의사소통과 비언어적 의사소통을 활용해야 하는 도전적 상황임을 늘 잊어서는 안 된다. 정치 후보자로 선거 유세를 하거나 학생회장으로 집회에서 발언할 때와 똑같이 토론자에게도 효과적인 연설의 모든 특성은 어김없이 적용된다.

시각적 도구 활용 지침

....

- 슬라이드 수를 제한하라.

- 슬라이드 내의 글자 수를 제한하라.

- 너무 복잡해 보이지 않도록 하라.

- 말하고 있는 그 슬라이드만을 보여주라.

- 음영을 상용하여 디자인하라.

- 스크린을 보지 말고 청중을 보라.

- 꼭 필요할 때 사용하라.

- 화면 앞에 서지 마라.

연습

1. 횡격막에서부터 숨을 쉬도록 하자. 연설을 하는 사람은 똑바로 서서 횡격막에서부터 복식 호흡을 해야 좋다. 연설자가 긴장을 하거나 서두를 때 보면 허파의 윗부분으로만 얕게 숨을 쉰다. 이것을 고치기 위해 자기 앞에 있는 의자를 가슴 높이로 들고 팔을 앞으로 쭉 뻗어보자(의자에 신체의 어떤 부위도 닿아서는 안 되며 가슴도 기대지 말아야 한다). 원고를 의자 위에 놓고 읽어보자. 횡격막에서부터 숨을 쉬며 원고를 크게 읽는다. 다음에는 의자를 내려놓고 다시 원고를 읽는다. 숨을 쉴 때 몸의 변화를 알 수 있을 때까지 이 과정을 반복한다.

2. 입에 펜이나 연필을 물고 원고를 크게 읽어보자.

3. 모든 단어에 '아' 소리를 추가해 크게 읽어보자.

4. 긴 인용문을 크게 뒤에서부터 읽어보자.

5   할 수 있는 한 빠르게, 하지만 강세를 두어 닥터 수스(Dr. Seuss)의 책을 읽어보자. "내가 그린 기린 그림은 잘 그린 기린 그림이고 네가 그린 기린 그림은 못 그린 기린 그림이다."*처럼 연속해 나오는 비슷한 발음을 구별해 읽는 연습을 위해서는 닥터 수스의 책이 최고이다.

6. 다소 과장된 감정과 느낌으로 토론 개요를 읽어보자.

* 원서에는 "Oh Say Can You Say, The Butter Battle Book, Oh The Thinks You Can Think, There's A Wocket in My Pocket, and Fox in Socks"로 되어 있다.

17장

교육 토론의 형식

교육 토론의 다양한 형식과 접근법을 통해 우리는 다채로운 경험을 할수 있다. 창의적인 학생들과 교육자들이 토론 실행을 위한 새로운 방법을 찾으면서 새로운 토론대회가 생겨나고 기존의 토론대회는 규칙을 바꾸어 간다. 오늘날의 토론은 고대로부터 전해져오는 토론의 본질적 가치를 유지하면서 현 시대의 관심에 빠른 속도로 적응하는 많은 사례를 만들고 있다. 이 장에서는 대학 대항 토론대회에서 실제로 행해지고 있는 유명한 토론 형식을 몇 가지 살펴볼 것이다. 토론 형식은 토론을 위해 합의된 틀로서 몇 가지의 절차적 규칙과 더불어 순서, 발언 시간 등을 규정한다. 몇몇 토론대회, 조직, 위원회는 내용에 기초한 규칙을 제공하지만, 모두 토론 형식을 갖추고 있다.

　　토너먼트 형식으로 진행되는 경쟁적 교육 토론은 현재 다양한 형식으로 실행되고 있고, 수많은 조직의 후원을 받고 있으며, 다양한 이해관계, 조직, 기관을 대표하는 많은 학생들이 참여하면서 즐기고 있다. 만약 당신이 토론 과목을 수강하면서 이 책을 읽고 있다면 이 형식들 중 하나 이상에 실제로 참여해본 적이 있을 것이고 그 경험은 꽤나 다를 것이다. 하지만 모든 토론 형식은 대립하는 주장들과 그 뒷받침을 비교해 논증을 한다는 점에서 공통적이다. 그리고 대부분의 토론 형식은 논제를 결정하게 되어있고, 각각의 토론 형식은 자신만의 특별한 차별성과 전략, 철학적 우선순위, 교육 목표를 제시한다.

　토론 형식은 토론의 성격이나 참여 경험에 상당한 영향력을 미친다. 두 명으로 구성된 팀 토론은 일대일 토론과는 매우 다른 경험을 낳으며 5명의 토론자로 구성된 팀 토론과도 차이가 난다. 반대신문은 직접적인 상호작용을 유발하며, 어떤 토론 형식은 상대방 논증을 '뒷받침하는' 책임을 참가자에게 부과하기도 한다.

1. 토론 형식

다양한 교육 토론의 형식은 다음과 같은 공통 요소를 지닌다. (a) 토론 양측은 동등한 수의 토론자로 구성된다. (b) 양측은 동일한 혹은 비슷한 발언 시간을 가진다. (c) 일반적으로 찬성 측이 처음과 끝에 발언한다(이 규칙이 적용되지 않는 사례에 대해서도 살펴볼 것이다). 제1회 전국토론학술대회(National Developmental Conference on Forensics)는 "교육 토론에서 대안적인 토론 형식이 자주 사용됨은 매우 환영할 만한 일이다. 이로 인해 학생들은 많은 토론 접근법 중에서 선택을 할 수 있게 되었다."라고 밝히고 있다. 모든 토론 형식이 공통적으로 정해놓은 것은 시간이다. 대부분의 토론은 모든 발언에 대한 시간을 정확히 규정해놓고 있다[예를 들면 반대신문 토론협회(CEDA)와 전국토론대회(NDT)에서 찬성 측 첫 번째 입론 발언은 9분이다].

1) 반대신문 형식(CEDA/NDT)

대학 대항 증거 기반 정책 논제 팀 토론에서 가장 많이 이용되는 형식은 CEDA와 NDT 형식이다. 이 정책 토론 형식은 지정된 반대신문 시간과 준비 시간을 추가하면서 진화한 것으로, 입론 발언에 비해 더 많은 시간을 반박 발언(rebuttal speech)에 부여하기 위해 시간을 재조정했다(25년 전에는 일반적으로 10분의 입론과 5분의 반박으로 진행되었으나 현재는 9분의 입론에 6분의 반박으로 진행된다). 현재 NDT와 CEDA에서 실행되는 가장 일반적인 토론 형식은 다음과 같다.

반대신문 토론 형식

....

찬성 측 첫 번째 입론	9분
반대 측 첫 번째 반대신문	3분
반대 측 첫 번째 입론	9분
찬성 측 첫 번째 반대신문	3분
찬성 측 두 번째 입론	9분
반대 측 두 번째 반대신문	3분
반대 측 두 번째 입론	9분
찬성 측 두 번째 반대신문	3분
반대 측 첫 번째 반박	6분
찬성 측 첫 번째 반박	6분
반대 측 두 번째 반박	6분
찬성 측 두 번째 반박	6분
준비 시간	팀당 매 라운드마다 10분

이 토론 형식을 살펴보면 첫 번째와 마지막 발언을 하는 쪽은 논제를 지지하는 찬성 측이다. 이는 초두성(primacy) 이점과 신근성(recency) 이점을 제공해 찬성 측에 상당히 유리한 조건이라고 할 수 있다. 첫 번째 발언은 토론의 근거를 정의할 기회를 찬성 측에 제공하고, 마지막 반박은 찬성 측이 마지막 말을 하는 것으로 상대가 저지른 실수를 부각하되 이에 대한 논박을 할 수 없게 만든다. 물론 마지막 발언은 지속적으로 이후에 인상을 남기기 때문에 청중에게 마지막에 발언을 들려주는 것은 전략적으로 유리하다. 이와 같은 찬성 측의 이점은 반대 측의 구역(negative's block)으로 상쇄된다. 양측은 입론 발언을 번갈아 한 후에 순서가 바뀌고, 이로 인

해 토론 중반에 반대 측이 두 번 연속해서 발언하게 되는데 이를 반대구역(negative block)이라고 한다. 이는 3분의 찬성 측 반대신문에 의해 방해받은 것을 제외하면 15분 동안 반대 측이 논증을 펼칠 수 있음을 의미한다. 그리고 이에 대해 찬성 측은 6분 동안 반박을 하며 답해야 한다. 이는 찬성 측이 논박 책임을 수행하기 어렵게 만든다. 그래서 이와 같은 형식의 토론에서 찬성 측 첫 번째 반박(1AR)이 가장 어렵다고들 말한다.

이 토론 형식의 또 다른 특징은 토론 중에 준비 시간을 허용한다는 것이다. 어떤 토론은 준비 시간을 허용하지 않거나 제한한다. 무엇보다도 토론 과정에서의 준비 시간은 신중하게 계획해서 사용해야 한다. 토론의 준비 시간은 한정되어 있다. 한 번 사용할 때마다 소중한 시간이 사라지며 이를 되돌릴 수 없다. 따라서 토론 팀은 전략적으로 자신의 팀에 주어진 준비 시간을 잘 관리해야 한다. 일반적으로 반대신문 전에 준비 시간을 사용해서는 안 된다. 그리고 반대신문의 질문이나 답변에 참여하지 않는 토론자들은 그 시간을 자신의 준비 시간으로 활용해야 한다. 반대 측 첫 번째 연설자는 첫 번째 입론 발언을 준비하기 위해, 특히 자신의 파트너와 상의하기 위해 몇 분의 준비 시간을 가지고 싶을 것이다. 하지만 토론 전에 상당 부분의 논증을 토론 개요 형식으로 준비한 상태이고, 직전의 반대신문 시간을 입론을 준비하는 데 활용할 수 있기 때문에, 반대 측 첫 번째 입론자(1NC)는 많은 준비 시간을 요구해서는 안 된다. 마찬가지로 찬성 측 두 번째 입론자(2AC)도 많은 준비 시간을 요구해서는 안 된다. 반대 측은 반대구역 이전에 자신의 전략을 짜서 찬성 측 두 번째 입론자(2AC)의 모든 논증에 신중하게 대응할 필요가 있다. 그래서 반대 측의 두 번째 입론(2NC)에 앞서 준비 시간을 사용할 수도 있다. 찬성 측 첫 번째 반박에서는 반대구역에서 반대 측이 제시한 모든 논증에 대응을 해야만 하고, 그래서 준비 시간을 가진다면 유용할 것이다. 각 팀별로 마지막 반박을 하기 전에 쓸 수 있는 준비 시간이 최소한 절반 정도 남아 있는 것이 바람직하다.

마지막으로 CEDA/NDT 토론은 정책 논제로 진행되며, 이 논제는 모든 참여자들에게 토론 혹은 토론대회가 시작되기 훨씬 전에 공지된다. 토론자들은 주제에 대해 심층 조사를 하고, 증거가 뒷받침된 입론, 토론 개요, 준비 자료 파일 등을 마련한다. 토론자들은 토론 중에 자료를 읽는 경우 인용 자료의 출처를 밝히도록 요구받는다.

CEDA/NDT는 내용에 기초한 토론 실행 규칙을 세우지는 않았지만, 미국토론협회(ADA)가 주관하는 토론대회와 같은 형식 및 주제가 사용된다. ADA는 9-3-6 형식 내에서 토론이 실행될 수 있도록 보다 엄격한 지침을 제시하고 있다.

2) 링컨-더글러스 형식

링컨-더글러스 형식은 두 사람이 벌이는 토론 형식으로, 1858년 일리노이 상원의원 선거운동에서 일곱 번의 유명한 선거 토론을 펼친 에이브러햄 링컨과 스티븐 더글러스를 기념하여 붙인 이름이다. 앞에서 살펴본 CEDA와 NDT 토론과 같이 전국토론협회(NFA) 방식의 링컨-더글러스 토론은 토론 전에 일찌감치 공지된 정책 논제에 초점을 맞추며, 토론 중에 토론자들은 준비 자료를 읽고 증거 출처를 밝힌다. 토론자들은 반대신문을 하고 토론 중에 약간의 준비 시간을 활용할 수 있다.

NFA에서 시행하는 토론 형식은 다음과 같다.

링컨-더글러스 형식
....

찬성 측 입론   6분

반대 측 반대신문	3분
반대 측 입론	7분
찬성 측 반대신문	3분
찬성 측 반박	6분
반대 측 반박	6분
찬성 측 반박	3분
준비 시간	4분

링컨-더글러스 토론에 대한 NFA의 규칙은 전통적인 필수 쟁점(피해, 내재성, 해결성)과 찬성 측의 논제 방안 옹호에 대한 평가에 바탕을 둔 판정 양식을 규정하고 있다. 반대 측 논증은 하나의 대립하는 대체방안, 불이익, 논제 관련성, 필수 쟁점에 대한 논증을 포함할 수도 있다. 반박 발언 때 새로운 논증을 제시해서는 안 되며 증거를 충분히 인용해야만 한다. "편안하고 이해 가능하고 설득력 있는 목소리로" 전달해야 하며 과도하게 빠른 전달은 피해야 한다.[1]

3) 모의재판 형식

모의재판 형식은 법정 토론을 모방한 것으로 토론 및 논증 기술과 반대신문에 강조점을 두고 있다. 이것은 법학전문대학원(law school)에서 널리 사용되는 모의재판과는 다른데, 법학전문대학원의 모의재판은 절차에 대한 고도의 기술적인 규칙에 관심이 있으며 1심 법정보다는 항소심 법정의 모방에 가깝다.

모의재판 토론자들은 논제 대신 한 법률 소송의 사실 자료들을 제공받는다. 만약 소송이 형사 소송이라면 찬성 측은 검찰이 되며 반대 측은 변호사가 된다. 만약 소송이 민사 소송이라면 찬성 측은 원고가 되고 반대 측은 피고가 된다. 예를 들자면, 2006~2007년 미국모의재판협회(America Mock Trial Association: AMTA)에서 토론한 사건은 다음과 같다.

사건 요약

2005년 1월 2일 비번이었던 경찰관 제이미 컨메이는 무전기를 통해 조(Joe)의 상점이 방금 두 명의 강도에게 털렸다는 연락을 받았다. 범인은 흰색 티셔츠와 청바지를 입고 있는데 십대로 보이며 돈을 갈색 종이가방에 넣어 갔다고 했다. 컨메이 경관은 사이렌을 켜고 상점 주변을 검문하기 시작했다. 이때 흰색 티셔츠에 청바지를 입은 십대가 골목에서 담장을 기어오르는 것을 발견했다. 경관은 차를 옆에 대고 십대에게 내려오라고 소리를 질렀다. 십대는 담장 오르는 것은 멈췄지만 내려오지는 않았다. 얼마 후 경관은 십대의 옆구리에 총을 쏘았다. 경관은 피의자가 총을 가지고 있었다고 주장했지만 현장에서는 아무런 무기도 발견되지 않았다. 십대는 곧바로 병원으로 이송되었지만 곧 혼수상태에 빠졌고 지금까지 그런 상태이다.

그 십대는 맥스 제프리스이다. 맥스의 부모인 숀 제프리스와 리 제프리스는 컨메이 경관이 소속된 포크카운티 경찰서를 상대로 소송을 제기했으나 컨메이 경관은 그 사건이 있은 지 얼마 후 자살을 했고, 이에 포크카운티 경찰서는 맥스 제프리스가 법적 절차를 진행할 헌법적 권리를 상실했다고 주장했다. 덧붙여 제프리스의 부모는 포크카운티 경찰서가 정책, 관습, 관행을 들어 맥스 제프리스의 정당한 권리 행사를 박탈했다고 주장하고 있다. 제프리스의 부모는 포크카운티 소속 컨메이 경관의 행동으로 자식이 목숨이 위태로운 부상을 당했으며 이로 인해 자신들 역시 피해를 입었다고 주장했다. 이 소송은 둘로 나뉘었고 두 종류의 피해가 같은 절차를 밟아 처리되지는 않을 것이다.

학생들은 실제 재판의 형식을 따른다. 미국모의재판협회(AMTA) 토론에서 각 팀은 6~8명의 학생으로 구성되며 가상의 중부지방 법원에서 정한 재판 절차와 증거 규칙을 따른다. 제한 시간은 다음의 표와 같다.

모의재판 형식

개시	양측 5분씩
세 명의 증인에 대한 직접신문	양측 25분씩
세 명의 증인에 대한 반대신문	양측 25분씩
마무리 논증	총 9분(원고의 반박을 위해 최대 5분까지 남길 수 있음)

이 형식은 논증과 토론 수업에서 실제로 많은 연습이 이루어진다. 학생들은 검사, 변호사, 재판관, 배심원, 증인 등 다양한 역할을 배정받는다. 양측은 교사가 제공하는 사건 정보에 한정된다. 모의재판에서는 어떤 추가적인 정보도 제시해서는 안 된다. 다음에 제시하는 토론 형식은 교실에 적용하기 적합하게 만드는 것으로 민사 소송인 경우 검사의 역할을 원고 측 변호인이 대신한다.

모의재판 토론에 대한 더욱 자세한 정보는 미국모의재판협회 사이트(http://www.collegemocktrial.org)를 참고하라.

교실 모의재판 형식

....

재판관이 배경 정보와 절차에 대해 설명함.	3분
검사가 사건 개요를 말함.	3분
변호사가 변호 개요를 말함.	3분
검사가 세 명의 증인을 불러 각각 4분 동안 질문함.	12분
변호사가 세 명의 증인에 대해 반대신문을 하면서	
각각 최대 세 번의 질문을 함.	6분
변호사가 세 명의 증인을 불러 각각 4분 동안 질문함.	12분
검사가 세 명의 증인에 대해 반대신문을 하면서	
각각 최대 세 번의 질문을 함.	6분
변호사가 요약하고 마무리 발언을 함.	3분
검사가 요약하고 마무리 발언을 함.	3분
재판관이 배심원에게 지시함.	
배심원이 투표함.	

---

4) 의회식 교육 토론

① 의회식 교육 토론

대학 대항 의회식 토론대회는 최근 들어 기하급수적으로 늘어나고 있다. 의회식 토론을 위한 대회와 활동은 전국의회식토론협회(National Parliamentary Debate Association: NPDA)와 미국의회식토론협회(American Parliamentary Debate Association: APDA)의 후원으로 개최되고 있으며, 전국대회뿐만 아니라 세계대회도 열리고 있다.

의회식 토론의 영국대회(그리고 세계대회) 형식은 두 명씩 네 팀으로 구성되며, 두 당파(factions)가 입론의 양편에 각각 존재한다. 토론 형식은 다음과 같다.

세계대회의 토론 형식

....

1. 수상

2. 야당 대표

3. 부수상

4. 야당 부대표

5. 여당 의원

6. 야당 의원

7. 여당 원내총무

8. 야당 원내총무

각 토론자는 7분 동안 발언하며, 다른 사람은 발언 도중에 질의응답을 할 수도 있다.

APDA와 NPDA에서 실시하는 의회식 토론은 두 명씩 두 팀으로 구성된다. 각 팀은 토론대회가 시작되기 15분 전에 논제를 받는다. 이 대회는 증거 활용이나 토론 기술보다는 논리, 추론, 일반적 지식, 발표 능력을 강조한다. 사전에 프린트한 자료나 증거는 사용할 수 없다.

2010년 NPDA 전국대회에서 제시된 논제는 다음과 같다.

라운드	논제
1	의료보험 소송에서 불충분한 청구가 아예 청구하지 않는 것보다 낫다.
2	영국 의회가 미국 의회보다 더 낫다.

3	드론을 띄우지 못하게 해야 한다.
4	의회는 최고를 위한 경쟁(Race to the Top)*을 통과시켜야 한다.
5	천주교는 사제 서품에 대한 새로운 기준을 마련해야 한다.
6	미국 연방정부는 미국 종교기관의 면세를 없애도록 내국세법을 개정해야 한다.
7	유럽연합은 유로존에서 그리스를 퇴출해야 한다.
8	아랍연맹은 예멘의 안정을 위해 개입해야 한다.
32강전	미국 연방정부는 모든 초등학교 학생들에게 매일 일정 시간 이상 휴식시간을 주어야 한다.
24강전	미국 연방정부는 연방 소득세를 연방 부가가치세로 바꾸어야 한다.
16강전	미국 연방정부는 국내의 인터넷 기반 시설을 국유화해야 한다.
8강전	팀 가이스너**는 물러나야 한다.
4강전	신흥경제 5국(브라질, 러시아, 인도, 중국, 남아공)은 공통 통화를 도입해야 한다.
준결승	미국 대법원은 연방선거관리위원회 대 시민연합 간의 소송사건***판결을 번복해야 한다.
결승	버락 오바마 대통령은 이번 세대의 지미 카터 대통령이다.

의회식 토론은 정해진 반대신문 시간을 따로 규정하고 있지는 않지만, 참여자들이 질의응답, 규칙 위반 지적, 신상 발언 지적을 요구할 수는 있다. 이는 토론과 판정에 대한 2012년 NPDA 전국챔피언십대회 규칙에 설명되어 있다.[2]

a. 입론 발언과 반박 발언(Constructive and Rebuttal Speeches). 새로운 논

....

* 2009년 미국 행정부가 추진한 공교육 개혁 프로그램.

** 오바마 정부의 재무부 장관.

*** 단체의 정치자금 지출을 다룬 사건으로 2002년 미국 대법원에 의해 비영리 단체, 영리 단체, 노동조합, 여타 협회의 독자적인 정치자금 지출을 금지함으로써 표현의 자유를 제한한 법률 소송사건.

증을 소개하는 것은 모든 입론 발언에서 이루어질 수 있다. 하지만 반박 발언에서는 새로운 논증을 제시해서는 안 된다. 예외적으로 반대 측 두 번째 입론자가 처음으로 제시한 논증을 논박하기 위해 찬성 측 반박자가 자신의 반박 때 새로운 논증을 제시하는 것은 허용된다. 반박 발언에서는 이전에 제시한 논증을 뒷받침하는 새로운 사례, 분석, 유추 등이 허용된다.

b. 질의응답(Points of Information). 토론자들은 입론이 시작된 지 1분 후에 그리고 끝나기 1분 전까지 구두로 혹은 거수로 질의응답을 요구할 수 있다. 발언하고 있는 토론자는 이를 받아들일지 거절할지를 결정할 권한이 있다. 만약 질의응답이 받아들여지면 질의응답을 요구한 토론자는 발언이나 질문을 15초 안에 할 수 있다. 물론 질의응답 시간에 발언한 시간은 토론자의 발언 시간에 포함된다.

c. 규칙 위반 지적(Points of Order). 규칙 위반 지적은 토론 규칙과 판정 규칙을 어긴 경우에 제기할 수 있다. 의회식 토론 중 어느 때나 상대편이 이와 같은 규칙을 위반했다고 생각하면 토론자는 의장에게 규칙 위반 지적을 할 수 있다. 의장이 이를 인정하면, 토론자는 규칙 위반 지적에 대해 논증하는 것이 아니라 진술해야 한다. 의장의 권한으로 혐의가 있는 사람은 간단히 규칙 위반 지적에 대해 답변한다. 그러고 나면 의장은 즉각 세 가지 방법으로 규칙 위반 지적에 대해 결정을 내린다. (1) 일리 있는 말로 받아들입니다. (2) 받아들일 수 없습니다. (3) 생각할 여지가 있습니다. 규칙 위반 지적에 소요된 시간은 토론자의 발언 시간에서 제하지 않는다. 규칙 위반은 중대한 사안이기 때문에 사소한 위반일 때는 제기하지 않는다.

d. 신상 발언 지적(Points of Personal Privilege). 토론이 진행되는 어느

때든 간에 토론자는 상대가 자기 편을 개인적으로 모욕하고, 공격적이거나 천박한 발언을 하거나, 다른 사람의 말이나 논증을 심각하게 오해하도록 만든 경우에 신상 발언 지적을 할 수 있다. 의장은 이를 받아들일지 말지를 결정한다. 신상 발언 지적에 사용된 시간 역시 토론자의 발언 시간에서 제하지 않는다. 규칙 위반 지적과 마찬가지로 신상 발언 지적 역시 중대한 사안이기 때문에 사소한 위반일 때는 제기하지는 않는다. 신상 발언 지적을 부정하게 사용한 경우에는 벌점이 부과된다.

토론 형식은 다음과 같다.

의회식 토론대회 형식

찬성 측 첫 번째 입론	7분
반대 측 첫 번째 입론	8분
찬성 측 두 번째 입론	8분
반대 측 두 번째 입론	8분
반대 측 첫 발언자의 반박	4분
찬성 측 첫 발언자의 반박	5분

NPDA의 의회식 토론에서 토론자는 논제가 정해지면 토론이 시작되기 전 15분간 준비 시간을 가지지만, 토론이 진행되는 동안에는 별도의 준비 시간이 없다. 정부 측이 입론을 제시하면 토론자들은 우선 논제의 용어를 정의하고 토론의 틀을 설정한다. 토론자들은 비용-편익 분석에 따른 정책 해석 또는 정해진 기준에 따른 가치 해석 중 선택을 할 수도 있다. 찬성 측 첫 번째 발언자는 정부의 입론을 제시한다. 이후 반대 측 첫 번째 발언

자는 정부 측에서 제시한 정의나 틀 등에 대해 반박을 한다. 토론은 팀으로 이루어진 정책 토론으로 진행되지만, 공식적인 반대신문 시간은 없다.

토론자가 발언하고 있는 동안(발언을 시작한 첫 1분과 발언의 마지막 1분은 제외됨) 상대방은 반대신문의 질문과 비슷한 질의응답을 제기할 수 있다. 발언자는 질문자를 인정하고 질문에 대답할지 여부를 선택할 수 있다.

의회식 토론대회에 대한 보다 상세한 설명은 전국의회식토론협회(NPDA)의 웹사이트(http://www.parlidebate.org)를 참조하라. 영국의회식 토론대회와 세계대학토론대회에 대해서는 http://parliamentarydebate. blogspot.com/2007/08/british-parliamentary-debate.htm과 http:// flynn.debating.net/colmmain.htm을 참고하라.

② 의회식 응용 토론

의회식 응용 토론은 특별한 절차를 사용하는 특수한 토론 형식이다. 이 형식은 19장에서 별도로 살펴볼 것이다.

5) 윤리철학 토론(Ethics Bowl)

경쟁력 있는 논증을 위한 또 다른 형식으로 실천직업윤리협회(Association for Practical and Professional Ethics)에서 후원하는 대학 대항 윤리철학 토론(Intercollegiate Ethics Bowl)이 있다. 전국 규모의 토론대회는 1997년부터 개최되었으며, 대회에 앞서 윤리적 딜레마를 포함한 다수의 사례와 시나리오가 공지된다. 대회에서는 각각 3~5명으로 구성된 경쟁하는 두 팀이 한 사례에 대해 토론한다. 토론 사회자가 사례에 대한 질문을 알려주면 2분 동안 팀원들은 그것에 대해 상의할 수 있다. 첫 번째 팀이 10분 동안 질문에 답변을 하는 동안 한 명 이상 발언할 수 있으나 한 번에 오직 한 명만 발언할 수 있다. 다른 팀은 1분 동안 상의한 후 5분 동안 응수를 한다. 그런 후 첫 번째 팀이 1분간 상의를 하고 나서 5분 동안 응수한다. 각 팀은 상대 팀은 제시한 입장에 대해 지지하거나 반대할 수 있다. 그런 다음 첫 번째 팀은 해당 라운드의 판정단이 제시한 질문에 최대 10분 동안 대답한다. 이후 두 번째 사례가 제시되고 팀들은 상대를 바꾸어 똑같은 과정을 반복한다. 판정단은 팀별로 점수를 매기고 다음과 같은 기준에 따라 승리 팀을 정한다.

- 명확성과 이해 가능성
- 윤리적으로 무관한 것의 회피
- 핵심 윤리적 관점에 대한 규명과 논의
- 신중한 사고[3]

2012년 대회에서 제시된 윤리철학 토론의 사례는 다음과 같다.

2009년 시행된 가족금연 및 담배규제 법률은 담배 포장지에 보다 명시적이고 극적인 건강에 대한 경고를 포함하도록 했다. 담배가 건강에 해롭다는 경고를 메시지와 그림, 컬러 이미지 등으로 표시해 흡연을 하고 싶지 않도록 했다. 미국식품의약국(FDA)은 인터넷에 서른여섯 개의 이미지를 게시하고 담배 회사로 하여금 담배 포장지에 쓸 아홉 개의 이미지를 고르도록 했다. 그 중에는 "흡연은 당신을 죽일 수도 있습니다."라는 메시지와 함께 썩어가는 폐, 질병에 걸린 입, 시체 이미지가 있었다. 『비즈니스 위크(*Business Week*)』(2010년 11월 10일자)는 "사람들이 담뱃갑을 집어들 때마다 흡연이 건강에 미치는 명백한 영향을 알려주어야 효과가 있다."라는 미국식품의약국 위원인 마거릿 A. 햄버그 박사의 발언을 인용했다.

비판자들은 이와 같은 포장지가 흡연자들을 모욕하고, 당황스럽게 하며, 그들에 대해 차별적인 시선을 갖게 한다고 반박했다. 그들은 정부가 이와 같은 표시를 강요해서는 안 되며 자유롭게 말할 담배회사들의 권리를 법적으로 침해하는 것이라고 주장했다.

정부의 방안을 지지하는 사람들은 담배 포장지에 적힌 전통적인 경고문은 흡연을 미화하거나 매력적으로 보이게 하는 광고의 효과를 상쇄하기에는 그 효과가 너무 미미했다고 주장했다. 그들은 또한 명시적인 경고가 효율적임을 증명하는 연구들을 제시하였다. 이와 같은 연구 결과를 토대로 다른 많은 나라들에서는 담뱃갑에서 건강에 대한 경고 표시의 영역을 넓히게 되었다.

윤리철학 토론대회는 효과적인 발표 능력, 비판적 사고, 지식, 윤리적·철학적 이론에 대한 이해, 긴장 속에서 재빠르게 사고하는 능력, 팀워크 등을 요구하는 논증 상황에서, 윤리적이고 철학적인 기준을 적용할 기회를 학생들에게 제공한다. 윤리철학 토론과 관련된 더 많은 정보, 규칙, 일반적 사례, 역사 등에 대해서는 http://www.indiana.edu/~appe/ethicsbowl.html을 참조하라.

연습

1. 각각의 토론 형식(정책 토론, 링컨–더글러스 토론, NPDA 의회식 토론, 영국 의회식 토론)을 이용해 똑같은 논제에 대한 토론을 조직하고 각각의 강점과 약점을 비교해보자. 이는 분명 장기 프로젝트가 될 것이다.

2. 윤리철학 토론 사이트(http://www.indiana.edu/~appe/ethicsbowl. html)를 방문해 사례를 골라서 분석해보자. 입론에 대해 5장에서 살펴본 윤리적 개념을 적용해보자. 윤리철학 토론 시합을 해보자.

18장

선거 토론

대통령 선거 토론은 응용 토론 중에서 단연 으뜸가는 사례라 할 수 있다. 스미스(Smith)는 이를 '수사학 슈퍼볼 대회'¹라고 말한 바 있다. 대통령 선거 토론은 대통령 선거운동의 중요한 부분이 되었으며 때로는 선거의 승자를 결정하는 데 결정적 요소로 작용하기도 한다. 대통령 선거 토론을 며칠 앞두고서 미디어들은 다가올 이벤트를 특집으로 다루곤 한다. 토론은 보통 미국의 주요 언론사에 의해 중계되며 그 어떠한 선거 관련 소통행위보다도 더 많은 사람들이 시청한다. 토론이 끝난 며칠 후까지도 언론들은 토론에 대한 뉴스를 계속 내보내는데, 우선 누가 이겼는가를 판단하려고 하고, 그다음으로는 토론이 선거에 미칠 영향을 평가한다. 대통령 선거 토론의 모델을 따라 시장에서부터 상원의원까지 모든 단계의 선출직 후보들은 선거일에 앞서 대중적 선거 토론에 참여하는 것이 추세이다. 물론 선거 토론에 대한 상당수의 실황 방송이나 학술 연구는 대통령 선거 토론에 집중하는 경향이 있고, 따라서 이 장에서는 대통령 선거 토론을 선거 토론의 최고 단계로 보고 이에 대한 토의에 집중할 것이다.

    대통령 선거 토론은 미국 역사에서는 상대적으로 새로운 전통이다. 1959년에 오스틴 프릴리(Austin Freeley)가 이끄는 화법 지도 교수 그룹은 대통령 선거 토론과 관련해 위원회를 조직하기 시작했다.[2] 그러면서 에이브러햄 링컨과 스티븐 더글러스 간의 토론 전통을 잇기 위해 대통령이 될 후보들에게 토론에 응하도록 요구하였다. 처음에 위원회는 미국토론연합(American Forensic Association: AFA)의 모든 전직 회장들로 구성되었다. 이 운동은 빠르게 탄력을 받으면서 미국토론연합(AFA), 델타 시그마 로-타우 카파 알파(Delta sigma Rho-Tau Kappa Alpha),* 오하이오 화법 지도 교수 협회 등으로부터 지지를 받았다. 이 단체들은 위원회에 추가 회원으로 가입하였다. 1960년 부통령인 리처드 닉슨을 제외한 모든 잠재적 대선 후보들이 그랬던 것처럼 상원의원인 존 F. 케네디는 신속하게 토론 제안을 수용하였다. 대통령 선거 토론을 하자는 의견이 빠르게 대중들의 마음을 사로잡았고 곧 사설, 칼럼, 기사 등이 이 의견을 옹호하기 시작하였다. 또한 텔레비전 방송사들도 기꺼이 협조하겠다는 의사를 피력했다.

    1960년 9월 26일, 케네디와 닉슨 간의 첫 번째 대통령 선거 토론이 열렸다. 선거운동 기간 동안 네 번의 토론이 있었고 첫 번째는 케네디가 '승리'했는데 이는 매우 중요하게 여겨졌다. 『뉴욕 타임스』는 이 토론을 선거에 있어서 정말로 결정적 요소였다고 했다. 1960년 이후로 대통령 후보들은 27번의 텔레비전 선거 토론에 참여했으며 부통령 후보들의 선거 토론도 8번 있었다. 예비선거 토론, 대리 토론을 제외하고 1960년 이전에는 대통령 선거 토론이 없었다. 1964, 1968, 1972년에도 대통령 선거 토론이 없었으나 1976년부터는 매번 대통령 선거 때마다 토론이 개최되어 왔으며 지금은 대통령 선거운동 전체에서 가장 중요한 관심사가 되었다. 토론을 해

....

* 친목단체인 전국명예토론회(National Honorary Forensic Society)의 별칭.

야 한다는 법적인 요구는 없지만, 현 상황에서 토론을 못하게 막는다면 매우 비정상인 상황으로 받아들여질 것이다.

　대통령 선거 토론은 재미있고 복잡한 법률 배경과 법적 의제를 지니고 있다. 미국 연방통신위원회의 규칙에 따르면 이런 토론을 후원하는 방송사는 원래 불법이었다. 방송사는 '공정한 시간' 규칙에 따라 모든 대통령 후보에게 똑같은 시간을 주어야 했다. 예를 들어, 1960년에 법적으로 자격 있는 후보가 16명이나 대통령 선거에 출마했다(그들 중에는 전형적인 미국 신사 복장을 하고 연단 위에서 "폭탄을 투하하라."라는 선거 슬로건을 내건 사람도 있었다). 당연히 방송사들은 16명의 후보에게 똑같은 시간을 줄 수 없었고, 주요 후보들을 당선 가능성도 없는 잘 알려지지 않은 후보들과 나란히 토론하게 할 수도 없었다. 이 문제는 의회가 1960년에 공정한 시간에 대한 요구를 담은 법률의 제정을 60일 유예하면서 해결되었다. 토론은 대중에게 그 의의를 인정받았고 사람들은 1964, 1968, 1972년에도 대통령 선거 토론을 하길 원했다. 하지만 (선거인단 내에서 한 차례 토론 낙제점을 받은 닉슨을 포함하여) 당시의 후보들은 토론을 원하지 않았기에 의회에 있는 그들의 조력자들은 토론에 대한 압력을 피할 수 있는 편리한 방법을 찾아냈다. 하원과 상원은 공정한 시간에 관한 법을 선거 기간 동안 유예하는 법안을 통과시켰던 것이다. 그러면서 상원의원이나 하원의원은 유권자들에게 자신은 대통령 선거 토론 안에 찬성했다고 보고했다. 하지만 하원의 법안과 상원의 법안이 법안의 유예 일수를 다르게 표기했기 때문에 그 법안은 상하원 양원협의회(Joint Conference Committee)에 보내졌고 그 결과 조용히 폐지되었다.

　1976년, 여성유권자연맹에서 공정한 시간에 관한 법을 유예할 필요도 없이 대통령 선거 토론을 할 수 있는 방안을 찾아냈다. 연맹은 주요 후보를 초청해 토론하기로 했다. 연맹은 공정한 시간에 관한 법을 따르지 않기로 했고 방송사들은 토론을 자신의 후원으로 진행하는 것이 아니라 하나의 뉴스 사건으로 다루었다. 제럴드 포드 대통령과 지미 카터 주지사가 이를 받아들여 토론을 수행했다. 학자들은 일반적으로 두 사람을 "대단히 평범한 사람"으로 묘사했다.

1980년 대통령 선거운동에서 카터 대통령은 로널드 레이건과 제3 정당 후보인 존 앤더슨과 함께 진행하는 3자 토론을 거부했다. 레이건은 앤더슨과 토론하여 '좋은 경쟁자'의 이미지를 얻어 점수를 얻은 반면 카터 대통령은 '나쁜 경쟁자'의 이미지를 얻어 점수를 잃었다. 어쨌든 이후 선거운동에서 카터는 눈에 띄게 주저하기는 했지만 레이건과 한 토론에서 만나는 것에 동의했다. 선거 이후, 레이건과 카터의 지지자들 및 수많은 독립 평론가들은 그 토론을 선거의 '전환점'이자 레이건이 압승하게 된 주된 요인으로 평가했다.

1984년 여야의 전당대회 이후 여성유권자연맹은 레이건과 월터 먼데일을 일련의 토론에 초청했다. 먼데일은 자신을 돋보이게 해줄 토론 기회를 절실하게 원하고 있었기에 이 토론을 적극적으로 받아들였다. 반면 여론조사에서 20포인트나 앞선 상황을 즐기고 있던 레이건은 먼데일을 돋보이게 하고 그의 위상을 높여줄 토론을 해서는 안된다는 조언을 받은 처지였다. 하지만 1980년 카터 대통령의 '나쁜 경쟁자' 교훈을 기억하며 레이건은 두 차례의 대통령 선거 토론과 한 차례의 부통령 선거 토론을 받아들였다. (첫 번째 부통령 선거 토론은 1976년에 밥 돌 상원의원과 월터 먼데일 간에 있었다.) 먼데일은 첫 번째 토론에서 전반적으로 승리한 것으로 여겨졌고, 레이건은 다소 피곤하고 자신감이 없는 모습을 보인 것처럼 인식되었다. 두 번째 토론에서 먼데일은 쟁점에서 승리한 것으로 여겨졌지만, 레이건은 평소의 '위대한 소통가'의 타이틀에 걸맞게 친숙한 스타일로 의사소통을 잘 수행하여 유권자의 마음을 얻었다.

1988년부터 대통령 선거 토론은 대통령선거토론위원회의 후원을 받고 있다. (이 위원회는 1987년 민주당과 공화당에 의해 조직되어 토론 후원을 하고 있다.) 토론 형식은 고도로 전문화된 공동 기자회견 형식을 따른다고 할 수 있다. 하지만 대통령 선거 토론은 실제 응용 토론의 몇 가지 중요한 요소를 가지고 있다. 각 후보는 공정한 시간을 부여받으며, 각각 반박의 기회 및 마무리 발언의 기회를 갖는다. 이 형식은 실질적인 토론으로는 부족할 수 있지만 저널리스트와 묻고 답하는 과정을 통해 미국 유권자에게 동일한 시간에 같은 연단에 있는 후보의 견해를 보고 들을 수 있는 기회를 제공한다.

대통령 선거 토론은 이제 미국의 정치 현장에서 확고한 위치를 구축하고 있다. 1992년 세 번의 대통령 선거 토론과 한 번의 부통령 선거 토론이 있었는데 대통령 선거 토론에서 최초로 삼자 토론이 이루어졌다. 로스 페로는 선거에서 이길 가망이 없다고 예상되었지만 1980년의 앤더슨보다는 더 많은 지지자를 가지고 있었다. 양대 주요 대선 후보인 빌 클린턴과 조지 부시는 그를 363킬로그램의 밴텀 수탉처럼 대하며 그의 논증에 고개를 끄덕이거나, 나라 사랑 연설에 미소를 짓거나, 그가 던지는 농담에 웃으며 화답했다. 조지 부시와 빌 클린턴은 모두 그와 어떤 사안에서도 맞서지 않았는데, 이는 로스 페로의 지지자들이 선거일에 마음을 바꿔 자신에게 오기를 바라는 마음에서였다. 이 토론은 형식에서도 주목할 만한 가치가 있었다. 클린턴은 민주당 예비선거 토론에서 '타운홀 형식'을 성공적으로 활용한 바 있는데, 이 방식은 청중이 토론자에게 질문할 기회를 제공하는 것이었다.

1996년 두 번의 대통령 선거 토론과 한 번의 부통령 선거 토론이 열렸다. 그해의 두 번째 대통령 선거 토론은 타운홀 형식으로 진행되었다. 토론이 끝난 후 응답자들은 누가 승자인지를 분명히 주장하지 않았다. 이는 클린턴이 크게 잃지 않았다는 의미였다. 밥 돌은 여론조사에서 그를 따라잡기 위해 결정적 펀치를 날려야 할 필요가 있었으나 그렇게 하지 못했다.

2000년 조지 W. 부시는 토론에 참여하길 꺼렸지만 한 번의 토론을 하는 데 동의했고, 결국 (부통령 선거 토론과 함께) 세 번의 토론을 하는 데 동의했다. 미디어나 토론 후 설문조사에 따르면 토론은 승부를 가릴 수 없을 만큼 아슬아슬했다. 양측 선거운동의 접전을 반영한 것일 수도 있고 실제 토론이 명쾌하지 않아서이기도 했다. 그해 10월 3일 매사추세츠 대학 애머스트 캠퍼스에서 열린 첫 번째 토론에서 부통령이었던 고어는 너무 공격적이라는 비판을 받았지만 전반적으로 더 학식 있고 능력 있는 것처럼 보였다. 10월 11일 웨이크포레스트에서 열린 두 번째 토론에서 고어는 더 나은 모습을 보이기 위해 긴장한 듯했다. 토론은 막상막하였으나 화기애애했다. 10월 17일 세인트루이스의 워싱턴 대학에서 열린 세 번째 토론에서는 서로 의견에서 차이가 나기보다는 일치하는 듯 보였다. 세 번의 토론은 짐 레러의 사회로 모두 같은 방식으로 진행되었는데 후보들은 차례로 질문을 받고 2분간 대답을 했으며 60초의 반박, 2분의 마무리 발언을 했다. 첫 번째 토론은 약 4660만 명이 시청했으며 두 번째와 세 번째 토론은 약 3750만 명이 시청했다. 선거 그 자체처럼 토론도 거의 박빙이었다.

2004년에는 대통령 부시와 상원의원 존 케리가 세 번의 토론을 했다. 첫 번째 토론의 주제는 대외 정책으로 한정되었으며 PBS 뉴스의 짐 레러가 사회를 맡았다. 후보들은 단상 앞에 서서 사회자의 질문에 대답했다. 두 번째 토론은 국내 정책과 대외 정책에 대한 질문에 답하는 것이었다. ABC 뉴스의 찰리 기브슨이 사회를 맡았고, 청중이 질문할 수 있는 타운홀 형식으로 진행되었다. 세 번째이자 마지막 토론은 국내 정책에 초점을 맞춘 것이었고 첫 번째 토론처럼 후보들이 단상에 섰으며 CBS 뉴스의 밥 시퍼가 진행했다. 첫 번째 토론은 약 6240만 명이 시청했으며 두 번째는 4670만 명, 세 번째는 5110만 명이 시청했다. 부통령 후보인 딕 체니와 존 에드워즈 역시 전국적으로 방송되는 텔레비전 토론에 참여했는데, PBS 뉴스의 그

웬 아이필의 사회로 후보들은 테이블에 앉아서 토론을 진행했다. 약 4350만 명이 부통령 선거 토론을 지켜봤다. 대부분의 시청자들은 캐리 상원의원이 첫 번째 토론에서 더 잘했다고 보았다. 두 번째 토론은 막상막하였으며 세 번째 토론 이후의 설문조사에서 대다수 시청자는 세 번째 토론의 승자로 케리를 꼽았다.

2008년 선거 토론은 대통령 후보인 상원의원 버락 오바마와 존 매케인 간의 세 번에 걸친 토론이 있었고, 부통령 후보인 상원의원 조 바이든과 주지사 세라 페일린 간의 한 번의 토론이 있었다. 가장 많은 시청률을 기록한 것은 네 번째 토론인 부통령 선거 토론으로, 6990만 명이 시청했다.

대통령 선거 토론은 공화당과 민주당의 예비선거 풍경을 지배하기에 이르렀다. 2008년 예비선거 기간 동안 당의 지명을 받기 위해 민주당 내 여덟 명의 경쟁자, 공화당 내 열한 명의 후보들은 총 마흔일곱 번의 토론에 참여했다. 많은 토론이 사회자의 질문에 후보가 대답하는 전통적인 형식으로 진행되었지만, 사이버 타운홀 토론의 일종으로 온라인 토론자의 참여를 끌어내는 유튜브 토론을 포함한 새로운 형식이 도입되기도 했다. 토론은 스페인어로 번역되거나 스페인어를 사용하는 뉴스 앵커의 사회로 진행되기도 했다. 토론의 후원자 중에는 레즈비언, 게이, 양성애자, 트랜스젠더를 대상으로 하는 TV 채널(Logo)도 포함되어 있었다. 토론은 광범위하고 창의적으로 영상을 보여 주는 인터넷 서비스업체인 유튜브를 통해서 이루어졌다. 유튜브 토론은 후보자들에게 영상 질문을 던지는 것이었는데, 이는 질문을 독특한 방식으로 개인화하는 것이었다. 2012년 예비선거 기간 동안 아홉 명의 공화당 대통령 후보들은 스물일곱 번에 걸쳐 토론했다. (버락 오바마는 아무런 반대도 없는 현역 대통령이었기 때문에 민주당의 토론은 없었다.)

지금부터는 선거 토론의 형식, 선거운동 기간의 토론 기능과 토론 전략, 토론의 효과와 영향력, 1960년 이후에 주목할 만한 토론, 그리고 선거 토론의 미래에 대해 알아볼 것이다.

1. 형식

미국 역사상 가장 유명한 선거 토론은 1858년 일리노이주 상원의원 선거 기간에 벌어진 현직 상원의원 스티븐 더글러스와 도전자 에이브러햄 링컨 간의 토론을 들 수 있다. 일곱 차례에 걸친 토론에서 형식적으로 기획된 논제 그 자체는 다루어지지 않았고, 그 당시 선거의 핵심 쟁점이었던 새 영토에까지 노예제도를 확대할 것인가란 논제가 다루어졌다. 토론은 각 세 번의 발언으로 구성되었는데, 첫 번째 발언 60분, 이에 대한 응답 90분, 마무리 반박 30분으로 이루어졌다. 사회자는 없고 오직 더글러스와 링컨만 있었다. 알려진 것처럼 토론은 열기를 띠었으며 논증의 깊이와 뒷받침 내용도 매우 알찼다. 비록 토론이 일리노이 지역 일곱 곳에서만 개최되었지만, 신문 보도와 토론 기록 내용이 널리 퍼지면서 링컨은 전국적으로 알려지게 되었다. 더글러스는 상원의원 자리를 유지한 반면, 링컨은 전국적 토론 속으로 나아가게 되었다. 링컨-더글러스 토론 형식은 실제 토론에서도 실속이 있었고 탁월함을 보였다. 그럼에도 불구하고 많은 세월이 지나서야 전국적으로 중요한 선거 토론이 재등장했고, 전자 미디어, 특히 텔레비전이 성장하면서 이를 활용한 토론이 이루어졌다.

1948년, 오리건에서 벌어진 공화당 예비선거에서 대통령 후보 토머스 듀이와 해럴드 스타센은 세 라디오 방송국이 전국적으로 방송하는 토론에서 얼굴을 마주했다. 4000만에서 8000만 명에 이르는 청취자들은 "공산당은 불법인가?"라는 물음에 대한 듀이와 스타센의 토론을 들었다. 이는 당시 두 후보가 의견 차이를 보이는 몇 안 되는 쟁점 중 하나였다. 듀이는 반대 입장을 취했다. 그 토론은 한 가지 쟁점에 초점을 맞춰 직접적인 의견 충돌이 일어나도록 한 것이 가치가 있었다. 듀이는 문제를 좀더 성공적으로 다루었고 토론에서 이겨 결국 대통령 후보로 지명되었다. 제이미슨(Jamieson)과 버드셀(Birdsell)은 이를 다음과 같이 설명했다. "그 토론은 충분한 분량과 깊이로 대중에게 분명히 정의된 중요한 쟁점을 드러냈다. 반박에도 따로 시간을 배정했기 때문에 토론 형식은 쟁점과 그것에 대한 각 후보의 입장을 잘 조명할 수 있었다. 공산당의 불법성 여부에 대한 두 후보의 입장 차이는 주장과 변론을 통해 드러났고, 그들의 지적 능력도 공개적으로 드러났다. 듀이는 쟁점과 이미지에서 이겨 예비선거에서 소속 정당의 대통령 후보로 지명될 수 있었다."[3]

1956년, 민주당 예비선거에서 대통령 후보 애들레이 스티븐슨과 에스테스 키포버는 전국의 텔레비전 시청자를 향해 토론을 벌였다. 플로리다 예비선거 기간 동안에 마이애미 지역 방송국 WTVJ에서 주관한 토론은 ABC 텔레비전을 통해 한 시간 동안 방송되었다. 토론 형식은 3분의 입론 시간과 질문에 이은 5분의 마무리 발언으로 구성되었으며 진행자인 퀸시 하우가 국내 정책과 대외 정책에 대해 질문을 던졌다. 사실 그 토론은 토론이라고 보기 어려운데 거의 의견 충돌이 없었기 때문이다. 토론자들은 제기된 정치적 질문 대부분에 공통된 견해를 보였다.

이후 대통령 선거 토론의 유형과 일반적인 형식을 확립한 것은 1960년 케네디-닉슨 토론이었다. NBC 방송국의 로버트 사노프는 이 토론을 '위대한 토론'이라고 (기대하는 마음에서) 이름 붙였다. 선거운동본부들은 방송국과 지배적 토론 형식 및 방송 방식 등에 대한 지침을 정하기 위해 협상을 하였다. 이후의 모든 토론에서는 토론의 특성, 무대, 여타 관심사 등에 대해 후보들 간의 양해각서(MOU)가 만들어졌다. 생각할 수 있는 세부 사항, 즉 카메라 각도에서부터 토론장 온도, 토론자가 노트를 활용하거나 물컵을 써도 되는지까지를 다룬 긴 동의서가 작성되었다. 미노(Minow)와 라메이(Lamay)는 다음과 같이 관찰한 바를 말했다. "후보들의 양해각서에 대해 뭘 생각하든 간에, 협상이 없는 선거운동을 기대하는 것은 비현실적이다. 링컨과 더글러스도 토론의 조건을 논의하기 위해 서로 편지를 교환했다."[4] 토론 횟수와 길이, 연설 주제, 개시 발언과 마무리 발언의 유무, 답변의 길이, 후속 질문, 응답, 노트나 인쇄물의 활용, 사회자, 패널리스트, 무대(단상에 서기, 정해진 자리에 앉기, 팔걸이 없는 의자에 걸터앉기 등), 토론 날짜와 시간, 그리고 여타의 요소들이 양해각서에 명시되곤 했다. 1948년 듀이와 스타센 이후로 주제 토론은 달리 없었다. 케네디와 닉슨은 네 번에 걸친 1시간짜리 토론에 합의했다. 첫 번째 토론은 국내 문제, 마지막 토론은 대외 정책, 그리고 두 번째와 세 번째 토론은 두 문제를 다 다루기로 했다. 토론자들은 단상에 서기로 했다. 그리고 세 번째 토론에서는 분할 화면을 사용한 텔레비전 방송을 했는데, 닉슨과 패널리스트들은 로스앤젤레스 스튜디오에서, 케네디는 뉴욕에서 토론을 진행했다. 매 토론마다 사회자와 서너 명의 패널이 등장했다. 첫 번째와 마지막 토론에서는 후보들에게 각각 8분의 개시 발언과 3분의 마무리 발언 시간을 주었고, 각 질문에 2분 30초간 대답하고 이어 1분 30초간 반박할 시간을 주었다. 중간에 있는 두 번의 토론에서는 개시 발언과 마무리 발언 시간을 따로 주지 않았다. 저널리스트 사회자와 패널리스트들이 연속적으로 던지는 질문에 제한된 시간 안에 대답해야 하는 특징을 지닌 이 기본 형식은 선거 토론의 지배적인 형식이 되었다. 이 기본 형식에 대한 가장 의미 있는 변화는 1992년 두 번째 대통령 선거 토론에서 이뤄졌다. 공화당의 현직 대통령 부시와 민주당의 대선 후보 빌 클린턴, 무소속 후보인 로스 페로가 참여한 그 토론은 청중들이 후보들에게 질문을 하는 타운홀 형식으로 진행되었다. (이 토론은 제3 정당 후보를 포함시킨 것으로도 유명하다. 이때 단 한 차례만 있었던 일이다.) 1996, 2000,

2004, 2008, 2012년에 있었던 세 번의 대통령 선거 토론에서 그 중의 한 번은 타운홀 형식으로 진행되었다.

1장에서 우리는 토론을 "어떤 논제에 대한 합리적 판단의 추구"라고 정의했다. 이러한 기준에서 보면 지금까지 진행되었고 현재 진행되고 있는 대통령 선거 토론은 1948년 오리건의 예비선거 토론을 제외하고는 토론이라고 할 수 없다. 이들 토론은 하나의 명확하게 진술된 논제에 대해 주장하는 것도 아니고, "나를 찍어달라"는 것 이외에 이성적인 판단을 요구하지도 않기 때문이다. 제프리 아우어(J. Jeffery Auer)는 리처드 닉슨과 존 F. 케네디 사이에 있었던 1960년의 토론을 '모조 토론'이라고 말하며 토론에 필수적인 다섯 가지 기준 중 오직 하나만 충족하고 있다고 했다. 첫째, 토론에는 의견 대립이 있어야 한다. 토론 용어로 말하자면, 논박 책임이나 응수 책임을 완수함으로써 제기되는 의견 충돌이 빠져 있다는 것이다. 심각한 직접적인 의견 대립이 일어난 때에는 상대 토론자가 아닌 사회자나 패널리스트에 의해 그것이 제기되었을 때이다. 둘째, 토론은 각각의 논증을 다루는 사람에게 공정하고 적절한 시간을 제공해야 한다. 답변할 시간을 제한하거나 반박하거나 추가 질문할 시간이나 가능성을 엄격하게 제한하는 것은 논증을 전개하기 위한 실제적이고 적합한 시간을 제공하지 않는다는 의미이다. 동등한 토론 대결이라는 셋째 기준은 충족되었다. 하지만 정해진 논제에 대해 말해야 한다는 넷째 기준은 명백하게 지켜지지 않았다. 마지막 기준으로 토론은 논제에 대한 판정이나 청중 투표를 요구한다. 대통령 선거 토론은 1960년의 예에서 보듯이 그런 판정을 요구하지 않았다. 비처(Bitzer)와 로이터(Reuter)는 1976년 카터와 닉슨 간의 선거 토론에 아우어의 기준을 똑같이 적용해 다음과 같은 결론을 도출하였다. "케네디-닉슨 토론에 대한 아우어의 판단을 포드-카터 토론에도 똑같이 적용할 수 있다. 두 사람의 토론은 '진짜' 토론의 개념에 한참 모자란다."[5]

여러 면에서 대통령 선거 토론의 커다란 잠재성은 실현되지 못했다. 명확히 진술된 논제에 초점을 맞추기보다는 저널리스트들이 던지는 관련 없는 질문 내용을 즐기는 형식, 후보자들이 서로 대결하지 않는다는 점, 그리고 시간이나 질문 규칙이 후보들에게 간단한 대답만 하게 할 뿐 광범위한 논박이나 충분한 깊이를 가지고 논증을 전개할 수 있는 여지를 제공하지 않는다는 점에서 그러하다. 토론은 병렬적 연설의 장이 되었으며, 경쟁자들은 한 무대에 있지만 생각, 정책, 철학, 추론 능력이 의미 있게 비교되지는 못했다. 나중에 논의하겠지만 이는 대통령 선거 토론이 완전히 아무런 장점도 없다는 것을 시사하기 위한 것은 아니다. 하지만 선거 토론이 진짜 토론이라면 가능할 수도 있는 잠재적 이익을 유권자들에게, 민주주의에, 정치적 절차에 제공하지 못하고 있는 것은 분명한 사실이다.

2. 기능과 전략

선거 토론은 보다 큰 선거운동의 한 부분으로 기능하므로 선거운동의 모든 기능이 토론에 의해 제공된다. 이때의 기능은 넓고 다양하다. 선거운동은 유권자에게 정보를 주고, 정치 참여를 독려하고, 문제 해결과 시민단체에 기여하는 원칙, 가치, 정책에 대한 공적 담화를 생산함으로써 민주적 지도자를 뽑도록 한다는 점에서 중요하다. 선거운동 의사소통은 시민들이 정부나 일상생활에 영향을 미칠 수 있는 의사 결정에 직접 참여하는 것을 용이하게 해준다. 선거운동 의사소통이 가진 개방성은 선거와 정부에 대해 합법성과 믿음을 느끼도록 해준다. 토론은 특히 시민들에게 정보를 제공하고 쟁점과 후보들에 대한 깊은 이해를 제공하는 데 적합하다.

2008년과 2012년 예비선거 토론에서는 참여 기회가 상당히 많아졌다.

토론은 수많은 후보들에게 자신을 자유로이 드러낼 수 있는 기회를 제공했고, 유권자들에게는 선택 가능한 수를 늘려주었으며 참여 기회를 증가시켰다. 각 당이 지명한 대통령 후보들 간의 선거 토론은 끝이 없는 선거운동에서 가장 많은 사람들이 지켜보는 행사일 것이다. 몇 달 혹은 몇 년에 걸쳐 다듬고 검증한 논증, 입장, 주제, 슬로건, 개인적 스타일은 예비선거 토론, 가두 연설, 타운홀 미팅, 정치 선전, 전당대회 연설, 인터뷰와 방송 출연, 소셜 네트워킹, 블로깅과 마이크로 블로깅, 인쇄 광고물 제작과 직접 발송, 그 외 많은 것들을 통해 대통령 선거 토론이라는 가장 큰 무대로 올려진다.

트렌트(Trent), 프리덴버그(Friedenberg), 덴턴(Denton)은 정치 토론의 전략을 세 시기, 즉 토론 전, 토론 중, 토론 후로 구분해 밝혔다. 토론 전 전략은 자신의 수행에 대한 기대를 낮추고 상대에 대한 기대를 높이는 것에서 출발한다. 후보에 대한 (낮은) 기대에 토론 수행 결과가 부응하거나 이를 초과하면, 예상되는 상대편 토론자의 훌륭한 수행을 막을 수 있고, 그리하여 그 후보를 지지할 새로운 이유를 없앨 수 있다. 토론을 준비할 때 선거운동이 목표로 하는 대상 청중을 확인하고서 그런 특정 그룹에 더욱 설득력이 있도록 호소와 입장에 대한 계획, 심지어 전달 스타일이나 언어에 대한 계획까지 세우고자 할 것이다. 놀랍게도 이러한 대상 청중에는 후보자의 핵심 지지층이나 지지 기반을 대표하지 않는 집단이 포함되기도 한다. 그들은 아직 마음을 결정하지 못했거나 알려지지 않은 잠재적 투표자일 수도 있다. 토론 전 전략의 세 번째 단계는 교실 토론이나 토론대회와 똑같이 연습하는 것이다. 연습하라! 이때의 선거운동은 다른 활동을 중단한 채 다가오는 토론에서 예상되는 질문에 대한 답을 준비하고, 상대 토론자나 사회자 또는 질문자로 다른 사람을 대신 세워두고 리허설을 하는 것이다.

토론 중 전략은 전체 주제에 대한 정책 옹호와 쟁점 개발로 시작한다. 주제는 이해 가능하고 긍정적으로 설명되어야 하며, 현재의 상황에 대한 조리 있는 서술이면서, 기저 철학과 미래에 대한 비전을 반영해야 한다. 토론 중에 채택할 수 있는 두 번째 전략은 세 가지 잠재적 조치, 즉 (1) 리더십 유형 개발, (2) 인격화, (3) 동일시 조치를 포괄하는 이미지를 개발하는 것이다. 리더십 유형은 이미지의 기능이며, '카리스마', '역동성', '긍정적 흥분', '신중하고 주의 깊고 사려 깊은 어조'를 통해 드러난다. 덧붙여 말하면, 리더십 유형은 후보자가 어떤 정책에 대한 옹호를 우선시하고 이 정책을 실행하기 위해 어떤 수단을 추구하는가를 통해 드러난다. 예를 들어, 활동적인 유형이라면 앞장서서 주도하려고 할 것이고, 반면에 수동적인 스타일은 좀 더 신중한 입장을 취할 것이다. 인격화는 후보자 개인의 자질이나 성향뿐만 아니라 후보자의 인격이 드러나는 것을 의미하며, 특히 상대 후보와의 비교나 병렬을 통해 드러난다. 동일시는 의사소통의 핵심적인 기능이다. 사람들은 가치, 삶의 경험, 인식을 공유하는, 자신과 같다고 인식되는 후보를 지지한다. 후보들이 동일시를 확립하려고 할 때 목표로 하는 대상 청중과 공통점이 있다고 호소하면서 상대 후보가 '현실을 모르는 사람'이라거나 시민들과 다르다는 인상을 주려 한다.[6]

스미스는 토론 중에 사용할 수 있는 토론자의 네 가지 추가 전략을 제시했다. 첫째는 "상대편에게 평이 나쁜 것을 책임지도록 하는 것"으로, 이는 전략적으로 유리하다. (예를 들어) 현직에 있는 상대 후보는 문제 많은 현 상태와 관련이 있으며, 말 바꾸기로 공적 발언이나 투표에서 일관성이 없는 것에 책임을 져야 한다고 함으로써 이를 달성할 수 있다. 다음으로, 토론자는 상대방의 개인적인 비난에 대해 언어, 논증, 올바른 몸가짐을 통해 대응해야 한다. 예를 들어, 당신이 해당 영역에서 문제를 해결할 만큼 지식이나 경험이 많지 않다고 상대방이 말한다면, 당신은 우려를 완화할 수 있는 구체성 및 통찰력과 함께 차분하고 침착한 태도로 정보를 제시하며 자세하게 대답해야 한다. 그다음의 제안으로, 교실 토론이나 토론대회에서 토론자가 취해야 할 첫 번째 태도는 반격하는 것이다. 이는 질문에 대답하고 만들어진 논증을 확장하는 것이며 상대의 실수나 잘못된 대답을 부각하는 것을 말한다. 스미스에 의해 제시된 네 번째의 새로운 전략은 "후보의 진술에서 극적인 호소를 조절하는 것"이다. 이 단계는 묘사에 대한 효과적인 선택을 해서 그 상황의 수사적 요구를 가장 잘 만족시킬 수 있는 적절한 언어를 사용하는 것과 관련이 있다. 마지막으로 강력하고 영향력 있는 단어, 구절, 문장을 사용하여 조심스럽게 언어를 구사해야 한다. 이는 후보가 토론 후에 재생산되는(토론 중에도 트위터 같은 마이크로블로깅 도구를 통해 이루어지는) 자신에 대한 헐뜯기들을 통제할 수 있게 한다.[7]

토론 후의 성공은 즉각적인 '의견 제시(spin)', 즉 후보의 토론 수행에 대한 긍정적인 해석으로 시작된다. 물론 승리는 토론 전의 기대치가 낮았다는 것을 뜻하며, 선거운동 직후의 설문조사뿐만 아니라 핵심 대리인과 토론을 본 사람들의 긍정적 반응에 토대를 두고 선언된다. 토론의 중요한 장면은 재창조되고 연설에서 강조되며, 특히 스팟 광고의 형태로 제작되거나 전자메일, 페이스북, 텀블러, 그리고 수많은 다른 수단에 의해 배포된다. 여론 주도자와 미디어에 의해 토론의 영향이 확대되면서, 선거운동은 곧바로 이들 주요 문지기들(gatekeepers)과 함께 토론 후의 방송 출연, 전자메일, 그리고 다른 의사소통 수단을 통해 자신의 성공을 강화하려고 한다.

3. 효과와 영향

선거 토론은 대통령 선거를 구성하는 수많은 의사소통 활동 중에 포함되기 때문에, 그것이 투표자나 시청자에게 끼친 영향을 따로 떼어 논의하기는 어렵다. 물론 이런 어려움에도 불구하고 그 효과를 연구하거나 측정하려는 많은 연구들이 있었다. 대통령 선거 토론은 보통 6천만 명 정도가 지켜보므로 분명히 많은 청중을 대상으로 한다. 많은 사람들이 뉴스와 미디어 보도, 개인들 간의 의견과 정보 전달, 그리고 정치 선전을 통한 토론 정보 전파 등을 통해 간접적으로 영향을 받는다. 〈새터데이 나이트 라이브(Saturday Night Live)〉와 같은 패러디 쇼, 〈데일리 쇼(Daily Show)〉의 코믹한 뉴스 보도, 그리고 심야 토크 프로그램 등을 포함하는 오락 매체는 간접적이긴 하지만 실제적으로 토론 효과를 산출한다.

대통령 선거 토론은 대부분의 시청자들이 가진 성향을 강화하는 것처럼 보인다. 토론은 후보와 선거운동에 대한 관심을 낳고, 유권자의 마음을 바꾸거나 아직 결정하지 못한 유권자의 마음을 얻는다. 토론에서 후보들이 펼친 논증과 쟁점 입장은 저널리스트들에 의해 보도나 정치 해설 때 논의된다. 따라서 토론은 차후 논의할 의제를 설정하는 역할도 한다. 토론은 유권자들에게 정보를 주며, 특히 유권자들이 지지하는 후보가 쟁점에 대해 어떤 입장을 취하는가를 알 수 있게 돕는다. 토론은 후보에 대한 시청자의 이미지를 바꾸기도 하는데, 특히 후보가 예전에 잘 알려지지 않은 경우에 그러하다. 예를 들어, 1960년의 토론은 젊은 상원의원 케네디에 대한 공적인 평가를 높였다고 인정된다. 케네디의 토론은 유권자들이 그를 '대통령감'으로 보기 시작하고 그렇게 여기게 되는 계기가 되었던 것이다. 2008년 오바마 상원의원 역시 똑같은 상황을 맞이했다.

트렌트 등은 토론은 "선거운동을 얼어붙게 한다."라고 했다. 토론 시간 동안 선거운동의 다른 기능은 보류되기 때문이다. 최소한 토론이 진행되는 동안에는 선거운동의 다른 의사소통이 없어지므로 의견, 선호도, 그리고 상황을 잘 아는 유권자들의 성향 등은 공고화된다.[8] 트렌트는 또 토론은 유권자들을 공적인 담화에 참여시키고 그들의 정치에 대한 불신과 냉소를 감소시키며 전국의 청중을 끌어안음으로써 민주주의에 대한 확신을 끌어울리는 데 도움이 된다고 주장했다. 그리하여 민주주의의 공적 의사 결정의 투명성과 적법성에 대한 믿음이 향상된다. 토론은 높은 압력을 받는 환경 속에 있는 후보를 검증할 기회를 주고, 후보들은 토론을 위해 광범위하게 연구하고 준비해야 하므로 이는 결과적으로 자신이 얻으려는 직책에 대해 준비하는 데 기여한다.

2008년과 2012년에 예비선거 토론의 수가 기하급수적으로 늘었다. 이와 같은 증가 현상은 여러 면에서 토론 형식과 선거운동 과정을 실험적으로 바꿀 수 있는 기회를 창출했다. 한 토론에 열 명이나 되는 많은 후보들이 참여함으로써 모든 토론자들은 토론에서 자신의 시간을 지키거나 얻기 위해 싸워야 했다. 시간 부족, 반박과 추가 질문을 할 기회의 부족은 보통 두 명의 후보만 참여하는 대통령 선거 토론보다 훨씬 두드러졌다. 이처럼 쓸 수 있는 시간이 제한되자, 어떤 후보가 질문을 받을지 선택하는 사회자의 권한이 커졌다. 또한 준비해야 할 토론이 많아지면서 후보들과 그들의 선거운동은 토론에 짓눌리기도 했다. 물론 토론은 참가가 없었더라면 주변에 머물렀을 후보들에게 공짜로 미디어에 노출될 수 있는 기회를 주었고, 그리하여 참여를 증가시켰으며, 아마도 어떤 후보들의 경우에는 공개적으로 보여질 수 있는 기간을 늘리기도 했다. 어쩌면 가장 중요한 것은 반복할 수 있는 기회일 것이다. 많은 토론이 후보에게 연습과 적응의 기회를 제공하므로, 예비선거 토론에서 살아남은 후보들은 대통령 선거 토론을 할 때 잘 준비되어 있게 된다.

4. 대통령 선거 토론 약사

(직접 인용한 모든 선거 토론 자료는 대통령선거토론위원회가 웹사이트

리처드 M. 닉슨 부통령 대 존 F. 케네디 상원의원, 1960

이 시기 네 번의 토론이 치러졌으며 각 토론은 한 시간 동안 진행되었다. 닉슨이 토론에 동의한 것은 다소 놀라운 일인데, 매사추세츠 출신의 젊고 경험 없는 신진 상원의원에 비하면 그는 부통령으로서 더 경험 있고 자격을 갖춘 것으로 보였기 때문이다. 그러나 여론조사에서 접전 양상을 보이자 닉슨은 자신이 토론을 거부하면 유권자가 자신을 거부할 수도 있겠다고 생각했다. 첫 토론이 가장 주목할 만했으며 가장 많이 입에 오르내렸다. 이 토론은 케네디의 백악관 입성을 도왔다고 할 수 있다. 케네디는 토론 전이틀 동안 선거운동 참모들이 준비한 자료를 검토하며 토론을 연습하면서 휴식을 취했다. 닉슨은 자료를 검토하긴 했으나 토론을 연습하거나 참모들과 준비하지는 않았다. 닉슨은 몸이 좋지 않았고, 일반적인 메이크업을 거부한 대신에 면도 자국을 가려주는 제품만 발라 초췌해 보였다. 케네디는 젊고, 활기차고, 카리스마 있고, 잘생긴 데다 카메라 앞에서 편안해 보였다. 닉슨은 카메라 앞에서 땀을 흘렸고, 거뭇한 면도 자국이 드러나면서 외모의 매력을 떨어트렸다. 케네디는 카메라를 응시하며 청중에게 직접 말한 반면, 닉슨은 케네디를 보며 말했다. 이 토론은 8분 동안의 개시 발언을 허용했고, 케네디가 먼저 했다. 개시 발언에서 케네디는 토론 어조를 설정하고 공격을 진행했는데, 주제와 관련된 웅변술을 보였다. 닉슨은 개시 발언에서 케네디가 말한 것에 대해 하나하나 논박했다. 닉슨-케네디의 첫 토론은 내용상으로 크게 부각된 면이 없었으나 케네디는 확실히 닉슨보다 텔레비전 매체와 토론 형식에 통달해 있었다. 결과적으로 케네디는 직접적인 논박에 의존하지 않고 토론 내용을 수사적으로 접근했으며 더 뛰어나 보였다. 닉슨은 케네디의 주장을 그 즉시 공격하는 것에 훨씬 많은 시간을 할애하였다. 닉슨은 대중에게 정책과 쟁점에 관해 이야기하기보다는 "토론에서 이기는" 것에 더 관심이 있는 것처럼 보였다. 확실히 케네디가 텔레비전 매체를 다루는 데 더 뛰어났다.

대부분의 측정치는 첫 토론에서 케네디가 닉슨보다 더 많은 이득을 얻었음을 가리킨다. 텔레비전으로 토론을 시청한 사람들은 케네디를 선호했고, 라디오로 토론을 들은 사람들은 닉슨을 선호했다는 말이 신화처럼 전해지지만, 확실한 것은 아니다. 라디오로 토론을 들은 사람들은 토론을 무승부로 생각했고, 텔레비전으로 토론을 본 사람들은 케네디가 '이겼다'고 생각했다는 연구도 있지만, 라디오에 관한 연구는 더 적은 표본을 대상으로 하였고 인구통계학적으로 (텔레비전을 덜 가까이할 것 같은) 시골 청자를 대상으로 하였다는 사실을 고려해야 한다. 첫 토론을 통해 케네디는 믿을 만하고 능력 있는 '대통령감'의 면모를 확실히 보였다는 점에서 성공을 했다.

이어지는 세 번의 토론은 더 많은 청중을 대상으로 하였지만, 첫 토론만큼 청중의 변화를 일으키지는 못했다.

지미 카터 주지사 대 제럴드 포드 대통령, 1976

1964년, 1968년, 1972년 선거에서는 대선 토론이 열리지 않았다. 스미스는 토론을 할지 안 할지를 고려할 때 중요한 일곱 가지 기준을 정리하였는데, 첫 번째는 "현직 대통령이 토론에 참여하는가?"라는 질문이다. 현직 대통령은 합법적으로 정권을 잡고 있어서 상대 후보보다 자신이 앞서 있다고 가정하며, 도전자와 함께 무대에 섬으로써 자신의 지지 기반을 내주고 도전자에게 적법성을 인정하면서 그가 드러날 기회를 주는 것으로 생각한다. 1964년과 1972년에 현직 대통령이었던 린든 존슨과 리처드 닉슨이 재선을 위해 입후보했고 그들은 토론 참여로 이득을 볼 것이 없다고 생각했다. 두 번째는 "선거가 막상막하인가?"라는 질문이다. 1968년의 선거는 닉슨이 경쟁자들에 비해 앞서 있었다. 세 번째는 "후보가 좋은 토론자인가?"라는 질문이다. 네 번째는 "후보가 두 명뿐인가?"이다. 이것은 1968년에 문제가 되었는데, 앨라배마 주지사 조지 월리스 독립당 후보가 등장한 것이다. 다섯 번째는 "중요 변수들을 통제할 수 있는가?"이고, 여섯 번째는 "토론을 위한 명확한 전략적 목적이 있는가?"이다.[9]

1976년 7월에 현직 대통령 제럴드 포드는 지미 카터 주지사에 30퍼센트 이상의 차이로 뒤처져 있었다. 의회 선거에서 토론 경험이 있고 카터에 도전할 필요가 있다고 느낀 포드는 공화당 전당대회의 후보 수락 연설에서 카터와 토론하겠다고 발표했다. 카터는 곧바로 이를 수락했고 토론이 성사되었다. 세 번의 대통령 선거 토론과 더불어 월터 먼데일 상원의원과 밥 돌 상원의원 간의 최초의 부통령 선거 토론이 있었다. 토론 형식은 사회자의 추가 질문을 허용하는 것이었으며 장소는 텔레비전 스튜디오가 아닌 일반 강당이었다. 첫 토론에서 가장 기억할 만한 것은 무대 위의 오디오가 들리지 않아 방송이 27분간 지연된 일이었다. 카메라는 계속 돌아가고 있었기 때문에 대중들은 두 후보가 어색하고 조용한 상태로 각자의 연단에서 반 시간 동안 서 있는 모습을 볼 수 있었다. 첫 토론에서는 국내 정책을 논의했으며, 포드 대통령에게는 워터게이트 사건 직후 리처드 닉슨을 사면한 이유에 대해 해명할 기회를 주었다. 두 번째 토론은 대외 정책에 대한 것이었고, 포드는 대선 토론 역사에서 가장 유명한 실수 중 하나인 "소련은 동유럽을 지배하지 않으며, 포드 정부에서 그런 일은 결코 일어나지 않을 것이다."라는 발언을 했다. 놀란 질문자 맥스 프랭클이 "죄송하지만…… 제가 제대로 이해한 게 맞나요? 당신은 소련이 동유럽 국가들을 대부분 점령하면서 자신의 영향권 아래에 두고 있지 않다고 말씀하신 건가요?"라고 물었고, 이에 포드는 "유고슬라비아인은 자신들이 소련의 지배를 받는다고 생각하지 않을 것이다. 루마니아인도 자신들이 소련의 지배를 받는다고 생각하지 않을 것이다. 폴란드인 역시 자신들이 소련의 지배를 받는다고 생각하지 않을 것이다. 이 나라들은 독립적이고 자주적이며 자신의 온전한 영토를 가지고 있기에 미국은 해당 나라들이 소련의 지배를 받는다고 여기지 않는다.”라고 답했다. 포드의 대답은 실제로 사실과 부합하지 않았고, 토론 관련 기사들은 이 문제를 주로 다루었다. 포드는 따분해 보이고 카터는 어색해 보인다는 반응과 함께 토론은 대체로 지루했다고 표현되었으나 여론조사는 각 토론이 끝날 때마다 카터의 지지도가 급등했음을 보여주었다. 카터는 훗날 “토론이 없었더라면 나는 선거에서 졌을 것이다. 토론에서 나는 대외 정책과 국내 정책에 능숙한 사람으로 인정받을 수 있었고 시청자들로 하여금 지미 카터가 무엇인가 할 만한 사람이라고 생각할 수 있게 했다.”[10]라고 말했다. 부통령 선거 토론에서 포드의 러닝메이트였던 밥 돌 상원의원 역시 카터를 도왔다. 돌의 딱딱한 유머 감각과 무표정하게 전하는 재담들은 자신에게 별로 도움이 되지 않았다. 그의 가장 큰 실수는 워터게이트에 대한 질문에 “며칠 전에 생각해봤는데, 민주당에 의한 이 세기의 전쟁에서 다친 미국인 사상자를 모두 합한다면 디트로이트시를 채우고도 남을 160만 명쯤 될 것이다.”라고 답한 일이다. 먼데일 상원의원은 이에 대해 “돌 상원의원이 중상모략가로서의 명성을 충분히 얻은 것 같다.”라고 말했다.

로널드 레이건 주지사 대 존 앤더슨 하원의원,
로널드 레이건 주지사 대 지미 카터 대통령, 1980

지미 카터 대통령은 경제 불황과 이란 인질 사태 그리고 매사추세츠의 에드워드 케네디 상원의원의 도전, 대중의 신뢰를 받는 하원의원 존 앤더슨의 무소속 출마 등의 난관에 직면한 가운데 1980년 재선을 위한 경쟁에 돌입했다. 논란을 일으켰던 예비선거를 거쳐 공화당은 로널드 레이건 주지사를 대통령 후보로 지명했다. 공화당 하원의원 존 앤더슨은 무소속 후보로 출마하였다. 9월에 여성유권자연맹은 카터, 레이건, 앤더슨에게 삼자토론을 제의했다. 앤더슨과 레이건이 모두 현 행정부에 비판의 초점을 맞출 것이기 때문에 현직 대통령인 카터는 삼자토론 형식으로는 질 수밖에 없다고 판단했다. 카터는 레이건과 토론을 먼저 한 후에만 삼자 토론을 받아들이겠다고 하였다. 레이건은 앤더슨이 참여할 때의 이득을 알고 있었기에 절충에 응하지 않았다. 결국 토론은 레이건과 앤더슨이 참석하고, 빈 의자를 놓은 채로 진행하기로 하였다. 하지만 빈 의자는 놓이지 않았고 레이건과 앤더슨 간의 토론이 9월 21일에 열렸다. 원래 두 후보는 후보 간 질문을 제한적으로 허용하기로 합의했으나 토론이 시작되기 직전에 없애버렸다. 토론을 통해서 레이건은 너무 보수적이고 과격하다는 우려를 없앨 수 있었다. 낙천적인 어조를 유지하면서 낙관적인 선거운동 주제에 초점을 맞추었기 때문이다. 그의 성격과 유머 감각은 긍정적인 이미지를 심어주었다. 그는 다음과 같은 말로 결론을 맺었다. "200년 동안 우리는 미래 속에서 살아왔고, 내일은 오늘보다 낫고 오늘은 어제보다 나은 것이라고 믿고 있습니다. 나는 여전히 그렇다고 믿습니다. 나는 오늘 논의한 문제들을 내가 해결할 수 있다고 생각해서 대통령직에 도전한 것은 아닙니다. 이 나라의 국민이라면 할 수 있고, 함께한다면 우리는 세계 도처에 진출할 수 있다고 나는 믿습니다. 우리는 운명을 건설할 수 있습니다. 전 인류를 위해 언덕 위의 빛나는 도시를 여기 이 땅에 지을 운명을 말입니다. 우리는 그 일을 해야 합니다." 앤더슨은 토론에서 눈에 띄게 드러난 거들먹거리는 전문가적인 어조로 비판을 받았다. 쟁점 개발에서는 앤더슨이 더 구체적이었지만, 레이건은 연설 주제를 호감이 가도록 부드럽게 설명하였다. 토론 이후 여론조사에서 현격히 줄어든 앤더슨 지지율은 그를 다음 토론에 부를 필요가 없다는 것을 보여주었다.

앤더슨이 더 이상 유력 후보에 포함되지 않고 자신의 지지율이 떨어지자 카터 대통령은 레이건과 선거 일주일 전에 치러지는 일대일 토론에 참가하기로 합의했다. 기억할 만한 장면들은 레이건이 연출했다. 카터는 핵무기 정책에서 레이건이 위험할 뿐만 아니라 매우 보수적이고, 특정 유권자들에 대해서는 묵묵부답이라는 점을 부각하고 싶어했다. 하지만 레이건은 매너와 위트로 적절히 대응했고 여러 명언들을 남겼다. 카터가 자신을 노인 의료보험 제도를 반대한다고 공격하자 레이건은 "또 그 얘기로군요."라고 받아치며 자신에 대한 비난이 지겹고 한물간 것임을 시사했다. 또한 마무리 발언에서 레이건은 "여러분은 4년 전에 비해 형편이 나아지셨나요?"라는 물음을 던졌다. 카터의 실수는 딸 에이미와의 대화를 언급한 것이었다. "며칠 전 여기 오기 전에 딸 에이미와 대화를 나누었습니다. 가장 중요한 문제가 무엇이냐고 물었더니 딸아이는 핵무기와 핵무기 통제라고 하더군요."라고 하였다. 청중은 이 발언을 곱게 보지 않았으며 토론 이후 이에 대해 비난했다. 전반적으로 카터 대통령이 토론에서 괜찮은 모습을 보였음에도 불구하고 레이건이 토론의 더 큰 수혜자였다. 그는 긍정적이고 낙관적인 비전을 제시했고, 절제할 줄 알고 합리적이라는 이미지를 드러내 대통령으로서 위험하리라는 일부의 우려를 없앨 수 있었다.

로널드 레이건 대통령 대 전직 부통령 월터 먼데일, 1984

1984년에는 두 번의 대통령 선거 토론과 한 번의 부통령 선거 토론이 열렸다. 1984년 선거에 돌입하면서 레이건은 꽤 높은 지지율을 보였으며 선거운동에서 크게 앞서고 있었다. 토론은 먼데일에게 추격의 기회를 제공하였고, 도움이 되었지만 인기 많은 대통령을 따라잡기에는 충분하지 않았다. 첫 토론은 국내 정책을 다루었고, 주된 초점은 늘어나는 재정 적자였다.

먼데일은 1980년에 레이건이 토론에서 했던 말을 이용하여 "대통령님, 당신은 예전에 '또 그 얘기로군요.'라고 했습니다. … 그 이야기를 저번에 했던 게 기억나시나요? … 카터 대통령이 당신께 노인 의료보험 축소에 대해 물었을 때 '아, 또 그 얘기로군요, 대통령님.'이라고 하셨죠. 그리고 선거가 끝난 직후 무엇을 하셨습니까? 노인 의료보험에서 200억 달러를 삭감하려 했습니다. 따라서 당신이 '또 그 얘기로군요.'라고 말할 때 이제 사람들은 이를 기억할 것입니다. … 또한 사람들은 당신이 미국 역사상 가장 큰 규모의 증세에 동의한 것도 기억할 것입니다. … 당신은 2600억 달러의 재정 적자를 안고 있습니다. 이것이 그저 없어지기를 바랄 수는 없습니다."[11]라고 했다. 먼데일은 효과적인 수사적 퍼포먼스에 능했다. 레이건 대통령은 일부 목격자들의 말에 의하면 지친 듯 보였고 때때로 혼란스러운 듯 보였다고 한다. 두 번째 토론은 대외 정책을 다루었고 레이건의 가장 취약점은 그의 나이와 활력이었다. 먼데일은 이러한 우려를 토론에서 언급하지 않았지만, 질문자 중 한 명이었던 『볼티모어 선(*Baltimore Sun*)』의 헨리 트루힛은 다음과 같이 제기하였다.

트루힛: 대통령님, 저는 최근 2, 3주간 잠재해 있던 쟁점을 제기하려고 하며, 특히나 국가 안보 차원에서 제기하려고 합니다. 당신은 이미 역사상 가장 나이가 많은 대통령입니다. 당신의 참모들 말에 따르면 당신은 가장 최근 먼데일 씨와의 일전 이후 굉장히 피곤해했다고 합니다. 제 기억으로 케네디 대통령은 쿠바 미사일 사태 때 며칠을 쪽잠으로 지새웠습니다. 당신 생각에 이러한 상황에서 일을 처리할 수 있을지 우려는 없나요?

대통령: 트루힛 씨, 전혀 없습니다. 저는 이 선거운동에서 나이를 쟁점으로 삼지 않을 것임을 당신에게 알려주고 싶습니다. 저는 상대방

의 젊음과 경험 부족을 정치적인 목적을 위해 이용하지 않을 것입니다. [웃음과 박수] 제가 시간이 더 있다면, 트루힛 씨, 저는 세네카가 한 말인지 키케로가 한 말인지 모르겠지만, 다음과 같은 말을 들려주고 싶습니다. "젊은이의 실수를 지적해주는 어른들이 없었더라면 국가는 존재하지 않았을 것이다."

트루힛: 대통령님, 저는 그 대답이 담장을 넘어가기 전에 쫓아가서 잡고 싶지만 일단 다음 질문으로 넘어가겠습니다.

토론에서 군사 및 대외 정책에 대해 실질적인 논의를 주고받았지만 '젊음과 경험 부족'에 대한 발언이 토론에서 가장 기억에 남고 가장 인상 깊었다. 조지 H. W. 부시 부통령과 제럴딘 페라로 하원의원 간의 부통령 선거 토론은 첫 여성 후보가 무대에 선다는 점에서 역사적이었다. 페라로 하원의원은 토론에서 부시의 적반하장식 태도에 대해 가장 기억에 남을 만한 다음과 같은 말을 남겼다. "우선 부시 부통령님께서 대외 정책에 대해 가르치려 드는 태도에 대하여 거의 분개하고 있다고 말씀드리고 싶습니다. 저는 하원의원으로서 일한 지 6년이 되었습니다. 저는 이란 미국대사관 인질 사건 때도 하원에 있었고, 최근 몇 달 동안 그곳에 있으면서 무슨 일이 일어났는지 보았습니다. 당신의 재임 기간 17개월 동안 말입니다."[12]

조지 H. W. 부시 부통령 대 마이클 듀카키스 주지사, 1988

1988년에는 두 번의 대통령 선거 토론과 한 번의 부통령 선거 토론이 열렸다. 부시-듀카키스의 첫 토론은 특별한 일이 없었으며 토론 후 보도도 많지 않았다. 부시는 듀카키스가 너무 진보적임을 비판했고, 듀카키스는 부시가 경험이 부족한 댄 퀘일을 러닝메이트로 삼은 것을 비판했다. 토론은 가치, 마약, 의료를 주로 다루었다. 토론의 가장 중요할 수도 있는 쟁점은 두 토론자에 의해서가 아니라 다음 질문을 제기한 피터 제닝스에 의해 설정되었다.

제닝스: 부통령님, 주지사님, 좋은 밤입니다. 주지사님, 당신의 행정 스타일에 대해 계속 제기된 주제에 대해 잠시 이야기하려고 합니다. 오늘 밤 두 분 모두 리더십을 언급하셨으니 말이죠. 주지사님의 행정 스타일에 대해 계속 제기된 주제는 열정 부족과 기술관료주의입니다.

듀카키스: 열정 부족이라고요?

제닝스: 열정이 부족하고 기술관료주의에 빠진, 세상에서 가장 똑똑한 점원 말입니다. 당신을 비판하는 사람들은 1960년대에 당신의 열정이 베트남 전쟁이나 시민권에 있지 않고 무과실 자동차 보험에 있었다고 이야기합니다. 그들은 1970년대에 당신이 보스턴의 가슴 아픈 강제 버스 통학 위기 때 사실상 아무런 역할도 하지 않았다고 말합니다. 대통령은 가끔 순수한 영감과 열정으로 이끄는 모습을 보여야 한다는 점에 비추어 볼 때, 우리는 이러한 시각이 당신의 행정 업무에 대한 정당한 묘사인지 편견인지를 알고 싶습니다. 이것이 정당하지 않다면 대통령에게 요구되는 그러한 열정과 리더십을 당신이 언제 보여주었는지 사례를 들어주실 수 있겠습니까?

토론에서 듀카키스는 효과적으로 답하였고, 부시는 듀카키스가 열정이 부족하다는 지적을 받아들이지 않았다. 그렇지만 듀카키스의 열정에 대한 질문이 두 번째 토론에서 CNN의 버나드 쇼에 의해 훨씬 인상적으로 제기되었는데, 그 유명한 발언은 다음과 같다. "주지사님, 만약 부인 키티 듀카키스가 강간을 당한 뒤 살해당한다면, 살인자에 대한 사형을 지지하시겠습니까?" 듀카키스는 "아니요. 지지하지 않습니다, 버나드. 당신은 내가 평생 동안 사형제도에 반대했다는 걸 알고 있습니다. 사형제도의 범죄 억제 효과는 어디에서도 증명되지 않았고 흉악 범죄를 막는 것이 목적이라면 얼마든지 더 효과적인 방법이 있다고 생각합니다."라고 말했다. 이 질문은 듀카키스의 감정적인 측면을 보여줄 기회를 주기 위한 의도였지만 그의 대답은 첫 토론에서 심어진 열정 없다는 이미지를 더욱 공고하게 만들었을 뿐이다. 코미디 프로그램 〈새터데이 나이트 라이브(Saturday Night Live)〉의 토론 패러디에서 존 로비츠가 듀카키스 역을 연기했는데, 그는 실제 토론과 모방극에서 갈팡질팡하고 버벅댄 조지 H. W. 부시를 가리키며 혼잣말로 "내가 이 자식에게 지고 있다니 믿을 수가 없어!"라고 했다.

부통령 선거 토론에서 베테랑 로이드 벤트센 상원의원은 초선이자 경험이 없는 댄 퀘일 상원의원과 맞닥뜨렸다. 민주당의 주요 전략은 댄 퀘일의 자질 부족에 초점을 맞추는 것이었다. 벤트센은 "오늘 밤 토론은 부통령의 자격에 대한 것이 아닙니다. 이 토론은 댄 퀘일과 로이드 벤트센이 미국의 대통령이 될 자질이 있는지 없는지에 관한 것입니다."라고 하였다. 만약 대통령이 된다면 무엇을 할 것인지에 대한 질문에 댄 퀘일은 "저는 잭 케네디가 대선에 도전했을 때 가졌던 것만큼이나 의회 경험이 있습니다."라고 하였다. 벤트센의 반응은 예리해서 현장 청중에게 큰 호응을 불러일으켰다. "의원님, 저는 잭 케네디를 모셨고, 잭 케네디를 알고, 잭 케네디는 나의 친구였습니다. 의원님, 당신은 잭 케네디가 아닙니다." 퀘일이 "의원님, 그 말은 매우 부적절하군요."라고 하자, 벤트센은 이어서 "의원님, 비교는 당신이 시작했습니다. 저는 그를 매우 잘 아는 사람이고요. 솔직하게 말하면 당신이 국가를 위해 선택한 목표가 그와 너무나도 동떨어져 있기 때문에 비교가 타당하지 않다고 생각합니다."라고 했다.

조지 H. W. 부시 대통령, 빌 클린턴 주지사, 로스 페로 사업가, 1992

1992년에는 세 번의 대통령 선거 토론과 한 번의 부통령 선거 토론 등 총 네 번의 토론이 열렸다. 두 번째 대통령 선거 토론에서는 최초로 타운홀 형식을 채택했고 청중으로부터 흥미로운 질문들이 나왔다. 부시 선거운동 본부는 클린턴이 인격 주제에 취약하다고 보았고 토론에서 이 부분을 공략하려고 했다. 첫 토론에서 클린턴과 부시는 서로를 공격했고, 페로는 덤덤한 어조와 유머와 위트를 섞어서 자신의 여러 주제, 즉 정부의 교착상태, 국가 부채, 로비스트들의 영향력 문제를 강조하였다. 토론 후의 조사에서 대다수는 페로를 승자로 꼽았다. 두 번째 토론은 타운홀 형식의 토론을 도입하였는데, 후보들은 의자에 앉거나 서거나 무대 위를 돌아다니면서 자신을 둘러싼 청중으로부터 질문을 받고 이에 답하였다. 한 청중이 질문한, 특히 의미 있었던 질문 하나가 토론에 엄청난 영향을 주었다. 질문자는 다음과 같이 물었다. "개인적인 일이나 진창 같은 대화 말고 쟁점들에 논의를 집중할 수 없을까요? 만약 우리가 갤럽 같은 기관에서 온 사람과 여기서 여론조사를 할 수 있다면, 저는 실질적인 필요에 집중하는 것이 정말 필요하다고 생각합니다." 클린턴이 "저도 동의합니다."라고 하였다. 질문자는 질문을 이어나갔다. "정말 가슴에 손을 얹고 맹세할 수 있을까요? 이상하게 들릴지 모르겠지만 정말 약속할 수 있을까요? 서약이 아니더라도 미국 국민들에게 당신의 필요가 아닌 우리의 필요에 집중하겠다고 약속할 수 있을까요? 우리는 필요한 것이 많습니다. 반복하겠습니다. 제 생각에는 정말 우리 모두가 가지고 있는 실질적인 필요가 있습니다." 부시는 대답을 얼버무리는 것처럼 보였는데, 원론적으로 동의한다고 했지만 그의 첫 응답은 "어떻게 규정하느냐에 달린 것 같습니다."였다. 페로는 "얼버무릴 것도 없고, '만약에'라고 할 것도 없고, '그리고' 또는 '하지만'을 말할 것도 없습니다. 저는 맹세하겠습니다. 왜냐하면 저는 국민들이 선정적인 기사가 아니라 쟁점들에 대해 이야기하고 싶어한다는 것을 알기 때문입니다."라고 분명하게 말했다. "국가 부채가 개인적으로 당신들의 삶에 어떤 영향을 미치고 있습니까?"라는 질문에 대해 부시는 "저는 국가 부채가 모두에게 영향을 미친다고 생각합니다."라고 한 다음, "정말 그럴 것입니다. 저는 제 손자 손녀들을 사랑합니다. … 저는 그들이 교육을 받을 여력을 가지고 있을 것이라고 생각하고 싶습니다." 그리고 "잘 몰라서 그런데 질문을 좀 더 상세히 말해주시면 더 대답을 하도록 하겠습니다."라고 하였다. 아마도 가장 많이 입에 오르내린 토론 장면은 어떠한 발언이 아니라 제스처였다. 토론 중에 부시는 초조한 표정으로 손목시계를 보는 모습이 카메라와 관객들에 의해 포착되었다. 그는 불편해 보였고, 멍해 보였으며, 토론이 얼른 끝나기를 바라는 것처럼 보였다. 세 번째 토론은 첫 번째 토론 과정과 비슷하게 진행되었다. 클린턴과 부시는 날카로운 말들을 주고받았고 페로는 그 싸움에서 초월한 듯 보였다. 부통령 선거 토론은 앨 고어 상원의원(민주당), 댄 퀘일 부통령(공화당), 그리고 윌리엄 스톡데일 제독이 참여했다. 고어와 퀘일이 서로 말을 끊으면서 언어 공격을 이어가는 동안 스톡데일 제독은 준비가 부족한 듯 보였고 믿을 수 없는 사람처럼 보였다. 그는 도입부에서 이렇게 말했다. "내가 누구죠? 나는 왜 여기에 있죠? 나는 정치가가 아닙니다. 모두가 아는 사실이죠. 그러니 내게 워싱턴 내부자들의 언어를 사용하는 것을 기대하지는 마십시오. 오늘 밤 내가 왜 여기 있는가? 그 이유는 지금 미국이 겪는 힘든 시기를 헤치고 나가도록 이끌 그 무엇인가가 나의 머리와 심장에 있기 때문입니다." 퀘일과 고어 간의 격렬한 논쟁에 대해 스톡데일은 다음과 같이 말했다. "나는 탁구 경기 구경꾼이 된 것 같군요. 전문적인 정치꾼들이 복잡한 책략을 주무르며 그것에 대한 모든 뉘앙스를 알고서 자기들끼리 계속 이야기하니 말입니다."

로버트 돌 상원의원(공화당) 대 빌 클린턴 대통령(민주당), 1996

1996년 두 번의 대통령 선거 토론과 부통령 선거 토론은 악평이 없다는 점이 가장 주목할 만하다. 1996년에는 대선 토론이 관례가 되어 있었다. 클린턴의 재선 운동은 원활하게 진행되고 있었고 그는 토론에 능숙했다. 1988년과 1992년의 선거운동과 선거 토론은 논쟁적이고 부정적이며 때때로 사적이기도 했으나, 1996년의 토론들은 공손하면서도 예의 있게 진행되었다. 이는 돌의 선거운동본부가 잠재적으로 클린턴이 인격 질문에 취약하다는 점을 알고 있었음에도 불구하고 그렇게 진행되었다. 첫 토론에서 클린턴 대통령은 돌에 대한 찬사와 약속으로 시작하였다. "우선 제가 얼마나 돌 상원의원에 대해 그리고 그가 국가를 위해 헌신해온 것에 대해 존경하는지를 이야기하고 싶습니다. 그리고 저는 선거운동과 토론을 모욕이 아니라 생각을 교환하는 장으로 만들기 위해 열심히 노력할 것을 약속합니다." 돌도 쟁점들에 초점을 맞추는 것에 동의했다. 사회자 짐 레러가 "돌 의원님, 지금까지 두 분의 정책에 관한 생각 등의 차이에 대해 살펴보았습니다. 그 외에 개인적인 부분에서 중요한 차이가 있을까요?"라고 물었을 때 돌은 "뭐, 내 혈압 수치가 더 낮고, 몸무게와 콜레스테롤도 그래요. 그렇지만 저는 건강을 이 선거운동에서 쟁점으로 삼고 싶지 않습니다. 결국 그는 나보다 조금 키가 크다고 생각합니다. 그러나 개인적인 차이들은 있다고 생각합니다. 나는 그러한 개인적인 문제에 대해 이야기하고 싶지 않습니다. 나에게는 이것이 어디까지나 쟁점에 대한 선거운동이기 때문입니다."라고 하였다. 클린턴은 레이건의 유명한 1980년의 문제제기를 언급하며 성공적으로 토론 의제를 설정하였다. "우리는 지난 4년보다 더 나아졌습니다. 계속 그렇게 나아갑시다." 돌이 그 전제에 대해 문제제기를 하였으나 토론의 대부분은 그런 정도였고 여론조사도 유권자들이 이에 동의하고 있음을 보여주었다.

1996년 10월 16일, 클린턴과 돌 사이의 두 번째 토론은 대선 토론 역사상 가장 낮은 시청률을 기록했는데, 오직 3630만 명만이 시청했다. 선거 토론은 메이저리그 세인트루이스 카디널스와 애틀랜타 브레이브스 간의 플레이오프 야구 경기와 같은 시간대에 방송되었다. 1992년 두 번째 토론에서 확립된 타운홀 형식을 따랐지만 이번에는 참여 후보가 두 명뿐이었고, 토론 분위기는 청중과 토론 상황에 의해 완화되었다. 돌에 대한 첫 번째 우려는 76세라는 그의 나이였는데, 한 대학생 청중이 그것에 대해 질문하였다. "돌, 당신과 관련해 … 모든 논란이 나이에 대한 것입니다. 당신은 미국의 젊은 목소리에 대해 어떻게 반응할 수 있다고 보십니까?" 돌이 "제가 생각하기에는 당신도 아시겠지만 지혜는 연륜과 경험, 지능에서 나옵니다. 당신에게 연륜, 경험, 지능이 각각 어느 정도 있듯이, 그리고 나에게도 이것들이 어느 정도 존재합니다. 이를 합치면 지혜가 될 것입니다. 이것이 저의 강점이자 이점이라고 생각합니다."라고 대답했다. 이어서 클린턴이 토론 후 가장 많이 인용된 유명한 말을 했다. "제가 말씀드릴 수 있는 건 돌 의원님이 대통령이 되기에 너무 늦지 않았다는 것입니다. 제가 의문을 품는 것은 그의 생각의 나이입니다."

많은 사람들은 앨 고어 부통령과 잭 켐프 상원의원이 토론에서 '싸움개(attack dogs)' 역할을 할 것이라고 기대했다. 고어는 1992년 댄 퀘일과의 토론에서 공격적인 모습을 보인 바 있었다. 버펄로 빌스의 미식축구 쿼터백이었던 켐프 또한 공격적인 성향을 가진 사람으로 알려져 있었다. 그러나 토론 분위기는 공손했고 내용은 정책 쟁점에 초점이 맞춰졌다. 고어가 "오늘 밤 우리는 이 나라의 미래에 대해 적극적으로 토론할 기회가 있습니다. 잭, 당신께 한 가지 제안을 하면서 시작하려고 합니다. 만약 당신이 미식축구 이야기를 하나도 하지 않는다면 저도 저의 염화불화탄소(chloro-fluorocarbon) 감소에 대한 따뜻하고 유머러스한 이야기들을 하나도 하지 않겠습니다."라고 시작했고, 켐프도 응답했다. "그렇게 합시다. 저는 발음 할 수도 없군요."

앨 고어 부통령 대 조지 W. 부시 주지사, 2000

2000년에 열린 앨 고어 부통령과 조지 W. 부시 주지사 간의 세 번에 걸친 토론은 험악했다. 이러한 긴장감과 어조는 상당 부분 고어의 스타일과 비언어적 의사소통 때문이었다. 첫 토론에서 고어는 활기찼다. 토론 중에 깊은 한숨을 쉬기도 했고 부시 주지사가 이야기할 때 격앙된 모습을 보이기도 했다. 두 번째 토론에서 고어는 차분했다. 그렇지만 그는 세 번째 토론에서 공격적이고 호전적으로 보였다. 이 세 번째 타운홀 토론에서 고어는 부시의 발언 때 그에게 다가가 그의 사적 공간을 침범하며 위협했으며 부시는 고어를 몸으로 들이받으려 했다고 나중에 부시가 말한 바 있다. 2000년에 미국은 상당한 장기 재정 흑자를 기록할 가능성을 보이고 있었다. 토론 내용의 대부분은 흑자를 어떻게 이용할 것인가에 맞춰졌다. 첫 번째 토론에서 고어는 자신의 방안을 부시의 방안과 비교하였다. "부시 주지사의 감세 정책안을 따르게 되면 그가 제안한 교육, 의료, 처방전 약, 국방에 들어갈 돈을 다 합친 것보다 상위 1퍼센트를 위한 감세에 더 많은 돈을 쓰게 됩니다. 저는 우선순위가 잘못되었다고 생각합니다. 저는 교육이나 의료를 위해 쓰는 1달러마다 중산층의 감세를 위해 1달러를 쓰겠습니다. 그리고 앞의 두 부문에 각각 1달러를 사용할 때마다 국가 부채 해결을 위해 2달러를 쓰겠습니다. … 그리고 또 다음 단계인 복지 개혁으로 넘어가는 게 아주 중요하다고 생각합니다." 고어는 노인 의료보험을 보장하는 것의 중요성을 강조했다. "저의 계획은 이렇습니다. 노인 의료보험을 철로 된 자물쇠 함에 넣어 의료보험을 목적으로 하지 않는 곳에 한 푼의 돈도 새어나가지 않도록 하겠습니다." 이에 대해 부시는 "이 사람이 숫자에 대해 이야기하는데요. 숫자로 허풍을 떨고 있습니다. 당신은 인터넷뿐 아니라 계산기도 발명했다고 할 것 같아요. 이건 숫자 장난입니다." 토론 이후에 '자물쇠 함'과 '숫자 장난'은 가장 많이 인용되는 말이 되었다.

토론에서는 훗날 부시 정권에서 나타날 것이 미리 드러나기도 했다. 대외 정책에 대한 두 번째 토론에서 부시는 "사담 후세인에 대항하는 연합이 무너졌거나 와해되고 있는데, 일단 그렇게만 말하겠습니다. 제재 조치가 조금씩 지켜지지 않고 있습니다. 우리는 그가 대량살상무기를 개발하고 있는지 여부를 알 수가 없습니다. 물론 하지 않는 편이 그의 신상에 좋을 것입니다. 제가 대통령이 된다면 그 대가를 치르게 할 테니까요. 그렇지만 신뢰가 중요하고 신뢰는 동맹을 군건히 하면서 확고한 결정을 할 때 생깁니다." 짐 레러는 부시 주지사에게 "당신의 말에 의하면, 사담 후세인을 끌어내자는 것인가요?"라고 물었고 부시는 "당연히 그렇게 하고 싶습니다. 저는 현 정부도 마찬가지일 거라고 생각합니다. 자세히 알 수는 없지만, 이라크에는 감시단이 없고, 연합이 예전만큼 강하지 못합니다. 그는 위험한 사람입니다. 우리는 분쟁의 바다와 같은 중동에서 그가 낚시하도록 내버려둘 수는 없습니다. 어렵겠지만, 연합을 다시 세우고 그에 대한 압박을 유지하는 것이 중요합니다." 부통령 선거 토론에서 체니도 비슷한 말을 했다. "불행하게도 우리는 현재 이라크 안에서 어떤 일이 벌어지고 있는지 알 수 없는 상황입니다. 물론 저는 사담 후세인이 그러한 능력을 재건하지 않기를 바라지만 만약 그가 핵 또는 대량살상무기를 다시 개발한다면, 이를 저지하기 위해 심각한 군사적 행동을 고려해야 할 것입니다. 저는 사담 후세인 같은 사람이 중동에서 핵무기를 가지고 활동하도록 놔둘 수는 없다고 생각합니다."

대통령 선거 토론은 때때로 신랄했지만 부통령 선거 토론은 놀라울 정도로 평화로웠다. 첫 토론에 대한 부정적인 여론이 있자 딕 체니 전 국방장관과 조 리버맨 상원의원은 바람직하지 않은 청중 효과를 야기하는 공격적이고 적대적인 토론에 대해 경고를 받았다. 그들의 답변에서 분명 가장 많이 등장한 말은 "동의하지 않는다."였지만, 이러한 의견 차이는 일관되게 공손하면서도 상대를 존중하는 말투로 표현되었다. 토론자들은 토론 때 탁자 앞에 앉아 있었는데, 체니는 이것이 대담을 덜 논쟁적으로 만들었을 것이라고 보았다. 기억할 만한 것은 리버맨이 1980년에 레이건이 한 말 "당신은 형편이 나아졌나요?"를 다시 언급하자 체니의 눈가에 주름살이 지어졌다는 사실이다.

리버맨: 딕 체니는 지난 8년간 아무것도 이루어지지 않았다고 생각하는 몇 안 되는 사람들 중 한 명일 것입니다. 약속을 했고 약속이 지켜졌습니다. 앨 고어가 1992년에 약속을 한 적이 있지요? 물론입니다. 그가 약속을 지켰나요? 대성공이었습니다. 제가 이렇게 말해도 된다면, 그것이 실제 기록입니다. 2200만 개의 새로운 일자리를 보십시오. 400만 개의 새로운 사업들을 보십시오. 낮은 이자율, 낮은 인플레이션, 높은 성장률을 보십시오. 제가 생각하기에 만약 당신이 현재 미국에 사는 사람들에게 로널드 레이건의 질문 "당신은 8년 전에 비해 형편이 나아졌나요?"라고 묻는다면 대부분의 사람들은 그렇다고 대답할 것입니다. 딕, 당신의 형편은 신문을 읽어보니 8년 전보다 나아진 것 같아서 보기에 좋군요.

체니: 조, 저는 그것이 정부와 아무런 연관이 없었음을 밝힙니다. (웃음) (박수)

사회자: 이 질문은 당신에게 한 것입니다.

리버맨: 제 아내가 보이는데, 그녀가 "저 사람은 민간 부문으로 나갔으

면 좋겠어."라고 생각하는 것 같네요.

체니: 조, 당신이 그럴 수 있도록 도와줄게요.

2000년의 선거 토론은 유권자의 행동에 영향을 주었다. 갤럽의 분석 결과는 다음과 같다.

2000년의 토론 기간 전체를 거치면서 선거전은 고어의 8퍼센트 우세에 서 부시의 4퍼센트 우세로 바뀌었다. 다른 선거운동 요인들이 이것을 초 래했을 수도 있으나, 당시 갤럽 분석가들은 최소한 일부 원인은 토론 자체 에 있다고 보았다. 고어는 꾸준히 등록 유권자들을 대상으로 한 선거전에 서 앞서 있었는데, 이는 첫 토론이 있기 전인 9월과 10월에 그러했다. 반 면 부시는 대부분의 갤럽 조사에서 전반적으로 세 번째와 마지막 토론 후 에 우세를 확보했다. (선거일 직전 며칠 동안에는 호각세를 이루어 고어가 등록 유권자 대상으로 1~2퍼센트 정도 앞서 나갔다.) 고어가 일반 투표에서는 이겼 지만, 그가 토론 전의 8퍼센트 우세를 마지막 몇 주에 잃지 않았다면 선거 인단 투표에서도 이겼을 것이다.[13]

조지 W. 부시 대통령 대 존 케리 상원의원, 2004

2004년 선거 토론에서는 특별히 기억할 만한 재미있는 말이나 실수는 없었지만, 대통령과 케리 상원의원 간에는 상당히 크고 실제적인 철학 차 이 및 입장 차이가 있다는 것을 아는 기회가 되었다. 전쟁 중에 열린 첫 번 째 선거 토론이었고(당시에는 이라크와 아프가니스탄에서 전쟁이 지속되고 있 었다), 미국의 세계적 역할에 대한 해석, 민주적 정부에서의 대통령의 역할, 진보 혹은 보수가 의미하는 것의 차이에 대해서 양 진영은 극명한 차이를 보였다.[14] 2004년에는 세 번의 대통령 선거 토론과 한 번의 부통령 선거 토론이 있었다. 첫 번째 대통령 선거 토론은 마이애미 대학에서 개최되었다. 토론의 대부분은 이라크 침공 결정, 전쟁의 진행 상황, 그리고 부시가 모순이라고 말한 케리의 전쟁 지지 입장에 초점이 맞춰졌다. 쟁점들은 서로 관련되면서도 미묘한 차이를 보였다. 케리는 대통령이 시작한 이라크 전쟁은 "엄청난 판단착오"라고 주장했다. 그는 그 이유로 침략 시에 동맹국의 충분한 지원이 없었다는 점, "우리는 이미 사담 후세인을 다 잡았었다."라는 점, 후세인이 9·11 테러와는 관련되어 있지 않다는 점 등을 들었다. 케리는 "사담 후세인은 우리를 공격하지 않았다. 오사마 빈 라덴이 우리를 공격했다. 알 카에다가 우리를 공격했다."라고 주장했으며, 이에 대해 부시 대통령은 방어적으로 "물론 나는 오사마 빈 라덴이 우리를 공격했다는 걸 압니다. 알고 있습니다."라고 답했다.

케리는 또한 전쟁이 출구 전략이나 "평화를 이룩할" 계획 없이 개시되었다고 주장했다. 이라크 침공은 아프가니스탄의 오사마 빈 라덴에 초점이 맞춰져야 할 테러에 대한 전쟁에서 방향을 돌린 것이며, 정부에 의해 잘못 진행되고 있다고 주장하였다. 케리는 "이라크는 테러에 대한 전쟁에서 핵심이 아닙니다. 핵심은 아프가니스탄인데 작년에 그곳의 미국인들은 재작년보다 더 많이 살해되었습니다."라고 하였다. 부시는 "당연히 이라크는 테러에 대한 전쟁에서 중심부입니다. 그 점이 자르카위와 그를 따르는 사람들이 우리와 싸우고자 하는 이유입니다. 그들의 희망은 우리가 지쳐서 떠나가는 것입니다."라고 응답했다. 케리는 이에 대해 "방금 대통령이 이라크가 테러에 대한 전쟁에서 중심에 있다고 말했습니다. 이라크는 대통령이 침공하기 전까지는 테러에 대한 전쟁에서 중심부 가까이에도 있지 않았습니다."라고 응수했다. 부시 대통령은 확고하고 결단력 있는 조치에 근거한 전쟁 행위를 옹호했다. 그는 국가 방위를 위해 필요한 '힘든 일'에 대해 열한 번이나 언급했다. "우리는 지난 3년 반 동안 많은 힘든 일을 함께

했습니다. 우리는 저항에 부딪혔고, 우리는 그것에 맞섰습니다. 우리는 웅장한 산을 올라갔습니다. 나는 저 밑에 있는 계곡을 봅니다. 그것은 평화의 계곡입니다. 강하고 꿋꿋하고 확고하게 나아간다면, 우리가 한 말을 지킨다면, 우리의 병사들을 지원한다면, 우리는 모두가 원하는 자유를 얻을 수 있습니다." 이 발언은 다음과 같은 케리의 발언과 평행선을 달리는 것이었다. "저는 강함과 확고함과 단호함을 믿습니다. 그리고 테러리스트들이 어디에 있건 그들을 추적하여 죽일 것입니다. 그러나 우리는 또한 현명할 필요가 있습니다. … 그리고 현명하다는 것은 아프가니스탄에서 진행하는 테러에 대한 진짜 전쟁에서 주의를 돌리지 않는 것입니다."

케리가 한 주장의 모순을 지적하기 위해 부시는 "이라크 전쟁에 대한 입장을 바꾸면 이라크에서 성공을 거둘 수 있다고 계속 말하는 것은 상황을 오도하는 것이라고 생각합니다. 그는 입장을 바꾸었습니다. 정치 상황이 바뀌면 그는 입장을 바꿉니다. 그것은 최고사령관이 할 행동이 아닙니다."라고 하며 비난했다. 케리는 이에 대해 "제가 그를 위협적인 존재라고 말했을 때 저는 상황을 오도한 것이 아니었습니다. 또한 대통령이 전쟁에 돌입하기로 결정했던 날 그가 실수했다고 제가 말했을 때, 더 강한 동맹을 구축해야 하며 외교에 더 힘써야 한다고 제가 말했을 때, 저는 상황을 오도한 것이 아니었습니다. 저의 입장은 하나이며 일관됩니다. 그것은 사담 후세인이 위협적인 존재라는 것입니다. 그를 무장해제할 옳은 방법과 그른 방법이 있는데 대통령은 그른 방법을 택했습니다."라고 대답했다. 그러자 부시는 다음과 같이 말했다. "저의 반대 입장에서 그가 유일하게 일관된 것은 그가 일관적이지 않다는 것입니다. 그는 입장을 바꿉니다. 테러에 대한 전쟁에서 이기고 싶다면 입장을 바꾸지 말아야 합니다."

첫 토론에서 케리는 다음과 같은 실수를 했다. "미국 역사상 어떤 대통령도 미국을 보호하는 데 필요한 모든 방법을 확보할 권한을 양도하지 않았습니다. 하지만 만약에 그리고 언젠가 당신이 해야 한다면, 짐, 당신은 일종의 테스트를 통과하는 방법으로 그것을 해야 합니다. 국민으로 하여금 당신이 왜 하고 있고, 무엇을 하고 있으며, 그것을 타당한 이유로 했다는 것을 충분히 이해하도록 하는 세계적 테스트가 그것입니다." 토론에서 부시는 그저 세계적 테스트가 무엇을 뜻하는지 모르겠다고 대답하였다. 그러나 토론 후에 마즈다이크(Majdik) 등이 지적하였듯이, "세계적 테스트는 핵심 구절이 되었다. 상원의원은 언변 좋은 토론 스타일로 핵무기 해제를 위한 다국간 공동정책을 저버렸으며, 그런 의향을 드러내었다. 그 구절은 공화당에게는 하늘이 준 뜻밖의 선물이었다. 세계적 테스트는 부시 선거운동이 옹호하는 확고한 리더십 형태와 정확히 반대되는 것이었다."[15] 흥미롭게도 부시는 2000년 토론에서 카메라가 꺼졌을 때 상대 후보인 앨 고어의 감정을 상하게 하는 몇 가지 행동을 취함으로써 첫 토론의 비언어적 싸움에서 패배한 적이 있다. 부시는 짜증이 난 것처럼 보였고 케리 상원의원을 무시하는 것처럼 보였다. 밥 슈럼은 신문에서 그런 대통령을 불안하고, 행복스럽지 않으며, 산만하고, 찡그리고 있는 우거지상으로 묘사했다. 또 부시는 단상에 기대기도 했다.

　이어진 부통령 선거 토론에서 딕 체니 부통령과 존 에드워즈 상원의원은 편안하고 다정했던 2000년 부통령 선거 토론과는 다르게 팽팽했고 대립적이었다. 두 후보는 이라크 전쟁과 다른 정책 쟁점에 대해서 논쟁적으로 싸웠는데, 에드워즈는 케리를 옹호하면서 대통령을 공격하고자 하였다. 토론은 체니가 에드워즈의 상원에서의 성적을 공격하면서 사적으로 변질되었다. "의원님, 솔직히 말하자면 당신의 상원 성적은 뛰어나지 못합니다. 법사위원회 서른여섯 번의 회의 중에서 서른세 번을 빠졌고, 정보위원회에서는 70퍼센트의 회의에 빠졌습니다. 당신은 주요한 많은 투표도 빠뜨렸습니다. 세금, 에너지, 노인 의료보험 제도 개혁에 대한 정책과 관련된 투표들 말입니다. 당신의 고향 신문은 당신을 '사라진 상원의원(Senator Gone)'으로 부르기에 이르렀습니다. 당신은 미국 상원에서 가장 저조한 출석률을 자랑합니다. 부통령의 지위를 가진 저는 상원의장이자 감독관입니다. 저는 회의가 있는 대부분의 화요일에 상원에 참석합니다. 제가 당신을 처음으로 본 것은 오늘 밤 무대에 올라온 순간이었습니다." 후에 에드워즈는 상원에서 만난 적이 없다는 체니의 지적이 거짓이라고 주장했다. 토론에서 그는 자신의 성적에 대해 반박하였다. "그것은 나의 성적에 대한 완전한 왜곡입니다. 그 사실이 놀랍지는 않네요." 동성 간의 결혼에 관한 질문에 대해서 에드워즈는 체니의 딸 메리를 언급했다. "저는 부통령님과 부인이 딸을 사랑할 것이라고 생각한다는 말을 먼저 하고자 합니다. 아마도 매우 사랑할 것이라고 생각합니다. 그리고 두 분이 동성애자 딸이 있다는 것에 대해 기꺼이 이야기하려 한다는 사실, 그러한 딸을 받아들인다는 사실에 대해 존경 말고는 표할 것이 없습니다. 이는 아름다운 일입니다. 그리고 수많은 부모는 자신들의 자녀를 사랑하고 자녀가 행복하기를 바랍니다." 속이 끓었으나 체니는 침착함을 유지했고, 사회자 그웬 아이필이 대답할 기회를 주자 "그웬 씨, 저는 그저 상원의원님께서 저의 가족과 딸에게 해준 친절한 말들에 대해 감사하고 싶을 뿐입니다."라고 하였다. 아이필은 "그게 다입니까?"라고 물었고 그는 "그렇습니다."라고 확실히 말했다. 아이필은 이어서 "알겠습니다. 그렇다면 다음 질문으로 넘어가지요."라고 했다.

타운홀 토론인 두 번째 토론으로 넘어가면서 케리의 선거운동 자문 밥 슈럼은 두 가지 우선 사항을 강조하였다. 첫째는 케리가 꼭 "강한 힘을 가지고 관객과의 소통에서 대통령다운 모습을 유지해야" 한다는 것이다. 슈럼이 밝힌 두 번째 우선 사항은 "국내 쟁점 사안, 즉 누가 중산층을 대변할 수 있는가 하는 문제를 중점적으로 다루어야 한다."[16]는 것이었다. 부통령 딕 체니의 딸 리즈 체니는 부시-체니 2004년 선거운동의 자문이기도 했는데 모든 토론에서 부시-체니가 추구해야 할 세 가지 목표를 천명하였다. 첫째, "대담한 의제를 보여주는 일", 둘째, "그들이 이라크 전쟁을 포함하여 세계적인 테러에 대한 전쟁에서 이기기 위한 일관성 있는 전략을 가지고 있음을 보여주는 일", 그리고 마지막 목표는 "응접실 테스트를 통과해서 토론 시청자들이 향후 4년 동안 응접실에 앉아 편안함을 느낄 것이라는 점을 분명히 하는 일"[17]이었다. 두 번째 토론은 세금에 관한 논의 21회, 의료에 관한 논의 24회, 그리고 종교 및 문화적 가치 쟁점에 대한 상당한 양의 논의가 이루어졌다. 낙태를 위한 재정 지원에 대해 질문을 받았을 때 케리는 다음과 같이 말했다. "생명과 생명이 언제 시작하는지에 대한 믿음을 내가 얼마나 깊이 존중하는지 이루 말할 수 없습니다. 나는 가톨릭이고, 가톨릭 신자로 자랐습니다. 저는 복사(服事)였으며 종교는 제 삶의 큰 부분입니다. 이는 전쟁에서 나를 지켜주었고, 지금도 저를 이끌어줍니다. 그렇지만 어떠한 신앙을 법률로 제정하여 그 신앙을 공유하지 않는 사람이 그 법률을 따르도록 할 수는 없습니다. 불가지론자든, 무신론자든, 유태인이든, 신교도이든 상관없습니다. 나는 그렇게 할 수 없습니다." 세 번째 토론은 다양한 분야의 쟁점 사안을 다루었는데, 주로 이민, 낙태, 사회적 안전, 의료, 세금, 일자리, 교육, 무역, 총기 규제, 차별 철폐 조치, 신앙, 결혼보호법 등 국내 쟁점과 가치 쟁점에 초점을 맞추었다. 마지막 쟁점에 관해서는 사회자 밥 시퍼가 각 후보에게 물었다. "당신은 동성애가 선택이라고 생각하시나요?" 부시는 "밥, 잘 모르겠습니다. 저는 그저 모르겠어요. 미국에서 우리는 선택을 할 수 있고 그것은 사람들을 관용과 존중, 존엄성으로 대하는 것이라는 것을 압니다. 우리가 그렇게 한다는 것이 중요합니다."라고 하였다. 하지만 이에 대한 케리의 대답은 논란을 일으켰고 문제를 야기했다. "밥, 우리는 모두 하느님의 자식입니다. 당신이 레즈비언인 딕 체니의 딸에게 말을 건다면, 그녀는 본인의 모습으로 살고 있으며, 자신이 태어난 대로 살고 있다고 말할 것입니다. 누구와 이야기하든, 그것은 선택의 문제가 아닙니다."

2004년 대통령 선거 토론은 직후의 여론조사에서 매번 케리가 승자로 밝혀졌다. 그러나 토론 후의 여론은 항상 부시에게 우호적이었다. 따라서 몇 번의 토론에서 중요한 이야깃거리는 없었고, 에드워즈와 케리가 부통령의 딸 및 그녀의 성적 취향에 대해 (사람들이 나쁘게 받아들인) 언급을 하는 실수만 있었으며, 부시가 케리보다 더 많은 이익을 얻은 것처럼 보였다.

존 매케인 상원의원 대 버락 오바마 상원의원, 2008

2008년의 대통령 및 부통령 선거 토론은 전체 선거운동 및 선거가 역사적인 것과 똑같은 이유에서 역사적이었다. 민주당 후보 버락 오바마 상원의원은 주요 정당에서 유색 인종으로는 처음 지명된 대통령 후보였고, 공화당 부통령 후보인 세라 페일린 주지사는 주요 정당에서 부통령 후보로 지명된 두 번째 여성이었다. 또한 예비선거에서 후보들은 마흔일곱 번의 토론에 참여하여 오바마와 그의 러닝메이트 조 바이든 상원의원, 공화당 대통령 후보 존 매케인 상원의원은 독특한 '연습 시즌'을 가질 수 있었다. 놀랍게도 세 번의 대통령 선거 토론과 한 번의 부통령 선거 토론 중 부통령 선거 토론이 가장 시청률이 높았다. 알려지지 않고 친숙하지 않은 후보 페일린 주지사에게 상당히 많은 이목이 집중되었던 것이다. 당시 이라크와 아프가니스탄에 대한 개입은 알카에다 및 테러에 대한 전쟁과 더불어 지속되고 있었으며, 토론일이 다가왔을 때 금융 위기가 표면화되었다. 첫 대통령 선거 토론이 예정되어 있던 날에 상원의원들은 워싱턴으로 달려가서 금융 위기에 대한 대응으로 부실자산 구제 프로그램(Troubled Asset Relief Program: TARP)을 가동시킬 '2008 긴급 경제안정화법'을 발의하였다. 이 법은 '불량' 자산과 보통주를 사들이고, 주요 금융기관에 들어갈 기금을 조성하여 신용을 유지하고, 경제가 돌아가도록 하는 데 7천억 달러의 연방 재정 사용을 승인하는 것이었다. 매케인은 선거운동 보류를 발표하고 첫 토론을 연기하자고 제안하였다. 목요일에 몇몇의 잠정적인 합의가 이루어져서 오바마와 매케인은 9월 26일 금요일에 미시시피에서 토론을 할 수 있었다.[18] 그 법안은 10월 3일에 통과되었다.

토론에 돌입했을 즈음 오바마가 지지율에서 앞서고 있었다. 하지만 다른 후보들에 비해 젊고 경험이 부족한 상원의원으로서 그의 목표 중 하나는 베테랑 의원인 매케인에 비해서 대통령다워 보이며 자격을 갖춘 사람이라는 인상을 심어주는 것이었다. 오바마는 외향적이고 평이 나쁜 조지 W. 부시 대통령에 반대해 왔고, 공화당 후보이자 베테랑 상원의원인 매케인을 부시 행정부의 실패한 정책들과 연관시키려 하였다. 이 전략은 여러 토론들에서 계속 유지되었다. 매케인은 공화당에 기반한 지지를 유지하기 위해 부시의 유산을 옹호하는 재임자 전략과, 근래 새로운 방향으로 나아가면서 공화당 정책으로부터 자신을 구별하려는 도전자 전략 사이에서 아슬아슬하게 줄타기를 했다. 실제로 오바마와 매케인 모두 변화를 내걸고 있었다.

대외 정책만을 다루기로 한 첫 번째 토론은 금융 위기 및 긴급구제 방안에 대한 질문들로 시작되었다. 토론 형식은 더욱 직접적인 상호작용과 논증 전개를 촉진하기 위해 수정되었다. 저먼(Jarman)이 말했듯, "대선토론위원회(2007)는 2008년도 선거 토론을 위해 주요 혁신 방안을 제의했다. 위원회는 토론의 질을 높이기 위해 사전 요청과 일치되도록 각 토론은 (대외 정책 혹은 국내 정책 중) 한 분야에만 집중하고 10분짜리 여덟 부문으로 나눌 것을 제의했다." 그런 다음 사회자는 후보들이 각 부문의 주제에 대해 더 직접적인 대화를 하도록 질문을 던져서 토론의 정보 가치를 높이는 것을 목표로 하였다.[19] 첫 질문은 경제 회복 방안을 다루었다. 사회자 짐 레러가 물었다. "신사분, 오늘 밤 지금 이 순간 금융 회생 방안에 대한 각자의 입장은 무엇입니까?" 오바마는 다음과 같은 네 가지 검증을 제의했다.

첫째, 우리는 이 과정 전체에 대해 감독을 할 수 있어야 합니다. 7천억 달러는 많은 돈일 수 있습니다. 둘째, 납세자들이 돈을 지불하는 위험을 감수했으므로 만약 시장이 되살아난다면 그 돈을 다시 돌려받고 이익을 얻을 가능성이 있다는 것을 우리는 분명히 해두어야 합니다. 셋째, 우리는 한 푼의 돈이라도 경영자의 은행 계좌에 들어가거나 고액 퇴직금에 들어가지 않도록 확실히 해두어야 합니다. 넷째, 우리는 주택 보유자들이 이것으로 인해 도움을 받으리라는 것을 확실히 해두어야 합니다. 왜냐하면 근본적인 문제는 현재 전국적으로 일어나고 있는 압류와 관련이 있기 때문입니다.

오바마가 제의한 검증은 논란의 여지가 없었으며, 자신이 입법 과정에 참여했고 가장 시급한 문제에 대해 해박하다는 것을 보여줄 수 있었다. 또한 그는 자신의 선거운동이 다루는 중요 주제를 도입했다. 그것은 월스트리트와 미국 중산층의 대비, 그리고 부시의 유산과 매케인 간의 연결이었다. 그는 다음과 같이 주장했다. "비록 우리는 월스트리트에 대해 많이 들어봤지만, 중산층에 속하는 많은 분들은 그동안 허우적거리고 있었다고 생각합니다. 이것이 모든 경제 부문에 영향력을 미칠 수 있다는 것을 우리는 알고 있습니다. 이제 이것이 매케인 상원의원이 지지하고, 조지 부시 정부가 8년간 시행한 경제 정책이 실패했다는 최종 판결이라는 것을 깨달아야 합니다." 오바마는 또한 매케인의 최근 실수를 청중에게 상기시킬 수 있었다. 이는 재미있는 대화로 이어졌고, 레러는 직접적인 대립을 유도하려고 노력하였다.

오바마:　열흘 전에 존은 경제 기반이 견실하다고 말했습니다.

레러:　그에게 직접 이야기하십시오.

오바마:　저는 경제 기반이 그렇지 않다고 생각합니다.

레러:　그에게 직접 이야기하십시오.

오바마:　음, 존, 열흘 전에 당신은 경제 기반이 견실하다고 말했어요. 그리고……

매케인:　제가 못 들었을까 봐 걱정했나요? (웃음)

레러:　저는 당신들이 서로에게 할 말을 다 하게 하기로 막 결정했습니다. 저는 계속 노력하겠습니다.

매케인은 부시와 공화당의 최근 정책과는 부분적으로 다르게 대답했다. "우리 공화당원들은 정부를 바꾸기 위해 정권을 잡았으며, 정부는 우리를 바꾸었습니다." 그는 정부 지출을 통제해야 한다는 주제를 꾸준하게 제기했다. "이것이 오바마 상원의원과 저의 기본적인 차이입니다. 저는 지출을 줄이려고 합니다. 저는 세금을 낮게 유지하려고 합니다. 현 경제 상황에서 우리가 할 수 있는 최악의 선택은 세금을 올리는 것입니다." 그는 하원에서 통과된 각각의 지출 사업안을 비판하였다. "이것은 통제 불능의 지출과 부패에 이르는 길입니다." 그러면서 그는 "국방, 보훈처와 복지후생 프로그램을 제외한 모든 부문에서의 지출 동결"을 제의했다. 오바마는 "지출 동결이 가진 문제점은 메스가 필요한 곳에 손도끼를 사용한다는 것입니다."라고 하며 교육을 포함하여 자금 부족을 겪는 부분의 중요성을 옹호하였다. 오바마는 계속해서 매케인과 부시를 연결시켰다. "존, 당신 입으로 말했듯 당신이 90퍼센트 동의하는 당신의 대통령이 그 지출 증가를 주도한 것입니다. 이 무분별한 지출과 어마어마한 적자는 당신이 그의 예산안 대부분에 표를 던진 결과입니다." 매케인의 방어법은 당의 정책에 동화되지 않는 '독립적인 사람'으로 자신을 설정하는 것이었다. "제가 미국 상원이나 행정부에서 '미스 친화성'으로 꼽히지 않는다는 것은 잘 알려진 사실입니다. 저는 재정 지출, 기후 변화, 관타나모에서의 죄수 고문, 이라크 전쟁이 수행되는 방법에 대해서 대통령과 의견을 달리했습니다. 저는 많은 실적이 있고, 미국 시민들은 제가 독립적이고 개성이 강한 상원의원이라는 것을 알고 있습니다. 그리고 저는 현재 독립적인 훌륭한 사람과 파트너로 함께하고 있다는 것이 기쁩니다." 토론에서 논의된 쟁점은 이라크, 아프가니스탄, 세계 지도자들과의 관계 맺기의 본질 등이 포함되었고, 악당 같은 지도자들, 러시아, 에너지, 국토 안보 등도 포함되었다. 양쪽 선거운동 모두 상대방에 대한 기대를 높이기 위해 노력했으나, 오바마는 기대 이상의 성과를 얻었고, 믿을 만하면서 '대통령다운' 모습을 확립한 듯이 보였다.

부통령 선거 토론은 뒤따라 10월 2일에 있었는데, 네 토론 중 가장 주목을 끌었다. 이는 일정상의 이유도 있었지만, 세라 페일린의 극적인 참여가 한몫했다. 알래스카 주지사였던 그녀는 매케인에 의해 러닝메이트로 깜짝 발탁이 되었다. 전국 무대에서 비교적 알려지지 않았지만 찰스 기브슨, 케이티 쿠릭 기자와의 인터뷰가 전국에 방영되면서 빠르게 주목을 받았다. 그녀는 두 번 실수했는데 이로 인해 그녀의 준비상태와 국가기관에서 일할 자질이 도마 위에 오르게 되었다. 또 페일린을 부정적으로 보게 된 데 영향을 미친 것은 〈새터데이 나이트 라이브(Saturday Night Live)〉의 코미디언 티나 페이의 계속된 패러디도 있었다. 이러한 부정적인 시선에도 불구하고 페일린은 역동적이면서 매력적이었고, 소탈하면서 딱 부러진 태도로 청중을 흥분시킬 수 있는 능력을 지닌, 보수주의적 개혁을 옹호하는 불같은 연설가였다. 그녀는 매케인이라는 선택지에 매력과 젊음을 보충했고, 비판뿐만 아니라 진솔한 열정도 불러일으켰다. 그녀의 상대방은 베테랑인 조 바이든 상원의원이었다. 토론에서 페일린은 사람들에게 믿음직스러운 모습을 심어주어야 했다. 반대로 바이든의 목표는 매케인의 출마가 실패한 부시 정부와 공화당 정책의 연속이라는 점을 공격하는 것이었고, 페일린을 깔보고 가르치려 들다가 그녀를 영웅으로 만들지 않도록 조심하는 것이었다. 그는 말실수의 전력이 있었기 때문에 실수하지 않는 것이 중요했다. 토론은 드라마일 수도 있고 코미디일 수도 있는 잠재력을 가지고 있다. 토론이 시작되기 전까지만 보자면 페일린에 대한 기대감은 더 낮아지기 힘들 정도였고, 반대로 토론자로서의 바이든의 신뢰도는 꽤 높은 상태였다.

결과적으로 실현된 것은 양 후보자 모두의 성공이었다. 바이든은 능숙하고 설득력 있게 오바마를 옹호하면서 매케인을 공격했다. 그는 실수를 피했고 페일린을 필요 이상으로 친절하게 대하지도 않았다. 페일린은 소박했다. 그녀는 실수를 하지 않았고 요점과 주제에 대해서 말했다. 그로 인해 낮은 기대를 뛰어넘는 성과를 거두었다.

흥미롭게도 토론의 사회자는 PBS의 그웬 아이필이었다. 토론 하루 전날, 그녀가 『돌파구: 오바마 시대의 정치와 인종』이라는 책을 썼으며 그 책은 대통령 취임식 날인 1월 20일에 출판될 것이라는 사실이 알려졌다. 따라서 오바마가 선거에서 승리하면 책 판매량이 커질 것이라는 잠재적 이해 충돌이 야기되었다. 그렇지만 토론 후의 평가에 의하면 아이필은 잘 진행했고 공정했다.

소탈한 어조를 유지하던 페일린은 바이든의 이름을 부르면서 토론을 시작하였다. "이봐요, 당신을 조라고 불러도 될까요?" 그녀는 부시-체니와의 연결로부터 매케인과 자신을 끊어내기 위해 애썼다. "저는 이 팀에 합류하였고 이 팀은 존 매케인과, 개혁에 대한 그의 실적과 함께하는 독립적인 사람들의 팀입니다. 우리는 파벌 정치를 멀찍이 제쳐두고서 일합니다. … 우리는 현재의 낡은 정치에 지쳤습니다. 그렇기 때문에 … 우리는 상원 출신의 독립적인 인물을 백악관으로 보내야 하며, 저는 그와 함께한다는 것이 기쁩니다." 매케인의 대외 정책은 부시의 대외 정책의 연장선이라는 비난에 대해 페일린은 다음과 같이 말했다. "적극적인 변화가 오고 있습니다. … 정부의 개혁이 가까워지고 있습니다. 우리는 현 정부, 그리고 과거 정부들의 실수들에서 교훈을 얻을 것입니다. … 수많은 시간을 거치면서 매케인이 유명해진 것은 그 부분 때문입니다. 그는 독립적인 사람입니다. 그는 안정적입니다." 바이든이 대꾸했다. "보세요, 서두가 지나갔어요, 그 웬. 쟁점은 매케인의 정책이 조지 부시의 정책과 얼마나 다르냐는 것이며, 저는 아직 이에 대해 아무것도 듣지 못했습니다. … 독립적인 존 매케인에 대해 이야기하도록 합시다. 그리고 또, 저는 그를 사랑합니다. 그는 어떠한 문제들에 대해서는 독립적이었지만, 사람들의 삶과 관련된 문제들에 대해서는 전혀 독립적이지 않았습니다."

페일린은 일반 시민과 유대감을 가진 능숙한 개혁가로서 자신을 드러내고자 애썼다. "미국 경제가 호경기인지 불경기인지 알고자 할 때 한 가지 좋은 지표는 토요일에 아이들이 축구 경기 하는 곳에 가서 사이드라인에 앉아 있는 아무 부모나 붙잡고 미국 경제에 대해 어떻게 느끼고 있는지 물어보는 겁니다." 그녀는 자신의 소탈한 확인 작업을 이어갔다. "일상의 미국인 여러분, 일반 시민 여러분, 전국의 하키 엄마들, 우리 자신에게 약속합시다. 제 생각에 우리는 뭉쳐야 하며, 다시는 그러지 않겠다고 말해야 합니다. 우리 돈을 관리하고 달러를 빌려주는 저들에 의해 다시는 혹사당하거나 이용당하지 않아야 합니다. 알래스카 와실라 중산층의 현실감을 이곳 워싱턴 DC로 가져와야 합니다. … 날마다 노동계층의 미국인들은 '정부, 내 앞에서 꺼져!'라고 말하고 있습니다."

바이든은 자신이 노동계층 출신임을 드러내면서 부분적으로 응수하였다. "당신은 나와 함께 윌밍턴의 유니언 스트리트를 걷거나, 케이티 식당으로 가거나, 홈디포 가게로 들어가면 됩니다. 거기서 나는 많은 시간을 보내는데, 그곳에서 사람들을 붙잡고 지난 8년 동안 정부의 경제 정책 및 대외 정책이 그들의 형편을 좋아지게 만들었는지 물어보십시오. 그리고 그들에게 존 매케인의 주요 법안 중 하나라도 대통령과 다른 점이 있는지 물어보십시오. … 나와 함께 우리 동네를 걸어보세요. 오래된 철강 도시인 클레이몬트에 있는, 옛날에 내가 살았던 동네로 가보세요. 아니면 나와 함께 스크랜턴에 가보세요. 이곳의 사람들은 중산층이 손해를 봤다는 것을 압니다. 부유층은 이익을 얻었죠. 미국 재계는 보상을 받았습니다. 이제 바꿀 때입니다. 버락 오바마가 바꿀 것입니다." 페일린은 자주 인용되는 다음의 말로 대답했다. "조, 아니라고 해보시죠. 당신은 또 지나간 것에 초점을 맞추고 있군요. 서두의 당신 발언 전부를 부시 행정부에 대한 내용으로 채우는군요. 이제 그만합시다. 앞을 바라보고 우리가 미국인을 위해 미래에 무엇을 할 계획을 가지고 있는지 말합시다. … 우리의 학교들은 받아야 하는 자금을 실제로 받아야 합니다. 교사들은 더 많은 보수를 받아야 합니다. 저는 학교 교사가 많은 집안 출신입니다. … 여기서 글래디스우드 초등학교 3학년생 모두에게 안부를 전합니다. 이 토론을 시청한다면 가산점을 줄게요." 아이필이 나중에 말했다. "오늘 밤 모든 사람이 가산점을 받을 겁니다."

에너지에 대하여 페일린은 환경 보호와 알래스카 석유 자원 촉진 모두를 내세웠으나, 가장 기억할 만한 것은 다음과 같은 말이었다. "구호는 '뚫자, 뚫자'입니다. 그리고 그것은 집회가 있는 나라 곳곳에서 늘 듣는 말입니다. 왜냐하면 사람들은 국내 에너지를 사용하는 것에 목말라 있습니다." 조세에 대해서 페일린은 다음과 같이 말했다. "당신이 주장하는 부의 재분배 원칙은 몇 가지 문제가 있다고 생각합니다. 버락이 계획하는 세금 인상은 연간 25만 달러 이상을 버는 사람만을 대상으로 한다고 하는데, 당신은 그 범주에 들어가는 수많은 영세 기업을 잊고 있습니다." 바이든은 '공정한 재분배'란 용어를 사용하며 차이를 보였다. "제가 자란 스크랜턴, 클레이몬트, 윌밍턴에서는 엑슨 모빌에 올해 존이 요청한 40억 달러 감세를 해주는 대신 중산층 자식을 대학에 보내주는 그러한 것을 재분배라고 하지 않습니다. 우리는 그것을 우선 공정성이라고 부릅니다. 둘째, 진실은 미국의 영세 기업 중 95퍼센트는 소유주가 연간 25만 달러 미만을 번다는 것입니다. 그들은 단 1페니도 세금이 인상되지 않습니다."

토론 후에 실시된 조사에 따르면 바이든이 토론에서 좋은 모습을 보였고 대통령 자질을 갖춘 것처럼 보였음을 확인할 수 있다. 두 후보 모두 기대 이상이었고, 페일린은 더욱 호감을 얻었다.[20] 95퍼센트의 사람들은 아이필이 공정했다고 말했다.

두 번째 대통령 선거 토론은 타운홀 토론이었는데, 첫 토론에 비해 꽤 논쟁적인 것처럼 보였다. 오바마는 계속해서 매케인을 평이 나쁜 부시 행정부와 연결시켰다. "이제 모든 사람은 우리가 대공황 이후로 최악의 금융위기에 직면하고 있다는 것을 알 것입니다. … 이는 부시 대통령이 강력하게 추진하고 매케인 상원의원이 지지한 지난 8년간 실패한 경제 정책에 대한 최종 심판이라고 생각합니다." 매케인은 오바마의 세금 안이 명확하지 않다고 주장했다. "오바마 상원의원의 다양한 세금 안을 고정하는 것은 벽에 젤로*를 고정하는 것과 같습니다." 오바마는 매케인의 선거운동 버스를 언급하면서 대답했다 "우리의 나머지 세금 정책을 이해하지 못한다면 사회안전과 노인 의료보험 문제를 다룰 수 없습니다. 매케인 상원의원님, 아시다시피 '직언 고속버스'는 그 부분에서 바퀴 하나를 잃은 것 같군요." 매케인은 이상한 언급을 하기도 했다. "석유 회사들을 위해 매력적인 것들, 즉 수십억을 가득 싣고 있는 에너지 법안이 상원 회의장에 왔고, 부시와 체

....

* 과일의 맛과 향을 낸 디저트용 젤리.

니의 후원을 받았습니다. 누가 이것에 투표했는지 아십니까? 아마 절대 모를 겁니다. (오바마를 가리키며) 저분입니다." 한 시간 반 토론에서 한 시간 동안 국내 정책과 경제를 다루었다.

국내 정책을 다루기로 되어 있던 세 번째 토론 당일에는 다우존스 산업평균지수가 733포인트나 하락했다. 하루치 하락으로는 역대 두 번째로 큰 것이었다. 매케인은 지지율에서 많이 밀리고 있었고 추격하기 위해서는 토론에서의 뛰어난 활약이 필요했다. 매케인은 강하게 시작했는데, 막바지가 되자 오바마가 매케인의 공격을 잘 버텨냈다는 인식이 들게 되었다. 토론자들은 낙태 권리, 세금, 의료, 경제, 규제 등의 쟁점에서 의견이 충돌했다. 오바마는 매케인을 계속해서 인기 없는 부시 행정부와 연결시키려 노력했다. 가장 기억에 남을 만한 발언으로는 매케인의 다음과 같은 대답이 있다. "오바마 상원의원님, 저는 부시 대통령이 아닙니다. 부시 대통령에 대항하고 싶었다면 4년 전에 출마하셨어야죠. 저는 이 나라의 경제에 대한 새로운 방향을 제시할 것입니다."

매케인은 오바마가 아콘(ACORN: Association of Community Organizations for Reform Now)과 어떤 관계인지 그리고 급진적 단체 웨더 언더그라운드(Weather Underground)에 소속된 빌 아이어스(Bill Ayers)와 어떤 관계인지에 대해 질문하면서 그의 성향을 공격하고자 하였다. "우리는 오바마 상원의원과 아콘과의 관계를 충분하게 알아야 합니다. 그는 지금 이 나라 선거 역사상 가장 큰 사기를 저지르려 하고 있습니다. 이는 민주주의의 토대를 파괴할 수도 있습니다." 오바마는 어느 정도 이것에 응수했다. "아콘은 지역공동체 조직입니다. 듣자 하니 그들이 한 일 중에는 사람들을 고용해 밖으로 나가게 해서 일반 사람들을 회원으로 가입시킨 것이 있는데, 몇 사람들이 나가서 실질적인 가입절차를 거치지 않고 한 무리의 이름을 왕창 썼다고 합니다. 이것은 저희와 아무런 관련이 없습니다. 저희는 이것에 개입하지 않았습니다. 제가 아콘과 관련해 유일하게 한 일은, 교통국에서 유권자 등록을 할 수 있도록 하는 모터 보터(motor voter)* 법이 일리노이주에서 시행될 때 미 법무부와 함께 그들을 대변해준 것뿐입니다." 빌 아이어스와 관련을 지으려는 시도에 대해 오바마는 다음과 같이 말했다. "아이어스 씨는 지난 2, 3주 동안 매케인 상원의원의 선거운동에서 주목하는 인물이 되었습니다. 이것은 그들의 주된 관심사가 되었죠. 그러니 사실을 명확히 해야겠습니다. 빌 아이어스는 시카고의 교육학 교수입니다. 40년 전 제가 여덟 살이었을 때, 그는 국내 급진단체와 함께 비열한 행위에 가담했습니다. 10년 전에 그와 저는 학교개혁 이사회에 참여했습니다. 그 이사회는 로널드 레이건 시절 대사였던 사람, 그와 가까운 친구들, 애넌버그 씨 등으로부터 자금 지원을 받았습니다. 그 이사회의 다른 회원들로는 일리노이에 있는 대학교 총장들, 공화당을 지지하는 노스웨스턴 대학교 총장, 공화당으로 기운 신문 『시카고 트리뷴』의 사장 등이 있었습니다. 아이어스 씨는 저의 선거운동에 참여하지 않았습니다. 그는 이 선거운동에 참여한 적이 없습니다. 그리고 그는 백악관에서 저를 돕지 않을 것입니다. 그게 바로 아이어스입니다."

　세 번째 토론에서 눈에 띈 것은 매케인이 배관공 조 우르젤바커를 언급한 일이었다. 그는 양측이 세금안의 근거로 거론했으며 주로 '배관공 조'로 불렸다. 매케인이 상황을 설명했다. "조는 하루 10시간, 12시간씩 여러 해 동안 자신이 일해온 그 사업을 매입하려고 합니다. 그는 사업을 매입하려고 했으나 당신의 세금 계획을 보고 자신이 훨씬 많은 세금을 내게 될 것을 알게 되었습니다. 당신이 그를 더 높은 과세 등급에 포함해 세금을 인상할 것이기에 그는 사람을 고용할 수 없게 될 것입니다. 조는 아메리칸 드

....

* 　운전면허증 취득 또는 갱신과 동시에 유권자로 등록하는 일, 또는 그 등록을 한 사람.

림을 실현하기 위해 노력하고 있었습니다. … 결국 오바마 상원의원은 우리는 부를 재분배해야 한다는 말로 배관공 조와의 대화를 끝냈습니다. 다시 말해, 우리는 조의 돈을 뺏어올 것이고, 오바마 상원의원에게 줄 것이며, 그는 이 부를 다시 분배할 것입니다." 오바마는 다음과 같은 대답으로 설명했다. "배관공 조와 제가 했던 대화에서 제가 기본적으로 했던 말은, '5년 전에 당신이 사업을 매입할 상황이었다면 당신에게 감세가 필요했습니다. 제가 하고자 하는 것은 돈이 부족한 배관공, 간호사, 소방관, 교사, 젊은 사업가에게 지금 세금 우대를 주자는 것입니다.'라는 말입니다. … 영세 기업의 98퍼센트는 25만 달러 이하를 벌 뿐만 아니라, 저는 그들에게 추가적인 세금 우대를 주고 싶습니다. 왜냐하면 그들이 경제의 핵심 동인이기 때문입니다. 그들이 일자리 대부분을 창출합니다." 배관공 조는 오바마와 매케인의 정책 변화 효과를 잘 보여주는 사례로 알려지게 되었지만, 토론 후 청중 반응에 대한 조사와 분석에 의하면 토론에서 매케인이 패한 것처럼 보였다.

5. 토론으로서 선거 토론의 미래

대통령 선거 토론은 이제 선거운동 의사소통의 본질적 요소가 되었다. 이 토론은 교육 토론이나 의회식 토론처럼 직접적인 의견 충돌에 중점을 둔 토론 형식은 아니지만, 관심 있는 다수 청중의 감시 속에 열리는 공적 토론회를 통해 후보들의 생각을 검증할 특별한 기회를 제공한다. 교육적 정책 토론과 정치적 선거 토론의 성공적인 연결 사례는 리버티 대학의 전 토론감독 브렛 오도넬의 성과에서 찾을 수 있다. 오도넬은 ADA, CEDA, NDT의 전국챔피언십프로그램에 리버티 대학 토론 팀을 진출시켰고, 이후 2004년 존 케리와 토론할 조지 부시 대통령을 코치해 이기도록 만들었다. 또한 존 매케인, 미셸 바크먼 하원의원, 미트 롬니 주지사 등을 도왔다. 그는 미셸 바크먼 하원의원이 2011년 공화당 예비선거에서 초반에 승리를 얻도록 하는 데 혁혁한 공을 세웠을 뿐 아니라 2012년 플로리다 공화당 예비선거 기간에는 롬니를 도와 성공적인 연설을 하도록 했다. 『워싱턴 포스트』는 그를 '후보자들에게 속삭이는 남자'라고 지칭했다.[21] 부시와 매케인의 조언자인 마크 매키넌은 같은 기사에서 이렇게 말했다. "미셸 바크먼은 토론을 활용해 교착상태에서 벗어나 비공식 아이오와 여론조사에서 승리를 차지했다. 마지막 토론 기간에 그녀는 릭 페리의 모든 발언에 대해 아주 절도 있게 반박하면서 자신의 위치를 지켰다. 아마도 브렛이 이와 같은 것들을 가능하게 만들었을 것이다." 플로리다에서 롬니와 함께 일구었던 성과에 대해 야후의 마크 위팅턴은 다음과 같이 보도했다. "미트 롬니가 플로리다에서 벌어진 두 번의 토론에서 확실한 능력을 보여주었기 때문에 그의 선거운동은 전환점을 맞이할 수 있었으며 결과적으로 주 경선에서 두 자릿수 승리를 거머쥐게 되었다. 브렛 오도넬은 롬니가 토론 능력을 정교화하는 데 도움을 주었다."[22]

선거 토론은 지켜보는 대중에게 정보를 제공하고 후보들에게는 직무를 준비할 수 있게 하며 미래의 토론과 정책을 이끄는 역할을 한다. 선거 토론은 교육 토론과 응용 토론을 가장 직접적으로 합병한 것이고, 가장 의미 있는 토론이며, 선거운동 의사소통에서 핵심적이고 통상적인 모습을 이어나갈 것이다. 대선 토론은 유사한 결과가 있는 모든 수준의 선거운동 활동에서 복제될 것이다. 2012년 예비선거 토론은 공화당 후보들을 솎아내고 선별하는 장이었는데, 거기서 롬니 주지사는 자신의 요점을 분명히 하고 발표력을 입증하여 본격 선거운동으로 들어가는 계기를 마련했다. 토론은 진실로 참여민주주의의 귀중한 경험을 제공하지만, 그것의 한계를 인정하고 받아들여야 한다. 선거 토론은 게임이나 대회가 아니며, 어떤 논제에 대해 특정한 결정을 내리는 것도 아니다. 많은 기준에 의하면 선거 토론은 토론이 아니다. 선거 토론은 후보자들이 심층적인 토의와 직접적인 의견 충돌을 피할 수 있는 기회를 너무도 많이 제공한다. 하지만 지켜보는 시청자나 전문가들에게 "누가 이겼지?"라고 묻는 것은 잘못된 질문이다. "우리가 무엇을 알게 되었지?"라는 질문으로 관심을 돌려야 한다. 그럼으로써 매 토론에서 우리는 후보들의 철학, 그들이 제시한 생각에 대해 알게 되는 기회를 갖는다.

연습

1. http://www.pbs.org/newshour/debatingourdestiny/teacher_ guide.html을 방문해 "토론은 유용한가, 쓸모없는가?"에 대해 논의해보자.

2. http://www.pbs.org/newshour/debatingourdestiny/index.html을 방문해 토론 인용(debate quotes)을 맞춰보자.

3. 대선 토론에 대한 지식을 http://edition.cnn.com/2008/POLITICS/ 09/24/debate.quiz/index.html에서 시험해보자.

4. 토론 기록을 읽어보자. 또는 http://www.debates.org/index. php?page=debate-history에 있는 토론을 검토해보자.

   a. 토론 흐름표를 준비해보자. 어떤 쟁점에서 가장 중대한 의견 충돌이 일어났는가? 어떤 주장이 양측 토론자 모두에 의해 '기각'되었는가?
   b. 후보들에 의해 제기된 쟁점들 중에서 가장 중요한 것을 규명해보자. 어떤 후보가 각각의 쟁점 토론에서 '이겼는가'(당신의 평가를 분명하게 정당화하는가)?
   c. 누가 개시 발언을 가장 잘했는가? 누가 마무리 발언을 가장 잘했는가? 당신의 평가를 정당화해보라.
   d. 주어진 논증에 대한 당신의 분석을 바탕으로 하면 어떤 후보가 전체 토론에서 '이겼는가'? 왜 그런가?

5. 도서관에서 이용이 가능하다면, 다음의 비디오테이프를 시청해보자. 대통령선거토론위원회, WETA, Thirteen/WNET와 공동으로 만든 맥닐/레러 프로덕션(MacNeil/Lehrer Productions)의 〈우리의 운명에 대한 토론: 40년간의 대선 토론(Debating Our Destiny: 40 Years of Presidential Debate)〉, Alexandria, VA: Distributed by PBS Video, © 2000. 또는 웹사이트 http://www.pbs.org/newshour/debatingourdestiny/dod_full_transcript.html에 있는 프로그램 기록을 읽어보자. 또한 http://www.pbs.org/newshour/debatingourdestiny/index.html에서 볼 수 있는 〈우리의 운명에 대한 토론 II(Debating our Destiny II)〉를 검토해보자.

6. 아무 대통령 선거 토론 또는 부통령 선거 토론을 보거나 읽은 후 평가표를 작성해보자. "누가 더 나은 토론을 하였는가?"란 질문에 답하고, 그 대답에 대한 근거를 밝혀보자.

7. 2008년 오바마와 매케인의 대통령 선거 토론이 교육 토론과 어떤 점에서 비슷했고 어떤 점에서 달랐는가? 만약 다른 형식을 사용했다면 더 나은 토론이 되었을까? 어떤 점에서 그런가? 왜 그런가?

8. 다음의 웹사이트들을 방문해보자.

   a. 텔레비전 대통령 선거 토론의 역사: http://www.museum.tv/debateweb/html/index.htm

b. 대통령선거토론위원회: http://www.debates.org

대통령 선거 토론의 역사를 따라가면서 연대표를 만들어보자. 연대표에 중요한 사건들을 표시하자.

9. 2000년에 녹색당의 대통령 후보인 랠프 네이더는 대통령선거토론위원회가 주최한 토론에 초대받지 못했다. 제3 정당 후보를 포함할 수 있도록 대선 토론 참여 기준이 재고되어야 하는가? 이 답변에 대한 근거를 제시하는 글을 작성해보자. 웹사이트 Open Debates(http://opendebates.org)를 방문해 도움을 받을 수도 있다.

10. 대통령 선거 토론 혹은 부통령 선거 토론을 위해 후보자를 코치할 수 있다면, 어떤 쟁점에 대한 논증을 바꾸도록 조언하겠는가? 후보자들을 안내할 요약본을 작성해보자(그 사례를 보려면 http://www.heritage.org/research/features/issues를 방문하라).

11. 웹사이트 Generation Engage(http://www.generationengage.org)의 토론에 참여해보자.

12. 유튜브(YouTube) 토론을 위한 질문을 준비해보자.

19장

의회식 응용 토론

의회식 응용 토론은 조직체 내의 의사 결정을 위해 지침이 될 수 있는 일련의 원칙과 규칙으로 의회 절차를 활용한 토론을 말한다. 이런 종류의 토론은 정부 부처, 시민단체, 클럽, 전문적 직업단체 등에서 이루어진다. 한 집단이 의사 결정을 위해 형식을 갖춘 토론을 하는 것이 필요하고 바람직하다고 생각한다면, 질서 있고 효율적이며 공정한 토론이 이루어질 수 있도록 토론 규칙을 마련할 필요가 있다. 의회식 토론의 규칙은 본질적으로 민주적이다. 그것은 모든 사람의 목소리에 귀 기울이고, 실질적인 소수자라도 토론과 의사 결정 과정에서 소외되지 않도록 공정한 방법으로 진행되도록 하는 데 초점을 맞추기 때문이다. 법원이 법정에서 진행되는 특수한 토론 규칙을 가지고 있듯이, 주 의회나 국회처럼 각 시나 도시, 마을 등의 행정 조직체도 일련의 특수한 규칙 체계 안에서 토론을 진행한다. 또한 시민단체, 사회단체, 기업 조직도 토론을 지배하는 일련의 특수한 규칙을 가지고 있다. 의회식 토론은 많은 사람들이 토론에 참여할 수 있도록 하고 규모가 큰 집단이 의사 결정에 이를 수 있는 방법을 제공한다.

의회식 토론이라는 이름은 영국 의회에서 비롯되었지만 의회식 토론의 세부 사항은 집단마다 매우 다양한 양상을 보인다. 영국 의회에서의 토론 규칙은 많은 점에서 미국 의회에서의 토론 규칙과 다르다. 예를 들어, 상원에서의 토론 규칙은 다른 조직에서 일반적으로 사용되는 것에 비해 상당히 복잡하고 전문적이다. 사실 중요한 측면에서는 하원에서의 토론과도 다르다. 전국의회식토론협회(NPDA), 미국의회식토론협회(APDA), 세계토론대회는 의회식 교육 토론을 위한 특수한 규칙을 제시하고 있다(17장 참조). 의회식 응용 토론 과정의 기본적인 모델은 지금 개정 11판이 나온 역사적 텍스트『로버트 회의법(*Robert's Rules of Order*)』에서 유래했다.[1] 전국의회의원협회(National Association of Parliamentarians)는 로버트 회의법의 견해와 설명을 따른다.[2] '로버트 회의법 공식 웹사이트'의 내용은 다음과 같다.

[개요] 헨리 마틴 로버트는 미 정규군 공병 장교였다. 하루는 예고 없이 지역 교회에서 열리는 대중 회의의 진행을 맡게 되었는데 어떻게 진행해야 할지 몰랐다. 그는 어떻게든 회의를 마쳤지만 매우 당황했던 기억을 잊을 수 없었다. 상당수의 독자들에게도 익숙할 것 같은 이 일은 그로 하여금 의회의 규칙을 알기 전까지는 다른 어떤 공식적인 모임에도 참석하지 않겠다고 결심한 계기가 되었다.

　　결국 그는 회의 진행과 관련된 당시 얼마 없던 책들을 찾아서 연구를 했다. 군대 업무의 특성상 때때로 미국의 여러 지역으로 이동하기도 했는데, 각지에서 회의가 무질서하게 진행된다는 사실을 알게 되었다. 이는 지역에 따라 올바른 회의 절차에 대해 서로 다른 생각을 가지고 있었기 때문이다. 이런 혼돈 상황을 정리하게 위해 그는『로버트 회의법』을 쓰기로 결심했다.

잘 계획된 모든 의회식 토론 규칙은 다음과 같은 공통점과 목표를 지닌다.

1. 의회식 토론은 질서 정연하고 효율적인 안건 진행이 이루어지도록 한다. 한 번에 하나의 사안을 다루며 각각의 사안을 순서대로 처리한다.

2. 의회식 토론은 의사 결정을 보장한다. 모든 동의안(motions)은 어떤 방식으로든 처리된다. 동의안이 한번 발의되면 가결, 부결이 되거나 연기되어야 한다. 이때 연기는 지금 이 동의안을 다루지 않기로 한다는 결정이나 다름없다.

3. 의회식 토론은 다수의 권리를 보호한다. 수적으로 우세한 의견이 승리한다.

4. 의회식 토론은 소수의 권리를 보호한다. 소수에게 중요한 특권을 많이 줌으로써 소수의 권리를 보호한다. 예를 들어, 허락받을 필요 없이 누구나 중요한 사항에 대해 말할 권리를 지닌다. 또한 두 명만 동의하면 어떤 동의안도 발의할 수 있다. 구성원의 3분의 1 이상이면 중요한 제한을 가할 수 있다.

5. 의회식 토론은 공정하다. 절차의 규칙이 모두에게 공평하게 적용되기 때문에, 모두가 말할 권리와 투표할 권리를 가진다.

6. 의회식 토론은 집중된 논의를 한다. 의회식 토론 규칙을 따르는 때에는 논의 대상이 동의안의 내용이든, 동의안이 심의되는 절차든 간에 항상 논의가 심의 중인 사항과 관련이 있어야 한다. 이는 결정되어야 할 요점에 대한 (비록 번거로워 보일지라도) 효율적이고, 관련성이 있고, 조직된 토론이 되게 한다.

1. 의회식 토론 규칙의 출처

　로버트 회의법을 빈번하게 참고하는 경우가 많지만 대다수의 조직에서는 자신들에게 맞는 회의 규칙을 만든다. 통상적으로 받아들여지는 실행 주체와 몇몇 법적 요건이 인정되기는 하지만, 일반적으로 의회식 토론에는 한 가지 보편적인 응용 규칙이란 없다. 앞에서 언급했듯이, 상원과 하원의 경우에도 똑같은 규칙이 적용되지 않는다. (미국 상원은 100표 중 40표의 지지로 심의 중인 법안에 대한 의사 진행을 방해하는 '필리버스터 룰'을 허용하지만 하원은 그렇지 않다.) 대학의 교수 자치회와 학생 자치회도 대부분 서로 다른 의회식 토론 규칙을 적용한다. 또 서로 다른 두 클럽의 경우에도 아마 다소 다른 규칙으로 토론을 진행할 것이다. 그렇다면 각 단체의 의회식 토론 규칙은 어디에서 유래한 것일까? 각 집단의 구성원들은 자신만의 규칙을 채택하거나 만들어야 한다. 만약 특별히 중요한 결정─예컨대 입법부나 기업의 결정─을 내려야 한다면, 토론 규칙의 일반적 사용에 익숙한 전문가 의원이나 특정한 조직에 적용할 수 있는 특수한 법률에 정통한 변호사의 도움을 받을 수 있다. 각 주마다 다르겠지만 주 법률은 종종 기업에서 사용해야 하는 투표 방법을 지시한다. 그러나 평균적인 집단의 경우라면 문제는 더 간단할 것이다. 보통은 통상적으로 받아들여지는 운영 절차를 따르고 자신의 특수한 요구에 따라 조항을 만든다. 평균적인 조직의 의회식 토론 규칙은 다음 다섯 가지 출처에서 나온다. (1) 조직의 규약, (2) 조직의 내규, (3) 조직의 정관(조직의 의사록에 기록되어 있다), (4) 회의 의제(꼭 필요하지는 않지만 의제는 종종 편리하다) (5) 또 다른 약정들.

　국가의 입법부나 주의 입법부를 제외하면, 자신들만의 의회식 토론 규칙을 처음부터 끝까지 새로 만드는 조직은 거의 없다. 대부분의 조직은 자신들의 가장 명백한 필요나 특별한 요구를 충족하는 규칙 체계를 제시하고 제시하지 않는 몇몇 규칙을 위한 토대로 약정을 만든다. 예를 들어, 작은 조직들의 경우 이 장의 뒤에 나오는 표에서 제시된 규칙을 자신들의 규칙 출처로 명기할 수 있고, 아니면 전국의회의원협회, 온라인 의회 절차³ 등의 자료를 참고할 수도 있다. 더 큰 조직은 좀 더 복잡한 문제에 직면할 수 있는데 의회 절차만을 다룬 다양한 전문서적 중 한 권을 골라 규칙을 만드는 데 참고할 수 있다.

때때로 조직의 특수한 요구가 있는 경우 의회 운영 절차의 일반적 적용은 따로 제쳐놓고 생각하는 것이 바람직하다. 1년에 한 번 혹은 드물게 회의를 하는 단체는 동의안의 연기를 관습적 특권으로 받아들여 이것을 가장 낮은 우선순위에 둘 수 있다. 이런 규정은 매주 만나 회의를 하는 그룹에는 불필요하지만 아주 드물게 만나거나, 급하게 통과시켜야 할 동의안을 연기해 조직에 심각한 불편을 초래하는 상황에서라면 바람직하다. 통상적인 운영 절차에서 벗어나는 일이 가끔 필요하거나 바람직할 수는 있지만, 이런 이탈은 그 함의를 모두 고려해 신중하게 다루어야 하며 가급적 하지 않는 것이 좋다.

2. 안건 진행 순서

의회 절차를 따르는 조직의 안건 진행 순서는 다음과 같이 분명하고 논리적인 패턴을 따른다.

1. 개회 선언. 보통 의장이 간단하게 회의 시작을 알린다. "위원회를 개회합니다." 혹은 "민주당(공화당)의 전당대회를 개최합니다."
2. 출석 확인. 조직의 규칙이나 관습에 의해 요구되는 경우에만 확인

한다. 출석 확인은 큰 조직에서는 유용하지만 작은 조직에서는 불필요하다. 출석 확인은 조직이나 그룹을 대표하여 안건을 진행시킬 자격을 갖춘 투표 가능한 회원의 회의 참석률을 확인하는 데 도움이 된다('정족수'가 필요할 수도 있다). 다수 혹은 압도적 다수를 형성하기 위해 요구되는 득표수를 분명히 하는 데도 도움이 된다.

3. 지난 회의의 의사록 낭독. 작은 조직에서는 서기가 주로 의사록을 낭독한다. 전원이 동의하면 의사록 낭독을 생략할 수 있다. 조직의 크기와는 상관없이 의사록을 프린트하거나 복사해서 회원들에게 나누어주는 것이 편리하다. 의사록은 한번 발표되면 수정되거나 개정되거나 채택돼야 한다.

4. 상임위원회의 보고. 대부분의 조직에는 규약에 의해 설립된 다양한 위원회나 집행부, 재정부와 같이 오랜 기간 지속적인 업무를 수행하는 위원회가 있다. 이 위원회들이 이때 보고한다.

5. 특별위원회의 보고. 대부분의 조직에는 단기간 정해진 일을 하거나 특별기금 마련 위원회, 내년 회의 장소 선정 위원회와 같이 특수한 쟁점을 다루는 다양한 위원회가 있다. 이 위원회들이 이때 보고한다.

6. 미결 안건. 미결 안건은 이전 회의에서 완결되지 않은 안건이다. 예를 들어, 이전 회의 때 동의안이 상정되었지만 회의가 연기된 경우, 지금 그 동의안은 미결 안건이 된다. 이전 회의에서 일시적으로 연기되거나 '심의 보류'로 연기된 동의안은 심의를 재개하거나 '속행'하여 이때 재상정될 수 있다. 특정 시간까지 연기된 동의안은 다음 회의에 상정되기 전까지 미결 안건이 된다.

7. 새로운 안건. 미결 안건이 처리되면 종종 새로운 안건이 상정된다.

8. 기타 사항. 순서상 마지막으로 조직에 알릴 공지나 기타 사항을 제시한다. 예를 들면, "집행부는 8시에 만날 예정입니다." 혹은 "연례 행사 티켓을 받기 원하시는 분은 회의를 마치고 데비 존스에게 문의하시기 바랍니다."

9. 연기. 회의에서 안건 진행이 일단 종료되면, 의장은 어떤 동의안의 연기를 요구할 수 있다. 하지만 그 동의안은 먼저 소개되어야 한다.

큰 규모의 조직이나 심의해야 할 안건이 많을 경우 의제(agenda)를 준비하는 것이 편리하다. 의제는 특수한 안건 진행 순서로, 모임 전에 작성되며, 일반적인 안건 진행 순서에서 우선권이 있다. 의제는 특수한 의사 진행 상황에서 동의안의 통과로 바뀔 수도 있다. 의제에는 보고가 이루어지고 동의안이 심의되는 순서에 대한 자세한 진술을 포함되어야 한다. 만약 조직의 회의가 하루 이상 길어진다면 각각 어떤 날에 어떤 안건을 심의할지 공지하는 것이 좋다.

3. 동의안 제출

동의안은 조직의 심의를 위해 제안된 것이다. 동의안이 적법하다면, 그 동의안의 통과를 바라는 회원은 먼저 의장의 승인을 받아야 한다. 승인을 얻기 위해 그 회원은 일어나서 회의를 주재하는 사람을 '의장님'으로 호명한다(만약 조직의 규약에 의장 호칭에 대한 조항이 있다면 그것에 따라야 한다). 그러면 의장은 이를 인지하고 회원의 이름을 호명한다. 비공식적인 모임의 경우에는 회원을 '티나'라고 이름을 불러도 되지만 보다 공식적인 자리에서는 '스미스 씨' 혹은 '매사추세츠주의 대표'라고 부르는 것이 좋다.

만약 회원의 이름을 모른다면 의장은 "자신의 이름을 말해주시겠습니까?"라고 묻고 회원은 "매사추세츠주의 대표, 티나 스미스입니다."라고 대답한다. 의장은 발언을 승인하면서 "의장은 매사추세츠에서 온 스미스 씨의 발언을 승인합니다."라고 대답한다(의장은 자신을 지칭할 때 1인칭 '나'가 아닌 3인칭 '의장'이라고 항상 말한다).

만약 동시에 여러 명이 발언하고자 한다면 의장은 누구에게 발언권을 줄지 결정해야 한다. 발언권을 승인하기 위해 의장은 다음과 같은 사실을 고려한다.

1. 동의안을 제출한 사람이 우선권을 가진다.
2. 만약 의장이 동의안에 대해 찬성 혹은 반대의 발언을 할 사람을 알고 있다면 그 사람이 우선권을 가진다. 의장이 만약 발언자가 동의안에 대한 찬성할지 반대할지를 모르는 상황이라면 "의장은 이 동의안에 대해 찬성(혹은 반대)하는 사람이 발언하기를 바랍니다."라고 말할 수도 있다.
3. 이전에 발언하지 않은 사람이 우선권을 가진다.
4. 만약 앞의 상황이 적용되지 않는다면 의장은 가능하다면 가장 먼저 발언 의사를 보인 사람에게 발언권을 준다.

발언권을 얻은 회원이 동의안을 말할 때 "저는 ~를 동의(動議)합니다."라고 말한다. 대부분의 조직에서 회원은 자신이 소개할 동의안의 복사본을 서기에게 전달한다. 서기는 의사록을 정확하게 기록하기 위해 필요하다면 중간에 끼어들어 회원에게 동의안을 재진술할 것을 요구할 수도 있다.

주요 동의안에 대한 토론을 시작하기 전에 반드시 다른 회원에 의한 재청(再請)이 있어야 한다. 어떤 회원이든 발언권을 얻을 필요 없이 "재청

합니다."라고 하면 된다. 만약 재청이 즉각적으로 이루어지지 않았을 경우 의장은 "재청 없습니까?"라고 묻고 이에 대답이 없으면 "재청이 없으므로 동의안이 부결되었음을 선포합니다."라고 말한다. 그러면 그 동의안은 더 이상 다루어지지 않고 새로운 동의안으로 넘어가게 된다. 만약 동의안에 대한 재청이 이루어지면 의장은 "동의와 재청이 이루어졌습니다."라고 선언하고 발의자로 하여금 동의안에 대하여 설명하도록 한다.

4. 동의안의 우선권

질서와 효율을 위해 동의안의 확실한 우선권 순서가 필요하다. 뒤에 나오는 표에서처럼 주요 동의안은 0 또는 가장 낮은 우선권으로 표시된다. 왜냐하면 상정된 다른 안건이 없을 때에만 처리할 수 있기 때문이다. 일단 주요 동의안이 상정되면, 다른 어떤 동의안이라도 해당이 되면 그것에 적용될 수 있다. 가장 높은 우선권 1은 다음 회의의 시간을 정하는 동의안에 주어지며, 그 뒤로 다른 동의안들이 순서대로 처리된다. 우선 동의안 다음으로 임시 동의안이 발의되지만 임시 동의안들 사이에는 별도의 우선권이 없으며 발의된 순서대로 다루어진다. 임시 동의안 다음으로 보조 동의안을 다루며 둘은 분명한 우선권 순서가 있다. 동의안의 우선권 목록 표는 의회식 토론에서 주로 활용되는 동의안들과, 각 동의안에 주로 적용되는 규칙들을 정리해놓은 것이다. 몇몇 규칙은 특수한 상황에 따라 조정될 수도 있다.

5. 동의안의 목적

네 가지 유형의 동의안, 즉 주요 동의안, 보조 동의안, 임시 동의안, 우선 동의안은 각각 다른 목적을 지닌다. 각 동의안을 자세히 말하면 다음과 같다.

1) 주요 동의안

주요(main) 동의안은 심의 및 결정을 위해 회의에 상정되는 실제적인 제안이다. 주요 동의안은 안건 집행의 핵심이며, 동의안 중에 가장 중요하고 가장 빈번하게 발의된다. 주요 동의안은 동의안을 제출한 사람이 목적을 이루기 위해서 추구하려는 방안이다. 이는 "회계 담당자는 장학기금에 소액 기부를 해야 한다."처럼 매우 간단할 수도 있고 복잡할 수도 있다. 만약 동의안이 간단하지 않다면 11장에 나오는 '방안의 기본 형식'을 살펴보는 것이 도움이 될 것이다. 주요 동의안은 다음 사항을 포함한다.

주요 동의안 개요: 회의에 새로운 안건을 상정하는 것.
재심: 동의안이 재심의되기 전까지 이전에 표결한 동의안의 모든 조치를 중단하는 것. 이 발의는 (조직에서 특수하게 예외적 사항을 만들지 않은 한) 조직 구성원이라면 누구나 할 수 있으며, 원안이 통과된 그날이나 한 회기 내 다음 안건 진행 일에 이루어져야 한다. 통과된 다음 주 회의나 다음 달 회의 또는 다음 총회 때에는 이루어질 수 없다. 동의안의 재심은 회의를 벗어난 안건에 대해서는 적용될 수 없다. 예를 들어, 회계 담당자는 장학기금에 50달러를 기부해야 한다는 동의안이 통과되었는데 회계 담당자가 이미 그 돈을 기부했다면 그 동의안은 재심의될 수 없다. 가결되었다면 재심의

의회 동의안의 우선권 일람표

일단 주요 동의안이 회의에 상정되면, 어떤 후속 동의안이라도 해당이 되면 진행될 수 있다. 후속 동의안은 가장 강한 1부터 가장 약한 0까지 배열된다. 강한 동의안은 약한 동의안에 우선권을 지니며 위원회에 안건으로 제출된다.

우선순위	발언 중 끼어듦?	재청 요구?	토론 가능?	요구되는 표?	개정 가능?	위원회 회부?	연기 가능?	재심 가능?
우선 동의안								
1. 다음 회의 시간 정하기	불가	가	불가	다수결	가[1]	불가	불가	불가
2. 연기	불가	가	불가	다수결	불가	불가	불가	불가
3. 휴회	불가	가	불가	다수결	가	불가	불가	불가
4. 우선권 질문	가	불가	불가	의장	불가	불가	불가	불가
임시 동의안								
임시 동의안은 서로 동등한 우선권을 가지며 발의된 순서대로 심의된다.								
5. 의장 결정에 대한 이의 제기	가	가	가	다수결	불가	불가	가	가
5. 지명 종료	불가	가	불가	2/3	가	불가	불가	불가
5. 표결	가	불가	불가	없음	불가	불가	불가	불가
5. 심의 반대	가	불가	불가	2/3	불가	불가	불가	불가
5. 의회 조사	가	불가	불가	없음	불가	불가	불가	불가
5. 규칙 위반 지적	가	불가	불가	의장	불가	불가	불가	불가
5. 규칙 유예	불가	가	불가	2/3	불가	불가	불가	불가
5. 정보 요청(발언자는 질문을 위해 양보할 것인가?)	가	불가	불가	의장 혹은 발언자	불가	불가	불가	불가
5. 동의안 철회	불가	불가	불가	다수결	불가	불가	불가	불가

보조 동의안

6. 일시적 연기(보류)	불가	가	불가	다수결	불가	불가	불가
7. 즉각 표결(선결 받의)	불가	가	불가	2/3	불가	불가	불가
8. 토론 제한 및 연장	불가	가	불가	2/3	가	불가	불가[2]
9. 특정 시간까지 연기	불가	가	가	다수결	가	불가	불가
10. 위원회 회부	불가	가	가	다수결	가	불가	불가
11. 전원위원회 회부	불가	가	가	다수결	가	불가	불가
12. 수정안 개정	불가	가	가	다수결	불가	가	가
13. 개정	불가	가	가	다수결	가	가	가
14. 무기한 연기	불가	가	가	다수결	불가	불가	불가

주요 동의안

주요 동의안은 서로 동등한 우선권을 가지며 어떤 다른 동의안이 발의되면 심의되지 않을 수도 있는 우선권○으로 표시된다.

0. 주요 동의안 개요	불가	가	가	다수결	가	가	가
0. 재심	가	가	가	다수결	가	불가	가[3]
0. 철회	불가	가	불가	2/3[4]	가	가	불가
0. 재개(속행)	불가	가	불가	다수결	불가	불가	불가
0. 안건 진행 순서 지정	불가	가	가	2/3	가	불가	가

1 동의안 자체에 대해서는 토론할 수 없지만 개정에 대해서는 토론할 수 있다.
2 동의안은 의회 상황의 변동이 있으면 갱신될 수 있다.
3 특정 시간까지만 연기될 수 있다.
4 사전 공지된 경우에는 다수결만으로 가능하다.

할 동의안은 정확히 투표하기 전의 상태로 돌아가게 된다. 만약 부결되었다면 그 동의안은 재심의될 수 없다.

철회: 이전 회의에서 채택된 조치를 취소하기 위한 것. 이 동의안은 다른 안건이 상정되기 전이라면 언제든 이루어질 수 있으며 회의를 벗어난 안건에 대해서는 적용될 수 없다.

재개(속행): 회의 전에 일시적으로 연기된 동의안을 똑같은 상태로 다시 회의에 상정하는 것.

안건 진행 순서 지정: 어떤 안건을 어느 날, 어느 시간에 다룰지 정하는 것.

2) 보조 동의안

보조(subsidiary) 동의안은 주요 동의안의 수정, 심의, 처리를 위한 대안적 보조물을 말한다. 주요 동의안에 비해서는 보조적인 성격을 띠며 다음과 같은 사례를 포함한다.

일시적 연기(보류): 안건의 심의를 연기하는 것. 더 긴급한 안건을 먼저 처리하거나 투표 전에 회원들이 추가 정보를 모으기 위한 시간이 필요할 경우에 활용할 수 있다. 안건을 다시 취급하지 않기를 희망하며 "우회하는" 방법이기도 하다.

즉각 표결(선결 발의): 토론을 종료하고 회의에 상정된 안건에 대한 즉각 표결을 요구하는 것.

토론 제한 및 연장: 회의에 상정된 안건에 대한 토론 때 제한시간을 두거나 연장하는 것.

특정 시간까지 연기: 회의에 상정된 안건에 대한 결정을 특정 시간까지 미루는 것.

위원회 회부: 회의에 상정된 안건을 위원회가 조사하도록 하는 것. 만약 수정안에 적용된다면, 이 동의안은 주요 동의안과 함께 다루게 된다. 작은 조직에서 사안을 보다 주의 깊게 조사하여 안건의 장점을 확실히 하기 위해 사용하거나 사안에 대한 조치를 미루기 위해 사용한다.

전원위원회 회부: 전원위원회가 문제를 조사하도록 하는 것. '비공개'로 토론하거나 전원위원회가 비공식으로 진행한다.

수정안 개정: 회의에 상정된 수정안을 개정하는 것. 수정안에 대한 개정을 금지하는 것이 대부분의 조직에서는 바람직하다.

개정: 동의안을 수정하는 것. 다음 네 가지의 유형으로 나눌 수 있다. (1) 삭제를 위한 수정, (2) 대체를 위한 수정, (3) 추가를 위한 수정, (4) 둘 혹은 그 이상으로 나누기 위한 수정.

무기한 연기: 주요 동의안이 채택될 위험을 피하기 위해 주요 동의안을 폐기하려는 방법이다. 동의안이 채택될 위험을 피하면서 누가 그 동의안에 찬성하고 반대하는지를 알아내기 위해 사용하는 때때로 방법이다.

3) 임시 동의안

임시(incidental) 동의안은 회의에 상정된 안건으로부터 부수적으로 발의된다. 주요 동의안과 직접적인 관련은 없지만 일반적으로 회의 진행에 부수적으로 따르는 일들과 관련이 있다. 임시 동의안의 유형에는 다음과 같은 것들이 있다.

의장 결정에 대한 이의 제기: 의장의 결정을 번복하기 위한 것.

지명 종료: 다른 후보에 대한 지명을 저지하는 것. 지명 받은 후보의 투표권은 제한받지 않는다.

표결: 기립 투표에 부치는 것.

심의 반대: 안건 심의를 막는 것.

의회 조사: 회원들이 안건에 대한 의회의 상태를 확인하거나 의회의 정보를 찾는 것.

규칙 위반 지적: 의회 절차에 나타난 오류, 잘못, 위반 행위에 대해 의장에게 해결하라고 요구하는 것.

규칙 유예: 조직의 어떤 규칙에 반대되는 절차를 허용하기 위해 규칙을 유예하는 것.

정보 요청: 회원이 의장에게 질문할 수 있도록 허용하는 것, 혹은 의장을 통해 회의에 상정된 안건과 관련해 발언자에게 정보를 요청하는 것.

동의안 철회: 회의에 상정된 동의안에 대한 조치를 막는 것.

4) 우선 동의안

우선(privileged) 동의안은 회의에 상정된 주요 동의안과 직접적인 관련은 없다. 실제적인 제안보다는 구성원이나 조직과 관련이 있으며 매우 긴급한 사안을 다루기 때문에 긴급 심의라고도 한다. 우선 동의안은 긴급하지 않다면 주요 동의안이 될 수도 있다. 하지만 동의안의 긴급성 때문에 회의에 상정된 다른 동의안보다 우선권을 지닌다. 우선 동의안은 다음과 같은 것을 포함한다.

다음 회의 시간 정하기: 다음에 만날 시간을 정하는 것.

폐회: 회의를 종료하는 것. 이 동의안은 회의에 상정된 안건에 대한 재심의를 막기 위해 사용되기도 한다.

휴회: 일시적으로 회의를 연기하는 것.

우선권 질문: 회의의 우선권이나 개인 회원의 우선권과 관련된 문제의 처리를 의장에게 요구하는 것.

6. 만장일치

신속히 처리해야 하는 일상적 안건 또는 명백히 바람직한 안건의 경우 회원은 만장일치 절차에 따라 안건 처리를 요구할 수 있다. 의장은 "반대 의견 있습니까?"라고 묻고 아무런 반대가 없으면 "반대가 없으니 가결되었습니다."라고 선포한다. 만약 반대 의견이 있다면, 필수적으로 의회식 절차를 따라야 한다.

연습

1. 자신이 속해 있는 단체 중에 의회식 토론으로 일을 처리하는 조직을 나열해보자. 각 단체가 의회식 토론을 얼마나 효과적으로 하는지 평가해보자. 각 단체들이 토론에 사용하는 규칙과 절차에 어떤 차이가 있는지 알아보자.

2. 의회식 토론으로 일을 처리하는 단체들에서의 경험을 떠올려볼 때, 의회식 토론 절차에 정통한 소수에 의해 다수가 패배한 경우가 있었는가? 그런 경우에 대한 간단한 보고서를 준비해보자.

3. 의회식 토론의 동의안을 고르고 교실에서 이 논제로 토론을 해보자.

4. 연습 3번에서 제안한 토론을 다시 해보자. 이번에는 교사와 미리 협의하여, 한 모둠의 학생들은 동의안을 가결하도록 하고 다른 모둠의 학생들은 동의안을 부결하도록 한다. 토론을 시작할 때 해당 논제에 대해 학생들 대다수는 중립적이어야 한다.

5. 연습 4번에서 제안한 토론을 다시 해보자. 이때 동의안의 지지자들은 가능한 모든 의회 동의안을 사용하여 가결을 위해 '몰아붙이도록' 하고, 동의안의 반대자들은 동의안의 통과를 방해 또는 저지하기 위해

모든 가능한 의회 동의안을 사용하도록 한다. 아마도 학생들은 여기서 몇 가지 난관에 봉착하게 될 것이다. 학생들은 이러한 문제들을 헤쳐 나가면서—필요한 경우 의원 역할을 할 교사로부터 도움을 받을 수도 있다—의회 절차의 실용적인 경험들을 얻게 될 것이다.

6. 수업에서 모의 의회를 진행해보자. 의장과 서기를 선출한다. 교사는 의원 역할을 한다. 학급 회의 전에 각각의 학생들은 현재 미국 의회에서 논의하기에 알맞은 주제에 대한 법안을 준비한다. 반 학생들과 교사를 위해 법안 사본을 충분히 준비한다. 모의 의회로서의 첫 학급 회의 때 이 법안 사본을 나누어 준다. 법안은 다음의 형식으로 준비한다.

   a. 가로 21cm 세로 28cm 크기의 흰색 종이 한 장에 한 행씩 띄어 써야 하며, 인쇄해서 복사해야 한다.
   b. 첫째 행은 다음과 같은 말로 구성한다. "의회 법안 제 _ 호"
   c. 둘째 행은 다음과 같은 말로 구성한다. "발의자 이름"
   d. 셋째 행은 '법률'이란 말로 끝나야 하고, 법안의 목적이 드러나는 제목을 명시해야 한다.
   e. 적절한 법안의 내용은 "모의 의회에서 제정되기를 요청함"으로 시작한다. 이어지는 내용은 "그것은"으로 시작해야 한다. 이어지는 각 행에는 왼쪽 여백에 '1'로 시작하는 번호를 매겨야 한다.
   f. 각 절은 '1'로 시작하는 번호를 매겨야 한다. 절과 행을 표시하는 숫자 외에 다른 기호는 사용하지 않는다. 약어도 사용하지 않는다.
   g. 다음은 법안 작성 양식의 보기이다.

의회 법안 제__호

발의자 릭 로저스

미국의 에너지 독립을 2020년까지 이루기 위한 법률

모의 의회에서 제정되기를 요청함

1. 1절. 그것은 연방정부의 휘발유에 대한 소비세를 갤런당

2. 25센트 인상하여, 본 법안이 통과된 30일

3. 이후부터 시행하려는 것이다.

4. 2절. 그것은 연방정부의 휘발유에 대한 소비세를 갤런당

5. 추가적으로 25센트 인상하여, 본 법안이

6. 통과된 1년 이후부터 시행하려는 것이다.

7. 3절. 그것은 농업용과 어업용으로 구매되는 휘발유를

8. 본 세금에서 예외로 한다.

9. 4절. 그것은……

20장

공공 토론

토론을 '공적(public)'이라고 정의할 수 있는 것은 주로 청중 때문이다. 대부분의 교육 토론은 소수의 참관인만 있는 작은 교실에서 이루어진다. 한 사람 혹은 한 명의 패널 판정자가 토론을 듣는데, 이 전문적인 토론 판정자는 제시된 증거의 질, 논증, 의견 충돌에 초점을 맞추려고 노력하며 전문적이면서 체계적으로 작성한 토론 흐름표를 바탕으로 토론 진행 상황을 쫓아간다. 심지어 많은 응용 토론(법정 소송, 의회식 토론, 의회식 응용 토론)에서도 청중은 그 주제나 절차에 대한 지식이 있는 전문가로서 의사 결정을 하는 사람이다. 하지만 가장 의미 있는 토론 형식은 공적 청중의 이익을 위해 생겨난 다양한 토론 방식들이다. 이때의 청중은 전문가나 특정한 영역의 토론자와는 다르다. 왜냐하면 그들은 토론을 평가하는 일에 경험이 없거나 훈련되지 않은 사람들이 대다수이기 때문이다. 그들은 토론의 기술적 요소라는 기반 위에서 판정하기보다는 해당 논제에 대한 일반적인 인상이나 감정에 따라 결정을 내리는 경향이 있다. 영화 〈최고의 토론자들(The Great Debaters)〉과 〈대통령 선거 토론(Presidential Campaign Debates)〉에서 묘사된 토론 모습은 그 사례가 될 수 있다. 공공 토론은 교실, 블로그 공간, 강당, 텔레비전에서 이루어질 수 있다. 공공 토론은 정보를 제공하고, 즐거움을 주며, 몰입력이 있고, 영감을 주며, 극적이고 역동적이다. 이 장에서는 공공 토론의 여러 형식과 그것에 다가가기 위한 도움말을 살펴볼 것이다.

1. 공공 토론의 형식

공공 토론을 살펴보면 이를 설계하는 사람은 일반적으로 미리 정해진 형식에 제한을 받지 않는다. 많은 경우 각자의 필요와 계획을 토대로 하여 자신의 형식을 개발한다. 선거 토론에서처럼 참여자들은 우선 토론 형식에 동의해야 한다. 먼저 무대 설정을 하는데, 사용할 공간이나 지역, 청중의 규모, 참여하는 토론자 수, 기대하는 토론 결과에 따라 다양하게 변형된다. 발언자는 연단 앞에 서 있어야 할까? 만약 발언자가 마이크 앞이나 고정된 카메라 앞에서 말해야 한다면 이것은 중요하게 다뤄질 필요가 있다. 토론자는 청중에게 말할 때 앉아 있거나 무대에서 자유롭게 움직일 수도 있다. 몇 팀이 참가하고, 팀마다 몇 명의 토론자가 있는지, 발언 순서, 발언 시간은 어떠한지, 질문 시간을 포함하는지, 만약 질문이 허용된다면 어떤 규칙이 있는지, 청중의 질문도 포함되는지, 그 외에도 다른 많은 요소들이 결정되어야 한다. 또 일반적으로 토론 행사 전에 논제를 공개하면 많은 사람들의 관심을 끌 수 있다. 토론이 정치적으로 중도적일 수 있을까? 선거 토론처럼 질문을 할 수 있다면, 그 질문은 어떻게 선택되어 드러날 것인가?

정책 토론, 의회식 교육 토론, 세계토론대회(Worlds debate) 형식이 공공 토론에 적용될 수 있지만, 설계하는 사람의 창의성으로 다양한 형식을 개발할 수 있다. 현재 활발하게 활용되는 공공 토론의 형식은 다음과 같다.

1) 타운홀 형식

타운홀 형식은 전문적인 관심 쟁점을 토론하기 위해, 전국의사소통협회, 남부주의사소통협회, 플로리다의사소통협회 등에 의해 연례 총회에서 이용되었다. (18장에서 보았듯이) 대통령 선거 토론에서는 형식의 변화가 자주 일어난다. 이 형식은 참여자와 청중의 어떤 관심 사안에 대해서도 사용될 수 있다. 대학교에서 인기 있는 토론 형식은 한쪽의 학생-교수 팀은 안건에 찬성하는 '개시' 발언자 역할을 하고, 다른 쪽의 학생-교수 팀은 안건에 반대하는 '개시' 발언자 역할을 하는 것이다. (다음의 형식 항목 3~6번을 참조하라.)

타운홀 형식은 다음과 같이 구성될 수 있다.

1. 의장은 상정된 동의안을 발표함으로써 토론 시작을 알린다. 절차

에 대한 규칙도 소개한다.

2. 의장은 각각 순서대로 네 명의 개시 발언자(kickoff speaker)를 소개한다.

3. 첫 번째 토론자가 동의안의 가결 발의를 위한 7분 동안의 연설을 한다.

4. 두 번째 토론자가 그 동의안에 반대하는 7분 동안의 연설을 한다.

5. 세 번째 토론자가 동의안의 가결 발의를 위한 7분 동안의 연설을 한다.

6. 네 번째 토론자가 동의안에 반대하는 7분 동안의 연설을 한다.

7. 토론이 청중에게 허용되고 청중 중 발언하고 싶은 사람은 3분 이내의 발언을 할 수 있다. 의장은 찬성과 반대 입장의 사람이 번갈아 발언할 수 있도록 한다. 이전에 발언하지 않은 사람에게 우선권을 줘야 한다.

8. 이와 같은 방식으로 보통 60분이 넘지 않게 토론한다. 이후 의장은 개시 발언자들에게 요약 발언을 하도록 하는데 반대 측이 먼저 하고 찬성 측이 나중에 하며 각각 3분을 넘기지 않는다.

9. 의장은 표결을 요청하고 결과를 발표한다.

타운홀 형식은 다음과 같은 특별한 절차상의 규칙이 있다.

1. 토론장에서의 모든 행동은 의장을 통해야 한다. 규칙에 명시적으로 언급되지 않은 행동에 대해 판단하는 것은 의장이 행사할 수 있는 권한이다.

2. 동의안을 발의하는 사람을 제외한 발언자는 모두 중간에 발언이 중단될 수 있다. 청중은 언제든지 규칙 위반에 대한 주의를 환기

하기 위해 "규칙 위반 지적을 제기합니다."라고 하거나 발언자에게 질문하기 위해 '질의응답'을 요구할 수 있다. 토론자는 질문에 대한 답변을 거부할 수 있으며 아예 질문할 기회 자체를 안 줄 수도 있다. 하지만 규칙 위반 지적을 제기하는 것에 대해 거부할 수는 없다. 질의응답에서 청중의 질의에 소비된 시간은 토론자의 발언 시간에서 제하지 않지만 답변한 시간은 제한다.

3. 청중의 행동에 이의를 제기하고, 토론자의 발언이 주제와 관련이 없다고 이의를 제기하는 규칙 위반 지적만이 고려 대상이 된다.

4. 시간 계측자는 토론자에게 종료 1분 전에 경고하고 발언을 종료하라는 신호를 보낸다. 두 번째 신호를 받으면 발언을 종료해야 한다.

5. 사용하지 않은 시간을 같은 팀 토론자에게 넘겨줄 수는 없다.

6. 상정된 결의안은 수정될 수 없다.

또한 타운홀 형식의 토론에서는 특수한 자리 배치가 있다. 토론 초반에 안건에 찬성하는 사람들은 의장의 오른쪽에 앉고 반대하는 사람들은 왼쪽에 앉는다. 아직 결정하지 못한 사람들을 위한 자리도 마련된다. 토론 결과 입장이 바뀐 사람들은 언제든지 미결정석에서 결정석으로 자리를 옮기거나 통로를 건너 자신이 옹호하는 쪽 자리로 가서 앉는다.

2) 긴 탁자 형식

2001년부터 버지니아 해리슨버그의 제임스 매디슨 대학은 (전문 토론 판정자가 아닌) 청중이 승자를 결정하는 경쟁적 공공토론대회를 개최해 왔다. 이 형식을 '긴 탁자 형식'이라고 하는데 세계토론대회 형식과 비슷하다. 다음은 2012년 대회를 설명하는 부분이다.

경쟁 형식: 토론은 '긴 탁자' 형식을 사용한다. 이 토론은 공공 토론이며 지난해 결승전에 500명 정도의 청중이 모였다. 예선전은 그보다 적은 수(20~30명의 청중)였다. '긴 탁자' 형식에는 안건의 찬성 측과 반대 측 각각 두 명으로 구성된 세 팀이 등장한다. 찬성 측이 먼저 시작하며 토론 내내 찬성 측과 반대 측이 교대로 발언한다. 팀은 무작위로 찬성 측이나 반대 측, 그리고 의장의 역할을 부여받는다. 만약 어떤 팀이 찬성 측 첫 번째 입론을 맡게 되면, 토론 처음에 두 번의 찬성 측 입론 발언을 하게 된다. 각 팀의 첫 번째 발언과 마지막 발언 중에는 끼어들기를 할 수가 없다. 토론자는 상대 팀의 발언 중간에 언제든 질문을 던질 수 있다. 그러나 발언자는 질문에 대답하지 않을 수도 있다(하지만 질문에 답을 하지 않으면 청중이 토론자를 '의심스럽게' 생각할 수 있다). 좀 더 많은 정보를 원한다면 뒤에서 예를 든 형식을 참고하라. http://www.jmu.edu/debate/madisoncup/2010.shtml에서는 2010년 결승전을 볼 수 있다.

판정단 판결 절차: 3~7명의 패널 또는 판정단이 토론을 심사한다. 판정단은 지역 주민, 학생, 교수, 졸업생, 특별 초청 손님으로 구성된다. 토론 심사를 위해서 패널들은 토의하고 숙고해 승리 그룹을 선정한다. 판정단은 찬성 측이나 반대 측이 아니라 (2인으로 구성된) 팀에 투표한다. 즉, 1등은 찬성 팀이 될 수 있는 한편, 2등은 반대 팀이 될 수 있는 것이다.

토론 형식 예시: 2004년 결승전은 다음과 같이 진행되었다.
찬성 측 첫 번째 발언(웨이크 포레스트 대학 1번): (4분) 방해받지 않음.
반대 측 첫 번째 발언(조지 메이슨 대학 1번): (4분) 방해받지 않음.
찬성 측 두 번째 발언(웨이크 포레스트 대학 2번): (5분) 발언의 첫 1분과 마지막 1분 동안에는 방해를 받지 않는다. 발언이 시작되고

2~4분 사이에 상대 토론자는 질문을 할 수 있으며, 토론자는 이를 받아들여도 되고 거부해도 된다.

반대 측 두 번째 발언(조지 메이슨 대학 2번): (5분) 발언의 첫 1분과 마지막 1분 동안에는 방해를 받지 않는다. 발언이 시작되고 2~4분 사이에 상대방 토론자는 질문을 할 수 있으며, 토론자는 이를 받아들여도 되고 거부해도 된다.

찬성 측 세 번째 발언(조지타운 대학 1번): (5분) 발언의 첫 1분과 마지막 1분 동안에는 방해를 받지 않는다. 발언이 시작되고 2~4분 사이에 상대방 토론자는 질문을 할 수 있으며, 토론자는 이를 받아들여도 되고 거부해도 된다.

반대 측 세 번째 발언(제임스 매디슨 대학 1번): (5분) 발언의 첫 1분과 마지막 1분 동안에는 방해를 받지 않는다. 발언이 시작되고 2~4분 사이에 상대방 토론자는 질문을 할 수 있으며, 토론자는 이를 받아들여도 되고 거부해도 된다.

찬성 측 네 번째 발언(조지타운 대학 2번): (5분) 발언의 첫 1분과 마지막 1분 동안에는 방해를 받지 않는다. 발언이 시작되고 2~4분 사이에 상대방 토론자는 질문을 할 수 있으며, 토론자는 이를 받아들여도 되고 거부해도 된다.

반대 측 네 번째 발언(제임스 매디슨 대학 2번): (5분) 발언의 첫 1분과 마지막 1분 동안에는 방해를 받지 않는다. 발언이 시작되고 2~4분 사이에 상대방 토론자는 질문을 할 수 있으며, 토론자는 이를 받아들여도 되고 거부해도 된다.

찬성 측 다섯 번째 발언(메리 워싱턴 대학 1번): (5분) 발언의 처음과 마지막 1분 동안에는 방해를 받지 않는다. 발언이 시작되고 2~4분 사이에 상대방 토론자는 질문을 할 수 있으며, 토론자는 이를 받아들여도 되고 거부해도 된다.

반대 측 다섯 번째 발언(타우슨 대학 1번): (5분) 발언의 처음과 마지막 1분 동안에는 방해를 받지 않는다. 발언이 시작되고 2~4분 사이에 상대방 토론자는 질문을 할 수 있으며, 토론자는 이를 받아들여도 되고 거부해도 된다.

찬성 측 여섯 번째 발언(메리 워싱턴 대학 2번): (4분) 방해받지 않음.

반대 측 여섯 번째 발언(타우슨 대학 2번): (4분) 방해받지 않음.

이 토론 행사 웹사이트는 http://jmu.edu/debate/madisoncup이다.

3) 서던캘리포니아 대학의 트로이 웹 토론

서던캘리포니아 대학의 애넌버그 디지털토론협회(ADDI)는 트로이 토론 팀(Trojan Debate Team)을 통해 운영되며 지금 온라인 토론대회를 후원하고 있다. 2012년 봄에 개최된 대회에 대한 설명은 다음과 같다.

트로이 웹 토론은 전적으로 온라인에서 진행된다. 토론자는 비동시적으로 일대일 형식의 토론을 하며 유튜브에 연설 비디오를 시리즈로 올린다. 그리고 토론자는 자신의 답변이 있는 URL을 대회 진행자에게 제출한다. 대회 진행자는 제출된 비디오를 편집하여 각각의 토론에 대한 비디오 재생 목록을 만든다. 따라서 토론을 이어가기 위해서 경쟁자는 자신에게 할당된 재생 목록을 봐야 한다. 모든 참여자는 4월 2~6일에 있는 두 번의 예선전에 참가한다. 그들 중 (말하기 점수와 승패 기록에 기초한) 상위 25퍼센트의 참가자는 4월 9~13일에 다시 두 차례의 시합을 치른다. 모든 토론은 영어로 진행된다.

대회가 시작되면 토론자들은 무작위로 토론 양쪽 편에 배정되는데, 한쪽은 미래를 위해 최적의 선택을 제시했다고 생각하는 정당이고, 다른 한쪽은 상대편의 그러한 주장을 반박하는 정당이다. 판정은 한 주 동안 모든 발언을 마친 후에 이루어진다. 배정은 참가자와 판정단에게 이메일을 통해 전달되며 페이스북 페이지를 통해서도 게시된다.

학생들은 토론에서 한 정당을 지지하거나(찬성 측의 역할) 상대방이 선택한 정당을 반대해야 한다(반대 측의 역할). 토론 일정이 공개될 때 학생들은 자신이 어느 쪽에 배정되었는지 알게 된다. 토론자들은 다음과 같은 시간 제한과 토론 형식을 따라야 한다.

찬성 측 개시 발언: 4분

반대 측 개시 발언: 5분

찬성 측 반박: 3분

반대 측 반박과 마무리 발언: 4분

찬성 측 반박과 마무리 발언: 2분

주의사항: 연설 길이가 가장 긴 것보다 30초를 초과하는 비디오를 올린 토론자는 감점을 당할 수 있다.

트로이 웹 토론의 웹사이트는 http://usctrojandebate.com/page/current-addi-events이다. 이 웹사이트는 서던캘리포니아 대학 페이스북 페이지와 링크되어 있으며, 그 페이스북에는 토론 행사에 대한 최신 정보가 올려져 있다.

4) 마이애미 대학의 '우리는 학생'

플로리다 코럴게이블스에 있는 마이애미 대학 방송부는 특정 주제에 대하여 학생들이 양편으로 나뉘어 토론하는 온라인 상호 토론 프로그램을 개발하였다. 이 프로그램은 스튜디오 안 진행자뿐만 아니라 이메일이나 휴대전화 문자 메시지를 통해서도 질문을 할 수 있다. 프로그램의 설명은 다음과 같다.

'우리는 학생'은 미국 최초의 상호 토론 쇼이다. 전국의 유수 대학교 토론자들은 오늘날 가장 주목할 만한 쟁점에 대해서 상호적으로 토론한다. 이 쇼는 웹사이트를 통해 실시간으로 중계되며 온라인 청중의 즉각적인 질문과 반응을 보여준다.

마이애미 대학교의 '우리는 학생 프로그램' 웹사이트는 http://umtv.miami.edu/shows/we-the-students이다.

2. 공공 토론을 위한 도움말

어떤 청중이나 맥락도 고유한 요구사항이 있기 때문에, 대부분의 공공 토론 규칙은 기본적으로 토론 행사 그 자체로부터 나온다고 할 수 있다. 몇몇 일반적인 지침은 다음과 같다.

공공 토론을 위한 도움말

- 청중을 파악하라.
- 효과적인 연설을 하라.
- 이야기를 활용하라.

- 강조점을 찾아서 반복하라.
- 비교하고 대조하라.
- 긍정적인 관점을 유지하라.
- 상용구를 이용하라.
- 도입과 마무리를 계획하고 준비하라.
- 준비 시간을 제한하라.
- 토론은 항상 진행 중이다.
- 효과적으로 질문하고 대답하라.
- 청중에게 무엇을 해야 할지를 말하지 마라, 토론 흐름표를 보물처럼 여기지 마라.
- 가능하면 개인적인 방식으로 영향력 있는 논증을 하라.
- 토론 전문 용어나 시합에 대한 언급은 피하라.

1) 청중을 파악하라

원래 수사학적 논증이 요구하는 것은 화자가 자신의 메시지를 청중에게 맞추는 것이다. 만약 전문가나 숙련된 판정자 앞에서 하는 토론이라면 판정자도 토론자들에 맞추기 위해 노력할 것이다. 그리고 15장에서 논의했듯이, 판정자는 경쟁에 앞서 토론자들에게 자신의 판정 철학을 상세하게 설명할 것이다. 하지만 공공 토론에서의 청중은 이러한 성향을 가지고 있지 않다. 따라서 사전 조사, 인구통계학적 분석, 청중 피드백, 지식에 의거한 추측을 통해 토론자들은 자신의 메시지와 수행을 청중에게 맞추는 것이 현명하다. 토론자들은 격식의 정도나 청중과의 상호작용의 가능성, 청중이 선호하는 가치와 태도, 청중의 흥미와 관심을 반드시 고려해야 한다. 토론자는 청중에게 전후 맥락에 대한 설명을 하기 위해 필요한 정보를 제공하되 그들이 이미 알고 있는 것을 설명하느라 시간을 낭비해서는 안 된다. 청중이 자신의 지식이나 경험에 비추어 이해할 수 있고 그들에게 관련이 있는 자료와 암시를 활용해야 하며, 설득력 있는 요청이라도 청중의 가치나 신념 체계에서 벗어나서는 안 된다.

2) 효과적인 연설을 하라

대부분의 경쟁적 토론대회에서 판정자는 주제에 대한 개인적인 편견을 배제하는 한편, 주제에 대한 자신의 지식과 토론 기술을 활용하여 토론을 평가할 것이다. 하지만 비전문적인 청중에게 이와 같은 것을 기대할 수는 없다. 전문적인 판정자는 의사 결정에서 기본적으로 정보의 질에 초점을 두면서 내용으로부터는 독립된 태도를 취하려고 한다. 비전문적인 청중은 쉽게 이를 구별하기 어렵기 때문에 발표와 논증이 혼합된 전반적인 인상에 기초해서 결정을 내릴 것이다. 따라서 (16장에서 살펴봤듯이) 효과적인 연설의 특징들은 모두 매우 중요하다. 그중 가장 중요한 특징은, 원고를 최대한 지양하고 즉흥적이거나 즉석에서 적절하게 전달하는 것이다. 간단한 인용구는 예외이지만 원고를 읽는 것은 청중과 토론자 사이를 멀어지게 만든다. 토론자는 청중과 지속적으로 눈을 맞추어서 상호 연결되어 있다는 느낌을 줌과 동시에 맥락에 맞는 적절한 어조를 찾아내야 한다. 토론자는 목소리, 움직임, 얼굴 표정 등의 다양한 변화를 통해 힘, 진정성, 신념을 표현할 수 있다. 자신감과 자료에 대한 숙지는 청중을 설득하는 데 도움이 될 공신력(ethos)을 이끌어낼 수 있다.

3) 이야기를 활용하라

이는 발표 중간에 흥미롭거나 의미 있는 일화를 그저 집어넣는 것 이상을 의미한다. 효과적인 증거는 주장을 입증하는 기능을 할 뿐만 아니라 나아가 청중에게 개념을 명확하게 전달함과 동시에 관심을 가지도록 한다. 전문적인 토론 판정자는 토론자가 자신의 논증을 논리적으로 뒷받침하기 위해 인용하는 증거에 초점을 맞추도록 훈련받았기 때문에 증거에 기초한 판단을 한다. 인용하는 증거는 보통 전문가의 관찰, 결론, 설명(발췌문이나 증언), 실험적 학술연구 결과, 리포터나 저널리스트의 사실적 기술 등의 형식을 갖추고 있다. 이러한 증거는 합리적 객관성을 유지하면서 뒷받침이라는 증거의 기능을 완수하고자 한다. 이야기는 명료성을 높이고 집중할 수 있게 도움을 준다. 아네트 시몬스(Annette Simons)는 그녀의 명저인『성공하는 녀석들은 이야기도 잘한다(*Whoever Tells the Best Story Wins*)』라는 책에서 "이야기는 사람들을 다른 관점으로 이동시켜 자신이 알고 있던 사실을 재해석하고 재구성하게 한다."[1]라고 했다. 조애너 슬랜(Joanna Slan)은 토론자가 이야기를 활용했을 때 얻을 수 있는 7가지 이점을 아래와 같이 제시했다.

① 이야기는 청중의 귀를 열어준다.
② 이야기는 재미있다.
③ 이야기는 분위기를 전환시킨다.
④ 이야기는 가르치지만 설교하지 않는다.
⑤ 이야기는 화자와 청중을 엮어준다.
⑥ 이야기는 우리가 누구인지를 돌아보게 한다.
⑦ 이야기는 기억에 도움이 된다.[2]

4) 강조점을 찾아서 반복하라

청중은 들으면서 메모를 할 수도 있지만 대체로 토론의 흐름을 자세히 따라가지는 못한다. 청중은 토론을 따라가며 대체로 한 번에 하나의 발언만을 기억한다. 비전문가 청중에게 토론 절차는 수평적이라기보다는 수직적이다. 다시 말하면 각각의 발언이 한 항목 한 항목, 한 줄 한 줄 의견이 충돌하는 것을 상세하게 고려한 고안물이라는 생각을 하지 못한다. 청중은 당신의 상대방이 '그만하겠다'라거나 대답하는 데 실패했다고 해서 당신에게 점수를 주지는 않는다. 청중을 대상으로 한 토론에서 토론자의 목적은 시합에서 이기는 것보다는 청중을 설득해 그들이 자신의 주장이나 입장의 중요한 한두 가지 내용을 긍정적으로 확실하게 기억할 수 있도록 하는 데 있다. 2010년 뉴욕 주지사 선거에서 비주류 후보인 지미 맥밀런(Jimmy McMillan)은 당의 구호인 "젠장 월세가 너무 높다!"를 매번 반복해 명성을 얻었다. 비록 그는 당선되지 않았지만 청중은 그의 주장을 기억했다. 다수의 공공 토론에서 효과적으로 연설을 구성하기 위해서는 자신의 주장을 미리 보여주는 조직적인 도구를 활용해야 한다. "이 연설에서 저는 해외 원유 수입을 즉각적으로 중단해야 하는 이유를 세 가지 말씀드리겠습니다…." 처럼 주장에 대한 담화표지를 제시하고(**첫 번째**로는 해외의 값싼 원유에 의존하게 되면 재생 에너지로의 전환이 늦어지기 때문입니다…), 그리고 이 점을 마무리에서 한 번 더 언급한다(이와 같은 세 가지 이유에서 우리는 해외 원유 수입을 중단해야 합니다…). 이는 청중에게 명료함과 반복 효과를 준다. 만약 생각이 하나의 주제를 중심으로 병렬적인 구조로 구성된다면 청중은 반복을 통해 훨씬 잘 기억할 것이다.

5) 비교하고 대조하라

토론자는 청중이 토론 흐름을 따라오리라고 기대해서는 안 된다. 토론자는 자신의 논증과 입장을 상대방의 주장과 나란히 놓고 자신의 논증과 입장이 왜 더 나은가에 대한 이유를 제시해야 한다. 능력 있는 토론자는 상대의 주장이 받아들여질 가능성을 감소시키고 자신의 주장을 개선함으로써 자신의 입장이 지닌 힘을 키워나간다.

6) 긍정적인 관점을 유지하라

청중은 경쟁을 선호하고 왕성하면서 활발하게 의견 교환이 일어나는 데 재미를 느끼지만 전문적인 판정자처럼 직접적으로 한 줄 한 줄 의견 충돌에 기초한 결정을 내리지는 않는다. 그들은 자신만의 비교를 하고 싶어하기 때문에 (그리고 불가피하게 그렇게 할 것이기 때문에) 토론자들은 상대를 공격하기보다는 자신의 입장을 세우는 데 더 많은 에너지와 시간을 쏟아야 한다.

7) 상용구를 이용하라

고대 그리스의 소피스트들은 미리 준비한 많은 암송 자료들을 가지고 주장을 펼칠 때 적절히 활용하였다. 익숙한 자료를 활용하는 능숙함은 발언자의 논증이 능숙하면서 편안해 보이도록 돕는다. 가두연설을 할 때 정치인 후보는 새로운 자료를 끼워 넣어 적절하게 변형하고 연관된 자료를 연설에 활용하면서 '연설'의 일부를 반복한다. 이와 같이 반복되는 말을 상용구라고 하며 이는 미리 계획하고 연습한 입론이나 논증의 한 부분을 구성해 공공 토론에서 유용하게 활용될 수 있다. 필요하거나 가능한 논증을 찾아서 간단한 연설을 준비해보자. 그리고 토론에서 암기한 것을 활용해보자.

8) 도입부와 마무리를 계획하고 준비하라

도입부는 청중의 호감을 끌어내면서 시작해야 한다. 마무리는 메시지의 심리적인 종결을 부여하면서 발언자의 주장을 강화할 수 있어야 한다. 도입부는 연설을 위해 상을 차리는 것으로서 청중이 참여할 수 있게 그들을 준비시키고, 듣도록 뒷받침하며, 그들과 긍정적인 관계를 형성하는 것이다. 물론 도입부는 최소한 연설에서만큼은 첫인상을 결정하므로 최고의 중요성을 지닌다. 효과적으로 관심을 끄려는 사람은 깜짝 놀랄 만한 통계 자료, 명언이나 발언, 수사학적 질문을 포함하기도 한다. 그것들은 간단해야 하고 전체 발언 시간의 15퍼센트를 초과해서는 안 된다. 도입부의 내용이 잘 전달되게 하기 위해 발언자는 청중과의 100퍼센트 눈 맞춤과 정서적이고 극적인 방식을 유지하면서 외운 내용을 말하거나 즉석에서 말해야 한다. 마무리는 이목을 끌어야 하며, 이후 진행될 토론을 미리 알려주거나 행동을 촉구하는 것이다. 도입과 마찬가지로 마무리도 간단해야 하며 연설 시간의 10퍼센트를 초과하지 않아야 하며, 미리 계획되고 연습되어 있어야 한다.

9) 준비 시간을 제한하라

토론대회에서는 정해진 준비 시간이라도 있지만, 청중 토론에서 시간을 끄는 일은 발언자에 대한 신뢰도를 감소시킬 수 있다. 발언자는 대답을 준비해서 자연스럽게 응답해야 하며, 준비하면서 길게 침묵해서는 안 된다.

10) 토론은 항상 진행 중이다

상대방이나 같은 팀 동료가 말할 때에도 청중은 항상 자신을 보고 있다고 생각하라. 자리에 앉아 있거나 상대방의 말을 듣거나 다가올 연설을 준비하는 동안 토론자는 자신감 있고 결연하면서도 정돈되고 차분해 보여야 한다. 상대에 대한 반응은 중요한 설득적 효과를 지닌다. 상대방이 발언할 때 살짝 눈썹을 들어 올리거나 의아한 표정을 짓는 것은 상대의 발언에 직접적으로 대답하는 것만큼이나 효과적인 반론이 될 수 있다.

11) 효과적으로 질문하고 대답하라

반대신문 참여하기에서 보았던 것처럼(13장 참조), 질문과 대답은 점수를 얻을 수 있는 좋은 기회이다. 이때 청중의 눈길을 끌려고 하거나 상대의 시간을 훔치려 하거나 연설을 하려 하지 말고 자신의 입장을 강하게 뒷받침할 기회로 활용하라. 청중이 원한다고 여겨지는 질문에 집중해 대답하라. 그리고 전략에 기초해 대답하는 것이 아니라 청중에 대한 설득력에 기초하여 대답하라.

12) 청중에게 무엇을 해야 할지를 말하지 마라,
토론 흐름표를 보물처럼 여기지 마라

토론대회 판정단은 "상대편이 논제 관련성(topicality)을 갖추지 못했기 때문에 우리에게 투표하십시오."라는 토론자의 호소를 받아들일 수도 있다. 이와 같은 경기 규칙은 비전문가 청중으로서는 이해가 되지 않는다. 물론 어떤 이는 "'에너지'라는 용어에 대한 우리의 정의가 확립되는 동안 상대편이 그 논제를 다루지 않았으므로 그 논제가 참이라는 것을 그들은 증명하지 못했습니다."라고 주장할 수도 있다. 청중은 단순하게 당신의 상대편이 논제를 다루는 데 실패했다거나, 이전 토론에서 있었던 중요한 논증을 까먹었다고 해서 매력을 느끼지 못하는 당신의 논증에 점수를 주지 않을 것이다. 토론자는 자신의 목적을 위해 토론을 쫓아가는 토론 흐름표를 만들거나 메모를 해야 하지만, 청중은 그렇게 하지 않기 때문에 토론 중에 그것에 관한 언급은 피해야 한다.

13) 가능하면 개인적인 방식으로 영향력 있는 논증을 하라

청중 토론에서의 영향은 개인적이다. 찬성 측이 입론에서 논의한 전쟁 난민의 고통을 청중이 느낄까? 청중은 자신의 삶 속에서 에너지 부족의 결과를 인식할까? 청중이 인지적으로나 정서적으로 이해할 수 있는 의미 있고 중요한 결과 또는 방안을 통해 설득하는 것은 토론자들의 몫이다.

14) 토론 전문 용어나 시합에 대한 언급은 피하라

청중은 직관적으로 대체방안과 경쟁하는, 선결 요건을 갖춘 입론, 또는 불이익에 대한 있을 법한 연결 전환(link turn)의 구성 요소를 숙고할 수도 있다. 하지만 그런 개념 뒤에 있는 용어나 이론에 대해서는 아는 바가 없다. 문제가 되는 것은 바로 토론 관습과 토론 용어에 익숙하고 잘 준비된 토론자가 그 관습과 용어를 당연시한다는 점이다. 토론 규칙과 전문 용어는 참여자들이 전문적이고 그것에 익숙한 사람들일 경우에만 토론 실행에 효율적이다. 청중은 토론 용어나 규칙에 대해서는 그리 반응을 보이지 않을 것이다. 그러나 개념을 설명과 이해 가능한 말로 제시하면 청중을 설득할 수도 있다.

연습

1. 발표된 논제에 대해 타운홀 형식으로 토론해보자.

2. 발표된 논제에 대해 긴 탁자 형식으로 토론해보자.

부록

부록 A
___

토론 준비 길라잡이

증거 기반 정책 논제 팀 토론
(EVIDENCE-BASED TEAM TOPIC POLICY DEBATE)

여기에 제시된 단계들은 표준 반대신문 토론 형식(17장 참조)으로 토론하고, 토론 논제가 부여되어 있을 것이라 가정하고 있다.

1. 동료와 함께 논제를 분석한다. 요구되는 조치의 주체는 누구인가(미국 연방정부인가)? 조치는 어떻게 규정되어 있는가? 알려진 조치의 대상이 있는가? 조치의 한계와 방향에 대한 단서가 있는가?

2. 주제에 대해 이미 알고 있는 것을 검토하고, 폭넓은 독서를 통해 주제에 대한 지식을 넓힌다. (일반적 정보 차원에 한정된 것이지만) 브레인스토밍, 구글 검색, 위키피디아가 이 단계에서 도움이 될 것이다. 좋은 출발점이 될 웹사이트로 CQ 리서처 플러스 아카이브(CQ Research-

er Plus Archive)의 특히 찬반 페이지, 맥락에 따른 상반된 관점(Opposing Viewpoints in Context), 프로콘(ProCon: http://www.procon.org/)을 꼽을 수 있다.

3. 찬성 측 입론 발언을 준비한다. 이것은 논제에 명시된 조치를 지지하며 첫 번째로 발언함을 의미한다. 찬성 측은 첫 번째 입론 발언을 완벽하게 준비할 필요가 있다. 전체 개요를 담고 있는 문장을 써보고, 그런 다음에 주장을 뒷받침할 수 있는 (출판된 인용물이나 통계 등의) 증거를 수집하라. 증거를 수집할 때에는 대학 도서관에서 데이터베이스 검색을 하는 것이 이상적이다. 논문을 작성할 때처럼 인용할 구절과 자료를 수집하고 저장하라. 다음의 다섯 항목은 이때 충족되어야 할 사항이다.

a. 피해를 파악하라. 피해는 위급함, 악조건이나 '조악함'으로 드러나는 결함이며, 방안과 함께 발표된다. 가령 소아 비만은 미국 어린이 20%의 삶과 복지를 위협한다.

b. 내재성을 파악하라. 내재성은 피해가 미래까지 지속될 것이라는 근거이다. 예를 들어, 예산 부족에 직면한 공립학교는 체육 수업을 줄여 신체 활동을 감소시켜 왔고 비용이 덜 드는 고칼로리의 질 낮은 음식을 제공한다.

c. 방안을 파악하라. 방안은 구체적이어야 한다. 방안은 논제의 조치를 운영 면에서 설명한 것이다. 논제의 조치보다 더 구체적이어야 하지만, 반드시 논제와 관련된 설명이어야 한다. 찬성 측 프로그램을 옹호하면서 그것이 작동하면 이득을 가져올 것이라는 증거를 제시하는 전문가인 '해결성 옹호자(solvency advocates)'를

찾아야만 한다. 가령 찬성 측은 학교가 학생들의 의무적 신체 활동을 강화하고, 보다 건강에 좋은 음식을 선택하며, 영양과 건강 단련에 신경 써야 한다는 미셸 오바마(Michelle Obama)의 프로그램을 옹호할 수도 있다.

d. 해결성을 입증하라. 해결성은 방안을 실행함으로써 이득을 얻고, 앞서 파악된 피해를 줄일 수 있으리라는 것을 입증하는 증거이다. 가령 유사한 프로그램을 미국에 있는 모든 마을에 실행할 때 비만률은 5% 미만으로 줄어들고, 이는 당뇨, 심장병, 암과 관련한 의료비를 절감하게 한다.

e. 이익을 입증하라. 이는 방안을 시행함으로써 얻게 될 이익을 목록화하고 입증하는 것이다. 예를 들어, 비만을 줄이는 것이 시험 성적과 학업 성취를 높이고 궁극적으로 고용을 창출하며 사회에 기여하게 됨을 주장할 수도 있다.

f. 글을 작성하라. 이는 증거로 뒷받침된 개요를 작성하는 일이다. 이때 주장을 명료하게 하기 위해 담화표지를 주의 깊게 활용한다. 입론을 다른 사람이 쉽게 이해하고 기록할 수 있도록 설명을 자세히 하면서 단어를 효과적으로 사용하라. 그렇지만 필요 이상으로 하는 것은 금물이다. 입론 발언의 가장 중요한 요소는 증거이다.

4. 찬성 측의 방어를 준비한다. 찬성 측 첫 번째 입론 발언의 각 주장에 대한 반대 측의 논증을 예상해보라. 있을 법한 모든 논증에 대해 브레인스토밍을 하고, 대답을 3~5개 기록하라. 있을 법한 반대 논증에 대한 대응으로 읽을 수 있는 간단한 대답 내용, 즉 증거를 갖춘 논증 목록을 준비하라. 찬성 측의 방안을 반대하는 반대 측이 주장

할 수도 있는 간접 반박 논증(off-case argument), 즉 불이익, 논제 관련성, 대체방안, 비판 등을 예상해보라. 있을 법한 각각의 논증에 대해 브레인스토밍을 하고, 대답을 8~10개 기록하라. 있을 법한 반대 논증에 대한 대응으로 읽을 수 있는 간단한 답변 내용, 즉 증거를 갖춘 논증 목록을 준비하라.

5. 반대 측 전략과 자료를 준비한다. 생각해낼 수 있는 많은 방안들을 포함하면서, 논제에 대한 있을 법한 찬성 측의 해석을 예상해보라. 일련의 답변과 일련의 논증을 각각 마련하라.

   a. 피해를 완화하거나 전환하라. 찬성 측이 내세울 가능성 있는 여러 피해를 살펴보고, 그 피해에 대해 증거에 의해 뒷받침되는 일련의 답변을 만들라. 그 답변에는 피해의 존재나 그것의 영향을 부인하는 것, 피해의 존재나 그것의 영향을 줄이는 것, 입론 전환(case turn)과 같이 사실은 피해가 그렇게 나쁜 것이 아니라 오히려 좋은 것일 수도 있으며 좋은 결과를 도출할 수도 있음을 논증하는 것 등이 있다. 예를 들면, 소아 비만에 대한 통계는 많은 비만 아동의 건강 상태가 좋지 않다는 사실이 부풀려져 있거나 과장되어 있다는 점, 소아 비만에 대한 토론은 패스트푸드점이나 학교에 건강에 좋은 음식 품목이 늘어나는 데 주의를 기울이게 했다는 점, 바람직한 일로서 점점 더 영양이나 육체적 활동에 대한 관심이 높아지고 있다는 점 등이 있다.

   b. 내재성을 완화하라. 상대가 내재성을 잘못 진단했다거나 문제가 미래에 그 정도로 지속적일 것 같지 않다는 논증을 준비해 읽을 수 있도록 하라. 예를 들어, 비만을 초래하는 더욱 중요한 원

인은 패스트푸드 마케팅과 패스트푸드의 대중화 그리고 비디오 게임이지만, 비만에 대한 최근의 관심은 더욱 건강한 생활방식을 도입하는 것과 같은 행동의 문제로 바뀌었다고 논증할 수도 있다.

   c. 해결성에 도전하라. 찬성 측의 특정 제안이 효과도 없고 피해를 줄이지도 않을 뿐만 아니라 문제를 회피하는 것임을 증거를 갖춰 논증할 수 있도록 준비하라. 예를 들면, 학교에서는 건강한 식습관과 운동 습관으로 바뀌었다 하더라도 그것이 학교 밖에서는 성공하기 어렵다는 점이 그것이다.

6. 반대 측 간접 반박 입장을 준비한다. 이는 찬성 측의 전제에 문제를 제기하는 것이지만, 제시된 찬성 측 입론에 대한 즉각적인 논증을 하는 것은 아니다. 이것은 일종의 '반대 측 입론'을 구성한다.

   a. 논제 관련성을 논증하라. 논제에 대한 정의와 해석을 토대로, 방안이 실제로는 논제에서 요구되는 정책 행위에 대한 타당한 설명이 아니라는 논증을 개발하라.

   b. 불이익 논증을 만들라. 이 논증은 방안이 초래할 부작용이나 방안의 의도치 않고 달갑지 않은 결과에 대해 지적하는 것이다. 모든 정책 행위에는 비용이 드는데, 불이익은 비용이 더 많이 드는 것이다. 예를 들어, 비만과 싸우기 위한 백악관의 70포인트 플랜은 비용이 많이 들고, 학교의 인지학습 프로그램에 쏠렸던 관심을 돌릴 수도 있다. 그리고 신체 활동이 늘어남에 따라 뇌진탕을 포함한 스포츠 상해가 증가할 것이다.

   c. 대체방안을 옹호하라. 대체방안은 현 상황과는 다른 정책 행위이

고 또한 찬성 측의 방안과도 다른 정책 행위이다. 대체방안은 찬성 측이 말한 피해를 해결하는(또는 찬성 측이 주장하는 이익을 얻는) 훌륭한 방법이 될 수 있다. 그리고 찬성 측의 방안과는 논리적으로 같지 않은(즉 상호 배타적인) 것이다. 대체방안은 찬성 측 방안이 초래할 불이익을 특유의 방식으로 피하면서 동시에 이익을 취하게 한다. 예를 들면, 비용 증가 없이 비만을 줄이는 이익을 얻기 위해 정부는 학교 프로그램을 시행하기보다는 패스트푸드와 정크 푸드 광고를 검열해야 한다는 것이 그것이다.

7. 타이머를 누르고 토론을 시작한다!

부록 B

—

찬성 측 입론

"논제: 미국 연방정부는 마리화나 소지 및 사용에 대한 규제를
철폐해야 한다."

2011년에 크리스 바코위즈(Chris Bartkowicz)는 징역 5년형에 더해 8
년간의 보호감찰과 마약 중독 및 정신건강 치료를 선고받았다. 왜 그랬을
까? 그는 콜로라도주에서 자격증을 가진 간병인으로 일하고 있었다. 그는
어떤 유형의 간병을 하고 있었을까? 그는 콜로라도주 법률에서 허용하는
치료용 마리화나를 재배하고 있었다. CNBC의 로브 로이트먼(Rob Reute-
man)은 2010년에 "허가증을 가진 마리화나 재배자인 크리스 바코위즈가
기소를 당했다는 것은 주 법률과 연방법 간 전면 대결의 본보기라고 할 수
있다. … 결국 마리화나는 콜로라도주에서는 처벌되지 않는다 하더라도,
여전히 미국 법에는 저촉된다."라고 보도했다.[1]

마리화나 금지법은 실패로 돌아갔다. 17개 주와 컬럼비아 특별구는
마리화나를 의료용으로 사용하는 것을 합법화했고, 14개 주 역시 적은 양

의 마리화나 소지는 처벌 대상에서 제외하기로 했다. 그리고 지금 그 어느 때보다 많은 미국인이 마리화나 합법화를 지지하고 있다. 무려 8개 주에서 마리화나를 합법화하면서 그 판매는 규제하는 법안이 계류 중이다. 2011년 갤럽 조사는 "역대 최대 수치인 미국인의 50%가 마리화나 합법화를 지지한다."라고 밝혔다. 전국마약남용연구소(National Institute on Drug Abuse)에 따르면, "마리화나는 미국에서 가장 많이 쓰이는 불법 마약"이라고 한다. 2009년 '마약 사용 및 건강에 관한 전국 조사(The National Survey on Drug Use and Health)'에서는 "12세 이상의 미국인 중 1670만 명이 조사 이전에 한 달에 적어도 한 번은 마리화나를 흡연했는데, 이는 2002년부터 2008년 사이 행해진 조사에 비해 수치가 증가한 것"임을 밝혔다. 시민단체인 '마리화나법 개정을 위한 전국 모임(National Organization for the Reform of Marijuana Laws: NORML)'은 마리화나가 미국에서 알코올과 담배에 이어 세 번째로 인기 있는 기분 전환 약물이라고 말했다. 어떤 주는 마리화나 사용을 처벌하지 않기로 했고, 어떤 주는 치료용으로 사용하는 것을 합법화했다. 또 미국 연방정부 의무국장인 조이슬린 엘더스(Joycelyn Elders)를 포함한 일부 공무원들은 마리화나 사용을 합법화할 것을 주장해 왔다. 작년 진행된 갤럽 조사에 따르면 "70% 정도의 사람들이 통증을 완화하기 위한 목적으로 의사가 마리화나를 처방하는 것에 찬성한다고 답했다."라고 한다.[2]

그러나 이런 논의에도 불구하고 법 집행은 여전히 활발하고, 연방법은 어떤 마리화나의 재배나 판매도 계속 금지하고 있다. 마리화나법 개정을 위한 전국 모임(NORML)에 따르면, "우리나라의 마약에 대한 전쟁은 마리화나 흡연자를 체포하는 데 중점을 두고 있다. 지난 10년 동안에 650만 명의 미국인들이 마리화나법 위반으로 체포되었는데, 이는 알래스카, 델라웨어, 컬럼비아 특별구, 몬태나, 노스다코타, 사우스다코타, 버몬트와 와이

오밍의 인구를 합친 것보다 더 많다. 2010년에 주 경찰과 지역 경찰은 85만 3838명의 사람들을 마리화나법 위반으로 체포했다. 마리화나 관련 연간 체포자 수는 1990년대 초 이후 거의 3배로 증가했고, 현재 FBI 역사상 최대의 수치를 기록하고 있다. 1990년대와 비슷하게, 2010년에 마리화나법 위반으로 기소된 사람들 중 대부분, 즉 전체의 88%인 75만 8593명은 단순 소지 때문이었다. 나머지 9만 9815명은 '판매 및 재배' 때문이었는데, 여기에는 개인 용도나 의료용으로 마리화나를 재배한 것도 포함되어 있다. 새로운 FBI 통계에 따르면 "미국에서는 37초에 한 명씩 마리화나 흡연자가 체포된다."라고 한다. 이를 전부 합쳤을 때, 2010년에 마리화나 관련 체포 건수는 살인, 과실치사, 강간, 강도, 폭행 등을 포함한 강력 범죄의 전체 체포 건수보다 훨씬 많다고 한다."[3]

바로 이런 이유에서 우리 찬성 측은 "미국 연방정부는 마리화나 소지 및 사용에 대한 규제를 철폐해야 한다."라는 논제를 지지한다. 우리는 하원의원 프랭크, 폴, 코니어스, 리, 폴리스, 코헨 등이 2011년 6월 23일 발의한 하원 2306호, '2011년 연방정부의 마리화나 금지법 철폐를 위한 법안'의 시행을 지지한다. 이 법안은 연방정부의 금지법을 철폐하긴 하지만, 마리화나 사용, 소지, 판매 등에 대한 주별 금지를 제한하지 않으며, 마리화나 시장을 규제할 수 있도록 한다. 이 법안은 마리화나를 1급 지정 별항(Schedule 1) c가 규정하는 마약에서 삭제하려는 것이다.

우리의 분석은 다음과 같이 시작된다.

주장 1. 내재성. 연방정부가 마리화나의 모든 재배와 판매를 금지하고 있다.

마약규제위원회(Drug Enforcement Agency: DEA)는 2011년에 발표한 자료에서 다음과 같이 밝히고 있다. "마리화나는 규제약물법(Controlled

Substances Act)에 제시된 1급 지정 별항 아래에 올바로 분류되어 있다. …
마약규제위원회는 마리화나 재배 및 밀매와 관련된 범죄자들을 겨냥하고
있다. … 2009년 10월 19일, 법무장관 에릭 홀더(Eric Holder)는 의료용 마
리화나를 합법화한 주의 연방정부 검사들을 위해 공식적인 지침을 발표했
다. 법무차관 데이비드 W. 오그든(David W. Ogden)의 보고서에 의거한 이
지침은, 연방정부 재원의 초점을 기존의 주법을 따르는 개인들에게 맞추지
않을 것임을 분명히 했고, 사법부는 주법이나 지방법에 어긋나지 않는다고
주장하는 사람이라 하더라도, 법의 조항, 조건, 목적 등에 맞지 않을 경우
계속 기소를 진행할 것임을 강조했다. 그는 또 사법부가 규제약물법을 모
든 주에 적용하기로 했으며, 이 지침은 마리화나를 '합법화'하지도, 연방
법 위반에 대한 정당한 법적 근거가 되지도 않는다는 점을 다시 한 번 강조
했다."[4] 일부 사람들은 이 지침을 연방정부가 '의료용' 마리화나 정책에서
관대해진 것이라 해석했지만, 실은 그렇지 않다. 주법과 연방법 위반에 대
한 수사 및 기소는 계속될 것이다. 이것은 마약규제위원회가 여태까지 따
라 왔고 앞으로도 계속해서 따를 지침이다.[5]

　　토머스 모런(Thomas Moran)은 2011년 『워싱턴과 리의 시민권과 사
회정의 논집(Washington and Lee Journal of Civil Rights and Social Justice)』
에서 이러한 효력 없는 법령을 집행하려는 사법계 전반의 의지를 살펴 보
았다. "정부는 수백억에 달하는 예산을 마약의 사용과 유통을 저지하는 데
쓰고 있으며, 이 금액은 매년 증가하고 있다. 게다가 지난 10년간 사법부에
배당된 예산 비중은 매년 커진 반면, 마약 남용 방지나 연구에 배당된 예산
비중은 줄어들었다. 이 예산 중 마리화나 남용 방지를 위한 예산은 대략 20
퍼센트 정도를 차지한다. 심지어 예산 지출에 대한 비판이 더욱 가중된 것
에 더하여, 법 집행과 마리화나 차단은 크게 효과적이지 못했던 것으로 밝
혀졌다. 가령, 행정관리예산국은 가장 최근에 있었던 평가에서 마약규제위

원회(DEA)의 성과에 썩 좋지 않은 '적절함' 등급을 주었다. DEA는 그 목적을 위해 100을 받았지만, 26퍼센트 정도의 성과만을 얻은 것이다. 이런 엄청난 양의 예산이 투여되었고 훌륭하다고 할 수 없는 법 집행 노력에도 불구하고, 2007년에 마리화나를 사용한 12세 이상의 사람이 2508만 5000명이라는 사실이 보여주듯, 이 나라에서의 마리화나 사용은 그 어느 때보다 더 대중적이다."[6]

미국 연방정부의 마리화나 금지법은 미래에도 지속되고 그 집행도 계속되겠지만, 마리화나 사용 역시 계속될 것으로 보인다. 안타깝게도 법 집행이 초래한 부정적인 결과는 매우 크다. 지금부터 이에 대해 살펴보겠다.

주장 2. 피해. 연방정부의 마리화나 금지법은 해롭다.

과거 시애틀 경찰청장이었던 놈 스탬퍼(Norm Stamper)는 다음과 같이 말했다. "대마는 12개 주에서 … 최고의 환금 작물일 뿐 아니라, 환금 작물로 30개 주에서 3위 안에 들며, 39개 주에서 5위 안에 든다. 실제로 마리화나는 미국 내 재배 작물 중 최고의 이익을 내는 작물이다. 1년에 대략 3600억 달러의 생산가치를 가지고 있는 마리화나 재배는 영구적으로 자리를 잡아 미국 경제와 긴밀히 연결되어 있다. 그런데 그것은 불법이다. 그것은 명백히 악하면서 탐욕적인 사람들이 부도덕하게도 세금 없는 수익을 얻게 하고, 완전 고용을 보장한다. 나아가 수천만 미국인의 삶에 따라다니는 전과기록, 가정 파탄, 경찰에 대한 위험 증가, 젊은이와 빈민과 유색 인종에 대한 포괄적인 차별, 수천 에이커에 달하는 국립공원 토지에 대한 부당 이용 및 훼손, 야외 마약 시장과 부동산 가치 하락, 대중의 타락, 멕시코에서 맹위를 떨치고 있고 이제 미국에까지 번지고 있는 잔인하고 피 튀기는 전쟁, 시민적 자유의 축소, 수백억 달러의 세금 낭비 등을 초래한다."[7]

첫째로, 마리화나법 집행은 암시장을 조성하고 활성화함으로써 범죄를 증가시킨다. '2011년 연방정부의 마리화나 금지법 철폐를 위한 법안'의 공동 발의자인 하원의원 론 폴(Ron Paul)은 다음과 같이 말했다. "사실상 마약의 불법성은 마약 거래상과 마약 카르텔의 이익을 보장하고, 범죄조직이 시장을 장악하도록 보장하는 가장 큰 요인이다. … 이는 마약과 관련해 새롭지도 특이하지도 않은 이야기이지만, 분명 마리화나 금지법의 예상할 수 있는 결과이다. 금주법 때 알 카포네(Al Capone)와 여타의 범죄조직 연루자들은 법이 만들어낸, 위험하지만 돈이 되는 지하시장을 통해 엄청난 부를 쌓았다. 법 집행을 통해 어딘가를 소탕할 때마다, 살아남은 공급자가 얻을 수 있는 이익은 증가한다. 이런 형태의 경제적 힘은 법 집행으로 해결할 수 없는 반면, 마약 거래상이나 마약 카르텔을 위한 매우 좋은 사업 환경을 조성한다. 하지만 그 나머지 사람들에게 이것은 재앙이다. 마약에 대한 전쟁은 교도소를 차고 넘치게 채우고 납세자들에게 그 비용을 부담하게 한다. 또 폭력적이지 않은 마약 범죄자들을 수감하기 위해 살인자, 강간범, 아동 추행범 등 진짜 범죄자들을 풀어줄 때, 시민들은 큰 위험에 맞닥뜨리게 된다. 우리는 이전의 러시아나 중국보다 인구 비율로 보면 더 많은 사람을 교도소에 가두고 있다. … 마약에 대한 전쟁은 법 집행의 우선순위를 왜곡해 일반 대중에게 큰 손해를 입힌다."[8]

또한 마리화나 거래를 법률로 금지함으로써 영구화된 범죄는 점점 더 심각해지고 있고 폭력을 유발한다. 뉴햄프셔 시민자유연맹(New Hampshire Civil Liberties Union)은 다음과 같이 말한 바 있다. "마리화나 금지법을 통해 가장 많은 이익을 얻는 이는 불법 마약 거래에서 수입을 얻는 범죄조직의 수장들이다. 마약을 범죄시하는 법은 실제로 마약 밀매꾼들을 과세, 규제, 품질 관리 등으로부터 지켜준다. 또한 이런 법은 인위적으로 높은 가격을 책정하게 만들고, 마약 거래상과 소비자 간의 시장 갈등을 법정에서 해결하는 것이 아니라 미국 전역의 길거리와 이웃 마을에서 기관총을 통해 해결하도록 만든다. 오늘날의 마약 금지법은 자동차에서의 기관총 난사, 납치, 살인, 여타의 총기 관련 범죄를 양산하고 있다. 술에 취한 사람이 1920년대의 폭력 대부분을 저지르지 않았던 것과 같이, 오늘날 마약에 빠진 사람이 마약 관련 폭력의 대부분을 저지르는 것은 아니다."[9]

마리화나 금지법은 법 집행 재원을 낭비하는 일이다. 마리화나법 개정을 위한 전국 모임(NORML) 사무총장인 앨런 세인트 피에르(Allen St. Pierre)가 2006년에 인용한 연구는 다음과 같은 내용을 밝히고 있다. "마리화나법 집행의 증가는 금전적·사회적 비용을 더욱 증가시키는 것과 관련이 있다. 마리화나 범죄자의 체포를 위해 주와 지역의 사법 비용은 현재 76억 달러로 추산되는데, 이는 체포 한 건당 1만 400달러 정도로 볼 수 있다. 총 비용 중경찰에 해마다 37억 달러를, 사법적·법률적 비용으로 8억 5300만 달러를, 그리고 교정 비용으로 31억 달러를 쓰고 있다. 캘리포니아 주와 뉴욕 주는 각각 마리화나법 집행을 위해 매년 10억 달러 이상의 주 재정을 사용하고 있다."[10]

그리고 사법기관이 마리화나법 집행에 지나치게 많은 시간과 에너지를 쓰는 동안, 돈과 마리화나 거래의 속성은 너무나 많은 부정부패의 기회를 제공하고 있다. 마약정책연합(Drug Policy Alliance)은 다음과 같은 사실을 폭로했다. "최근 캘리포니아의 램파트(Rampart) 스캔들에서부터 텍사스의 툴리아(Tulia) 사건까지, 고위 경찰직과 관련된 마약 스캔들이 여럿 있었다. 그런데 불행히도 전국적으로 보도된 경찰 비리 사건으로 인해 수십 개의 사건은 보도가 되지 않았다. 회계감사원이 제출한 1998년 보고서는 최근의 신문 기사, 위원회 보고, 학계 연구, 여타의 자료를 검토한 결과, 오늘날에는 과거보다 마약과 관련한 경찰의 부패 기회가 더 많아졌다고 결론을 내렸다. 회계감사원은 1993년에서 1998년 사이에 FBI가 마약 관련 경찰 비리 사건을 약 400건 정도 조사했고, 이 과정에서 300명이 넘는 경찰들이 유죄 선고를 받았다고 보고했다. 마약에 대한 전쟁이 어떻게 경찰 비리를 낳는가를 이해하기란 어렵지 않다. 마약 거래의 쌍방 합의적 성격은 자발적인 구매자나 판매자에 대한 증거 확보를 매우 어렵게 한다. 증거를 날조하고, 법정에서 거짓말을 하고, 불법 조사를 하는 것은 이미 경찰의 일상적인 활동이 되었다."[11]

게다가, 마리화나 금지법은 인종차별적이다. 샌프란시스코 주립대학의 정치학과 부교수인 마틴 카시에리(Martin Carcieri)는 2011년에 다음과 같이 주장하였다. "마약에 대한 전쟁이 형사사법제도 전반에 걸쳐 소수 인종에게 끼치는 긴밀한 영향은 이미 충분히 연구되고 입증되었다. ⋯ 마리화나 금지법은 대체로 오랜 기간 인종차별적인 동기로 시행되어 왔다."[12] 슬로먼(Sloman)은 여기에 다음과 같이 덧붙였다. "마리화나를 사용한 최초의 사람들, 즉 대마를 주로 기분 전환용으로 흡연한 최초의 사람들은 소수 인종에 속하는 사람들이었다. ⋯ 여러 주에서 연이어 의료용 목적이 아닌 마약 사용을 법으로 금지하기 시작했다. 1915년에 캘리포니아를 시작으로, 1919년에는 텍사스, 1924년에는 루이지애나, 그리고 1927년에는 뉴욕까지 하나하나 대부분의 주들이 법률을 제정했는데, 일반적으로 아주 많은 수의 멕시칸과 흑인이 마약을 사용하고 있는 상황에 직면한 때였다." 부스(Booth)는 이를 상세히 설명했다. "언론과 '관심 있는 시민들'은 그 문제를 해결하기 위해 나섰다. 그 문제는 단순한 열정을 넘어 대공황 때 일자리 부족이 심각해지면서 이민자들이 백인 노동자의 일자리를 훔쳐간다는 인식이 강해지면서 생긴 반(反)멕시칸적 사고에 의한 것이었다. 멕시칸은 어떤 정당한 근거도 없이 미국 전역에 마리화나를 퍼뜨리고 있다는 비난을 받게 되었다. 주의 마리화나법은 자주 무고한 멕시칸을 구속하거나 강제 추방하기 위한 구실로 사용되었다." "재즈 음악가들이 마리화나를 오랫동안 사용했음에도 불구하고, (연방정부 마약단속국 국장인) 해리 앤슬링어

(Harry Anslinger)가 그들과 마약 사이의 연관성을 파악한 것은 결국 1938년이 되어서였다. … 일단 이 연관성을 깨닫자 앤슬링어는 엔터테인먼트 업계 전반과 특히 재즈 음악가들을 추적하기 시작했다. 그들은 그의 인종 차별적 의제와도 잘 맞아떨어졌다. 그들 중 흑인이 아닌 경우에는 흑인의 영향 때문에 타락한 백인이었다." 흑인의 손아귀에 있는 여성들의 운명에 대해 걱정하는 목소리가 생겨났고, 1951년 8월에 백인 청소년이 처음으로 마리화나 소지 혐의로 체포되자 청년층까지 흑인들의 주술에 현혹되었다는 우려가 신빙성을 가지게 되었다. 흑인의 마약인 대마초는 헤로인이나 코카인보다 더 위험하게 여겨졌는데, 이는 중독 가능성 때문이 아니라 이 마약이 여러 인종들 간의 성적 커뮤니케이션을 용이하게 했기 때문이다. "마약에 대한 전쟁이 끼친 영향은 인종에 따라 달랐다. 사실상 미국의 마리화나 금지법 이면에 있는 가장 큰 지배적 동기는 오랫동안 인종차별주의였다."

세인트 피에르는 다음과 같이 보고하였다. "마리화나법 집행에 따른 사회적인 비용은 인구학적인 영향과 사회에 미치는 영향을 포함한다. 마리화나 소지 및 판매로 인한 구금은 젊은 남자와 흑인 성인에게 유독 큰 영향을 끼친다. 이런 불균형한 영향은 법치로부터의 소외라는 문제를 양산한다. 가장 큰 타격을 입는 집단인 18세 남성은 인구의 0.7%이면서 연간 마리화나 흡연자의 3.1%를 차지하는 데 비해, 마리화나 소지로 체포된 사람의 8.1%를 차지한다. 인구의 4%를 차지하는 24~29세 남성의 경우, 연간 마리화나 흡연자의 9.7%를 차지하지만, 마리화나 소지로 체포된 사람의 13.7%를 차지한다. 인구의 8.8%인 흑인 성인은 연간 마리화나 흡연자의 11.9%를 차지하지만, 마리화나 소지로 체포된 사람의 23%를 차지한다. 전반적으로, 마리화나 소지로 체포된 사람의 25%는 18세 미만이고, 74%는 30대 미만이다. 마리화나 이용자 중 30세 이상의 백인이나 여성은 이상할 정도로 마리화나 소지로 체포된 일이 거의 없다. 어쩌면 미국 정부의 마리화나 정책이 의도치 않게 초래한 결과의 가장 주목할 점과 시사점은 미국에서 백만 명 이상의 청소년들이 마리화나를 팔고 있다는 사실이다."[13]

각 주에서 이런 피해를 줄일 수 있도록, 우리는 폴-프랭크 법안 H. R. 2306호, 즉 '2011년 연방정부의 마리화나 금지법 철폐를 위한 법안'을 지지한다. 그리고 그 법이 다음의 해결책을 얻게 될 것이며 추가적인 이득이 있을 것이라고 믿는다.

주장 3. 해결성(Solvency). 연방정부의 금지법이 철폐되면 각 주는 마리화나 불법화가 낳은 피해를 해결할 기회를 얻을 수 있다.

우선, 금지법 철폐에 따른 이익을 얻기 위해서는 찬성 측의 조치가 필수적이라는 사실을 인식하는 것이 중요하다. 캘리포니아 의학협회(California Medical Association)는 2011년에 다음과 같이 발표하였다. "대마초가 여전히 연방정부 차원에서는 불법 물질이기 때문에, 이 물질을 전국적으로 적절히 감정하고 규제하는 것이 현재로서는 불가능하다. 이 기술자문위원회의 임무는 연방정부가 대마초를 합법화하지 않은 상태에서 적절하게 관리하고 과세하는 것이 기술적으로 문제가 되지는 않는지 논의하는 것이었다. 왜냐하면 과세나 관리 체제를 뒷받침하기 위해서는 먼저 대마초가 합법화되어야 하기 때문이다. 단순히 대마초를 각 주가 합법화하는 것만으로는 부족한데, 왜냐하면 알코올이나 담배 등의 표기, 품질 관리, 안전 문제 등의 대부분을 관리하는 연방정부 차원에서는 불법 물질이기 때문이다."[14]

물론 이 법안은 마리화나를 합법화하지는 않고 그저 연방정부의 금지법을 철폐하는 것일 뿐이다. 처음 금주법이 풀렸을 때처럼, 각 주가 마리화나에 대한 주의 입장을 결정하고 적절한 규제를 만들면 될 것이다. 라이언 트레이시(Ryan Tracy)는 『월스트리트 저널(Wall Street Journal)』에 다음과 같이 썼다. "이 법안은 … 연방정부의 마리화나 금지법을 철폐하고, 각 주가 마리화나에 관한 입장을 결정하도록 한다. 이 법안은 마리화나법 시행에서 연방정부의 역할을 제한하도록 설계되었기에, 각 주가 마리화나를 합법화하거나 관리하면서 그에 대한 세금을 매길 수 있도록 할 것이다. … 프랭크 씨는 이게 '합법화하는 법안이 아니다.'라고 강조했다. 그의 보도자료에 따르면, '법안은 마리화나법 시행 때 연방정부의 역할을 국경을 넘나드는 혹은 주(州) 사이의 밀거래만 관여할 수 있게끔 제한하여, 사람들이 마리화나가 합법인 주에서는 합법적으로 마리화나를 기르고, 이용하며, 팔 수 있도록 할 것'이다."[15] 많은 주들이 이미 마리화나 관련 법률을 개정했거나 개정을 고민하고 있다는 사실을, 그리고 예전보다 많은 미국인들이 이를 지지하고 있다는 사실을 상기하자!

우리는 '연방정부의 마리화나 금지법 철폐를 위한 법안'이 통과되면 여러 중요한 이익을 얻을 것이라 믿는다.

첫 번째 이익은 경제적인 것이다. 마리화나 금지법 철폐와 이에 따른 관리 및 조세 증가는 재원 면에서 긍정적인 혜택을 가져올 것이다. 하버드 대학의 경제학과 교수인 제프리 A. 마이런(Jeffrey A. Miron)은 2005년에 이와 관련해 연구를 수행하였다. 그는 다음과 같이 금지법 철폐의 영향이 정부 예산에 이익이 되는 방향일 것이라고 결론을 내렸다. "만약 마리화나가 합법화된다면 법 집행 비용은 무시할 수 있을 정도로 적을 것이고, 정부는 마리화나 생산 및 판매에 대해 세금을 직접 징수할 수 있을 것이다. 즉, 정부 지출은 절감되는 데에 비해 세입은 늘어날 것이다. 이 보고서는 마리화나를 금지하는 대신 마리화나를 합법화해서 다른 상품처럼 세금을 매기고 관리하는 체제를 도입했을 경우, 정부 지출 절감과 세입 증가가 얼마나 되는지 추산하고 있다. 이 보고서는 마리화나 금지법에 대한 전반적인 평가는 아니다. 예산 효과의 크기만으로 이 금지법이 현명한지 여부를 평가할 수는 없다. 하지만 금지법을 집행하는 데 드는 비용, 그리고 금지하고 있는 부문에서의 수입에 대해 세금을 징수하지 못하기 때문에 발생하는 세금 이동은 이 정책을 이성적인 논의와 결부시킨다. … 예산과 관련해 마리화나 합법화가 함축하는 의미는 단순히 마리화나가 범죄로 규정되지 않는 것이 함축하는 의미보다 세 가지 면에서 더 크다. 첫째, 마리화나 합법화는 밀매나 소지를 이유로 체포하는 일을 없앤다. 둘째, 합법화는 기소, 재판, 구금 비용을 절감하는 데 비해, 비범죄화의 경우에는 이런 절감이 미약하다. 셋째, 합법화의 경우 마리화나 생산 및 판매에 대한 과세를 가능하게 한다. 이 보고서는 마리화나 합법화가 정부 지출을 매년 77억 달러 절감할 것이라고 결론을 내렸다. 마리화나 합법화는 다른 공산품처럼 세금을 매길 경우 매년 24억 달러, 알코올이나 담배와 같은 정도의 과세를 할 경우 매년 62억 달러의 세수 증가를 가져올 것이다."[16] 마이런의 이 보고서는 밀턴 프리드먼(Milton Friedman)과 경제학자 500명의 지지를 받았다. 『포브스(Forbes)』는 2005년 이에 대해 다음과 같이 보도한 바 있다. "밀턴 프리드먼은 500명 이상의 미국 경제학자를 이끌고 있다. 이 경제학자들은 오늘 공개적으로 마리화나 금지법에 드는 비용과 합법화 및 이에 따른 조세를 통해 미국 정부가 벌어들일 수 있는 세입에 대한 하버드 대학 경제학자의 보고를 지지할 준비가 되어 있다. 이 보고서에 따르면 마리화나 금지법을 철폐하는 것만으로 주와 연방정부 예산을 77억 달러 절감할 수 있고, 세입은 62억 달러까지 증가할 것이라고 한다."[17]

키스 요스트(Keith Yost)는 2011년의 분석에서 10년 이상 5000억 달러의 예산 절감을 예상하며 다음과 같이 말했다. "만약 이 예상이 맞고 정부가 금지법을 철폐한다면, 그리고 마리화나에 대한 소비세로 최종 소매가격의 60%(150%의 특별세)를 거둔다면, 그때도 현 상태와 비교할 때 마리화나 소비에는 변함이 없을 것이다. 공급자들은 마약을 합법화 이전 가격의 절반으로 팔아 200억 달러를 챙길 것이고, 정부는 세금을 매겨 300억 달러를 징수할 것이다. 설령 소비자가 내야 하는 최종 가격이 인상된다고 하더라도 줄어든 수요는 불법 목록에서 제외된 덕분에 생긴 수요 증가로 상쇄될 것이다. 이건 높은 세율이지만 암시장이 다시 활성화될 정도로 높은 세율은 아니다. 유럽의 경우, 많은 나라들이 담배에 300% 정도의 특별세를 매기는데, 암시장 거래는 극히 적다. 새로운 세입이 마리화나 금지법 철폐의 유일한 재정적 효과는 아니다. 추가적으로, 합법화로 인해 법 집행과 구금에 세금이 심각하게 낭비되는 것을 막을 수 있다. 1984년에 박사학위를 받은 하버드 대학의 경제학자 제프리 마이런은 마리화나 금지법이 정부 예산에 끼치는 효과를 연구했고, 연방과 주 정부가 마리화나를 합법화하면 매년 137억 달러 정도의 비용을 절감할 것이라고 추산했다. 이것은 마리화나를 불법 목록에서 제외한 캘리포니아에서의 경험과 일치한다. 캘리포니아의 개혁은 마리화나법 집행 비용을 75%까지 낮추었다. 매년 3% 정도의 세입이 증가하고 법을 집행하지 않음으로써 비용이 절감된다고 가정했을 때, 향후 10년간 마리화나를 합법화함으로 절약되는 총 비용은 약 5천억 달러에 이른다."[18]

합법화는 또 매우 시급한 일자리를 창출할 수 있다. 퍼시픽스 맥조지 법학대학원의 교수 마이클 비티엘로(Michael Vitiello)는 2009년에 캘리포니아의 예를 거론하며 "마리화나는 캘리포니아 경제의 큰 부분을 차지한다. … 한 지지자가 '이제는 우리 경제의 큰 부분을 양지로 가지고 나올 때이다.'라고 말했듯이 말이다."라고 썼다. 이런 비용 절감 이외에도 합법화 지지자들은 마리화나를 합법화함으로써 "강력하고 폭력적인 멕시코 마약 카르텔을 무력화할 수 있다."라고 주장한다. "어떤 합법화 지지자들은 이를 알코올을 합법화함으로 국내 조직폭력배의 힘이 약화되었던 금주법 시기와 비교하기도 한다. … 마리화나 합법화는 마약 카르텔의 힘을 약화시키는 것에서 더 나아가 미국 법 집행 공무원의 부패를 줄일 수도 있다. 마지막으로, 의료용 마리화나 실험은 성공적으로 진행되고 있는 것 같다. 그것은 많은 미국인들, 특히 많은 캘리포니아 사람들이 마리화나를 쉽게 구할 수 있으면서도, 그것을 관리하며 책임감 있게 사용할 수 있다는 것을 보여주었다. … 합법화 지지자들의 저서는 마리화나가 합법화된 후의 세계를 더욱 장밋빛으로 그리고 있다. 예컨대, 가장 유명하고 가장 오래된 합법화 지지 단체인 마리화나법 개정을 위한 전국 모임(NORML)의 경우, 합법화가 굉장히 광범위한 이익을 가져올 것이라고 주장한다. … 캘리포니아 노멀(NORML)은 … 합법화의 전체적인 경제 효과는 단순히 마리화나 판매만이 아니라 커피하우스, 관광, 산업용 대마 같은 파생상품 산업까지 포함해야 한다고 주장한다. … 또한 이 단체는 와인 산업과 비교해볼 때, 마리화나 합법화는 소매 판매로 세 배의 경제활동을 창출할 수 있다고 주장한다. '만약 마리화나 산업이 와인 산업의 3분의 1 정도 규모라고 해도, 5만 개의 직업이 생기고 14억 달러가 임금으로 지불될 것이다. 이는 주에 추가적인 소득세 및 영업세 등을 제공한다.' … 이들은 산업용 대마가 캘리포니아의 34억 달러짜리 면화 산업에 비교될 수 있다고 추정하고 있다. … 그것뿐만 아니라 대마는 면화보다 환경에 더 좋다. 대마는 면화보다 살충제가 덜 들며 대마 수확 후의 땅은 말 그대로 잡초 하나 없다."[19]

두 번째 이익은 진전된 마약 관리와 범죄 통제이다. 티파니 월든(Tiffany Walden)의 2012년 보고에는 다음과 같은 내용이 들어 있다. "개방적인 마약 관리가 1920년대의 알코올 관리가 그랬던 것처럼 조직범죄를 줄일 수 있을까? 멕시코의 몬테레이와 멕시코시티의 상류층 사업가들은 '이건 미친 일이야. 우리는 더 이상 이런 수준의 범죄를 감당할 수 없어.'라고 한다. 미국 마약 정책에 대한 새로운 방향을 찾는 단체, 마약정책연합(Drug Policy Alliance)의 사무총장 이선 네이덜만(Ethan Nadelmann)은 다음과 같이 말했다. 멕시코는 금주법과 알 카포네 시절의 시카고와 비슷한 상황이다. 『뉴욕 타임스』의 보도에 따르면 올해 1월 멕시코 정부는 2006년 후반기 이후 마약 관련 범죄로 죽은 사람이 4만 7515명이라고 밝혔다고 한다. 이에 비하면 알 카포네 시절의 알코올 전쟁은, 그의 죽음 즈음에 나온 보고에 의하면, 1920년대 후반 동안 300여명의 죽음으로 귀결되었다. 네이덜만은 리처드 닉슨 대통령의 마약에 대한 전쟁은 실패이며, 전 세계에 걸쳐 마약 관련 폭력이 증가한 원인이 되었다고 주장한다. 그는 루스벨트 대학의 '합리적인 마약 정책을 지지하는 일리노이 마약 정책 협력단과 학생들(Illinois Consortium on Drug Policy and Students for Sensible Drug Policy)' 화요일 프로그램에서 연설을 했다. 네이덜만은 '접근권(right of access)' 합법화 모델을 제시하면서 논의를 진전시켰다. 마약과 관련해 이상적인 세계에서는 모든 사람이 적은 양의 마약을 사용하고 이 마약을 하나의 공인된 공급처로부터 얻을 수 있는 합법적 권리를 가질 것이다. 이 법적으로 통제된 공급처는 모든 마약을 생산하면서 마약의 질에 대한 책임을 질 것이다. '모든 사람들이 이 공급처를 암시장보다 더 선호할 것이기 때문에 범죄조직은 이익의 90~95%를 잃을 것이다.'라고 마약정책연합의 창시자인 네이덜만은 말했다. '사람들은 자신이 무엇을 얻을지 정확하게 알 것이다.' 합법화를 지지하는 사람들은 거대한 마약 카르텔이 경제적으로 번성한 이유가 마약 금지법과 이로 인해 생기는 지하시장에 대한 수요 때문이라고 본다. 이는 라이벌 조직 간의 경쟁 격화를 이끈다. '자신들의 불만을 다룰 제도에 접근할 수 없을 때 사람들은 폭력에 의존하게 된다.'라고 마리화나 합법화를 위해 노력하는 단체인 마리화나 정책 프로젝트(Marijuana Policy Project)의 의사소통 매니저인 모건 폭스(Morgan Fox)는 말했다. … 금지법에 대항하는 법 집행(Law Enforcement Against Prohibition)의 현 임원인 지레이크

(Gierach)는 '마약 금지법을 철폐하는 것은 불법 마약 산업의 성공을 이끄는 주요 요인인 이윤 동기를 없앨 것이다. 돈이 안되면, 마약 카르텔이 완전히 사라지지는 않더라도, 총을 살 돈은 없어질 것이다.'라고 말했다."[20]

마이런 교수는 마리화나 합법화가 폭력, 부정부패, 낙인, 인종차별, 경제 문제를 해결한다고 주장한다. 그는 2012년 글에서 다음과 같이 기술하였다. "금주법 철폐가 합법적인 알코올 시장을 회복시킨 것처럼, 마리화나 합법화는 마리화나 산업을 지상으로 올려놓을 것이다. 마리화나 시장의 사소한 일부는 불법(밀주 위스키가 아닌 밀재배 마리화나)으로 남아 있을지 모르지만, 정부의 관리와 세금이 합리적이면 알코올이 그랬듯이 대부분의 생산자와 소비자는 합법적인 분야를 택할 것이다. 그리하여 마리화나 합법화는 현재 마리화나 시장을 특징 짓는 폭력과 부정부패를 없앨 것이다. 지하시장에서는 참여자들이 소송, 광고, 로비, 선거운동 기부 등과 같은 비폭력적인 수단으로 분쟁을 해결할 수 없기 때문이다. 그 대신 생산자와 소비자는 폭력을 통해 다른 사람과의 분쟁을 해결하고, 뇌물과 폭력을 통해 법 집행기관과의 분쟁을 해결한다. 이런 '범죄' 시장의 특징은 알코올, 매춘, 도박 등의 사례에서 충분히 보이듯, 범죄가 합법화되면 사라지게 된다. 합법화는 또 여러 가지 다른 이익을 가져다준다. 화학요법으로 인한 구토, 녹내장 등을 치료하는 데 의료용 마리화나를 사용하는 환자들은 더 이상 법망을 교묘히 빠져나가는 위험을 감수하거나 사회적 낙인 때문에 고통받을 필요가 없다. 시민의 자유를 침해하는 경우나 인종차별 관행도 줄어들 것이다. 경찰의 그러한 행동을 야기하는 핵심 이유는 피해자가 없는 범죄이기 때문이다. 품질 관리도 좋아질 것이다. 왜냐하면 마리화나 판매자는 광고를 하면서 지속적으로 일정한 제품을 만들어 명성을 쌓을 수 있고, 이는 소비자들로 하여금 효능이 강하거나 약한 마리화나를 선택할 수 있게 하기 때문이다. 또 마리화나 합법화는 주와 연방정부로 하여금 예산을 절감하도록 한다. 법 집행에 드는 비용을 절감하고, 합법적인 판매에 따른 과세가 가능해지기 때문이다. 나는 최근 마리화나 합법화가 모든 수준의 정부 전반에 걸쳐 매년 약 200억 달러 정도의 적자 해소를 가져올 것이라고 추산한 바 있다."[21]

세 번째 이익은 권리로서의 자유 보장이다. 콜로라도 볼더 대학의 인식론, 윤리학, 도덕철학 전공의 마이클 휴머(Michael Huemer) 교수는 2004년에 다음과 같이 주장하였다. "개인은 마약을 사용할 권리가 있다. 물론 이 권리는 절대적인 것도 예외가 없는 것도 아니다. 예를 들어, 어떤 마약을 복용하면 복용한 사람들 상당수가 다른 사람들을 아무런 이유 없이 공격하게 된다고 가정해보자. 나는 이런 마약의 사용을 금하는 것이 정부의 역할이라고 생각한다. … 사실 한 사람이 권리를 가질 수 있는 것이 있다면, 그것은 자신의 신체일 것이다. 이것은 다른 사람이 나를 물리적으로 공격하거나 납치하면 안 된다고 우리가 생각하는 이유를 설명해준다. 또 어떤 의학적 실험이 아무리 사회에 기여할 수 있다고 하더라도, 원하지 않는 사람에게 의학적 실험을 하면 안 되는 이유를 설명해주기도 한다. 나의 동의 없이 사회의 나머지 다른 이들이 나의 신체를 특정 목적으로 사용할 수 없는 것이다. 그리고 이는 어떤 사람들은 여자는 스스로 낙태할 권리가 있다고 믿고 다른 이들은 그렇지 않다고 생각하는 이유를 설명해준다. 전자는 여성이 자신의 몸으로 원하는 것을 할 수 있는 권리가 있다고 믿고, 후자는 태아도 한 명의 인간이기에 여성이 그 몸을 해칠 권리가 없다고 생각하는 것이다. … 그런데 마약 사용 문제는 자신의 신체 통제 권리를 타당하게 행사하는 전형적인 예처럼 보인다. 마약 사용은 사용자 자신의 신체를 둘러싸고 발생하며, 그 두드러진 효과들도 사용자의 몸 안에서 일어난다. 만약에 마약 사용이 단순히 사용자의 신체와 정신을 변화시키는 것일 뿐이라고 생각한다면, 모든 권리를 믿는 누군가가 어떻게 어떤 한 권리를 부정할 수 있는지를 이해하기는 어렵다. 왜냐하면 (1) 인간의 권리를 믿는 사람이라면 누구든 개인이 자신의 신체와 정신에 대한 권리를 가지고 있다는 것을 부정하기 힘들며, (2) 신체와 정신에 대한 권리를 믿는 사람이라면 누구나 마약 사용이 단순히 사용자의 신체와 정신을 변화시키기만 하는, 자신의 신체와 정신에 대한 권리 행사의 한 사례임을 부정하기 힘들기 때문이다. 마약 금지론자가 이 논증을 반박할 때 사용할지도 모르는 두 가지 방법을 생각해보자. 첫째, 마약 금지론자는 마약이 단순히 개인의 몸과 정신에만 영향을 주는 것이 아니라 복용자의 가족, 친구, 동료, 사회에 해악을 끼친다고 주장할 수 있다. … 그 누구도 마약의 영향으로 일할 능력이 손상된 상태에서 중장비를 몰거나 조작해서는 안 된다. 이는 마치 임산부가 배 속의 아기에게 실질적 위험을 야기하는 것으로 판명된 약을 복용해서는 안 되는 것과 같은 경우이다. 대부분의 경우에 마약 사용은, 우리가 보통 형벌을 받을 만하다고 생각하는 그런 방식으로, 사람들에게 해를 입히지는 않는다. 그러므로 마약을 불법화하면 안 된다. 둘째, 마약 금지론자는 개인의 마약 사용 결정이 진실로 자유로운 것이 아니기 때문에, 마약 사용은 자신의 신체에 대한 권리 행사로 볼 수 없다고 주장할 수 있다. 어쩌면 그저 어떤 심리적 강요의 희생양이 되어서, 또는 사용자의 지각을 왜곡하는 사이렌과 같은 마력 때문에, 그리고 미처 그 해악을 깨닫지 못했기 때문에 마약을 사용한 것인지도 모른다. 이러한 반박의 정확한 형태는 중요하지 않다. 어쨌든 마약 금지론자는 딜레마에 직면할 것이다. 만약 사용자가 자유의지로 마약 사용을 선택한 것이 아니라면, 그 개인을 처벌하는 것은 불공정하다. 만약 마약 사용자가 자유의지로 선택하지 않았다면, 자신의 결정에 대해 도덕적으로 책임질 것도 없다. 책임지지 않아도 되는 일에 대해 죄를 묻는 것은 정당하지 못한 일이다. 그러나 만약 마약 사용을 결정할 때 자유의지로 선택한 것이라면, 그 선택은 개인이 자신의 신체에 대해 가지고 있는 권리를 행사한 것이 된다."[22]

네 번째 이익은 의료적 사용이다. 마리화나가 안전하고 효과적인 치료제라는 것은 연구에 의해 입증되었다. 마리화나법 개정을 위한 전국 모임(NORML)의 전 의장 겸 전국 이사인 존 게트먼(Jon Gettman) 박사는 2002년 드럭사이언스 웹사이트(DrugScience.Org)의 문서에서 다음과 같은 보고를 하였다. "여러 연구들은 대마초를 장기적으로 복용하더라도 안전하다는 사실을 보여주고 있다. 다른 의료용 약품과는 달리 대마초는 위, 간, 신장, 심장에 해로운 영향을 끼치지 않는다. 미줄라 만성질환자 대상 의료용 대마초 복용 연구(Missoula Chronic Clinical Cannabis Use Study)는 장기적이고 합법적인 의료용 마리화나 복용의 효과에 대해 조사했다."[23] 러소(Russo)와 그의 동료들(2002)은 10년 이상 규칙적으로 대마초를 복용해도 환자에게 큰 해를 주지 않는다는 사실을 입증했다. "미줄라 만성질환자 대상 의료용 대마초 복용 연구는 '의료용 마리화나'의 장기적인 복용이 난치병 환자 집단에게 미치는 치료 효과와 역효과를 살펴보고자 제안된 것이다. 대마초의 사용은 식품의약국(Food and Drug Administration)의 특별 신약임상시험(Investigational New Drug: IND) 프로그램*을 통해 허가를 받았다. 전국마약남용연구소(National Institute on Drug Abuse: NIDA)에서 가져온 대마는 연구 의사들의 통제 속에서 사용되었다. 이 연구의 목적은 7명의 살아 있는 환자 중 4명의 전반적 건강 상태를 연구하는 것이었다. 이 프로젝트는 가열살균 처리해 품질이 보장되는 규격화된 저등급의 마리화나

....

* 기존의 치료법이 도움이 되지 않는 희귀병 환자들을 위해 승인받지 않은 약을 투약하는 프로그램.

를 11~27년간 복용해온 환자들을 대상으로 대마초의 장기 복용이 미치는 효과를 면밀히 검토할 수 있는 첫 기회였다. (…)

실험 결과는 대마초가 녹내장, 만성적인 근골격계 통증, 경련, 구토, 다발성 경화증의 경직 등을 가진 환자들에게 임상 효과가 있는 것으로 드러났다. 4명의 환자들 모두 자신의 만성질환과 관련해 안정화된 상태였고, 옛날에 비해 적은 양의 약을 복용하고 있는 것으로 나타났다 (…) 뇌의 MRI 스캔, 폐 기능 검사, 흉부 엑스레이, 신경심리학적 검사, 호르몬 및 면역성 분석, 뇌전도 검사, P300* 테스트, 병력, 신경학적 임상 조사까지 모두 마쳤을 때, 2명의 환자는 폐 기능에 몇 가지 작은 변화가 나타났지만, 다른 생리 계통에 있어서는 어떤 심각한 후유증도 없는 것으로 밝혀졌다. (…) 이러한 결과는 의료용 대마초를 필요로 하는 더 많은 환자들에게 그것을 공급할 수 있도록 뒷받침할 것이다. 우리는 특별 신약임상시험(IND) 프로그램에서 드러난 바처럼 대마초가 안전하고 다양한 건강 증진 효과가 있는 약품이라고 생각한다."[24]

미줄라 만성질환자 대상 의료용 대마초 복용 연구는 몇 가지 중요한 결론과 함께 다음과 같은 권고로 마무리되고 있다.

1. "대마초 흡연은, 비록 대충 만든 저등급 생산품이라 하더라도, 다른 치료법이 효과가 없는 특정 환자들에게는 통증, 근육 경련, 안압 증가 등의 증상을 완화해주는 효과가 있다."
2. "이러한 의료용 대마초는 다른 처방약을 대신하거나 그것에 수반되는 부작용을 줄이거나 없앨 수 있다.""의료용 대마초는 이런 환자들의 삶의 질을 높인다."

....

* 소리나 이미지를 보고 반응하는 뇌파의 일종.

3. "전국마약남용연구소(NIDA)에서 가져온 대마초를 지속적으로 사용했을 때 보인 부작용은 가벼운 폐질환 위험이다."

4. "심각한 건강 악화가 관찰된 적은 없다."

5. "지속적이거나 대마초가 원인이 된 신경심리학적 또는 신경학적 건강 악화가 관찰된 적은 없다."

6. "내분비나 혈액 또는 면역과 관련한 후유증이 관찰된 적은 없다."

7. "의료용 대마초 프로그램을 개선하기 위해서는 멸균처리가 되고, 효능이 강력하며, 유기농으로 재배되고, 수정이 안 된 암꽃 윗부분을, 쓸모없는 비활성 섬유질을 제거한 채로 준비해 지속적으로 공급해야 할 것이다."

8. "특별 신약임상시험(IND)이 재개되어 의료용 대마초를 필요로 하는 다른 환자들에게까지 확대 적용되어야 한다는 게 저자의 견해이다."

9. "이것이 불가능할 경우, 지역법, 주법, 연방법 개정을 통해 필요한 환자들에게 관리되고 감시되는 의료용 대마초를 제공하는 것이 필요할 것이다."[25]

하버드 의과대학의 정신의학 명예교수인 의학박사 레스터 그린스푼 (Lester Grinspoon)은 2003년 8월 17일 『보스턴 글로브(Boston Globe)』에 발표한 글에서 다음과 같이 썼다. "의사와 간호사들은 대마초가 많은 환자들에게 다발성 경화증, 크론병, 편두통, 심한 구역질과 구토, 발작성 질환, AIDS 관련 소모성 증후군, 만성 통증 등 다양한 증상과 징후에 보편적으로 처방되는 약에 비해 독성이 덜하고 비용도 절감할 수 있다고 본다."[26]

카이저 퍼머넌트 의학 연구소(Clinical Research at Kaiser Permanente)의 연구 부책임자 스티븐 시드니(Stephen Sidney) 의학박사의 말에 따르면, 결국 마리화나는 다른 대체물에 비해 안전하다는 점을 주목해야 한다는 것이다. 그는 2003년 9월 20일『영국 의학 저널(*British Medical Journal*)』에 발표한 사설에서 다음과 같이 썼다.

> 급성 치사량에 이르는 대마초의 과다복용에 대해서는 (코카인과 같은) 불법적인 약물이나 (알코올, 아스피린, 해열진통제와 같은) 합법적인 약물과는 달리 알려진 바가 없다.[27]

그리고 마지막으로, 합법화는 마이런 박사가 2012년에 다음과 같이 설명한 바와 같이 마리화나 사용량을 크게 증가시킬 것 같지는 않다. "합법화로 인해 마리화나 사용량이 증가하는 바람직하지 않은 효과가 있을지도 모르지만, 이 증가 폭은 무난할 정도일 것이다. 미국에서 금주법을 철폐했을 때에는 음주량이 20퍼센트 정도 늘었지만 2001년 포르투갈에서 마리화나를 실질적으로 합법화했을 때에는 사용량이 증가하지 않았다. 오히려 사용량이 갈수록 감소했다. 국가별로 보면 마리화나 사용량은 금지법의 제도적 엄격함과 거의 관련이 없는 것으로 나타나고 있다. 예컨대, 네덜란드는 마리화나를 사실상 합법화했다고 볼 수 있는데, 사용 비율은 미국과 크게 다르지 않다. 게다가 마리화나 사용 증가를 꼭 나쁘게 볼 수만은 없다. 만약 국민투표로 통과된다면, 마리화나를 사용하고 싶었으나 금지법 때문에 꺼렸던 사람들은 책임감을 가지고 마리화나를 사용할 수 있을 것이다. 마리화나 합법화는 이런 사람들로 하여금 체포나 구금에 대한 두려움 없이, 그리고 마리화나의 질에 대한 우려 없이 마리화나를 즐길 수 있게 할 것이다. 몇몇 새로운 마리화나 사용자들이 그 영향 속에서 운전을 하는 등 자기 자신 또는 주변 사람들에게 악영향을 끼칠 수도 있겠지만, 극도로 책임감이 없는 사람들은 법을 무시한 채 이미 마리화나를 사용하고 있을 것이다. 물론 합법화가 마리화나 사용의 모든 부정적인 측면을 제거하지는 못한다.

그러나 금주법의 해로운 측면이 술의 해로운 측면보다 더 컸던 것처럼, 마리화나 금지법의 부작용은 마리화나 사용의 바람직하지 않은 결과보다 더 크다. 그러므로 마리화나 합법화는 더 나은 정책이다."[28]

　　이러한 이유로 우리는 논제를 옹호하며, 여러분이 이 토론에서 찬성 측을 지지해주시기를 바란다!

　　(제럴드 코웬의 도움에 감사드린다.)

연습

1. 이것은 긴 입론이다. 다시 읽어본 뒤, '강조 표시를 해서'(즉 편집해서)
   9분 안에 발표할 적당한 길이로 줄여보자. 주요 단어나 구절 등에 강조
   표시를 함으로써 어떤 토론 카드는 줄여야 할 것이고, 첫 발언에서 제
   외할 내용들(증거나 논증들)을 솎아내야 할 것이다. 또 자신만의 새로
   운 설명이나 말을 덧붙일 수도 있다. 일단 준비를 마치면, 열정적으로
   필요한 부분을 강조해가며 입론을 읽는 연습을 해보자.

2. 이 입론의 사전 논의 흐름을 준비해보자.

3. 짝과 함께 입론을 읽고, 반대신문을 하고 답하는 연습을 번갈아 해보자.

4. 반대 측의 전략을 연구하고 준비해보자. 그리고 찬성 측의 입론에 대
   한 대응으로 반대 측의 첫 번째 입론(1NC)을 제시해보자.

5. 반 친구들과 함께 찬성 측과 반대 측의 토론 개요, 입장, 뒷받침 자료를
   연구하고 준비해보자. 그리고 찬성 측의 첫 번째 입론(1AC)부터 시작
   해 토론 전체를 진행해보자.

토론과 기술

교육 토론에서 학생 토론자들은 토론 기법을 익히기 위해 컴퓨터나 디지털 기술에 의존한다. 토론자들은 컴퓨터를 이용해 조사하고, 정보를 조직해 보관하며, 다른 토론자들과 소통하고, 토론 대진표를 만들며, 자신들의 토론을 기록하고, 발언 시간을 잰다. 수년 전만 해도 토론자들은 증거를 색인 카드에 기록해 레시피 박스에 보관했으며, 다양한 색깔의 펜으로 도화지 위에 토론 흐름을 적었다. 반면 오늘날 교육 토론에 대한 연습은 복합적인 자료 접근 프로그램과 멀티플 컴퓨터를 통해 이루어진다. 방대한 자료와 컴퓨터를 활용한 정보 기록과 접근은 흥미로운 또 다른 가능성과 새로운 도전을 형성하고 있다. 토론이 온라인에서도 실제로 이루어지고 있는 것이다. 그러나 대학 대항 토론대회를 치르며 전국을 돌아다니는 이유는 그것이 꼭 필요해서라기보다는 여행을 통해 얻는 학습의 즐거움과 새로운 곳에서 새로운 사람을 만나는 기쁨 때문이다. 물론 얼굴을 맞댄 채 실시간으로 실제의 장소에서 벌이는 토론에서조차도 컴퓨터의 도움을 받는 것은 분명한 사실이다. 디지털 토론을 할 때 토론에 도움이 되는 다음의 웹사이트에서 여러 자료를 찾을 수 있다.

Debate Synergy
http://georgetowndebateseminar.wikispaces.com/Hoya+Template

DigiDebate™ 1.0
http://www.digidebate.com/

Verbatim Paperless Debate
http://paperlessdebate.com/
http://paerlessdebate.wikispaces.com/

Open Caselist
http://68.233.253.124/xwiki/wiki/opencaselist/view/Main/WebHome

Debate Results Tabroom Management
http://commweb.fullerton.edu/jbruschke/Web/CATDownlods.aspx

Tabroom.Com
https://www.tabroom.com/index/index.mhtml

토론 논제들

전국 대학 대항 토론 논제들(NDT)

다음은 1920-1921에서 1995-1996학년도 사이에 이루어진 전국 대학 대항 토론 논제의 목록이다.[1]

- (남자) 미국은 토지에 대한 누진세를 채택해야 한다. / (남자) 국제연맹을 받 아들여야 한다. / (여자) 대학 대항 운동경기는 폐지되어야 한다. (1920-1921)

- '클로즈드 숍(closed shop)'* 원칙은 정당화될 수 없다. (1921-1922)

- 미국은 의원내각제를 채택해야 한다. (1922-1923)

- 미국은 하딩(Harding) 대통령이 제안한 바처럼 국제연맹의 국제사법재판 소에 참가해야 한다. (1923-1924)

....

* 사용자가 노동자를 고용할 때 노동조합에 가입하는 것을 고용조건으로 하는 제도.

- 의회가 제정한 법률이 위헌이라는 대법원의 판결을 3분의 2가 찬성하면 무효로 할 수 있는 권한을 의회는 가져야 한다. (1924-1925)

- (남자) 미국 헌법은 미성년 노동을 규제할 권한을 의회에 부여하기 위해 개정되어야 한다. / (여자) 미국은 단일한 결혼법 및 이혼법을 채택해야 한다. (1925-1926)

- (남자) 맥네리-호겐 법안(McNary-Haugen bill)*의 주요 사항은 법으로 제정되어야 한다.[2] / (여자) 배심 재판이 폐지되어야 한다.[3] / 도수가 낮은 와인과 맥주에 대한 판매 및 제조가 허용될 수 있도록 금주법(Volstead Act)이 개정되어야 한다.[4] (1926-1927)

- 미국은 공식적인 선전포고 이후가 아니라면, 외국에 투자된 자본을 군사력을 사용해 보호하는 것을 중지해야 한다. (1927-1928)

- 배심 재판을 대체하는 제도가 채택되어야 한다. (1928-1929)

- 국가들은 치안 목적에 필요한 물리력을 제외하고는 완전한 무장해제 방안을 채택해야 한다. (1929-1930)

- 국가들은 자유무역 정책을 채택해야 한다. (1930-1931)

- 의회는 중앙집권적 산업통제법을 제정해야 한다. (1931-1932)

- 미국은 연합국 측의 부채 탕감에 동의해야 한다. (1932-1933)

- 미국 대통령 권한의 대폭적인 증가를 확고한 정책으로 해야 한다. (1933-1934)

- 국가들은 무기와 군수품의 국가 간의 수송을 금지하는 것에 동의해야 한다. (1934-1935)

....

* 농민을 보호하기 위해 농산물 가격을 보장하려 한 법안.

- 의회가 제정한 법률이 위헌이라는 대법원의 판결을 3분의 2가 찬성하면 무효로 할 수 있는 권한을 의회는 가져야 한다. (1935-1936)

- 의회는 산업 최저임금과 최대 노동시간을 정할 수 있는 권한을 부여받아야 한다. (1936-1937)

- 전국노동관계위원회(National Labor Relations Board)는 모든 산업 분쟁의 중재를 할 수 있는 권한을 부여받아야 한다. (1937-1938)

- 미국은 경기 부양을 목적으로 하는 (채권을 포함한) 공적 자금의 이용을 중단해야 한다. (1938-1939)

- 미국은 국제적 무력 충돌 혹은 내전에 개입한 서반구 이외의 모든 국가에 대해 엄격한 경제적·군사적 고립 정책을 펴야 한다. (1939-1940)

- 서반구의 국가들은 영구적인 동맹을 결성해야 한다. (1940-1941)

- 연방정부는 미국에 있는 모든 노동조합을 법으로 규제해야 한다. (1941-1942)

- 조세 징수권을 가지고, 상업을 규제하며, 국제적인 분쟁을 해결하고, 합의를 시행하며, 경찰력을 유지하고, 연합의 원칙을 수용하는 나라들을 받아들일 수 있는 영구적인 국가 연합을 설립하는 일에 미국은 앞장서야 한다. (1942-1943)

- 미국은 추축국(Axis)*의 패배 위에서 국제경찰의 설립과 유지에 협력해야 한다. (1943-1944)

- 연방정부는 자발적인 해결 수단이 실패할 경우 강제 중재를 통해 모든 노동쟁의를 해결할 것을 요구하는 법을 제정해야 한다. (1944-1945)

....

* 2차 세계대전을 일으킨 독일, 이탈리아, 일본을 가리키는 말.

- 미국의 정책은 전 세계 국가들 사이에 자유무역을 확립하는 방향으로 나아가야 한다. (1945-1946)

- 회사 경영에 노동자가 직접 참여할 수 있어야 한다.(1946-1947)

- 세계 연방 정부가 수립되어야 한다. (1947-1948)

- 연방정부는 연간 교부금에 의해 세금 지원을 받는 학교들에서 교육 기회를 동등하게 하는 정책을 채택하여야 한다. (1948-1949)

- 미국은 비농업 분야의 기간산업을 국유화해야 한다. (1949-1950)

- 비공산주의 국가들은 새로운 국제기구를 형성해야 한다. (1950-1951)

- 연방정부는 임금 및 물가 통제를 위한 상설적인 프로그램을 채택해야 한다. (1951-1952)

- 미국 의회는 강제적인 공평고용실행법(fair employment practices law)을 제정해야 한다.(1952-1953)

- 미국은 자유무역 정책을 채택해야 한다. (1953-1954)

- 미국은 중국의 공산당 정부에 대한 외교적 인정을 확대해야 한다. (1954-1955)

- 비농업 분야의 산업들은 고용자들에게 연간 임금(annual wage)을 보장해야 한다. (1955-1956)

- 미국은 외국에 대한 직접적인 경제 원조를 중단해야 한다. (1956-1957)

- 고용 조건으로 노동자 조직에 가입할 것을 요구하는 것은 불법이다. (1957-1958)

- 더 이상의 핵무기 개발은 국제 협정으로 금지되어야 한다. (1958-1959)

- 의회는 대법원의 판결을 뒤집을 권한을 부여받아야 한다. (1959-1960)

- 미국은 모든 시민을 대상으로 한 강제적인 의료보험 프로그램을 채택해야 한다. (1960-1961)

- 노동자 조직은 독점금지법(antitrust legislation)의 관할 아래에 있어야 한다. (1961-1962)

- 전 세계의 비공산주의 국가들은 경제공동체를 설립해야 한다. (1962-1963)

- 연방정부는 자격이 있는 모든 고등학교 졸업자들에게 대학 교육의 기회를 보장해야 한다. (1963-1964)

- 연방정부는 실업자들을 위해 전국적인 공공근로 프로그램을 마련해야 한다. (1964-1965)

- 미국의 법 집행기관은 범죄 수사와 기소에서 더 큰 자유가 부여되어야 한다. (1965-1966)

- 미국은 대외 정책 개입을 대폭 줄여야 한다. (1966-1967)

- 연방정부는 모든 시민에게 최소한의 연간 현금 수입을 보장해야 한다. (1967-1968)

- 미국의 대외 정책에 대한 행정적 통제는 대폭 축소되어야 한다. (1968-1969)

- 연방정부는 매년 소득세 수입 중 일정한 비율을 주 정부에 교부해야 한다. (1969-1970)

- 연방정부는 강제적인 임금 및 물가 통제 프로그램을 채택해야 한다. (1970-1971)

- 미국 시민에 대한 행정기관의 정보 수집과 활용은 더욱 강력한 통제를 받아야 한다. (1971-1972)

- 연방정부는 모든 시민에게 포괄적인 의료 프로그램을 제공해야 한다. (1972-1973)

- 연방정부는 미국 내 에너지 공급과 사용을 통제해야 한다. (1973-1974)

- 대통령의 권한은 대폭 축소되어야 한다. (1974-1975)

- 연방정부는 미국 내 토지 이용을 통제하기 위해 포괄적인 프로그램을 채택해야 한다. (1975-1976)

- 연방정부는 제조업자들에게 요구되는 소비자 제품 안전 보장을 대폭 강화해야 한다. (1976-1977)

- 미국의 법 집행기관은 중범죄 수사 및/또는 기소에서 훨씬 더 많은 자유를 부여받아야 한다. (1977-1978)

- 연방정부는 노동 인구에 속하는 모든 미국 시민들에게 고용 기회를 보장하는 프로그램을 시행해야 한다. (1978-1979)

- 연방정부는 미국에서 대중매체에 대한 규제를 대폭 강화해야 한다. (1979-1980)

- 미국은 대외 군사 개입을 대폭 늘려야 한다. (1980-1981)

- 연방정부는 미국에서 노동조합의 힘을 대폭 축소해야 한다. (1981-1982)

- 서반구 국가들 및 다른 국가의 내부 문제에 대한 미국의 군사 개입은 모두 금지되어야 한다. (1982-1983)

- 미국 내 유해 폐기물의 처리에서 기인한 모든 피해는 그 폐기물의 생산자가 법적인 책임을 져야 한다. (1983-1984)

- 미국 연방정부는 지구 중간권(mesosphere) 너머의 우주에 대한 탐사 및/또는 개발을 대폭 늘려야 한다. (1984-1985)

- 미국의 모든 공립 초등학교 및/또는 중등학교에서 언어, 수학, 자연 과학 등의 분야 중 하나 이상에 대한 더욱 엄격한 교육 기준을 세워야 한다. / (축소 논제) 미국의 모든 공립 초등학교 및/또는 중등학교에서 수학 과목에 대한 더욱 엄격한 교육 기준을 세워야 한다. (1985-1986)

- 연방법원 판결로 확고해진 언론 출판의 자유에 관한 수정헌법 제1조에 대해 현존하는 하나 또는 그 이상의 제한을 축소하거나 금지해야 한다. / (축소 논제) 연방법원 판결로 확고해진 언론 출판의 자유에 관한 수정헌법 제1조에 대해 현존하는 하나 또는 그 이상의 국가 안보 차원의 제한을 축소하거나 금지해야 한다. (1986-1987)

- 미국은 북대서양조약기구(NATO)의 회원국에 대한 군사 개입을 대폭 축소해야 한다. / (축소 논제) 미국은 NATO 회원국에 대한 핵 관련 군사 개입을 대폭 축소해야 한다. (1987-1988)

- 아프리카 국가에 대한 미국의 외교 정책은 대폭 바뀌어야 한다. / (축소 논제) 남아프리카공화국에 대한 미국의 외교 정책은 대폭 바뀌어야 한다. (1988-1989)

- 연방정부는 미국 내 화석 연료의 비군사적 소비를 대폭 줄이는 에너지 정책을 채택해야 한다. / (축소 논제) 연방정부는 원자력 사용을 확대함으로써 미국 내 화석 연료의 비군사적 소비를 대폭 줄여야 한다. (1989-1990)

- 미국은 중국, 홍콩, 일본, 남한, 타이완 중 하나 또는 그 이상의 국가에 대한 무역 정책을 대폭 바꾸어야 한다. (1990-1991)

- 사생활 보호를 연방헌법상의 권리로 인정하고 있는, 하나 또는 그 이상의 미국 대법원 판결은 기각되어야 한다. (1991-1992)

- 미국은 아프가니스탄, 방글라데시, 버마, 인도, 네팔, 파키스탄, 스리랑카 중 하나 또는 그 이상의 국가에 대한 개발 원조 정책을 대폭 변경해야 한다. (1992-1993)

- 최고 사령관으로서의 미국 대통령의 권한은 대폭 축소되어야 한다. (1993-1994)

- 연방정부는 미결 구금, 판결 선고 등 하나 또는 그 이상의 영역에서 연방 법원의 형사 소송 절차를 지배하는 규칙 및/또는 법령을 대폭 변경해야 한다. (1994-1995)

- 미국 정부는 이집트, 이스라엘, 요르단, 팔레스타인 자치정부, 시리아 중 하나 또는 그 이상의 국가에 대한 안전 보장 원조를 대폭 늘려야 한다. (1995-1996)

전국 대학 대항 토론 논제들(CEDA)

다음은 1971-1972에서 1995-1996학년도 사이에 이루어진 전국 대학 대항 토론 논제들[반대신문토론협회(CEDA)]의 목록이다.[5]

- 미국은 서반구 바깥에 있는 기지들에서 지상 전투 부대를 모두 철수시켜야 한다. (1971-1972)

- (첫 번째 학기) 미국의 형벌제도는 대폭 개선되어야 한다. / (두 번째 학기) 미국은 현 쿠바 정부와의 정상적인 외교적·경제적 관계 복구를 추구해야 한다. (1972-1973)

- (첫 번째 학기) '피해자 없는 범죄'는 합법화되어야 한다. / (두 번째 학기) 미국은 이스라엘에 대한 개입을 줄여야 한다. (1973-1974)

- (첫 번째 학기) 연방정부는 베트남 전쟁 동안 징병을 기피한 모든 이들에 대한 사면을 단행해야 한다. / (두 번째 학기) 미국 텔레비전은 오락성을 위해 질을 희생해 왔다. (1974-1975)

- 교육은 미국에서 자신의 임무를 수행하는 데 실패했다. (1975-1976)

- 미국에서 피의자에 대한 법적 보호는 법 집행기관을 불필요하게 방해한다. (1976-1977)

- 차별 철폐 조치(affirmative action)는 해로운 고용 관행을 촉진한다. (1977-1978)

- 인권 향상을 중요하게 지향하는 미국 대외 정책은 바람직하다. (1978-1979)

- 자격을 갖춘 모든 미국 시민을 대상으로 한 강제적인 병역 의무는 바람직하다. (1979-1980)

- (첫 번째 주제) 미국의 에너지 수요를 충족하는 것보다 전국적 환경 보호가 더 중요한 목표이다. / (두 번째 주제) 종교 집단의 정치 활동은 미국의 정치 과정에 해를 끼친다. (1980-1981)

- (첫 번째 주제) 미국으로의 불법 이민은 미국에 심각하게 해롭다. / (두 번째 주제) 미국의 사법제도는 피의자의 권리를 지나치게 강조해 왔다. (1981-1982)

- (첫 번째 주제) 미국이 핵무기 생산과 개발을 일방적으로 동결하는 것은 바람직한 일이다. / (두 번째 주제) 개인의 사생활 보호 권리는 어떤 다른 헌법상의 권리보다 더 중요하다. (1982-1983)

- (첫 번째 주제) 미국의 대학 교육은 학교의 존립을 위해 질을 희생해 왔다. / (두 번째 주제) 연방정부의 검열은 미국의 국가 안보를 지키기 위한 정당

한 일이다. (1983-1984)

- (첫 번째 주제) 미국에서 대통령 선거를 치르는 방법은 민주주의에 해롭다. / (두 번째 주제) 미국이 비민주적 정부들에 군사적 지원을 제공하는 것은 정당한 일이다. (1984-1985)

- (첫 번째 주제) 미국 정부가 테러 활동에 대한 대중매체의 보도에 상당한 제한을 가하는 것은 정당한 일이다. / (두 번째 주제) 국제연합의 회원국이 되는 것은 미국에 더 이상 유익하지 않다. (1985-1986)

- (첫 번째 주제) 미국으로서는 소련과의 관계 개선이 군비 증강보다 더 중요한 목표이다. / (두 번째 주제) 고용자들에게 불법 약물 복용 검사를 받도록 요구하는 미국의 규정은 부당한 사생활 침해이다. (1986-1987)

- (첫 번째 주제) 미국이 중앙아메리카에 대해 지속적이고 은밀히 개입하는 것은 바람직하지 않다. / (두 번째 주제) 미국의 사법제도는 언론의 자유를 지나치게 강조해 왔다. (1987-1988)

- (첫 번째 주제) 아주 강력한 제3 정당이 미국 대통령 선거에 참여하는 것은 정치 과정에 유익하다. / (두 번째 주제) 미국에서 민간인의 권총 소유에 대한 제한을 강화하는 것은 정당하다. (1988-1989)

- (첫 번째 주제) 폭력은 정치적 억압에 대한 정당한 반응이다. / (두 번째 주제) 미국에서 외국인 투자가 증가하는 추세는 이 나라에 해로운 일이다. (1989-1990)

- (첫 번째 주제) 미국 내 공공미술의 표현에 대한 정부의 검열은 개인의 권리에 대한 바람직하지 않은 침해이다. / (두 번째 주제) 모든 것을 고려해 볼 때, 미국 대법원은 법 집행기관들에 과도한 권한을 부여해 왔다. (1990-1991)

- (첫 번째 주제) 미국의 단과대학과 종합대학은 인종과 성 문제라는 쟁점을

다루기 위해 교육 관행을 부적절하게 변경해 왔다. / (두 번째 주제) 미국에서 광고는 삶의 질을 떨어뜨린다. (1991-1992)

- (첫 번째 주제) 미국에서 복지제도는 도시 빈민층 문제를 오히려 악화시킨다. / (두 번째 주제) 국제연합이 세계 인권 선언을 한 것은 국가 주권 보존보다 더 중요한 일이다. (1992-1993)

- (첫 번째 주제) 탈냉전 시대에 민주 정부를 지원하기 위한 미국의 군사 개입은 적절한 일이다. / (두 번째 주제) 미국 내 전국적 뉴스 매체는 정치 쟁점에 대한 대중의 이해를 방해한다.(1993-1994)

- (첫 번째 주제) 미국 전역에서 폭력 범죄를 저지른 개인들에 대해 더 강도 높게 처벌하는 것이 바람직하다. / (두 번째 주제) 미국은 지구 해양 자원의 개발을 대폭 늘여야 한다. (1994-1995)

- (첫 번째 주제) 미국은 멕시코에 대한 외교 정책을 대폭 바꾸어야 한다. / (두 번째 주제) 미국은 멕시코에 대한 외교 정책을 대폭 바꾸어야 한다.[6] (1995-1996)

전국 대학 대항 토론 논제들(NDT 및 CEDA)

다음은 1996-1997에서 2007-2008학년도 사이에 있었던 전국 대학 대항 토론 논제들(NDT 및 CEDA)의 목록이다.

- 미국 연방정부는 산업체에 대한 규제를 강화하여 환경 오염물질의 생산 및/또는 배출을 대폭 줄여야 한다. (1996-1997)

- 미국 연방정부는 브루나이 다루살람, 미얀마(버마), 캄보디아, 인도네시아,

라오스, 말레이시아, 필리핀, 싱가포르, 태국, 베트남 등의 동남아시아 국가들 중 하나 또는 그 이상의 국가들에 대한 안전 보장 원조를 대폭 늘려야 한다. (1997-1998)

- 미국 연방정부는 인종 차별 및/또는 성 차별에 맞서는 추가적인 보호 조치를 마련하기 위하여, 1964년의 시민권에 관한 법률 제VII장을 입법 활동을 통해 수정하여야 한다. (1998-1999)

- 미국 연방정부는 쿠바, 이란, 이라크, 시리아, 북한 중 하나 또는 그 이상의 국가에 대한 경제 제재 모두 또는 거의 모두를 철회하는 것을 포함한 건설적인 개입 정책을 채택해야 한다. (1999-2000)

- 미국 연방정부는 아프리카 북동부 지역에서 정부 간 원조를 포함한 개발 원조를 대폭 늘려야 한다. (2000-2001)

- 미국 연방정부는 아동 복지, 형사 재판, 고용, 환경 보호, 도박, 자원 관리, 과세 중 하나 또는 그 이상의 분야에서 인디언 거주 지구 전역에 대한 연방정부의 통제를 대폭 늘려야 한다. (2001-2002)

- 미국 연방정부는 포괄적 핵실험 금지 조약, 교토 의정서, 국제 형사 재판소에 관한 로마 규정, 사형제도 폐지를 목표로 하는 시민권 및 정치적 권리에 관한 제2 국제규약 선택의정서, 전략 공격무기 삭감에 관한 미국과 러시아 연방 간의 조약 중 하나 또는 그 이상을 미국이 비준하지 않았다면 비준하거나 동의하고, 실행해야 한다.(2002-2003)

- 미국 연방정부는 다음 중 하나 또는 그 이상을 법률로 제정해야 한다. 유전자 조작 식품에 대한 유럽연합의 규제에 반대하는 세계무역기구의 항의를 철회하는 것, 터키 및/또는 그리스에 대한 정부 간 경제 지원 및/또는 분쟁 예방 지원을 늘리는 것, 북대서양조약기구로부터 완전히 탈퇴하는 것, 이라크에서 평화유지군 활동과 이라크의 재건 활동에 유럽연합 및/또는 북대서양조약기구를 상당히 참여시키고 이에 걸림돌이 되는 장

벽을 제거하는 것, 유럽연합의 전술 핵무기를 제거하는 것, 인간 DNA 염기서열 분야에서 유럽연합과 지식재산권법을 일치시키는 것, 2002년 농업 법안에서 농업 보조금 인상을 모두 또는 거의 모두 폐지하는 것. (2003-2004)

- 미국 연방정부는 미국에서 화석 연료의 비정부 소비 총량을 대폭 줄일 것을 요구하는 에너지 정책을 수립해야 한다. (2004-2005)

- 미국 연방정부는 무역, 인권, 무기 비확산, 타이완 문제 중 하나 또는 그 이상의 분야에서 중화인민공화국에 대한 외교적 압력과 경제적 압력을 대폭 강화해야 한다. (2005-2006)

- 미국 대법원은 다음 중 하나 또는 그 이상의 판결을 뒤집어야 한다. (2006-2007)
    - Planned Parenthood v. Casey, 505 U.S. 833 (1992)*
    - Ex parte Quirin, 317 U.S. 1 (1942)**
    - U.S. v. Morrison, 529 U.S. 598 (2000)***
    - Milliken v. Bradley, 418 U.S. 717 (1974)****

- 미국 연방정부는 아프가니스탄, 이란, 레바논, 팔레스타인 자치정부, 시리

....

* 미국 연방 대법원의 판례로, 여성의 권리가 태아의 권리에 우선한다고 선언하면서 '부당한 부담'을 부과하지 못하도록 했고, 여성의 생명과 건강을 위해 필요한 경우에는 낙태를 허용하도록 했다.

** 미국 연방 대법원의 판례로, 미국 내에서 활동하던 여덟 명의 독일 파괴공작원에 대해 미국 군사재판소가 관할권을 가짐을 인정하였다.

*** 미국 연방 대법원의 판례로, 가해자가 형사고발이 되지 않더라도 성폭력 피해자에 대한 치료를 제공할 수 있도록 한 1994년의 여성에 대한 폭력 법 제정이 수정헌법의 통상조항에서 허용된 의회의 권한을 넘어선 것이기 때문에 위헌이라고 판결하였다.

**** 미국 연방 대법원의 판례로, 흑백 학생 융합을 위해 공립학교 학생들을 거주 구역 밖의 학교로 보내는 강제 버스 통학 정책을 다룬 것으로, 도심지 흑인 학생들을 백인 일색의 교외 학교로 보내는 정책을 무효화하면서 도시 근교 지역을 인종분리 폐지 정책에 포함할 필요가 없다고 판결하였다.

아 중 하나 또는 그 이상의 정부에 대한 건설적인 개입 정책을 강화해야 한다. 그리고 이는 그 국가들에 대한 안전 보장 제공 및/또는 대외 원조의 상당한 증대를 포함해야 한다. (2007-2008)

- 미국 연방정부는 농업 지원을 대폭 줄여야 하며, 적어도 생물 연료(biofuel), 집단가축사육업체, 옥수수, 면화, 낙농장, 양식장, 쌀, 콩, 설탕, 밀에 대한 국내 보조금을 대부분 없애야 한다. (2008-2009)

- 미국 연방정부는 핵무기 공장의 규모를 대폭 줄여야 한다. 그리고/또는 핵무기 공장의 역할 및/또는 임무를 대폭 축소하고 제한해야 한다. (2009-2010)

- 미국 연방정부는 취업이민 비자, 체류자 임시취업 비자, 가족 비자, 인신매매 피해자를 위한 비자 중 하나 또는 그 이상의 비자에 대해 발행을 대폭 늘리고/늘리거나 그 수혜자 자격을 대폭 확대해야 한다. (2010-2011)

- 미국 연방정부는 바레인, 이집트, 리비아, 시리아, 튀니지, 예멘 중 하나 또는 그 이상의 나라에 대해 민주화 지원을 대폭 늘려야 한다.(2011-2012)

- 미국 연방정부는 석탄, 원유, 천연가스, 원자력, 태양 에너지, 풍력 에너지 중 하나 또는 그 이상의 미국 내 생산을 위한 재정적 유인책에 대한 제한을 대폭 축소하고/축소하거나 재정적 유인책을 대폭 늘려야 한다. (2012-2013)

전국 대학 대항 토론 논제들(NEDA)[7]

다음은 1997년 봄에서 2012년 봄 사이에 이루어진 전국 대학 대항 토론 논제들[전국교육토론협회(NEDA)]의 목록이다.

- 미 중앙정보부(Central Intelligence Agency: CIA)는 없어져야 한다. (1997 봄)

- 미국은 학생 배심원단(peer jurors) 사용을 폐지해야 한다. (1998 봄)

- 이윤에 대한 기업의 강조가 지나치다. (1998 가을)

- 연방정부는 사설 교도소 이용을 대폭 확대해야 한다. (2000 봄)

- 미국은 외국 석유에 대한 의존을 대폭 줄여야 한다. (2001 봄)

- 국가 미사일 방위체제는 국가 안보에 유익하다. (2001 가을)

- 미국은 테러를 방지하기 위한 노력을 대폭 확대해야 한다. (2002 봄)

- 시민의 자유가 부당하게 침해당하고 있다. (2002 가을)

- 미국 연방정부는 적정 가격의 의료 서비스에 대한 시민들의 이용을 대폭 늘려야 한다. (2003 봄)

- 미국 기업은 미국 노동자에게 충분히 성의를 보이고 있지 않다. (2003 가을)

- 미국은 대외 군사 개입을 대폭 축소해야 한다. (2004 봄)

- 종교와 정치의 분리 원칙이 부당하게 침해당하고 있다. (2004 가을)

- 미국은 공립 중등학교 교육을 대폭 개혁해야 한다. (2005 봄)

- 월마트의 사업 관행은 미국에 해롭다. (2005 가을)

- 비폭력 범죄에 대해서는 징역형을 선고하지 말아야 한다. (2006 봄)

- 미국의 대외 정책은 외교적 수단보다 군사 행동을 더 강조한다. (2006 가을)

- 미국 정부는 이민자 수용을 대폭 늘려야 한다. (2007 봄)

- 기업들은 공공 정책에 대해 과도한 영향력을 발휘한다. (2007 가을)

- 미국 연방정부는 미국 시민들이 이용할 수 있는, 충분하면서도 가격이 적절한 의료 서비스를 제공해야 한다. (2008 봄)

- 미국인들은 운동경기를 과대평가한다. (2008 가을)

- 미국 연방정부는 국토안보부의 권한을 상당히 제한해야 한다. (2009 봄)

- 미국은 중국에 과도하게 의존하고 있다. (2009 가을)

- 미국은 복지제도를 대폭 개혁해야 한다. (2010 봄)

- 정당은 미국에서 효과적인 정부 운영에 해가 된다. (2011 가을)

- 미국의 교도소 제도는 수감자들의 갱생을 돕는 프로그램을 대폭 늘려야 한다. (2012 봄)

전국 대학 대항 링컨-더글러스 토론 논제들(NFA)[8]

- 연방의원의 임기는 특정 기간으로 한정되어야 한다. (1992-1993)

- 미국 연방정부는 미국으로 온 이민자들을 위해 법을 대폭 고쳐야 한다. (1993-1994)

- 연방정부는 미국 공공복지제도를 대폭 개혁해야 한다. (1994-1995)

- 국제연합(UN)의 여섯 개 주요 기관 중 하나 또는 그 이상에 대한 참여는 UN 헌장 및/또는 절차 규정을 고쳐서 엄격히 제한해야 한다. (1995-1996)

- 미국 교육부는 중등학교 제도에서 교사 및/또는 학생 수행 평가를 더 엄격한 방법으로 시행할 것을 요구해야 한다. (1996-1997)

- 미국 연방정부는 타이완에 대한 외교 정책을 대폭 바꾸어야 한다.(1997-

1998)

- 미국 연방정부는 전자매체 통신에 대한 규제를 대폭 늘려야 한다. (1998-1999)

- 미국 연방정부는 유전자 변형 식품의 개발, 사용, 그리고/또는 판매에 대한 제한을 강화해야 한다. (1999-2000)

- 미국 연방정부는 민사 소송에 대한 제한을 대폭 늘려야 한다. (2000-2001)

- 미국 연방정부는 국제 테러에 맞서 싸우기 위해 정책을 대폭 바꾸어야 한다. (2001-2002)

- 미국 연방정부는 빈곤선 이하로 사는 미국 주민에 대한 지원을 대폭 확대해야 한다. (2001-2002)

- 미국 연방정부는 산업 공해에 대해 환경 규제를 대폭 강화해야 한다. (2003-2004)

- 미국 연방정부는 형사사법제도를 대폭 개혁해야 한다. (2004-2005)

- 미국 연방정부는 티베트, 부탄, 아프가니스탄, 네팔, 미얀마, 태국, 동티모르, 인도네시아, 필리핀, 파키스탄 중 하나 또는 그 이상의 국가에서 인권 보호를 증대시키기 위한 정책을 채택해야 한다. (2005-2006)

- 미국 연방정부는 재생 가능한 자원으로부터의 에너지 생산을 대폭 늘리는 정책을 채택해야 한다.(2006-2007)

- 미국 연방정부는 경제 개발, 인권 보호, 공중위생 중 하나 또는 그 이상의 분야에서 아프리카 북동부 지역에 대한 원조를 대폭 늘려야 한다. (2007-2008)

- 미국 연방정부는 쿠바에 대한 건설적인 개입을 대폭 늘려야 한다. (2008-

2009)

- 미국 연방정부는 국내 운송을 위한 사회기반시설을 대폭 개선해야 한다. (2009-2010)

- 미국 연방정부는 만성 정신질환에 대한 정신건강 서비스 제공을 대폭 개선해야 한다. (2010-2011)

- 미국 연방정부는 중화인민공화국에 대한 무역 정책 및/또는 무역 관행을 대폭 바꾸어야 한다. (2011-2012)

- 미국 연방정부는 미국의 유기 농업 및/또는 지속 가능한 농업에 대한 지원을 대폭 늘려야 한다. (2012-2013)

토론 참고문헌

토론 학생과 토론 교육자를 위한 다음의 참고문헌은 원래 스티븐 헌트
(Steven Hunt)가 마련한 탁월한 참고문헌에서 가져온 것이다. 추가적으로,
다음의 웹사이트를 방문해 도움을 받을 수도 있다.

American Forensics Association (AFA)

   http://www.americanforensics.org/

American Parliamentary Debate Association (APDA)

   http://www.apdaweb.org/

Canadian University Society for Intercollegiate Debate

   http://www.cusid.ca/

Commission on Presidential Debates

   http://www.debates.org/

Critical Animal Blog

   http://www.criticalanimal.blogspot.com/

Cross Examination Debate Association (CEDA)

   http://www.cedadebate.org/

Debate Central

http://www.debate.uvm.edu/

Debate Results

http://www.commweb.fullerton.edu/jbruschke/web/index.aspx

DebateVision

http://www.debatevision.com/

Forensic Friend (from Whitman College)

http://www.wcdebate.com/forensicfriend.htm

Global Debate: News about Debating on Planet Earth

http://globaldebateblog.blogspot.com/

International Debate Education Association (IDEA)

http://www.idebate.org/

International Public Debate Association (IPDA)

http://www.ipdadebate.info/constitution-bylaws.html

National Association of Urban Debate Leagues

http://www.urbandebate.org/index.shtml

National Debate Tournament (NDT) home page

http://www.wfu.edu/NDT/

National Educational Debate Association (NEDA)

http://www.neda.us/

National Forensic Association Lincoln–Douglas home page

http://www.nationalforensics.org/lincoln-douglas-debate

National Parliamentary Debate Association (NPDA)

http://www.parlidebate.org/

Open Debates

http://www.opendebates.org/theissue/

Planet Debate

http://www.planetdebate.com/

Rebecca Moore Howard Bibliography on Argumentation

http://www.rebeccamoorehoward.com/bibliographies/argument-and-argumentation

Tab Room on the PC

https://bearspace.baylor.edu/Richard_Edwards/www/TRPC_Software.html

The English-Speaking Union

http://www.esu.org/

The National Debate Project

http://www.nationaldebateproject.org/

Wake Forest University Guide to Debate Pedagogy (Links)

http://groups.wfu.edu/debate/MiscSites/PedegogyArticles.htm

Wake Forest University Guide to Debate Theory (Links)

http://groups.wfu.edu/debate/MiscSites/DRGArticles/DRGArtiarticlesIndex.htm

토론 이론에 대한 정선된 참고문헌
(A SELECT BIBLIOGRAPHY ON DEBATE THEORY)

1. 핵심 토론 이론 자료에 대한 개관
(Overview of Key Debate Theory Resources)

토론 이론을 위한 최고의 여덟 가지 자료 (Top Eight Sources for Debate Theory)

자료를 찾기 어렵기 때문에 토론 이론에 대한 포괄적인 시야를 얻기란 매우 어렵다. 폭넓은 다양한 토론 단체들은 토론 자료를 각자 별도로 출판하고 있다. 대부분의 토론 자료는 색인이 잘 갖추어지지 않았거나 전혀 갖추어지지 않았다.

1.   *Argumentation and Advocacy,* 예전 명칭은 *Journal of the American Forensic Association* (약칭 *JAFA*), http://www.americanforensics.org/publications-and-research/argumentation-/argumentation-and-advocacy.

2. 논증과 토론에 관한 교과서(Textbooks on argumentation and debate)

Corbett, Edward P. J., and Rosa A. Eberly. *The Elements of Reasoning*, 2nd ed. Boston, MA: Allyn and Bacon, 2000.

Govier, Trudy. *A Practical Study of Argument*, 6th ed. Belmont, CA: Wadsworth, 2005.

Herrick, James A. *Argumentation: Understanding and Shaping Arguments*, 3rd ed. State College, PA: Strata, 2007.

Inch, Edward S., and Barbara Warnick. *Critical Thinking and Communication: The Use of Reason in Argument*, 6th ed. Boston, MA: Allyn and Bacon, 2010.

Johnson, R., and A. Blair. *Logical Self-Defense*. New York: International Debate Education Association, 2006.

Johnson, S. L.*Winning Debates: A Guide to Debating in the Style of theWorld University Debating Championships*. New York: International Debate Education Association, 2009.

Massey, J. *Critical Debaters Handbook*, 2011. DOI: Soonerdebate.com.

Meany, J., and K. Shuster. *Art, Argument, and Advocacy, Mastering Parliamentary Debate*. New York: International Debate Education Association, 2002.

Meany, J., and K. Shuster. *On That Point: An Introduction to Parliamentary Debate*. New York: International Debate Education Association, 2002.

Rieke, R., M. Sillars, and T. Peterson. *Argumentation and Critical Decision Making*, 8th ed. Boston, MA: Pearson Education, Inc., 2013.

Rybacki, K. C., and D. J. Rybacki. *Advocacy and Opposition: An Introduction to Argumentation*, 7th ed. Boston, MA: Allyn and Bacon, 2012.

Snider, A. *Code of the Debater*. New York: International Debate Education Association, 2008.

Trapp, R. *The Debatabase Book*, 4th ed. New York: International Debate Education Association, 2009.

Weston, Anthony. *A Rulebook of Arguments,* 3rd ed. Indianapolis, IN: Hackett, 2000.

3. *Contemporary Argumentation & Debate: The Journal of the Cross Examination Debate Association*, 예전 명칭은 *CEDA Yearbook*, http://cedadebate.org/CAD/index.php/CAD/index.

4. Thomas, David A., and Jack Hart, eds. *Advanced Debate: Readings in Theory, Practice, and Teaching*, 4th ed. Lincolnwood, IL: National Textbook, 1992.

5. *The Forensic* of PKD, http://www.pikappadelta.com/theforensic.html.

6. *Speaker and Gavel* of DSR-TKA, http://www.mnsu.edu/cmst/dsr-tka/speakerandgavel.htm.

7. SCA/AFA Conferences on Argumentation, http://altaconference.org/proceedings.html. (1979년부터 2년에 한 번 학회를 개최해 왔으며, 지금까지 16번 학회를 개최하였다.)

8. *National Forensic Journal* of NFA, http://www.nationalforensics.org/national-al-forensic-journal.

또 다른 주요 자료

Griffin Research, Berkeley, CA. Used to publish debate theory booklets.

Championship Debates and Speeches, annual national final transcripts of final rounds of NDT, CEDA, and so on.

Philosophy and Rhetoric, http://www.psupress.org/Journals/jnls_pr.html.

2. 참고문헌(Bibliographies)

Bartanen, Michael. "Works Cited." In *Teaching and Directing Forensics*. Scottsdale, AZ: Gorsuch Scarisbrick, 1994. pp. 179-184.

———, and David Frank. "Select Bibliography: Scholarly Materials on Value Theory and Value Argument." In *Nonpolicy Debate*, 2nd ed. Scottsdale, AZ: Gorsuch Scarisbrick, 1994. pp. 51-53.

Berube, David. *Non-Policy Debating*. Lanham, MD: University Press of America, 1994. pp. 351-370.

Brownlee, Don. *Coaching Debate and Forensics (Annotated Bibliography)*. Annandale, VA: SCA, 1988.

————, Julia Johnson, and Mike Buckley. "A Bibliometric Analysis of the CEDA Yearbook." *CEDA Yearbook* 12 (1991): 108-120.

Church, Russell T. "A Bibliography for Argumentation and Debate for 1975-76, 1977-78, and 1979." In various editions of *JAFA*.

————, and David C. Buckley. "Argumentation and Debating Propositions of Value: A Bibliography." *JAFA* 19 (Spring 1983): 239-250.

Conklin, Forrest. "A Bibliography for Argumentation and Debate." Published annually in *JAFA*, 1968-1973.

Cureton, Robert D. "A Bibliography for Argumentation and Debate." Published annually in *JAFA*, 1972-1974.

Hansen, Hans V. "An Informal Logic Bibliography." *Informal Logic* 12(3) (Fall 1990): 155-183.

Houtlosser, P. P. "Bibliography Argumentation Studies 2002." *Argumentation* 18(4) (2004): 501-518.

Hunt, Steven B. "A Select Partially Annotated Bibliography for Directing Forensics: Teaching, Coaching, and Judging Debate and Individual Events." *The Forensic* 81(2) (Winter 1996): 1-40.

Jensen, J. Vernon. "Bibliography on Argumentation." *Rhetoric Society Quarterly* 19 (1989): 71-81.

Johnson, Ralph H., and J. Anthony Blair. "A Bibliography of Recent Work in Informal Logic." In *Informal Logic: The First International Symposium*, ed. J. Anthony Blair and Ralph H. Johnson. Inverness, CA: Edgepress, 1980. pp. 163-172.

Louden, Allan, "Non-Presidential Political Debates, Selected Bibliography," http://www.wfu.edu/~louden/Political%20Communication/Bibs/NonPres-Debates.htm.

Louden, Allan, "Presidential Political Debates, Selected Bibliography," http://www.wfu.edu/~louden/Political%20Communication/Bibs/DEBATES.html.

Pfau, Michael, David Thomas, and Walter Ulrich. *Debate and Argument: A Systems Approach to Advocacy*. Glenview, IL: Scott, Foresman, 1987. pp. 313-323.

Sproule, J. Michael. "The Roots of American Argumentation Theory: A Review of Landmark Works, 1878-1932." *JAFA* 23 (Fall 1986): 110-115.

Steadman, Clarence. "An Index to *The Forensic* 1915-1990." *The Forensic* 75 (4) (Summer 1990): 1-30.

Tindell, J. H. "Argumentation and Debate Textbooks: An Overview of Content and Focus." *Argumentation & Advocacy* 35 (4) (1999): 185.

Towne, Ralph, Robert M. Smith, and Thomas Harris. "Recommended Debate Texts and Handbooks: A Survey." *Speaker and Gavel* 11 (3) (Jan. 1974): 52-54.

Trapp, Robert, and Janice Schuetz, eds. "Bibliography." In *Perspectives on Argumentation: Essays in Honor of Wayne Brockriede*. Prospect Heights, IL: Waveland Press, 1990. pp. 315-338.

3. 토론의 가치(Values of Debate)

Aden, Roger. "Reconsidering the Laboratory Metaphor: Forensics as a Liberal Art." *National Forensic Journal* 9 (Fall 1991): 97-108.

Bartanen, Michael. "The Educational Benefits of Forensics." In *Teaching and Directing Forensics*. Scottsdale, AZ: Gorsuch Scarisbrick, 1994. pp. 3-5.

Bennett, William H. "The Role of Debate in Speech Communication." *The Speech Teacher* 21 (Nov. 1972): 281-288.

Bradley, Bert E., Jr. "Debate: A Practical Training for Gifted Students." *The Speech Teacher* 7 (Mar. 1959): 134-138.

Brockriede, Wayne. "College Debate and the Reality Gap." *Speaker and Gavel* 7 (3) (Mar. 1970): 71-76.

———. "The Contemporary Renaissance in the Study of Argument." In *Argument in Transition: Proceedings of the Third Summer Conference on Argumentation*, ed. David Zarefsky, Malcolm O. Sillars, and Jack Rhodes. Annandale, VA: SCA, 1983. pp. 17-26.

Chandler, Robert C., and Jeffrey Hobbs. "The Benefits of Intercollegiate Policy Debate Training to Various Professions." In *Argument in Controversy: Pro-*

ceedings of the Seventh SCA/AFA Conference on Argumentation, ed. Donn
Parson. Annandale, VA: SCA, 1991. pp. 388-390.

Clark, Ruth Anne, and Jesse G. Delia. " 'Topoi' and Rhetorical Competence."
Quarterly Journal of Speech 65(2) (Apr. 1979): 187-206.

Clevenger, Theodore. "Toward a Point of View for Contest Debate." *Central
States Speech Journal* 12 (Autumn 1960): 21-26.

Colbert, Kent. "The Effects of Debate Participation on Argumentativeness and
Verbal Aggression." *Communication Education* 42(3) (July 1993): 206-
214.

———. "Replicating the Effects of Debate Participation on Argumentativeness
and Verbal Aggression." *The Forensic* 79(3) (Spring 1994): 1-13.

———, and Thompson Biggers. "Why Should We Support Debate?" *JAFA* 21(3)
(Spring 1985): 237-240.

DeLancey, Charles A. "The Values of Forensics Activities to Speech Communi-
cation Programs in Liberal Arts Colleges." *Association for Communication
Administration Bulletin* (47) (Jan. 1984): 56-57.

Douglas, Donald. "Toward a Philosophy of Forensic Education." *JAFA* 8 (Summer
1971): 36-41.

Dowling, Ralph. "Arguers as Lovers: Implications for Forensics." *Communica-
tion Education* 32 (Apr. 1983): 237-241.

Farrell, Thomas B. "The Tradition of Rhetoric and the Philosophy of Communi-
cation." *Communication* 7(2) (1983): 151-180.

Freeley, Austin J. "An Anthology of Commentary on Debate." *The Speech Teach-
er* 10 (Jan. 1961): 44-47.

Goodnight, G. Thomas. "The Re-Union of Argumentation and Debate Theory."
In *Dimensions of Argument: Proceedings of the Second Summer Conference
on Argumentation*, ed. George Ziegelmueller and Jack Rhodes. Annandale,
VA: SCA, 1981. pp. 415-432.

Heymann, Philip, and Jody Heymann. "The Fate of Public Debate in the U.S."
Harvard Journal of Legislation 33 (Summer 1996): 511-526.

Hill, Bill. "Intercollegiate Debate: Why Do Students Bother?" *Southern Speech*

Communication Journal 48 (Fall 1982) : 77-88.

Hobbs, Jeffrey Dale, and Robert C. Chandler. "The Perceived Benefits of Policy Debate Training in Various Professions." *Speaker and Gavel* 28 (1991) : 4-6.

Hollihan, Thomas, and Patricia Riley. "Academic Debate and Democracy: A Clash of Ideologies." In *Argument and Critical Practices: Proceedings of the Fifth SCA/AFA Conference on Argumentation*, ed. J. W. Wenzel. Annandale, VA: SCA, 1987. pp. 399-404.

Hunt, Steven B. "The Values of Forensics Participation." In *Intercollegiate Forensics*, ed. T. C. Winebrenner. Dubuque, IA: Kendall Hunt, 1994. pp. 1-19.

Jones, Kevin T. "Cerebral Gymnastics 10l: Why Do Debaters Debate?" *CEDA Yearbook* 15 (1994) : 65-75.

Kay, Jack. "Rapprochement of World 1 and World 2: Discovering the Ties Between Practical Discourse and Forensics." In *Argument in Transition: Proceedings of the Third Summer Conference on Argumentation*, ed. David Zarefsky, Malcolm O. Sillars, and Jack Rhodes. Annandale, VA: SCA, 1983. pp. 927-937.

Kruger, Arthur. "Debate and Speech Communication." *Southern Communication Journal* 39 (Spring 1974) : 233-240.

Kully, Robert D. "Forensics and the Speech Communication Discipline: Analysis of an Estrangement." *JAFA* 8 (Spring 1972) : 192-199.

Leeper, Karla, and Dale Herbeck. "Policy Debate as a Laboratory for Teaching Argument Skills." *Forensic Educator* 6 (1991-92) : 23-28.

Littlefield, Robert S. "An Assessment of University Administrators: Do They Value Competitive Debate and I. E. Programs." *National Forensic Journal* 9 (2) (Fall 1991) : 87-96.

Matlon, Ron, and Lucy M. Keele. "A Survey of Participants in the National Debate Tournament, 1947-1980." *JAFA* 20 (Spring 1984) : 194-205.

McBath, James. "Rationale for Forensics." In *American Forensics in Perspective: Papers from the Second National Conference on Forensics*, ed. Donn Parson. Annandale, VA: SCA, 1984. pp. 5-11.

McGlone, Edward L. "The Behavioral Effects of Forensics Participation." *JAFA* 10

(Winter 1974): 140-146.

McGough, M. "Pull It Across Your Flow." *The New Republic* (Oct. 10, 1988): 17-19.

McGuckin, Henry E., Jr. "Forensics in the Liberal Education." *Western Journal of Speech Communication* 34 (Spring 1970): 133-138.

Morello, John T. "Intercollegiate Debate: Proposals for a Struggling Activity." *Speaker and Gavel* 17 (2) (Winter 1980): 103-107.

Nobles, W. Scott. "Tournament Debating and Rhetoric." *Western Journal of Speech Communication* 22 (Fall 1958): 206-210.

Norton, Larry. "Nature and Benefits of Academic Debate." In *Introduction to Debate*, ed. Carolyn Keefe, Thomas B. Harte, and Larry E. Norton. New York: Macmillan, 1982. pp. 24-40.

Pearce, W. Barnett. "Forensics and Speech Communication." *Association for Communication Administration Bulletin* (7) (Apr. 1974): 26-32.

Ritter, Kurt. "Debate and a Liberal Arts Education: The Forensics Program at the U. of Illinois." *Speaker and Gavel* 14 (4) (Summer 1977): 72-84.

―――. "Debate as an Instrument for Democracy." *Speaker and Gavel* 8 (3) (Spring 1976): 41-43.

Rohrer, Dan M. "Debate as a Liberal Art." In *Advanced Debate: Readings in Theory, Practice, and Teaching*, 3rd ed., ed. David A. Thomas and Jack Hart. Lincolnwood, IL: National Textbook, 1987. pp. 7-14.

Rowland, Robert, and Scott Deatherage. "The Crisis in Policy Debate." *JAFA* 24 (Spring 1988): 246-250.

―――. "A Defense of Rational Argument." *Philosophy and Rhetoric* 28 (4) (1995): 350-364.

―――. "The Practical Pedagogical Function of Academic Debate." *Contemporary Argumentation and Debate* 16 (1995): 98-108.

―――, and John E. Fritch. "The Relationship Between Debate and Argumentation Theory." In *Spheres of Argument: Proceedings of the Sixth SCA/AFA Conference on Argumentation*, ed. Bruce E. Gronbeck. Annandale, VA: SCA, 1989. pp. 457-463.

Sellnow, Deanna. "Justifying Forensics Programs to Administrators." *National Forensic Journal* 11 (Winter 1994): 1-14.

Thomas, David A. "Forensics Shock: Making Forensics Relevant to Tomorrow's Higher Education." *Speech Teacher* 13 (Sept. 1974): 235-241.

Trapp, Robert. "The Need for an Argumentative Perspective in Academic Debate." *CEDA Yearbook* 14 (1993): 23-33.

Treadaway, Glenda. "A Pedagogical Rationale for Re-Establishing Complementary Debate and Individual Events Programs." In *Proceedings from the Pi Kappa Delta Development Conference: Re-Formulating Forensics for the New Century*, ed. Scott Jensen. Lake Charles, LA: McNeese State University, 1995. pp. 17-24.

Windes, R. R., Jr. "Competitive Debating, the Speech Program, the Individual, and Society." *Speech Teacher* 9 (Mar. 1960): 99-108.

Winebrenner, T. C. "Reaffirming the Role of Argumentation Theory in Academic Debate." *The Forensic* 79(2) (Winter 1994): 1-9.

Zarefsky, David. "Keynote Address." In *Dialogue in the Forensic Community: Proceedings of the Conference on Forensic Education*, ed. Jack Kay and Julie Lee. Kansas City, MO: National Federation of State High School Associations, 1990.

4. 토론과 비판적 사고(Debate and Critical Thinking)

Beckman, V. "An Investigation of Their Contributions to Critical Thinking Made by Courses in Argumentation and Discussion in Selected Colleges." Unpublished Ph.D. dissertation, University of Minnesota, 1955.

Blair, J. Anthony. "Teaching Argument in Critical Thinking." *The Community College Humanities Review* 5 (1984): 19-30.

Brembeck, W. "The Effects of a Course in Argumentation on Critical Thinking." *Speech Monographs* 16 (1949): 172-189.

Colbert, Kent. "The Effects of CEDA and NDT Debate Training on Critical Thinking Ability." *JAFA* 23(4) (Spring 1987): 194-201.

————. "Enhancing Critical Thinking Ability Through Academic Debate." *Contemporary Argumentation and Debate* 16 (1995): 52-72.

————. "The Debate - Critical Thinking Relationship: Isolating the Effects of Self-Selection." Paper presented at the SCA Convention, San Antonio, TX, 1995.

Cross, G. "The Effects of Belief Systems and the Amount of Debate Experience on the Acquisition of Critical Thinking." Unpublished Ph.D. dissertation, University of Utah, 1971.

Follert, V., and Kent Colbert. "An Analysis of the Research Concerning Debate Training and Critical Thinking Improvements." ERIC Document Reproduction Service #ED 238 058, 1983.

Frank, D. "Teaching High School Speech to Improve Critical Thinking." *The Speech Teacher* 18 (1969): 296-302.

Greenstreet, Robert. "Academic Debating and Critical Thinking: A Look at the Evidence." *National Forensic Journal* 11 (1993): 13-28.

Gruner, Charles, Richard Huseman, and James Luck. "Debating Ability, Critical Thinking Ability, and Authoritarianism." *Speaker and Gavel* 8(3) (Mar. 1971): 63-65.

Hill, Bill. "The Value of Competitive Debate as a Vehicle for Promoting Development of Critical Thinking Ability." *CEDA Yearbook* 14 (1993): 1-22.

Huseman, Richard, Glenn Ware, and Charles Gruner. "Critical Thinking, Reflective Thinking, and the Ability to Organize Ideas: A Multi-Variate Approach." *JAFA* 9 (Summer 1972): 261-265.

Jackson, T., ed. "The Effects of Intercollegiate Debating on Critical Thinking." Unpublished Ph.D. dissertation, University of Wisconsin, 1961.

Katula, R., and C. Martin. "Teaching Critical Thinking in the Speech Communication Classroom." *Communication Education* 33 (1984): 160-167.

Perella, Jack. *The Debate Method of Critical Thinking.* Dubuque, IA: Kendall Hunt, 1983.

Powell, Robert G. "Critical Thinking and Speech Communication: Our Critical Strategies Are Warranted NOT!" *Journal of Applied Communication Re-*

search 20 (3) (Aug. 1992): 342-347.

Sanders, Judith, Richard Wiseman, and Robert Gass. "Does Teaching Argumentation Facilitate Students' Critical Thinking?" *Communication Reports* 7 (1) (Winter 1994): 27-35.

Whalen, Shawn. "Intercollegiate Debate as a Co-Curricular Activity: Effects on Critical Thinking Skills." In *Arguments in Controversy: Proceedings of the Seventh SCA/AFA Conference on Argumentation*, ed. Donn Parson. Annandale, VA: SCA, 1991. pp. 391-397.

5. 논증과 토론에 대한 책(Books on Argumentation and Debate)

Adler, Mortimer. *Dialectic*. New York: Harcourt, Brace, 1929.

Anderson, Jerry M., and Paul J. Dovre, eds. *Readings in Argumentation*. Boston, MA: Allyn and Bacon, 1968.

Bartanen, Michael, and David Frank. *Non-Policy Debate*, 2nd ed. Scottsdale, AZ: Gorsuch Scarisbrick, 1994.

————. *Teaching and Directing Forensics*. Scottsdale, AZ: Gorsuch Scarisbrick, 1994.

Benoit, William, Dale Hample, and Pam Benoit, eds. *Readings in Argumentation*. New York: Foris, 1992.

Berube, David. *Nonpolicy Debating*. New York: University Press of America, 1993.

Branham, Robert James. *Debate and Critical Analysis: The Harmony of Conflict*. Hillsdale, NJ: Lawrence Erlbaum, 1991.

Campbell, Cole. *Competitive Debate*. Chapel Hill, NC: Information Research Associates, 1974.

Capp, Glenn R., and Thelma Capp. *Principles of Argumentation and Debate*. Englewood Cliffs, NJ: Prentice Hall, 1965.

Corcoran, Joseph. *An Introduction to Non-Policy Debating*. Dubuque, IA: Kendall Hunt, 1988.

Cox, J. Robert, Malcolm O. Sillars, and Gregg B. Walkers, eds. *Argument and*

Social Practice: Proceedings of the Fourth SCA/AFA Conference on Argumentation. Annandale, VA: SCA, 1985.

Ehninger, Douglas, and Wayne Brockriede. *Decision by Debate*, 2nd ed. New York: Harper & Row, 1978.

Ericson, J. M., and J. J. Murphy, with Bud Zeuschner. *The Debater's Guide*, revised ed. Carbondale, IL: Southern Illinois University Press, 1987.

Fadely, Dean. *Advocacy: The Essentials of Argumentation and Debate.* Dubuque, IA: Kendall Hunt, 1994.

Foster, William T. *Argumentation and Debating.* Boston, MA: Houghton Mifflin, 1932 [1908]. 고전적인 책.

Freeley, Austin J. *Argumentation and Debate: Critical Thinking for Reasoned Decision Making*, 9th ed. Belmont, CA: Wadsworth, 1996. 아마 1960년대부터 지금까지 어떤 다른 텍스트보다 대학 토론 수업에서 많이 이용되었을 것이다.

Gronbeck, Bruce E., ed. *Spheres of Argument: Proceedings of the Sixth SCA/AFA Conference on Argumentation.* Annandale, VA: SCA, 1989.

Hollihan, Thomas A., and Kevin Baaske. *Arguments and Arguing: The Products and Process of Human Decision Making.* New York: St. Martin's Press, 1994.

Jackson, Sally, ed. *Argumentation and Values: Proceedings of the Ninth SCA/AFA Conference on Argumentation.* Annandale, VA: SCA, 1995.

Kahane, Howard. *Logic and Contemporary Rhetoric*, 5th ed. Belmont, CA: Wadsworth, 1988.

MacRae, Duncan. *Policy Indicators: Links Between Social Science and Public Debate.* Winston-Salem: University of North Carolina Press, 1985.

Makau, Josina M. *Reasoning and Communication: Thinking Critically About Arguments.* Belmont, CA: Wadsworth, 1990.

McBath, James., ed. *Forensics as Communication: The Argumentative Perspective.* Skokie, IL: National Textbook, 1975. 건전한 토론 지도 철학을 계발하는 데 매우 중요한 책.

McKerrow, Ramie, ed. *Argument and the Postmodern Challenge: Proceedings of the Eighth SCA/AFA Conference on Argumentation.* Annandale, VA: SCA, 1993.

McPeak, J. *Teaching Critical Thinking: Dialogue and Dialectic.* New York: Routledge, 1990.

Parella, Jack. *The Debate Method of Critical Thinking.* Dubuque, IA: Kendall Hunt, 1986.

Parson, Donn, ed. *American Forensics in Perspective: Papers from the Second National Conference on Forensics.* Annandale, VA: SCA, 1984.

————, ed. *Argument in Controversy: Proceedings of the Seventh SCA/AFA Conference on Argumentation.* Annandale, VA: SCA, 1991.

Patterson, J. W., and David Zarefsky. *Contemporary Debate.* Boston, MA: Houghton Mifflin, 1981.

Perelman, Chaim, and Lucie Olbrechts-Tyteca. *The New Rhetoric: A Treatise on Argumentation.* Trans. John Wilkinson and Purcell Weaver. Notre Dame, IN: University of Notre Dame Press, 1969. 논증과 토론의 진지한 학생들이라면 반드시 숙달해야 하는 툴민(Toulmin)의 『논증의 활용(*The Uses of Argument*)』의 견해를 따른다.

Pfau, Michael, David A. Thomas, and Walter Ulrich. *Debate and Argument: A Systems Approach to Advocacy.* Glenview, IL: Scott, Foresman, 1987.

Reinard, John. *Foundations of Argument: Effective Communication for Critical Thinking.* Dubuque, IA: Brown & Benchmark, 1991.

Rhodes, Jack, and Sara Newell, eds. *Proceedings of the Summer Conference on Argumentation.* Annandale, VA: SCA, 1980.

Rieke, Richard D., and Malcolm O. Sillars. *Argumentation and the Decision Making Process,* 4th ed. Reading, MA: Addison-Wesley, 1996.

Roden, Sally, ed. *Commitment to Forensic Education: The Challenge to the Twenty-First Century: Proceedings of the 1991 PKD Professional Development Conference.* Conway: University of Central Arkansas, 1991.

Thomas, David, and John Hart. *Advanced Debate: Readings in Theory, Practice, and Teaching,* 4th ed. Lincolnwood, IL: National Textbook, 1992.

————, and Stephen Wood, eds. *CEDA Twentieth Anniversary Assessment Conference Proceedings.* Dubuque, IA: Kendall Hunt, 1993.

Thompson, Wayne. *Modern Argumentation and Debate: Principles and Practic-*

es. New York: Harper & Row, 1971.

Toulmin, Stephen. *The Uses of Argument*. Cambridge: Cambridge University Press, 1958.

Ulrich, Walter. *Judging Academic Debate*. Lincolnwood, IL: National Textbook, 1986.

Warnick, Barbara, and Edward S. Inch. *Critical Thinking and Communication: The Use of Reason in Argument*, 2nd ed. New York: Macmillan, 1994.

Weiss, Robert O. *Public Argument*. New York: University Press of America, 1994.

Wenzel, Joseph, ed. *Argument and Critical Practices: Proceedings of the Fifth SCA/AFA Conference on Argumentation*. Annandale, VA: SCA, 1987.

Williams, David, and Michael Hazen, eds. *Argumentation Theory and the Rhetoric of Assent*. Tuscaloosa: University of Alabama Press, 1990.

Winebrenner, T. C., ed. *Intercollegiate Forensics*. Dubuque, IA: Kendall Hunt, 1994.

Winkler, Carol, William Newman, and David Birdsell. *Lines of Argument: Core Volume, Lines of Argument: Policy Argument, and Lines of Argument: Values Argument*. Dubuque, IA: Brown & Benchmark, 1993.

Zarefsky, David, Malcolm O. Sillars, and Jack Rhodes, eds. *Argument in Transition: Proceedings of the Third Summer Conference on Argumentation*. Annandale, VA: SCA, 1983.

Ziegelmueller, George, and Jack Rhodes, eds. *Dimensions of Argument: Proceedings of the Second Summer Conference on Argumentation*. Annandale, VA: SCA, 1981.

————, and Jack Kay. *Argumentation: Inquiry and Advocacy*, 3rd ed. Boston, MA: Allyn and Bacon, 1997.

6. 선결 요건을 갖춘 입론과 필수 쟁점
(Prima Facie Cases and Stock Issues)

Giffin, Kim, and Kenneth Magill. "Stock Issues in Tournament Debates." *Central*

States Speech Journal 12 (Autumn 1960): 27-32.

Herlitz, Georg Nils. "The Meaning of the Term 'Prima Facie'." *Louisiana Law Review* 55(2) (Nov. 1994): 391-408.

McCroskey, James, and Leon R. Camp. "A Study of Stock Issues Judging Criteria and Decisions in Debate." *Southern States Communication Journal* (Winter 1964): 158-168.

Scott, Robert. "On the Meaning of the Term 'Prima Facie' in Argumentation." *Central States Speech Journal* 12 (Autumn 1960): 33-37.

Tuman, Joseph S. "Getting to First Base: Prima Facie Arguments for Propositions of Value." *JAFA* 24(2) (Fall 1987): 84-94.

Young, Gregory, and Paul Gaske. "On Prima Facie Value Argumentation: The Policy Implications Affirmative." *CEDA Yearbook* 5 (1984): 24-30.

7. 추정과 입증 책임(Presumption and the Burden of Proof)

Brydon, Steven R. "Presumption in Non-Policy Debate: In Search of a Paradigm." *JAFA* 23(2) (Summer 1986): 15-22.

Burnett, Nicholas. "Archbishop Whately and the Concept of Presumption: Lessons for Non-Policy Debate." *CEDA Yearbook* 12 (1992): 37-43.

Cronkhite, Gary. "The Locus of Presumption." *Central States Speech Journal* 17 (Nov. 1966): 270-276.

Hill, Bill. "Toward a Holistic Model of Presumption in Non-Policy Debate." *CEDA Yearbook* 10 (1990): 22-32.

————. "An Evolving Model of Presumption for Non-Policy Debate." *CEDA Yearbook* 15 (1994): 43-64.

Lichtman, Allan, and Daniel Rohrer. "Critique of Zarefsky on Presumption." In *Proceedings of the National Conference on Argumentation*, ed. James Luck. Fort Worth, TX: Texas Christian University, 1973. pp. 38-45.

Podgurski, Dwight. "Presumption in the Value Proposition Realm." *CEDA Yearbook* 4 (1983): 34-39.

Rowland, Robert C. "The Function of Presumption in Academic Debate." *CEDA*

Yearbook 13 (1992): 20-24.

Sproule, J. Michael. "The Psychological Burden of Proof: On the Evolutionary Development of Richard Whately's Theory of Presumption." *Speech Monographs* 43(2) (June 1976): 115-129.

Thomas, David. "Presumption in Nonpolicy Debate: A Case for Natural Presumption Based on Current Nonpolicy Paradigms." In *Advanced Debate: Readings in Theory, Practice, and Teaching*, 4th ed., ed. David Thomas and John Hart. Lincolnwood, IL: National Textbook, 1992. pp. 220-242.

Vasilius, Jan. "Presumption, Presumption, Wherefore Art Thou Presumption." *CEDA Yearbook* 1 (1980): 33-42.

8. 조사(Research)

Adams, Tyrone, and Andrew Wood. "The Emerging Role of the World Wide Web in Forensics: On Computer-Mediated Research and Community Development." *The Forensic* 81(4) (Summer 1996): 21-35.

Bart, John. "Is There an Exit from the Information Superhighway? The Dangers of Electronic Research." *Forensic Educator* 9(1) (1994-95): 28-31.

Harris, Scott. "Databases in the Marketplace of Academic Debate: A Response to Tucker." *Argument and Advocacy* 32(1) (Summer 1995): 41-45.

Herbeck, Dale, ed. "Computer Mediated Research." *Forensic Educator* 9(1) (1994-95).

Pitt, Carl Allen. "Upgrading the Debater's Research Methods." *Speaker and Gavel* 7(2) (Jan. 1970): 44-46.

Rhodes, Jack, and Glenda Rhodes. "Guidelines for Library Services to College and High School Debaters." *Reference Quarterly* (Fall 1987): 87-94.

Scheckles, T. F. "Applications of Computer Technology in Intercollegiate Debate." *Speaker and Gavel* 23 (1986): 52-61.

Stafford, Shane, and Brian Lain. "Hitchhiking on the Information Superhighway: Research on the Net." In *Debaters' Research Guide*, ed. Wake Forest University Debate. Winston-Salem, NC: Wake Forest University, 1994.

pp. A10-A15, http://groups.wfu.edu/debate/MiscSites/DRGArticles/Stafford&Lain1994Immigration.htm.

Tucker, Robert. "Argument, Ideology, and Databases: On the Corporatization of Academic Debate." *Argumentation and Advocacy* 32(1) (Summer 1995): 30-40.

Wood, Stephen C. "Threads: An Introduction to Forensic E-Mail." *The Forensic* 80(2) (Winter 1995): 18-29.

9. 토론에 적용할 논증 이론, 변증법, 논리와 추론, 입증 기준
(Argumentation Theory, Dialectics, Logic and Reasoning, and Proof Standards as Applied to Debate)

Aden, Roger. "The Enthymeme as Postmodern Argument Form: Condensed, Mediated Argument Then and Now." *Argument and Advocacy* 31(2) (Fall 1994): 54-63.

Adler, Mortimer. *Dialectic*. New York: Harcourt, Brace, 1929.

Anderson, Ray Lynn, and C. David Mortenson. "Logic and Marketplace Argumentation." *Quarterly Journal of Speech* 53 (Apr. 1967): 143-151.

————. "The Limits of Logic." *JAFA* 7 (Spring 1970): 71-78.

Aristotle. *The Rhetoric of Aristotle*. Trans. Lane Cooper. New York: Appleton-Century-Crofts, 1932.

Bator, Paul G. "The Good Reasons Movement: A Confounding of Dialectic and Rhetoric." *Philosophy and Rhetoric* 21(1) (1988): 38-47.

Benoit, William. "Aristotle's Example: The Rhetorical Induction." *Quarterly Journal of Speech* 66 (Apr. 1980): 182-192.

————. "On Aristotle's Example." *Philosophy and Rhetoric* 20(4) (1987): 261-267.

Billig, Michael. *Arguing and Thinking: A Rhetorical Approach to Social Psychology*. Cambridge: Cambridge University Press, 1987.

Blair, J. Anthony, and Ralph H. Johnson. "Argument as Dialectical." *Argumentation* 1 (1987): 41-56.

Brockriede, Wayne. "A Standard for Judging Applied Logic in Debate." *The AFA Register* (Spring 1962): 10-14.

———. "Arguers as Lovers." *Philosophy and Rhetoric* 5 (Winter 1972): 1-11.

———. "The Contemporary Renaissance in the Study of Argument." In *Argument in Transition: Proceedings of the Third Summer Conference on Argumentation*, ed. David Zarefsky, Malcolm O. Sillars, and Jack Rhodes. Annandale, VA: SCA, 1983. pp. 17-26.

———, and Douglas Ehninger. "Toulmin on Argument: An Examination and Application." *Quarterly Journal of Speech* 46 (Feb. 1960): 44-53.

Brooks, Richard O. "Legal Studies and Liberal Arts: Outline of Curriculum Based upon the Practical Syllogism." *The Legal Studies Forum* 10(1) (Winter 1986): 97-120.

Clarke, Ruth Anne, and Jesse G. Delia. "'Topoi' and Rhetorical Competence." *Quarterly Journal of Speech* 65(2) (Apr. 1979): 187-206.

Conley, Thomas M. "The Enthymeme in Perspective." *Quarterly Journal of Speech* 70 (May 1984): 168-187.

Consigny, Scott. "Dialectical, Rhetorical, and Aristotelian Rhetoric." *Philosophy and Rhetoric* 22(4) (1989): 281-287.

Copi, Irving. *Informal Logic*. New York: Macmillan, 1986.

Delia, Jesse G. "The Logic Fallacy, Cognitive Theory, and the Enthymeme: A Search for the Foundations of Reasoned Discourse." *Quarterly Journal of Speech* 56 (Apr. 1970): 140-148.

Douglas, Rodney B., and Carroll Arnold. "On Analysis of Logos: A Methodological Inquiry." *Quarterly Journal of Speech* 55 (Feb. 1970): 22-32.

Ehninger, Douglas. "Argument as Method: Its Nature, Its Limitations, and Its Uses." *Communication Studies* 37 (1970): 101-110.

Epstein, William. "The Classical Tradition of Dialectics and American Legal Education." *Journal of Legal Education* 31(3-5) (Summer/Fall 1982): 399-423.

Fisher, Walter R. "Rationality and the Logic of Good Reasons." *Philosophy and Rhetoric* 13(2) (Spring 1980): 121-130.

Golden, J. L., and J. J. Pillotta, eds. *Practical Reasoning in Human Affairs*. Dordrecht, Holland: D. Reidel, 1986.

Goodnight, G. Thomas. "The Re-Union of Argumentation and Debate Theory." In *Dimensions of Argument: Proceedings of the Second Summer Conference on Argumentation*, ed. George Ziegelmueller and Jack Rhodes. Annandale, VA: SCA, 1981. pp. 415-432.

Gottlieb, Gordon. *The Logic of Choice*. New York: Macmillan, 1968.

Hamer, David. "The Civil Standard of Proof Uncertainty: Probability, Belief, and Justice." *Sydney Law Review* 16(4) (Dec. 1994): 506-536.

Hample, Dale. "Teaching the Cognitive Context of Argument." *Communication Education* 34 (July 1985): 196-204.

―――. "Argument: Public, Private, Social and Cognitive." *JAFA* 25 (Summer 1988): 13-19.

Hollihan, Thomas A., and Pat Riley. "Academic Debate and Democracy: A Clash of Ideologies." In *Argument and Critical Practices: Proceedings of the Fifth SCA/AFA Conference on Argumentation*, ed. J.W.Wenzel. Annandale, VA: SCA, 1987. pp. 399-404.

Hunt, Everett. "Dialectics: A Neglected Method of Argument." *Quarterly Journal of Speech* 7 (June 1921): 221-232.

Iseminger, Gary. "Successful Argument and Rational Belief." *Philosophy and Rhetoric* 7 (1974): 47-57.

Jamieson, Kathleen Hall. *Eloquence in an Electronic Age*. New York: Oxford University Press, 1988.

Kennedy, George, ed. and trans. *Aristotle on Rhetoric: A Theory of Civic Discourse*. New York: Oxford University Press, 1991.

Klumpp, James. "Keeping Our Traditions Straight: Working with the Intellectual Modes of Argumentative Studies." In *Argument in Controversy: Proceedings of the Seventh SCA/AFA Conference on Argumentation*, ed. Donn Parson. Annandale, VA: SCA, 1991. pp. 33-38.

Lakoff, George, and Mark Johnson. *Metaphors We Live By*. Chicago: University of Chicago Press, 1980.

Lichtman, Allan J., and Daniel M. Rohrer. "The Logic of Policy Dispute." *JAFA* 16

(Spring 1980): 236-247.

Miller, Gerald R. "Some Factors Influencing Judgments of the Logical Validity of Arguments: A Research Review." *Quarterly Journal of Speech* 55 (Oct. 1969): 276-286.

Mills, Glen E., and Hugh Petrie. "The Role of Logic in Rhetoric." *Quarterly Journal of Speech* 54 (Oct. 1968): 260-267.

Mortenson, C. David, and Ray L. Anderson. "The Limits of Logic." *JAFA* 7 (Spring 1970): 71-78.

Nelson, William F. "Topoi: Evidence of Human Conceptual Behavior." *Philosophy and Rhetoric* 2 (Winter 1969): 1-11.

Newman, Robert P. "Analysis and Issues—A Study of Doctrine." In *Readings in Argumentation*, ed. Jerry M. Anderson and Paul J. Dovre. Boston, MA: Allyn and Bacon, 1968. pp. 166-180.

Nothstine, William L. "Topics as Ontological Metaphor in Contemporary Rhetorical Theory and Criticism." *Quarterly Journal of Speech* 74 (May 1988): 151-163.

Perelman, Chaim, and Lucie Olbrechts-Tyteca. *The New Rhetoric: A Treatise on Argumentation*. Trans. John Wilkinson and Purcell Weaver. Notre Dame, IN: University of Notre Dame Press, 1969.

Petrie, Hugh. "Does Logic Have Any Relevance to Argumentation?" *JAFA* 6 (Spring 1969): 55-60.

Pierce, Donald C. "The History of the Concept of Stasis." *The Forensic* 72 (1987): 75-81.

Pinto, Robert C., and John Anthony Blair. *Reasoning: A Practical Guide*. Englewood Cliffs, NJ: Prentice Hall, 1993.

Powers, John M. "On the Intellectual Structure of the Human Communication Discipline." *Communication Education* 44(3) (July 1995): 191-222.

Pruett, Robert. "Dialectic: A Starting Point for Argument." *Ohio Speech Journal* (1970): 42-47.

Rescher, Nicholas. *Dialectics: A Controversy Oriented Approach to the Theory of Knowledge*. Albany: State University of New York Press, 1977.

————. *Rationality: A Philosophical Inquiry into the Nature and the Rationale of Reason*. New York: Oxford University Press, 1988.

Rowland, Robert C. "Argument Fields." In *Dimensions of Argument: Proceedings of the Second Summer Conference on Argumentation*, ed. George Ziegelmueller and Jack Rhodes. Annandale, VA: SCA, 1981. pp. 56-79.

————. "On Defining Argument." *Philosophy and Rhetoric* 20 (1987): 140-159.

————, and John E. Fritch. "The Relationship Between Debate and Argumentation Theory." In *Spheres of Argument: Proceedings of the Sixth SCA/AFA Conference on Argumentation*, ed. Bruce E. Gronbeck. Annandale, VA: SCA, 1989. pp. 457-463.

Self, Lois. "Rhetoric and Phronesis: The Aristotelian Ideal." *Philosophy and Rhetoric* 12 (Spring 1979): 130-145.

Sunstein, Cass. "On Analogical Reasoning." *Harvard Law Review* 106(3) (Jan. 1993): 741-793.

Shiffrin, Steven. "Forensics, Dialectic, and Speech Communication." *JAFA* 8 (Spring 1972): 189-191.

Toulmin, Stephen. *The Uses of Argument*. Cambridge: Cambridge University Press, 1958.

————, Richard Rieke, and Allan Janik. *An Introduction to Reasoning*. New York: Macmillan, 1979.

Trapp, Robert. "The Need for an Argumentative Perspective for Academic Debate." *CEDA Yearbook* 14 (1993): 23-33.

Warnick, Barbara. "Judgment, Probability and Aristotle's Rhetoric." *Quarterly Journal of Speech* 85 (Aug. 1989): 299-311.

Zarefsky, David. "The Role of Causal Argument in Policy Controversies." *JAFA* 8 (Spring 1977): 179-191.

10. 증거(Evidence)

Benson, James A. "The Use of Evidence in Intercollegiate Debate." *JAFA* 7 (Spring 1971): 260-270.

Dresser, William R. "Studies of the Effects of Evidence: Implications for Forensics." *The AFA Register* (Fall 1962): 14-19.

―――. "The Impact of Evidence on Decision Making." *JAFA* 3(2) (May 1966): 43-47.

Gregg, R. B. "The Rhetoric of Evidence." *Western Speech* 31 (Summer 1967): 180-189.

Hobbs, Jeffrey. "Surrendering Decision Authority from the Public to the Technical Sphere of Argument: The Use of Evidence in Contemporary Intercollegiate Debate." *The Forensic* 80(1) (Fall 1994): 1-6.

Huff, Darrell. "How to Lie with Statistics." *Harper's Magazine* (Aug. 1950): 97-101.

Insalata, S. John. "The Persuasive Use of Evidence in Formal Argument." *The Forensic* (Mar. 1960): 9-11.

Kazoleas, Dean C. "A Comparison of the Persuasive Effectiveness of Qualitative Versus Quantitative Evidence." *Communication Quarterly* 41(1) (Winter 1993): 40-51.

Kellermann, Kathy, and Allan Louden. "Coping with Statistics in Debate." In *Debaters' Research Guide*, ed. Wake Forest University Debate. Winston-Salem, NC: Wake Forest University, 1979. pp. 12-21, http://groups.wfu.edu/debate/MiscSites/DRGArticles/KellermannLouden1979ForPol.htm.

―――. "The Concept of Evidence: A CriticalReview." *JAFA* 16 (Winter 1980): 159-172.

Luchok, Joseph, and James C. McCroskey. "The Effect of Quality of Evidence on Attitude Change and Source Credibility." *Southern Speech Communication Journal* 43(4) (Summer 1978): 371-383.

McCroskey, James. "A Summary of Experimental Research on the Effects of Evidence on Persuasive Communication." *Quarterly Journal of Speech* 55 (Apr. 1969): 169-176.

Newman, Robert P., and Dale R. Newman. *Evidence*. New York: Houghton Mifflin, 1969.

―――, and Keith R. Sanders. "A Study in the Integrity of Evidence." *JAFA* 2(1)

(Jan. 1965): 7-13.

Reinard, John C. "The Empirical Study of the Persuasive Effects of Evidence: The Status After Fifty Years of Research." *Human Communication Research* 15(1) (Fall 1988): 3-59.

Sanders, Gerald H. "Misuse of Evidence in Academic Debate." In *Advanced Debate*, ed. David A. Thomas. Skokie, IL: National Textbook, 1975. pp. 220-227.

Sanders, Keith. "Toward a Solution to the Misuse of Evidence." *JAFA* 3(1) (Jan. 1966): 6-10.

Scott, Robert L. "Evidence in Communication: We are Such Stuff." *Western Journal of Speech Communication* 42(1) (Winter 1978): 29-36.

Spiker, Barry K., Tom Daniels, and Lawrence Bernabo. "The Quantitative Quandry in Forensics: The Use and Misuse of Statistical Evidence." *JAFA* 19 (Fall 1982): 87-96.

Winebrenner, T. C. "Authority as Argument in Academic Debate." *Contemporary Argumentation and Debate* 16 (1995): 14-29.

11. 찬성 측, 비교우위, 기준 입론
(The Affirmative, Comparative Advantage, and Criteria Cases)

Brock, Bernard. "The Comparative Advantages Case." *Speech Teacher* 16 (Mar. 1967): 118-123.

Chesebro, JamesW. "The Comparative Advantage Case." *JAFA* 5(2) (Spring 1968): 57-63.

―――. "Beyond the Orthodox: The Criteria Case." *JAFA* 7 (Winter 1971): 208-215.

Fadely, L. Dean. "The Validity of the Comparative Advantage Case." *JAFA* 4(1) (Winter 1967): 28-35.

Flaningam, Carl D. "Concomitant vs. Comparative Advantages: Sufficient vs. Necessary Conditions." *JAFA* 18(1) (Summer 1981): 1-8.

Lewinski, John, Bruce Metzler, and Peter L. Settle. "The Goal Case Affirmative:

An Alternative Approach to Academic Debate." *JAFA* 9 (Spring 1973): 458-463.

Lichtman, Alan, Charles Garvin, and Jerry Corsi. "The Alternative Justification Affirmative: A New Case Form." *JAFA* 10 (Fall 1973): 59-69.

Ware, B. L., Jr., and William B. English. "A Comparison of the Need Plan and the Comparative Advantage Approach: There Is a Difference." *Kansas Speech Journal* (Spring 1973): 4-11.

Zarefsky, David. "The Traditional Case Comparative Advantage Case Dichotomy: Another Look." *JAFA* 6(1) (Winter 1969): 12-20.

12. 토론에 대한 반대 측의 접근법(Negative Approaches to Debate)

Brewster, B. "Analysis of Disadvantages: Scenarios and Intrinsicness." In *Debaters' Research Guide*, ed. Wake Forest University Debate. Winston-Salem, NC: Wake Forest University, 1984. pp. 14-16, http://groups.wfu.edu/debate/MiscSites/DRGArticles/Brewster1984Poverty.htm.

Cragan, John, and Donald Shields. "The Comparative Advantage Negative." *JAFA* 7(2) (Spring 1970): 85-91.

Hemmer, Joseph J., Jr. "The Comparative Advantage Negative: An Integrated Approach." *Speaker and Gavel* 13 (Winter 1976): 27-30.

Hemphill, Dwaine R. "First Negative Strategies: A Reevaluation of Negative Division of Duties." In *Argument in Transition: Proceedings of the Third Summer Conference on Argumentation*, ed. David Zarefsky, Malcolm O. Sillars, and Jack Rhodes. Annandale, VA: SCA, 1983. pp. 883-892.

Patterson, J. W. "The Obligations of the Negative in a Policy Debate." *The Speech Teacher* 11 (Sept. 1962): 208-213.

Solt, Roger. "Negative Fiat: Resolving the Ambiguities of Should." *Argumentation and Advocacy* 25 (Winter 1989): 121-139.

Thomas, David, and Jerry M. Anderson. "Negative Approaches to the Comparative Advantages Case." *Speaker and Gavel* (May 1968): 148-157.

———. "Response to Cragan and Shields: Alternative Formats for Negative Approaches to Comparative Advantage Cases." *JAFA* 8 (Spring 1972): 200-206.

13. 기준(Criteria)

Berube, David. "Parameters for Criteria Debating." *CEDA Yearbook* 11 (1990):
9-25.

Broda-Bahm, Ken. "Community Concepts of Argumentative Legitimacy: Chal-
lenging Norms in National-Circuit CEDA Debate." *The Forensic* 79(3) (Spring
1994): 26-35.

Brownlee, Don. "Approaches to Support and Refutation of Criteria." *CEDA Year-
book* 8 (1987): 59-63.

Cole, Mark, Ronald Boggs, and Kevin Twohy. "The Functions of Criteria in Non-
policy Argumentation: Burdens and Approaches." *CEDA Yearbook* 7 (1986):
36-42.

14. 비판(Kritiks/Critiques)

Broda-Bahm, Ken. "Meaning as Language Use: The Case of the Language-Linked
Value Objection." *CEDA Yearbook* 12 (1991): 67-78.

―――, and Thomas L. Murphy. "A Defense of Critique Arguments: Beyond the
Resolutional Question." *CEDA Yearbook* 15 (1994): 20-32.

Moris, Eric, and John Katsulas. "Pro and Con: The Relevance Irrelevance of the
Critique to Policy Debate." *Forensic Educator* II(1) (1996-97).

Roskoski, Matt, and Joe Peabody. "A Linguistic and Philosophic Critique of Lan-
guage Arguments." Paper presented at the SCA Convention, Chicago, Nov. 1,
1992.

Shanahan, William. "Kritik of Thinking." In *Debaters' Research Guide*, ed. Wake
Forest University Debate. Winston-Salem, NC: Wake Forest University, 1993.
pp. A3-A8, http://groups.wfu.edu/debate/MiscSites/DRGArticles/Shanahan-
1993HealthCare.htm.

Shors, Matthew, and Steve Mancuso. "The Critique: Skreaming Without Raising

Its Voice." In *Debaters' Research Guide*, ed. Wake Forest University Debate. Winston-Salem, NC: Wake Forest University, 1993. pp. A14-A18, http://groups.wfu.edu/debate/MiscSites/DRGArticles/ShorsMancuso1993.htm.

Solt, Roger. "Demystifying the Critique." In *Debaters' Research Guide*, ed. Wake Forest University Debate. Winston-Salem, NC: Wake Forest University, 1993. pp. A8-A12, http://groups.wfu.edu/debate/MiscSites/DRGArticles/Solt1993Health.htm.

————. *The Anti-Kritik Handbook*. Denton, TX: Paradigm Research, 1995.

15. 논제 관련성(Topicality)

Adams, N., and T. Wilkins. "The Role of Justification in Topic Analysis." *CEDA Yearbook* 8 (1987): 21-26.

Allen, Mike, and Nancy Burrell. "A Pragmatic Theory of Topicality." In *Argument and Social Practice: Proceedings of the Fourth Conference on Argumentation*, ed. Robert J. Cox, Malcolm O. Sillars, and Gregg Walker. Annandale, VA: SCA, 1985. pp. 854-861.

Berube, David. "Debating Hasty Generalization." In *Advanced Debate: Readings in Theory, Practice and Teaching*, 3rd ed., ed. David Thomas and Jack Hart. Lincolnwood, IL: National Textbook, 1987. pp. 483-489.

————. "Parametric Topicality: An Analysis and a Rebuttal." *CEDA Yearbook* 12 (1991): 12-26.

————. "What Killed Schrodinger's Cat?: Parametric Topicality, That's What." *CEDA Yearbook* 12 (1991): 12-26.

————. "Parametrical Interpretation: Issues and Answers." *Contemporary Argumentation and Debate* 16 (1995): 30-51.

Bile, Jeffrey. "When the Whole Is Greater Than the Sum of the Parts: The Implications of Holistic Resolutional Focus." *CEDA Yearbook* 8 (1987): 8-15.

————. "Propositional Justification: Another View." *CEDA Yearbook* 9 (1988): 54-62.

Cross, Frank. *Debating Topicality*. San Francisco, CA: Griffin Research, 1987.

Dudczak, Craig. "Topicality: An Equal Ground Standard." *CEDA Yearbook* 10 (1989): 12-21.

Hastings, Arthur. "On the Meaning of Should." *Speaker and Gavel* 4(1) (Nov. 1966): 8-10.

Herbeck, Dale A., and John P. Katsulas. "The Affirmative Topicality Burden: Any Reasonable Example of the Resolution." *JAFA* 21 (Winter 1985): 133-145.

————. "The Case Against the Problem Area: A Response to Ulrich." *Forensic Educator* 4 (1989-90): 8-11.

Hingstman, David. "Topicality and Division of Ground." In *Framing Policy Dialectic in Argument and Social Practice: Proceedings of the Fourth SCA/AFA Conference on Argumentation*, ed. J. Robert Cox, Malcolm O. Sillars, and Gregg Walker. Annandale, VA: SCA, 1985. pp. 841-853.

Hynes, Thomas J., and Walter Ulrich. "The Role of Propositions in Forensic Argument." In *Argument and Social Practice: Proceedings of the Fourth SCA/AFA Conference on Argumentation*, ed. J. Robert Cox, Malcolm O. Sillars, and Gregg Walker. Annandale, VA: SCA, 1985. pp. 827-840.

Madsen, Arnie, and Al Louden. "Jurisdiction and the Evaluation of Topicality." *JAFA* 24(2) (Fall 1987): 73-83.

————. "The Jurisdiction/Topicality Analogy." *Argumentation and Advocacy* 26(4) (Spring 1990): 141-154.

————, and Robert C. Chandler. "When the Whole Becomes a Black Hole: Implications of the Holistic Perspective." *CEDA Yearbook* 9 (1988): 30-37.

————. "Further Examination of Resolutional Focus." In *Spheres of Argument: Proceedings of the Sixth SCA/AFA Conference on Argumentation*, ed. Bruce Gronbeck. Annandale, VA: SCA, 1989. pp. 411-416.

McBath, James, and Joseph Aurbach. "Origins of the National Debate Resolution." *JAFA* 4(3) (Fall 1967): 96-103.

Murphy, Thomas L. "Assessing the Jurisdictional Model of Topicality." *Argumentation and Advocacy* 26 (Spring 1990): 145-150.

Parson, Donn W. "On Being Reasonable: The Last Refuge of Scoundrels." In *Dimensions of Argument: Proceedings of the Second Summer Conference on*

Argumentation, ed. George Ziegelmueller and Jack Rhodes. Annandale, VA: SCA, 1981. pp. 532-543.

―――, and John Bart. "On Being Reasonable: The Last Refuge of Scoundrels Part II: The Scoundrels Strike Back." In *Advanced Debate: Readings in Theory, Practice, and Teaching*, ed. David Thomas and Jack Hart. Lincolnwood, IL: National Textbook, 1989. pp. 130-138.

Rhodes, Jack, and Michael Pfau. "Resolution of Example: A Reply to Herbeck and Katsulas." *JAFA* 21 (Winter 1985): 146-149.

Sherwood, Ken. "Claim Without Warrant: The Lack of Logical Support for Parametric Topicality." *CEDA Yearbook* 15 (1994): 10-19.

Ulrich,Walter. "TheNature of theTopic inValueDebate." *CEDA Yearbook* 5 (1984): 1-6.

―――. "The Nature of the Problem Area." *Forensic Educator* 4 (1989-90): 5-7.

16. 대체방안(Counterplans)

Branham, Robert J. "Roads Not Taken: Counterplans and Opportunity Costs." *Argumentation and Advocacy* 25 (Spring 1989): 246-255.

―――, ed. "The State of the Counterplan." *JAFA* 25 (special issue) (Winter 1989): 117-191. A key to modern counterplan theory.

Dempsey, Richard H., and David N. Hartmann. "Mirror State Counterplans: Illegitimate, Topical, or Magical?" *JAFA* 22 (Winter 1985): 161-166.

Fadley, Dean. "Fiat Power and the Mirror State Counterplan." *Speaker and Gavel* 24 (Winter 1987): 69-76.

Gossett, John. "Counterplan Competitiveness in the Stock Issues Paradigm." In *Dimensions of Argument: Proceedings of the Second Summer Conference on Argumentation*, ed. George Ziegelmueller and JackRhodes. Annandale, VA: SCA, 1981. pp. 568-578.

Herbeck, Dale, John Katsulas, and Karla Leeper. "A Permutation Standard of Competitiveness." *JAFA* 22 (Summer 1985): 12-19.

―――. "The Locus of Debate Controversy Re-Examined: Implications for Counterplan Theory." *Argumentation and Advocacy* 25 (Winter 1989): 150-164.

———, and John Katsulas. "Point of Theory: Counterplan Competitiveness." *The Forensic Quarterly* (Fall 1985): 46-48.

Hill, Bill. "Counterplans: Requirements, Presumption and Study." In *Debaters' Research Guide*, ed. Wake Forest University Debate. Winston-Salem, NC: Wake Forest University, 1980. pp. 2-7, http://groups.wfu.edu/debate/Misc-Sites/DRGArticles/Hill1980ConsumerSafety.htm.

Hynes, Thomas J., Jr. "The Counterplan: An Historical and Descriptive Study." Unpublished M.A. thesis, University of North Carolina at Chapel Hill, 1972.

———. "The Studies Counterplan: Still Hoping—A Reply to Shelton." *JAFA* 21 (Winter 1985): 156-160.

———. *Debating Counterplans*. San Francisco, CA: Griffin Research, 1987.

Kaplow, Louis. "Rethinking Counterplans: A Reconciliation with Debate Theory." *JAFA* 17(4) (Spring 1981): 215-226.

Katsulas, John, Dale Herbeck, and Edward M. Panetta. "Fiating Utopia: A Negative View of the Emergence of World Order Counterplans and Futures Gaming in Policy Debate." *Argumentation and Advocacy* 24 (Fall 1987): 95-111.

———. "Fiating Utopia, Part Two: A Rejoinder to Edwards and Snider." *Argumentation and Advocacy* 24 (Fall 1987): 130-136.

Lane, Gina. "The Justification of Counterplans in Nonpolicy Debate: A Skeptical View." *CEDA Yearbook* 15 (1994): 33-42.

Lichtman, Allan, and Daniel M. Rohrer. "A General Theory of the Counterplan." *JAFA* 12 (Fall 1975): 70-79. 대체방안 이론에 대한 초기의 고전적인 글.

Madsen, Arnie. "General Systems Theory and Counterplan Competition." *Argumentation and Advocacy* 26 (Fall 1989): 71-82.

Mayer, Michael. "Epistemological Considerations of the Studies Counterplan." *JAFA* 19 (Spring 1983): 261-266.

———, and J.Hale. "Evaluating the Studies Counterplan: Topicality and Competitiveness." *Speaker and Gavel* 16 (Summer 1979): 67-72.

Nebergall, Roger E. "The Negative Counterplan." *Speech Teacher* 6 (Sept. 1957): 217-220.

Panetta, Edward M., and Steven Dolley. "The Topical Counterplan: A Competitive Policy Option." *Argumentation and Advocacy* 25 (Winter 1989): 165-177.

Perkins, Dallas. "Counterplans and Paradigms." *Argumentation and Advocacy* 25(3) (Winter 1989): 140-149.

Shelton, Michael W. "In Defense of the Study Counterplan." *JAFA* 21 (Winter 1985): 150-155.

Solt, Roger. "Counterplan Competition: Permutations and Beyond." In *Debaters' Research Guide*, ed. Wake Forest University Debate. Winston-Salem, NC: Wake Forest University, 1985. pp. 18-23, http://groups.wfu.edu/debate/MiscSites/DRGArticles/Solt1985Water.htm.

Thompson, Wayne N. "The Effect of the Counterplan upon the Burden of Proof." *Central States Speech Journal* 13 (Autumn 1962): 247-252.

Ulrich, Walter. "The Legitimacy of the Counter Procedure Counterplan." *JAFA* 23 (Winter 1987): 166-169.

Unger, James. "Investigating the Investigators: A Study of the Study Counterplan." *Debate Issues* 12 (Feb. 1979): 1-8.

Walker, Gregg B. "The Counterplan as Argument in Non-Policy Debate." *Argumentation and Advocacy* 25 (Winter 1989): 178-191.

17. 대체전제(Counterwarrants)

Ganer, Patricia. "Counterwarrants: An Idea Whose Time Has Not Come." In *Dimensions of Argument: Proceedings of the Second Summer Conference on Argumentation*, ed. George Ziegelmueller and Jack Rhodes. Annandale, VA: SCA, 1981. pp. 478-484.

Hunt, Steven B., and Greg Tolbert. "Counter-Warrants: A Method for Testing Topical Justification in CEDA Debate." *CEDA Yearbook* 6 (1985): 21-28.

Keeshan, Marjorie, and Walter Ulrich. "Critique of the Counter-Warrant as a Negative Strategy." *JAFA* 16(3) (Winter 1980): 199-203.

Mayer, Michael. "Extending Counter-Warrants: The Counter Resolutional Counterplan." *JAFA* 19 (Fall 1982): 122-127.

Paulsen, James W., and Jack Rhodes. "The Counter-Warrant as a Negative Strategy: A Modest Proposal." *JAFA* 15 (Spring 1979): 205-210. 대체전제 이론을 펴기 시작한 글.

Rhodes, Jack. "A Defense of the Counter-Warrant as Negative Argument." In *Dimensions of Argument: Proceedings of the Second Summer Conference on Argumentation*, ed. George Ziegelmueller and Jack Rhodes. Annandale, VA: SCA, 1981. pp. 485-493.

――――. "Counter-Warrants After Ten Years." In *Spheres of Argument: Proceedings of the Sixth SCA/AFA Conference on Argumentation*, ed. Bruce Gronbeck. Annandale, VA: SCA, 1989. pp. 406-410.

18. 내재성(Inherency)

Benoit, William L. "The Nature and Function of Inherency in Policy Argumentation." *Speaker and Gavel* 19 (Spring 1982): 55-63.

Cherwitz, Richard A., and James W. Hikins. "Inherency as a Multidimensional Construct: A Rhetorical Approach to the Proof of Causation." *JAFA* 14(2) (Fall 1977): 82-90.

Cox, J. Robert. "Attitudinal Inherency: Implications for Policy Debate." *Southern Speech Communication Journal* 40 (Winter 1975): 158-168.

Dudczak, Craig. "Inherency in Non-Policy Propositions: Rediscovering the Lost Issue." In *Argument and Critical Practices: Proceedings of the Fifth SCA/AFA Conference on Argumentation*, ed. Joseph Wenzel. Annandale, VA: SCA, 1987. pp. 371-378.

――――. "Inherency as a Stock Issue in Non-Policy Propositions." *CEDA Yearbook* 9 (1988): 15-22.

Flaningam, Carl D. "Inherency and Incremental Change: A Response to Morello." *JAFA* 20 (Spring 1984): 231-236.

Goodnight, Tom, Bill Balthrop, and Donn W. Parson. "The Problem of Inherency: Strategy and Substance." *JAFA* 10 (Spring 1974): 229-240.

Ling, David, and Robert V. Seltzer. "The Role of Attitudinal Inherency in Contemporary Debate." *JAFA* 7 (Spring 1971): 278-283.

Morello, John T. "Defending the Present System's Capacity for Incremental Changes." *JAFA* 19 (Fall 1982): 115-121.

Parson, Donn W. "Response to a Critique of the Problem of Inherency." *JAFA* 12(1) (Summer 1975): 46-58.

Pfau, Michael. "The Present System Revisited. Part One: Incremental Change." *JAFA* 17 (Fall 1980): 80-84.

―――. "The Present System Revisited. Part Two: Policy Interrelationships." *JAFA* 17 (Winter 1981): 146-154.

Schunk, John. "Farewell to Structural Change: The Cure for Pseudo-Inherency." *JAFA* 14(3) (Winter 1978): 144-149.

―――. "Affirmative Fiat, Plan Circumvention, and the Process Disadvantage: The Further Ramifications of Pseudo-Inherency." *Speaker and Gavel* 18(3) (Spring 1981): 83-87.

19. 반대신문(Cross-Examination)

Beard, Raymond S. "Legal Cross-Examination and Academic Debate." *JAFA* 6 (Spring 1969): 61-66.

Cirlin, Alan. "Evaluating Cross Examination in CEDA Debate: On Getting Our Act Together." *CEDA Yearbook* 7 (1986): 43-50.

Clevenger, Kenneth. "Cross-Examination for Trial Defense Counsel." *Army Lawyer* (Jan. 1992): 9-10.

Coverstone, Alan. "Rediscovering the Lost Art of Cross-Examination." *Debaters' Research Guide.* Winston-Salem, NC: Wake Forest University, 1992. pp. A3-A6.

Durst, John E., Jr. "Cross-Examination." *Trial Lawyers Quarterly* 19(3) (Fall 1988): 29-42.

Fuge, Lloyd, and Robert P. Newman. "Cross Examination in Academic Debating." *The Speech Teacher* 5 (Jan. 1956): 66-70.

Hartje, Jeffrey H. "Cross-Examination: A Primer for Trial Advocates." *American Journal of Trial Advocacy Annual* 10 (1987): 135-179.

Henderson, Bill. "A System of Teaching Cross-Examination Techniques." *Communication Education* 27 (Mar. 1978): 112-118.

Larson, Suzanne. "Cross-Examination in CEDA Debate: A Survey of Coaches." *CEDA Yearbook* 8 (1987): 33-41.

Lewis, David L. "Cross-Examination." *Mercer Law Review* 42(2) (Winter 1991): 627-642.

Lisnek, Paul. "Direct and Cross-Examination: The Keys to Success." *Trial Diplomacy Journal* 18(5) (Sept.−Oct. 1995): 263-269.

Miller, Thomas, and E. Caminker. "The Art of Cross-Examination." *CEDA Yearbook* 3 (1982): 4-15.

Ulrich, Walter. "Vitalizing Cross-Examination Debate: A Proposal." *JAFA* 18 (Spring 1982): 265-266.

Younger, Irving. "A Letter in Which Cicero Lays Down the Ten Commandments of Cross-Examination." *Law Institute Journal* 61(8) (Aug. 1987): 804-806. 반대신문의 십계명에 대한 영거(Younger)의 훌륭한 비디오테이프도 참조하라.

Ziegelmueller, George. "Cross Examination Reexamined." In *Advanced Debate: Readings in Theory, Practice and Teaching*, ed. David Thomas and Jack Hart. Lincolnwood, IL: National Textbook, 1987. pp. 66-74. Also in *Argument in Transition: Proceedings of the Third Summer Conference on Argument*, ed. David Zarefsky, Malcolm O. Sillars, and Jack Rhodes. Annandale, VA: SCA, 1983. pp. 904-917.

20. 토론에서의 수사와 설득: 공공 토론, 방식, 발언 속도
(Rhetoric and Persuasion in Debate: Public Debates, Style, and Speaking Rates)

Bartanen, Kristine, and Jim Hanson. "Advocating Humane Discourse." *The Forensic* 80(1) (Fall 1994): 16-21.

Carpenter, Ronald H. "Style and Emphasis in Debate." *JAFA* 6(1) (Winter 1969):

27-31.

Cathcart, Robert. "Adopting Debate to an Audience." *Speech Teacher* 5 (Mar. 1956): 113-116.

Christopherson, Merrill G. "The Necessity for Style in Argument." *Speech Teacher* 9 (Mar. 1960): 116-120.

Colbert, Kent. "Speaking Rates of NDT Finalists from 1968-1980." *JAFA* 18 (Summer 1981): 73-76.

———. "A Quantitative Analysis of CEDA Speaking Rates." *National Forensic Journal* 6 (Fall 1988): 113-120.

———. "A Study of CEDA and NDT Finalists' Speaking Rates." *CEDA Yearbook* 12 (1991): 88-94.

Cox, E. Sam, and W. Clifton Adams. "Valuing of Tournament Debate: Factors from Practitioners and Administrators." *The Forensic* 80(4) (Summer 1995): 7-12.

Friedman, Robert P. "Why Not Debate Persuasively?" *Today's Speech* 5 (1957): 32-34.

Giffin, Kim, and D. A. Warner. "A Study of the Influence of an Audience on the Rate of Speech in Tournament Debates." *The Speaker* (1962).

Hill, Bill. "Improving the Quality of CEDA Debate." *National Forensic Journal* 4 (Fall 1986): 105-121.

McBath, James H., and Nicholas M. Cripe. "Delivery: Rhetoric's Rusty Canon." *JAFA* 2(1) (Jan. 1965): 1-6.

McGough, M. "Pull It Across Your Flow." *The New Republic* (Oct. 10, 1988): 17-19.

Murrish, Walter. "Training the Debate in Persuasion." *JAFA* 1(1) (Jan. 1964): 7-12.

Olson, Donald O. "A Survey of Attitudes on the Spread." *Speaker and Gavel* 8(3) (Mar. 1971): 66-69.

Peterson, Owen. "Forum Debating: 150 Debates Later." *Southern Speech Communication Journal* 47(4) (Summer 1982): 435-443.

Stelzner, Hermann G. "Tournament Debate: Emasculated Rhetoric." *Southern*

Speech Communication Journal 27 (Fall 1961): 34-42.

Swinney, James P. "The Relative Comprehension of Contemporary Tournament Debate Speeches." *JAFA* 5(1) (Winter 1968): 16-20.

Vasilius, Janet M., and Dan DeStephen. "An Investigation of the Relationship Between Debate Tournament Success and Rate, Evidence, and Jargon." *JAFA* 15 (Spring 1979): 197-204.

Voor, John B., and Joseph M. Miller. "The Effect of Practice upon the Comprehension of Time-Compressed Speech." *Speech Monographs* 32 (1965): 452-454.

Weiss, Robert O. "The Public Presence of Forensics." *Speaker and Gavel* 23(1) (Fall 1985): 23-28.

21. 토론 판정과 토론 양식(Debating Judging and Debate Paradigms)

Allen, Mike, and Kathy Kellermann. "Using the Subjective Probability Model to Evaluate Academic Debate Arguments." *Argumentation and Advocacy* 25 (Fall 1988): 93-107.

Balthrop, William V. "Citizen, Legislator, and Bureaucrat as Evaluators of Competing Policy Systems." In *Advanced Debate: Readings in Theory, Practice, and Teaching*, 2nd ed., ed. David Thomas. Skokie, IL: National Textbook, 1979. pp. 402-418.

―――. "Argumentation and the Critical Stance: A Methodological Approach." In *Advances in Argumentation Research*, ed. J. Robert Cox and CharlesWillard. Carbondale, IL: Southern Illinois University Press, 1982. pp. 238-258.

―――. "The Debate Judge as Critic of Argument." *JAFA* 20 (Summer 1983): 1-15.

Bartanen, Michael. "The Case for Using Nontraditional Judges in Forensics Contests." *Argumentation and Advocacy* 30(4) (Spring 1994): 248-254.

Benoit, William, S. R. Wilson, and V. F. Follert. "Decision Rules for the Policy Metaphor." *JAFA* 22 (Winter 1986): 135-146.

Boileau, Don M., Jon Fitzgerald, David Ling, and Dan P. Millar. "A Debate Judge

Certification Test: Development and Operation on a State-Wide Scale." *Communication Education* 30(4) (Oct. 1981): 414-420.

Branham, Robert J., and Thomas Isaacson. "The Ascent of Policy Making: Academic Debate from 1970 to 1980." *Speaker and Gavel* 17 (Fall 1979): 5-10.

Brey, James. "A Descriptive Analysis of CEDA Judging Philosophies, Part I: Definitive Acceptance or Rejection of Certain Tactics and Arguments." *CEDA Yearbook* 10 (1989): 67-77.

————. "An Analysis of CEDA Judging Philosophies, Part II: Accepting Certain Tactics and Arguments with Reservations." *CEDA Yearbook* 11 (1990): 72-79.

Brydon, Steven. "Judging CEDA Debate: A Systems Perspective." *CEDA Yearbook* 5 (1984): 85-88.

Buckley, David C. "A Comparison of Judging Paradigms." In *Argument in Transition: Proceedings of the Third Summer Conference on Argumentation*, ed. David Zarefsky, Malcolm O. Sillars, and Jack Rhodes. Annandale, VA: SCA, 1983. pp. 858-870.

Cirlin, Alan. "Judging, Evaluation, and the Quality of CEDA Debate." *National Forensic Journal* (Fall 1986): 81-90.

Clevenger, Theodore, Jr. "Toward a Point of View for Contest Debate." *Central States Speech Journal* 12 (Fall 1960): 21-26.

Corsi, Jerome R. "Zarefsky's Theory of Debate as Hypothesis Testing: A Critical Re-Examination." *JAFA* 19 (Winter 1983): 158-170.

Cox, J. Robert. "A Study of Judging Philosophies of the Participants of the National Debate Tournament." *JAFA* 11 (Fall 1974): 61-71.

————, and Julia T. Wood. "The Effects of Consultation on Judges/Decisions." *The Speech Teacher* 24 (Mar. 1975): 118-126.

Crawford, C. B., and Willis M. Watt. "Argument Supporting the Requirement for Debate Judging Philosophy Statements at the PKD National Tournament." *The Forensic* 80(2) (Winter 1995): 1-10.

Cross, John D., and Ronald J. Matlon. "An Analysis of Judging Philosophies in Academic Debate." *JAFA* 15 (Fall 1978): 110-123.

"Debate Paradigms." *JAFA* 18 (special forum) (Winter 1982): pp. 133-160.

Dempsey, Richard H., and David J. Hartmann. "Emergent Voting Criteria and the Judicial Impotence of Critics." *Argumentation and Advocacy* 22(3) (Winter 1986): 167-175.

Fisher, Walter R. "The Narrative Paradigm: In the Beginning." *Journal of Communication* 35(4) (Fall 1985): 74-89.

Freeley, Austin J. "Judging Paradigms: The Impact of the Critic on Argument." In *Dimensions of Argument: Proceedings of the Second Summer Conference on Argumentation*, ed. George Ziegelmueller and Jack Rhodes. Annandale, VA: SCA, 1981. pp. 433-447.

Gass, Robert H., Jr. "The Narrative Perspective in Academic Debate: A Critique." *Argumentation and Advocacy* 25 (Fall 1988): 78-92.

Giffin, Kim. "A Study of the Criteria Employed by Tournament Debate Judges." *Speech Monographs* 26 (Mar. 1959): 69-71.

Gill, Mary. "Knowing the Judge: The Key to Successful Debate." *CEDA Yearbook* 9 (1988): 96-101.

Hanson, C. T. "What Are the Options? The Philosophy of Using Ballots." *The Forensic* 73(3) (May 1988): 1-5.

Henderson, Bill, and David L. Boman. "A Study to Determine If Debate Judges' Judging Philosophy Statements Are Consistent with Their Later Related Ballot Statements." *JAFA* 19 (Winter 1983): 191-198.

Hollihan, Thomas A. "Conditional Arguments and the Hypothesis Testing Paradigm: A Negative View." *JAFA* 19 (Winter 1983): 171-178.

―――, Kevin T. Baaske, and Patricia Riley. "Debaters as Storytellers: The Narrative Perspective in Academic Debate." *JAFA* 23 (Spring 1987): 184-193.

Hufford, Roger. "Toward Improved Tournament Judging." *JAFA* 2(3) (Sept. 1965): 120-125.

Klump, James F., Bernard L. Brock, JamesW. Chesebro, and John F. Cragan. "Implications of a Systems Model of Analysis on Argumentation Theory." *JAFA* 11 (Summer 1974): 1-7.

Lichtman, Alan, Daniel M. Rohrer, and Jack Hart. "Policy Systems Revisited." In

Advanced Debate: Readings in Practice and Teaching, ed. Thomas, David A. Lincolnwood, IL: National Textbook, 1987. pp. 231-240.

McAdoo, Joe, ed. *Judging Debates*. Springfield, MO: Mid-America Research, 1975.

Miller, Gregory R. "The Forensics Critic as an Ideologue Critic: An Argument for Ideology as a New Paradigm for Academic Debate." *CEDA Yearbook* 10 (1989): 71-80.

————, John Gates, and Paul Gaske. "Resolving Paradigmatic Disputes as a Pre-Debate Issue: A Modest Proposal." *Speaker and Gavel* 26 (1988): 37-43.

Parson, Donn W. "Root Metaphors and Terministic Screens: Another Look at Paradigms." In *Argument in Transition: Proceedings of the Third Summer Conference on Argumentation*, ed. David Zarefsky, Malcolm O. Sillars, and Jack Rhodes. Annandale, VA: SCA, 1983. pp. 792-799.

Rowland, Robert C. "Debate Paradigms: A Critical Examination." In *Dimensions of Argument: Proceedings of the Second Annual Conference on Argumentation*, ed. George Ziegelmueller and Jack Rhodes. Annandale, VA: SCA, 1981. pp. 448-475.

————. "Standards for Paradigm Evaluation." *JAFA* 18 (Winter 1982): 133-140.

————. "Tabula Rasa: The Relevance of Debate to Argumentation Theory." *JAFA* 21 (Fall 1984): 76-88.

————. "The Debate Judge as Debate Judge: A Functional Paradigm for Evaluating Debates." *JAFA* 20 (Spring 1984): 183-193.

————. "On Argument Evaluation." *JAFA* 21 (Winter 1985): 123-132.

————. "A Defense of Rational Argument." *Philosophy and Rhetoric* 28 (4) (1995): 350-364.

Smith, Mark. "To Disclose or Not to Disclose." *CEDA Yearbook* 11 (1990): 88-94.

Snider, Alfred C. "Games Without Frontiers: A Design for Communication Scholars and Forensics Educators." *JAFA* 20 (Winter 1984): 162-170.

Thomas, David A., ed. "Forum on Policy Systems Analysis." *JAFA* 22 (Winter 1986): 123-175.

Ulrich, Walter. "An Ad Hominem Examination of Hypothesis Testing as a Paradigm for Evaluation of Argument." *JAFA* 21 (Summer 1984) : 1-8.

―――. "Debate as Dialectic: A Defense of the Tabula Rasa Approach to Judging." *JAFA* 21(2) (Fall 1984) : 89-93.

Wright, Tim, et al. "What Are the Characteristics of the Ideal Debate Judge?" *Speaker and Gavel* 7(4) (May 1970) : 143-145.

Zarefsky, David, and Bill Henderson. "Hypothesis Testing in Theory and Practice." *JAFA* 19 (Winter 1983) : 179-185.

―――. "Reflections on Hypothesis Testing: A Response to Ulrich." *JAFA* 21 (Summer 1984) : 9-13.

22. 윤리학(Ethics)

주: 미국토론연합(AFA)과 반대신문토론협회(CEDA)의 윤리 강령을 참조하라.

Church, Russell. "The AFA Code:Work Left Undone." *JAFA* 9 (Winter 1973) : 378-379.

Day, Dennis. "The Ethics of Democratic Debate." *Central States Speech Journal* 17 (Feb. 1966) : 5-14.

Duffy, Bernard. "The Ethics of Argumentation in Intercollegiate Debate: A Conservative Appraisal." *National Forensic Journal* I (Spring 1983) : 65-71.

Fisher, Daryl. "Should a Coach Research and Develop Arguments for Debaters?" *Forensic Educator* 1 (1987) : 15-16.

Inch, Edward S. "Forensics, Ethics, and the Need for Vision." In *PKD Proceedings of the 1991 Professional Development Conference: Commitment to Forensic Education: The Challenge to the Twenty-First Century*, ed. Sally Roden. Conway: University of Central Arkansas, 1991. pp. 47-57.

Klopf, Donald, and James McCroskey. "Ethical Practices in Debate." *JAFA* 1 (Jan. 1964) : 13-16.

Muir, Star. "A Defense of the Ethics of Contemporary Debate." *Philosophy and Rhetoric* 26(4) (1993) : 277-295.

Murphy, Richard. "The Ethics of Debating Both Sides." *Speech Teacher* 6 (Jan.

1957): 1-9.

Newman, Robert P., and Keith R. Sanders. "A Study in the Integrity of Evidence."
    JAFA 2 (Jan. 1965): 7-13.

Rieke, Richard D., and David H. Smith. "The Dilemma of Ethics and Advocacy
    in the Use of Evidence." *Western Journal of Speech Communication* 32 (Fall
    1968): 223-233.

Sanders, Keith R. "Toward a Solution to the Misuse of Evidence." *JAFA* 3 (Jan.
    1966): 6-10.

Snider, Alfred C. "Ethics in Academic Debate: A Gaming Perspective." *National
    Forensic Journal* 2 (Fall 1984): 119-134.

Thomas, David A. "The Ethics of Proof in Speech Events: A Survey of Stand-
    ards Used by Contestants and Judges." *National Forensic Journal* 1 (Spring
    1983): 1-17.

Ulrich, Walter. "The Ethics of Forensics: An Overview." In *American Forensics
    in Perspective*, ed. Donn Parson. Annandale, VA: SCA, 1984. pp. 13-22.

Watkins, Lloyd, ed. "Ethical Problems in Debating: A Symposium." *Speech
    Teacher* 8 (Mar. 1959): 150-156.

23. 가치 토론(Value Debate)

가치 토론과 반대신문토론협회(CEDA)에 대한 자료를 참조하라. 특히 1980년부터 현
재까지의 CEDA 연감(yearbooks)을 참조하라. 또한 아리스토텔레스의 생략삼단논법,
툴민, 페렐만, 비형식 논리학에 대한 자료뿐만 아니라 비정책 토론과 링컨-더글러스 가
치 토론에 대한 자료들도 참조하라.

Allen, Mike, and Lisa Dowdy. "An Analysis of CEDA and NDT Judging Philoso-
    phies." *CEDA Yearbook* 5 (1984): 74-79.

Bartanen, Michael. "The Role of Values in Policy Controversies." *CEDA Yearbook*
    3 (1982): 19-24.

————, and David Frank. "Creating Procedural Distinctions Between Values and
    Policy Debate: The Issues Agenda Model." *The Forensic* (1983): 1-9.

————. "Application of the Issues Agenda Paradigm to Speaker Duties in Value Debates." *CEDA Yearbook* 8 (1987): 42-51.

————. *Debating Values.* Scottsdale, AZ: Gorsuch Scarisbrick, 1991.

Boggs, Ronald. "Comparing Values: A Review of Analytical Value Hierarchies." *CEDA Yearbook* 8 (1987): 27-32.

Church, Russell, and David Buckley. "Argumentation and Debating Propositions of Value: A Bibliography." *JAFA* 19 (Spring 1983): 239-250. 탁월한 가치 토론 참고문헌.

————, and Charles Wilbanks. *Values and Policies in Controversy: An Introduction to Argumentation and Debate.* Scottsdale, AZ: Gorsuch Scarisbrick, 1986.

Cirlin, Alan. "On Negative Strategy in Value Debate." *CEDA Yearbook* 5 (1984): 31-39.

Cole, Mark, Ronald Boggs, and Kevin Twohy. "The Function of Criteria in Non-Policy Argumentation: Burdens and Approaches." *CEDA Yearbook* 7 (1986): 36-42.

Corcoran, Joseph. *An Introduction to Non-Policy Debating.* Dubuque, IA: Kendall Hunt, 1988.

Dobkin, Milton. "Social Values and Public Address: Some Implications for Pedagogy." *Western Speech Communication Journal* 26 (Summer 1962): 140-145.

Fisher, Walter. "Toward a Logic of Good Reasons." *Quarterly Journal of Speech* 64 (Dec. 1978): 376-384.

————. "Rationality and the Logic of Good Reasons." *Philosophy and Rhetoric* 13 (Spring 1980): 121-130.

————. "Debating Value Propositions: A Game for Dialecticians." In *Dimensions of Argument: Proceedings of the Second Summer Conference on Argumentation,* ed. George Ziegelmueller and Jack Rhodes. Annandale, VA: SCA, 1981. pp. 1014-1030.

Flaningam, Carl. "Value-Centered Argument and the Development of Decision Rules." *JAFA* 19 (Fall 1982): 107-115.

Gaske, Paul, Drew Kugler, and John Theobold. "Judging Attitudes and Paradigmatic Preferences in CEDA Debate: A Cumulative and Construct Validity Investigation." *CEDA Yearbook* 6 (1985): 57-66.

Gronbeck, Bruce. "From Is to Ought: Alternative Strategies." *Central States Speech Journal* 19 (Spring 1968): 31-39.

Hample, Dale. "Testing a Model of Value Argument and Evidence." *Communication Monographs* 44(2) (June 1977): 106-120.

Henderson, Bill. "Theoretical Implications of Debating Non-Policy Propositions." *CEDA Yearbook* 1 (1980): 1-8.

Hill, Bill, and Richard W. Leeman. "Developing Fields Dependent Criteria in Non-Policy Debate." *The Forensic* 79(3) (Spring 1994): 14-25.

Hollihan, Thomas. "An Analysis of Value Argumentation in Contemporary Debate." *Debate Issues* 14 (Nov. 1980): 7-10.

————, Patricia Riley, and Curtis C. Austin. "A Content Analysis of Selected CEDA and NDT Judges' Ballots." In *Argument in Transition: Proceedings of the Third Summer Conference on Argumentation*, ed. David Zarefsky, Malcolm O. Sillars, and Jack Rhodes. Annandale, VA: SCA, 1983. pp. 871-882.

Howe, Jack. "CEDA's Objectives: Lest We Forget." *CEDA Yearbook* 2 (1981): 1-3.

————, and Don Brownlee. "The Founding Principles of CEDA." In *Twentieth Anniversary Assessment Conference Proceedings*, 1993, ed. David Thomas and Stephen Wood. Dubuque, IA: Kendall Hunt, 1993. pp. 249-262.

Kennedy, George. *Aristotle on Rhetoric: A Theory of Civic Discourse*. New York and Oxford: Oxford University Press, 1991.

Kluckhorn, Clyde. "The Evolution of Contemporary American Values." *Daedalus* (Spring 1958): 78-109.

Louden, Allan, and Curtis Austin. "CEDA vs. NDT: A Dysfunctional Myth." *CEDA Yearbook* 4 (1983): 6-12.

Matlon, Ronald J. "Analyzing and Debating Propositions of Value in Academic Forensics." *Journal of Communication Association of the Pacific* 6 (July 1977): 52-67.

————. "Debating Propositions of Value." *JAFA* 14 (Spring 1978): 194-204.

————. "Propositions of Value: An Inquiry into Issue Analysis and Locus of Pre-sumption." In *Dimensions of Argument: Proceedings of the Second Summer Conference on Argumentation*, ed. George Ziegelmueller and Jack Rhodes. Annandale, VA: SCA, 1981. pp. 494-512.

————. "Debating Propositions of Value: An Idea Revisited." *CEDA Yearbook* 9 (1988): 1-14.

Micken, Kathleen, and Patrick Micken. "Debating Values: An Idea Revitalized." *CEDA Yearbook* 14 (1993): 54-71.

Miller, Gerald. "Questions of Fact and Value: Another Look." *Southern States Speech Journal* 28 (Winter 1962): 116-122.

Perelman, Chaim. "How Do We Apply Reason to Values?" *Journal of Philosophy* LII (Dec. 22, 1955): 797-802.

————. *The Idea of Justice and the Problem of Argument*. New York: Humanities Press, 1963.

————, and LucieOlbrechts-Tyteca. "Value Judgments, Justifications, and Argu-mentation." *Philosophy Today* 6 (Spring 1962): 45-50.

————. *The New Rhetoric: A Treatise on Argumentation*. Notre Dame, IN: Uni-versity of Notre Dame Press, 1969.

Rescher, Nicholas. *Introduction to Value Inquiry*. Englewood Cliffs, NJ: Prentice Hall, 1969.

Rokeach, Milton. *Beliefs, Attitudes, and Values*. San Francisco, CA: Jossey-Bass, 1976.

————. *Understanding Human Values*. London: Free Press, 1979.

Rowland, Robert C. "The Philosophical Presuppositions of Value Debate." In *Argument in Transition: Proceedings of the Third Summer Conference on Argumentation*, ed. David Zarefsky, Malcolm O. Sillars, and Jack Rhodes. Annandale, VA: SCA, 1983. pp. 822-836.

Self, Lois. "Rhetoric and Phronesis: The Aristotelian Ideal." *Philosophy and Rhet-oric* 12 (1979): 130-136.

Sillars, Malcolm O. "Audiences, Social Values, and the Analysis of Argument."

Communication Education 22 (Nov. 1973) : 291-303.

————, and Patricia Ganer. "Values and Beliefs: A Systematic Basis for Argumentation." In *Advances in Argumentation Theory and Research*, ed. J. Robert Cox and Charles A. Willard. Carbondale, IL: Southern Illinois University Press, 1982.

Steele, Edward, and Charles Redding. "The American Values System: Premises for Persuasion." *Western Speech Communications Journal* 26 (Spring 1962) : 83-91.

Stevenson, Charles L. *Facts and Values*. New Haven, CT: Yale University Press, 1963.

Sumner, L. W. "Value Judgments and Action." *Mind* 77 (July 1968) : 383-399.

Toulmin, Stephen. *An Examination of the Place of Reason in Ethics*. Cambridge: Cambridge University Press, 1950.

Tuman, Joseph. "Getting to First Base: Prima Facie Arguments for Propositions of Value." *JAFA* 24(2) (Fall 1987) : 84-94.

Ulrich, Walter. *Debating Value Resolutions*. Berkeley, CA: Griffin Research, 1988.

Wallace, Karl. "Substance of Rhetoric: Good Reasons." *Quarterly Journal of Speech* 49 (Oct. 1963) : 239-249.

Warnick, Barbara. "Arguing Value Propositions." *JAFA* 18(2) (Fall 1981) : 109-119.

Wentzel, Joseph. "Toward a Rationale for Value Centered Argument." *JAFA* 13 (Winter 1977) : 150-158.

Werkmeister,W. H. *Man and His Values*. Lincoln, NE: University of Nebraska Press, 1967.

————. *Historical Spectrum of Value Theories*. Lincoln, NE: Johnsen, 1973.

Williams, Robin M. *American Society: A Sociological Interpretation*, 3rd ed. New York: Knopf, 1970.

Wood, Stephen, and John Midgley. *Prima Facie: A Guide to Value Debate*. Dubuque, IA: Kendall Hunt, 1989.

Zarefsky, David. "Criteria for Evaluating Non-Policy Argument." *CEDA Yearbook* 1 (1980) : 9-16.

24. 링컨-더글러스 토론(Lincoln-Douglas Debate)

Grice, George L., and Edwin W. Knaak. *Lincoln-Douglas for Novices*. San Antonio, TX: Texas Group, 1985.

Howard, Derek V., Cheri Brussee, Halford Ryan, and Michael W. Shelton. "Lincoln-Douglas Debate." *National Forensic Journal* 14(2) (special issue) (Fall 1996): 1-68. 전국토론협회(NFA) 토론대회의 주요 링컨-더글러스 토론.

Kemp, Robert. *Lincoln-Douglas Debating*. Clayton, MO: Alan, 1984.

Luong, Minh. "Defining the Role of Presumption in Lincoln-Douglas Debate." *NFL Journal* 2 (1992): 1-16.

Minch, Kevin, and Timothy Borchers. "A Philosophy for Judging NFA Lincoln-Douglas Debate." *National Forensic Journal* 14(2) (Fall 1996): 19-36.

Morris, Charles E., III, and Dale Herbeck. "Lincoln-Douglas: An Educational Exercise." *National Forensic Journal* 14(2) (Fall 1996): 1-17.

Pollard, Tom, and Diana Prentice, eds. *Lincoln-Douglas Debate: Theory and Practice*. Lawrence: University of Kansas Press, 1981.

Williams, David E. "Educational Criteria in Forensics: An Argument for Lincoln-Douglas Debate." *National Forensic Journal* 14(1) (Spring 1996): 60-70.

25. 의회식 토론(Parliamentary Debate)

매년 새로 간행되는 『의회식 토론(*Parliamentary Debate*)』과 로버트 트랩(Robert Trapp)과 스티브 존슨(Steve Johnson)의 의회식 토론에 대한 글을 참조하라.

Bailey, R. J. "Adding Communication to Debate: A Look at Parliamentary Debate as a Complement to Cross-Examination Debate in Intercollegiate Debate." *Parliamentary Debate* 1 (1992): 25-37.

Bingle, Donald. "Parliamentary Debate Is More Serious Than You Think: Forensics at the University of Chicago." *Speaker and Gavel* 15(2) (Winter 1978):

36-42.

———. "What About Research?: How to Be Well Read." *Parliamentary Debate* 4 (1996) : 3-13.

Johnson, Tom. "Full of Sound and Fury? The Role of Speech in Parliamentary Debate." *Speaker and Gavel* 1 (3) (Mar. 1964) : 88-92.

O'Neill, Daniel. "Recollections of University Parliamentary Debater: Irish Style." *The Forensic* 71 (3) (Spring 1986) : 66-69.

Sheckels, Theodore, Jr., and Annette Warfield. "Parliamentary Debate: A Description and a Justification." *Argumentation and Advocacy* 27 (Fall 1990) : 86-96.

Trapp, Robert. "Parliamentary Debate as Public Debate." *Argumentation and Advocacy* 32 (2) (Fall 1996) : 85.

Williams, David E., J. Brent Hagy, and Ali McLane-Hagy. "Introducing Parliamentary Debate in the Argumentation and Debate Course." *The Forensic* 82 (1) (Fall 1996) : 16-21.

26. 토론 연구(Research in Forensics)

다음의 연구는 토론 연구의 적은 표본만을 대표할 뿐이다. 더 많은 정보를 원한다면 석사학위 논문, 박사학위 논문, 교육자료정보센터(Educational Resources Information Center: ERIC), 전국의사소통협회(National Communication Association: NCA)와 지역 연설 의사소통 협의회 등의 논문을 참조하라. 양적 연구와 관련된 토론학자의 이름은 수적으로 꽤 적지만 마이크 앨런(Mike Allen), 케니스 앤더슨(Kenneth Andersen), 켄트 콜버트(Kent Colbert), 폴 도버(Paul Dovre), 돈 파울즈(Don Faules), 킴 기핀(Kim Giffin), C. T. 핸슨(C. T. Hanson), 빌 힐(Bill Hill), 에드 힝크(Ed Hinck), 브렌다 로그(Brenda Logue), 마이크 메이어(Mike Mayer), 존 레너드(John Reinard), 웨인 톰슨(Wayne Thompson) 등이 포함된다.

Anderson, Kenneth. "A Critical Review of the Behavioral Research in Argumentation and Forensics." *JAFA* 10 (Winter 1974) : 147-155.

Bennett, William B. *The How To's of Library Research*. Taos, NM: Championship

Debate Enterprises.

Colbert, Kent. "Speaking Rates of N.D.T. Finalists from 1968-1980." *JAFA* 18 (Summer 1981): 73-76.

———. "The Effects of CEDA and NTA Debate Training on Critical Thinking Ability." *JAFA* 12 (Spring 1987): 194-201.

———. "A Quantitative Analysis of CEDA Speaking Rates." *National Forensic Journal* 6 (Fall 1988): 113-120.

———. "The Effects of Debate Participation on Argumentativeness and Verbal Aggression." *Communication Education* 42(3) (July 1993): 206-214.

———. "Replicating the Effects of Debate Participation on Argumentativeness and Verbal Aggression." *The Forensic* 79(3) (Spring 1994): 1-13.

———. "Enhancing Critical Thinking Ability through Academic Debate." *Contemporary Argumentation and Debate: The Journal of the Cross Examination Debate Association* 16 (1995): 52-72.

Douglas, Donald G. "A Need for Review: Forensic Studies in Contemporary Speech Education." *JAFA* 8 (Spring 1972): 178-181.

———. "The Status of Historical Research in Argumentation." *JAFA* 10 (Winter 1974): 156-174.

Dovre, Paul, and John Wenburg. "Historical-Critical Research in Debate." *JAFA* 2 (May 1965): 72-79.

———. "Measuring Refutation Skills: An Exploratory Study." *JAFA* 4 (Spring 1967): 47-52.

———. "Experimental Research in Forensics: New Resources." *JAFA* 8 (Summer 1971): 47-51.

Giffin, Kim, and D. A. Warner. "A Study of the Influence of an Audience on the Rate of Speech in Tournament Debates." *The Speaker* (1962).

Gruner, Charles, Richard Huseman, and James L. Luck. "Debating Ability, Critical Thinking Ability, and Authoritarianism." *Speaker and Gavel* 8(3) (Mar. 1971): 63-65.

Harris, Edward, Richard Kropp, and Robert Rosenthal. "The Tournament as Laboratory: Implications for Forensic Research." *National Forensic Journal* 4

(Spring 1986): 13-22.

Herbeck, Dale, Brenda J. Logue, B. Christine Shea, Kevin W. Dean, Joseph M. Callow, Arnie Madsen, David Bickford, Roger C. Aden, Jack Kay, Donn W. Parson, Raymie E. McKerrow, James F. Klumpp, Don M. Boileau, Sharon Porter, Phillip Voight, Susan Stanfield, Kathleen M. German, Mary Umberger, David P. Brandon, Linda Carter-Ferrier, Judith M. Forsythe, Mary M. Gill, and Daniel Mills. "Forensics Research." *National Forensic Journal* 8 (Spring 1990): 1-103. 아마도 토론 연구에 집중한 최근의 가장 나은 종합 학술지일 것이다.

Hunt, Steven B., and Edward S. Inch. "The Top Fifty Forensics Programs in the U.S.: A Twenty Year Retrospective." Paper presented at the Annual Meeting of the Western States Communication Association, Albuquerque, NM, Feb. 12-16, 1993. 이 연구는 교육자료정보센터(ERIC)에도 올라 있어 거기서 이용 가능하다.

Huseman, Richard, Glenn Ware, and Charles Gruner. "Critical Thinking, Reflective Thinking, and the Ability to Organize Ideas: A Multivariate Approach." *JAFA* 9 (Summer 1972): 261-265.

Jensen, Scott. "A Survey Analysis of Regional and National Programs and Competitive Trends in Collegiate Forensics." *The Forensic* 78(4) (Summer 1993): 1-10.

Klumpp, James F. "Wading into the Stream of Forensics Research: The View from the Editorial Office." *National Forensic Journal* 8 (Spring 1990): 77-86.

Littlefield, Robert S., Timothy L. Sellnow, Ann Burnett Pettus, Mary Ann Danielson, C. Thomas Preston, Jr., Edward A. Hinck, Robert C. Chandler, Don R. Swanson, Sheryl A. Friedley, Raymond Bud Zeuschner, Don R. Swanson, Gary C. Dreibelbis, Paul Gullifor, and Bruce B.Manchester. "Forensics as a Laboratory in Communication Studies." *National Forensic Journal* 10 (special issue) (Spring 1992): 49-82.

Logue, Brenda, and B. Christine Shea. "An Examination and Criticism of Forensic Research: The Last Five Years, 1984-1988." In *Spheres of Argument:*

Proceedings of the 6th SCA/AFA Conference on Argumentation, ed. Bruce Gronbeck. Annandale, VA: SCA, 1989. pp. 449-456.

Mayer, Mike, and Vince Meldrum. "The Effects of Various Time Limits on the Quality of Rebuttals." *JAFA* 23 (Winter 1987): 158-165.

McBath, James, Michael Bartanen, and John Gossett. "Research in Forensics." *ACA Bulletin* (Apr. 1979): 5-9.

McGlone, Edward L. "The Behavioral Effects of Forensics Participation." *JAFA* 10 (Winter 1974): 140-146.

McKerrow, Raymie E. "Evaluating Research in Forensics: Considerations of the Tenure and Promotion Process." *National Forensic Journal* 8 (Spring 1990): 73-76.

Pitt, Carl Allen. "Upgrading the Debater's Research Methods." *Speaker and Gavel* 7(2) (Jan. 1970): 44-46.

Porter, Sharon. "Forensics Research: A Call for Action." *National Forensic Journal* 8 (Spring 1990): 95-103.

Semlack, William D., and Donald C. Shields. "The Effect of Debate Training on Students Participating in the Bicentennial Youth Debates." *JAFA* 13 (Spring 1977): 192-196.

Stepp, Pamela, and Ralph B. Thompson. "A Survey of Forensics Activity at Selected Colleges and Universities in the United States, 1987." *National Forensic Journal* 6 (Fall 1988): 121-136.

Walwik, Theodore J. "Research in Forensics: An Overview." *JAFA* 6 (Spring 1969): 43-48.

27. 토론에서의 여성과 소수자(Women and Minorities in Forensics)

Bartanen, Kristine. "Developing Student Voices in Academic Debate Through a Feminist Perspective of Learning, Knowing, and Arguing." *Contemporary Argumentation and Debate* 16 (1995): 1-13.

Bruschke, Jon, and Ann Johnson. "An Analysis of Differences in Success Rates of Male and Female Debaters." *Argumentation and Advocacy* 30(3) (Winter

1994): 162-173.

Crenshaw, Carrie. "Dominant Form and Marginalized Voices: Argumentation about Feminism(s)." *CEDA Yearbook* 14 (1993): 72-79.

Friedley, Sheryl, and Bruce Manchester. "An Analysis of Male/Female Participation at Select National Championships." *National Forensic Journal* 3 (1985): 3-12.

――――. "An Examination of Male/Female Judging Decision in Individual Events." *National Forensic Journal* 5 (Spring 1987): 11-20.

Hayes, Michael T., and Joe McAdoo. "Debate Performance: Differences Between Male and Female Rankings." *JAFA* 8 (Winter 1972): 127-131.

Johnson, Ann, and Jon Bruschke. "A Research Agenda for the Study of Women in Debate: A Framework and Preliminary Analysis." In *Argument and the Postmodern Challenge: Proceedings of the 8th SCA/AFA Conference on Argumentation*, ed. Raymie McKerrow. Annandale, VA: SCA, 1993. pp. 55-60.

Loge, Peter. "Black Participation in CEDA Debate: A Quantification and Analysis." *CEDA Yearbook* 12 (1991): 79-87.

Logue, Brenda. "CEDA Male/Female Participation Levels: A Research Report." *CEDA Yearbook* 7 (1986): 64-75.

Murphy, John M. "Separate and Unequal: Women in the Public Address Events." *National Forensic Journal* 7 (Fall 1989): 115-125.

Nadler, Marjorie Keeshan. "The Gender Factor in Selecting Extra-Curricular Activities." *National Forensic Journal* 3 (Spring 1985): 29-36.

Pettus, Ann Burnett, and Mary Ann Daniels. "Coaching Intercollegiate Debate and Raising a Family: An Analysis of Perspective from Women in the Trenches." *National Forensic Journal* 11 (Winter 1994): 47-53.

Rogers, Jack. "Interrogating the Myth of Multiculturalism: Toward Significant Membership and Participation of African Americans in Forensics." *The Forensic* 80(4) (Summer 1995): 21-30.

Simerly, Greg, Ro Bites, and L. Scott. "Strategies to Achieve Cultural Diversity in Intercollegiate Debate." *Speech and Theatre Association of Missouri Journal* 22 (1992): 28-34.

Stepp, Pam, Greg Simerly, and Brenda Logue. "Sexual Harassment in CEDA Debate." *Argumentation and Advocacy* 31 (1994): 36-40.

Szwapa, C. "Sexual Harassment and Gender Discrimination in NDT Debate." *Argumentation and Advocacy* 31 (1994): 41-44.

28. 토론에서의 증거와 윤리학(Evidence and Ethics in Forensics)

Bart, John. "Is There an Exit from the Information Superhighway?: The Dangers of Electronic Research." *Forensic Educator* 9(1) (1994-95): 28-31.

Benson, James A. "The Use of Evidence in Intercollegiate Debate." *JAFA* 7 (Spring 1971): 260-270.

Church, Russell. "The AFA Code:Work Left Undone." *JAFA* 9 (Winter 1973): 378-379.

Duffy, Bernard K. "The Ethics of Argumentation in Intercollegiate Debate: A Conservative Appraisal." *National Forensic Journal* 1 (Spring 1983): 65-71.

Kellerman, Kathy. "The Concept of Evidence: A Critical Review." *JAFA* 16 (Winter 1980): 159-172.

Klopf, Donald, and James McCroskey. "Ethical Practices in Debate." *JAFA* 1 (Jan. 1964): 13-16.

Newman, Robert P., and Keith R. Sanders. "A Study in the Integrity of Evidence." *JAFA* 2 (Jan. 1965): 7-13.

————, and Dale R. Newman. *Evidence*. New York: Houghton Mifflin, 1969.

Reinard, John C. "The Empirical Study of the Persuasive Effects of Evidence: The Status After Fifty Years of Research." *Human Communication Research* 15(1) (Fall 1988): 3-59.

Rieke, Richard, and David H. Smith. "The Dilemma of Ethics and Advocacy in the Use of Evidence." *Western Journal of Speech Communication* 32 (Fall 1968): 223-233.

Sanders, Keith R. "Toward a Solution to the Misuse of Evidence." *JAFA* 3 (Jan. 1966): 6-10.

Snyder, Alfred C. "Ethics in Academic Debate: A Gaming Perspective." In *Ad-*

vanced Debate: Readings in Theory, Practice, and Teachings, ed. David A. Thomas and Jack P. Hart. Skokie, IL: National Textbook, 1992. pp. 15-29.

Spiker, Barry K., Tom D. Daniels, and Lawrence M. Bernabo. "The Quantitive Quandary in Forensics: The Use and Abuse of Statistical Evidence." *JAFA* 19 (Fall 1982): 87-96.

29. 몇몇 현대 토론 쟁점들(Some Contemporary Debate Issues)

Bruschke, Jon. "Debate Factions and Affirmative Actions." *Contemporary Argumentation & Debate* 25 (2004): 78-88.

English, Eric, Stephen Llano, Gordon R. Mitchell, Catherine E. Morrison, John Rief, and Carly Woods. "Debate as a Weapon of Mass Destruction." *Communication & Critical/Cultural Studies* 4(2) (2007): 221-225.

Godden, David M., and Douglas Walton. "A Theory of Presumption for Everyday Argumentation." *Pragmatics & Cognition* 15(2) (2007): 313-346.

Louden, Allan. "Debating Dogma and Division." *Contemporary Argumentation & Debate* 25 (2004): 40-42.

McGee, Brian R., Michael Bartanen, David M. Berube, Dale A. Herbeck, John P. Katsulas, and Linda M. Collier. "Whatever Happened to 'Value Debate'?: Reflections on Non-Policy Debating in CEDA." *Contemporary Argumentation & Debate* 23 (2002): 72.

Parcher, Jeff. "Factions in Policy Debate: Some Observations." *Contemporary Argumentation & Debate* 25 (2004): 89-94.

Rogers, Jack E. "Longitudinal Outcome Assessment for Forensics: Does Participation in Intercollegiate, Competitive Forensics Contribute to Measurable Differences in Positive Student Outcomes?" *Contemporary Argumentation & Debate* 23 (2002): 1.

————. "Graduate School, Professional, and Life Choices: An Outcome Assessment Confirmation Study Measuring Positive Student Outcomes Beyond Student Experiences for Participants in Competitive Intercollegiate Forensics." *Contemporary Argumentation & Debate* 26 (2005): 13-40.

Shuster, Kate. "Games, Which From a Long Ways Off Looks Like Flies." *Contemporary Argumentation & Debate* 25 (2004): 95-100.

Solt, Roger E. "Debate's Culture of Narcissism." *Contemporary Argumentation & Debate* 25 (2004): 43-65.

Warner, Ede, and Jon Bruschke. "'Gone on Debating:' Competitive Academic Debate as a Tool of Empowerment." *Contemporary Argumentation & Debate* 22 (2001): 1.

Zompetti, Joseph P. "Personalizing Debating: Diversity and Tolerance in the Debate Community." *Contemporary Argumentation & Debate* 25 (2004): 26-39.

논증과 토론 용어 해설

가설 검증(hypothesis testing): 논제를 과학적 방법에서의 연구자 가설과 올 일하다고 간주하는 교육 토론(academic debate)의 전형적 양식. 토론 의 중심 초점 논제이며, 모든 가능한 대안적 설명이 동원되어 검증된 다. 반대 측의 논증은 본래 조건적(conditional)이지만, 찬성 측 입론의 본질성(intrinsic)에 대한 것이어야 적절하다고 할 수 있다.

가언삼단논법(hypothetical syllogism): '조건삼단논법(conditional syllogism)' 참조.

가짜 논증(pseudoargument): (우연하게든 의도적이든) 쟁점이 되고 있는 문 제를 왜곡하고, 혼란스럽게 만들고, 조작하고, 회피하거나, 쟁점과 직 접적으로 관련이 없는 문제로 대체함으로써 만들어지는 오류.

가짜 질문(pseudoquestion): 대답할 수 없거나 '함정이 있거나 답을 유도하 는' 모호한 질문, 또는 잘못된 추정에 근거한 질문.

가치 거부(value objections): 가치 토론에서 찬성 측의 입론을 적용하면 바 람직하지 않은 결과가 야기될 것이라는 반대 측의 논증. 정책 토론의 불이익과 유사하다.

가치 논제(proposition of value): 어떤 사물이나 조건의 상대적인 좋고 나쁨의 질을 판별하는 평가적 주장.

가치 호용(value applications): 가치 논제 토론에서, 찬성 측이 옹호하는 가치나 유사 정책이 해당 문제에는 적용되지 않을 것이라는 반대 측의 논증.

간접 반박(off-case): 소극적인 논증으로, 찬성 측의 입론을 직접 하나하나 반박하는 것은 아니지만 입론이나 방안을 거부하기에 충분한 근거로 제시되는 것. 예를 들어 대체가치(countervalues), 비판, 가치 거부, 불이익, 논제 관련성 논증, 대체방안 등이 있다. 이는 반대 측에 의해 조직되어 처음 제시된다.

강령(planks): 방안(plan)의 핵심 부분으로 주체, 권한, 시행, 예산과 인력, 추가 사항이 있다.

강제(coercion): 위협하거나 힘을 사용하여 다른 사람이 선택할 수 있는 실행 가능한 행위를 제한하는 일.

개관(overview): 발언의 시작 부분에 제시되는 일반적 논증.

개연성 논증(would): 정책 토론에서 특정 정책이 채택되지 않을 것이라는 주장으로, '실행 당위(fiat)'에 의해 무관한 것이 된다.

거부(disconfirmation): 다른 사람을 무시하거나 묵살하는 의사소통 유형으로, 차이를 강조하고 표면적으로나 암묵적으로 (종종 의식하지 않고) 타자나 타인을 압도하려 한다.

검색 엔진(search engine): 컴퓨터 체계 안에서 정보를 검색하고 우선순위를 매겨 처리하는 컴퓨터 프로그램.

격정적인 말(loaded language): 입증 없이 결론을 내리고 감정적으로 격한 단어를 사용하는 것.

결정적 확증(conclusive proof): 법률상 부인할 수 없거나 모든 반대 증거가 기각될 정도로 강력하고 확실하기 때문에 반박할 수 없으며, 논제를 의심의 여지없이 성립시키는 증거.

경쟁(competitiveness): 주로 반대 측이 제기하는 대체방안과 관련됨. 대체 방안을 채택하는 것은 찬성 측의 방안을 거부할 이유가 된다. 대체방 안은 방안과 상호 배타적이거나 방안을 넘는 순이익(net benefit)을 내 야 한다. 때로는 비판(critique)을 포함한 하나의 논쟁적 입장을 일컬을 때도 있다.

계획된 증거(prearranged evidence): 나중에 언급할 가능성이 있는 어떤 정 보의 기록이라는 특정 목적을 위해 만들어진 증거.

고유성(uniqueness): 불이익 논증의 필수 요소. 불이익 논증은 찬성 측의 방 안이 없다면 불이익이 발생하지 않을 것이라는 논증이다.

골자(shells): 주로 반대 측에서 제시하는, 이후의 토론에서 확장될 논증의 간략한 형태.

공공 토론(public debate): 토론에 전문적이지 않은 개인들이 청중으로 참여 하는 교육 토론 또는 특수 토론 유형.

공문서(public records): 정부기관의 승인을 받거나 정부기관에 의해 편찬 또는 발행된 문서 일체.

공적 기록물(public writings): 일반 대중이 이용할 수 있도록 만들어진, 공문 서를 제외한 모든 기록 자료를 포함하며, 증거의 출처로 자주 사용된다.

교육 토론(academic debate): 학생들에게 교육적 기회를 제공할 목적으로 교육기관의 지도에 따라 이루어지는 토론. 또 다른 용어인 '교육 토론 (educational debate)'과 동일.

교육 토론(educational debate): 또 다른 용어인 '교육 토론(academic de-bate)'과 대체되어 사용 가능.

교차적용(cross-apply): 토론자가 판정자에게 이전에 진술한 증거나 논거를 다른 시점에 적용시켜달라고 요구하는 것.

구역(block): 하나의 논점을 지지하거나 반대하기 위해 준비된 논증들의 묶음. 반대구역(negative block)을 칭하기도 하는데, 이는 반대 측의 두 번째 입론과 첫 번째 반대신문을 가리킨다.

구조적 내재성(structural inherency): 피해가 현 상태에 영구적으로 내재되어 있음을 입증하는 것. 법률과 법적 강제력을 갖는 법원의 판결 및 사회 구조 등으로 이루어져 있다.

구조화된 반응(structured response)**의 오류**: 부적절하거나 근거 없는 결론에 이르도록 설계된 유형.

귀납(induction): 특수한 사례로 출발하여 더 넓은 일반화로 이행하는 논증.

규범 윤리학(normative ethics): 윤리적 행위에 대한 연구.

규칙 위반 지적(point of order): 의회식 교육 토론에서 토론자가 의장(판정자)에게 상대편의 토론 규칙 위반을 살펴볼 것을 요구하는 것.

근거(grounds): (툴민의 논증 모형에서) 주장의 기초를 세우기 위해 제시하는 증거와 추론. '자료(data)'라고 불리기도 한다.

기준(criteria): 의사 결정을 위한 준거 또는 기반. 가치 토론에서 중요한 쟁점이 되며 간혹 정책 토론에서도 사용된다.

긴 탁자 토론(long table debate): 찬반 각각 두 명으로 구성된 세 토론 팀이 각자의 입장에서 토론하는 공공 토론 유형으로, 각 팀마다 한 명씩 교대로 발언하며, 질의응답이 포함된 의회식 토론의 몇 가지 규칙들을 사용한다.

내재성(inherency): 미래에 생길 피해의 개연성을 파악하는 필수 쟁점으로, 현 상태 안에 피해가 배태되어 있다는 사실과, 찬성 측 정책 조치가 없이는 피해가 계속될 것이라는 예측에 토대를 두고 있다. 찬성 측은 추정된 상당한 피해가 현 상태의 기본적인 본질에 내재된 것이라는 점을 합법적 구조나 사회적 태도를 통해 입증해야 한다.

논박(refutation): 상대의 증거와 추론이 거짓 또는 오류임을 입증하여 상대를 제압하는 논증.

논박 책임(burden of refutation): 필수 쟁점 토론에서 찬성 측의 쟁점 중 적어도 하나에 대해 논박해야 하는 반대 측의 책임으로, 실패하면 찬성 측이 승리하게 된다. 상대가 제시한 논증을 반박해야 하는 모든 토론자의 의무로서, 반박에 실패하면 해당 논증은 상당한 설득력을 갖춘 논증으로 간주된다. 논박 책임을 다하지 못하는 것은 논박되지 않은 논증의 수용으로 귀결된다. '응수 책임(burden of rejoinder)', '반박 책임(burden of rebuttal)', '의견 충돌 책임(burden of clash)'이라고도 불린다.

논제(proposition): 논쟁에서 중심 쟁점을 확인하는 판단에 대한 진술. 사실, 가치, 비정책, 정책에 대한 논제가 있을 수 있다.

논제 관련성(topicality): 토론 논제의 의도에 부합하는 상태. 어떤 방안이 논제 관련성을 갖추었다고 할 때에는 방안이 논제의 전체 의도를 정당화하거나, 문제가 해결되거나, 논제를 실행할 방안 안에 있는 강령의 직접적 결과로서 비교우위가 달성되는 경우이다.

논제 관련성 공격하기(topicality attack): 반대 측이 제기하는 쟁점으로, 찬성 측의 방안이 논제가 요구하는 정책 조치의 시행이 아니라거나, 찬성 측의 논제 해석이 잘못되었음을 주장하는 것.

논증(argumentation): 어떤 행위, 신념, 태도, 가치를 정당화하고자 하는 사람이 의사소통 상황에서 하는 추론.

논증 평가관(evaluator of argument): 이러한 유형의 판정자는 중재(intervention)를 불가피한 것으로 인식하긴 하지만, 더 나은 입론이나 논쟁적 주장을 선택하기 위해 토론자가 제시한 논리, 의견 충돌, 증거의 질을 판단하기 위해 노력한다.

다수 편승(bandwagon): 다수에 의한 대중적인 지지가 논증의 뒷받침이 되는 오류.

단언(assertion): 뒷받침하는 근거나 추론 없이 행해지는 주장.

단위 논증(an argument): 잠재적으로 논쟁적인 진술로서, 진술을 믿기 위한 정당한 이유들을 제시한다. 주장과 그것을 뒷받침하는 자료와 근거로 구성된다.

담화표지(signposting): '헤드라이닝(headlining)' 참조.

당위성 논증(should): 정책 토론에서 사용되며, 지능적 이기심, 사회적 복지, 또는 국가적 이해가 바람직하고 실행 가능한 행위를 추동한다는 것. ('실행 당위', '개연성 논증' 참조.)

대조법(antithesis): 평행적 구조를 활용하여 대조적인 생각을 병렬로 배치함.

대중 연설(public speaking): 한 사람이 한 명 이상의 사람에게 구두로 메시지를 전달하는 것. 이때 한 사람은 주로 연설자의 역할을 수행하며 다른 사람은 청중이 되는데, 연설자는 끊이지 않게 이어지고 거의 방해받지 않는 구두 메시지를 전달한다.

대중적 호소(popular appeal): 토론자가 자신이 다른 모든 사람처럼 '평범한 사람'에 불과하다는 입장을 고수하여 지지를 얻고자 하는 것.

대체가치(counter value): 찬성 측이 주장하는 주요 가치보다 더 중요하다고 반대 측이 주장하는 가치.

대체방안(counterplan): 반대 측이 제시하는 방안으로, 찬성 측의 방안과 경쟁하는 더 나은 정책 대안.

덕(virtues): 도덕적으로 그리고 윤리적으로 옳은 사고 습관과 행동 습관.

로고스(logos): 청중이 실용적 추론이나 논리의 측면에서 메시지 그 자체에 대하여 내리는 판단에 기반을 둔 입증의 한 양식.

로드맵(road map): 토론자가 논증이 전개되는 순서에 대해 진술하는 머리말 부분.

마무리(underview): 발언의 끝 또는 특정 쟁점에 대한 논거의 마지막 부분에 이루어지는 주장.

말하기 기술 판정자(skills judge): 이 판정자는 일련의 토론 기술 항목 — 분석, 추론, 증거, 체계성, 논박, 전달력 — 에 판정의 초점을 두고서 이 기술 항목과 관련하여 가장 토론을 잘한 팀이 판정에서 이겼다고 선언한다.

메타 윤리학(metaethics): 윤리 특성의 내재적 본질에 대한 연구로, 윤리적 전제가 기반을 두고 있는 기본 토대와 추정을 포함한다. 도덕적 사고, 대화, 실천의 형이상학적, 인식론적, 의미론적, 심리학적 추정과 헌신을 이해하려는 시도.

명시적 의미(denotative meaning): 언어 공동체 안에서 공유하는, 문자 그대로이면서 상대적으로 객관적인 언어 의미.

명확한 증거(clear evidence): 엄밀하면서도 개념적으로 명확하게 뒷받침하고자 하는 것을 정확히 뒷받침하는 확증.

모의법정 토론(moot court debate): 학생들이 법정 토론을 익힐 수 있도록 법학전문대학원에서 사용하는 재판 토론의 학교 형식.

모의재판 토론(mock trial debate): 법정 토론을 모방한 교육 토론의 한 형식.

모호함(ambiguity): 단어, 구, 단락의 의미가 합당하게 둘 또는 그 이상의 방식으로 해석될 때 발생하는 오류.

목적론적 윤리학(teleological ethics): 결과 지향적 윤리학 접근법으로, 어떤 행위나 결정의 결과가 좋은지 나쁜지에 집중한다.

목표(goals): 가치 토론에서 논제에 표현되거나 토론자들에 의해 논의되는 가치.

무지에의 호소(appeal to ignorance): 토론자 본인이나 청중이 그것에 대해 들어본 적이 없다는 이유로 무언가가 존재할 수 없다고 주장하는 오류.

무형식 토론(nonformal debate): 어떤 형식이나 사전에 준비된 절차 규정 없이 다양한 맥락에서 이루어지는 토론.

문법적 구조(grammatical structure)의 오류: 문법이 부정확하거나 명료하지 않아 의미가 왜곡된 추론.

문화(culture): 한 집단이나 범주의 구성원들을 다른 집단이나 다른 범주의 사람들과 구분하는 마음의 집합적 프로그래밍. 하나의 집단에서 공유하는 일련의 규범이나 가치로서 세대에서 세대로 전해 내려오는 것.

미끄러운 비탈길 논증(slippery slope argument): 찬성 측의 방안 중에서 언뜻 무해한 제안처럼 보이지만, 되돌릴 수 없으면서 매우 치명적인 불이익으로 이끄는 첫 단계의 논증.

믿을 만한 증거(reliable evidence): 신뢰할 만한 출처에서 얻은 증거로, 유사한 사안에 대해 정직하면서 정확하다는 명성이 있고, 그 사안을 언급할 때 일관성을 보인다.

반대신문(cross-examination): 토론 참여자들이 지정된 발언 시간 내에 논증, 입론, 증거, 그리고 토론과 관련된 여타의 사안 등에 대해 질문하고 답변하는 상호작용의 과정. 표준 반대신문 형식을 사용하는 토론에서는 각각의 입론 발언 후에 주어지는 3분 동안 입론 발언자에게 질문을 할 수 있다.

반대 측(negative): 토론에서 논제에 대해 반대하는 측.

반박(rebuttal): 상대의 증거와 추론을 무력화하는 다른 증거와 추론을 제시하여 상대를 제압하는 논증. 교육 토론에서 각 토론자의 두 번째 발언 역시 반박이다.

반박 발언(rebuttal speech): 토론자가 하는 두 번의 발언 중에서 두 번째이자 더 짧은 발언. 이 발언에서는 새로운 증거나 새로운 주장이 제시될 수 없다. '입론 발언(constructive speech)' 참조.

방안(plan): 필요나 피해를 유발하는 문제에 대하여 찬성에서 제안하는 해결 방법. 찬성 측이 주장한 이익을 산출해야 한다.

백지상태 판정자(tabula rasa judge): 이 판정자는 어떤 철학적 입장도 취하지 않은 채 토론자들이 판정을 위한 이론틀을 결정하는 것을 허용하고 기대한다. 어떤 판정 철학이 토론에서 나타나지 않으면, 이 판정자는 판정을 위한 토대로 가장 적합해 보이는 판정 철학을 선택할 수도 있다.

법정 토론(judicial debate): 법정 혹은 그와 유사한 곳에서 하는 토론.

변증법(dialectic): 대화 참여자들이 진리에 도달하기 위하여 질문과 대답의 형식으로 주고받는 논증과 추론의 방법.

보강적 확증(corroborative proof): 동일한 사실 혹은 논제를 뒷받침하기 위해 다른 특성의 증거를 강화하거나 확실하게 하는 증거.

보증(backing): (툴민의 논증 모형에서) 전제(warrant)를 뒷받침하기 위하여 제시된 추가적인 증거와 추론.

본질(intrinsic): 어떤 사물의 필수적 본질에 내재된 것이거나, 그 사물의 고유한 속성 또는 결과일 때, 본질적이라고 할 수 있다.

부분적 확증(partial proof): 논쟁의 쟁점을 지지하는 경향이 있는 일련의 사실 중에서 어떤 분리된 사실을 규명하는 데 사용되는 증거.

불 검색 연산자(boolean search operators): 검색 엔진을 이용하여 웹 검색을 할 때 핵심어 사이의 관계를 정의하기 위해 사용되는 '그리고(and)', '또는(or)', '아니다(not)', '비슷한(near)' 등의 단어.

불완전한 비교(incomplete comparison): 비교할 지점이 존재하지 않거나 명확하지 않은 문법적 오류의 한 유형.

불이익(disadvantages): 반대 측이 주장하는, 찬성 측 방안이 초래할 바람직하지 않은 결과로, 반드시 이익보다 더 크다는 것이 입증되어야 한다.

불합리한 추론(non sequitur): 결론이 전제나 제시된 증거에 의해 도출되지 않는 것.

브레인스토밍(brainstorming): 한 집단의 모든 구성원이 자발적으로 견해를 말하는 가운데 공동 문제를 해결하는 방법. 개개인은 브레인스토밍을 활용해 다양하고도 가능성 있는 해결책들을 빠르게 산출할 수 있다.

블로그(blog): 말 그대로 '웹 로그(web logs)'이며, 일종의 온라인 일기장으로 시작하였다. 필자의 정기적인 게시물을 담는 웹사이트나 웹페이지로, 독자와 방문자의 초대 논평이나 글이 게재되기도 한다.

블러브(blurb): 주로 미완결되거나 앞뒤가 안 맞는 한두 단어로 이루어진 주장으로, 뒷받침 근거나 분석이 부족하다.

비교우위 입론(comparative advantage case): 찬성 측이 자신의 방안이 현 상태보다 더 큰 이익을 산출할 것이라고 논증하는 것.

비논제 관련성(extratopicality): 찬성 측의 방안이 논제 관련성이 없는 부분으로 인해 얻는 이익.

비언어적 의사소통(nonverbal communication): 다른 사람에게 신체적이고 목소리에 의한 방식으로 의미를 전달하는 특성을 지님.

비연관성(irrelevancy): 입증이 합리적인 한계를 벗어나 주장과 관련을 맺지 못하는 논증.

비용-편익 분석(cost-benefit analysis): 제안의 이익과 불이익을 비교하고 한 입장을 옹호하기 위해 결론을 내리는 것.

비유적 유추(figurative analogy): 논증의 방법으로, 다른 범주의 사례들을 비교하여 유사하다고 추론하는 과정. 예를 들어, "중고차 딜러들은 상어 같다."

비판(critique): 주로 반대 측이 주도하는 논증의 한 유형으로, 토론에서 사용된 언어나 행동을 문제 삼거나, 찬성 측 입론이나 논제의 기반이 되는 원리나 명제에 이의를 제기한다. 불이익 논증과 유사하다.

비판(kritic): 상대의 철학적 근거에 대해 이의를 제기하거나, 상대 측 주장과 그 함의에 윤리적 개념을 적용하는 논증. '비판(critique)' 참조.

비판 이론(critical theory): 문화적 독립체들이 의사소통을 포함한 자신들의 행동을 통해 다른 문화집단을 어떻게 지배하고 억압했는가에 대한 이론.

비판적 사고(critical thinking): 의견을 분석하고 비판하고 평가하고 옹호하는 능력, 효과적으로 추론하는 능력, 지식이나 신념의 모호하지 않은 진술에서 끌어낸 타당한 추론에 기반을 두고 정보가 풍부하면서 사려 깊은 결론에 도달하는 능력.

사례 추론(reasoning by example): 특정한 사례들에서 결론을 이끌어내는 과정. 추론의 비연역적인 접근법.

사법적 증거(judicial evidence): 법정에서 인정받을 수 있는 증거.

사실 논제(proposition of fact): 조건 또는 인과의 성질을 표현하는 서술적 주장.

삼단논법(syllogism): 대전제, 소전제, 결론으로 이루어진 논증의 체계적 배열. 연역적 입증을 위한 변증법적 구조.

상호 배타적(mutually exclusive): 반대 측의 대체방안과 찬성 측의 방안이 동시에 적용될 수 없음을 의미하는 것. 경쟁의 척도 중 하나.

생략삼단논법(enthymeme): (1) 전제 또는 결론 중 하나가 진술되지 않고 생략된 삼단논법. (2) 개연성(probability), 징후(sign), 사례(example)에 기반을 둔 삼단논법으로, 수사적 설득 기능을 수행한다. 화자와 청중이 함께 노력해야 생략삼단논법이 성공적으로 구성된다.

선언삼단논법(disjunctive syllogism): 대전제가 상호 배타적인 선택지를 가지고 있는 삼단논법. 대개 '둘 중 하나인(either, or)', '어느 것도 아닌 (neither, nor)', '그러나(but)', '비록(although)' 등과 같은 단어에 의해 표현되며, 명확히 진술되거나 분명히 암시된다.

선전(propaganda): (주로 결속력 강한) 집단이 대중에게 영향을 미칠 목적으로 다양한 매체를 활용해 지속적이고 조직적인 캠페인 속에서 사용하는 설득 행위.

설득(persuasion): 타인의 행위, 신념, 태도, 가치에 영향을 미치고자 하는 의사소통.

설득의 강도(degree of cogency): 논증이 사실, 논리, 합리성을 갖추고 있기 때문에 가지는 타당성과 지적 설득력의 정도.

성급한 일반화(hasty generalization): 특정 사례에서 일반화로의 추론이나 이행이 불충분한 증거, 대표성이 없는 예, 사례의 수가 불충분한 것에 기초해 만들어진 논증.

세계토론대회(worlds debating): 토론의 형식으로, 두 명('멤버'라고 부른다)으로 구성된 네 팀, 의장('의장님'이라고 부른다), 판정자 혹은 판정단들이 참여한다. 토론자들은 증거나 준비된 자료 없이 토론 15분 전에 공개되는 '동의안(motion)'에 대해 토론한다.

세부 주장(contention): 쟁점을 뒷받침하기 위해 제공되는 진술.

소극적 증거(negative evidence): 응당 발견될 수 있는 증거의 부재가 논의되는 쟁점을 참으로 만드는 것.

소피스트(sophists): 고대 그리스에서 시민 생활에 참여하는 데 필요한 수사학과 여타의 기술을 가르치던 교사.

순이익(net benefit): 반대 측의 주장으로, 방안과 대체방안의 이익 및 불이익을 따져보았을 때 대체방안의 순이익이 더 크다는 것. 공식은 CP 〉CP + P(대체방안을 단독으로 적용하는 것이 대체방안과 방안을 합쳐서 적용하는 것보다 우월하다)이다.

순환 논증(arguing in a circle): 입증하고자 하는 바로 그 결론을 논증의 전제로 삼을 때 발생하는 오류.

시간 뺏기(time suck): 상대편이 대답하는 데 드는 시간이 논증을 먼저 제시하는 데 드는 시간보다 많이 걸릴 것이라는 예상 속에서 이루어지는 논증. 이는 토론의 후반부에서 논증을 제시하는 측이 이에 대해 진지하게 논의할 의향이 없음을 암시할 때 종종 나온다.

신상 발언 지적(point of personal privilege): 의회식 교육 토론에서 상대편의 발언이나 행동이 부적절하거나 모욕적이거나 공격적일 경우 토론자가 의장(판정자)에게 이를 살펴볼 것을 요구하는 것.

실행 가능성(workability): 정책 토론에서의 쟁점으로, 반대 측에서 찬성 측의 방안이 실현 가능하지 않거나 비현실적이며 작동하지 않을 것이라고 주장하는 것이다. 이에 찬성 측은 그 반대로 주장한다.

실행 당위(fiat): 토론 참여자들이 합리적인 정책 실행을 할 것이라고 가정하여 논증하는, 정책 논제 교육 토론에서의 관습. 토론자가 정책이 채택되어야 할 당위성 여부에 초점을 맞추게 하고, 그 정책이 채택될 가능성 여부에 대한 관련 없는 논증을 피하도록 한다.

심리적 사실(psycho-fact): 끊임없는 반복을 통해 삶을 살아가는 방식을 변화시키기 때문에 구체적인 증거로 뒷받침되지 않더라도 진실이라고 받아들여지는 믿음.

심층 생태학(deep ecology): 자연환경의 가치를 인간의 행복이나 생존을 위한 수단이 아닌 그 자체로 평가하는 윤리 철학.

싱크 탱크(think tanks): 공공 정책과 정부 정책, 사업, 과학, 교육을 포함하는 다양한 관심 쟁점에 대한 자신들의 연구와 지지를 뒷받침하기 위해 조사를 수행하고 보고서를 준비하는 일군의 전문가들.

양상 한정(modal qualification): 논증자가 자신의 논증에 부여하는 설득의 강도.

양적 중대성(quantitative significance): 수치화되고 측정 가능하며 구체적인 피해 정도.

언어적 의사소통(verbal communication): 언어를 사용하여 영향을 미치거나, 정보를 주거나, 가르치거나, 고무하는 것.

에토스(ethos): 설득의 한 방식으로서, 청중이 화자의 인품, 지혜, 선의에 대해 내리는 판단.

연계(link): 행동 방안과 바람직하지 않은 결과 사이의 우연한 연결. 불이익 논증에서의 필수 요소.

연역(deduction): 폭넓은 일반화로 시작하여 좀 더 특수한 사례 적용이나 결론으로 이행하는 논증.

오류(fallacy): 실제로는 그렇지 않은데도 설득력 있거나 결정적으로 보이는 타당하지 않은 논증 양식.

옹호자/옹호(advocate): 특정 입장을 지지하는 사람, 또는 그러한 행위.

용어 정의(definition of terms): 논제에 포함된 단어의 의미에 대해 토론자가 지지하는 해석.

우연한 증거(casual evidence): 만들어질 때 어떤 노력도 하지 않은 증거로, 나중에 언급할 가능성이 있어서 고안된 것은 아니다.

우회 논증(circumvention argument): 많은 사람들이 방안을 견제하거나 피하며, 그러지 않으면 그것을 무산시킬 동기와 능력을 가지고 있기 때문에, 찬성 측의 방안이 실현되지 않을 것이라고 하는 소극적인 논증. 예를 들자면, '휘발유 배급제도는 사람들이 이를 피해 광범위한 암시장을 형성할 것이기에 실현될 수 없다.'라는 논증이 그것이다.

위키(wikis): '위키(wiki)'는 하와이어로 '빠르다'라는 뜻이다. 위키피디아가 가장 유명하다. 독자 집단이 소재 개발에 기여하며, 콘텐츠뿐만 아니라 편집에도 기여한다.

유도질문(leading questions): 자신의 답변을 암시하거나 포함하면서 그런 답변을 하도록 부추기는 질문.

유사 정책 논제(quasi-policy proposition): 어떤 정책에 대한 가치 판단을 표현하는 논제.

유추 추론(reasoning by analogy): 두 개의 유사한 사례를 비교하여 한 사례에 적용되는 것이 다른 사례에도 적용됨을 추론하는 과정.

윤리적(ethical): 어떤 직종이나 공동체의 행위를 지배하는 옳음과 그름의 원리를 받아들여 따르는 것.

윤리학(ethics): 우리가 어떻게 해야 하는지를 알려주는 행동 규범을 제공함으로써 의사 결정을 안내하는 일련의 생각.

은유법(metaphor): 상이한 대상을 암시적으로 비교하는 비유적 표현. 의사를 전달하는 사람은 기존에 알고 있던 것과의 비유를 통해 새로운 것에 대한 동일한 이해를 확고히 하고자 한다.

응수 책임(burden of rejoinder): '논박 책임(burden of refutation)' 참조.

응용 토론(applied debate): 논제에 대해 구속력 있는 결정을 내리거나, 질문이나 주제에 대하여 실제로 반응을 할 권한을 가지고 있는 판정자나 청중 앞에서 이루어지는 토론. ('학교 토론'과 비교하라.)

의견 충돌(clash): 자신을 공격하는 논증에 반응할 의무. ('논박 책임' 참조.)

의무론적 윤리학(deontological ethics): 과정 지향 또는 행위 지향적인 윤리학 접근법으로, 행위가 결과와 상관없이 도덕적 가치를 가지고 있다는 개념에 기반을 두고 있다. 윤리적 행동을 결과에 기초하여 판단하는 목적론적 윤리학에 반대된다.

의사소통(communication): 이해를 공유하고자 하고 의미를 구성하는 상호적이고 주관적인 과정.

의회식 교육 토론(academic parliamentary debate): 즉흥 경쟁 형식의 하나로, 증거나 기술적 토론 전략 또는 전문 용어보다는 논리, 추론, 발표에 초점을 맞추는 비주제 토론대회의 토론. 전국의회식토론협회(national parliamentary debate association)와 미국의회식토론협회(american parliamentary debate association)를 포함한 단체들의 지원으로 이루어지는 경쟁적 교육 토론 형식.

의회식 응용 토론(applied parliamentary debate): 의회의 절차 규정에 따라 이루어지는 토론(19장 참조).

이익(advantages): 찬성 측이 주장하는 바에 의해 방안을 채택했을 때 얻을 수 있는 편익이나 이득으로, 반드시 불이익보다 더 크다는 것이 입증되어야 한다.

이차 증거(secondary evidence): 논의되는 사안에서 더 좋은 증거의 이용 가능성을 자신의 특성으로 시사하는 증거.

인간중심주의(anthropocentrism): 자연환경이 인간의 행복과 생존을 위한 수단으로서 중요하다고 보는 인간 중심의 윤리.

인과 설정의 오류(post hoc): 입증되지 않은 인과관계를 추정하는 것.

인과 추론(casual reasoning): 어떤 요인(원인)이 다른 어떤 것(결과)을 만드는 힘이라는 사실을 추론하는 과정.

인증(confirmation): 다른 사람의 존재, 중요성, 가치를 인정하는 의사소통 유형.

일반적 입증 책임(a burden of proof): 자신이 주장하는 것을 증명해야 하는 책임. 찬성 측과 반대 측 양쪽 모두 적용된다. 자신의 주장을 옹호하려면, 그 주장에 반대되는 자연스러운 추정을 넘어서는 충분한 증거를 내놓아야 한다.

일차 증거(primary evidence): 상황이 허락하는 가장 최선의 증거. 논의되는 사안에 대해 가장 큰 확실성을 제공하는 원래의 증거 혹은 직접적인 증거.

입론(case): 논제의 한 쪽을 지지하는 사람이 최대의 효과가 있도록 자신의 추론과 증거를 편성하고, 입장을 제시하기 위해 펼치는 작전 전략.

입론 발언(constructive speech): 교육 토론 형식에서 토론자의 발언 중에서 첫 번째로 길게 행해지는 발언이며, 논제를 옹호하거나 반대하는 새로운 증거와 논거가 제시된다. ('반박 발언' 참조.)

입론 전환(case turn): 찬성 측이 찾아낸 문제가 사실은 문제가 아니라 현 상태에 이익이 된다는 것을 증명하기 위해 고안된 반대 측의 공격 전략. 또는 찬성 측의 입론 주장에 대한 반대 측의 전환 논증(turnaround argument).

입증 가능한 증거(verifiable evidence): 아마도 증명할 수 있고, 확정할 수 있으며, 확증 가능한 증거.

자료(data): (툴민의 논증 모형에서) 논증을 위한 근거. 증거, 또는 가지고 있는 것. 교육 토론에서는 주로 증거의 형태로 존재한다.

장광설(verbalism): 의미를 전달할 때 지나치게 많은 단어를 사용하는 것.

재판 외 증거(extrajudicial evidence): 법정에서는 인정받지 못하지만 법정 밖에서는 사용될 수도 있는 증거.

쟁점(issues): 논제에 내재되어 있는 중요한 주장. 논쟁의 요점을 파악하기 위한 질문.

전제(warrant): (툴민의 논증 모형에서) 근거(ground)로부터 주장(claim)으로의 이행을 정당화하기 위하여 개진하는 증거와 추론.

전통에의 호소(appeal to tradition): 관습적·역사적 논거에 기초하여 논증을 뒷받침하는 오류.

전환 논증(turnaround argument): 반대 측이 제시한 불이익을 찬성 측이 오히려 이익으로 전환하는 것. 일반적인 용법에서는 최초 발언을 전환하는 모든 진술을 말한다.

정당한 이유(good reasons): 특정 청중에게 심리적으로 설득력을 발휘하는 이유로, 추가적인 탐구가 불필요하고 쓸모없게 된다. 따라서 어떤 논제를 인정하거나 거부하는 결정을 정당화하게 된다.

정당화(justification): 현 상태(status quo)를 바꾸기 위한 이유를 정립하는 논증. 찬성 측은 논제가 표현된 대로 고유한 중요성과 근거가 있음을 주장하여야 한다는 것.

정서(emotion): 고통이나 즐거움이 관장하는 내적 상태나 조건.

정언삼단논법(categorical syllogism): 대전제가 전칭명제(unqualified proposition)인 삼단논법. 전칭명제는 '전부(all)', '모든(every)', '각각의(each)', '어떤 것이든(any)'과 같은 단어에 의해 표현되는 게 특징이며, 직접적으로 표현되거나 분명하게 암시된다.

정언명령(categorical imperative): 칸트의 도덕 철학에서 유래한 것으로 모든 이성적 존재에 적용되며, 모든 개인적인 욕망이나 동기와는 관계없는 무조건적 도덕률. 의무론이나 의무 기반 윤리학을 대표한다.

정책 논제(proposition of policy): 조치를 요구하면서, 행위자와 규범적 행위에 대한 공감을 포함하는 옹호적 주장.

정책 함의(policy implications): 가치 토론에서 반대 측의 논증으로, 찬성 측의 가치가 수용될 때 유해한 정책들이 야기된다는 것.

정책입안자 판정자(policymaker judge): 이 판정자는 찬성 측과 반대 측의 정책 체계를 비교하며, 찬성 측이 판정에서 이기려면 정책 체계가 실행 가능해야 하고 반대 측의 정책 체계보다 더 나아야 한다고 말한다. 이 판정자는 경쟁하는 정책들을 비용 대 편익에 기초해 평가하는 경향이 있다.

조건적 논증(conditional argument): 이 논증은 옹호하기 때문이 아니라 잠정적인 검증이나 폐기 가능성에 대한 반응으로 제시된다.

조건적 대체방안(conditional counterplan): 특정 조건이 우세하면 대체방안에 대한 옹호를 그만둘 수 있는 반대 측의 논증.

조건삼단논법(conditional syllogism): 불확실하거나 가정적인 사건을 대전제로 사용하는 삼단논법. 대개 '만일 ~라면(if, assuming, supposing)'이나 이와 유사한 용어로 표현되며, 명확히 진술되거나 분명히 암시된다. '가언삼단논법(hypothetical syllogism)'이라 부르기도 한다.

조작적 정의(operational definition): (보통 논제에서) 핵심 단어나 구절로서, 토론에서의 사용에 의해 정의되는 것. 정책 토론에서 찬성 측의 방안은 그 자체가 논제의 핵심 용어들에 대한 정의일 수 있다.

존재적 내재성(existential inherency): 문제가 존재하기 때문에 문제가 현 상태에 내재한다는 주장.

주장(claim): (툴민의 논증 모형에서) 논증을 통해 세우고자 하는 결론. 우리가 다다르고자 하는 핵심의 간결한 진술.

주장 반복하기(repeated assertion): 어떤 논증이 그 자체를 위한 증거로 제시되는 것.

주지의 사실(judicial notice): 입증할 필요 없이 증거가 바로 논증에 도입될 수 있는 것으로, 잘 알려져 있기 때문에 입증할 필요가 없다고 추정된다.

주체성(agency): 소외된 집단이나 개인이 지배에 저항하는 능력이나 기회.

중대성(significance): 쟁점에 부가된 중요성 또는 영향력의 정도. 옹호자는 입론의 핵심 사항이 양적으로 또는 질적으로 중요하다는 것을 입증해야 한다. 주장의 상대적인 중요성에도 적용된다.

즉석 연설(extemporaneous speaking): 메모나 개요를 참고하면서 연설의 일정 부분을 주의 깊게 선택한 단어나 계획에 의해 말하지만, 대화적이고 비형식적 말투를 사용하여 즉석에서 말하는 연설 방식.

즉흥 연설(impromptu speaking): 사전에 어떠한 준비도 없이 이루어지는 발언자의 즉흥적이고 비형식적이며 대화적 연설 방식.

증거(evidence): 증명을 하기 위해 사용되는 사실, 의견, 대상으로 구성된 것.

증거 개요(evidence brief): 증거까지 완전하게 준비된 논증, 또는 논증들의 집합.

직관에 반하는 논증(counterintuitive argumentation): 일반적인 생각에 어긋나는 논거를 제시하는 것으로, 예컨대, '고용은 해롭다'처럼 사람들이 그르다고 '알고' 있기 때문에 처음에는 거부하는 논증.

직관적으로 수용할 수 있는 증거(intuitive acceptance of evidence): 예컨대, '실업은 해롭다'와 같이 옳다는 것을 알고 있기 때문에 청중이 처음부터 수용하는 증거.

직접 반박(on-case): 찬성 측의 입론에 직접적으로 대응하는 논증이며, 찬성 측의 입론 구성을 그대로 사용한다.

직접 증거(direct evidence): 어떤 다른 사실에 대한 증명이 전혀 개입되지 않은 채 해당 사실이 존재한다는 것을 보여주려고 하는 증거.

직접질문(direct questions): 간략하고 구체적인 답변을 요구하며 일반적으로 질문자가 이미 답을 알고 있는 질문.

질의응답(point of information): 의회식 교육 토론에서 토론자가 승인을 받아 상대편의 발언 중간에 직접질문을 던지는 것.

질적 중대성(qualitative significance): 삶의 질을 훼손하는 피해의 강력한 속성, 또는 어떤 중요한 가치에 대한 부정.

징후 추론(reasoning by sign): 두 변인 간의 관계나 상관을 추론하는 과정.

찬성 측(affirmative): 토론에서 논제를 지지하는 쪽.

찬성 측 입증 책임(the burden of proof): 논제가 안고 있는 위험 요소. 찬성 측의 책임이며, 논제에 반대되는 추정을 넘어서기 위해서는 논제를 수용할 만한 정당하고 충분한 이유를 제시해야 한다.

참조 증거(evidence aliunde): 다른 증거를 설명하거나 명확하게 하는 증거.

청중 토론(audience debate): 전문 지식이 없는 청중 앞에서 그들에 맞게 행해지는 토론. 이때 일반적으로 청중은 논제에 대해 구속력 있는 결정을 할 권한은 없다.

초간편배급(really simple syndication: RSS): 정기적으로 바뀌는 웹 콘텐츠를 전송하는 형식.

최종 전개(spread): 많은 수의 논증들로서, 개별적으로 제시되며 뒷받침하는 증거나 분석은 최소한으로 이루어진다. 이를 사용하는 토론자는 상대방이 미처 각각에 대답하지 못하게 하려 한다.

추가(add-on): 찬성 측의 토론자가 입론 이후에 추가적으로 이익을 제시하는 것.

추정(presumption): 논쟁에서 어떤 특정 입장을 옹호하는 경향. 청자와 의사 결정자가 특정 입장 또는 토론의 한 쪽을 지지하거나 반대하는 경향이 있는 심리 상태를 말한다.

추정 증거(presumptive evidence): 관련된 다른 사실을 증명함으로써 어떤 사실이 존재한다는 것을 보여주려고 하는 증거.

축자적 유추(literal analogy): 논증의 방법으로, 같은 범주의 사례들을 비교하여 유사하다고 추론하는 과정. 예를 들어, "뉴욕은 시카고 같다."

충분한 증거(sufficient evidence): 증거가 수적으로 상당히 우세한 것.

충족된 정의(satisfactory definition): 결정을 내리는 사람들의 최소한의 기대를 충족시키는 정의.

치환(permutation): 찬성 측에 의한 대체방안의 경쟁력 검증. 방안과 대체방안이 동시에 채택되는 것, 또는 방안과 비판이 동시에 받아들여지는 것에 대한 가상적 실례.

타당한 결론 부정하기(denying a valid conclusion): 토론자가 반대편의 전제를 인정하거나 반박할 수 없으면서, 그러한 전제에 논리적으로 뒤따르는 결론을 부정하는 것.

타운홀 토론(town hall debate): 사회자나 의장이 있고, 두 토론 팀이 한 논제에 대해 양쪽 편으로 나뉘어 토론하는 공공 토론의 한 유형으로, 승자를 판정하기 전에 청중을 초대해 참여시킨다.

태도적 내재성(attitudinal inherency): 찬성 측이 발견한 문제를 현 상태에서 해결할 수 없게 방해하는 일반적인 통념이나 편견, 혹은 태도.

토론(debate): 탐문과 옹호의 과정. 어떤 논제에 대한 합리적 판단의 추구 과정.

토론 개요(brief): 뒷받침해주는 증거를 가진 조직화된 일련의 준비된 논증. 미리 준비된 논쟁적인 입장, 또는 예상되는 논거에 대한 일련의 응답. '개요(block)'와 대체되어 사용 가능.

토론 카드(card): 토론 전문 용어로서 어떤 논쟁적 주장을 뒷받침할 때 사용되는 인용 자료의 개별 항목. 하나의 증거 또는 증거 카드. 토론자들이 증거를 색인 카드에 기록하던 역사적 관행에서 비롯되었다.

토론학(forensics): 문제를 검토하고 사람들과 의사소통할 때 주로 논증적 관점을 사용하는 것에 관심을 두는 교육적 활동. 토론, 대중 연설, 문학 해석을 포함하는, 다양한 형태를 가진 수사적 학문. 주로 경쟁적 학생 활동으로 조직된다.

토론 형식(format): 토론을 위해 합의된 틀로서 몇 가지 절차적 규칙과 더불어 순서, 발언 시간 등을 규정한다.

토론 흐름표(flow sheet): 토론의 모든 발언에 대해 세로 칸에는 각각의 발언에서 제시된 논증을 기록하고, 가로 칸에는 각각의 논증이 전개된 과정을 정리하여 토론 흐름을 추적할 수 있도록 한 체계적인 토론 개요 기록 노트.

특별 변론(special pleading): 어떤 예외가 수용될 수 있는 추론의 범위 내에 있다고 설득하는 것.

특별 토론(special debate): 대통령 선거 토론과 같이 특정 상황을 위해 고안된 특별 규정에 따라 이루어지는 토론.

파토스(pathos): 청자의 내면의 정서적 반응에 기반을 둔 입증의 한 양식.

판정 규칙(decision rule): 효과 비교를 통해 판정단이 토론의 우승자를 선택할 때 의존하는 기준이나 척도.

편익(benefits): '이익(advantages)' 참조.

포괄적 불이익(generic disadvantages): 다수의 가능한 찬성 측 방안에 적용될 수 있는 불이익.

표결 쟁점(voting issue): 너무나도 중요한 쟁점으로 그 자체로 판정자의 투표를 정당화하는 쟁점.

표층 생태학(shallow ecology): 인간적 삶의 질을 위한 자원과 생활수준을 유지하기 위해 오염과 자원 고갈에 맞서 싸우는 윤리 철학.

피해(harm): 현 상태의 결함을 파악하는 필수 쟁점으로, 대책이 없으면 중대한 해를 초래하므로 급히 해결되어야 한다. 찬성 측이 주장하는 중요한 문제가 현 상태에 존재하고 개선책을 필요로 한다는 것.

필수 쟁점(stock issues): 특정 유형의 논제를 다루는 대부분의 토론에 존재하는 공통된 쟁점. 가치 토론에는 정의적(definitive) 쟁점과 지시적(designitive) 쟁점이 있으며, 정책 토론에는 피해(harm) 쟁점, 내재성(inherency) 쟁점, 해결성(solvency) 쟁점이 있다.

필수 쟁점 판정자(issues judge): 이 판정자는 필수 쟁점에 초점을 두고, 찬성 측이 판정에서 이기려면 모든 필수 쟁점에서 이겨야 한다고 말한다.

필수적 확증(indispensable proof): 특정 쟁점을 증명하는 데 꼭 필요한 증거.

함정질문(loaded questions): 사전 추정을 기반으로 한 질문으로, 답변자가 질문에 직접 답변하면 그 사전 추정이 확정되게끔 언어로 표현한 것이다.

함축적 의미(connotative meaning): 개인적이면서 종종 정서적인 언어 해석.

해결성(solvency): 작동할 방안이 효과가 있으며 피해를 줄일 수 있다고 찬성 측이 규명하려 하는 것.

허수아비 논증(straw argument): 무너뜨릴 수 있는 쟁점만을 부각하는 것.

헤게모니(hegemony): 한 사회집단이 다른 사회집단을 실재적으로 지배하는 것.

헤드라이닝(headlining): 발언의 핵심 쟁점을 간결하고 정확하게 선택한 단어 또는 짧은 문장들로 제시하는 것. 교육 토론에서는 흔히 숫자나 문자를 사용하여 내용을 확실하게 구성한다. '태그라이닝(taglining)'이라고도 한다.

현 상태(status quo): 대상이 존재하고 있는 상태. 현 체제.

확장(extension): 앞의 발언에서 제시되고 전개된 논증이 토론이 진행되면서 계속 이어지는 것.

활동가 판정자(activist judge): 이 접근법을 취하는 판정자는 자신을 토론 과정의 능동적인 참여자로 보고, 토론을 게임이 아닌 행위로 본다.

효과(impact): 토론 논증의 중요성이나 타당성을 잴 수 있는 실질적인 정도. ('중대성' 참조.)

효용(application): 가치 논제 토론에서 가치를 수용했을 때의 효과 정도, 또는 가치의 구체적인 영향.

ADA: 미국토론협회(American Debate Association).

AFA: 미국토론연합(American Forensic Association).

APDA: 미국의회식토론협회(American Parliamentary Debate Association).

CEDA: 반대신문토론협회(Cross Examination Debate association).

NDT: 전국토론대회(National Debate Tournament).

NEDA: 전국교육토론협회(National Educational Debate Association).

NPDA: 전국의회식토론협회(National Parliamentary Debate Association).

주

1장

1   Michael Scriven and Richard Paul, "Defining Critical Thinking," The Critical Thinking Community, http://www.criticalthinking.org/pages/defining-critical-thinking/410.

2   Mike Allen, Sandra Berkowitz, Steve Hunt, and Allan Louden, "A Meta-Analysis of the Impact of Forensics and Communication Education on Critical Thinking," *Communication and Education*, vol. 48, no. 1 (Jan. 1999), p. 28.

3   Kent Colbert, "Enhancing Critical Thinking Ability Through Academic Debate," *Contemporary Argumentation and Debate: The Journal of the Cross Examination Debate Association*, vol. 16 (1995), p. 69.

4   James H. McBath, ed., *Forensics as Communication* (Skokie, IL: National Textbook, 1975), p. 11.

5   Stephen Toulmin, *Knowing and Acting* (New York: MacMillan, 1976), p. 138.

6   David Zarefsky, "Criteria for Evaluating Non-Policy Argument," in *Perspectives on Non-Policy Argument*, ed. Don Brownlee, sponsored by CEDA (privaely published, 1980), p. 10.

7   *Time*, Aug. 15, 1994, p. 26.

8 Plato, *Phaedrus*, 261. 번역자 쿠퍼(Cooper)와 조웻(Jowett)은 이 구절을 해석할 때 약간 다른 용어를 사용하고 있다. 이 진술은 이들의 번역에서 가져온 것이다.

9 Aristotle, *Rhetoric*, Ⅰ, 1 참조.

10 John Stuart Mill, *On Liberty* (New York: Burt, n.d.), pp. 38-39.

11 존 F. 케네디의 상원연설. 1957년 5월 1일 언론 배포 자료.

12 Joseph N. Welch, "Should a Lawyer Defend a Guilty Man?" *This Week* magazine. Dec. 6, 1959, p. 11. Copyright 1959 by the United Newspapers Magazine Corporation.

13 Walter Lippmann, *Essays in the Public Philosophy* (Boston: Little, Brown, 1955), pp. 129-130.

14 Chaim Perelman and L. Olbrechts-Tyteca, *Traite de l'argumentation, La nouvelle rhétorique* (Paris: Presses universitaires de France, 1958), sec. 7.

15 Chaim Perelman, *The Idea of Justice and the Problem of Argument*, trans. John Petrie (New York: Humanities Press, 1963), pp. 86-87.

16 Walter Lipmann, "How to Make Decision," *New York Herald Tribune*, Mar. 3, 1960.

17 Theodore C. Sorensen, *Decision-Making in the White House* (New York: Columbia University Press, 1963), p. 59 참조.

18 Arthur M. Schlesinger, Jr., *Imperial Presidency* (Boston: Houghton Mifflin, 1973), p. 215.

19 적자 감축을 위한 공동 특별위원회(the Joint Select Committee on Deficit Reduction) 공동의장 성명, 2011년, 11월 21일, http://www.cfr.org/united-states/statement-co-chairs-joint-select-committee-deficit-reduction-supercommittee-november-2011/p26570.

20 James H. McBurney, James M. O'Neill, and Glen E. Mills, *Argumentation and Debate* (New York: Mcmillan, 1951), p. 67 참조.

21 Christopher Toothaker, "Chavez Warns Foreign Critics," *The Miami Herald*, July 23, 2007, p. 8A.

22 Aleksandr I. Solzhenitsyn, *The Gulag Archipelago* (New York: Harper & Row, 1974) 참조.

23 Quintilian, Institutes of Oratory, Book 12, Chapter 2, in Bizzell, Patricia, and

Bruce, Herzberg, *The Rhetorical Tradition: Readings from Classical Times to the Present*, 2nd ed. (Boston: Bedford/St. Martin's, 2001), p. 418.

24 Thomas White, "Philosophical Ethics," http://www.ethicsandbusiness.org/pdf/strategy.pdf. Adapted from Thomas White, "Ethics," in *Business Ethics: A Philosophical Reader* (New York: Macmillan, 1993).

25 Manuel Velasquez, Dennis Moberg, Michael J. Meyer, Thomas Shanks, Margaret R. McLean, David DeCosse, Claire André, and Kirk O. Hanson, "A Framework for Thinking Ethically," Markkula Center for Applied Ethics, http://www.scu.edu/ethics/practicing/decision/framework.html (downloaded July 20, 2007). 이 논문은 *Issues in Ethics*, vol. 1. no. 2 (Winter 1998)에 최초로 게재됨.

2장

1 Paul Farhi and Mike Allen, "Rules of Engagement: Presidential Debate Details," *The Seattle Times*, 2004년 9월 28일 오후 2시 22분 페이지 업데이트 http://seattletimes.nwsource.com/html/politics/2002048299_webdebaterules28.html.

2 Henry Kissinger, *Diplomacy* (New York: Simon & Schuster, 1994), p. 638.

3 Charles DeLancey and Halford Ryan, "Intercollegiate Audience Debating: Quo Vadis," *Argumentation and Advocacy*, vol. 27 (1990), p. 49.

4 Alfred Westfall, "Can We have Too Much of a Good Thing?" *The Forensics of Pi Kappa Delta*, Oct. 1936, p. 27.

5 NDT, CEDA, ADA 및 다른 토론 형식에 대하여 더욱 자세히 살펴보려면 "Special Issue: A Variety of Formats for the Debate Experience," *Argumentation and Advocacy*, vol. 27, no. 2 (fall 1990) 참조.

6 이 정의는 1984년 일리노이주의 에번스턴시에서 개최된 제2차 전국토론학술대회(National Development Conference on Forensics)에서 채택된 것으로, 1974년 콜로라도주 세달리아시에서 열린 제1차 대회에서 채택된 정의를 재확인한 것이다.

7 제2차 전국토론학술대회.

8 Arthur M. Schlesinger, Jr., *The Cycles of American History* (Boston: Hought-

on Mifflin, 1986), p. 293.

9   Charles Sears Baldwin, *Medieval Rhetoric and Poetic* (New York: Macmillan, 1928), p. 3 참조.

10 Kent R. Colbert, "The Effect of CEDA and NDT Debate Training on Critical Thinking Ability," *Journal of the American Forensic Association*, vol. 21 (1987), pp. 194-201.

11 Baird A. Craig, "General Education and the Course in Argumentation," *The Gavel*, vol. 38, p. 59.

12 Don R. Swanson, "Debate as Preparation for Law: Law Deans' Reactions," 1970년 서부연설소통협회 총회(Western Speech Communication Association convention)에서 발표된 논문.

13 *Time*, Nov. 21, 1988, p. 47.

14 Ralph G. Nichols and Leonard A. Stevens, *Are You Listening?* (New York: McGraw-Hill, 1957), p. ix.

15 Nichols and Stevens, *Are You Listening?* p. 141.

16 Linda Collier, "Argument for Success: A Study of Academic Debate in the Urban High Schools of Chicago, Kansas City, New York, St. Louis and Seattle," 2004년 전국의사소통협회 전국대회(the National Communication Association National Convention)에서 발표된 논문.

17 National Debate Project, http://communication.gsu.edu/ndp/benefits.htm, 2007년 7월 20일에 내려받음.

18 Adapted from "A Rationale for Forensics as Education," adopted at the Second National Developmental Conference on Forensics, Eranston, Illinois, 1984.

3장

1   Thomas M. Conley, *Rhetoric in the European Tradition* (New York and London: University of Chicago Press, 1994), p. 5.

2   Aristotle, *Rhetoric*, II, 22.

3   Stephen Toulmin, Richard Rieke, and Allan Janik, *An Introduction to Reasoning* (New York: Macmillan, 1979), p. 25.

4   Toulmin, Rieke, and Janik, *An Introduction to Reasoning*, p. 58.

5   Irving M. Copi, *Introduction to Logic*, 3rd ed. (London: Macmillan, 1968), pp. 20-21.

6   Alan Abelson, "Barbarians at the Ball Park," *New York Times Book Review*, Apr. 10, 1994, p. 3.

4장

1   Richard Whately, *Elements of Logic* (Boston: James Munroe, 1848), p. 143.

2   Stephen Toulmin, Richard Rieke, and Allan Janik, *An Introduction to Reasoning* (New York: Macmillan, 1979), P. 157.

3   http://2012.talkingpointsmemo.com/2012/03/romney-camp-attacks-santorum-without-of-context-quotes.php.

4   http://www.ncte.org/volunteer/groups/publiclangcom/doublespeakaward.

5   *New York Times*, national edition, Sept. 9, 1990, p. 18.

6   *Time*, Apr. 25, 1983, P. 29.

5장

1   Velasquez, M., Andre, C., Shanks, T., Meyer, M., & Meyer, M. (2010). Scu. edu. http://www.scu.edu/ethics/practicing/decision/whatisethics.html에서 검색.

2   Sayre-McCord, Geoff, "Metaethics," *The Stanford Encyclopedia of Philosophy* (Spring 2012 Edition), Edward N. Zalta (ed.), http://plato.stanford.edu/archives/spr2012/entries/metaethics/.

3   Fieser, J., *Psychological Issues in Metaethics*, June 29, 2003. http://www.iep.utm.edu/ethics/에서 검색.

4   Cavalier, R., *Online Guide to Ethics and Moral Philosophy*. N.p., 2002. Web. 8 June 2012. http://www.phil.cmu.edu/Cavalier/80130/part2/II_preface.html.

5   Fieser, J., *Psychological Issues in Metaethics*, June 29, 2003. http://www.iep.utm.edu/ethics/에서 검색.

6   Fieser, J., *Psychological Issues in Metaethics*, June 29, 2003. http://www.iep.utm.edu/ethics/에서 검색.

7   Cavalier, R., *Online Guide to Ethics and Moral Philosophy*. N.p., 2002. Web. 8 June 2012. http://www.phil.cmu.edu/Cavalier/80130/part2/II_preface.html.

8   Aquinas, T. (2009), *Everyday Thomist*. http://everydaythomist.wordpress.com/2009/08/20/learning-ethics-from-les-miserables/에서 검색.

9   Quintilian & Butler, H. E. (1920), *The Institutio Oratoria of Quintilian*. Cambridge, Mass: Harvard University Press.

10   Fieser, J., *Psychological Issues in Metaethics*, June 29, 2003. http://www.iep.utm.edu/ethics/에서 검색.

11   Fieser, J., *Psychological Issues in Metaethics*, June 29, 2003. http://www.iep.utm.edu/ethics/에서 검색.

12   Fieser, J., *Psychological Issues in Metaethics*, June 29, 2003. http://www.iep.utm.edu/ethics/에서 검색.

13   Fieser, J., *Psychological Issues in Metaethics*, June 29, 2003. http://www.iep.utm.edu/ethics/에서 검색.

14   Hofstede, G., *Cultures and Organizations: Software of the Mind*, 1991. London: McGraw-Hill, p. 5.

15   Hofstede, G., *Cultures and Organizations: Software of the Mind*, 1991. London: McGraw-Hill, p. 7.

16   Bohman, J., *The Stanford Encyclopedia of Philosophy*, March 8, 2005. http://plato.stanford.edu/entries/critical-theory/에서 검색.

17   Sardar, Z., & Van Loon, B. *Introducing Cultural Studies*, Cambridge, UK: Icon Books, 1999. http://en.wikipedia.org/ wiki/Cultural_studies에서 검색.

6장

1   이 전체 토론을 보기 위해서는 『뉴욕 타임스』 1988년 9월 26일자 11쪽을 참조하라.

2   "Taxing News," *Newsweek*, July 8, 1991, p. 8

3   *New York Times*, May 2, 1989, p. 1.

4   영국의 보수적 정치가 포클랜드 자작(Viscount Falkland)은 1641년에 유명한 격언을 "바꿀 필요가 없을 때에는 바꾸지 않을 필요가 있는 것이다."라는 더욱 장중한 문장으로 표현하였다.

7장

1   *New York Times*, Nov. 29, 1987, p. 19.

2   *Times*, Dec. 12, 1988, p. 33.

3   John Silber, "Illiteracy and the Crisis of Our Society," *Bostonia* (spring 1994), p. 48.

4   *New York Times*, May 2, 1989, p. 8.

5   법률 토론에서 '근본적인 이해'가 사용되어야 한다는 것은 그 자체가 법률 전문 가들 사이에서는 토론의 대상이다. Robert H. Bork, *The Tempting of America* (New York: Free Press, 1990) 참조. 이 책 전체에 걸쳐 보크(Bork)는 '근본적인 이해'의 사용에 대해 논증하며 여타의 방법에 대해서는 비판하고 있다.

6   '당위성-가능성' 논증은 응용 토론에서 상당히 중요할 수 있다. 정치 지도자는 어 떤 정책이 반드시 받아들여져야 한다고 생각하지만, 해당 정책이 충분한 지지를 받는 일이 불가능하다는 것을 깨닫고 그 정책을 추진하기보다 실행 가능한 정책 을 위해 에너지와 신뢰를 보존하기를 선호할 수도 있다. 예를 들어, 레이건 대통령 의 몇몇 조언자들은 낙태를 금지하고 공립학교에서 기도 시간을 허용할 수 있도 록 헌법을 개정해야 한다고 주장하였다. 레이건은 이들의 의견에 공감하였으나, 의회가 분명히 이를 입법화하지 않을 것이라 생각해 이를 위해 총력을 기울이는 입법전을 펼치는 것을 단념하였다.

8장

1   Sara E. Newell, "The 'Study' as Evidence and Argument in Academic, Policy Debate," in *Proceedings of the Summer Conference on Argumentation*, eds. Jack Rhodes and Sara Newell(sponsored by the Speech Communication Association and the American Forensic Association) (privately published, 1980), p. 296.

2   Sara E. Newell, "The 'Study' as Evidence and Argument in Academic, Policy Debate," p. 302.

3   이들 합성물은 미국에서는 GA, GB, GD로 표기된다. 이것들보다 휘발성이 덜한 액체 대체물은 V제(V-agents)로 알려져 있다.

4   Richard Bernstein, "Culling History from Propaganda," *New York Times*, Apr. 24, 1994, sec. 4, p. 4.

5   *New York Times*, May 26, 1994, p. A12.

9장

1   *AARP Bulletin*, vol. 31, no. 1 (Jan. 1990), p. 6.

2   어떤 논증 상황에서는 반대 측이 굴복함으로써 의사 결정이 이루어지는 때도 있다. 예를 들어, 신체 상해와 관련된 민사 소송에서 피고 측 변호사는 원고 측 변호사에게 원고 측의 주장이 약해서 법정 밖에서 적당한 해결을 보는 것이 피해가 없다고 배심원이 판정할 위험을 감수하는 것보다 더 낫다는 것을 납득시키도록 노력한다. 물론 반대의 경우도 마찬가지다.

3   Thomas E. Radecki, "We Must Curb TV Violence," *USA Today*, Oct. 24, 1988, p. A10.

4   Robert J. Samuelson, "The Triumph of the Psycho-Fact," *Newsweek*, May 9, 1994, p. 73.

5   Stephen Breyer, *Breaking the Vicious Circle Toward Effective Risk Regulation* (Cambridge, Mass.: Harvard University Press, 1994), p. 26.

6   "The Numbers Game", *Newsweek*, July 25, 1994, p. 56.

7   이 용어는 숫자가 현실 세계의 근거가 거의 혹은 전혀 없이 저자의 상상 속에서 나왔음을 나타내기 위하여 사용된다. 고등 수학에서 허수를 들자면 -1의 제곱근의 배수가 있다.

8   "The Numbers Game", *Newsweek*, July 25, 1994, p. 57.

9   해당 법률 격언은 라틴어로 "레스 입사 로퀴투르(res ipsa loquitur)"이다. 가장 전형적인 사례는 외과수술 후 환자의 복부에서 스펀지가 발견된 경우이다. 수술 당시 마취 상태였던 환자는 외과의사가 무엇을 잘못했다고 증언할 수는 없다. 통상적으로 해당 잘못에 대한 증인은 없다. 만약 수술 현장에 있었던 다른 의사나 간호사가 잘못을 알았더라면 그들은 그 의사에게 이것을 말했을 것이고, 그는 절개 부위를 봉합하기 전 상황을 해결하였을 것이다. 원고 측 변호사는 "사물은 그 자체로 말한다(res ipsa loquitur)"를 주장할 것이다. 스펀지가 원래부터 환자의 배에 있을 리는 없으며, 따라서 외과의사의 잘못임이 명백하다는 것이다. "사물은 그 자체로 말한다." 논증은 소송에서 강력하긴 하지만 아주 결정적이지는 않다. 지금 외과의사의 변호사는 해당 스펀지가 다른 시기에 다른 의사에 의해 환자의 복부에 들어갔다는 것을 입증할 책임을 진다.

10 *Time*, Apr. 5, 1993, p. 15.

11 Leo Katz, *Bad Ads and Guilty Minds: Conundrums of the Criminal Law* (Chicago: University of Chicago Press, 1987), pp. 4-5.

12 Molly Ivins, "Getting It Sort of Right—By the Numbers," *Cleveland Plain Dealer*, Apr. 30, 1993, p. C6.

13 George Will, "So, We Talk Too Much?" *Newsweek*, June 28, 1993, p. 68.

14 Richard Yost, 미국환경보호국(United States Environmental Protection Agency)의 2010년 12월 14일자 보도자료. http://yosemite.epa.gov/opa/admpress.nsf/d0cf6618525a9efb85257359003fb69d/ea895a11ea50a56d-852577f9005e2690!OpenDocument.

15 *Time*, July 15, 1991, pp. 52 – 53.

16 *The Washington Post*, "'Buffett Rule' could combat income inequality, White House says," 4/11/2012. http://www.washingtonpost.com/business/buffett-rule-could-combat-income-inequality-white-house-says/2012/04/11/gIQA-BXHIAT_story.html.

17 http://www.whitehouse.gov/economy/buffett-rule.

18 Carl I. Hovland, Irving L. Janis, and Harold H. Kelley, "Credibility of the Communicator," in *Dimensions in Communication*, 2nd ed., eds. James H. Campbell and Hal W. Hepler (Belmont, Calif.: Wadsworth, 1970), p. 146.

19 Hovland, Janis, and Kelley, "Credibility of the Communicator," p. 147.

20 Paul F. Boller, Jr., *Presidential Campaigns* (New York: Oxford University Press, 1984), p. 352 참조.

21 http://cedadebate.org/files/2012%20Spring%20Constitution.pdf.

22 Paul I. Rosenthal, "Specificity, Verifiability, and Message Credibility," *Quarterly Journal of Speech*, vol. 57 (Dec. 1971), p. 400. 고딕 강조는 원문.

23 Helen Fleshler, Joseph Ilardo, and Joan Demoretcky, "The Influence of Field Dependence, Speaker Credibility Set, and Message Documentation on Evaluations of Speaker and Message Credibility," *Southern Speech Communication Journal*, vol. 39 (summer 1974), p. 400.

24 Peggy Noonan, *What I Saw at the Revolution* (New York: Random House, 1990), p. 313. 강조는 추가됨.

10장

1 Purcell, K., Brenner, J., & Rainie, L., *Search Engine Use 2012*, Mar. 9, 2012. http://www.pewinter.org/~/media/Files/Reports/2012/PIP_Search_Engine_ Use_2012.pdf에서 검색.

11장

1 Kenneth Broda-Bahm, "Community Concepts of Argumentative Legitimacy: Challenging Norms in National-Circuit CEDA Debate," *Forensic of Pi Kappa Delta*, vol. 79, no. 3 (spring 1994), p. 30.

2 물론 누구든 피지명인의 적절한 자격을 제시하고자 할 것이다. 한번은 클리블랜드 시장이 범죄 조사를 목적으로 하는 특별 위원회에 목사들을 임명한 적이 있었다. 언론에서는 금세 이 위원회에 '하느님의 군대'라는 별명을 붙였다. 시장을 지지하는 사람들은 목사들이 부패하지 않을 것임을 근거로 하여 환호하였지만 반대자들은 목사들은 온실 속의 삶을 살아서 범죄를 조사할 만큼 충분하게 암흑세계를 모른다고 조롱하였다.

3 Peggy Noonan, *What I Saw at the Revolution* (New York: Random House, 1990), p. 146.

12장

1 Robert J. Samuelson, "The Triumph of the Psycho-Fact," *Newsweek*, May 9, 1994, p. 73.

2 이상적인 대체방안에 대한 더 상세한 논의를 보려면 *Journal of the American Forensic Association*, vol 24 (fall 1987), pp. 95-136 참조. "Point-Counterpoint: Essays on Utopian Fiat"라는 제목하에 네 꼭지의 글이 있다.

13장

1 Gray, J., "The Oregon Plan of Debating," *Quarterly Journal of Speech Educa-tion*, 1926;12(2), p. 175.

2 Parker, D. R. , "The Use of Cross-Examination in Debate," *Quarterly Journal of Speech*, 1932;18(1), p. 97.

3 *Life* magazine, June 22, 1959, p. 116. 에드워드 베닛 윌리엄스(Edward Bennett

Williams)와 『라이프(*Life*)』의 허락을 받아 사용함. (강조 추가함)

4   Scott Turow, *Presumed Innocent* (New York: Farrar, Straus, & Giroux, 1987), p. 324.

5   William Safire, "On Language," *New York Times Magazine*, Dec. 22, 1991, p. 10.

6   Neil A. Lewis, "Ginsburg Gets Set for Her Most Public Law Exam," *New York Times*, July 15, 1993, p. B9. © 1993 by the New York Times Co. 허락을 받아서 수록함.

14장

1   Stephanie Condon (July 19, 2010, 9:54 A.M.) Print Text. Palin's "Refudiate" Tweet on Mosque Near Ground Zero Draws Fire (for Substance and Style), *CBS News* Political Hotsheet, July 19, 2010, http://www.cbsnews.com/8301-503544_162-20010892‒503544.html.

2   대학 대항 토론에서 사용되는 발언 순서와 시간 할당 개관에 대해서는 이 책의 17장 참조.

15장

1   DeVito, J. A., *Essentials of Human Communication*, 7th ed. (New York: Pearson Education, Inc, 2011), p. 58.

2   James H. McBath, ed., *Forensics as Communication* (Skokie, IL: National Textbook, 1975), p. 30.

3   John D. Cross and Ronald J. Matlon, "An Analysis of Judging Philosophies in Academic Debate," *Journal of the American Forensics Association*, vol. 15, no. 2 (fall 1978), pp. 110-123.

4   Cross and Matlon, "An Analysis of Judging Philosophies in Academic Debate," *Journal of the American Forensics Association*, vol. 15, no. 2 (fall 1978), p. 123.

5   Myron King, "Judging Philosophy Rap Sheet," in CEDA National Judging Philosophy Booklet, Southern Illinois University, 1999. 허락을 받아서 수록함.

16장

1 Lucas, S. L., *The Art of Public Speaking,* 10th ed. (New York: McGraw-Hill, 2009), pp. 9-10.

2 "Adele Opens Up About her Inspirations, Looks and Stage Fright in New Rolling Stone Cover Story," *RS* All Acess, 2011. http://www.rollingstone.com/music/news/adele-opens-up-about-her-inspirations-looks-and-stage-fright-in-new-rolling-stone-cover-story-20110413에서 검색.

3 Aristotle, *Rhetoric*, III, p. 1.

4 James C. McCroskey, *An Introduction to Rhetorical Communication* (Englewood Cliffs, N.J.: Prentice Hall, 1968), p. 208.

5 Ronald Reagan, *An American Life* (New York: Simon & Schuster, 1990), p. 130.

6 Reagan, *An American Life*, p. 130.

7 다시 충고하건대, 증거는 관련 없는 자료를 제거하기 위해 편집될 수도 있지만, 토론자는 저자의 의도를 세심하게 보존해야 한다.

8 Kenneth G. Hance, David C. Ralph, and Milton J. Wiksell, *Principles of Speaking,* 3rd ed. (Belmont, Calif.: Wadsworth, 1975), p. 250.

9 Randall Harrison, "Nonverbal Communication: Explorations into Time, Space, Action and Object," in *Dimensions in Communication,* 2nd ed., eds. James H. Campbell and Hal W. Helper (Belmont, Calif.: Wadsworth, 1970), p. 285.

10 Merriam-Webster, *Merriam-Webster Dictionary* (January 1, 2012). http://www.merriam-webster.com에서 검색.

11 Strunk, W., and White, E., *The Elements of Style*, 4th ed. (New York: Longman, 2000), p. 72.

12 Lucas, *The Art of Public Speaking*, p. 229.

13 Strunk and White, *The Elements of Style*, p. 23.

14 Noonan, P., *On Speaking Well* (New York: Collins, 1991), p. 78.

15 Clinton, H., *Democratic National Convention Keynote Address*, 콜로라도 덴버 마일 하이 스타디움(Mile High stadium)의 인베스코 필드(Invesco field)에서 2008년 8월 26일에 행해진 연설. http://www.americanrhetoric.com/speeches/

convention2008/hillaryclinton2008dnc.htm에서 검색.

17장

1 National Forensic Association, http://www.nationalforensics.org/lin-coln-douglas-debate/ld-rules.

2 http://www.forensicstournament.net/tournamentdocs/734-012 NPDAInvite_Final.pdf.

3 Association for Practical and Professional Ethics, http://www.indiana.edu/~appe/2012-Championship%20Rules.pdf.

18장

1 Smith, C. A., *Presidential Campaign Communication: The Quest for the White House* (Cambridge, UK: Polity Press, 2010), p. 147.

2 Freeley, A., "The Presidential Debates and the Speech Profession," *Quarterly Journal of Speech* [serial online], February 1961; 47(1):60. Available from: Communication & Mass Media Complete, Ipswich, MA. Accessed June 17, 2012.

3 Jamieson, K. H., & Birdsell, D. S., *Presidential Debate: The Challenge of Creating an Informed Electorate* (Oxford: Oxford University Press, 1988).

4 Minow, N. N., & Lamay, C. L., *Inside the Presidential Debates: Their Improbable Past and Promising Future* (Chicago: University of Chicago Press, 2008).

5 Bitzer, L., & Reuter, T., *Carter vs. Ford the Counterfeit Debates of 1976* (Madison: University of Wisconsin Press, 1980), p. 11.

6 Trent, J. S., Friedenberg, R. V., & Denton, J., *Political Campaign Communication: Principles & Practices*, 7th ed. (Lanham, MD: Rowman & Littlefield, 2011).

7 Smith, C., *Presidential Campaign Communication: The Quest for the White House* (Malden, MA: Polity Press, 2010).

8 Trent, J. S., Friedenberg, R. V., & Denton, J., *Political Campaign Communication: Principles and Practices*, 7th ed. (Lanham, MD: Rowman & Littlefield, 2011).

9   Smith, C., *Presidential Campaign Communication: The Quest for the White House* (Malden, MA: Polity Press, 2010).

10 Witcover, J., *Marathon: The Pursuit of the Presidency, 1972-1976* (New York: New American Library), p. 576.

11 Debate Transcript October 7, 1984. The First Reagan-Mondale Presidential Debate. Commission on Presidential Debates. http://www.debates.org/index.php?page=october-7-1984-debate-transcript.

12 Debate Transcript October 11, 1984. The Bush-Ferraro Vice-Presidential Debate. Commission on Presidential Debates. http://www.debates.org/index.php?page=october-11-1984-debate-transcript.

13 Saad, L., "Presidential Debates Rarely Game-Changers" (2008, September 25). http://www.gallup.com/poll/110674/Presidential-Debates-Rarely-GameChangers.aspx?version=print에서 검색.

14 Majdik, Z., Kephart Ⅲ, J., & Goodnight, G., "The Presidential Debates of 2004: Contested Moments in the Democratic Experiment," *Controversia*, 2009; 6(1): 13-38.

15 Majdik, Z., Kephart III, J., & Goodnight, G., "The Presidential Debates of 2004: Contested Moments in the Democratic Experiment," *Controversia*, 2009; 6(1): 13-38.

16 Shrum, B., "Debate Strategy and Effects." In K. H. Jamieson (Ed.), *Electing the President 2004: The Insider's View* (Philadelphia: The University of Pennsylvania Press, 2006), pp. 114-123.

17 Cheney, L., "Debate Strategy and Effects." In K. H. Jamieson (Ed.), *Electing the President 2004: The Insider's View* (Philadelphia: The University of Pennsylvania Press, 2006), pp. 123-130.

18 "Bailout Collapse Endangers Presidential Debate," *Associated Press Worldstream* (September 26, 2008 Friday 6:32 AM GMT). www.lexisnexis.com/hot-topics/lnacademic에서 검색.

19 Jarman, J. W., "The Effects of Format Changes on Viewers' Perceptions of Arguments Made by Obama and McCain in the 2008 Presidential Debates," *Conference Proceedings — National Communication Association/American*

Forensic Association (Alta Conference on Argumentation), 2010, pp. 202-210.

20 CNN, "Debate Poll Says Biden Won, Palin Beat Expectations," *CNN Politics. Com*. N.p., 2008, Web. 9, July 2012.

21 Gardner, Amy, "The Candidate Whisperer: The Man Behind Michele Bachmann," the *Washington Post* [Sheffield, Iowa] 21 September 2011, n. pag. Print. https://www.washingtonpost.com/lifestyle/style/the-candidate-whisperer-the-man-behind-michele-bachmann/2011/09/21/gIQARXgEmK_story.html.

22 Wittington, Mark. "Romney Debate Coach Fired for Being Too Good at His Job." *Yahoo! News* (04 February 2012), n. pag. Print. http://news.yahoo.com/romney-debate-coach-fired-being-too-good-job-184700169.html.

19장

1 Robert, H. M. I., Evans, W. J., Honemann, D. H., and Balch, T. J., *Robert's Rules of Order,* revised 11th edition (Philadelphia: Da Capo Press, 2011).

2 http://www.parliamentarians.org/procedure.php?cid=107 (May 20, 2012). 전국의회의원협회(National Association of Parliamentarians) 웹사이트에서 검색.

3 *Parliamentary Procedure Online.* (n.d.). http://parlipro.org/에서 검색.

20장

1 Simmons, A., *Whoever Tells the Best Story Wins: How to Use Your Own Stories to Communicate with Power and Impact,* 1st ed. (New York: American Management Association, 2007), p. 14.

2 Slan, J., *Using Stories and Humor: Grab Your Audience* (Boston: Allyn and Bacon, 1998), pp. 19-25.

부록 B

1 Reuteman, R., "The Confused State of Pot Law Enforcement, Marijuana and Money," *A CNBC* Special Report, 20 April, 2012, http://www.cnbc.com/id/36179498.

2   Newport, F., "Record-High 50% of Americans Favor Legalizing Marijuana Use," Gallup.com. Gallup, Inc., 2011. Web. 26 Jul 2012, http://www.gallup.com/poll/150149/Record-High-Americans-Favor-Legalizing-Marijuana.aspx.

3   NORML, "War Against Marijuana Consumers," 2012, http://norml.org/legal/item/war-against-marijuana-consumers ?category_id=740.

4   Memorandum from Deputy Attorney General David W. Ogden to the United States Attorneys, "Investigations and Prosecutions in States Authorizing the Medical Use of Marijuana" and Department of Justice Press Release 09-1119, October 19, 2009.

5   Drug Enforcement Agency 2011—January 2011, "The DEA Position on Marijuana," http://www.justice.gov/dea/marijuana_position.pdf.

6   Thomas J. Moran, "Just a Little Bit of History Repeating: The California Model of Marijuana Legalization and How it Might Affect Racial and Ethnic Minorities," *Washington and Lee Journal of Civil Rights and Social Justice*, 557 (2011), http://scholarlycommons.law.wlu.edu/crsj/vol17/iss2/8.

7   Norm Stamper, "Former Seattle Police Chief, Legalization Will Reduce Crime, Free Up Police Resources, Marijuana and Money," *A CNBC* Special Report, 20 April, 2012, http://www.cnbc.com/id/36201668.

8   "End Insanity of The War on Drugs—Start With Decriminalizing Marijuana at The Federal Level, Marijuana and Money," *A CNBC* Special Report, 20 April, 2012, http://www.cnbc.com/id/36267220.

9   "Government Drug Prohibition," New Hampshire Civil Liberties Union, July 2012, http://www.nhclu.org/drug-prohibition.php.

10 Allen St. Pierre, Executive Director NORML, 2005, *Crimes of Indiscretion*, http://norml.org/library/item/executive-summary.

11 Drug Policy Alliance, *Police, Drugs, And Corruption: A Review of Recent Drug War-Related Scandals in Five States and Puerto Rico*, 2002, http://www.drug-policy.org/docUploads/police_corruption_report.pdf.

12 Carcieri—Associate Professor of Political Science at San Francisco State University, 10 February 2011, "Obama, the Fourteenth Amendment, and the Drug War," *Akron Law Review*, http://www.uakron.edu/dotAsset/1820641.

pdf.

13   Allen St. Pierre, Executive Director NORML, 2005, *Crimes of Indiscretion*, http://norml.org/library/item/executive-summary.

14   California Medical Association, "Cannabis and the Regulatory Void, Background Paper and Recommendations," *California Medical Association State Report*, 2011, http://www.cmanet.org/files/pdf/news/cma-cannabis-tac-white-paper-101411.pdf.

15   Tracy, R. "Joint Effort? Barney Frank, Ronpaul Team up on Marijuana Bill" (2011, June 20). http://blogs.wsj.com/washwire/2011/06/22/joint-effortbarney-frank-ron-paul-team-up-on-marijuana-bill/에서 검색.

16   Miron, J., Professor of Economics, Harvard University, June 2005, "The Budgetary Implications of Marijuana Prohibition in the United States," Marijuana Policy Project, http://www.prohibitioncosts.org/wp-content/uploads/2012/04/MironReport.pdf.

17   Quentin Hardy, "Milton Friedman: Legalize It!" *Forbes* (2005, February 6), http://www.forbes.com/2005/06/02/cz_qh_0602pot.html.

18   Yost, K., Economist for the Boston Consulting Group, 14 October 2011, "Getting Out of the Red: Legalize It," MIT: The Tech, http://tech.mit.edu/V131/N44/yostgotr.html.

19   Vitiello, M., Professor at Pacific's McGeorge School of Law, September 2009, "Legalizing Marijuana: California's Pot of Gold?," Selected Works, http://works.bepress.com/cgi/viewcontent.cgi?article=1003&context=michael_vitiello.

20   Walden, T., Northwestern University—Medill School of Journalism, February 9, 2012, "Marijuana for Everyone: Those in Favor of Legalization Ponder Its Effect on Organized Crime," *Medill News*, http://news.medill.northwestern.edu/chicago/news.aspx?id=200073.

21   Miron, J., Professor of Economics, Harvard University, May 27, 2010, "Marijuana Legalization in California," *The Harvard Crimson*, http://www.the-crimson.harvard.edu/article/2010/5/27/marijuana-legalization-use-alcohol/.

22   Huemer, M., Professor of Epistemology, Ethics, and Metaethics at CU-Boul-

der, 2004, "America's Unjust Drug War," The New Prohibition, http://spot.
colorado.edu/~huemer/drugs.htm.

23   Gettman, J., DrugScience.Org, "Safety for Use: Documented Safety of Long
     Term Cannabis Use," http://www.drugscience.org/sfu/sfu_longterm.html;
     Gettman cites Russo E., Mathre M. L., Byrne A, Velin R., Bach P. J., Sanchez-
     Ramos J., Kirlin K. A., "Chronic Cannabis Use in the Compassionate Inves-
     tigational New Drug Program: An Examination of Benefits and Adverse
     Effects of Legal Clinical Cannabis." *J Cannabis Ther* 2002; 2(1): 3 – 58.

24   Russo, E., Mathre, M. L., Byrne, A., Velin, R., Bach, P. J., Sanchez-Ramos, J.,
     & Kirlin, K. A., "Chronic Cannabis Use in the Compassionate Investigation-
     al New Drug Program," *Journal of Cannabis Therapeutics*, 2(1), 2002. doi:
     10.1300/J175v02n01_02.

25   Russo, E., Mathre, M. L., Byrne, A., Velin, R., Bach, P. J., Sanchez-Ramos, J.,
     & Kirlin, K. A., "Chronic Cannabis Use in the Compassionate Investigation-
     al New Drug Program," *Journal of Cannabis Therapeutics*, 2(1), 2002. doi:
     10.1300/J175v02n01_02.

26   ProCon.org., "What are Physicians' Views on Medical Marijuana?" Medical-
     Marijuana.ProCon.org. (2008, June 17). http://medicalmarijuana.procon.org/
     view.answers.php?questionID=000086에서 검색.

27   ProCon.org., "Can Marijuana Use Cause Death?" MedicalMarijuana.ProCon.
     org. (2008, May 30). http://medicalmarijuana.procon.org/view.answers.
     php?questionID=000231에서 검색.

28   Myron, Professor of Economics, Harvard University, 27 May 2010, "Marijuana
     Legalization in California," *The Harvard Crimson*, http://www.thecrimson.
     harvard.edu/article/2010/5/27/marijuana-legalization-use-alcohol/.

부록 D

1   1920-1921학년도에서 1956-1957학년도 사이에 이루어진 대학 대항 토론 논제
    들의 목록에 대해서는 George McCoy Musgrave, *Competitive Debate: Rules
    and Techniques*, 3rd ed. (New York: Wilson, 1957) pp. 143-145 참조. 그리고
    1922-1923학년도에서 1947-1948학년도 사이에 이루어진 대학 대항 토론 논제들

의 목록에 대해서는 E. R. Nichols, "The Annual College Question," *Debater's Magazine* (December 1947), pp. 206-207 참조. 최근 전국토론대회(NDT) 토론 논제들은 대학 대항 토론 및 토의 위원회(Committee on Intercollegiate Debate and Discussion)에 의해 공표된다.

2   Musgrave, *Competitive Debate*, pp. 143-145에 수록되어 있음.

3   Musgrave, *Competitive Debate*, pp. 143-145.

4   Nichols, "The Annual College Question," pp. 206-207에 수록되어 있음.

5   1971년에서 1985년까지의 반대신문토론협회(CEDA) 논제들의 목록은 CEDA 사무총장인 잭 하우(Jack H. Howe)가 제공한 것이다. 최근의 CEDA 논제들은 CEDA에 의해 공표된다.

6   1995년 12월의 CEDA 주제 투표에서는 많은 새로운 주제들과 가을의 주제를 포함하고 있었다. 회원들은 가을의 주제를 반복하는 데 표를 던졌다.

7   전국교육토론협회(NEDA)에 의해 http://www.neda.us/에 게시되어 있음.

8   전국토론협회(NFA)에 의해 http://www.nationalforensics.org/lincoln-doug-las-debate에 게시되어 있음.

찾아보기

저자 소개

오스틴 J. 프릴리(Austin J. Freeley)

1955년 노스웨스턴 대학(Northwestern University)에서 박사학위를 받은 이후, 토론의 이론적 기초를 닦아온 저명한 토론 전문가이다. 미국토론연합(American Forensic Association)을 창설하고 회장을 역임하였으며, 존 캐럴 대학(John Carroll University)에서 교수로 재직하다 퇴임하였다. 대표 저작인 *Argumentation and Debate*는 1961년 초판이 발행된 이후 개정을 거듭하며 토론 교재로 널리 사용되고 있다.

데이비드 L. 스타인버그(David L. Steinberg)

마이애미 대학(University of Miami)에 재직하고 있으며, 주로 공적 영역에서의 논증, 선거 토론과 정치 커뮤니케이션, 교육 토론, 수사적 비평에 대하여 연구하고 있다. 반대신문토론협회(Cross Examination Debate Association)의 회장을 역임하였으며, 미국토론연합, 전국의사소통연합(National Communication Association) 등에서 활발한 활동을 하고 있다.